IMAGINA

español sin barreras

curso intermedio de lengua española

José A. Blanco

C. Cecilia Tocaimaza-Hatch
Texas State University

Contributing writer
Próspero N. García
Amherst College

VISTA
HIGHER LEARNING

Boston, Massachusetts

Publisher: José A. Blanco

Executive Editor: Sarah Kenney

Managing Editor: María Eugenia Corbo, Paola Ríos Schaaf (Technology)

Editors: Armando Brito, Mónica M. González Peña, Paula Andrea Orrego, Raquel Rodríguez Muñoz, Anne Wagner (Technology)

Production and Design Director: Marta Kimball

Design Manager: Susan Prentiss

Design and Production Team: Sarah Cole, Oscar Díez, Mauricio Henao, Sónia Teixeira, Nick Ventullo, Hamilton Zuleta Cano

Printed in Canada.

Student Text ISBN-13: 978-1-60576-087-2
Student Text (Casebound) ISBN-13: 978-1-60576-088-9

Instructor's Annotated Edition ISBN-13: 978-1-60576-092-6

Library of Congress Card Number: 2009927067

2 3 4 5 6 7 8 9 TC 15 14 13 12 11

Maestro® and Maestro Language Learning System® and design are registered trademarks of Vista Higher Learning, Inc.

Introduction

Bienvenidos a IMAGINA, Second Edition, an exciting intermediate Spanish program designed to provide you with an active and rewarding learning experience as you continue to strengthen your language skills and develop your cultural competency.

Here are some of the key features you will find in **IMAGINA**:

- A cultural focus integrated throughout the entire lesson

- Authentic dramatic short films by contemporary Hispanic filmmakers that carefully tie in the lesson theme and grammar structures

- A fresh, magazine-like design and lesson organization that both support and facilitate language learning

- A highly-structured, easy-to-navigate design, based on spreads of two facing pages

- An abundance of illustrations, photos, charts, and graphs, all specifically chosen or created to help you learn

- An emphasis on authentic language and practical vocabulary for communicating in real-life situations

- Abundant guided and communicative activities

- Clear, comprehensive, and well-organized grammar explanations that highlight the most important concepts in intermediate Spanish

- A built-in **Manual de gramática** for reference, review, and additional practice

- Authentic TV clips from the featured country or region

- Short and comprehensible literary and cultural readings that recognize and celebrate the diversity of the Spanish-speaking world

- A complete set of print and technology ancillaries to equip you with the materials you need to make learning Spanish easier

CONTENIDO

	PARA EMPEZAR	CORTOMETRAJE	IMAGINA

	PARA EMPEZAR	CORTOMETRAJE	IMAGINA

ESTRUCTURAS	MANUAL DE GRAMÁTICA Optional Sequence	CULTURA	LITERATURA

ESTRUCTURAS	MANUAL DE GRAMÁTICA Optional Sequence	CULTURA	LITERATURA

CONTENIDO

outlines the content and features of each lesson.

Lesson opener A two-page spread introduces you to the lesson theme. Dynamic photos and teasers related to the lesson theme, film, and readings are a springboard for class discussion.

Destino A locator map highlights each lesson's country or region of focus.

Lesson overview A lesson outline prepares you for the linguistic and cultural topics you will study in each lesson.

PARA EMPEZAR

introduces the lesson vocabulary with thematic activities.

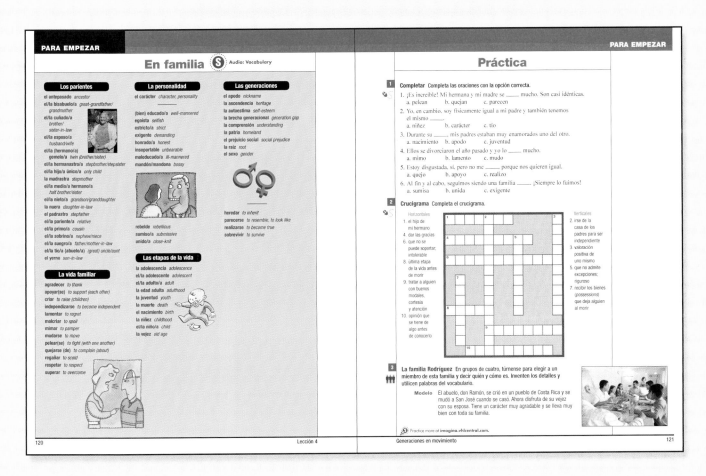

Vocabulary Easy-to-study thematic lists present useful vocabulary.

Photos and Illustrations Dynamic, full-color photos and art visually illustrate selected vocabulary terms.

Práctica This set of exercises practices vocabulary in diverse formats and engaging contexts.

Icons These icons provide on-the-spot visual cues for both pair and small group activities. Icons also signal activities that are available on the Supersite with auto-grading, as well as additional content online.

Supersite Go to **imagina.vhlcentral.com** to hear audio of the vocabulary, access activities from the book and additional practice with auto-grading. See p. xxvii for more information.

CORTOMETRAJE

features award-winning short films
by contemporary Hispanic filmmakers.

Films The Second Edition features films from five different countries, including two new films for this edition. See pp. xxiv for more information.

Posters Dynamic and eye-catching movie posters introduce the films, which are available for viewing at **imagina.vhlcentral.com.**

Escenas Video stills with captions from the film prepare you for the film and introduce some of the expressions you will encounter.

Notas culturales These sidebars with cultural information related to the **Cortometraje** help you to understand the cultural context and background surrounding the film.

PREPARACIÓN & ANÁLISIS

provide the pre and post-viewing support necessary for a successful experience with each film.

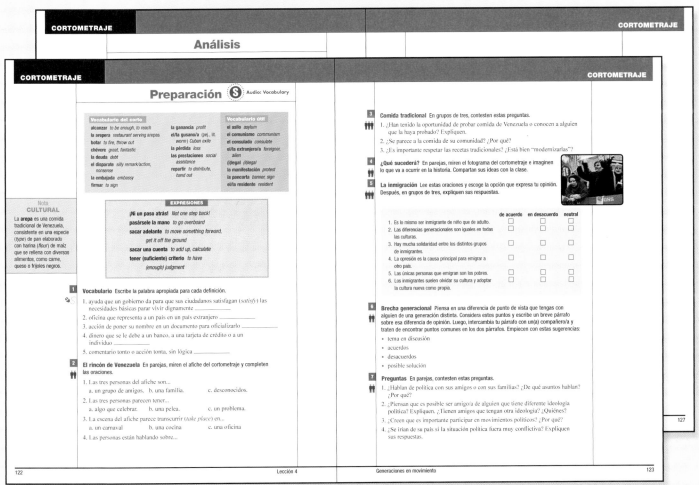

CORTOMETRAJE

Análisis

CORTOMETRAJE

CORTOMETRAJE

CORTOMETRAJE

Preparación 🅢 Audio: Vocabulary

Vocabulario del corto

alcanzar *to be enough, to reach*
la arepa *restaurant serving arepas*
botar *to fire, throw out*
chévere *great, fantastic*
la deuda *debt*
el disparate *silly remark/action, nonsense*
la embajada *embassy*
firmar *to sign*

la ganancia *profit*
el/la gusano/a *(pej., lit. worm) Cuban exile*
la pérdida *loss*
las prestaciones *social assistance*
repartir *to distribute, hand out*

Vocabulario útil

el asilo *asylum*
el comunismo *communism*
el consulado *consulate*
el/la extranjero/a *foreigner, alien*
(i)legal *(il)legal*
la manifestación *protest*
la pancarta *banner, sign*
el/la residente *resident*

EXPRESIONES

¡Ni un paso atrás! *Not one step back!*
pasársele la mano *to go overboard*
sacar adelante *to move something forward, get it off the ground*
sacar una cuenta *to add up, calculate*
tener (suficiente) criterio *to have (enough) judgment*

Nota CULTURAL
La **arepa** es una comida tradicional de Venezuela, consistente en una especie (*type*) de pan elaborado con harina (*flour*) de maíz que se rellena con diversos alimentos, como carne, queso o frijoles negros.

1 **Vocabulario** Escribe la palabra apropiada para cada definición.
1. ayuda que un gobierno da para que sus ciudadanos satisfagan (*satisfy*) las necesidades básicas parar vivir dignamente _____
2. oficina que representa a un país en un país extranjero _____
3. acción de poner su nombre en un documento para oficializarlo _____
4. dinero que se le debe a un banco, a una tarjeta de crédito o a un individuo _____
5. comentario tonto o acción tonta, sin lógica _____

2 **El rincón de Venezuela** En parejas, miren el afiche del cortometraje y completen las oraciones.
1. Las tres personas del afiche son...
   a. un grupo de amigos. b. una familia. c. desconocidos.
2. Las tres personas parecen tener...
   a. algo que celebrar. b. una pelea. c. un problema.
3. La escena del afiche parece transcurrir (*take place*) en...
   a. un carnaval. b. una cocina. c. una oficina.
4. Las personas están hablando sobre...

3 **Comida tradicional** En grupos de tres, contesten estas preguntas.
1. ¿Han tenido la oportunidad de probar comida de Venezuela o conocen a alguien que la haya probado? Expliquen.
2. ¿Se parece a la comida de su comunidad? ¿Por qué?
3. ¿Es importante respetar las recetas tradicionales? ¿Está bien "modernizarlas"?

4 **¿Qué sucederá?** En parejas, miren el fotograma del cortometraje e imaginen lo que va a ocurrir en la historia. Compartan sus ideas con la clase.

5 **La inmigración** Lee estas oraciones y escoge la opción que expresa tu opinión. Después, en grupos de tres, expliquen sus respuestas.

	de acuerdo	en desacuerdo	neutral
1. Es lo mismo ser inmigrante de niño que de adulto.	☐	☐	☐
2. Las diferencias generacionales son iguales en todas las culturas.	☐	☐	☐
3. Hay mucha solidaridad entre los distintos grupos de inmigrantes.	☐	☐	☐
4. La opresión es la causa principal para emigrar a otro país.	☐	☐	☐
5. Las únicas personas que emigran son los pobres.	☐	☐	☐
6. Los inmigrantes suelen olvidar su cultura y adoptar la cultura nueva como propia.	☐	☐	☐

6 **Brecha generacional** Piensa en una diferencia de punto de vista que tengas con alguien de una generación distinta. Considera estos puntos y escribe un breve párrafo sobre esa diferencia de opinión. Luego, intercambia tu párrafo con un(a) compañero/a y traten de encontrar puntos comunes en los dos párrafos. Empiecen con estas sugerencias:
• tema en discusión
• acuerdos
• desacuerdos
• posible solución

7 **Preguntas** En parejas, contesten estas preguntas.
1. ¿Hablan de política con sus amigos o con sus familias? ¿De qué asuntos hablan? ¿Por qué?
2. ¿Piensan que es posible ser amigo/a de alguien que tiene diferente ideología política? Expliquen. ¿Tienen amigos que tengan otra ideología? ¿Quiénes?
3. ¿Creen que es importante participar en movimientos políticos? ¿Por qué?
4. ¿Se irían de su país si la situación política fuera muy conflictiva? Expliquen sus respuestas.

122   Lección 4   Generaciones en movimiento   123

127

Preparación Pre-viewing exercises set the stage for the film by providing vocabulary support, background information, and opportunities to anticipate what will happen.

Análisis Post-viewing activities check your comprehension and progress into more open-ended activities, allowing you to explore broader themes from the film in relation to your own life.

IMAGINA

simulates a voyage to the featured country or region.

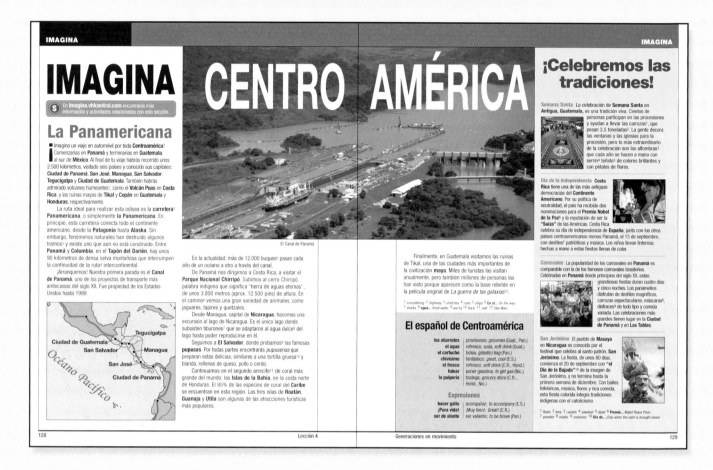

Magazine-like design Each reading is presented in the attention-grabbing visual style you would expect from a magazine.

Country- and Region-specific readings Dynamic readings draw your attention to culturally significant locations, traditions, and monuments of the country or region.

El español de... Terms and expressions specific to the country or region are highlighted in easy-to-reference lists.

Signos vitales For most lessons, these boxes provide information key to understanding the region's lifestyle and customs.

GALERÍA DE CREADORES

highlights important cultural and artistic figures from the region.

EN PANTALLA

features thought-provoking authentic TV clips.

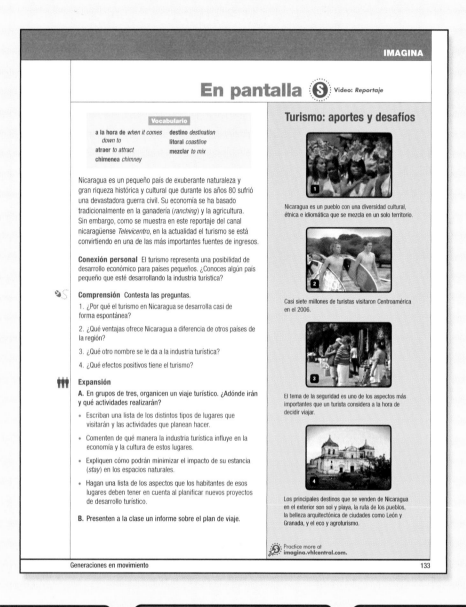

TV clips Each lesson in **IMAGINA** features an authentic TV clip from the country or region of focus. The clips, many new to the Second Edition, range from news stories to spoofs, and are available for viewing at **imagina.vhlcentral.com.**

Video stills Images from the TV clips with abbreviated captions give you visual and linguistic cues to help you have a successful viewing experience.

Support & activities Pre-viewing support includes vocabulary key to the TV clip, some cultural background on circumstances related to the material, and a short activity to help you anticipate the content. Post-viewing comprehension checks and expansion help you to get the most out of the material.

ESTRUCTURAS

presents grammar points key to intermediate Spanish in a graphic-intensive format.

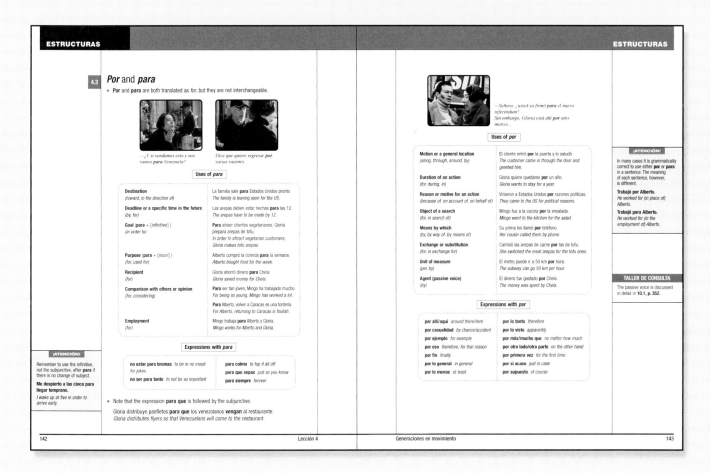

Integration of *Cortometraje* Photos with quotes or captions from the lesson's short film show the new grammar structures in meaningful and relevant contexts.

Charts and diagrams Colorful, easy-to-understand charts and diagrams highlight key grammatical structures and related vocabulary.

Grammar explanations Explanations are written in clear, comprehensible language for easy understanding and reference both in and out of class.

Atención These sidebars expand on the current grammar point and call attention to similar grammatical structures.

Taller de consulta These sidebars reference relevant grammar points presented actively in **Estructuras**, and refer you to the supplemental **Manual de gramática** found at the end of the book.

ESTRUCTURAS

progresses from directed to communicative practice.

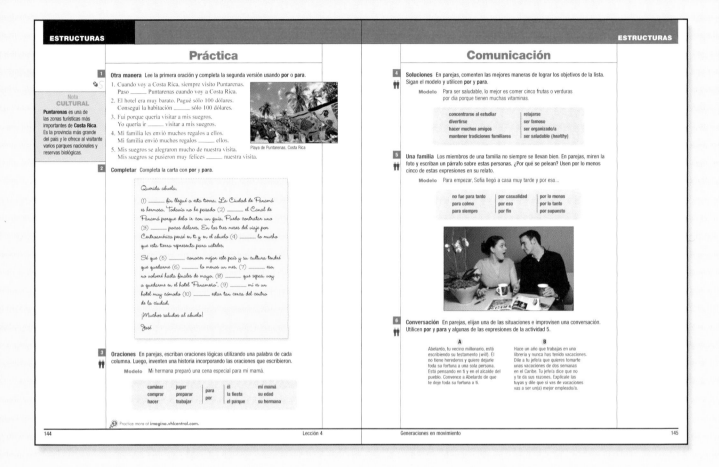

Práctica

Otra manera Lee la primera oración y completa la segunda versión usando **por** o **para**.

1. Cuando voy a Costa Rica, siempre visito Puntarenas.
Paso _____ Puntarenas cuando voy a Costa Rica.
2. El hotel era muy barato. Pagué sólo 100 dólares.
Conseguí la habitación _____ sólo 100 dólares.
3. Fui porque quería visitar a mis suegros.
Yo quería ir _____ visitar a mis suegros.
4. Mi familia les envió muchos regalos a ellos.
Mi familia envió muchos regalos _____ ellos.
5. Mis suegros se alegraron mucho de nuestra visita.
Mis suegros se pusieron muy felices _____ nuestra visita.

Playa de Puntarenas. Costa Rica

Nota CULTURAL

Puntarenas es una de las zonas turísticas más importantes de **Costa Rica**. Es la provincia más grande del país y le ofrece al visitante varios parques nacionales y reservas biológicas.

Completar Completa la carta con **por** y **para**.

Querida abuela,

(1) _____ fin llegué a esta tierra. La Ciudad de Panamá es hermosa. Todavía no he pasado (2) _____ el Canal de Panamá porque debo ir con un guía. Puedo contratar uno (3) _____ pocos dólares. En los tres meses del viaje por Centroamérica pensé en ti y en el abuelo (4) _____ lo mucho que esta tierra representa para ustedes.

Sé que (5) _____ conocer mejor este país y su cultura tendré que quedarme (6) _____ lo menos un mes. (7) _____ eso, no volveré hasta finales de mayo. (8) _____ que sepas, voy a quedarme en el hotel "Panameño". (9) _____ mí es un hotel muy cómodo (10) _____ estar tan cerca del centro de la ciudad.

¡Muchos saludos al abuelo!

José

Oraciones En parejas, escriban oraciones lógicas utilizando una palabra de cada columna. Luego, inventen una historia incorporando las oraciones que escribieron.

Modelo Mi hermana preparó una cena especial para mi mamá.

caminar	jugar		él	mi mamá
comprar	preparar	para	la fiesta	su edad
hacer	trabajar	por	el parque	su hermana

Practice more at **imagina.vhlcentral.com.**

144   Lección 4

Comunicación

Soluciones En parejas, comenten las mejores maneras de lograr los objetivos de la lista. Sigan el modelo y utilicen **por** y **para**.

Modelo Para ser saludable, lo mejor es comer cinco frutas o verduras por día porque tienen muchas vitaminas.

concentrarse al estudiar	relajarse
divertirse	ser famoso
hacer muchos amigos	ser organizado/a
mantener tradiciones familiares	ser saludable (*healthy*)

Una familia Los miembros de una familia no siempre se llevan bien. En parejas, miren la foto y escriban un párrafo sobre estas personas. ¿Por qué se pelean? Usen por lo menos cinco de estas expresiones en su relato.

Modelo Para empezar, Sofía llegó a casa muy tarde y por eso...

no fue para tanto	por casualidad	por lo menos
para colmo	por eso	por lo tanto
para siempre	por fin	por supuesto

Conversación En parejas, elijan una de las situaciones e improvisen una conversación. Utilicen **por** y **para** y algunas de las expresiones de la actividad 5.

A

Abelardo, tu vecino millonario, está escribiendo su testamento (*will*). Él no tiene herederos y quiere dejarle toda su fortuna a una sola persona. Está pensando en ti y en el alcalde del pueblo. Convence a Abelardo de que te deje toda su fortuna a ti.

B

Hace un año que trabajas en una librería y nunca has tenido vacaciones. Dile a tu jefe/a que quieres tomarte unas vacaciones de dos semanas en el Caribe. Tu jefe/a dice que no y te da sus razones. Explícale las tuyas y dile que si vas de vacaciones vas a ser un(a) mejor empleado/a.

Generaciones en movimiento   145

Práctica Directed exercises support you as you begin working with the grammar structures, helping you master the forms you need for personalized communication.

Comunicación Open-ended, communicative activities help you internalize the grammar point in a range of contexts involving pair and group work.

Manual de gramática Additional grammar points related to those taught in **Estructuras** are included for review and/or enrichment at the end of the book.

Nota cultural These sidebars explain cultural references embedded in activities and expand the culture content of each lesson.

SÍNTESIS

brings together the vocabulary, grammar, and lesson theme.

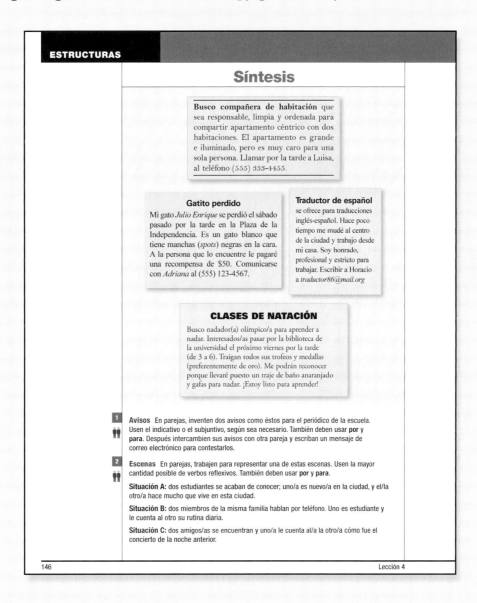

ESTRUCTURAS

Síntesis

Busco compañera de habitación que sea responsable, limpia y ordenada para compartir apartamento céntrico con dos habitaciones. El apartamento es grande e iluminado, pero es muy caro para una sola persona. Llamar por la tarde a Luisa, al teléfono (555) 333-4455.

Gatito perdido

Mi gato *Julio Enrique* se perdió el sábado pasado por la tarde en la Plaza de la Independencia. Es un gato blanco que tiene manchas (*spots*) negras en la cara. A la persona que lo encuentre le pagaré una recompensa de $50. Comunicarse con *Adriana* al (555) 123-4567.

Traductor de español

se ofrece para traducciones inglés-español. Hace poco tiempo me mudé al centro de la ciudad y trabajo desde mi casa. Soy honrado, profesional y estricto para trabajar. Escribir a Horacio a *traductor86@mail.org*

CLASES DE NATACIÓN

Busco nadador(a) olímpico/a para aprender a nadar. Interesados/as pasar por la biblioteca de la universidad el próximo viernes por la tarde (de 3 a 6). Traigan todos sus trofeos y medallas (preferentemente de oro). Me podrán reconocer porque llevaré puesto un traje de baño anaranjado y gafas para nadar. ¡Estoy listo para aprender!

1 **Avisos** En parejas, inventen dos avisos como éstos para el periódico de la escuela. Usen el indicativo o el subjuntivo, según sea necesario. También deben usar **por** y **para**. Después intercambien sus avisos con otra pareja y escriban un mensaje de correo electrónico para contestarlos.

2 **Escenas** En parejas, trabajen para representar una de estas escenas. Usen la mayor cantidad posible de verbos reflexivos. También deben usar **por** y **para**.

Situación A: dos estudiantes se acaban de conocer; uno/a es nuevo/a en la ciudad, y el/la otro/a hace mucho que vive en esta ciudad.

Situación B: dos miembros de la misma familia hablan por teléfono. Uno es estudiante y le cuenta al otro su rutina diaria.

Situación C: dos amigos/as se encuentran y uno/a le cuenta al/a la otro/a cómo fue el concierto de la noche anterior.

146   Lección 4

Lectura Theme-related readings, realia, and charts reinforce the grammar structures and lesson vocabulary in a short, captivating format.

Actividades This section integrates the three grammar points of the lesson, providing built-in, consistent review and recycling as you progress through the text.

CULTURA

features a dynamic cultural reading.

The following callout boxes describe the page features:

Readings Brief, comprehensible readings present you with additional cultural information related to the lesson theme and country or region of focus.

Photos Vibrant, dynamic photos visually illustrate the reading.

Design Readings are carefully laid out with line numbers, marginal glosses, pull quotes, and box features to help make each piece easy to navigate as a class.

Audio The **IMAGINA** Supersite contains an audio recording of each cultural reading, allowing you to improve both your reading and your listening skills with each article.

LITERATURA

showcases literary readings by well-known writers from across the Spanish-speaking world.

LITERATURA

LITERATURA

Audio: Dramatic Recording

EL ECLIPSE

Augusto Monterroso

Brother (title given to a monk)

captured 5

had designed

zeal 10

redemptive 15

face

se... were preparing

bed 20

Cuando fray° Bartolomé Arrazola se sintió perdido, aceptó que ya nada podría salvarlo. La selva poderosa de Guatemala lo había apresado°, implacable y definitiva. Ante su ignorancia topográfica se sentó con tranquilidad a esperar la muerte. Quiso morir allí, sin ninguna esperanza, aislado, con el pensamiento fijo en la España distante, particularmente en

Al despertar se encontró rodeado por un grupo de indígenas de rostro impasible que se disponían a sacrificarlo ante un altar...

el convento de Los Abrojos, donde Carlos Quinto condescendiera° una vez a bajar de su eminencia para decirle que confiaba en el celo° religioso de su labor redentora°.

Al despertar se encontró rodeado por un grupo de indígenas de rostro° impasible que se disponían° a sacrificarlo ante un altar, un altar que a Bartolomé le pareció como el lecho° en que descansaría,

al fin, de sus temores°, de su destino, de sí mismo.

Tres años en el país le habían conferido un mediano dominio° de las lenguas nativas. Intentó algo. Dijo algunas 25 palabras que fueron comprendidas.

Entonces floreció° en él una idea que tuvo por digna de su talento y de su cultura universal y de su arduo conocimiento de Aristóteles. Recordó que 30 para ese día se esperaba un eclipse total de sol. Y dispuso, en lo más íntimo°, valerse de° aquel conocimiento para engañar a sus opresores y salvar la vida.

—Si me matáis —les dijo— puedo 35 hacer que el sol se oscurezca en su altura.

Los indígenas lo miraron fijamente y Bartolomé sorprendió la incredulidad en sus ojos. Vio que se produjo un pequeño consejo°, y esperó confiado, no 40 sin cierto desdén.

Dos horas después el corazón de fray Bartolomé Arrazola chorreaba° su sangre vehemente sobre la piedra de los sacrificios (brillante bajo la opaca 45 luz de un sol eclipsado), mientras uno de los indígenas recitaba sin ninguna inflexión de voz, sin prisa, una por una, las infinitas fechas en que se producirían eclipses solares y lunares, 50 que los astrónomos de la comunidad maya habían previsto y anotado en sus códices sin la valiosa ayuda de Aristóteles. ■

fears

command (of a language)

blossomed

deepest recesses/valerse... to take advantage of

counsel 40

was gushing

152 · Lección 4

Generaciones en movimiento · 153

Literatura Comprehensible and compelling, these readings present new avenues for using the lesson's grammar, vocabulary, and themes.

Design Each reading is presented in the attention-grabbing visual style you would expect from a magazine, along with glosses of unfamiliar words that aid in comprehension.

Audio Dramatic recordings of each literary selection bring the plot to life. Listen to them at **imagina.vhlcentral.com.**

PREPARACIÓN & ANÁLISIS

activities provide in-depth pre- and post-reading support for each selection in Literatura and Cultura.

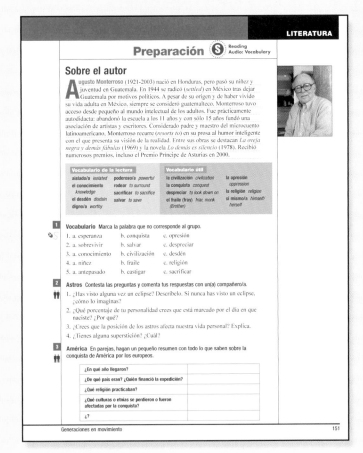

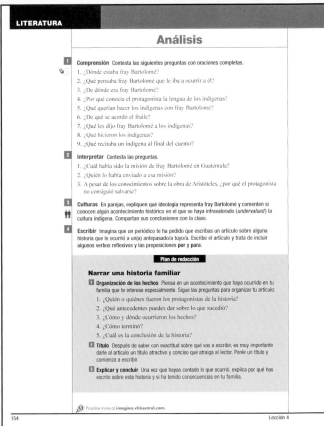

Preparación Helpful lists highlight active vocabulary that you will encounter in each reading, as well as other words that might prove useful for discussions. Diverse activities then allow you to practice the vocabulary.

Sobre el autor A brief biography gives you background information about the writer and the reading.

Análisis Post-reading exercises check your understanding and motivate you to discuss the topic of the reading, express your opinions, and explore how it relates to your own experiences.

Plan de redacción A guided writing assignment concludes every **Literatura** section.

VOCABULARIO

summarizes the active vocabulary in each lesson.

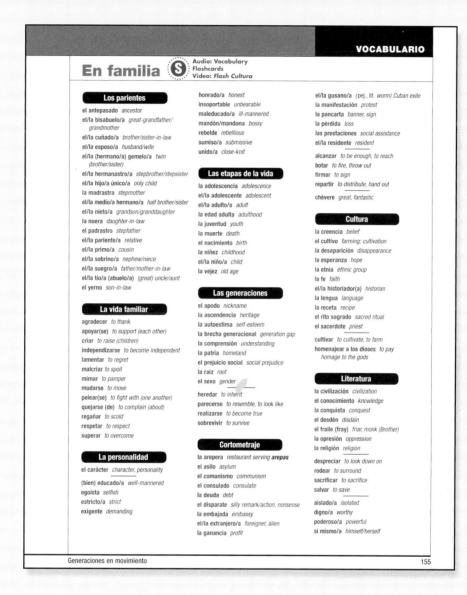

En familia　Audio: Vocabulary Flashcards　Video: *Flash Cultura*

VOCABULARIO

Los parientes
el antepasado *ancestor*
el/la bisabuelo/a *great-grandfather/grandmother*
el/la cuñado/a *brother/sister-in-law*
el/la esposo/a *husband/wife*
el/la (hermano/a) gemelo/a *twin (brother/sister)*
el/la hermanastro/a *stepbrother/stepsister*
el/la hijo/a único/a *only child*
la madrastra *stepmother*
el/la medio/a hermano/a *half brother/sister*
el/la nieto/a *grandson/granddaughter*
la nuera *daughter-in-law*
el padrastro *stepfather*
el/la pariente/a *relative*
el/la primo/a *cousin*
el/la sobrino/a *nephew/niece*
el/la suegro/a *father/mother-in-law*
el/la tío/a (abuelo/a) *(great) uncle/aunt*
el yerno *son-in-law*

La vida familiar
agradecer *to thank*
apoyar(se) *to support (each other)*
criar *to raise (children)*
independizarse *to become independent*
lamentar *to regret*
malcriar *to spoil*
mimar *to pamper*
mudarse *to move*
pelear(se) *to fight with (one another)*
quejarse (de) *to complain (about)*
regañar *to scold*
respetar *to respect*
superar *to overcome*

La personalidad
el carácter *character, personality*
(bien) educado/a *well-mannered*
egoísta *selfish*
estricto/a *strict*
exigente *demanding*

honrado/a *honest*
insoportable *unbearable*
maleducado/a *ill-mannered*
mandón/mandona *bossy*
rebelde *rebellious*
sumiso/a *submissive*
unido/a *close-knit*

Las etapas de la vida
la adolescencia *adolescence*
el/la adolescente *adolescent*
el/la adulto/a *adult*
la edad adulta *adulthood*
la juventud *youth*
la muerte *death*
el nacimiento *birth*
la niñez *childhood*
el/la niño/a *child*
la vejez *old age*

Las generaciones
el apodo *nickname*
la ascendencia *heritage*
la autoestima *self-esteem*
la brecha generacional *generation gap*
la comprensión *understanding*
la patria *homeland*
el prejuicio social *social prejudice*
la raíz *root*
el sexo *gender*
heredar *to inherit*
parecerse *to resemble, to look like*
realizarse *to become true*
sobrevivir *to survive*

Cortometraje
la arepera *restaurant serving arepas*
el asilo *asylum*
el comunismo *communism*
el consulado *consulate*
la deuda *debt*
el disparate *silly remark/action, nonsense*
la embajada *embassy*
el/la extranjero/a *foreigner, alien*
la ganancia *profit*

el/la gusano/a *(pej., lit. worm) Cuban exile*
la manifestación *protest*
la pancarta *banner, sign*
la pérdida *loss*
las prestaciones *social assistance*
el/la residente *resident*
alcanzar *to be enough, to reach*
botar *to fire, throw out*
firmar *to sign*
repartir *to distribute, hand out*
chévere *great, fantastic*

Cultura
la creencia *belief*
el cultivo *farming; cultivation*
la desaparición *disappearance*
la esperanza *hope*
la etnia *ethnic group*
la fe *faith*
el/la historiador(a) *historian*
la lengua *language*
la receta *recipe*
el rito sagrado *sacred ritual*
el sacerdote *priest*
cultivar *to cultivate, to farm*
homenajear a los dioses *to pay homage to the gods*

Literatura
la civilización *civilization*
el conocimiento *knowledge*
la conquista *conquest*
el desdén *disdain*
el fraile (fray) *friar, monk (Brother)*
la opresión *oppression*
la religión *religion*
despreciar *to look down on*
rodear *to surround*
sacrificar *to sacrifice*
salvar *to save*
aislado/a *isolated*
digno/a *worthy*
poderoso/a *powerful*
sí mismo/a *himself/herself*

Generaciones en movimiento　155

NEW! Flash cultura New to the Second Edition, this video was shot on location throughout the Spanish-speaking world. Tied to the lesson theme, each episode features interviews with real Spanish speakers and gives you even more opportunities to see vocabulary in authentic contexts. For a list of episodes, see p. xxvii.

IMAGINA Film Collection

Fully integrated with your textbook, the **IMAGINA** Film Collection features dramatic short films by Hispanic filmmakers. These films are the basis for the pre- and post-viewing activities in the **Cortometraje** section of each lesson. The films are a central feature of the lesson, providing opportunities to review and recycle vocabulary from **Para empezar**, and previewing and contextualizing the grammar from **Estructuras**.

These films offer entertaining and thought-provoking opportunities to build your listening comprehension skills and your cultural knowledge of Spanish speakers and the Spanish-speaking world.

Besides providing entertainment, the films serve as a useful learning tool. As you watch the films, you will observe characters interacting in various situations, using real-world language that reflects the lesson themes as well as the vocabulary and grammar you are studying.

Film Synopses

LECCIÓN 1

Momentos de estación
(Argentina; 8 minutos)

A commuter purchases his train ticket from the same woman every day, never once telling her about his feelings for her. Find out what happens if he suddenly takes advantage of the moment and tells her… and the spiraling effects for those around him.

LECCIÓN 2

Adiós mamá
(México; 8 minutos)

In this award-winning short film, a man is grocery shopping alone on an ordinary day when a chance meeting makes him the focus of an elderly woman's existential conflict.

LECCIÓN 3

Encrucijada
(México; 10 minutos)

A desperate man, conquered by the pressures of life, turns to the dark side to try to change his luck. Unfortunately for him, his deal with the Devil quickly spins out of control.

LECCIÓN 4
NEW! Rincón de Venezuela
(Venezuela/EE.UU.; 19 minutos)

It's enough of a struggle for one immigrant family to keep their restaurant afloat without having to worry about the political preferences of their patrons.

LECCIÓN 5
Raíz
(España; 17 minutos)

An older couple joyfully awaits the visit of the son they haven't seen in some time.

LECCIÓN 6
NEW! Hiyab
(España; 8 minutos)

Fátima's teacher is concerned that her wearing a headscarf will make the student stand out at her new school. How far will she go to fit in?

LECCIÓN 7
El hombre que volaba un poquito
(España; 20 minutos)

A new employee brings a breath of fresh air into a stale and oppressive office.

LECCIÓN 8
Happy Cool
(Argentina; 13 minutos)

Julio decides to wait out a recession by having himself cryogenically frozen until the economy improves.

LECCIÓN 9
Espíritu deportivo
(México; 11 minutos)

A funeral turns into a soccer game as aging athletes honoring the memory of one of their teammates start to rehash old victories.

LECCIÓN 10
Un pedazo de tierra
(México/EE.UU./Argentina; 24 minutos)

In honoring their great-great-grandfather's dying wish, two brothers learn a little more about themselves and the people that came before them.

Icons

Familiarize yourself with these icons that appear throughout **IMAGINA**.

Ⓢ Supersite content available

  Activity available on Supersite

  Pair activity

  Group activity

Text next to the Supersite icon will let you know exactly what type of content is available online. Additional practice on the Supersite, not included in the textbook, is indicated with this icon feature: 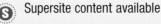 Practice more at **imagina.vhlcentral.com**.

Student Ancillaries

Student Activities Manual (SAM)

The **Student Activities Manual** consists of two parts: the **Workbook** and the **Lab Manual.**

- **Workbook**

  The **Workbook** activities provide additional practice of the vocabulary and grammar for each textbook lesson. They also reinforce the content of the **Imagina** section.

- **Lab Manual**

  The **Lab Manual** activities focus on building your pronunciation and listening comprehension skills in Spanish. They provide additional practice of the vocabulary and grammar of each lesson. They also revisit the **Literatura** reading with dramatic recordings and activities.

MAESTRO® WebSAM

Completely integrated with the **IMAGINA** Supersite (see next page), the **MAESTRO®** **WebSAM** provides 24-hour access to online workbook and laboratory activities with instant feedback and grading. The complete audio program is also included; the Lab Manual portion also includes record/submit functionality. Your instructor can view the results of your work, manage your class, and even customize the **WebSAM** by adjusting grading features and assigning specific exercises.

Lab Audio Program

The **Lab Audio Program** contains the recordings to be used in conjunction with the activities of the **Lab Manual.** It is available in compressed MP3 files that can be played in the CD-ROM drive of your computer or can be accessed on the **IMAGINA** Supersite.

- **Student Activities Manual Answer Key**

  This component, available upon instructor request, includes answer keys for all activities with discrete answers in the **Workbook** and **Lab Manual.**

MAESTRO® Supersite

IMAGINA, Second Edition, is completely integrated with the enormously successful **MAESTRO® Supersite**. Now in version 2.0, this powerful learning management system offers you these features, and more.

Practice

- **NEW!** Selected activities from the student text, available with auto-grading
- Additional activities for every vocabulary and grammar section
- Additional cultural information and comprehension activities

Video

- The **IMAGINA** Film Collection, with subtitles
- The **En pantalla** authentic TV clips, featuring everything from news stories to comedic spoofs
- **NEW!** Now featuring a **Flash cultura** episode related to the lesson theme

Flash Cultura

Lección 1: Las relaciones personales (España)	Lección 6: Puerto Rico: ¿nación o estado? (Puerto Rico)
Lección 2: El metro del D.F. (México)	Lección 7: El mundo del trabajo (Ecuador)
Lección 3: El cine mexicano (México)	Lección 8: Inventos argentinos (Argentina)
Lección 4: De compras en Barcelona (España)	Lección 9: Lo mejor de argentina (Argentina)
Lección 5: Naturaleza en Costa Rica (Costa Rica)	Lección 10: Machu Picchu: encanto y misterio (Perú)

Audio

- Downloadable MP3s of the Lab Audio program
- Dramatic recordings of the literary and cultural readings

Resources

- English-Spanish Dictionary
- Verb Wheel
- Integration with the **MAESTRO® WebSAM**

Visit **imagina.vhlcentral.com** to explore this exciting resource.

Access to the **MAESTRO® Supersite** is free with the purchase of a new student text.

Reviewers

On behalf of its writers and editors, Vista Higher Learning expresses its sincere appreciation to the many professors nationwide who reviewed **IMAGINA**. Their insights, ideas, and detailed comments were invaluable to the final product.

Stacy Amling
Des Moines Area Community College, IA

Carlos Andrés
California State University Stanislaus, CA

José Luis Ángeles
University of North Florida, FL

Kristen Anglemyer
Hustisford High School, WI

Rafael Arias
Los Angeles Valley College, CA

Inés Arribas
Bryn Mawr College, PA

Elizabeth Augspach
New York University, NY

Cindy Bachmann
Buffalo Grove High School, IL

Marysela Badell-Watson
Concord Carlisle High School, MA

María Barbosa
University of Central Florida, FL

Ana Benito
Indiana-Purdue University at Fort Wayne, IN

Pedro P. Bermúdez
Christopher Columbus High School, FL

Jane H. Betune
Salve Regina University, RI

Josebe Bilbao-Henry
The George Washington University, Washington DC

Sandra Bock
Saint Vincent Palloti High School, MD

Guiomar Borras
Glendale Community College, AZ

Barbara Boyd
Pine Crest School, FL

Marsha Brumleve Wagner
Francis W. Parker School, IL

Elizabeth Calvera
Virginia Tech, VA

Kari Carson
Tri-County Technical College, SC

Margarita Casas
Linn-Benton Community College, OR

Jeremy L. Cass
Furman University, SC

Don Cellini
Adrian College, MI

Jennifer Charles
Arrowhead High School, WI

Jens Clegg
Indiana-Purdue University at Fort Wayne, IN

Matthew J. Crotta
Canterbury School, CT

Ana Dávila-Howard
Ferris State University, MI

Rocío de la Rosa Duncan
Rockhurst University, MO

Citlalli Del Carpio
University of California Santa Cruz, CA

Melissa Dorfman
Hun School of Princeton, NJ

Maureen Dougher
Western Piedmont Community College, NC

Marsha Dragonetti
Latin School of Chicago, IL

Jaime Estrada
Maret School, Washington DC

Dina A. Fabery
University of Central Florida. FL

Diane J. Forbes
Rochester Institute of Technology, NY

Judith García-Quismondo García
Seton Hill University, PA

José García-Sánchez
Eastern Washington University, WA

Christi Garst-Santos
South Dakota State University, SD

Jill R. Gauthier
Miami University, OH

Ivette González
Johns Hopkins University, MD

Nancy Hess
Kalamazoo Valley Community College, MI

Beatrice Houston
Remsen Union Community School, IA

Martin Kaplan
Westridge School, CA

Sangsuk Kim
University of North Carolina at Chapel Hill, NC

Deborah Mistron
Middle Tennessee State University, TN

Mónica Montalvo
University of Central Florida, FL

Sharon Montano
Barton College, NC

Tania Muino Loureiro
Northeastern University, MA

Carrie Mulvihill
Des Moines Area Community College, IA

Lisa Nalbone
University of Central Florida, FL

Mary Ann Naser
Saint Xavier High School, KY

Steve Nelson
College of Eastern Utah, UT

M. Margarita Nodarse
Barry University, FL

Joanne O'Connor
Western Carolina University, NC

Rosemary Parise
Notre Dame Academy, MA

María C. Pérez
Iowa Western Community College, IA

Graciela Pérez
Biola University, CA

Chris Picicci
University of Oregon, OR

April Post
Elon University, NC

Traci Roberts-Camps
University of the Pacific, CA

Paul Roggendorff
Trinity Christian College, IL

Connie Rossi
Annie Wright School, WA

Dorothy Rudy
Sonoma State University, CA

Summer Sheeley
The Wheeler School, RI

Elizabeth Smith
Southwest Virginia Community College, VA

Beth Stapleton
Mississippi College, MS

Sunny Stautz
Portland Community College, SE Campus, OR

Mary Studer Shea
Napa Valley College, CA

David Thompson
Luther College, IA

Sonia Torna
Belarmine College Preparatory, CA

Maria Eugenia Trillo
Western New Mexico University, NM

Trini Tumlin
Tri-County Technical College, SC

Ines Warnock
Portland State University, OR

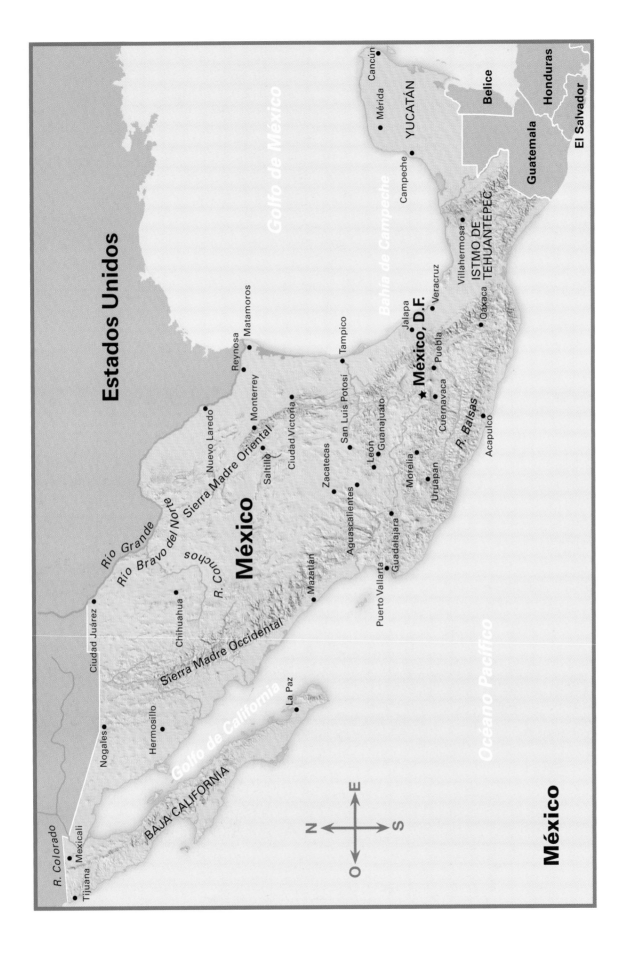

Estados Unidos

Golfo de México

Cancún
Mérida
YUCATÁN
Belice
Honduras
Guatemala
El Salvador

Bahía de Campeche

Campeche

Villahermosa
ISTMO DE
TEHUANTEPEC

Veracruz
Jalapa
México, D.F.
Oaxaca
Puebla
Cuernavaca
R. Balsas
Acapulco

Matamoros
Reynosa
Tampico
Monterrey
Ciudad Victoria
San Luis Potosí
Saltillo
León
Guanajuato
Zacatecas
Morelia
Uruapan
Aguascalientes
Guadalajara
Puerto Vallarta
Mazatlán

Nuevo Laredo
Sierra Madre Oriental
Río Grande
Río Bravo del Norte
R. Conchos
México
Ciudad Juárez
Chihuahua
Sierra Madre Occidental

Nogales
Hermosillo
La Paz
Golfo de California
BAJA CALIFORNIA

R. Colorado
Mexicali
Tijuana

Océano Pacífico

N
O
E
S

México

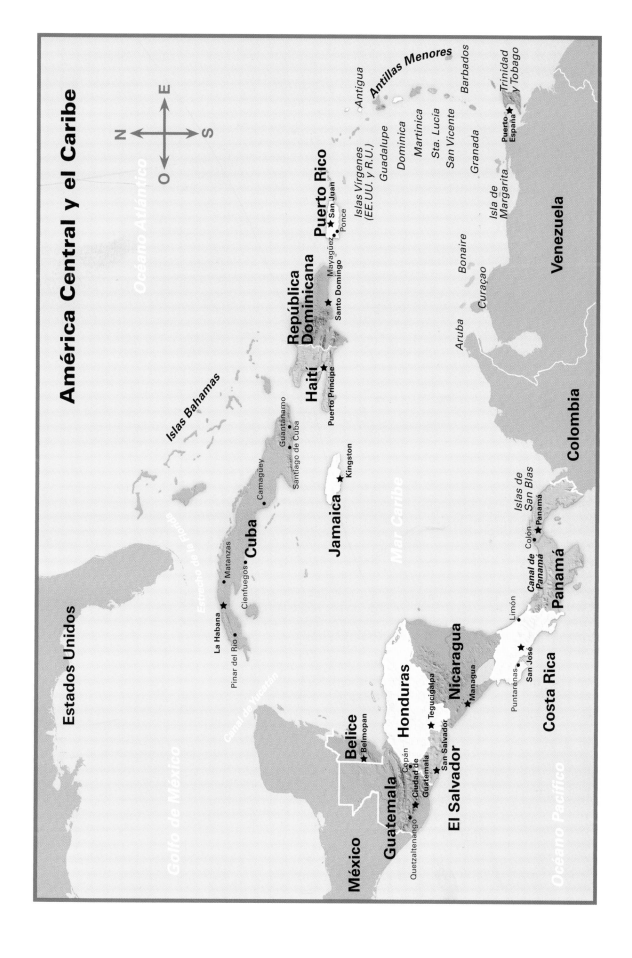

América Central y el Caribe

N
O · E
S

Estados Unidos

Golfo de México

Océano Atlántico

Estrecho de la Florida

Islas Bahamas

Pinar del Río ·
La Habana ★
Matanzas ·
Cienfuegos · **Cuba**
Camagüey ·
Guantánamo ·
Santiago de Cuba ·

Canal de Yucatán

México

Belice
★ Belmopan

Copán
Ciudad de · ·
Guatemala ★
Guatemala
Quetzaltenango ·

Honduras
Tegucigalpa ★

San Salvador ★
El Salvador

Nicaragua
Managua ★

Jamaica
★ Kingston

Mar Caribe

Haití
Puerto Príncipe ★

República Dominicana
★ Santo Domingo
Mayagüez ·

Puerto Rico
★ San Juan
Ponce ·

Islas Vírgenes
(EE.UU. y R.U.)

Antigua

Antillas Menores

Guadalupe
Dominica
Martinica
Sta. Lucía
San Vicente
Granada
Barbados

Isla de Margarita

Trinidad y Tobago
★ Puerto España

Aruba
Curaçao
Bonaire

Venezuela

Limón ·

Islas de San Blas

Panamá
Colón ·
★ Panamá
Canal de Panamá

Costa Rica
Puntarenas ·
★ San José

Colombia

Océano Pacífico

Mar Caribe

Barranquilla
Maracaibo
Caracas
Puerto España
Trinidad y Tobago

Venezuela

Medellín
Colombia
Bogotá
Cali
R. Orinoco
Georgetown
Guyana
Paramaribo
Cayena
Surinam
Guayana Francesa

Pasto

Ecuador
Quito
Guayaquil
Iquitos
R. Negro
R. Amazonas
Manaus
Belém

Perú

Cordillera de los Andes

Lima
Cuzco
R. Madeira
Recife

Lago Titicaca
Brasil
Salvador

Arequipa
La Paz
Bolivia
Brasilia

Arica
Sucre
R. Paraguay
Belo Horizonte

Iquique

Océano Pacífico
Antofagasta
São Paulo
Río de Janeiro
Santos

Salta
R. Paraná
Paraguay
Asunción

Chile

Córdoba
R. Paraná
R. Uruguay
Porto Alegre

Valparaíso
Mendoza
Rosario
Uruguay
Santiago
Buenos Aires
Montevideo

Concepción
Argentina
Océano Atlántico

Puerto Montt
Bahía Blanca

Cordillera de los Andes

Estrecho de Magallanes
Islas Malvinas

Punta Arenas

Tierra del Fuego

América del Sur

Islas Galápagos

Océano Pacífico
Isla Pinta
Isla Marchena
Isla Genovesa
Isla Isabela
Línea Ecuatorial
Volcán Darwin
Isla Santiago (San Salvador)
ECUADOR
Isla Fernandina
Puerto Ayora
Isla San Cristóbal
Santo Tomás
Isla Santa Cruz
Puerto Barquerizo Moreno
Isla Santa María
Isla Española

N
O — E
S

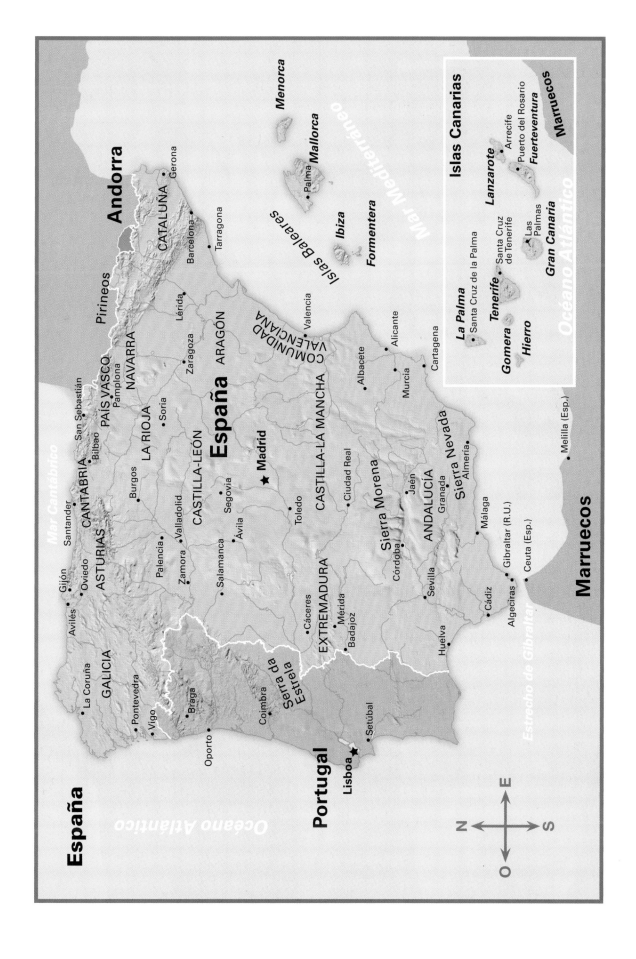

España

Océano Atlántico

Portugal

Lisboa
Setúbal
Oporto
Braga
Coimbra
Serra da Estrela

GALICIA
La Coruña
Pontevedra
Vigo
Avilés
Gijón
Oviedo
ASTURIAS

Mar Cantábrico
Santander
CANTABRIA
Bilbao
San Sebastián
PAÍS VASCO
Pamplona
NAVARRA
Pirineos
Andorra

CASTILLA-LEÓN
Burgos
Palencia
Valladolid
Zamora
Salamanca
Ávila
Segovia
Soria
LA RIOJA
ARAGÓN
Zaragoza
Lérida
CATALUÑA
Gerona
Barcelona
Tarragona

España
★ Madrid

EXTREMADURA
Cáceres
Mérida
Badajoz

CASTILLA-LA MANCHA
Toledo
Ciudad Real
Albacete

COMUNIDAD VALENCIANA
Valencia
Alicante
Murcia
Cartagena

Sierra Morena
Córdoba
Jaén
ANDALUCÍA
Sevilla
Granada
Sierra Nevada
Almería
Huelva
Cádiz
Málaga
Algeciras
Gibraltar (R.U.)
Ceuta (Esp.)

Estrecho de Gibraltar

Marruecos

Melilla (Esp.)

Islas Baleares
Menorca
Mallorca
Palma
Ibiza
Formentera

Mar Mediterráneo

Islas Canarias
La Palma
Santa Cruz de la Palma
Gomera
Hierro
Tenerife
Santa Cruz de Tenerife
Gran Canaria
Las Palmas
Lanzarote
Arrecife
Fuerteventura
Puerto del Rosario
Marruecos

Océano Atlántico

N
O ←→ E
S

Sentir y vivir

El deseo de vivir y el instinto de supervivencia son razón suficiente para seguir adelante. Ésta es una de las cualidades que compartimos los seres humanos independientemente de nuestras circunstancias, nuestros sueños o nuestros objetivos. Gracias a esa motivación nos lanzamos, enamorados, desilusionados, indecisos, a vivir sin tenerle miedo al futuro.

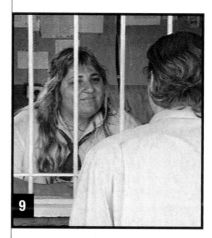

9

32

Destino:
ESTADOS UNIDOS

Las relaciones personales

Las relaciones

el alma gemela *soul mate, kindred spirit*
la amistad *friendship*

el ánimo *spirit; mood*
el chisme *gossip*
la cita (a ciegas) *(blind) date*
el compromiso *commitment; responsibility; engagement*
el deseo *desire*
el divorcio *divorce*
la (in)fidelidad *(un)faithfulness*
el matrimonio *marriage*
la pareja *couple*
el riesgo *risk*

———

compartir *to share*
confiar (en) *to trust (in)*
contar (o:ue) con *to rely on, to count on*
coquetear *to flirt*
dejar a alguien *to leave someone*
dejar plantado/a *to stand (someone) up*
discutir *to argue*

engañar *to cheat; to deceive*
ligar *to flirt; to hook up*
merecer *to deserve*
romper (con) *to break up (with)*
salir (con) *to go out (with)*

Los sentimientos

enamorarse (de) *to fall in love (with)*
enojarse *to get angry*
estar harto/a *to be fed up (with); to be sick (of)*
llevarse bien/mal/fatal *to get along well/badly/terribly*
odiar *to hate*
ponerse pesado/a *to become annoying*
querer(se) (e:ie) *to love; to want*
sentir(se) (e:ie) *to feel*
soñar (o:ue) con *to dream about*

tener celos (de) *to be jealous (of)*
tener vergüenza (de) *to be ashamed (of)*

Los estados emocionales

agobiado/a *overwhelmed*
ansioso/a *anxious*
celoso/a *jealous*

deprimido/a *depressed*
disgustado/a *upset*
emocionado/a *excited*
enojado/a *angry, mad*
pasajero/a *fleeting*
preocupado/a (por) *worried (about)*

Los estados civiles

casarse (con) *get married (to)*
divorciarse (de) *to get a divorce (from)*

———

casado/a *married*
divorciado/a *divorced*

separado/a *separated*
soltero/a *single*
viudo/a *widowed*

Las personalidades

cariñoso/a *affectionate*

cuidadoso/a *careful*
falso/a *insincere*
genial *wonderful*
gracioso/a *funny, pleasant*
inolvidable *unforgettable*
inseguro/a *insecure*
maduro/a *mature*
mentiroso/a *lying; liar*
orgulloso/a *proud*
seguro/a *secure; confident*
sensible *sensitive*
tacaño/a *cheap; stingy*
tempestuoso/a *stormy*
tímido/a *shy*
tranquilo/a *calm*

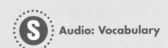
Audio: Vocabulary

Práctica

1 **Definiciones** Completa las oraciones con el adjetivo correcto.

1. Miente para mantener las apariencias. Es _____.   a. tacaño
2. Murió su mujer y vive solo. Es _____.   b. falso
3. No le gusta gastar su dinero. Es _____.   c. deprimido
4. Se siente mal y está triste. Está _____.   d. viudo
5. No vive con su esposa. Está _____.   e. ansioso
6. Tiene muchas ganas de ganar. Está _____.   f. gracioso

g. separado

2 **Identificar** Indica la palabra que no pertenece al grupo.

1. deprimido • tranquilo • preocupado • enojado
2. ligar • discutir • enamorarse • coquetear
3. pareja • compromiso • ánimo • matrimonio
4. casado • disgustado • viudo • soltero
5. inseguro • fabuloso • maravilloso • genial
6. almas gemelas • pareja • chisme • matrimonio

3 **¿Cómo eres?** Trabaja con un(a) compañero/a.

A. Contesta las preguntas del test.

Sí	A veces	No		Clave		
				Sí = 0 puntos		
				A veces = 1 punto		
□	□	□	1. ¿Te pones nervioso/a cuando estás con gente?	**No** = 2 puntos		
□	□	□	2. ¿Te molesta expresar tus emociones?	**Resultados**		
□	□	□	3. ¿Tienes miedo de dar el primer paso para iniciar una conversación?	**0 a 3**	Eres muy introvertido/a.	
□	□	□	4. ¿Te pone nervioso/a la idea de tener una cita a ciegas?	**4 a 7**	Tiendes a ser introvertido/a.	
□	□	□	5. ¿Te sientes inseguro/a cuando te critican?	**8 a 11**	No eres ni introvertido/a ni extrovertido/a.	
□	□	□	6. ¿Tienes vergüenza de hablar en público?	**12 a 16**	Tiendes a ser extrovertido/a.	
□	□	□	7. ¿Piensas mucho antes de tomar una decisión?	**17 a 20**	Eres muy extrovertido/a.	
□	□	□	8. ¿Piensas que, si eres muy simpático/a, las personas pueden creer que eres falso/a?			
□	□	□	9. ¿Piensas que coquetear es inmaduro?			
□	□	□	10. ¿Te llevas bien con las personas muy tímidas?			

B. Ahora suma (*add up*) los puntos. ¿Cuál es el resultado? ¿Estás de acuerdo? Comenta tu resultado y tu opinión con tu compañero/a.

 Practice more at **imagina.vhlcentral.com**.

Preparación Audio: Vocabulary

Vocabulario del corto	**Vocabulario útil**
abrazar(se) *to hug (each other)*	**la caja** *box*
averiguar *to find out*	**el cortometraje/corto** *short film*
el boleto *ticket*	**la escena** *scene*
la broma *joke*	**el guión** *script*
meterse *to break in (to a conversation)*	**la historia** *story*
el recuerdo *memento/souvenir*	**el/la protagonista** *main character*
suceder *to happen*	**la ventanilla** *ticket window*

EXPRESIONES

¡Cuánto hace que…! *How long has it been since…!*

No, no puede ser. *No, it can't be.*

1 Definiciones Empareja cada definición con la palabra correcta.

_____ 1. algo que se dice o hace para reír y divertirse   a. averiguar

_____ 2. objeto que guardamos para recordar un momento especial   b. escena

_____ 3. descubrir algo después de hacer una investigación   c. protagonista

_____ 4. personaje principal de una historia   d. caja

_____ 5. parte de una película   e. recuerdo

_____ 6. recipiente (*container*) para guardar cosas   f. broma

2 Vocabulario Eres un(a) actor/actriz y estás en una audición para un corto. Contesta las preguntas que te hace el director y razona tus respuestas.

1. ¿Te gustan las películas? ¿Y los cortometrajes?

2. ¿Qué prefieres: el teatro o el cine? ¿Por qué?

3. ¿Qué tipo de historias te gustan?

4. ¿Has sido alguna vez protagonista de un corto?

5. ¿Has hecho teatro alguna vez?

6. ¿Qué personalidad crees que debe tener un buen director o directora? ¿Y un buen actor o una buena actriz?

3 Fotogramas En parejas, observen los fotogramas e imaginen lo que va a ocurrir en el cortometraje. Comenten sus predicciones con el resto de la clase.

4 **Comentar** Con un(a) compañero/a, intercambia opiniones sobre el título del corto: *Momentos de estación.*

1. La palabra "estación" tiene varios significados. ¿Cuáles son?

2. ¿Qué les sugiere el título de este cortometraje?

3. ¿Hablan con extraños cuando están en un tren, un autobús o un avión? ¿Por qué?

4. ¿Qué hacen mientras esperan un tren, un autobús o un avión?

5. ¿Cuál creen que es el mejor medio de transporte (o lugar relacionado con un medio de transporte) para una escena romántica en una película? ¿Por qué?

5 **Amor a primera vista** En parejas, miren las ilustraciones y describan qué está pasando. Imaginen la conversación entre los personajes y el final de la historia. Después, compartan su interpretación con la clase.

Short Film

Momentos de estación

1er Premio BA en Primer Plano y Festival Interuniversitario Cortos UdeSA, Argentina

Nada que perder

Una producción del CENTRO DE INVESTIGACIÓN CINEMATOGRÁFICA Guión y Dirección GUSTAVO D. CABAÑA
Jefe de Producción GUSTAVO SAMMARTINO Dirección de Fotografía GUSTAVO GÓMEZ OLIVERA
Cámara LUCAS CABALLERO Montaje FEDERICO CALDERÓN/GUSTAVO CABAÑA Edición MARTÍN BLASSI
Dirección de Arte NATALIA OBATTA Sonido FEDERICO CALDERÓN
Actores SANDRA VILLANI/CLAUDIO TOLCACHIR/CARLOS DONIGIAN/ELENA CÁNEPA/LUCAS SANTA ANA/
CAROLINA PAINCEIRA/LUCRECIA OVIEDO/RODOLFO ROCA

ARGUMENTO *Un viajero va a la ventanilla a comprar un boleto de tren.*

VIAJERO Estoy enamorado de usted.
CAJERA ¿Cómo?

VIAJERO Tenía que decírselo hoy. Es mi último viaje.
CAJERA Esto es una broma.
VIAJERO No, no es ninguna broma, Ana.

(La señora del abanico[1] llama al hombre de la boina[2].)
SEÑORA ¡Chist!, Juan, ¿qué pasa?
JUAN Él la ama; ella no le cree.

VIAJERO Hace más de un año que nos conocemos. Usted es la que me atiende siempre. Yo soy el que va a la capital.
CAJERA Todos van a la capital.
VIAJERO Exactamente 375 veces, sin contar la de hoy. Mirá... aquí están todos: 375 boletos, uno por uno.

CAJERA ¿Qué quiere de mí?
VIAJERO Bailar.
CAJERA ¿Bailar?
VIAJERO Bailar, abrazarte, besarte...
CAJERA Ahora no, no puedo, estoy trabajando.

SEÑORA A veces, se le va la vida a uno sin que suceda algo tan maravilloso. Once años hace que murió mi marido. ¿Sabés, hijo?, ¡cuánto hace que no me dan un beso!

1 *fan* 2 *beret*

Análisis

1

Comprensión Elige la opción correcta para formar oraciones verdaderas.

1. La cajera trabaja en la estación desde hace _____ (unos meses/ más de un año).

2. El viajero _____ (prefiere/debe) expresar su amor a la cajera hoy.

3. El viajero _____ (cree/no cree) que la cajera lo va a reconocer.

4. Juan, el hombre de la boina (*beret*), ayuda a convencer _____ (a la cajera/ al viajero).

5. _____ (La señora mayor/Una de las chicas jóvenes) le pregunta a Juan qué pasa.

2

Interpretar En parejas, contesten las preguntas.

1. ¿Cuál es su interpretación del final de la historia?

2. ¿Cuáles son los distintos temas que trata el cortometraje?

3. ¿Creen que *Momentos de estación* puede relacionarse con la idea de *carpe diem* (*seize the day*)? ¿Conocen otras películas con esta idea?

4. ¿Qué consecuencias puede tener esta declaración de amor para los personajes?

5. ¿Creen que siempre vale la pena (*is worth it*) expresar los sentimientos? ¿Por qué?

3

Comentar En grupos de tres, lean el párrafo y respondan a las preguntas.

Señora del abanico: "A veces, se le va la vida a uno sin que le suceda algo tan maravilloso. Once años hace que se murió mi marido. ¿Sabés, hijo?, ¡cuánto hace que no me dan un beso!"

1. ¿A qué se refiere la señora cuando habla de "algo tan maravilloso"?

2. ¿Qué le ocurre después a este personaje?

3. ¿Creen que el amor es diferente en distintas etapas de la vida? Expliquen su respuesta.

4

Imaginar Lee el diálogo inicial entre el viajero y la cajera. Escribe otra versión con un final diferente al que has visto.

VIAJERO	Estoy enamorado de usted.	**VIAJERO**	No, no es ninguna broma, Ana.
CAJERA	¿Cómo?	**CAJERA**	¿Cómo sabe mi nombre?
VIAJERO	¡Que la amo!	**VIAJERO**	Lo averigüé; no fue difícil.
CAJERA	No, no puede ser.	**CAJERA**	Casi nunca me llaman por mi nombre.
VIAJERO	Tenía que decírselo hoy. Es mi último viaje.	**VIAJERO**	Es un nombre hermoso.
CAJERA	Esto es una broma.		

5 **Actuar** En parejas, inventen una escena en la que uno/a de ustedes tiene que declarársele a un(a) desconocido/a (*stranger*) y convencerlo/a de que está locamente enamorado/a de él/ella. Represéntenla después ante la clase.

6 **En breve** Resume en un párrafo la historia que acabas de ver. Utiliza el presente y los verbos **ser** y **estar**. Ten en cuenta:

- ¿Dónde sucede la historia?
- ¿Cuándo ocurre?
- ¿Quiénes son los personajes?
- ¿Qué es lo que sucede?
- ¿Cuál es el final de la historia?

7 **Encuesta**

A. Completa la tabla.

	Sí	No
1. A veces hablo con extraños.	☐	☐
2. No me gusta que la gente escuche mis conversaciones en los lugares públicos.	☐	☐
3. El tren es un buen lugar para conocer personas interesantes.	☐	☐
4. La comunicación es un arte.	☐	☐
5. A veces, las cosas más importantes se expresan a través del lenguaje no verbal.	☐	☐
6. En la actualidad (*Nowadays*), las personas comparten sus sentimientos más abiertamente que en el pasado.	☐	☐
7. La tecnología ha hecho que las relaciones sean menos personales.	☐	☐
8. Las palabras de cariño se trivializan cuando se usan demasiado.	☐	☐

B. Ahora comparte tus respuestas con un(a) compañero/a explicando tus puntos de vista. Luego cuéntale a la clase lo que has descubierto sobre tu compañero/a.

Practice more at **imagina.vhlcentral.com**.

IMAGINA

Ⓢ En **imagina.vhlcentral.com** encontrarás más información y actividades relacionadas con esta sección.

Cuando se presentó como candidato para gobernador de **California**, **Arnold Schwarzenegger**, se despidió de los reporteros con una de sus famosas frases de la película *The Terminator*: *"¡Hasta la vista, baby!"*. Miles y miles de niños pequeños repiten frases en español que aprendieron de *Dora y Diego*. Éstos no son ejemplos aislados. Hoy día, en todo el territorio de los **Estados Unidos**, personas de todas las edades, profesiones y razas utilizan frases en español, a veces sin saber que vienen de este idioma o aun, sin saber qué significan. Seguramente tú también has escuchado con frecuencia frases como: *"Hola", "Mi casa es su casa", "Vamos", "Adiós, amigo",* y muchas otras expresiones de boca de personas que no saben español.

ESTADOS

Estudiantes de Appleton, WI aprenden español en la escuela secundaria.

¡EL ESPAÑOL ESTÁ DE MODA!

¿A qué debemos la creciente popularidad del español? La respuesta es sencilla[1]: la influencia del idioma español en la cultura y en la vida diaria de los **Estados Unidos** es cada día mayor. Hoy día, en Estados Unidos viven más de 40 millones de hispanohablantes que utilizan el español a diario. Se calcula que para el año 2020 la población latina va a llegar a casi 60 millones. Además del hecho[2] de que el número de latinos ha aumentado, hay que señalar que la población latina está cada vez más dispersa por todo el país: podemos encontrar comunidades de hispanohablantes desde Florida hasta Alaska y desde Hawaii hasta Maine. Actualmente, por lo menos una de cada ocho personas en los Estados Unidos es de origen hispano.

Los efectos del rápido crecimiento de la población latina son palpables en la vida diaria de todos los habitantes de los Estados Unidos. ¿Cuántas veces el cajero automático[3] te dio la opción de escoger entre inglés y español? ¿Cuántas veces llamaste a una contestadora automática[4] de atención al cliente y te dieron la opción de seguir el menú en español? ¿Has notado los anuncios[5] en español en aeropuertos, estaciones de tren, hospitales y otros lugares públicos?

Lo que es realmente significativo es el hecho de que millones de estadounidenses están aprendiendo español en escuelas y universidades de todo el país. En la actualidad[6], casi seis millones de estudiantes de secundaria y más de 800.000 estudiantes universitarios se matriculan[7] todos los años en cursos de español. De hecho, el español es el idioma más solicitado[8] en los departamentos de lenguas extranjeras. No queda duda de que el español es el idioma extranjero que tiene un mayor impacto en la cultura estadounidense actual, lo cual se refleja a diario en la calle, en el cine, en Internet y en los medios de comunicación en general.

Signos vitales

Los **Estados Unidos** se encuentran actualmente entre los cinco países con más hispanohablantes en el mundo. Algunos argumentan que la cantidad de hispanohablantes podría reducirse a medida que el inglés se convierte en el primer idioma de hijos y nietos de inmigrantes. Sin embargo, algunas estadísticas contradicen este argumento. Además, el número de hispanohablantes se mantiene vivo gracias a la constante inmigración.

[1] *simple* [2] *fact* [3] *ATM* [4] *answering machine* [5] *notices* [6] *At present* [7] *enroll* [8] *in demand; popular*

UNIDOS

Latinos en los EE.UU.

Jorge Ramos **Jorge Gilberto Ramos Ávalos** nació en la Ciudad de México el 16 de marzo de 1958. Desde noviembre de 1986, es el conductor[1] titular del **Noticiero Univisión** en los Estados Unidos. Es el personaje de la televisión estadounidense en español que más tiempo ha estado al aire y de manera ininterrumpida en un mismo programa o noticiero.

Antonia Novello nació el 23 de agosto de 1944 en **Fajardo, Puerto Rico**. Recibió el título de Doctora en Medicina en la **Universidad de Puerto Rico** en 1970, el mismo año en que se casó con el doctor **Joseph Novello**. Entre 1990 y 1993 fue Directora de Salud Pública[2] de los Estados Unidos, siendo la primera mujer y también la primera hispana en ocupar este importante cargo[3].

César Pelli Arquitecto argentino, graduado de la **Universidad de Tucumán** en 1949, viajó a Estados Unidos en 1952 para realizar una maestría en arquitectura en la Universidad de Illinois y luego se radicó[4] en este país. En 1977 creó su propia firma y ese mismo año fue nombrado decano[5] de la **Escuela de Arquitectura de Yale**, puesto que mantuvo hasta 1984. De su trabajo podemos mencionar el **World Financial Center** en **Nueva York**, las **torres Petronas** en **Kuala Lumpur**, **Malasia** y la **terminal norte del aeropuerto Ronald Reagan National** de **Washington, D.C.**

Bill Richardson, gobernador de Nuevo México por dos períodos (2003-2006 y 2007-2010) y precandidato presidencial en 2008, es hijo de un estadounidense y una mexicana. Nació en los EE.UU. en 1947 pero pasó la infancia en la Ciudad de México. Realizó sus estudios secundarios y universitarios en Massachusetts. Su carrera política antes de ser gobernador incluye catorce años como representante en el Congreso, uno y medio como Embajador ante las Naciones Unidas, y dos y medio como Secretario de Energía.

[1] anchor [2] Surgeon General [3] position [4] settled [5] dean

El español en los Estados Unidos

Expresiones del español de uso común en inglés

Adiós, amigo.	*Goodbye, my friend.*
fiesta	*party, celebration, get-together*
gracias	*thank you*
gusto	*as in with **gusto**, with energy*
Hasta la vista.	*See you later.*
Mi casa es su casa.	*My house is your house.*
número uno	*the best, (lit. number one)*
plaza	*plaza; shopping mall*
pronto	*now; quick*
salsa	*sauce; latin music*
sombrero	*hat*
Vamos.	*Let's go.*

Influencia del inglés en el español

Muchas palabras de uso común en español, especialmente palabras relacionadas con tecnología, están adaptadas del inglés.

chatear	*to chat (online)*
computadora	*computer*
escáner	*scanner*
esnob	*snob*
gol	*goal (in sports; successful scoring)*
marketing	mercadotecnia; *marketing*

GALERÍA DE CREADORE

LITERATURA **Julia Álvarez**

La escritora Julia Álvarez nació en Nu
York pero pasó su niñez en la Repúbli
Dominicana. Su familia se exilió en lo
Estados Unidos cuando Julia tenía die
Algunos de los temas de sus libros so
experiencias derivadas de la dictadur
su país, su proceso de adaptación a u
cultura desconocida y la importancia
identidad. Es autora de *¡Yo!, A cafecit*
En el tiempo de las mariposas, y *De c*
muchachas García perdieron
el acento, entre otras obras.

DISEÑO Y MODA **Narciso Rodríguez**

En 1996, Narciso Rodríguez causó sensación con el vestido de novia
(*wedding gown*) que diseñó (*designed*) especialmente para Carolyn
Bessette, quien lo lució (*wore*) el día de su boda con John F. Kennedy, Jr.
En el mundo de la moda (*fashion*), este elegante y sencillo (*simple*) traje
fue uno de los diseños más comentados de la década. Desde entonces,
el diseñador de ascendencia cubana ha tenido por clientes a Salma
Hayek, Sarah Jessica Parker y Charlize Theron. Las características más
típicas de sus creaciones son la simplicidad, el uso de materiales ligeros
(*lightweight*) y la influencia latina.

PINTURA Carmen Lomas Garza

Esta artista chicana pinta escenas de la vida cotidiana (*everyday*) mexicano-americana inspiradas en recuerdos (*memories*) y experiencias de su niñez en Kingsville, Texas. El objetivo de su arte es mostrar (*to show*) el valor y la humanidad de su cultura. Celebraciones, historias familiares, rituales, preparación de comidas, mitos, tradiciones, juegos (*games*), remedios caseros (*home remedies*) y sueños forman parte de ese paisaje cotidiano. *Earache Treatment* es el título de este cuadro (*painting*). Aquí vemos una práctica antigua, pero todavía muy común hoy día entre muchas familias latinoamericanas y chicanas para curar el dolor de oído (*earache*).

Robert Rodríguez

...inte días y con sólo siete mil dólares, Robert Rodríguez filmó *El mariachi*, ...ícula que ganó el Premio (*Award*) del Público del Festival de Cine de ...ance de 1993. Las aventuras de *El mariachi* continuaron con *Desperado* ...e upon a time in México, películas en las cuales actuaron sus amigos ...io Banderas, Quentin Tarantino y Johnny Depp. El joven tejano forma ...del grupo de directores que han ganado más de $100 millones por ...la, gracias al éxito (*success*) de su serie *Spy Kids*, y sigue recibiendo ...iones (*awards*) por obras como *Sin City*.

CONEXIÓN INTERNET

En imagina.vhlcentral.com encontrarás más información y actividades relacionadas con esta sección.

¿Qué aprendiste?

Cierto o falso Indica si estas afirmaciones son ciertas o falsas. Corrige las falsas.

1. El español es el segundo idioma más solicitado en las universidades, después del francés.

2. Muchos niños aprenden frases en español gracias a los dibujos animados.

3. Es difícil encontrar compañías que ofrecen atención al cliente en español.

4. Antonia Novello fue la primera mujer en ocupar el cargo de Directora de Salud Pública.

Preguntas Contesta las preguntas.

1. ¿Quién popularizó en los Estados Unidos la frase "Hasta la vista, baby"?

2. ¿Cuántos millones de latinos se calcula que habrá para el año 2020 en los Estados Unidos?

3. ¿En qué lugares es común encontrar mensajes o avisos bilingües?

4. Según el artículo, ¿dónde se refleja especialmente la popularidad del español en la cultura estadounidense actual? Menciona por lo menos tres ejemplos.

5. ¿Qué cargo político ocupó Bill Richardson durante catorce años?

6. ¿Qué artista de la Galería te interesa más? ¿Por qué?

PROYECTO

En los EE.UU.

¿Qué sabes del mundo latino en los EE.UU.? Escoge un tema e investiga toda la información que necesites en la biblioteca o en Internet para preparar un folleto promocional.

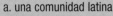

a. una comunidad latina
b. una celebración hispana
c. un lugar para el arte y la cultura latinoamericanos

• Escribe la información que consideras importante e incluye fotos.

• Presenta tu folleto a la clase. Explica por qué escogiste ese tema.

MINIPRUEBA

Completa las oraciones con la información correcta.

1. Los Estados Unidos se encuentran entre los _____ países con más hispanohablantes.
   a. tres   b. cinco   c. seis

2. Bill Richardson nació en _____ .
   a. Cuba   b. México   c. Estados Unidos

3. La popularidad del español en los Estados Unidos es directamente proporcional _____ de la población latina.
   a. al crecimiento   b. al trabajo   c. a la asimilación

4. Según la lectura, muchas _____ ofrecen operadores en español.
   a. empresas   b. estaciones   c. universidades

5. Actualmente, una de cada _____ personas en los Estados Unidos es de origen hispano.
   a. siete   b. ocho   c. cinco

6. En las _____ de los Estados Unidos se matriculan cada año casi seis millones de estudiantes en cursos de español.
   a. universidades   b. escuelas primarias
   c. escuelas secundarias

7. _____ es la cara más conocida en la televisión en español de los Estados Unidos.
   a. Jorge Ramos   b. César Pelli   c. Antonia Novello

8. En español, muchas palabras relacionadas con _____ son de origen inglés.
   a. la familia   b. el cine   c. la tecnología

9. Las torres Petronas en Malasia son obra del _____ César Pelli.
   a. cubano   b. argentino   c. mexicano

10. Julia Álvarez nació en _____ .
    a. Santo Domingo   b. Nueva York   c. Kingsville

11. Narciso Rodríguez alcanzó la fama con un vestido diseñado para _____ .
    a. Salma Hayek   b. Jackie Kennedy
    c. Carolyn Bessette

12. *Desperado* es la _____ parte de *El Mariachi*.
    a. segunda   b. tercera   c. cuarta

En pantalla (S) Video: *Reportaje*

Vocabulario

depender de *to depend on*   **la tarifa mensual** *monthly fee*
influir *to influence*   **el teléfono inteligente**
                                  smartphone

Los teléfonos celulares, las computadoras y otros avances tecnológicos están cambiando la manera en que nos comunicamos y nos expresamos, ya sea a distancia o a unos pocos metros. *A un "click" de distancia*, un informe de la cadena Univisión, muestra cómo los hispanos en los Estados Unidos utilizan la tecnología a diario para mantenerse en contacto con sus seres queridos (*loved ones*).

Conexión personal ¿Cómo te mantienes en contacto con tus amigos y tu familia? ¿Usas distintos medios si estás cerca o lejos? ¿Con qué medio te sientes más cómodo/a? ¿Por qué?

1

Comprensión Contesta las preguntas.

1. ¿Cuál es uno de los usos que los hispanos en los EE.UU. le dan a Internet?

2. ¿Qué se puede hacer con un teléfono inteligente?

3. Según Alberto Rojas, ¿qué servicio es el más barato?

4. ¿Por qué algunos hispanos ahorran en llamadas telefónicas?

5. ¿Qué otras formas de comunicación se usaban mucho en el pasado?

2

Noticias de viaje

A. En grupos de cuatro, elijan un medio de comunicación para contactarse con su familia y sus amigos durante un viaje de estudio a un país de Centroamérica. Tengan en cuenta:

- La duración del viaje, el lugar de destino y los recursos disponibles en ese lugar

- Las opciones disponibles (por ejemplo, correo electrónico, mensajes de texto, sitio web, *blog, podcast*) y las ventajas y desventajas de cada una

- El tipo de información que quieren compartir

- La frecuencia de comunicación

- El costo

B. Presenten su propuesta al resto de la clase.

A un "click" de distancia

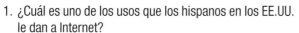

Para Diego y Alejandro platicar (*to chat*) con sus primos o abuelos en Venezuela ahora está a un 'click' de distancia.

Gracias al Internet, la comunicación con audio y video es ya cosa de niños.

Con teléfonos celulares que tienen la función de radio, podemos comunicarnos a todo el mundo por una tarifa mensual desde $20.

Es la palabra escrita, la misma que antes llevaba el cartero o llegaba por telégrafo.

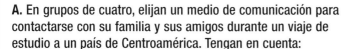

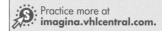
Practice more at
imagina.vhlcentral.com.

1.1

The present tense

Regular –ar, –er, –ir verbs

- The present tense (**el presente**) of regular verbs is formed by dropping the infinitive ending **–ar**, **–er**, or **–ir** and adding personal endings.

TALLER DE CONSULTA

These grammar topics are covered in the **Manual de gramática, Lección 1**.

1.4 Nouns and articles, p. 378
1.5 Adjectives, p. 380

For more stem-changing verbs, see the **Verb conjugation tables, pp. 412-422**.

The present tense of regular verbs			
	hablar	beber	vivir
yo	hablo	bebo	vivo
tú	hablas	bebes	vives
Ud./él/ella	habla	bebe	vive
nosotros/as	hablamos	bebemos	vivimos
vosotros/as	habláis	bebéis	vivís
Uds./ellos/ellas	hablan	beben	viven

- The present tense is used to express actions or situations that are going on at the present time and to express general truths.

¿Por qué **rompes** conmigo?
Why are you breaking up with me?

Porque no te **amo**.
Because I don't love you.

- The present tense is also used to express habitual actions or actions that will take place in the near future.

Mis padres me **escriben** con frecuencia.
My parents write to me often.

Mañana les **mando** una carta larga.
Tomorrow I'm sending them a long letter.

¡ATENCIÓN!

Subject pronouns are normally omitted in Spanish. They are used to emphasize or clarify the subject.

—**¿Viven en California?**
Do they live in California?

—**Sí, ella vive en Los Ángeles, y él vive en San Francisco.**
Yes, she lives in Los Angeles, and he lives in San Francisco.

Stem-changing verbs

- Some verbs have stem changes in the present tense. In many **–ar** and **–er** verbs, **e** changes to **ie** and **o** changes to **ue**. In some **–ir** verbs, **e** changes to **i**. The **nosotros/as** and **vosotros/as** forms never have stem changes in the present tense.

Stem-changing verbs		
e → ie	o → ue	e → i
pensar *to think*	**poder** *to be able to, can*	**pedir** *to ask for*
pienso	puedo	pido
piensas	puedes	pides
piensa	puede	pide
pensamos	podemos	pedimos
pensáis	podéis	pedís
piensan	pueden	piden

¡ATENCIÓN!

Jugar changes its stem vowel from **u** to **ue**. **Construir, destruir, incluir,** and **influir** add a **y** before the personal endings. As with other stem-changing verbs, the **nosotros/as** and **vosotros/as** forms do not change.

jugar

juego, juegas, juega, jugamos, jugáis, juegan

incluir

incluyo, incluyes, incluye, incluimos, incluís, incluyen

Irregular *yo* forms

- Many **–er** and **–ir** verbs have irregular **yo** forms in the present tense. Verbs ending in **–cer** or **–cir** change to **–zco** in the **yo** form; those ending in **–ger** or **–gir** change to **–jo**. Several verbs have irregular **–go** endings, and a few have individual irregularities.

<table>
<tr><td colspan="2">Ending in -go</td><td colspan="2">Ending in -zco</td></tr>
<tr><td>caer to fall</td><td>yo caigo</td><td>conducir to drive</td><td>yo conduzco</td></tr>
<tr><td>distinguir to distinguish</td><td>yo distingo</td><td>conocer to know</td><td>yo conozco</td></tr>
<tr><td>hacer to do, to make</td><td>yo hago</td><td>crecer to grow</td><td>yo crezco</td></tr>
<tr><td>poner to put, to place</td><td>yo pongo</td><td>obedecer to obey</td><td>yo obedezco</td></tr>
<tr><td>salir to leave, to go out</td><td>yo salgo</td><td>parecer to seem</td><td>yo parezco</td></tr>
<tr><td>traer to bring</td><td>yo traigo</td><td>producir to produce</td><td>yo produzco</td></tr>
<tr><td>valer to be worth</td><td>yo valgo</td><td>traducir to translate</td><td>yo traduzco</td></tr>
</table>

<table>
<tr><td colspan="2">Ending in -jo</td><td colspan="2">Other verbs</td></tr>
<tr><td>dirigir to direct, manage</td><td>yo dirijo</td><td>caber to fit</td><td>yo quepo</td></tr>
<tr><td>escoger to choose</td><td>yo escojo</td><td>saber to know</td><td>yo sé</td></tr>
<tr><td>exigir to demand</td><td>yo exijo</td><td>ver to see</td><td>yo veo</td></tr>
<tr><td>proteger to protect</td><td>yo protejo</td><td></td><td></td></tr>
</table>

- Verbs with prefixes follow the same patterns.

<table>
<tr><td>reconocer to recognize</td><td>yo reconozco</td><td>oponer to oppose</td><td>yo opongo</td></tr>
<tr><td>deshacer to undo</td><td>yo deshago</td><td>proponer to propose</td><td>yo propongo</td></tr>
<tr><td>rehacer to re-make, re-do</td><td>yo rehago</td><td>suponer to suppose</td><td>yo supongo</td></tr>
<tr><td>aparecer to appear</td><td>yo aparezco</td><td>atraer to attract</td><td>yo atraigo</td></tr>
<tr><td>desaparecer to disappear</td><td>yo desaparezco</td><td>contraer to contract</td><td>yo contraigo</td></tr>
<tr><td>componer to make up</td><td>yo compongo</td><td>distraer to distract</td><td>yo distraigo</td></tr>
</table>

Irregular verbs

- Other commonly used verbs in Spanish are irregular in the present tense or combine a stem-change with an irregular **yo** form or other spelling change.

dar *to give*	decir *to say*	estar *to be*	ir *to go*	oír *to hear*	ser *to be*	tener *to have*	venir *to come*
doy	digo	estoy	voy	oigo	soy	tengo	vengo
das	dices	estás	vas	oyes	eres	tienes	vienes
da	dice	está	va	oye	es	tiene	viene
damos	decimos	estamos	vamos	oímos	somos	tenemos	venimos
dais	decís	estáis	vais	oís	sois	tenéis	venís
dan	dicen	están	van	oyen	son	tienen	vienen

¡ATENCIÓN!

Some verbs with irregular **yo** forms have stem changes as well.

conseguir (e:i) → **consigo**

corregir (e:i) → **corrijo**

elegir (e:i) → **elijo**

seguir (e:i) → **sigo**

torcer (o:ue) → **tuerzo**

Práctica

1

Un apartamento infernal Beto tiene quejas (*complaints*) de su apartamento. Completa el párrafo con las palabras de la lista.

caber	hacer	oír	tener
estar	ir	ser	ver

Mi apartamento (1) _____ en el quinto piso. El edificio no (2) _____ ascensor y, para llegar al apartamento, (3) _____ que subir por la escalera. El apartamento es tan pequeño que mis cosas no (4) _____. Las paredes (*walls*) (5) _____ muy delgadas. A todas horas (6) _____ la radio o la televisión de algún vecino. El apartamento siempre (7) _____ oscuro y no puedo (8) _____ cuando (9) _____ la tarea. ¡(10) _____ a buscar otro apartamento!

2 **¿Qué haces?** Haz preguntas basadas en estas opciones y contéstalas con una explicación.

Modelo **vivir / en la residencia estudiantil**
—¿Vives en la residencia estudiantil?
—No, vivo en un apartamento con mis dos mejores amigos, Pablo y Julián.

1. salir / con amigos todas las noches
2. decir / mentiras
3. conducir / estar cansado
4. tener / miedo de ser antipático/a con los amigos
5. dar / consejos sobre asuntos personales
6. venir / a clase tarde con frecuencia

3 **¿Qué hacen los amigos?** Escribe cinco oraciones completas usando los sujetos y los verbos de las columnas.

Sujetos	Verbos	
yo	compartir	exigir
tú	creer	pensar
un(a) buen(a) amigo/a	deber	poner
nosotros/as	desear	traducir
los/las malos/as amigos/as		

1. _____
2. _____
3. _____
4. _____
5. _____

Comunicación

4

En el café Carola está en el Nuyorican Poets Café con unos amigos. En parejas, escriban ocho oraciones en las que Carola describe lo que hace cada persona. Usen algunos verbos de la lista.

beber	estar	oír	ser
decir	hablar	pedir	traer

Nota CULTURAL

El **Nuyorican Poets Café**, fundado en 1973 por el profesor **Miguel Algarín**, es un espacio multicultural ubicado en Manhattan dedicado a presentar el trabajo de poetas, músicos y artistas visuales. También exhibe obras de teatro y películas. Este foro apoya y promueve el arte que no tiene presencia en los medios comerciales.

5

Sueños cumplidos Un nuevo *reality show* tiene como objetivo cumplir los sueños de los participantes.

A. En grupos de cuatro, lean los sueños de algunos posibles participantes y preparen una lista de preguntas que el/la presentador(a) o el público puede hacerle a cada uno. Usen verbos en presente y el vocabulario de la lección.

María, 21 años
Sus padres la adoptaron cuando era niña. Cuando cumplió los 21, sus padres le contaron que tiene una hermana melliza (*twin*). María quiere conocerla.

Pedro, 35 años
Vive en los Estados Unidos desde los 4 años. No ve a sus abuelos desde entonces. Se acerca el cumpleaños número 90 de su abuela.

Francisco, 50 años
A los 18 años, Francisco emigró a los Estados Unidos. Su hermana, Sofía, emigró a España. Se hablan por teléfono pero hace 32 años que no se ven.

B. Elijan al primer participante del programa e improvisen la primera entrevista. Uno/a de ustedes es el/la presentador(a), otro/a es el/la participante y el resto son parte del público.

1.2

Ser and *estar*

—**Estoy** enamorado de usted.

—No, no puede **ser**.

Uses of *ser*

Nationality and place of origin	Mis padres **son** argentinos, pero yo **soy** de Florida.
Profession or occupation	El Sr. López **es** periodista.
Characteristics of people, animals, and things	El clima de Miami **es** caluroso.
Generalizations	Las relaciones personales **son** complejas.
Possession	La guitarra **es** del tío Guillermo.
Material of composition	El suéter **es** de pura lana.
Time, date, or season	**Son** las doce de la mañana.
Where or when an event takes place	La fiesta **es** en el apartamento de Carlos; **es** el sábado a las nueve de la noche.

Uses of *estar*

Location or spatial relationships	La clínica **está** en la próxima calle.
Health	Hoy **estoy** enfermo. ¿Cómo **estás** tú?
Physical states and conditions	Todas las ventanas **están** limpias.
Emotional states	¿**Está** Marisa contenta con Javier?
Certain weather expressions	¿**Está** nublado o **está** despejado hoy en Miami?
Ongoing actions (progressive tenses)	Paula **está** escribiendo invitaciones para su boda.
Results of actions (past participles)	La tienda **está** cerrada.

Ser and *estar* with adjectives

- **Ser** is used with adjectives to describe inherent, expected qualities. **Estar** is used to describe temporary or variable qualities, or a change in appearance or condition.

    La casa **es** muy pequeña.
    The house is very small.

    ¡**Están** tan enojados!
    They're so angry!

- With most descriptive adjectives, either **ser** or **estar** can be used, but the meaning of each statement is different.

    Julio **es alto**.
    Julio is tall. (that is, a tall person)

    ¡Ay, qué **alta estás**, Adriana!
    How tall you're getting, Adriana!

    Dolores **es alegre**.
    Dolores is cheerful. (that is, a cheerful person)

    El jefe **está alegre** hoy. ¿Qué le pasa?
    The boss is cheerful today. What's up with him?

    Juan Carlos **es** un hombre **guapo**.
    Juan Carlos is a handsome man.

    ¡Manuel, **estás** tan **guapo**!
    Manuel, you look so handsome!

- Some adjectives have two different meanings depending on whether they are used with **ser** or **estar**.

ser + [*adjective*]	estar + [*adjective*]
Laura **es aburrida**. *Laura is boring.*	Laura **está aburrida** *Laura is bored.*
Ese chico **es listo**. *That boy is smart.*	**Estoy listo** para todo. *I'm ready for anything.*
No **soy rico**, pero vivo bien. *I'm not rich, but I live well.*	¡El pan **está** tan **rico**! *The bread is delicious!*
La actriz **es mala**. *The actress is bad.*	La actriz **está mala**. *The actress is ill.*
El coche **es seguro**. *The car is safe.*	Creo que puedo ir pero **no estoy seguro**. *I think I can go but I'm not sure.*
Los aguacates **son verdes**. *Avocados are green.*	Esta banana **está verde**. *This banana is not ripe.*
Javier **es** muy **vivo**. *Javier is very sharp.*	¿Todavía **está vivo** el autor? *Is the author still living?*
Pedro **es** un hombre **libre**. *Pedro is a free man.*	Esta noche no **estoy libre**. ¡Lo siento! *Tonight I am not available. Sorry!*

TALLER DE CONSULTA

Remember that adjectives must agree in gender and number with the person(s) or thing(s) that they modify. See **Manual de gramática, 1.4 p. 378**, and **1.5 p. 380**.

¡ATENCIÓN!

Estar, not **ser**, is used with **muerto/a**.

Bécquer, el autor de las *Rimas*, está muerto.
Bécquer, the author of Rimas, *is dead.*

Práctica

1

La boda de Emilio y Jimena Completa cada oración de la primera columna con la terminación más lógica de la segunda columna.

1. La boda es _____
2. La iglesia está _____
3. El cielo está _____
4. La madre de Emilio está _____
5. El padre de Jimena está _____
6. Todos los invitados están _____
7. El mariachi que toca en la boda es _____
8. En mi opinión, las bodas son _____

a. de San Antonio, Texas.
b. deprimido por los gastos.
c. en la calle Zarzamora.
d. esperando a que entren la novia (*bride*) y su padre.
e. contenta con la novia.
f. a las tres de la tarde.
g. muy divertidas.
h. totalmente despejado.

2

La luna de miel Completa el párrafo en el que se describe la luna de miel (*honeymoon*) que van a pasar Jimena y Emilio. Usa formas de **ser** y **estar**.

Emilio y Jimena van a pasar su luna de miel en Miami, Florida. Miami (1) _____ una ciudad preciosa. (2) _____ en la costa este de Florida y tiene playas muy bonitas. El clima (3) _____ tropical. Jimena y Emilio (4) _____ interesados en visitar la Pequeña Habana. Julia (5) _____ fanática de la música cubana. Y Emilio (6) _____ muy entusiasmado por conocer el parque Máximo Gómez, donde las personas van a jugar dominó. Los dos (7) _____ aficionados a la comida caribeña. Quieren ir a todos los restaurantes que (8) _____ en la Calle Ocho. Cada día van a probar un plato diferente. Algunos de los platos que piensan probar (9) _____: el congrí, los tostones y el bistec palomilla. Después de pasar una semana en Miami, la pareja va a (10) _____ cansada pero muy contenta.

 Practice more at **imagina.vhlcentral.com**.

Comunicación

3 **Entrevistas**

A. En parejas, usen la lista como guía para entrevistarse. Usen **ser** o **estar** en las preguntas y respuestas.

• origen	• estudios actuales
• nacionalidad	• sentimientos actuales
• personalidad	• lugar donde vive/trabaja
• personalidad de los padres	• actividades actuales
• salud	

B. Cambien de pareja y cuéntenle a su compañero/a lo que descubrieron (*found out*) sobre el compañero/a entrevistado/a.

4 **¿Dónde estamos?** En grupos de cuatro, elijan una ciudad en la que supuestamente están de viaje. Sus compañeros deberán adivinar de qué ciudad se trata. Pueden elegir una de las ciudades de las fotos u otra ciudad importante.

Buenos Aires, Argentina

Quito, Ecuador

Madrid, España

Lima, Perú

San José, Costa Rica

México, D.F., México

- Hagan cinco afirmaciones usando **ser** o **estar** para dar pistas (*clues*) a sus compañeros.

- Si las pistas no son suficientes, sus compañeros pueden hacer preguntas con **ser** o **estar** cuya respuesta sea **sí** o **no**.

- Algunos temas para las afirmaciones o las preguntas pueden ser: ubicación, comida, características de la ciudad, actividades, sentimientos de los viajeros, etc.

1.3

Gustar and similar verbs

*Al viajero le **encantan** los boleros.*

Using the verb *gustar*

TALLER DE CONSULTA

See **3.2**, page **100** for object pronouns.

- Though **gustar** is translated as *to like* in English, its literal meaning is *to please*. **Gustar** is preceded by an indirect object pronoun indicating *the person who is pleased*. It is followed by a noun indicating *the thing or person that pleases*.

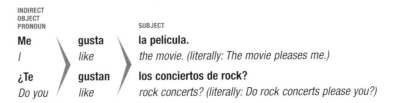

INDIRECT OBJECT PRONOUN		SUBJECT
Me	**gusta**	**la película.**
I	*like*	*the movie. (literally: The movie pleases me.)*
¿Te	**gustan**	**los conciertos de rock?**
Do you	*like*	*rock concerts? (literally: Do rock concerts please you?)*

- Because *the thing or person that pleases* is the subject, **gustar** agrees in person and number with it. Most commonly the subject is third person singular or plural.

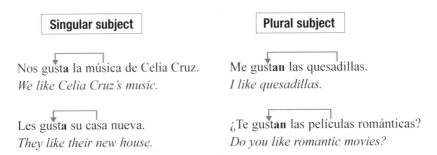

Singular subject	Plural subject
Nos gusta la música de Celia Cruz.	Me gustan las quesadillas.
We like Celia Cruz's music.	*I like quesadillas.*
Les gusta su casa nueva.	¿Te gustan las películas románticas?
They like their new house.	*Do you like romantic movies?*

- When **gustar** is followed by one or more verbs in the infinitive, the singular form of **gustar** is always used.

> No nos **gusta** llegar tarde.
> *We don't like to arrive late.*

> Les **gusta** cantar y bailar.
> *They like to sing and dance.*

- **Gustar** is often used in the conditional **(me gustaría)** to soften a request.

> Me **gustaría** un refresco, por favor.
> *I would like a soda, please.*

> ¿Te **gustaría** ir a una cita con mi amigo?
> *Would you like to go on a date with my friend?*

Verbs like *gustar*

- Many verbs follow the same pattern as **gustar**.

aburrir *to bore*	**hacer falta** *to miss; to need*
caer bien/mal *to (not) get along well with*	**importar** *to be important to; to matter*
disgustar *to upset*	**interesar** *to be interesting to; to interest*
doler *to hurt; to ache*	**molestar** *to bother; to annoy*
encantar *to like very much*	**preocupar** *to worry*
faltar *to lack; to need*	**quedar** *to be left over; to fit (clothing)*
fascinar *to fascinate*	**sorprender** *to surprise*

Me fascina el cine.
Movies fascinate me.

A Sandra **le disgusta** esa situación.
That situation upsets Sandra.

¿**Te molesta** si voy contigo?
Will it bother you if I come along?

Me duelen sus mentiras.
Her lies hurt me.

- The construction **a** + [*prepositional pronoun*] or **a** + [*noun*] can be used to emphasize who is pleased, bothered, etc.

A ella no le gusta bailar, pero **a él** sí.
She doesn't like to dance, but he does.

A Felipe le molesta ir de compras.
Shopping bothers Felipe.

TALLER DE CONSULTA

See **3.2**, page **101** for prepositional pronouns.

- **Faltar** expresses what someone or something lacks and **quedar** expresses what someone or something has left. **Quedar** is also used to talk about how clothing fits or looks on someone.

Le falta dinero.
He's short of money.

Le falta sal a la comida.
The food needs some salt.

A la impresora no le **queda** papel.
The printer is out of paper.

Esa falda **te queda** bien.
That skirt fits you well.

¿ Qué te hace falta en la vida?

Discoteca Paladio

Práctica

1 Completar Miguel y César son compañeros de cuarto y tienen algunos problemas. Hoy se han reunido para discutirlos. Completa su conversación con la forma correcta de los verbos entre paréntesis.

MIGUEL Mira, César, a mí (1) _____ (encantar) vivir contigo, pero la verdad es que (2) _____ (preocupar) algunas cosas.

CÉSAR De acuerdo. A mí también (3) _____ (molestar) algunas cosas de ti.

MIGUEL Bueno, para empezar (4) _____ (disgustar) que pongas la música tan alta cuando vienen tus amigos. Tus amigos (5) _____ (caer) muy bien pero, a veces, hacen mucho ruido y no me dejan dormir.

CÉSAR Sí, claro, lo entiendo. Pues mira, Miguel, a mí (6) _____ (preocupar) que no laves los platos después de comer. Además, tampoco sacas la basura.

MIGUEL Es verdad. Pues... vamos a intentar cambiar estas cosas. ¿Te parece?

CÉSAR (7) _____ (gustar) la idea. Yo bajo la música cuando vengan mis amigos y tú lavas los platos y sacas la basura más a menudo. ¿De acuerdo?

2 Preguntar En parejas, utilicen el modelo para hacerse preguntas, por turnos, sobre las siguientes personas.

Modelo fascinar / a tu padre
—¿Qué crees que le fascina a tu padre?
—Pues, no sé. Creo que le fascina dormir.

1. preocupar / al presidente
2. encantar / a tu hermano/a
3. gustar hacer los fines de semana / a ti
4. importar / a tus padres
5. interesar / a tu profesor(a) de español
6. aburrir / a tu novio/a y a ti
7. molestar / a tu mejor amigo/a
8. faltar / a ustedes

3 ¿Qué te gustaría hacer el fin de semana? En parejas, pregúntense si les gustaría hacer las actividades relacionadas con las fotos. Utilicen los verbos **aburrir, disgustar, encantar, fascinar, interesar** y **molestar**. Sigan el modelo:

Modelo —¿Te molestaría ir al parque de atracciones?
—No, me encantaría.

Comunicación

4

¿Te gusta? En parejas, pregúntense si les gustan o no las siguientes personas y actividades. Utilicen verbos similares a **gustar** y contesten las preguntas.

Benicio del Toro	ir a discotecas
Cameron Díaz	las películas de misterio
los discos de Christina Aguilera	las películas extranjeras
dormir los fines de semana	practicar algún deporte
hacer bromas	salir con tus amigos

5

¿Cómo son? Elige uno de los personajes de la lista. Luego escribe cuatro oraciones usando los verbos indicados. Dile a tu compañero/a lo que escribiste sin decirle el nombre del personaje. Él/Ella tiene que adivinar de quién se trata. Túrnense para describir por lo menos seis personajes.

Modelo —Le gusta mucho cantar. Le preocupan los problemas sociales
y ambientales. No le caen bien los *papparazzi*. Es muy rico.
—¡Es Bono!

- América Ferrera
- Barack Obama
- Tom Cruise
- Eva Longoria
- Jessica Alba
- David Beckham
- Eli Manning
- Javier Bardem
- Hilary Duff

aburrir	encantar	hacer falta	molestar
caer bien/mal	faltar	importar	preocupar
disgustar	fascinar	interesar	quedar

6

Veinte datos Haz preguntas a por lo menos diez de tus compañeros para completar la tabla. Debes crear los últimos cinco datos de la tabla usando los verbos sugeridos. Luego, comenta con la clase las tres respuestas que más te sorprendieron.

Encuentra a alguien que/a quien...			
	Nombre		Nombre
le gusta el francés		le molesta chatear por Internet	
le encanta nadar		ama ir a la playa	
le disgusta tener mascotas		le gusta levantarse temprano	
no le gusta tener carro		odia viajar en avión	
ama los helados		le interesa la política	
ama la música clásica		(encantar) _____	
no le gusta el deporte		(caer bien) _____	
le gusta comprar cosas por Internet		(molestar) _____	
le fascina ir a conciertos de rock		(preocupar) _____	
no le interesa viajar		(sorprender) _____	

Síntesis

Un consejo sentimental

Doctora Corazones,

Tengo 30 años. Hace tres meses que conocí a Marcela, mi novia. Creo que es la mujer de mi vida y le soy fiel°.

Pero tengo un problema y me gustaría consultarlo con usted: Resulta° que me vine a San Antonio por seis meses por razones de trabajo y mi novia se quedó en Nueva York. Por eso, diariamente nos comunicamos por Internet: nos encanta escribirnos mensajes electrónicos por medio del chat.

Un día se me ocurrió hacerme pasar por otro hombre,° para ver si la conquistaba. La verdad es que me costó bastante, pero lo logré°. Ahora mi novia mantiene una segunda relación virtual con un hombre que ella piensa que es otro. Este juego me preocupa mucho y realmente no sé cómo manejarlo°. Yo la quiero mucho y estoy seguro de que ella me ama, pero para mí esto es como una traición°, un engaño°. La verdad es que no sé qué hacer.

Estoy desesperado.
Gracias,
Carlos

faithful

It turns out

se me... I got the idea to pretend I was another man

I succeeded

handle it

betrayal/deception

1 **La carta** Trabajen en grupos pequeños. Lean la carta dirigida a la Dra. Corazones, consejera sentimental, y luego contesten las preguntas.

1. ¿Por qué Carlos y su novia se comunican por Internet?
2. ¿Qué hizo Carlos?
3. ¿Cuál es el resultado?
4. ¿Cómo se siente él ahora?

2 **Comentar** Con el grupo, comenten el problema de Carlos y propongan una solución. Elijan a un miembro del grupo para presentar la solución a la clase.

3 **La solución** Con toda la clase, escuchen y comenten las soluciones propuestas por los grupos, pensando en las siguientes preguntas. Entre todos, deben proponer una solución al problema de Carlos.

1. ¿Cómo reaccionan los grupos ante el problema de Carlos?
2. ¿Propone cada grupo una solución distinta?
3. ¿Son algunas soluciones más viables que otras?

Preparación  Audio: Vocabulary

Vocabulario de la lectura	
ayudarse *to help one another*	
la calidad de vida *standard of living*	
los familiares *relatives*	
fortalecerse *to grow stronger*	
por su cuenta *on his/her own*	
la red de apoyo *support network*	
la voluntad *will*	

Vocabulario útil	
abandonar *to leave*	
cuidar *to take care*	
emigrar *to emigrate*	
el/la inmigrante *immigrant*	
el lazo *tie*	
la patria *home country*	
mudarse *to move*	

1

Vocabulario Completa el diálogo utilizando palabras y expresiones de la lista.

abandonar	ciudad	por tu cuenta
ayudarse	familiares	red de apoyo
calidad de vida	lazo	voluntad

LUISA Mañana vamos a tener una gran fiesta y van a venir todos mis (1) _____: mis tíos, mis primos y mis abuelos.

CATI ¡Qué lástima! No puedo comer pastel de cumpleaños porque estoy a dieta.

LUISA Te admiro, a mí me falta (2) _____ para ponerme a dieta.

CATI Para mí no es difícil porque tengo una gran (3) _____: mi madre y mis tías también están a dieta.

LUISA Es bueno (4) _____ entre todos.

CATI Es cierto. ¿Por qué no vienes al gimnasio con nosotras? Es más fácil que hacer ejercicio (5) _____.

2

La inmigración En parejas, contesten las preguntas.

1. ¿Por qué la gente decide emigrar? Comenta por lo menos tres razones.
2. ¿Alguien de tu familia inmigró a este país o emigró a otro país? ¿Por qué decidió hacerlo?
3. De estar forzado/a a abandonar tu patria, ¿adónde irías? ¿Por qué?
4. ¿Cómo crees que cambiaría tu vida al vivir en otro país?

3

Encuesta Indica si estás de acuerdo o no con las siguientes afirmaciones. Cuando termines, comparte tu opinión sobre cada afirmación con la clase.

	Sí	No
1. Es importante vivir siempre cerca de los familiares.	☐	☐
2. Es bueno mantener las tradiciones y costumbres de nuestras familias.	☐	☐
3. Es necesario ser económicamente independiente de los padres.	☐	☐
4. Es bueno que los familiares se ayuden mutuamente.	☐	☐
5. Se aprende mucho más de la vida cuando uno se muda a otra ciudad o a otro país para estudiar o trabajar.	☐	☐

CORRIENTE
Latina

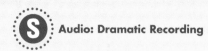

Las tendencias de la inmigración hispana han variado de manera considerable en los últimos años. El perfil del inmigrante ha cambiado y con mayor frecuencia el latino llega a los Estados Unidos con un nivel de estudios más alto y mejor preparado para ejercer° trabajos bien remunerados°.

to practice, to carry out
well-paid

También está cambiando el destino que elige para empezar su nueva vida. Si antes se establecía en las grandes ciudades y en los estados del suroeste°, ahora busca oportunidades en pueblos y ciudades del centro y norte del país.

southwest

La distribución de la inmigración se debe en parte a la disponibilidad° de trabajo y en parte a que los inmigrantes que llegan necesitan una red de apoyo. Muchos de ellos no pueden recurrir° a la ayuda que ofrecen los estados por su desconocimiento del inglés y de la cultura

availability

rely on

norteamericana. Los familiares y amigos son los responsables de ayudar a los miembros de su círculo y les facilitan casa y trabajo hasta que se puedan establecer por su cuenta. De esa forma, se han producido y se siguen produciendo grandes concentraciones de hispanos del mismo país de origen en áreas donde su presencia antes era escasa° o inexistente.

scarce, limited

Un muy buen ejemplo es Central Falls, en el estado de Rhode Island. Hoy en día, más de la mitad de sus habitantes° son de origen colombiano, específicamente del departamento° de Antioquia. Todo empezó en 1964 cuando el antioqueño° Pedro Cano llegó a Central Falls. Vino con la ilusión de tener una vida mejor y con la voluntad de trabajar duro° para conseguir sus ideales. Una vez establecido e integrado en la comunidad, fue acogiendo° a sus familiares y a personas conocidas que huían°

inhabitants
state, province
from Antioquia

hard

taking in

were fleeing

> **Vino con la ilusión de tener una vida mejor y con la voluntad de trabajar duro para conseguir sus ideales.**

de la difícil situación socioeconómica y política de su país. Allí iban encontrando el apoyo que necesitaban y podían, de esa forma, mejorar su calidad de vida a la vez que mantenían sus tradiciones y costumbres.

El nacimiento de estos microcosmos también está cambiando el paisaje urbano. Una visita a Central Falls lleva al viajero a un mundo nuevo: las tiendas especializadas en música hispana, los restaurantes de comida colombiana y los establecimientos para enviar dinero a otros países conviven mano a mano con los símbolos de la cultura norteamericana. ∎

Latino USA

16% Porcentaje de población hispana en los EE.UU.

16 Número de estados en los que viven más de 500.000 hispanos.

203,9% Porcentaje de crecimiento de la población latina en Kendall County, IL entre 2000 y 2006.

100.000.000 Número de hispanos en los EE.UU. proyectado para el año 2050.

Análisis

1 **Comprensión** Elige la opción correcta.

1. El perfil del inmigrante hispano _____.

   a. es el mismo **b.** ha cambiado **c.** es diferente al de otros inmigrantes

2. Además de los puestos de trabajo, lo que atrae hispanos a una comunidad
   es _____.

   a. la presencia de otros hispanos **b.** los alquileres baratos **c.** las buenas escuelas

3 Pedro Cano vino a los EE.UU. con la ilusión de _____.

   a. establecer una comunidad colombiana **b.** ahorrar para después volver a su país
   c. mejorar su calidad de vida

4. Muchos de los colombianos que viven en Central Falls, RI, emigraron
   por _____.

   a. la situación política y económica **b.** las oportunidades de trabajo en Central Falls
   c. la posibilidad de mantener sus tradiciones y su cultura

2 **Micrófono abierto** Trabajen en parejas para escribir una entrevista imaginaria a un(a) hispano/a que hace veinte años vive en los Estados Unidos. Uno/a de ustedes es el/la periodista y el/la otro/a es el/la inmigrante. Consideren estas preguntas y añadan más información.

- ¿Por qué decidió venir a los Estados Unidos?

- ¿Cómo es su vida aquí?

- ¿Cómo era su vida antes de venir?

- ¿Cuántos años tenía cuando llegó aquí?

- ¿Dónde está su familia?

- ¿Piensa regresar algún día a su país de origen?

3 **Carta** En grupos de tres, imaginen que son inmigrantes y que acaban de llegar a los Estados Unidos o Canadá. Escriban una carta a su familia incluyendo la información que responde a las preguntas. Cuando terminen, lean la carta delante de la clase.

- ¿Dónde están?

- ¿Cómo es la ciudad?

- ¿Qué les fascina de la ciudad? ¿Qué les molesta?

- ¿Estan emocionados/as o disgustados/as con el nuevo lugar?

> 6 de septiembre
>
> Queridos padres:
> ¡Estamos en . . . ! ¿Pueden creerlo? Es una
> ciudad interesante con . . .

Preparación  Reading
Audio: Vocabulary

Sobre el autor

Ya de muy joven, el chileno **Pablo Neruda** (1904-1973) mostraba inclinación por la poesía. En 1924, con tan sólo veinte años, publicó el libro que lo lanzó (*launched*) a la fama: *Veinte poemas de amor y una canción desesperada*. Además de poeta, fue diplomático y político. El amor fue sólo uno de los temas de su extensa obra: también escribió poesía surrealista y poesía con fuerte contenido histórico y político. Su *Canto general* lleva a los lectores en un viaje por la historia de América Latina desde los tiempos precolombinos hasta el siglo veinte. En 1971, recibió el Premio Nobel de Literatura.

Vocabulario de la lectura	Vocabulario útil
el alma *soul*	**el/la amado/a** *the loved one, sweetheart*
besar *to kiss*	**amar(se)** *to love (each other)*
contentarse *to be contented/satisfied with*	**los celos** *jealousy*
el corazón *heart*	**enamorado/a** *in love*
el olvido *forgetfulness, oblivion*	**el sentimiento** *feeling*

1

Vocabulario Completa este párrafo sobre una nueva película romántica usando palabras del vocabulario.

Amor sin fronteras es más que una película de amor. En la primera escena, Francisco le dice a Fernanda que él está (1) _____ de ella. La joven, sin embargo, no comparte el (2) _____, ya que ama en secreto a Javier, el hermano de Francisco, que emigró a Texas hace dos años. Francisco la (3) _____ y la abraza pero confunde su frialdad con timidez. Sin embargo, cuando Francisco le ofrece llevarla a Texas con él, María no puede contener la emoción. Es su oportunidad de volver a ver a Javier. La historia de estas dos (4) _____ confundidas se complica cuando, una vez en Texas, Francisco descubre que su (5) _____ en realidad ama a su hermano y lo invaden los (6) _____.

2

Preparación En parejas, hablen de los siguientes temas.

1. ¿Han estado enamorados/as alguna vez?

2. ¿Les gusta leer poesía?

3. ¿Han escrito alguna vez una carta o un poema de amor?

4. ¿Se consideran románticos/as?

5. ¿Comparten sus sentimientos por escrito? ¿A través de qué medio?

6. ¿Creen que el romanticismo es necesario en el amor?

7. ¿Cuál es su historia de amor favorita? ¿Por qué?

8. ¿Qué consejo le darían a alguien que tiene un amor imposible?

9. ¿Han visto películas que tratan sobre hacer películas o han leído libros en los que el narrador habla sobre personajes que a su vez escriben libros? Den ejemplos.

10. ¿Qué medio de comunicación usarían para una declaración de amor? ¿Qué palabras/imágenes/sonidos usarían? ¿Por qué?

POEMA 20

Pablo Neruda

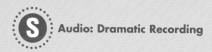

Puedo escribir los versos más tristes esta noche.

Escribir, por ejemplo: "La noche está estrellada°, *starry*
y tiritan°, azules, los astros°, a lo lejos°". *blink, tremble / stars/in the distance*
El viento de la noche gira° en el cielo y canta. *turns*

5   Puedo escribir los versos más tristes esta noche.
Yo la quise, y a veces ella también me quiso.

En las noches como ésta la tuve entre mis brazos.
La besé tantas veces bajo el cielo infinito.

Ella me quiso, a veces yo también la quería.
10   Cómo no haber amado sus grandes ojos fijos°. *fixed*

Puedo escribir los versos más tristes esta noche.
Pensar que no la tengo. Sentir que la he perdido.

Oír la noche inmensa, más inmensa sin ella.
Y el verso cae al alma como al pasto el rocío°. *como al... like the dew on the grass*

15   Qué importa que mi amor no pudiera guardarla°. *keep, protect*
La noche está estrellada y ella no está conmigo.

Eso es todo. A lo lejos alguien canta. A lo lejos.
Mi alma no se contenta con haberla perdido.

Como para acercarla° mi mirada la busca. *to bring closer*
20   Mi corazón la busca, y ella no está conmigo.

La misma noche que hace blanquear° los mismos árboles. *to whiten*
Nosotros, los de entonces, ya no somos los mismos.

Ya no la quiero, es cierto, pero cuánto la quise.
Mi voz° buscaba el viento para tocar su oído. *voice*

25   De otro. Será de otro. Como antes de mis besos.
Su voz, su cuerpo claro. Sus ojos infinitos.

Ya no la quiero, es cierto, pero tal vez la quiero.
Es tan corto el amor, y es tan largo el olvido.

Porque en noches como ésta la tuve entre mis brazos,
30   mi alma no se contenta con haberla perdido.

Aunque éste sea el último dolor que ella me causa,
y éstos sean los últimos versos que yo le escribo. ■

Análisis

1 **Comprensión** Contesta las preguntas con oraciones completas.

1. ¿Quién habla en este poema?
2. ¿De quién habla el poeta?
3. ¿Cuál es el tema del poema?
4. ¿Sigue enamorado el poeta? Explica tu respuesta.

2 **Interpretar** Contesta las siguientes preguntas con oraciones completas.

1. ¿Cómo se siente el poeta? Da algún ejemplo del poema.
2. ¿Es importante que sea de noche? Razona tu respuesta.
3. ¿Cómo interpretas este verso: "Ya no la quiero, es cierto, pero tal vez la quiero"?
4. Explica el significado de estos versos y su importancia en el poema. ¿Por qué escribe el poeta un verso entre comillas?

> Puedo escribir los versos más tristes esta noche.
> Escribir, por ejemplo: "La noche está estrellada,
> y tiritan, azules, los astros, a lo lejos."
> El viento de la noche gira en el cielo y canta.

3 **Metaficción** En grupos de tres, lean esta definición y busquen ejemplos de metaficción en el poema de Neruda. ¿Qué efecto tiene este recurso en el poema?

> "La metaficción consiste en reflexionar dentro de una obra de ficción sobre la misma obra."

4 **Escribir** Escribe una carta dirigida a un(a) amigo/a, a tu novio/a o a un desconocido/a (*stranger*) expresando lo que sientes por él o ella. Sigue el **Plan de redacción**.

Plan de redacción

Escribir una carta

1 **Encabezamiento** Piensa a quién quieres dirigirle la carta: ¿a un(a) amigo/a? ¿a tu pareja? ¿a alguien que no te conoce? ¿a una estrella de cine? Elige un saludo apropiado: **Estimado/a**, **Querido/a**, **Amado/a**, **Amor mío**, **Vida mía**.

2 **Contenido** Organiza las ideas que quieres expresar en un esquema (*outline*) y después escribe la carta. Aquí tienes unas preguntas para ayudarte a ordenar lo que quieres decir:

1. ¿Sabe esta persona lo que sientes? ¿Es la primera vez que se lo dices?
2. ¿Cómo te sientes?
3. ¿Por qué te gusta esta persona?
4. ¿Crees que tus sentimientos son correspondidos?
5. ¿Cómo quieres que sea tu relación en el futuro?

3 **Firma** Termina la carta con una frase de despedida (*farewell*) adecuada. Aquí tienes unos ejemplos: **Un abrazo**, **Besos**, **Te quiero**, **Te amo**, **Tu eterno/a enamorado/a**.

Practice more at
imagina.vhlcentral.com

Las relaciones personales

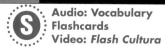

Audio: Vocabulary
Flashcards
Video: *Flash Cultura*

Las relaciones

el alma gemela *soul mate, kindred spirit*
la amistad *friendship*
el ánimo *spirit; mood*
el chisme *gossip*
la cita (a ciegas) *(blind) date*
el compromiso *commitment; responsibility; engagement*
el deseo *desire*
el divorcio *divorce*
la (in)fidelidad *(un)faithfulness*
el matrimonio *marriage*
la pareja *couple*
el riesgo *risk*
───────
compartir *to share*
confiar (en) *to trust (in)*
contar (o:ue) con *to rely on, to count on*
coquetear *to flirt*
dejar a alguien *to leave someone*
dejar plantado/a *to stand (someone) up*
discutir *to argue*
engañar *to cheat; to deceive*
ligar *to flirt; to hook up*
merecer *to deserve*
romper (con) *to break up (with)*
salir (con) *to go out (with)*

Los sentimientos

enamorarse (de) *to fall in love (with)*
enojarse *to get angry*
estar harto/a *to be fed up (with); to be sick (of)*
llevarse bien/mal/fatal *to get along well/badly/terribly*
odiar *to hate*
ponerse pesado/a *to become annoying*
querer(se) (e:ie) *to love (each other); to want*
sentirse (e:ie) *to feel*
soñar (o:ue) con *to dream about*
tener celos (de) *to be jealous (of)*
tener vergüenza (de) *to be ashamed (of)*

Los estados emocionales

agobiado/a *overwhelmed*
ansioso/a *anxious*
celoso/a *jealous*
deprimido/a *depressed*
disgustado/a *upset*
emocionado/a *excited*
enojado/a *angry, mad*
pasajero/a *fleeting*
preocupado/a (por) *worried (about)*

Los estados civiles

casarse (con) *to get married (to)*
divorciarse (de) *to get a divorce (from)*
───────
casado/a *married*
divorciado/a *divorced*
separado/a *separated*
soltero/a *single*
viudo/a *widowed*

Las personalidades

cariñoso/a *affectionate*
cuidadoso/a *careful*
falso/a *insincere*
genial *wonderful*
gracioso/a *funny, pleasant*
inolvidable *unforgettable*
inseguro/a *insecure*
maduro/a *mature*
mentiroso/a *lying; liar*
orgulloso/a *proud*
seguro/a *secure; confident*
sensible *sensitive*
tacaño/a *cheap/stingy*
tempestuoso/a *stormy*
tímido/a *shy*
tranquilo/a *calm*

Cortometraje

el boleto *ticket*
la broma *joke*
la caja *box*

el cortometraje/corto *short film*
la escena *scene*
el guión *script*
la historia *story*
el/la protagonista *main character*
el recuerdo *memento, souvenir*
la ventanilla *ticket window*
───────
abrazarse *to hug*
averiguar *to find out*
meterse *to break in (to a conversation)*
suceder *to happen*

Cultura

la calidad de vida *standard of living*
los familiares *relatives*
el/la inmigrante *immigrant*
el lazo *tie*
la patria *home country*
la red de apoyo *support network*
la voluntad *will*
───────
abandonar *to leave*
ayudarse *to help one another*
cuidar *to take care*
emigrar *to emigrate*
fortalecerse *to grow stronger*
mudarse *to move*
───────
por su cuenta *on his/her own*

Literatura

el alma *soul*
el/la amado/a *the loved one, sweetheart*
los celos *jealousy*
el corazón *heart*
el olvido *forgetfulness, oblivion*
el sentimiento *feeling*
───────
amar(se) *to love (each other)*
besar *to kiss*
contentarse con *to be contented/satisfied with*
───────
enamorado/a *in love*

Vivir en la ciudad

Cualquier paseo por una de las capitales del mundo hispano puede convertirse en un verdadero viaje al pasado. Los edificios y plazas de **Madrid**, **Buenos Aires**, **Bogotá** y **Lima** nos cuentan la historia de sus países. Una de estas capitales, famosa por la riqueza cultural que se respira en sus calles, es la **Ciudad de México**, una de las ciudades más grandes del mundo. En esta lección te invitamos a conocer la historia y la cultura de México, la nación hispanohablante más grande del mundo.

El Ángel de la Independencia en el Paseo de la Reforma, una de las principales avenidas de la Ciudad de México.

Destino:
MÉXICO

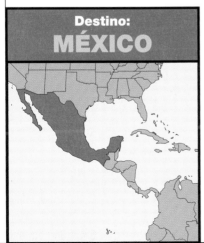

En la ciudad Audio: Vocabulary

Lugares

las afueras *suburbs*
los alrededores *the outskirts*
el ayuntamiento *city hall*
el barrio *neighborhood*
el centro comercial *mall*

el cine *movie theater*
la ciudad *city*
la comisaría *police station*
la discoteca *dance club*
el edificio *building*
la estación (de trenes/autobuses)
  (train/bus) station
la estación de bomberos *fire station*
la estación de policía *police station*
el estacionamiento *parking lot*
el estadio *stadium*
el metro
  subway
el museo
  museum
la parada (de metro, de autobús)
  (subway, bus) stop
la plaza *square*
el rascacielos
  skyscraper
el suburbio *suburb*
la vivienda *housing;*
  home

Indicaciones

la acera *sidewalk*

la avenida *avenue*
la calle *street*
la cuadra *city block*
la dirección *address*
la esquina *corner*
el letrero *sign, billboard*
el puente *bridge*
el semáforo *traffic light*
el tráfico *traffic*
el transporte público *public transportation*

———

cruzar *to cross*
estar perdido/a
  to be lost
indicar el camino
  to give directions
preguntar el camino
  to ask for directions

Gente

el/la alcalde(sa) *mayor*
el/la ciudadano/a *citizen*
el/la conductor(a) *driver*
la gente *people*
el/la pasajero/a
  passenger
el/la peatón/peatona
  pedestrian
el policía/la mujer policía
  policeman/woman

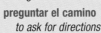

Actividades

bajar *to go down; to get off (a bus)*
construir *to build*
conversar *to talk*
convivir *to live together; to coexist*
dar un paseo *to take a stroll*
dar una vuelta *to take a walk/ride*
dar una vuelta en bicicleta/carro/
  motocicleta *to take a bike/car/*
  motorcycle ride
disfrutar de *to enjoy*
doblar *to turn*
hacer diligencias *to run errands*
parar *to stop*
pasarlo/la bien/mal *to have a*
  good/bad time
poblar *to settle; to populate*
quedar *to be located*
quedarse *to stay*
recorrer *to travel (around a city)*
relajarse *to relax*
residir *to reside*
subir *to go up; to get on (a bus)*

———

la vida nocturna *nightlife*

Para describir

atrasado/a *late*
cotidiano/a *everyday*
inesperado/a
  unexpected
lleno/a *full*
ruidoso/a *noisy*
vacío/a *empty*

Práctica

1 ¿Qué significa? Empareja cada palabra con su definición.

_____ 1. no saber cómo llegar a un lugar
_____ 2. construcción que conecta
   dos lugares
_____ 3. persona que toma el metro
_____ 4. todos los días
_____ 5. reducir la tensión que
   uno tiene
_____ 6. vivir (en un apartamento)
_____ 7. pasarlo bien
_____ 8. anuncio escrito

a. puente
b. residir
c. relajarse
d. letrero
e. pasajero
f. cotidiano
g. estar perdido
h. ruidoso
i. disfrutar
j. la cuadra

2 Titulares A estos titulares (_headlines_) de un periódico les faltan unas palabras. Complétalos utilizando palabras de la lista.

alrededores	discoteca	hace diligencias
ciudadanos	estacionamientos	suburbio
construyen	está perdida	tráfico

1. Encuentran un tesoro (_treasure_) escondido en un _____ de la ciudad

2. Hombre muere en un accidente de _____

3. Pareja baila sin parar 24 horas en una _____

4. Los _____ creen que el transporte público debe ser barato

5. _____ un rascacielos de más de 300 pisos

6. Una familia de turistas _____ en el metro; nadie los ayuda

7. No hay suficiente espacio en los _____ para tantos automóviles

3 La ciudad Indica si estás de acuerdo con estas afirmaciones. Después, compara tus opiniones con las de un(a) compañero/a y explica por qué piensas así. ¿Tienen las mismas preferencias?

	Sí	No
1. Es mejor vivir en una ciudad que en un suburbio.	☐	☐
2. Nunca se debe hablar con desconocidos (_strangers_).	☐	☐
3. Es mejor convivir con alguien que vivir solo.	☐	☐
4. Es mejor vivir en una calle pequeña que en una avenida.	☐	☐
5. Se deben eliminar los parques para construir más edificios.	☐	☐
6. En una ciudad es más cómodo manejar que tomar transporte público.	☐	☐

4 En el ayuntamiento Imagina que eres el/la alcalde(sa) de una ciudad. ¿Cómo puedes mejorar la vida de los ciudadanos? ¿Qué cambios quieres hacer? Compara tus ideas con las de tus compañeros/as.

Practice more at **imagina.vhlcentral.com**.

Preparación (S) Audio: Vocabulary

Vocabulario del corto	Vocabulario útil
afligirse *to get upset*	**el/la cajero/a** *cashier*
borracho/a *drunk*	**el/la desconocido/a** *stranger*
el choque *crash*	**la fila** *line*
las facciones *features*	**ingenuo/a** *naïve*
parecerse *to look like*	**valorar** *to value*
repentino/a *sudden*	

EXPRESIONES

Pero... si sólo es/son... *But... it's only...*

¿Sabe(s)? *You know?*

¿Y a mí, qué? *What do I care?*

1 **Vocabulario** Completa el artículo con el vocabulario que acabas de aprender.

Robo en supermercado

Ayer un **(1)** _____ robó en el supermercado ESTRELLA. El hombre entró en la tienda a las nueve de la noche y esperó en la **(2)** ____ cinco minutos. Después, empezó a hablar del tiempo con la **(3)** _____. De repente, las luces se apagaron (*went out*) y él se fue con el dinero de la caja. Salió del estacionamiento tan rápido que tuvo un **(4)** _____ con un carro deportivo. Se fue corriendo, pero la policía lo encontró. Había tomado tequila y estaba **(5)** _____. Cuando dijeron que lo iban a llevar a la cárcel (*jail*), dijo: "¿ **(6)** _____ ?" y saltó al río. No se sabe si está vivo. Según la gente que estaba en el supermercado, este hombre tiene **(7)** _____ idénticas a una persona famosa. **(8)** _____ mucho a Simon Cowell.

2 **Preguntas** En parejas, contesten las preguntas.

1. ¿Hablan con desconocidos en algunas ocasiones? ¿Les gusta hacerlo?

2. Den ejemplos de dos o tres lugares donde es más fácil o frecuente hablar con gente que no conocen.

3. Según el título del cortometraje, *Adiós mamá,* ¿de qué creen que va a tratar la historia?

3

Fotogramas En parejas, observen los fotogramas e imaginen lo que va a ocurrir en el cortometraje. Después, compartan sus ideas.

4

¿Eres ingenuo? En parejas, hagan el test de personalidad.

A. Marquen sus respuestas para saber si son ingenuos/as.

TEST DE
PERSONALIDAD

1. **Tu compañero/a de apartamento tiene que ir a una conferencia durante el fin de semana y te vas a quedar solo/a.**

   a. Organizas una gran fiesta. Seguro que no lo va a descubrir.

   b. Invitas a unos amigos y se lo cuentas a tu compañero/a cuando regresa.

   c. Limpias la casa. Él/Ella está trabajando y tú debes hacer lo mismo.

2. **¿Con qué afirmación te identificas?**

   a. Debes creer en la gente y pensar bien de todos.

   b. Hay que esperar a conocer a las personas para tener una opinión de ellas.

   c. Todo el mundo es muy egoísta. Hay que tener cuidado.

3. **Un(a) desconocido/a te manda un mensaje de texto y quiere verte para tomar un café por la tarde.**

   a. ¿Quién será? ¡Qué emoción! ¿Será el/la chico/a tan guapo/a de la clase?

   b. Borras el mensaje inmediatamente. ¡Qué manera de perder el tiempo!

   c. ¡Caramba, seguro que es Amalia para pedir dinero! ¡Siempre igual!

4. **¿Con qué personaje de ficción te identificas?**

   a. El Hombre Araña

   b. Darth Vader

   c. Bart Simpson

5. **Un(a) amigo/a te cuenta que el fin de semana pasado estuvo cenando con tu actor/actriz favorito/a.**

   a. No le crees y le preguntas a todo el mundo si es verdad.

   b. Estás muy contento/a y le pides que te cuente todo, todo, todo.

   c. Le cuentas que el fin de semana pasado tú estuviste en Buenos Aires.

6. **Si les preguntamos a tus mejores amigos/as cuál es tu mejor cualidad, ¿qué contestarán?**

   a. Sin duda, eres la mejor persona del grupo.

   b. Eres inteligente como Einstein.

   c. Eres muy divertido/a y aventurero/a.

B. Ahora, intercambien (*exchange*) sus respuestas y díganle a su compañero/a si creen que es ingenuo/a y por qué.

Short Film

Premio especial
del Jurado,
Semana Internacional
de Cine Experimental
de Valladolid 1997,
España

Una producción de CONACULTA/INSTITUTO MEXICANO DE CINEMATOGRAFÍA Guión y Dirección ARIEL GORDON
Producción JAVIER BOURGES Producción ejecutiva PATRICIA RIGGEN
Fotografía SANTIAGO NAVARRETE Edición CARLOS SALCES Música GERARDO TAMEZ
Sonido SANTIAGO NUÑEZ/NERIO BARBERIS
Arte FERNANDO MERI/AARÓN NIÑO CÁMARA
Actores DANIEL GIMÉNEZ CACHO/DOLORES BERISTAIN/PATRICIA AGUIRRE/PACO MORAYTA

ARGUMENTO *Un hombre está en el supermercado. En la fila para pagar, la señora que está delante de él le habla.*

SEÑORA Se parece a mi hijo. Realmente es igual a él.
HOMBRE Ah pues no, no sé qué decir.

SEÑORA Murió en un choque. El otro conductor iba borracho. Si él viviera, tendría la misma edad que usted.
HOMBRE Por favor, no llore.

SEÑORA ¿Sabe? Usted es su doble. Bendito sea el Señor (*Blessed be the Good Lord*) que me ha permitido ver de nuevo a mi hijo. ¿Le puedo pedir un favor?
HOMBRE Bueno.

SEÑORA Nunca tuve oportunidad de despedirme de él. Su muerte fue tan repentina. ¿Al menos podría llamarme mamá y decirme adiós cuando me vaya?

SEÑORA ¡Adiós hijo!
HOMBRE ¡Adiós mamá!
SEÑORA ¡Adiós querido!
HOMBRE ¡Adiós mamá!

CAJERA No sé lo que pasa, la máquina desconoce el artículo. Espere un segundo a que llegue el gerente.
El gerente llega y ayuda a la cajera.

Análisis

Comprensión Lee cada párrafo y decide cuál resume mejor el cortometraje.

1. Los personajes están en un supermercado. Ellos no se conocen, pero la señora dice que el hombre se parece a su hijo. Ella nunca pudo despedirse de él porque murió en un accidente de tráfico. Por eso, la señora le pide al hombre que le diga "adiós mamá" al salir. El hombre se da cuenta de la trampa (*trap*).

2. Los personajes están en un supermercado. Ellos no se conocen y, aunque parece que el hombre no tiene ganas de hablar con la señora, ella insiste. Ella le cuenta que estuvo hace poco en un accidente de tráfico y que perdió a su hijo. Le pide al hombre que le diga "adiós mamá" al salir. La señora le cae tan bien al hombre que a él no le importa pagar por lo que ella compró.

Ampliar En parejas, háganse las preguntas.

1. ¿Qué verdaderos motivos tendría la señora para engañar (*deceive*) al hombre?

2. ¿Qué creen que aprendió el hombre con esta experiencia?

3. ¿Les pasó a ustedes o a alguien que conocen algo similar alguna vez? Expliquen.

4. Si alguien se les acerca (*approach*) en el supermercado y les pide este tipo de favor, ¿qué hacen?

Detective El hombre está contándole a un(a) detective lo que pasó en el supermercado. En parejas, uno/a de ustedes es el/la detective y el/la otro/a es el hombre. Preparen el interrogatorio y represéntenlo delante de la clase.

Notas Ahora, imagina que eres el/la detective y escribe un informe (*report*) de lo que pasó. Tiene que ser lo más completo posible. Puedes inventar los datos que tú quieras.

Inventar Primero, lean lo que dice la madre. Después, en parejas, imaginen que el hijo ficticio nunca tuvo un accidente y, por lo tanto, no murió. ¿Qué pasó con él? ¿Cómo fue su vida? ¿Visitaba a su madre con frecuencia? Escriban un párrafo de unas diez líneas.

> **Murió en un choque. El otro conductor iba borracho.**
>
> **Si él viviera, tendría la misma edad que usted.**
>
> **Se habría titulado y probablemente tendría una familia.**
>
> **Yo sería abuela.**

6 **Imaginar** En parejas, imaginen la vida de uno de los personajes del corto. Escriban por lo menos cinco oraciones usando como base las preguntas.

- ¿Cómo es?
- ¿Con quién vive?
- ¿Qué no le gusta?
- ¿Dónde vive?
- ¿Qué le gusta?
- ¿Tiene dinero?

7 **Sociedad** En grupos, conversen sobre estas preguntas. Después compartan sus ideas con la clase.

1. ¿Creen que se cometen más delitos (*crimes*) ahora que hace diez años? ¿Por qué?
2. ¿Son más frecuentes en pueblos pequeños o en grandes ciudades? ¿Por qué?
3. ¿Creen que la televisión y el cine son malas influencias para los jóvenes? Expliquen su respuesta.
4. ¿Cómo piensan que se puede eliminar este tipo de conducta criminal? ¿Con más justicia social? ¿Con castigos (*punishments*) más severos?

8 **Directores** En parejas, imaginen que tienen que hacer su propio (*own*) cortometraje. Contesten las preguntas y luego compartan sus respuestas con la clase.

- ¿De qué trata?
- ¿Por qué les interesa ese tema?
- ¿Quiénes son los protagonistas?
- ¿Qué género (*genre*) prefieren usar (comedia, drama, suspenso, etc.)? ¿Por qué?

9 **¿Y tú?** En parejas, elijan una de las situaciones y escriban un diálogo. Cuando terminen, represéntenlo delante de la clase.

A	**B**
Necesitan mucho dinero y están desesperados porque no saben dónde conseguirlo. ¿Qué hacen? ¿Por qué? ¿Con quién hablan? ¿Qué se dicen?	Su mejor amigo/a les pidió mucho dinero el mes pasado; les dijo que se lo iba a devolver en dos días. No se lo ha devuelto todavía y saben que está comprando muchas cosas inútiles.

 Practice more at **imagina.vhlcentral.com**.

IMAGINA MÉXICO

S En **imagina.vhlcentral.com** encontrarás más información y actividades relacionadas con esta sección.

México es un país muy rico y de geografía, tradiciones, recursos y gente muy variados. En él vive cerca de la tercera parte de la población mundial de hispanohablantes. Sus habitantes pertenecen a todos los grupos étnicos, entre los que hay más de cincuenta culturas indígenas autóctonas[1]. Su geografía abarca[2] áridos desiertos, densas selvas tropicales y majestuosas cordilleras[3]. Para el viajero, México ofrece hermosísimos y modernos balnearios[4] en **Acapulco**, **Mazatlán**, **Cabo San Lucas** y **Cancún**, espectaculares sitios arqueológicos, como los de **Chichén Itzá**, **Teotihuacán** y **Palenque**, donde se conservan las ruinas de civilizaciones prehispánicas como las de los mayas y los aztecas, y grandes ciudades cuya riqueza cultural y artística se refleja[5] en su arquitectura colonial y moderna. Algunas fiestas tradicionales, como el **Día de los muertos**, han trascendido fronteras y se festejan también en los Estados Unidos.

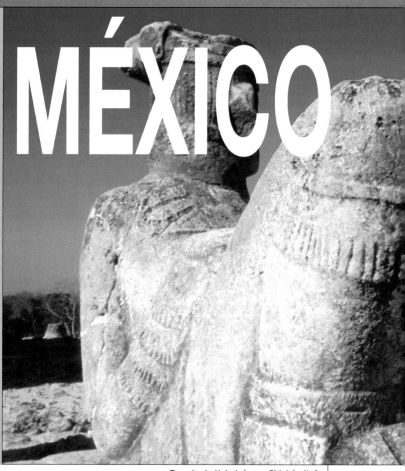

Templo de Kukulcán en Chichén Itzá

MÉXICO D.F.: el corazón de México

La **Ciudad de México,** o **México D.F.** (Distrito Federal), es el centro cultural, gubernamental[6] y comercial de México. Con más de veinte millones de habitantes, es una de las ciudades más grandes del mundo. El carácter contemporáneo del D.F. se entrelaza[7] día a día con las profundas tradiciones prehispánicas que conservan sus habitantes. La variedad de atractivos que ofrece es innumerable: desde la **Alameda Central**, un parque que ha sido centro de actividad desde la época de los aztecas, hasta **Polanco**, una de las zonas de tiendas y restaurantes más chic de la ciudad.

Catedral Metropolitana en el Zócalo del D.F.

El corazón de la Ciudad de México es la **Plaza de la Constitución**, más conocida como el **Zócalo**. Esta plaza es el punto de encuentro de las más diversas manifestaciones artísticas[8] y movimientos sociales. A su alrededor también se encuentran varias de las instituciones más importantes del país. A un lado del Zócalo está el **Palacio Nacional**, donde el presidente mexicano tiene sus oficinas y donde **Diego Rivera** pintó algunos de sus famosos murales sobre la historia de México. En otro lado de la plaza se encuentra la **Catedral Metropolitana**, cuya construcción fue ordenada por **Hernán Cortés** en el siglo XVI.

Signos vitales

Con más de 113 millones de habitantes, **México** es el primer país en población del mundo hispanohablante. Más del 60% de la población es considerada "mestiza", o sea, de raza mixta. Sin embargo, existen unos 50 grupos indígenas que han podido subsistir y mantener sus lenguas y culturas autóctonas.

[1] *native* [2] *covers* [3] *mountain ranges* [4] *resorts* [5] *is reflected* [6] *governmental* [7] *intertwines* [8] **manifestaciones...** *artistic expressions*

¡Conozcamos el D.F.!

Bosque de Chapultepec Es el parque más grande de la **Ciudad de México**, con un área de más de seis kilómetros

cuadrados. En **Chapultepec** se encuentran algunos de los mejores museos de la ciudad, incluyendo el **Museo Nacional de Antropología**, el **Museo de Arte Moderno** y el **Museo Rufino Tamayo**.

Tianguis Ya desde la época de los aztecas se organizaban los llamados "tianguis", mercados al aire libre. Allí se vendían e intercambiaban toda clase de productos, desde comida y animales, hasta canastas[1] y tapetes[2]. Hoy los tianguis se pueden ver por toda la ciudad.

Paseo de la Reforma Es una de las principales avenidas de la ciudad y va desde la **Alameda Central** hasta el **Bosque de Chapultepec**. Aquí encontramos, además de museos, importantes bancos y edificios históricos, así como hoteles, almacenes y restaurantes. Cerca de la **Zona Rosa** encontramos el **Monumento a la Independencia**, donde está la escultura del **Ángel de la Independencia**.

El Metro El **Metro** es la manera más eficaz[3] y económica de moverse por todo el **D.F.** Con once líneas diferentes que cubren más de 200 kilómetros, más de cuatro millones de personas lo utilizan todos los días. En las horas de mayor congestión, no está permitido llevar maletas o equipaje[4] por encima de cierto tamaño[5] para facilitar el movimiento de los usuarios.

[1] *baskets* [2] *rugs (Col.; Méx.)* [3] *efficient* [4] *baggage* [5] *size*

El español de México

alberca	piscina; *pool*
aventarse	atreverse; *to dare*
botana(s)	tapas, aperitivos; *appetizers*
camión	autobús; *bus*
colonia	barrio; *neighborhood*
chavo/a	chico/a; *kid, boy/girl*
chacharear	comprar cosas pequeñas; *to shop for trinkets*
platicar	hablar; *to chat*
sale	de acuerdo; *OK*

Palabras derivadas de lenguas indígenas

guajolote	pavo; *turkey*
jorongo	poncho
papalote	cometa; *kite*
huaraches	sandalias; *sandals*

Expresiones y coloquialismos

¡Órale, pues!	*Okay! Great! Let's do it!*
¡Es/Está padre/padrísimo!	Es/Está muy bueno; *It's great!, It's cool!*
¿Qué onda?	¿Qué pasa? ¿Qué tal?; *What's happening?*

Vivir en la ciudad

GALERÍA DE CREADOR

LITERATURA/PERIODISMO
Elena Poniatowska

Hija de madre mexicana y padre
nació en París en 1932 y reside
desde 1942. Escritora activa y m
Elena Poniatowska es también u
intelectual pública y figura políti
escrito para muchos periódicos
en la fundación del diario mexic
Jornada. Como autora, ha escrit
todos los géneros: novela, cuent
ensayo, crónica y entrevista. Alg
sus obras más conocidas son *La*
Tlatelolco, *Tinísima* y *La piel del*

PINTURA **Frida Kahlo**

Considerada la mayor representante de la pintura introspectiva mexicana
del siglo XX, Frida Kahlo es conocida principalmente por sus autorretratos
(*self-portraits*), en los que expresa el dolor de su vida personal. En 1929
se casó con el pintor y muralista Diego Rivera, con quien compartía el
deseo de afirmar (*assert*) su identidad mexicana a través del arte. Aquí
aparece su obra *Autorretrato con mono*.

CINE/DRAMA Gael García Bernal

Gael García Bernal nació en el año 1978 en Guadalajara, México, y actualmente es una figura del cine internacional. Hijo de actores, empezó actuando en teatro y apareció en telenovelas y cortometrajes antes de triunfar con la película *Amores perros* (2000). También ha trabajado en *Y tu mamá también* (2001), *La mala educación* (2004), *Babel* (2006) y *Blindness* (2008). García Bernal debutó como director con la película *Déficit* (2007), en la cual también interpreta uno de los papeles (*roles*).

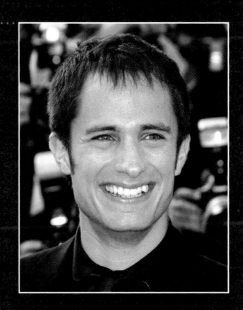

PINTURA/MURALISMO Diego Rivera

Diego Rivera es uno de los pintores mexicanos más reconocidos. Sus murales y frescos relatan la historia y los problemas sociales de su país. Pintó muchas de sus composiciones en techos y paredes de edificios públicos para que la clase trabajadora también pudiera tener acceso al arte. Su obra también cuenta con acuarelas (*watercolors*) y óleos (*oil paintings*) que han sido expuestos en todo el mundo. Aquí se ve una sección de su fresco *Batalla de los Aztecas y Españoles*.

CONEXIÓN INTERNET

En **imagina.vhlcentral.com** encontrarás más información y actividades relacionadas con esta sección.

¿Qué aprendiste?

Cierto o falso Indica si estas afirmaciones son ciertas o falsas. Corrige las falsas.

1. En México vive casi la tercera parte de los hispanohablantes del mundo.

2. En Chichén Itzá, Teotihuacán y Palenque se conservan los restos de edificios coloniales.

3. Elena Poniatowska es una escritora mexicana que nació en Francia.

4. La Alameda Central es una catedral de la época azteca.

5. El Paseo de la Reforma es un mercado al aire libre medio azteca y medio maya.

6. Diego Rivera se preocupó por los problemas sociales de su país, pero no los retrató en su obra.

Preguntas Contesta las preguntas.

1. ¿Qué expresa Frida Kahlo en sus autorretratos?

2. ¿Qué mantienen los 50 grupos indígenas que subsisten en México?

3. ¿Qué son los tianguis?

4. ¿En qué edificio público del D.F. se pueden ver murales de Diego Rivera? ¿Quién trabaja allí?

5. ¿Qué hizo Gael García Bernal por primera vez en la película *Déficit*?

6. ¿Qué artista de la Galería te interesa más? ¿Por qué?

PROYECTO

Un viaje a México

Imagina que vas a hacer un viaje a México. Investiga toda la información que necesites en Internet. Después, prepara tu viaje según los siguientes puntos:

- Selecciona los lugares que quieres visitar y recopila fotos.

- Dibuja un mapa para mostrar tu itinerario.

- Presenta tu plan de viaje a tus compañeros/as de clase. Explícales por qué escogiste los lugares adonde vas a ir.

MINIPRUEBA

Completa las oraciones con la información correcta y demuestra lo que aprendiste sobre México.

1. En Acapulco, Mazatlán, Cabo San Lucas y Cancún hay maravillosos _____.
   a. balnearios   b. edificios   c. desiertos

2. La riqueza cultural y artística de las grandes ciudades mexicanas está presente en su _____ colonial y moderna.
   a. civilización   b. geografía   c. arquitectura

3. _____ ha escrito en casi todos los géneros: novela, cuento, poesía, ensayo y más.
   a. Elena Poniatowska   b. Gael García Bernal
   c. Frida Kahlo

4. Todavía hoy en día los habitantes del D.F. conservan las tradiciones _____ que coexisten con el carácter contemporáneo de la ciudad.
   a. tianguis   b. prehispánicas   c. majestuosas

5. En el D.F., _____ es el punto de encuentro de todo tipo de manifestaciones artísticas.
   a. el Zócalo   b. el Palacio Nacional   c. el zoológico

6. Después de trabajar en teatro y telenovelas, Gael García Bernal se convirtió en estrella de cine con la película _____.
   a. *Babel*   b. *Amores perros*
   c. *Y tu mamá también*

7. Rufino Tamayo es el nombre de un prestigioso _____ de México D.F.
   a. artesano   b. museo   c. sitio arqueológico

8. La palabra _____ es un ejemplo del español de México.
   a. piscina   b. sandalia   c. platicar

9. El Paseo de la Reforma es una avenida que empieza en _____ y termina en un bosque.
   a. el Zócalo   b. la Alameda   c. la Catedral

10. En 1929 Frida Kahlo se casó con _____.
    a. Diego Rivera   b. el presidente   c. Rufino Tamayo

11. Diego Rivera pintaba en las paredes de edificios públicos para que los _____ tuvieran acceso al arte.
    a. niños   b. trabajadores   c. políticos

En pantalla  Video: *Reportaje*

Vocabulario

los callejones *alleys*
el desafío *challenge*
enredadas *twisting*

el recorrido *route*
el reto *challenge*

El *downhill* es la modalidad más radical del ciclismo de montaña. Los ciclistas bajan a toda velocidad en una carrera (*race*) contrarreloj. *Down Taxco*, un reportaje de la cadena Univisión, da cuenta del *downhill* que se organiza anualmente en Taxco, una ciudad mexicana ubicada en las montañas. Es un pintoresco laberinto de estrechas calles, plazas y terrazas que complementan una riquísima arquitectura colonial. Deportistas locales y extranjeros provenientes de muchos países participan de esta competencia en una pista (*track*) única, que exige la mayor intrepidez y excelencia técnica y en la que hay no pocos accidentes.

Conexión personal ¿Practicas deportes urbanos o conoces a alguien que los practique? ¿Qué actividad física peligrosa te gustaría aprender? ¿Por qué?

Comprensión Contesta las preguntas.

1. ¿Qué distancia recorren los competidores?

2. ¿Cuál es el principal desafío que enfrentan?

3. ¿Por dónde pasa el recorrido de la carrera?

4. ¿Qué consecuencias puede tener este tipo de ciclismo?

5. ¿En cuánto tiempo completó la carrera el ganador?

Expansión

A. En grupos de tres, organicen un evento como el Down Taxco en su comunidad. ¿En qué consistirá?

- Escriban una lista de distintas competencias (*competitions*) de riesgo. ¿Cuál sería más adecuada en su comunidad? Justifiquen su selección.

- Expliquen el papel de los patrocinadores.

- Decidan cómo van a anunciar el evento para atraer a participantes y espectadores.

- Enumeren las precauciones a tomar para evitar accidentes.

- Enumeren las ventajas y las desventajas de organizar este tipo de competencia.

B. Presenten su proyecto ante la clase.

Down Taxco: locura en bicicletas

El reto es descender en el menor tiempo posible, desde lo más alto de la ciudad hasta la plaza central.

Pues, en sí, los callejones están muy cerrados. Hay curvas muy cerradas, donde sí hay que bajar la velocidad un poco para que puedas entrar.

La ruta pasa por escaleras, callejones, rampas, tiendas y hasta por alguna que otra casa.

Como era de esperarse, esta exótica manera de andar en bicicleta también tiene sus consecuencias.

 Practice more at **imagina.vhlcentral.com.**

2.1

The preterite

- Spanish has two simple tenses to indicate actions in the past: the preterite (**el pretérito**) and the imperfect (**el imperfecto**). The preterite is used to describe actions or states that began or were completed at a definite time in the past.

TALLER DE CONSULTA

These additional grammar topics are covered in the **Manual de gramática, Lección 2.**

2.4 Progressive forms, p. 382
2.5 Telling time, p. 384

The preterite of regular *-ar*, *-er*, and *-ir* verbs

comprar	vender	abrir
compré	vendí	abrí
compraste	vendiste	abriste
compró	vendió	abrió
compramos	vendimos	abrimos
comprasteis	vendisteis	abristeis
compraron	vendieron	abrieron

- The preterite tense of regular verbs is formed by dropping the infinitive ending (**-ar, -er, -ir**) and adding the preterite endings. Note that the endings of regular **-er** and **-ir** verbs are identical in the preterite tense.

- The preterite of all regular and some irregular verbs requires a written accent on the endings in the **yo, usted, él**, and **ella** forms.

> Ayer **empecé** un nuevo trabajo.   Mi mamá **preparó** una cena deliciosa.
>
> *Yesterday I started a new job.*   *My mom prepared a delicious dinner.*

- Verbs that end in **-car**, **-gar**, and **-zar** have a spelling change in the **yo** form of the preterite. All other forms are regular.

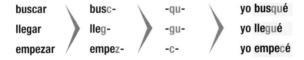

buscar	busc-	-qu-	yo busqué
llegar	lleg-	-gu-	yo llegué
empezar	empez-	-c-	yo empecé

- **Caer, creer, leer,** and **oír** change **-i-** to **-y-** in the **usted, él,** and **ella** forms and in the **ustedes, ellos,** and **ellas** forms of the preterite. They also require a written accent on the **-i-** in all other forms.

caer	caí, caíste, cayó, caímos, caísteis, cayeron
creer	creí, creíste, creyó, creímos, creísteis, creyeron
leer	leí, leíste, leyó, leímos, leísteis, leyeron
oír	oí, oíste, oyó, oímos, oísteis, oyeron

- Verbs with infinitives ending in **-uir** change **-i-** to **-y-** in the **usted, él,** and **ella** forms and in the **ustedes, ellos,** and **ellas** forms of the preterite.

| construir | construí, construiste, construyó, construimos, construisteis, construyeron |
| incluir | incluí, incluiste, incluyó, incluimos, incluisteis, incluyeron |

- Stem-changing **-ir** verbs also have a stem change in the **usted, él,** and **ella** forms and in the **ustedes, ellos,** and **ellas** forms of the preterite.

Preterite of *-ir* stem-changing verbs			
pedir		dormir	
pedí	pedimos	dormí	dormimos
pediste	pedisteis	dormiste	dormisteis
pidió	pidieron	durmió	durmieron

- Stem-changing **-ar** and **-er** verbs do not have a stem change in the preterite.

- A number of verbs, most of them **-er** and **-ir** verbs, have irregular preterite stems. Note that none of these verbs takes a written accent on the preterite endings.

—*Nunca **tuve** oportunidad de despedirme de él.*

Preterite of irregular verbs

infinitive	u-stem	preterite forms
andar	anduv-	anduve, anduviste, anduvo, anduvimos, anduvisteis, anduvieron
estar	estuv-	estuve, estuviste, estuvo, estuvimos, estuvisteis, estuvieron
poder	pud-	pude, pudiste, pudo, pudimos, pudisteis, pudieron
poner	pus-	puse, pusiste, puso, pusimos, pusisteis, pusieron
saber	sup-	supe, supiste, supo, supimos, supisteis, supieron
tener	tuv-	tuve, tuviste, tuvo, tuvimos, tuvisteis, tuvieron

infinitive	i-stem	preterite forms
hacer	hic-	hice, hiciste, hizo, hicimos, hicisteis, hicieron
querer	quis-	quise, quisiste, quiso, quisimos, quisisteis, quisieron
venir	vin-	vine, viniste, vino, vinimos, vinisteis, vinieron

infinitive	j-stem	preterite forms
conducir	conduj-	conduje, condujiste, condujo, condujimos, condujisteis, condujeron
decir	dij-	dije, dijiste, dijo, dijimos, dijisteis, dijeron
traer	traj-	traje, trajiste, trajo, trajimos, trajisteis, trajeron

- Note that not only does the stem of **decir (dij-)** end in **j**, but the stem vowel **e** changes to **i**. In the **usted, él,** and **ella** form of **hacer (hizo), c** changes to **z** to maintain the pronunciation. Most verbs that end in **-cir** have **j**-stems in the preterite.

¡ATENCIÓN!

Other **-ir** stem-changing verbs include:

conseguir	repetir
consentir	seguir
hervir	sentir
morir	servir
preferir	

¡ATENCIÓN!

Ser, **ir**, and **dar** also have irregular preterites. The preterite forms of **ser** and **ir** are identical. Note that the preterite forms of **ver** are regular. However, unlike other regular preterites, they do not take a written accent.

ser/ir
fui, fuiste, fue, fuimos, fuisteis, fueron

dar
di, diste, dio, dimos, disteis, dieron

ver
vi, viste, vio, vimos, visteis, vieron

The preterite of **hay** is **hubo**.

Hubo dos conciertos el viernes.
There were two concerts on Friday.

¡ATENCIÓN!

Note that the third-person plural ending of j-stem preterites drops the **i**: **dijeron, trajeron.**

Práctica

Nota CULTURAL

A principios de los años 30, los habitantes de clase media del **D.F.** escogieron **Acapulco** para escapar del ruido (*noise*) de la ciudad. En los años 60, se convirtió en un centro turístico de gran prosperidad y en destino de ricos y famosos. Hoy día, todavía ofrece sus encantos básicos —playas, naturaleza exótica y diversión de día y de noche— a los que buscan paraísos en la Tierra.

1 **Acapulco** Escribe la forma correcta del pretérito de los verbos indicados.

1. El sábado pasado, mis compañeros de apartamento y yo _____ (ir) a Acapulco.

2. (Nosotros) _____ (quedarse) en un edificio muy alto y bonito.

3. En la playa, yo _____ (leer) un libro y Carlos _____ (tomar) el sol.

4. Mariela y Felisa _____ (caminar) mucho por la ciudad.

5. Una señora les _____ (indicar) el camino para ir a un restaurante muy conocido.

6. Por la noche, todos nosotros _____ (cenar) en el restaurante.

Playa de Acapulco

7. Después, en la discoteca, Carlos y Mariela _____ (bailar) toda la noche.

8. Y yo _____ (ver) a unos amigos de Monterrey. ¡Qué casualidad!

9. (Yo) _____ (hablar) con ellos un ratito.

10. Y (nosotros) _____ (llegar) al hotel a las tres de la mañana. ¡Qué tarde!

2 **¿Qué hicieron?** Combina elementos de cada columna para narrar lo que hicieron estas personas.

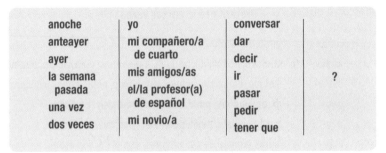

anoche	yo	conversar	
anteayer	mi compañero/a de cuarto	dar	
ayer		decir	
la semana pasada	mis amigos/as	ir	?
una vez	el/la profesor(a) de español	pasar	
dos veces	mi novio/a	pedir	
		tener que	

3 **La última vez** En parejas, indiquen cuándo hicieron por última vez estas cosas. Incluyan detalles en sus respuestas.

Modelo **llorar viendo una película**
— La última vez que lloré viendo una película fue en 2007. La película fue *Mar adentro*.
— Bueno, ¡yo lloré mucho viendo *Adiós mamá...*!

1. hacer diligencias
2. decir una mentira
3. olvidar algo importante
4. perderse en una ciudad
5. indicar el camino

6. oír una buena/mala noticia
7. hablar con un(a) desconocido/a
8. estar enfadado con un(a) amigo/a
9. ver tres programas de televisión seguidos
10. comer en un restaurante

 Practice more at **imagina.vhlcentral.com**.

Comunicación

4 La semana pasada Pasea por el salón de clase y haz preguntas a tus compañeros/as para averiguar qué hicieron la semana pasada. Anota el nombre de la primera persona que conteste que sí a las preguntas.

> Modelo **ir al cine**
> —¿Fuiste al cine la semana pasada?
> —Sí, fui al cine y vi una película muy buena/No, no fui al cine.

Actividades	Nombre
1. asistir a un partido de fútbol	_____
2. conducir tu carro a la universidad	_____
3. dar un consejo (*advice*) a un(a) amigo/a	_____
4. dormirse en clase o en el laboratorio	_____
5. estudiar toda la noche para un examen	_____
6. hablar con un policía	_____
7. hacer una tarea dos veces	_____
8. ir al centro comercial	_____
9. perder algo importante	_____
10. tomar un autobús	_____
11. viajar en transporte público	_____
12. visitar un museo	_____

5 La ciudad En parejas, túrnense para hablar de la última vez que visitaron una ciudad que no conocían.

> Modelo —¿Y qué hiciste en Taxco?
> —Pues muchas cosas... Visité la Iglesia de Santa Prisca, una de las más bellas de México, disfruté de la arquitectura colonial, anduve y anduve, tomé miles de fotos...

- ¿Adónde fuiste?
- ¿Por qué fuiste?
- ¿Quién planeó el viaje?
- ¿Cuándo fue?

- ¿Cuánto tiempo te quedaste?
- ¿Qué hiciste allí?
- ¿Quiénes fueron y quiénes no pudieron ir?
- ¿Te gustó? ¿Por qué?

6 ¿Qué haces para divertirte?

A. Haz una lista de diez actividades divertidas que hiciste el mes pasado.

B. En parejas, túrnense para preguntarse qué hicieron y averigüen si hicieron lo mismo.

C. Describan a la clase lo que hizo su compañero/a.

D. Luego, la clase decide quién es el/la más activo/a.

2.2

The imperfect

- The imperfect tense in Spanish is used to narrate past events without focusing on their beginning, end, or completion.

—*Mi hijo **era** tímido y de pocas palabras como usted.*

- The imperfect tense of regular verbs is formed by dropping the infinitive ending (-ar, -er, -ir) and adding personal endings. **-Ar** verbs take the endings **-aba, -abas, -aba, -ábamos, -abais, -aban**. **-Er** and **-ir** verbs take **-ía, -ías, -ía, -íamos, -íais, -ían**.

The imperfect of regular *-ar*, *-er*, and *-ir* verbs		
caminar	deber	abrir
caminaba	debía	abría
caminabas	debías	abrías
caminaba	debía	abría
caminábamos	debíamos	abríamos
caminabais	debíais	abríais
caminaban	debían	abrían

- **Ir, ser,** and **ver** are the only verbs that are irregular in the imperfect.

The imperfect of irregular verbs		
ir	ser	ver
iba	era	veía
ibas	eras	veías
iba	era	veía
íbamos	éramos	veíamos
ibais	erais	veíais
iban	eran	veían

TALLER DE CONSULTA

To express past actions in progress, the imperfect or the past progressive may be used. See **Manual de gramática 2.4, p. 382.**

¿Qué hacías ayer cuando llamé?
What were you doing yesterday when I called?
Estaba estudiando.
I was studying.

- The imperfect tense narrates what was going on at a certain time in the past. It often indicates what was happening in the background.

  Cuando yo **era** joven, **vivía** en una ciudad muy grande. Todas las semanas, mis padres y yo **visitábamos** a mis abuelos.
  When I was young, I lived in a big city. Every week, my parents and I visited my grandparents.

Lección 2

- The imperfect of **haber** is **había**. There is no plural form.

  Había tres cajeros en el supermercado.
  There were three cashiers in the supermarket.

  Sólo **había** un mesero en el café.
  There was only one waiter in the café.

- These words and expressions, among others, are often used with the imperfect because they express habitual or repeated actions without reference to their beginning or end: **de niño/a** (*as a child*), **todos los días** (*every day*), **mientras** (*while*).

  De niño, vivía en un suburbio de la Ciudad de México.
  As a child, I lived in a suburb of Mexico City.

  Todos los días visitaba a mis primos en un pueblo cercano.
  Every day I visited my cousins in a nearby village.

Práctica

El Palacio de Cortés, Cuernavaca, México

1 **Cuernavaca** Escribe la forma correcta del imperfecto de los verbos indicados.

Cuando yo (1) _____ (tener) veinte años, estuve en México por seis meses. (2) _____ (vivir) en Cuernavaca, una ciudad cerca de la capital. (3) _____ (ser) estudiante en un programa de español para extranjeros. Entre semana mis amigos y yo (4) _____ (estudiar) español por las mañanas. Por las tardes, (5) _____ (visitar) los lugares más interesantes de la ciudad para conocerla mejor. Los fines de semana, nosotros (6) _____ (ir) de excursión. (Nosotros) (7) _____ (visitar) ciudades y pueblos nuevos. ¡Los paisajes (8) _____ (ser) maravillosos!

2 **Antes** En parejas, túrnense para hacerse preguntas usando estas frases.

> Modelo **tomar el metro**
> — ¿Tomas el metro?
> — Ahora sí, pero antes nunca lo tomaba./Ahora no, pero antes siempre lo tomaba.

1. ir a las discotecas
2. tomar vacaciones
3. ir de compras al centro comercial
4. hacer diligencias los fines de semana
5. trabajar por las tardes
6. preocuparse por el futuro

3 **Rutinas** En parejas, un(a) compañero/a comienza la narración de alguna rutina que hacía en el pasado. El/La otro/a tiene que adivinar (*to guess*) cómo termina.

> Modelo — Mi madre me daba dinero y me llevaba al centro comercial.
> — Tú comprabas ropa y discos. Luego tu madre te recogía y regresaban a casa.

 Practice more at **imagina.vhlcentral.com.**

Comunicación

4 ¿Y ustedes?

A. Busca en la clase compañeros/as que hacían estas cosas cuando eran niños/as. Escribe el nombre de la primera persona que conteste afirmativamente cada pregunta.

Modelo **ir mucho al cine**
—¿Ibas mucho al cine?
—Sí, iba mucho al cine.

¿Qué hacían?	Nombre
1. tener miedo de los monstruos y fantasmas de los cuentos	_____
2. llorar todo el tiempo	_____
3. siempre hacer su cama	_____
4. ser muy travieso/a (*mischievous*)	_____
5. romper los juguetes (*toys*)	_____
6. darles muchos regalos a sus padres	_____
7. comer muchos dulces	_____
8. montar bicicleta	_____
9. correr en el parque	_____
10. beber limonada	_____

B. Ahora, comparte con la clase los resultados de tu búsqueda.

5 **Antes y ahora** En parejas, comparen cómo ha cambiado este lugar en los últimos años. ¿Cómo era antes? ¿Cómo es ahora?

Antes

Ahora

6 **Entrevista** Trabajen en parejas. Uno/a de ustedes es una persona famosa y el/la otro/a es un(a) reportero/a que la entrevista para saber cómo era su vida de niño/a. Después informen a la clase sobre la celebridad. Sean creativos.

Modelo De niña, Salma Hayek viajaba todos los veranos al sureste de México. Le gustaba ir a las tiendas en el centro de Mérida...

Vivir en la ciudad

2.3

The preterite vs. the imperfect

- Although the preterite and imperfect both express past actions or states, the two tenses have different uses. They are not interchangeable.

Uses of the preterite

- To express actions or states viewed by the speaker as completed.

  Viviste en ese barrio el año pasado.
  You lived in that neighborhood last year.

  Mis amigas **fueron** al centro comercial ayer.
  My girlfriends went to the mall yesterday.

- To express the beginning or end of a past action.

  La telenovela **empezó** a las ocho.
  The soap opera began at eight o'clock.

  Estas dos noticias **se difundieron** la semana pasada.
  These two news items were broadcast last week.

—*Mi hijo **murió** en un choque.*

- To narrate a series of past actions.

  Salí de casa, **crucé** la calle y **entré** en el edificio.
  I left the house, crossed the street, and entered the building.

  Llegó al centro, le **dieron** indicaciones y **se fue**.
  He arrived at the center, they gave him directions, and he left.

Uses of the imperfect

- To describe an ongoing past action without reference to beginning or end.

  No se podía parar delante de la comisaría.
  Stopping in front of the police station was not permitted.

  Juan **tomaba** el transporte público frecuentemente.
  Juan frequently took public transportation.

—*El otro conductor **iba** borracho.*

- To express habitual past actions.

  Me gustaba jugar al fútbol los domingos.
  I used to like to play soccer on Sundays.

  Solían hacer las diligencias los fines de semana.
  They used to run errands on weekends.

- To describe mental, physical, and emotional states or conditions.

  Estaba muy nerviosa antes de la entrevista.
  She was very nervous before the interview.

- To tell time.

  Eran las ocho y media de la mañana.
  It was eight thirty a.m.

TALLER DE CONSULTA

To review telling time, see **Manual de gramática 2.5, p. 384.**

The preterite and imperfect used together

- When narrating in the past, the imperfect describes *what was happening*, while the preterite describes the action that *interrupted* the ongoing activity. The imperfect provides background information, while the preterite indicates specific events that advance the plot.

> Mientras **estudiaba, sonó** la alarma contra incendios. Me **levanté** de un salto y **miré** el reloj. **Eran** las 11:30 de la noche. **Salí** corriendo de mi cuarto. En el pasillo **había** más estudiantes. La alarma **seguía** sonando. **Bajamos** las escaleras y, al llegar a la calle, me **di** cuenta de que **hacía** un poco de frío. No **tenía** un suéter. De repente, la alarma **dejó** de sonar. No **había** ningún incendio.

> *While I was studying, the fire alarm went off. I jumped up and looked at the clock. It was 11:30 p.m. I ran out of my room. In the hall there were more students. The alarm continued to blare. We rushed down the stairs and, when we got to the street, I realized that it was a little cold. I didn't have a sweater. Suddenly, the alarm stopped. There was no fire.*

Different meanings in the imperfect and preterite

- The verbs **querer**, **poder**, **saber**, and **conocer** have different meanings when they are used in the preterite. Notice also the meanings of **no querer** and **no poder** in the preterite.

infinitive	imperfect	preterite
querer	**Quería** acompañarte. *I **wanted** to go with you.*	**Quise** acompañarte. *I **tried** to go with you (but failed).* **No quise** acompañarte. *I **refused** to go with you.*
poder	Ana **podía** hacerlo. *Ana **could** do it.*	Ana **pudo** hacerlo. *Ana **succeeded** in doing it.* Ana **no pudo** hacerlo. *Ana **could not** (and did not) do it.*
saber	Ernesto **sabía** la verdad. *Ernesto **knew** the truth.*	Por fin Ernesto **supo** la verdad. *Ernesto finally **discovered** the truth.*
conocer	Yo ya **conocía** a Andrés. *I already **knew** Andrés.* María y Andrés **se conocían**. *María and Andrés **knew** each other.*	Yo **conocí** a Andrés en la fiesta. *I **met** Andrés at the party.* María y Andrés **se conocieron** en Acapulco. *María and Andrés **met** in Acapulco.*

Práctica

1

El centro Elena y Francisca prometieron llevar a su amigo Felipe a una entrevista de trabajo. Completa las oraciones con el imperfecto o el pretérito de estos verbos.

conducir	desayunar	llamar
construir	estar	llegar
cruzar	haber	salir
dar	leer	ser
decir	levantarse	ver

Eran las ocho cuando Francisca y Elena (1)_____ para ir al centro. Elena (2)_____ cuando Felipe la (3)_____ para decir que estaba listo. Le (4)_____ otra vez que la cita (5)_____ a las diez y media. Ellas (6)_____ a las nueve y media. Todavía era temprano y (7)_____ tiempo. Elena (8)_____ mientras Francisca (9)_____ las indicaciones para llegar. Había mucho tráfico cuando (10)_____ el puente. No (11)_____ el edificio de oficinas porque (12)_____ perdidas. (13)_____ muchas vueltas y por fin (14)_____. Ya eran las once menos cuarto. ¡Pero no (15)_____ nadie allí!

2 **Interrupciones** Combina palabras y frases de cada columna para contar lo que hicieron las siguientes personas. Usa el pretérito y el imperfecto.

> **Modelo**   Ustedes miraban la tele cuando el médico llamó.

yo	dormir	usted	llamar por teléfono
tú	comer	el médico	salir
Marta y Miguel	escuchar música	la policía	sonar
nosotros	mirar la tele	el/la profesor(a)	recibir el correo electrónico
Paco	conducir	los amigos	ver el accidente
ustedes	ir a...	Shakira	
		la alarma	

(cuando)

3 **Las fechas importantes**

A. Escribe cuatro fechas importantes en tu vida y explica qué pasó.

Fecha	¿Qué pasó?	¿Con quién estabas?	¿Dónde estabas?	¿Qué tiempo hacía?
Modelo				
el 6 de agosto de 2008	Conocí a Dave Navarro.	Estaba con un amigo.	Estábamos en el gimnasio Vida.	Llovía mucho.

B. Intercambia tu información con tres compañeros/as. Ellos te van a hacer preguntas para conocer más detalles sobre lo que te pasó.

 Practice more at **imagina.vhlcentral.com**.

Comunicación

4 **La mañana de Esperanza**

A. En parejas, observen los dibujos. Escriban lo que le pasó a Esperanza después de abrir la puerta de su casa. ¿Cómo fue su mañana? ¡Inventen! Utilicen el pretérito y el imperfecto en la narración.

1.

2.

3.

4.

B. Con dos parejas más, túrnense para presentar las historias que han escrito. Después, combinen sus historias para hacer una nueva.

5 **Crónicas** En grupos de tres, pongan estos fragmentos de oraciones en una secuencia lógica. Después, completen las oraciones y añadan otras para crear una historia. Usen el pretérito y el imperfecto.

1. Con frecuencia, mis amigos/as …
2. El sábado pasado, …
3. Regularmente, en la plaza de …
4. Anoche, un conductor …
5. Generalmente, los pasajeros …
6. Ayer en la ciudad …

6 **Cambios** En parejas, díganse en qué ciudad crecieron. Luego describan los cambios que han transformado esa ciudad y cómo se vivía antes. Luego, resuman para la clase la descripción de su compañero/a.

Modelo   Hace cinco años, construyeron un nuevo rascacielos.
          Antes, podíamos ver las montañas desde nuestro jardín.

Síntesis

La ciudad es mía

Esta mañana abrí la ventana de la habitación. Hacía calor. En un instante decidí no leer el periódico, es más, decidí no ir al trabajo. Salí a la calle sin desayunar y, sin dudar, me subí al primer autobús que paró. Había muchos asientos libres, elegí uno sin prisa y me senté.

El autobús avanzaba° y yo observaba escenas cotidianas. Estuve en el autobús un buen rato° y después bajé. Crucé la calle y empecé a caminar y llegué a una plaza inmensa. Había mucha gente. Hombres y mujeres de todas las edades iban y venían en todas direcciones. Me perdí entre la multitud. Estaba contento. Me gusta vagabundear° por la ciudad sin destino°. En una esquina me paré y tomé otra decisión.

Mientras caminaba, seguí a un grupo de jóvenes. Pensé que ellos iban a algún lugar interesante. ¡Y así fue! Yo no solía seguir a la gente, pero hoy era diferente; quería improvisar.

Empezaba a llover, pero las calles no estaban vacías. Yo quise terminar el día con un paseo bajo la lluvia, pero no pude. Algo inesperado° sucedió°. ∎

was moving forward

a while

roam
destination

unexpected/ happened

1 **Preguntas** Contesta las preguntas.

1. ¿Qué decisiones tomó el protagonista ("P") de la historia?

2. ¿Qué transporte público tomó?

3. ¿A quién siguió? ¿Por qué?

2 **Detalles** En parejas, inventen las respuestas para completar el día de P por las calles de la Ciudad de México. Utilicen la imaginación y su conocimiento de esta ciudad.

1. ¿A qué plaza llegó P? ¿Qué había? ¿Cómo era?

2. ¿Adónde fueron los jóvenes? ¿Qué hicieron? ¿Qué hizo P?

3. ¿Cómo fue el día de P? ¿Lo pasó bien? ¿Por qué?

3 **Algo inesperado** P no pudo contarnos qué sucedió mientras regresaba a casa bajo la lluvia. En grupos de tres, inventen un desenlace (*outcome*) posible y después compártanlo con la clase.

Preparación  Audio: Vocabulary

Vocabulario de la lectura	Vocabulario útil
acostumbrar *to do as a custom/habit*	**el bienestar** *well-being*
la costumbre *custom; habit*	**la característica** *characteristic*
el cuidado *care*	**conservar** *to preserve*
decidido/a *determined*	**cooperar** *to cooperate*
difundir (noticias) *to spread (news)*	**la influencia** *influence*
el/la habitante *inhabitant*	**justo/a** *just, fair*
el matriarcado *matriarchy*	**significar** *to mean*
el mito *myth*	
permitir *to allow*	

1

Vocabulario Completa cada oración con la palabra más adecuada.

1. Me caí dando una vuelta en bicicleta. Iba rápido y no tuve suficiente _____.
   a. cuidado   b. influencia   c. bienestar

2. La ley no _____ doblar cuando hay peatones en la esquina.
   a. significa   b. permite   c. coopera

3. Trata de relajarte un poco cada día. Tienes que pensar en tu _____ mental.
   a. bienestar   b. costumbre   c. mito

4. Supe del accidente porque _____ las imágenes en la televisión.
   a. significaron   b. acostumbraron   c. difundieron

5. Cada barrio es diferente y _____ sus tradiciones independientes.
   a. conserva   b. coopera   c. significa

2

Las mujeres de tu vida Contesta las preguntas y explica tus respuestas. También puedes añadir anécdotas y detalles.

1. ¿Qué mujeres ocupan un papel importante en tu vida personal?
2. ¿Qué mujeres tienen papeles importantes en tu comunidad?
3. ¿A qué mujer famosa admiras?
4. ¿Qué cualidades admiras más en la personalidad de una mujer? ¿Y en la de un hombre? ¿Son las mismas?

3

Hombres y mujeres En parejas, hagan dos listas: una con cinco cosas que creen que tienen en común los hombres y las mujeres; y otra con cinco cosas en las que son diferentes. Después, compartan sus listas con la clase. ¿Pueden llegar a alguna conclusión?

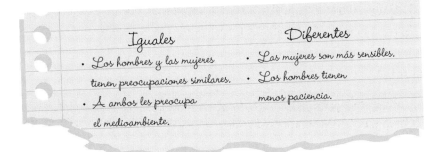

Iguales
- *Los hombres y las mujeres tienen preocupaciones similares.*
- *A ambos les preocupa el medioambiente.*

Diferentes
- *Las mujeres son más sensibles.*
- *Los hombres tienen menos paciencia.*

Juchitán:
La ciudad de las
mujeres

Audio: Dramatic Recording

Famosa por sus mujeres, fuertes y decididas, Juchitán es una ciudad mexicana mayoritariamente° *mainly* indígena cuyos mitos y
5 costumbres se resisten a la influencia del exterior.

Está en una zona de México llamada Istmo de Tehuantepec, en el sur del estado de Oaxaca, muy cerca de la frontera con
10 Guatemala. Sus habitantes son en su mayoría de la etnia zapoteca y, hasta hoy, todavía hablan su lengua ancestral°, el zapoteco. *ancient*

Muchos afirman que en Juchitán existe un matriarcado por la presencia tan
15 trascendental que las mujeres tienen en la economía y la sociedad en general. Además, ellas son las que toman las decisiones importantes en la familia; por ejemplo, si un hombre quiere comprar algo o salir a
20 divertirse, tiene que pedirle dinero a la mujer de la casa.

Las mujeres juchitecas° son extrovertidas *habitantes de Juchitán* y acostumbran llevar trajes° de colores *vestidos* brillantes; además, se desenvuelven° con *carry themselves*
25 dignidad y siempre son directas al hablar. Aun las mujeres de mayor edad se visten con garbo°, confianza° *poise/confidence*
30 y sin la intención de esconder su edad, porque ser "viejo" no tiene una
35 connotación negativa en su cultura.

La estructura social de esta comunidad está claramente dividida. Los hombres trabajan en el sector de la producción: son campesinos°, pescadores°, artesanos° *agricultural workers/ fishermen/*
40 y también son los que toman las decisiones *craftsmen* políticas. Por su parte, las mujeres manejan° la organización doméstica, *handle* la economía familiar, el comercio y el sistema festivo.
45 Las fiestas son parte importante de la vida en Juchitán, ya que duran varios días

Frida y Juchitán

La pintora mexicana Frida Kahlo admiraba mucho a las mujeres juchitecas. Tenía muchos vestidos bordados (*embroidered*) en Juchitán que llevaba a diario y en varios de sus autorretratos (*self-portraits*) se pintó con estos vestidos.

y requieren de una compleja preparación. Las mujeres son las anfitrionas° y, a la hora *hostesses* del baile, hay más mujeres que hombres en la pista° bailando al ritmo de la música 50 *dance floor* tradicional.

El mercado es un punto central en Juchitán, donde las mujeres venden los productos del campo o del mar que los hombres han traído a casa. Es también ahí 55 donde se difunden las noticias entre todos y se arreglan asuntos° sociales y familiares. *issues are settled*

Su capacidad económica le permite a la mujer 60 juchiteca una gran autonomía en relación con el hombre. Ésta se refleja en una 65 sólida autoestima°, *self-esteem* en una presencia dominante dentro del sistema social de la comunidad y en una fuerte y aceptada autoridad en la familia. 70

Ningún hombre juchiteco se siente mal porque el sistema económico está dirigido por las mujeres. Aquí —al contrario del modelo occidental— las prioridades son la alimentación°, el cuidado de niños y 75 *comida* ancianos°, y los banquetes colectivos. Nadie *elderly people* se queda con hambre en Juchitán. ¿Cuántas ciudades pueden decir esto en el llamado "mundo desarrollado°"? ∎ *developed*

Las mujeres juchitecas son extrovertidas y acostumbran llevar trajes de colores brillantes.

Análisis

1 **Comprensión** Contesta las preguntas con oraciones completas.

1. ¿Cómo son las mujeres juchitecas? Usa por lo menos tres adjetivos de la lectura.
2. ¿Cuáles son las principales ocupaciones de los hombres juchitecos?
3. ¿En qué trabajan las mujeres de esta ciudad?
4. ¿Cómo son las fiestas en Juchitán?
5. Si quieres saber lo que ha pasado últimamente (*lately*) en Juchitán, ¿adónde debes ir?
6. ¿Cuándo usaba Frida Kahlo sus vestidos bordados en Juchitán?
7. ¿Qué logra (*achieve*) la mujer juchiteca con su capacidad económica?
8. ¿A qué le da más importancia el sistema económico de Juchitán?

2 **Opiniones** En parejas, contesten las preguntas.

1. ¿Qué opinan del papel de las mujeres en Juchitán?
2. ¿Qué aspecto les pareció el más interesante de esta sociedad?
3. ¿Qué cosas son diferentes entre Juchitán y la sociedad en la que ustedes viven? Hagan una lista.

3 **Tu comunidad** Escribe cuatro características positivas y cuatro negativas de la comunidad en que vives. Compártelas con la clase.

Características

Positivas	Negativas

4 **Imaginar** En grupos de cinco, imaginen que forman parte de un nuevo modelo de sociedad. ¿Cómo es? Descríbanlo usando estas preguntas como referencia y añadan otros detalles. Después, compartan sus "sociedades" con la clase.

- ¿Cómo participan las mujeres? ¿Y los hombres?
- ¿Qué trabajo hace cada uno/a de ustedes?
- ¿Cuáles son las prioridades del gobierno?
- ¿Quién(es) encabeza(n) (*lead*) el gobierno?

5 **Explicar** En parejas, lean las siguientes afirmaciones del artículo. ¿Qué filosofía tienen en común? ¿La cultura occidental valora también esa filosofía? Den al menos tres razones para explicar su opinión.

- "Nadie se queda con hambre en Juchitán."
- "... ser viejo no tiene una connotación negativa ..."
- "Ningún hombre juchiteco se siente mal porque el sistema económico está dirigido por las mujeres."

Preparación 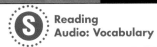 Reading
Audio: Vocabulary

Sobre el autor

El escritor mexicano José Emilio Pacheco (1939-) cultiva con maestría casi todos los géneros: la poesía, el cuento, la novela, el guión cinematográfico y el ensayo. Es especialista en literatura mexicana, disciplina a la que ha dedicado su trabajo como profesor de la Universidad Nacional Autónoma de México. Su poesía, que incluye obras como *Los elementos de la noche* (1963), *El reposo del fuego* (1966) y *No me preguntes cómo pasa el tiempo* (1970), es a menudo de lenguaje sencillo y directo, y reflexiona tanto sobre los temas cotidianos como sobre los más universales. En su narrativa, aparecen con frecuencia el mundo de la infancia y de la adolescencia, con la Ciudad de México como fondo. Entre sus obras en prosa se destacan (*stand out*) *El viento distante* (1963-1969) y *Las batallas en el desierto* (1981). Pacheco ha recibido numerosos premios literarios a través de su carrera, entre ellos el Premio Octavio Paz en 2003.

Vocabulario de la lectura	Vocabulario útil
el desenlace *ending, outcome*	atreverse *to dare*
enrojecer *to blush, to turn red*	atrevido/a *daring, brave*
esconder *to hide*	disimular *to hide, to conceal*
el/la mesero/a *waiter, waitress*	la soledad *loneliness*
la mirada *gaze, look*	la vergüenza *embarrassment*
la timidez *shyness*	

1 **Vocabulario** Empareja las palabras con la definición adecuada.

_____ 1. disimular

_____ 2. atrevido

_____ 3. timidez

_____ 4. enrojecer

_____ 5. vergüenza

_____ 6. desenlace

_____ 7. esconder

_____ 8. soledad

a. poner algo donde no se puede ver

b. sinónimo de **fin**

c. falta de amigos o seres queridos

d. emoción que sentimos al cometer públicamente un error

e. esconder lo que uno siente

f. no hacer algunas cosas por miedo a hacer el ridículo

g. ponerse de color rojo por estar en una situación incómoda (*uncomfortable*)

h. alguien valiente

2 **Preparación** En parejas, contesten las preguntas y expliquen sus respuestas.

1. ¿Les gusta la soledad? ¿Por qué?
2. ¿En qué ciudad o pueblo quieren vivir en el futuro? Den sus razones.
3. ¿Qué hacen cuando están solos/as un domingo por la tarde?
4. ¿Les gusta coquetear? ¿Son tímidos/as? Expliquen.

3 **Aqueronte** Mira la foto que se encuentra en la próxima página, junto con la cita (*quote*) que aparece debajo de ella. ¿De qué crees que va a tratar el cuento?

> **Nota**
> **CULTURAL**
>
> En la mitología griega, **Aqueronte** era el río que separaba el mundo superior y el mundo subterráneo, conocido también como el mundo de los muertos. Una vez que las almas cruzaban sus aguas, no podían volver al mundo exterior. Aquel mundo subterráneo se caracterizaba por la profunda oscuridad que cubría sus caminos laberínticos.

AQUERONTE

José Emilio Pacheco

Son las cinco de la tarde, la lluvia° ha cesado°, bajo la húmeda luz el domingo parece vacío. La muchacha entra en el café. La observan dos parejas de edad madura°, un padre con cuatro niños pequeños. A una velocidad que demuestra su timidez, atraviesa° el salón, toma asiento° a una mesa en el extremo izquierdo. Por un instante se aprecia nada más la silueta a contraluz° del brillo° solar en los ventanales°. Cuando se acerca el mesero la muchacha pide una limonada, saca un cuaderno y se pone a escribir algo en sus páginas. No lo haría si esperara a alguien que en cualquier momento puede llegar a interrumpirla. La música de fondo° está a bajo volumen. De momento no hay conversaciones.

El mesero sirve la limonada, ella da las gracias, echa° azúcar en el vaso alargado° y la disuelve con una cucharilla de peltre°. Prueba el líquido agridulce°, vuelve a concentrarse en lo que escribe con un bolígrafo de tinta° roja. ¿Un diario, una carta, una tarea escolar, un poema, un cuento? Imposible saberlo, imposible saber por qué está sola en la capital y no tiene adónde ir la tarde de un domingo en mayo de 1966. Es difícil calcular su edad: catorce, dieciocho, veinte años. La hacen muy atractiva la esbelta° armonía de su cuerpo, el largo pelo castaño°, los ojos un poco rasgados°, un aire de inocencia y

rain/stopped

middle-aged

crosses
seat
against the light/ light, brightness / large windows

background

pone/elongated
pewter
bittersweet

ink

slender, graceful
brown
almond-shaped

Los gritos del mesero llaman la atención de todos los presentes. La muchacha enrojece y no sabe en dónde ocultarse.

S Audio: Dramatic Recording

neglect, vulnerability/ 35 desamparo°, la pesadumbre° de quien tiene
grief, sorrow   un secreto.

quizás   Un joven de su misma edad o acaso°
                un poco mayor se sienta en un lugar
isolated   de la terraza, aislada° del salón por un
          40   ventanal. Llama al mesero y ordena
                un café. Observa el interior. Su mirada
scans   recorre° sitios vacíos, grupos silenciosos,
halts, stops   y se detiene° un instante en la muchacha.
looks up   Al sentirse observada alza la vista°.

Inmediatamente 45 Enseguida° baja los ojos y se concentra
                en su escritura. El salón ya no flota en la
semi-darkness   penumbra°: acaban de encender las luces
                fluorescentes.

                Bajo la falsa claridad ella de nuevo
          50   levanta la cabeza y encuentra la mirada del
She stirs   joven. Agita° la cucharilla de peltre para
settled/bottom   disolver el azúcar asentada° en el fondo°.
                Él prueba su café y observa a la muchacha.
                Sonríe al ver que ella lo mira y luego se
          55   vuelve hacia la calle. Este mostrarse y

ocultarse°, este juego que parece divertirlos   hide oneself
o exaltarlos se repite con leves° variantes   slight
por espacio de un cuarto de hora o veinte
minutos. Por fin él la mira de frente° y sonríe   directamente
una vez más. Ella aún trata de esconder el   60
miedo o el misterio que impiden el natural
acercamiento.

    El ventanal la refleja, copia sus actos, los
duplica sin relieve° ni hondura°. Recomienza   emphasis/depth
la lluvia, el aire arroja° gotas° de agua a la   65 throws/drops
terraza. Cuando siente humedecerse° su ropa   dampen
el joven da muestras de inquietud° y ganas   restlessness
de marcharse. Entonces ella desprende° una   saca
hoja del cuaderno, escribe unas líneas y da
una mirada ansiosa al desconocido. Con la   70
cuchara golpea° el vaso alargado. Se acerca   taps
el mesero, toma la hoja de papel, lee las
primeras palabras, retrocede°, gesticula,   steps back
contesta indignado, se retira como quien
opone un gesto altivo° a la ofensa que acaba 75 haughty, arrogant
de recibir.

    Los gritos° del mesero llaman la   yelling
atención de todos los presentes. La
muchacha enrojece y no sabe en dónde
ocultarse. El joven observa paralizado la   80
escena inimaginable: el desenlace lógico
era otro. Antes de que él pueda intervenir,
vencer° la timidez que lo agobia° cuando   conquer/overwhelms
se encuentra sin el apoyo°, el estímulo, la   support
mirada crítica de sus amigos, la muchacha   85
se levanta, deja unos billetes sobre la mesa
y sale del café.

    Él la ve pasar por la terraza sin mirarlo,
se queda inmóvil un instante, luego
reacciona y toca en el ventanal para que   90
le traigan la cuenta. El mesero toma lo
que dejó la muchacha, va hacia la caja° y   register
habla mucho tiempo con la encargada°. El   manager
joven recibe la nota, paga, sale al mundo
en que se oscurece° la lluvia. En una   95 gets darker
esquina donde las calles se bifurcan° mira   fork
hacia todas partes. No la encuentra. El
domingo termina. Cae la noche en la ciudad
que para siempre ocultará a la muchacha. ∎

Análisis

1 **Comprensión** Contesta las preguntas con oraciones completas.

1. Al entrar en el café, ¿qué hace la muchacha?

2. ¿Cómo muestra el joven que le gusta la muchacha?

3. ¿Qué le da la muchacha al mesero?

4. ¿Cómo reacciona el mesero?

5. ¿Qué hace la muchacha cuando oye los gritos del mesero?

6. ¿Se conocen los jóvenes al final? ¿Por qué?

2 **Interpretar** Contesta las preguntas con oraciones completas.

1. ¿Cómo crees que es la muchacha? ¿Y el muchacho?

2. ¿Qué ocurre entre la muchacha y el mesero? Intenta dar una explicación lógica.

3. ¿Qué hace y cómo se siente el muchacho cuando la joven sale del café?

4. Comenta el significado de la última oración del cuento: "Cae la noche en la ciudad que para siempre ocultará a la muchacha."

5. ¿Por qué se titula *Aqueronte* este cuento? Explica tu respuesta.

3 **Las emociones** En grupos de tres, lean las siguientes emociones. Para cada una, escojan una escena del cuento en la que la emoción se aplica a uno de los personajes. Expliquen por qué el personaje la siente y cómo la emoción contribuye al misterio del desenlace.

- la timidez
- la vergüenza
- la alegría
- la desilusión
- el insulto
- el enojo

4 **Imaginar** En parejas, imaginen que los jóvenes sí se conocieron. Escriban su conversación, y después represéntenla delante de la clase.

5 **Escribir** ¿Te ha pasado algo parecido a lo que vivieron los protagonistas del cuento? Sigue el **Plan de redacción** para escribir una experiencia similar tuya. Puedes también inventar una situación. Usa el pretérito y el imperfecto.

Plan de redacción

Escribir una historia en pasado

1 **Presentación** Inicia tu composición contando cuándo pasó, dónde y con quién estabas.

2 **Experiencia** Cuenta lo que ocurrió. Recuerda que debes utilizar el pretérito para las acciones y el imperfecto para las descripciones. Usa expresiones como: **todo empezó, mientras, entonces, después, al final, finalmente…**

3 **Conclusión** Termina tu historia resumiendo muy brevemente qué pasó y lo que sentiste en esa ocasión.

Practice more at
imagina.vhlcentral.com

En la ciudad

Ⓢ Audio: Vocabulary
Flashcards
Video: *Flash Cultura*

Lugares

las afueras *suburbs*
los alrededores *the outskirts*
el ayuntamiento *city hall*
el barrio *neighborhood*
el centro comercial *mall*
el cine *movie theater*
la ciudad *city*
la comisaría *police station*
la discoteca *dance club*
el edificio *building*
la estación (de trenes/de autobuses)
  (train/bus) station
la estación de bomberos *fire station*
la estación de policía *police station*
el estacionamiento *parking lot*
el estadio *stadium*
el metro *subway*
el museo *museum*
la parada (de metro, de autobús)
  (subway, bus) stop
la plaza *square*
el rascacielos *skyscraper*
el suburbio *suburb*
la vivienda *housing; home*

Indicaciones

la acera *sidewalk*
la avenida *avenue*
la calle *street*
la cuadra *city block*
la dirección *address*
la esquina *corner*
el letrero *sign, billboard*
el puente *bridge*
el semáforo *traffic light*
el tráfico *traffic*
el transporte público *public
  transportation*

cruzar *to cross*
estar perdido/a *to be lost*
indicar el camino *to give directions*
preguntar el camino *to ask for directions*

Gente

el/la alcalde(sa) *mayor*
el/la ciudadano/a *citizen*
el/la conductor(a) *driver*
la gente *people*
el/la pasajero/a *passenger*
el/la peatón/peatona *pedestrian*
el policía/la mujer policía
  policeman/woman

Actividades

bajar *to go down; to get off (a bus)*
construir *to build*
conversar *to talk*
convivir *to live together; to coexist*
dar un paseo *to take a stroll*
dar una vuelta *to take a walk/ride*
dar una vuelta en bicicleta/carro/
  motocicleta *to take a bike/car/
  motorcycle ride*
disfrutar de *to enjoy*
doblar *to turn*
hacer diligencias *to run errands*
parar *to stop*
pasarlo bien/mal *to have a good/bad time*
poblar *to settle; to populate*
quedar *to be located*
quedarse *to stay*
recorrer *to travel (around a city)*
relajarse *to relax*
residir *to reside*
subir *to go up; to get on (a bus)*

la vida nocturna *nightlife*

Para describir

atrasado/a *late*
cotidiano/a *everyday*
inesperado/a *unexpected*
lleno/a *full*
ruidoso/a *noisy*
vacío/a *empty*

Cortometraje

el/la cajero/a *cashier*
el choque *crash*
el/la desconocido/a *stranger*
las facciones *features*
la fila *line*

afligirse *to get upset*
parecerse *to look like*
valorar *to value*

borracho/a *drunk*
ingenuo/a *naïve*
repentino/a *sudden*

Cultura

el bienestar *well-being*
la característica *characteristic*
la costumbre *custom; habit*
el cuidado *care*
el/la habitante *inhabitant*
la influencia *influence*
el matriarcado *matriarchy*
el mito *myth*

acostumbrar *to do as a custom/habit*
conservar *to preserve*
cooperar *to cooperate*
difundir (noticias) *to spread (news)*
permitir *to allow*
significar *to mean*

decidido/a *determined*
justo/a *just, fair*

Literatura

el desenlace *ending, outcome*
el/la mesero/a *waiter/waitress*
la mirada *gaze*
la soledad *loneliness*
la timidez *shyness*
la vergüenza *embarrassment*

atreverse *to dare*
disimular *to hide, to conceal*
enrojecer *to blush, to turn red*
esconder *to hide*

atrevido/a *daring, brave*

La influencia de los medios

Hoy más que nunca los medios de comunicación son parte fundamental de nuestra vida cotidiana. Éstos no sólo informan, sino que influyen en la opinión pública y en la interpretación de la realidad. La prensa escrita, la radio, la televisión e Internet están tan presentes en nuestras vidas que casi puede decirse que si algo no aparece en los medios, no existe. ¿Estamos informados o hipnotizados?

Destino:
EL CARIBE

CUBA
REPÚBLICA DOMINICANA
PUERTO RICO

Los medios de comunicación

Los medios

el acontecimiento *event*
la actualidad *current events*
el anuncio *advertisement, commercial*
la censura *censorship*
Internet *Internet*
los medios (de comunicación) *media*
la parcialidad *bias*
la publicidad *advertising*
la radio *radio*
la radioemisora
  radio station
el reportaje
  news report
el sitio web *website*
la temporada *season*

enterarse (de) *to become informed (about)*
navegar en la red *to surf the web*

opinar *to express an opinion, think*
ser parcial *to be biased*
tener buena/mala fama *to have a*
  good/bad reputation

actualizado/a *up-to-date*
destacado/a *prominent*
en directo/vivo *live*
imparcial *impartial, unbiased*
influyente *influential*

Profesionales de los medios

el/la actor/actriz *actor/actress*
el/la cantante *singer*
el/la crítico/a de cine
  film critic
el/la director(a)
  director
la estrella (de cine)
  (movie) star (male
  or female)
el/la fotógrafo/a *photographer*
el/la locutor(a) de radio *radio announcer*

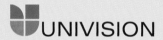

el/la oyente *listener*
el/la periodista *journalist*
el público *audience, public*
el/la redactor(a) *editor*
el/la reportero/a *reporter*
el/la televidente *television viewer*

El cine y la televisión

la banda sonora *soundtrack*
la cadena *network*

UNIVISION

el cine *cinema, movies*
el doblaje *dubbing*
el documental *documentary*
los efectos especiales *special effects*
el estreno *premiere, new movie*
la pantalla *screen*
la película *movie*
el programa de concursos *game show*
el programa de telerrealidad
  reality show
los subtítulos *subtitles*
la telenovela *soap opera*

la transmisión *broadcast*
el video musical *music video*

ensayar *to rehearse*
entretener *to entertain*
entrevistar *to interview*
rodar (o:ue) *to shoot*
  (a movie)
grabar *to record*
transmitir
  to broadcast

La prensa

el horóscopo *horoscope*
la libertad de prensa *freedom of the press*
las noticias locales/internacionales/
  nacionales *local/international/*
  national news
el periódico/el diario
  newspaper
la portada *front page, cover*
la prensa (sensacionalista)
  (sensationalist) press
la revista *magazine*
la sección de sociedad *lifestyle section*
la sección deportiva *sports section*
la tira cómica *comic strip*
el titular *headline*

investigar *to research;*
  to investigate
publicar *to publish*
suscribirse (a) *to subscribe (to)*

Audio: Vocabulary

Práctica

1

Analogías Completa cada analogía con una palabra de la lista.

actualidad	destacado	imparcial	radio
censura	entretener	periodista	sitio web

1. reportero : reportaje = _____ : periódico
2. noticia internacional : informar = telenovela : _____
3. televidente : televisión = oyente : _____
4. mentiroso : sincero = parcial : _____
5. influyente : importante = _____ : prominente
6. escena : película = _____ : Internet

2

Completar Completa el texto con las palabras correctas de la lista.

acontecimiento	crítico de cine	mala fama	sociedad
anuncios	entrevistó	pantalla	tira cómica
cadena	estrella	sensacionalista	transmitieron

No quería perderme el (1) _____ del año y al final me lo perdí. La (2) _____ de cine asistió al estreno de su última película y una periodista la (3) _____. Fotógrafos de buena y (4) _____ sacaban fotos para venderlas a la prensa (5) _____. Algunos reporteros hablaban con un destacado (6) _____ para saber su opinión de la película. El público se entretenía mirando escenas en una (7) _____ gigante. Varios canales de televisión (8) _____ el evento en directo. Al final, no sé qué pasó. ¡Cambié de canal durante los (9) _____ y me dormí! Mañana voy a leer la sección de (10) _____ para enterarme de lo que me perdí.

3

¿Qué opinas tú? Di si estás de acuerdo con cada afirmación. Después, comparte tus opiniones con la clase.

	Sí	No
1. Hoy día es más fácil enterarse de lo que pasa en el mundo.	☐	☐
2. Gracias a los medios de comunicación, la gente tiene menos prejuicios que antes.	☐	☐
3. La libertad de prensa es un mito.	☐	☐
4. La publicidad sólo quiere entretener al público.	☐	☐
5. El objetivo de la prensa sensacionalista es informar.	☐	☐
6. Gracias a Internet, ahora podemos encontrar más información imparcial.	☐	☐
7. La imagen tiene mucho poder en el mundo de la comunicación.	☐	☐
8. Actualmente los reporteros son vendedores de opiniones.	☐	☐
9. Tenemos demasiada información. Es imposible asimilarla toda.	☐	☐
10. El mundo es mejor gracias a los medios de comunicación.	☐	☐

Practice more at **imagina.vhlcentral.com**.

Preparación Audio: Vocabulary

Vocabulario del corto	Vocabulario útil	
apenas *hardly; just*	**adivinar** *to guess*	**el fenómeno** *phenomenon*
el arma *gun*	**el alma** *soul*	**invocar** *to invoke, call on*
el Diablo *the Devil*	**el ángel** *angel*	**los rasgos** *features*
el disparo *shot*	**arrepentirse** *to regret*	**robar** *to rob*
la encrucijada *crossroads*	**castigar** *to punish*	**el robo** *robbery*
firmar *to sign*	**cometer (un delito)** *to commit (a crime)*	**la sangre** *blood*
el pasamontañas *ski mask*	**engañar** *to deceive, to trick*	**el ser humano** *human being*
	la fantasía *fantasy*	**el suceso** *incident*

EXPRESIONES

¿Cómo que…? *What do you mean…?*

en lo que respecta a… *with respect to…*

¿no es cierto? *am I right?, isn't that right?*

1 **Emparejar** Elige la palabra de la columna B que corresponde a la definición de la columna A.

A

_____ 1. llevarse algo contra la voluntad del dueño

_____ 2. llamar a algo o a alguien

_____ 3. líquido que corre por las venas

_____ 4. instrumento capaz de lastimar a otra persona

_____ 5. punto donde dos caminos se cruzan

_____ 6. dar una respuesta sin estar seguro/a de ella

_____ 7. artículo que cubre toda la cabeza hasta el cuello

_____ 8. descarga de un arma de fuego

B

a. adivinar

b. apenas

c. arma

d. invocar

e. disparo

f. encrucijada

g. pasamontañas

h. robar

i. sangre

j. suceso

2 **Vocabulario** Usa el vocabulario de esta página para escribir el argumento de una película que hayas visto. Después, léeselo a tu compañero/a, quien te hará preguntas para adivinar el título.

3 **Preparación** En parejas, contesten las preguntas.

1. ¿Conocen alguna historia en la que alguien le vende su alma al Diablo? ¿Cuál? ¿Qué tipo de obra es (novela, película, etc.)?

2. El tema de venderle el alma al Diablo es muy antiguo y frecuente en la cultura occidental (*Western*). ¿Por qué creen que es tan popular?

3. ¿Creen que las malas acciones se castigan de alguna forma? Expliquen.

4 **Fotogramas** Observa los fotogramas e imagina lo que va a ocurrir en el cortometraje.

1.

2.

3.

4.

5 **Tres deseos** En parejas, imaginen que hace diez años le pidieron tres deseos a un ser fantástico. Después, imaginen que hoy pueden pedirle tres más. ¿Son los mismos? ¿Por qué? Escriban sus deseos y compartan sus conclusiones con la clase.

	Hace 10 años	Hoy
Deseo 1		
Deseo 2		
Deseo 3		

6 **Y ahora, ¿qué?** Trabajen con la misma persona de la actividad anterior. Imaginen que el ser fantástico les concedió los tres últimos deseos que pidieron y contesten las preguntas.

1. ¿Cómo se sienten? ¿Son más felices? ¿Por qué?

2. ¿Cómo han cambiado sus vidas?

3. ¿Han cambiado sus relaciones con sus familias y amigos? ¿Cómo? ¿Por qué?

7 **Opiniones** En grupos de tres, lean las citas y expresen sus opiniones. Escriban sus comentarios y después compártanlos con la clase.

1. "Quienes creen que el dinero lo hace todo, terminan haciendo todo por dinero." *Voltaire*

2. "La riqueza consiste mucho más en el disfrute (*enjoyment*) que en la posesión." *Aristóteles*

3. "La felicidad (*happiness*) es darse cuenta de (*realizing*) que nada es demasiado importante." *Antonio Gala*

 Short Film

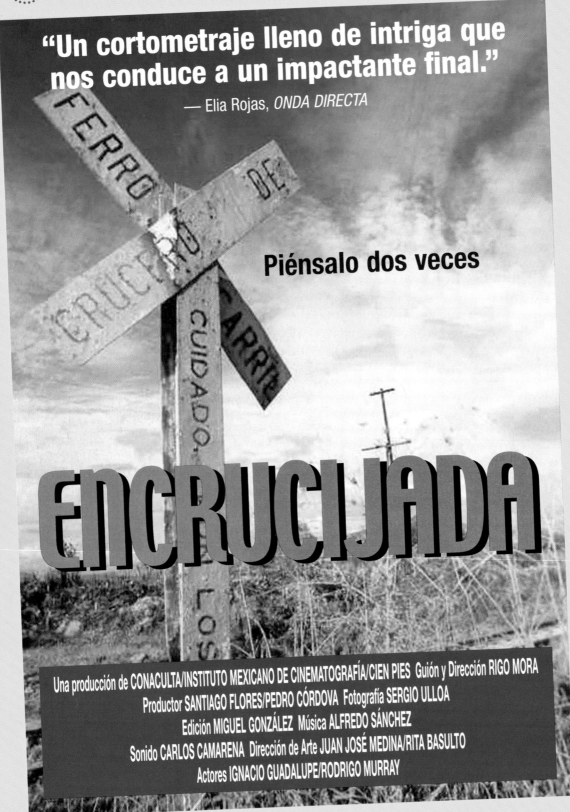

"Un cortometraje lleno de intriga que nos conduce a un impactante final."

— Elia Rojas, *ONDA DIRECTA*

Piénsalo dos veces

FERRO CRUCERO DE CARRIL CUIDADO LOS

ENCRUCIJADA

Una producción de CONACULTA/INSTITUTO MEXICANO DE CINEMATOGRAFÍA/CIEN PIES Guión y Dirección RIGO MORA
Productor SANTIAGO FLORES/PEDRO CÓRDOVA Fotografía SERGIO ULLOA
Edición MIGUEL GONZÁLEZ Música ALFREDO SÁNCHEZ
Sonido CARLOS CAMARENA Dirección de Arte JUAN JOSÉ MEDINA/RITA BASULTO
Actores IGNACIO GUADALUPE/RODRIGO MURRAY

Argumento *Un hombre desesperado invoca al Diablo.*

(El hombre está invocando al Diablo.)

DIABLO ¿Cómo que te vas? Si apenas voy llegando. Yo sólo vine porque tú me llamaste. Porque tú me llamaste, ¿no es cierto? Necesitas dinero, ¿no?
HOMBRE Sí, creo que sí…

Nota
CULTURAL

La Virgen de Guadalupe

Según el texto *Nican Mopohua* (1649), en diciembre de 1531, la Virgen de Guadalupe se apareció al indio Juan Diego en unas montañas situadas al norte de la Ciudad de México y pidió que se le construyera una basílica en ese lugar. Hoy día, esta basílica es una de las iglesias católicas más visitadas del mundo. Esta Virgen de rasgos indígenas es un verdadero° icono mexicano. En muchas casas hay una imagen de la Virgen de Guadalupe, a la cual la familia le ofrece flores y le prende velas°.

verdadero *true* **prende velas** *lights candles*

DIABLO *(señalando su carro)* Súbete. Voy a llevarte a un sitio donde hay mucho, pero mucho dinero.
(Se marchan en el carro. El Diablo estaciona en frente de un banco.)

DIABLO Ya llegamos.
HOMBRE ¿Aquí?
DIABLO *(suspirando con resignación)* ¡Ay! ¿Dónde más? Vamos. Toma, ponte esto.
(Le entrega un pasamontañas.) Toma.
(Le entrega un arma de fuego.)

HOMBRE ¿Qué vamos a hacer?
DIABLO ¿No quieres dinero?
HOMBRE ¿Tú no te cubres?
DIABLO ¿Por quién me tomas? Sígueme.
(Entran al banco. Se oyen unos disparos. Salen el hombre y el Diablo.)

DIABLO *(entregándole el dinero al hombre)* Ten, misión cumplida.

Análisis

1 **Comprensión** Contesta las preguntas.

1. ¿Quién es el personaje que maneja el carro?
2. ¿Qué quiere el hombre desesperado?
3. ¿Adónde lo lleva el Diablo para ayudarlo?
4. ¿Qué hacen dentro del banco?
5. ¿Qué tiene que firmar el hombre después del robo?
6. ¿Cómo lo engañó el Diablo?

2 **Interpretar** Contesta las preguntas.

1. ¿Por qué se titula *Encrucijada* este cortometraje?
2. ¿Por qué el Diablo no se cubre la cara con un pasamontañas?
3. ¿Por qué el Diablo hace que el hombre firme un contrato con su sangre?
4. ¿Qué obtiene el Diablo por ayudar al hombre?
5. ¿Por qué la familia del hombre está tan seria cuando él llega?
6. Mira el fotograma. ¿Cuál es la importancia de esta escena en el desarrollo de la historia?

3 **Antes y después** En parejas, imaginen qué pasó en la vida del hombre antes y después de robar el banco.

- ¿Cuál es su situación al principio del corto?
- ¿Por qué decide pedir ayuda al Diablo?
- ¿Para qué necesita tanto dinero?
- ¿Qué le pasó después de robar el banco?
- ¿Lo atrapó la policía o consiguió escapar?
- ¿Cómo reaccionó su familia?
- ¿Qué hizo con el dinero?
- ¿Se arrepintió de su decisión?
- ¿Cómo fue su vida después del robo?

4 **El Diablo** En parejas, primero describan brevemente al Diablo del cortometraje. Después, contesten estas preguntas.

1. ¿Es diferente del Diablo que ustedes se imaginaban? ¿Cuáles son las diferencias?
2. ¿Por qué creen que el director eligió presentarlo así?
3. ¿Cómo representarían ustedes al Diablo? ¿Por qué?

5

Otro deseo Imaginen que el hombre no desea pedirle dinero al Diablo, sino una de las cosas de esta lista. En parejas, elijan una de ellas y escriban un diálogo.

- conseguir a la mujer amada
- ser más joven
- ser presidente del país
- ser un actor famoso
- otro deseo que se imaginen ustedes

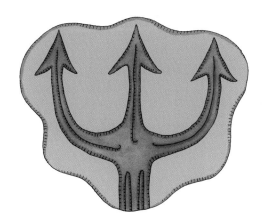

6

¿Qué harían? Trabajen en grupos para discutir las siguientes situaciones. Después compartan sus ideas con la clase.

1. Imaginen que están pasando por una situación desesperada. ¿Cómo la solucionan? ¿Consideran vender su alma al Diablo? ¿Por qué?

2. Imaginen que necesitan conseguir mucho dinero en 24 horas. ¿Qué opciones consideran? ¿Cuál escogen? ¿Por qué?

7

Diálogo En parejas, elijan una de las situaciones e improvisen un diálogo. Utilicen al menos seis palabras o expresiones de la lista. Después, represéntenlo delante de la clase.

alma	disparo	robar
arma	engañar	robo
castigar	fantasía	sangre
cometer un delito	firmar	ser humano
convocar	pasamontañas	suceso

A

Una persona que necesita mucho dinero va paseando por la calle y se le aparece el Diablo para convencerla de que tiene que robar un banco.

B

Un(a) criminal va a robar el dinero de un banco y un ángel se le presenta y lo/la tiene que convencer para que no lo robe.

 Practice more at **imagina.vhlcentral.com**.

IMAGINA

S En **imagina.vhlcentral.com** encontrarás más información y actividades relacionadas con esta sección.

¡Ecos de piratas y bucaneros!

Septiembre de 1564. Unos pasos que provienen del acantilado[1] se dirigen al corazón de la ciudad amurallada[2]. Las sombras[3], apenas perceptibles en la oscuridad, se comunican sin necesidad de hablar: acaban de encontrar la casa que buscaban. Los habitantes de la gran mansión no van a saber lo que ocurre, pero se darán cuenta de que alguien les está apuntando con un arma. Los piratas han entrado de nuevo en **San Juan**.

Esta escena, que parece extraída de un libro de aventuras, era, sin embargo, la realidad para los habitantes de las islas caribeñas de la época. Desde principios del siglo XVI hasta bien entrado el siglo XVIII, el **Caribe** español sufrió continuos ataques piratas. Los barcos, llenos del oro[4] y la plata[5] que se extraían de las tierras colonizadas, seguían esta ruta. Esto convirtió la zona en gran atractivo para los que buscaban la riqueza rápida a cualquier precio y sin considerar los métodos que tenían que usar para conseguirla.

El **mar Caribe** era el escenario donde se desarrollaba la política internacional de la época. **España** tenía bajo su dominio las **Indias Occidentales**,

Castillo de San Cristóbal en San Juan, Puerto Rico

una hegemonía que países como **Francia** e **Inglaterra** querían arrebatarle[6] a toda costa. Para ello, los gobiernos de estos países financiaban los ataques piratas a las ciudades y barcos españoles.

Los colonizadores españoles, con el fin de proteger las enormes riquezas en oro, plata y piedras preciosas, construyeron fuertes en todo el Caribe: en **La Habana**, en **Santo Domingo** y en San Juan. Estas ciudades-fortaleza[7] fueron el centro vital de las Indias Occidentales por casi cuatro siglos. Sus iglesias y ayuntamientos[8] ya habían existido más de cien años antes de la llegada de los primeros colonos ingleses a tierras norteamericanas. Sus calles vieron pasar a todos los aventureros, conquistadores, bucaneros y comerciantes de esclavos que vivían en esa época.

Estas tres capitales del Caribe están además entre las ciudades más antiguas del continente americano fundadas por los europeos. Los barrios coloniales de El **Distrito Colonial**, La **Habana Vieja** y El **Viejo San Juan** han sido declarados Patrimonio Mundial[9] de la Humanidad por la **UNESCO** por su valor histórico.

[1] *cliff* [2] *walled* [3] *shadows* [4] *gold* [5] *silver* [6] *snatch* [7] *fortified cities* [8] *city halls* [9] *World Heritage*

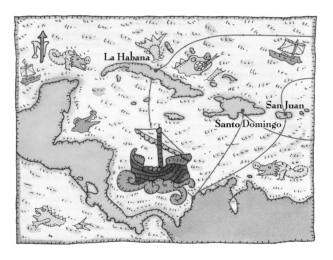

EL CARIBE

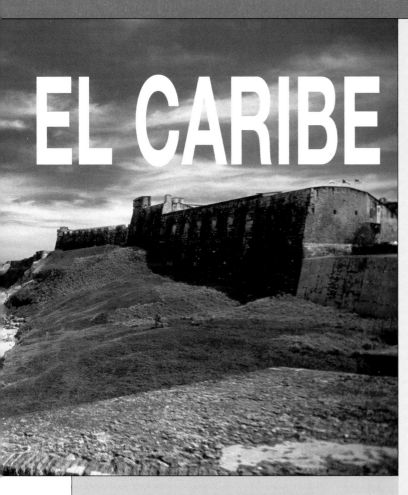

El español del Caribe

ahorita	dentro de poco; *soon* (Cu., P.R., R.D.)
amarillo	plátano maduro; *ripe banana* (R.D., P.R.)
boricua	puertorriqueño/a; *Puerto Rican* (P.R.)
cacata	araña; *spider* (R.D.)
chavos	dinero; *money* (P.R.)
china	naranja; *orange* (P.R.)
embullar	animar; *encourage* (Cu.)
enfogonado/a	enojado/a; *angry* (P.R.)
espejuelos	gafas; *glasses* (Cu.)
guagua	autobús; *bus* (Cu., P.R., R.D.); *SUV* (P.R)
guapo/a	valiente; *brave* (Cu., R.D.)
guiar	manejar; *to drive* (P.R.)
halar	tirar; *to pull* (Cu.)
jaba	bolsa; *bag* (Cu.)
juaniquiqui	dinero; *money* (Cu.)
lechosa	papaya (R.D.)
mahones	*blue jeans* (P.R.)
mata	árbol; *tree* (Cu., R.D.)
¿Qué volá?	¿Qué pasa?; *What's up?* (Cu.)
radiobemba	chismoso/a; *gossipy* (Cu.)
socio/a	amigo/a; *friend, buddy* (Cu.)
timón	volante; *steering wheel* (Cu.)

¡Visitemos las ciudades coloniales!

La Bodeguita del Medio Muy cerca de la **Catedral de la Habana**, en La **Habana Vieja**, está este famoso restaurante

frecuentado por muchos turistas de todo el mundo. Es célebre por su comida cubana típica y por sus mojitos, la bebida típica de la isla. Este lugar ha recibido a personalidades internacionales tales como **Pablo Neruda**, **Gabriela Mistral**, **Julio Cortázar**, **Nat King Cole** y **Gabriel García Márquez**, entre otros. También era el sitio favorito de **Ernest Hemingway**, quien pasaba horas allí bebiendo café y conversando con sus amigos.

Mercado Modelo En pleno **Distrito Colonial** de **Santo Domingo**, este tradicional mercado es conocido por la simpatía de sus vendedores, quienes ofrecen su mercadería[1] en voz muy alta. La variedad de sus productos convierten al **Mercado Modelo** en una muestra

viviente de la cultura dominicana. Aquí se pueden conseguir desde perfumes y flores hasta amuletos e imágenes de santos.

Calle San Sebastián El **Viejo San Juan** cobra vida[2] durante la noche como pocos lugares en **Puerto Rico**, mostrando sus encantos culturales en una combinación de música en

vivo, excelentes restaurantes e innumerables sitios para bailar. La zona más famosa es la **calle San Sebastián**. Tiene tabernas y cantinas a ambos lados de sus aceras, adonde acuden personas de todas las edades hasta altas horas de la madrugada.

La Mallorquina es el restaurante más antiguo y famoso del **Viejo San Juan**. Fue fundado en 1848 y desde 1936 funciona como negocio familiar. Desde entonces hasta hoy, su menú sigue siendo básicamente el mismo. Entre

sus múltiples platos típicos de la cocina tradicional española, no faltan dos clásicos como la paella y el gazpacho. Conocidísimas personalidades del mundo de las artes, la cultura y la política han dejado sus comentarios en el libro de visitas.

[1] *merchandise* [2] *comes to life*

GALERÍA DE CREADORES

LITERATURA Rosario Ferré
La conocida escritora puertorriqueña Rosario Ferré ha escrito cuentos, novelas, poemas, ensayos, biografías y artículos periodísticos. Uno de sus temas centrales es la lucha de la mujer en un mundo dominado y definido por los hombres. Su primer libro, la colección de cuentos *Papeles de Pandora* (1976), recibió premios (*awards*) nacionales e internacionales. Ferré escribe tanto en español como en inglés. También es autora de *Maldito amor*, *La casa de la laguna*, *Las dos Venecias* y *Eccentric neighborhoods*, entre otras obras.

PINTURA Wifredo Lam

El arte del pintor cubano Wifredo Lam es, como él, fruto de un sincretismo de culturas. De padre chino y madre de descendencia europea, africana e india, Lam fue influyente en el arte del siglo XX. El arte africano y el arte primitivo fueron especialmente importantes en sus creaciones surrealistas. Trabajó varios años con Pablo Picasso en París y fue amigo de los mexicanos Frida Kahlo y Diego Rivera. Aquí vemos una pieza que se titula *Vegetación tropical*.

LITERATURA **Julia de Burgos**

Aunque vivió sólo 39 años, Julia de Burgos se destacó (*distinguished herself*) como poeta ilustre no sólo en Puerto Rico, sino también en el resto de Latinoamérica. Sus poemas incluyen elementos caribeños, apasionados temas amorosos y fuertes cuestionamientos feministas. Sus obras incluyen *Poema en veinte surcos, Canción de la verdad sencilla* y *El mar y tú*, entre otras.

DISEÑO Y MODA **Oscar de la Renta**

Cuando las primeras damas de los Estados Unidos, como Nancy Reagan, Hillary Clinton y Laura Bush, necesitaban un vestido para una ocasión especial, llamaban a Oscar de la Renta. En Hollywood, actrices como Penélope Cruz y Sandra Bullock visten sus creaciones. Desde los años 60, este diseñador dominicano ha sido una verdadera institución en el mundo de la moda. Sin embargo, aunque trabaja principalmente en su elegante estudio en Nueva York, de la Renta nunca ha olvidado sus orígenes. Todavía tiene una casa en la República Dominicana y ha ayudado a crear una escuela y guardería para 1.200 niños en su país natal.

S CONEXIÓN INTERNET

En imagina.vhlcentral.com encontrarás más información y actividades relacionadas con esta sección.

¿Qué aprendiste?

Cierto o falso Indica si estas afirmaciones son ciertas o falsas. Corrige las falsas.

1. Los piratas atacaban las ciudades y los barcos en el Caribe para robar joyas traídas de España.

2. Los gobiernos locales financiaban los ataques piratas.

3. El Caribe contaba con ciudades organizadas más de cien años antes de la llegada de los europeos a Norteamérica.

4. Oscar de la Renta ha ayudado a crear una escuela y guardería para niños en la República Dominicana.

5. Célebres personalidades han visitado el restaurante La Bodeguita del Medio en La Habana Vieja.

6. Wifredo Lam no quiso conocer a otros artistas de su época.

Preguntas Contesta las preguntas.

1. ¿Qué buscaban los piratas ingleses y franceses en el Caribe?

2. ¿Qué elementos y temas se encuentran en la poesía de Julia de Burgos?

3. ¿Qué dos ingredientes convierten al Mercado Modelo en una muestra de la cultura dominicana?

4. ¿De qué país son los platos típicos que ofrece el menú de La Mallorquina? ¿Cuáles son dos de los más conocidos?

5. ¿Qué artista de la Galería te interesa más? ¿Por qué?

PROYECTO

Aventuras en el Caribe

Imagina que eres un(a) explorador(a) o pirata en el Caribe del siglo XVI. Investiga la información que necesites en Internet para escribir una entrada en tu diario explicando lo que sucedió durante el pasado mes.

- Inventa tu aventura y añade todos los detalles: ¿qué lugares visitaste?, ¿qué problemas tuviste?, ¿qué personas/peligros encontraste?, etc.

- Dibuja un mapa con las rutas de ese mes.

- Escribe la entrada en tu diario y preséntala a la clase.

MINIPRUEBA

Completa las oraciones con la información correcta y demuestra lo que aprendiste sobre el Caribe.

1. La escritora puertorriqueña Rosario Ferré escribe tanto en español como en _____ .
   a. francés   b. inglés   c. portugués

2. Los ataques piratas estaban _____ por los gobiernos de Inglaterra y Francia.
   a. bloqueados   b. colonizados   c. financiados

3. Los colonizadores españoles construyeron _____ en las tres principales ciudades del Caribe para proteger sus riquezas de los ataques piratas. Por eso, estas ciudades se conocían como ciudades _____.
   a. murallas; amuralladas   b. colonias; colonizadas
   c. fuertes; fortaleza

4. Cuando no quieren caminar, los boricuas toman la _____.
   a. china   b. ananá   c. guagua

5. El escritor norteamericano que pasaba horas en la Bodeguita del Medio era _____ .
   a. Ernest Hemingway   b. John Steinbeck
   c. Mark Twain

6. El Mercado Modelo de Santo Domingo está en el histórico _____.
   a. Patrimonio Colonial   b. Distrito Colonial
   c. Patrimonio Mundial

7. La calle San Sebastián se ha convertido en un importante centro _____ puertorriqueño.
   a. industrial   b. religioso   c. cultural

8. Las puertas de La Mallorquina están _____ al público desde 1848.
   a. cerradas   b. abiertas   c. amuralladas

9. En Cuba, las personas que no ven bien llevan _____ .
   a. chavos   b. mahones   c. espejuelos

10. Wifredo Lam tiene varios orígenes culturales, pero el _____ no es uno de ellos.
    a. árabe   b. chino   c. indio

11. Oscar de la Renta es una institución en el mundo de la moda desde los años _____.
    a. 60   b. 50   c. 80

En pantalla (S) Video: *Reportaje*

Vocabulario

a orillas *on the edge*	**el humedal** *swamp*
la amenaza *threat*	**la rana** *frog*
la ciénaga *swamp*	**la sequía** *drought*
diminuto/a *tiny, minute*	**el vertedero** *dump*

Los coquíes son ranas muy pequeñas originarias de Puerto Rico y las Islas Vírgenes. El **coquí llanero**, variedad que sólo se ha encontrado en el humedal de Sabana Seca al norte de Puerto Rico, es el más pequeño de todos los coquíes de la isla. La actividad humana está poniendo en peligro a esta especie. La alteración de las fuentes de agua dulce (*freshwater sources*) del área podría ocasionar la aparición de nuevas plantas, sequías y la destrucción del hábitat del coquí llanero. Este reportaje de la cadena *Telemundo* explica cómo una serie de proyectos de construcción podría hacer desaparecer esta especie en un año.

Conexión personal En ocasiones, la actividad humana es la principal amenaza para la estabilidad y supervivencia de especies de animales y plantas. ¿Puedes dar ejemplos que ilustren cómo podemos poner en peligro la vida de animales o plantas?

Comprensión Contesta las preguntas.

1. ¿Por qué fue importante el descubrimiento de este coquí?

2. ¿Por qué está en peligro el coquí llanero?

3. ¿Qué medidas (*measures*) tomó el gobierno para protegerlo?

4. ¿Por qué el municipio de Toa Baja se opone a las medidas del gobierno para proteger al coquí llanero?

5. ¿Cuántas especies de coquíes se han encontrado en Puerto Rico y cuántas están en peligro de extinción?

Expansión

A. En grupos de tres, seleccionen una obra de construcción en su región y pronostiquen (*predict*) las consecuencias.

- Escriban una lista de las ventajas y de las consecuencias negativas que traerá la obra.

- Mencionen los beneficios o riesgos que la obra traerá específicamente para los animales y las plantas.

- Enumeren las precauciones que se deberán tomar para minimizar el impacto ambiental durante la construcción.

B. Presenten ante la clase un informe sobre el impacto ambiental de este tipo de construcción.

Alerta Verde: coquí en peligro de extinción

El descubrimiento de esta diminuta rana amarilla brillante representó el primer hallazgo (*find*) de una nueva especie endémica en Puerto Rico en 30 años.

Si se altera la fuente de agua dulce que le da vida a este humedal, se transforma este lugar. Y obviamente, al irse la casa, se va el animal también.

El coquí llanero es la especie de coquí más pequeña de Puerto Rico.

Una compañía privada ha construido una pista de carreras justo a orillas del humedal.

 Practice more at **imagina.vhlcentral.com.**

3.1

The subjunctive in noun clauses

Forms of the present subjunctive

TALLER DE CONSULTA

These grammar topics are covered in the **Manual de gramática, Lección 3.**

3.4 Possessive adjectives and pronouns, p. 386
3.5 Demonstrative adjectives and pronouns, p. 388

- The subjunctive (**el subjuntivo**) is used mainly in the subordinate clause of multiple-clause sentences to express will, influence, emotion, doubt, or denial. The present subjunctive is formed by dropping the **–o** from the **yo** form of the present indicative and adding these endings:

The present subjunctive

hablar	comer	escribir
hable	coma	escriba
hables	comas	escribas
hable	coma	escriba
hablemos	comamos	escribamos
habléis	comáis	escribáis
hablen	coman	escriban

¡ATENCIÓN!

The *indicative* is used to express actions, states, or facts the speaker considers to be certain. The *subjunctive* expresses the speaker's attitude toward events, as well as actions or states that the speaker views as uncertain.

- Verbs with irregular **yo** forms show that same irregularity in all forms of the present subjunctive.

conocer	conozca	seguir	siga
decir	diga	tener	tenga
hacer	haga	traer	traiga
oír	oiga	venir	venga
poner	ponga	ver	vea

¡ATENCIÓN!

Verbs that end in **–car, –gar,** and **–zar** undergo spelling changes in the present subjunctive.

sacar: saque
jugar: juegue
almorzar: almuerce

- Verbs with stem changes in the present indicative show the same changes in the present subjunctive. Stem-changing **–ir** verbs also undergo a stem change in the **nosotros/as** and **vosotros/as** forms of the present subjunctive.

pensar (e:ie)	piense, pienses, piense, pensemos, penséis, piensen
jugar (u:ue)	juegue, juegues, juegue, juguemos, juguéis, jueguen
mostrar (o:ue)	muestre, muestres, muestre, mostremos, mostréis, muestren
entender (e:ie)	entienda, entiendas, entienda, entendamos, entendáis, entiendan
resolver (o:ue)	resuelva, resuelvas, resuelva, resolvamos, resolváis, resuelvan
pedir (e:i/i)	pida, pidas, pida, pidamos, pidáis, pidan
sentir (e:ie/i)	sienta, sientas, sienta, sintamos, sintáis, sientan
dormir (e:ue/u)	duerma, duermas, duerma, durmamos, durmáis, duerman

- The following five verbs are irregular in the present subjunctive.

dar	dé, des, dé, demos, deis, den
estar	esté, estés, esté, estemos, estéis, estén
ir	vaya, vayas, vaya, vayamos, vayáis, vayan
saber	sepa, sepas, sepa, sepamos, sepáis, sepan
ser	sea, seas, sea, seamos, seáis, sean

Verbs of will and influence

- A clause is a sequence of words that contains both a conjugated verb and a subject (expressed or implied). In a subordinate (dependent) noun clause (**oración subordinada sustantiva**), the words in the sequence function together as a noun.

*El hombre le pide al Diablo **que lo ayude**.*

- When the subject of a sentence's main (independent) clause exerts influence or will on the subject of the subordinate clause, the verb in the subordinate clause takes the subjunctive.

MAIN CLAUSE	CONNECTOR	SUBORDINATE CLAUSE
Yo quiero	que	**tú** vayas al cine conmigo.

Verbs and expressions of will and influence

aconsejar *to advise*	**hacer** *to make*	**prohibir** *to prohibit*
desear *to desire, to wish*	**importar** *to be important*	**proponer** *to propose*
es importante *it's important*	**insistir (en)** *to insist (on)*	**querer (e:ie)** *to want; to wish*
es necesario *it's necessary*	**mandar** *to order*	**recomendar (e:ie)** *to recommend*
es urgente *it's urgent*	**necesitar** *to need*	**rogar (o:ue)** *to beg; to plead*
exigir *to demand*	**oponerse a** *to oppose; to object to*	**sugerir (e:ie/i)** *to suggest*
gustar *to like; to be pleasing*	**pedir (e:i/i)** *to ask for; to request*	
	preferir (e:ie/i) *to prefer*	

Martín quiere que **grabemos** este anuncio para el viernes.
Martín wants us to record this ad by Friday.

Es necesario que **lleguen** al estreno antes de la una.
It's necessary that they arrive at the premiere before one o'clock.

El abogado recomienda que **lea** el contrato antes de firmar.
The lawyer recommends that I read the contract before signing.

Tus padres se oponen a que **salgas** tan tarde por la noche.
Your parents object to your going out so late at night.

- The infinitive, not the subjunctive, is used with verbs and expressions of will and influence if there is no change of subject in the sentence. The **que** is unnecessary in this case.

Infinitive	Subjunctive
Quiero ir al Caribe en enero.	**Prefiero que vayas en marzo.**
I want to go to the Caribbean in January.	*I prefer that you go in March.*

Verbs of emotion

- When the main clause expresses an emotion like hope, fear, joy, pity, or surprise, the verb in the subordinate clause must be in the subjunctive if its subject is different from that of the main clause.

Espero que la película **tenga** subtítulos.
I hope the movie will have subtitles.

Es una lástima que no **puedas** ir a la fiesta.
It's a shame you can't go to the party.

Verbs and expressions of emotion

alegrarse (de) *to be happy (about)*	**es terrible** *it's terrible*	**molestar** *to bother*
es bueno *it's good*	**es una lástima** *it's a shame*	**sentir (e:ie/i)** *to be sorry; to regret*
es extraño *it's strange*	**es una pena** *it's a pity*	**sorprender** *to surprise*
es malo *it's bad*	**esperar** *to hope; to wish*	**temer** *to fear*
es mejor *it's better*	**gustar** *to like; to be pleasing*	**tener (e:ie) miedo (de)** *to be afraid (of)*
es ridículo *it's ridiculous*		

- The infinitive, not the subjunctive, is used with verbs and expressions of emotion if there is no change of subject in the sentence. The **que** is unnecessary in this case.

Infinitive	Subjunctive
No me gusta llegar tarde.	**Me molesta que la clase no termine a tiempo.**
I don't like to arrive late.	*It bothers me that the class doesn't end on time.*

Verbs of doubt or denial

- When the main clause implies doubt, uncertainty, or denial, the verb in the subordinate clause must be in the subjunctive if its subject is different from that of the main clause.

No creo que ella nos **quiera** engañar.
I don't think that she wants to deceive us.

Dudan que la novela **tenga** éxito.
They doubt that the novel will be successful.

Verbs and expressions of doubt and denial

dudar *to doubt*	**negar (e:ie)** *to deny*
es imposible *it's impossible*	**no creer** *not to believe*
es improbable *it's improbable*	**no es evidente** *it's not evident*
es poco cierto/seguro *it's uncertain*	**no es cierto/seguro** *it's not certain*
(no) es posible *it's (not) possible*	**no es verdad** *it's not true*
(no) es probable *it's (not) probable*	**no estar seguro (de)** *not to be sure (of)*

- The infinitive, not the subjunctive, is used with verbs and expressions of doubt or denial if there is no change in the subject of the sentence. The **que** is unnecessary in this case.

Es imposible **rodar** sin los permisos.
It's impossible to shoot the movie without the permits.

Es improbable que **rueden** sin los permisos.
It's unlikely that they'll shoot the movie without the permits.

Práctica

1 Seleccionar Escoge el infinitivo, el indicativo o el subjuntivo para completar las oraciones.

1. Me gusta (escuchar / escuche) merengue y salsa.
2. Quiero que me (compras / compres) un disco compacto de Milly Quesada.
3. Es una pena que no (hay / haya) más conciertos de merengue en nuestra ciudad.
4. No dudo que en el futuro (van / vayan) a tocar merengue en las discotecas locales.
5. Espero que mis amigos y yo (viajamos / viajemos) a Santo Domingo este verano.

2 Terco Usa el subjuntivo o el indicativo para completar este diálogo entre un actor terco (*stubborn*) y su director.

DIRECTOR Mira, yo sé que (1) _____ (estar) muy ocupado, pero es muy importante que mañana (2) _____ (ir) al estreno de la película.

VICENTE Ya te he dicho que no quiero que (3) _____ (insistir). Prefiero que me (4) _____ (desear) un buen viaje. Me voy de fin de semana a Santo Domingo.

DIRECTOR Pero Vicente, necesitamos que (5) _____ (hablar) con los periodistas y que (6) _____ (saludar) al público.

VICENTE No creo que los periodistas (7) _____ (querer) entrevistarme.

DIRECTOR Pues sí. Ellos desean que tú (8) _____ (ser) más cooperativo.

VICENTE Honestamente, me molesta que nosotros (9) _____ (seguir) hablando de esto. ¡Adiós!

3 Opuestas Escribe la oración que expresa lo opuesto en cada ocasión.

Modelo **Es poco seguro que este actor sepa actuar bien.**
Es seguro que este actor sabe actuar bien.

1. El director cree que los periodistas van a hablar con el presidente.
2. Niegas que el director les dé buenas instrucciones a sus actores.
3. Estamos seguros de que la mayoría del público lee la noticia.
4. Es verdad que la banda sonora es de los años ochenta.
5. No es evidente que esa actriz escuche música en español.

Practice more at imagina.vhlcentral.com.

Aunque el **merengue** se baila en la **República Dominicana** desde mediados del siglo XIX, su origen es, aún hoy día, un enigma. Según una de las muchas explicaciones que existen, el merengue deriva de la **upa**, ritmo cubano con una parte llamada precisamente merengue. De lo que no hay duda es de sus raíces africanas y de su legendaria unión con la cultura dominicana. Actualmente el merengue es muy popular en muchos países y **Juan Luis Guerra** es su máximo representante.

Comunicación

4 **Jacinto enamorado** Jacinto está enamorado de Maricarmen y para impresionarla quiere convertirse en su hombre ideal. Usa las palabras y expresiones de la lista para darle consejos al pobre chico.

> **Modelo**   Es importante que te peines bien.

aconsejar	es mejor	recomendar
es importante	es necesario	rogar
es malo	insistir en	sugerir

Jacinto

Hombre ideal

5 **¡Despedido!** En parejas, usen las frases para improvisar una conversación en la que un(a) actor/actriz de televisión es despedido/a (*fired*) por el/la director(a) del programa. Usen el indicativo y el subjuntivo.

> **Modelo**   ¿No es extraño que los televidentes estén pidiendo otro actor para ese papel?

creo que	los anuncios
es extraño	el canal
es necesario	los chismes
es verdad	el comportamiento (*behavior*)
espero que	los críticos
necesito que	la escena
te ruego que	los televidentes

6 **¿Cómo son? ¿Qué hacen?** En parejas, usen el subjuntivo para inventar e intercambiar descripciones de estas personas.

> **Modelo**   **La estrella de cine es tacaña.**
> Dudo que gaste mucho dinero. Prefiere que sus amigos le compren todo.

1. La actriz es antipática.
2. El periodista es muy generoso.
3. El cantante es extraño.
4. La crítica de cine es insegura.

7

Opiniones En parejas, combinen las expresiones de las columnas para formar opiniones. Luego, improvisen tres conversaciones breves basadas en las oraciones.

Modelo —No creo que los futbolistas lean sólo la sección deportiva. Seguramente también leen las noticias locales.

—No estoy de acuerdo. Es imposible que tengan tiempo para leer las noticias porque pasan mucho tiempo jugando al fútbol.

Creo		los medios de comunicación publican la verdad.
No creo		los futbolistas lean sólo la crónica deportiva.
Dudo		ese actor vive en una casa elegante.
No dudo		se graban muchas telenovelas en México.
No es cierto	que	se transmiten telenovelas españolas.
Es evidente		la televisión sea entretenida (*entertaining*).
Es imposible		hay censura en los medios de comunicación.
Me opongo a		los videos musicales se rueden en el extranjero.

8

Hermanas Leticia es una cantante famosa y su hermana Mercedes quiere seguir sus pasos como artista. En parejas, lean el correo electrónico de Mercedes. Luego escriban la respuesta de Leticia, usando el subjuntivo con los verbos y expresiones que acaban de aprender.

De: mercedes@email.com
Para: leticia@email.com
Asunto: Estreno

¡Leticia!

¡Hola! ¿Cómo estás?
Terminé mis estudios y quiero ser artista como tú. Tengo un amigo que está trabajando en una película y una amiga que es actriz de telenovelas. ¿Crees que debo trabajar con alguno de ellos? ¡Creo que quiero ser actriz de cine! Ayer leí el guión de la película de mi amigo y me pareció estupendo. ¡Imagínate! Yo... en la pantalla grande...☺
Sé que vas a ir al estreno de la nueva película de Penélope Cruz. ¿Me invitas? Así puedo conocer a las estrellas de cine. ¿Qué opinas?

Un beso,
Mercedes

PD: ¿Qué te vas a poner para ir al estreno? Si puedo ir contigo, ¿crees que me puedes prestar uno de tus vestidos?

La influencia de los medios

99

3.2

Object pronouns

- Pronouns are words that take the place of nouns. Direct object pronouns directly receive the action of the verb. Indirect object pronouns identify *to whom* or *for whom* an action is done.

El Diablo le dio el dinero.

Indirect object pronouns		Direct object pronouns	
me	nos	me	nos
te	os	te	os
le	les	lo/la	los/las

Position of object pronouns

- Direct and indirect object pronouns (**los pronombres de complemento directo e indirecto**) precede the conjugated verb.

Indirect object	Direct object
Carla siempre **me** da boletos para el cine. *Carla always gives me movie tickets.*	Ella **los** consigue gratis. *She gets them for free.*
No **le** guardé la sección deportiva. *I didn't save the sports section for him.*	Nunca **la** quiere leer. *He never wants to read it.*

- When the verb is an infinitive construction, object pronouns may be either attached to the infinitive or placed before the conjugated verb.

Indirect object	Direct object
Debes pedir**le** el dinero de la apuesta. **Le** debes pedir el dinero de la apuesta.	Voy a hacer**lo** enseguida. **Lo** voy a hacer enseguida.
Tienes que presentar**me** a los actores. **Me** tienes que presentar a los actores.	Vamos a rodar**la** en Kenia. **La** vamos a rodar en Kenia.

- When the verb is in the progressive, object pronouns may be either attached to the present participle or placed before the conjugated verb.

Indirect object	Direct object
Está mandándo**les** el guión. **Les** está mandando el guión.	Estuvimos buscándo**las** por todos lados. **Las** estuvimos buscando por todos lados.

¡ATENCIÓN!

Lo is also used to refer to an abstract thing or idea that has no gender.

Lo pensé.
I thought about it.

TALLER DE CONSULTA

For a detailed review of the neuter **lo**, see **Manual de gramática, 5.5, p. 394.**

Double object pronouns

- The indirect object pronoun precedes the direct object pronoun when they are used together in a sentence.

  Me **mandaron** los boletos **por correo.**　　Me los **mandaron por correo.**

  Te **exijo** una respuesta **ahora mismo.**　　Te la **exijo ahora mismo.**

- **Le** and **les** change to **se** when they are used with **lo, la, los,** or **las**.

  Le **damos** las revistas **a Ricardo.**　　Se las **damos.**

  Les **enseña** el periódico **a las reporteras.**　　Se lo **enseña.**

Prepositional pronouns

<table>
<tr><td colspan="4" align="center">**Prepositional pronouns**</td></tr>
<tr>
<td>**mí**　*me, myself*</td>
<td>**él**　*him, it*</td>
<td>**nosotros/as**
us, ourselves</td>
<td>**ellos**　*them*</td>
</tr>
<tr>
<td>**ti**　*you, yourself*</td>
<td>**ella**　*her, it*</td>
<td>**vosotros/as**
you, yourselves</td>
<td>**ellas**　*them*</td>
</tr>
<tr>
<td>**Ud.**　*you, yourself*</td>
<td>**sí**　*himself,
herself, itself*</td>
<td>**Uds.**　*you,
yourselves*</td>
<td>**sí**　*themselves*</td>
</tr>
</table>

- Prepositional pronouns function as the objects of prepositions. Except for **mí, ti,** and **sí,** they are identical to their corresponding subject pronouns.

  ¿Qué opinas de **ella**?　　¿Lo compraron para **mí** o para Javier?

  Ay, mi amor, sólo pienso en **ti**.　　Lo compramos para **él**.

- **A** + [*prepositional pronoun*] is often used for clarity or emphasis.

  ¿Te gusta aquel actor?　　¿Se lo dieron a Héctor o a Verónica?

  ¡**A mí** me fascina!　　Se lo dieron **a ella**.

- The pronoun **sí** (*himself, herself, itself, themselves*) is the prepositional pronoun used to refer back to the same third-person subject. In this case, the adjective **mismo/a(s)** is usually added for clarification.

  José se lo regaló a **él**.　　José se lo regaló a **sí mismo**.
  José gave it to him (someone else).　　*José gave it to himself.*

- When **mí, ti,** and **sí** are used with **con,** they become **conmigo, contigo,** and **consigo**.

  ¿Quieres ir **conmigo** al museo?
  Do you want to go to the museum with me?

  Laura y Salvador siempre traen sus computadoras portátiles **consigo**.
  Laura and Salvador always bring their laptops with them.

- These prepositions are used with **tú** and **yo** instead of **mí** and **ti**: **entre, excepto, incluso, menos, salvo, según.**

  Todos están de acuerdo **menos tú** y **yo**.

¡ATENCIÓN!

When object pronouns are attached to infinitives, participles, or commands, a written accent is often required to maintain proper word stress.

Infinitive
cantármela

Present participle
escribiéndole

Command
acompáñeme

For more information on using object pronouns with commands, see **3.3, p. 105**.

TALLER DE CONSULTA

See **Manual de gramática, 3.4, p. 386** and **3.5, p. 388** for information on possessive and demonstrative pronouns.

Práctica

1

Dos amigas Berta y Susi están hablando del cantante Chayanne. Selecciona las personas de la lista que corresponden a los pronombres subrayados (*underlined*).

a Chayanne	a Claudia	a mí
a Chayanne y a la muchacha	a la muchacha	a nosotras
		a ti

BERTA Como (1) <u>te</u> digo. (2) <u>Lo</u> vi caminando por la calle junto a una muchacha.

SUSI ¿De verdad? ¿(3) <u>Los</u> viste tomados de la mano?

BERTA No. Creo que él sólo (4) <u>la</u> estaba ayudando a cargar algunas bolsas de la tienda.

SUSI ¿Será su esposa?

BERTA No creo. Iban juntos pero casi no hablaban. (5) <u>Me</u> parece que no son ni novios.

SUSI Y tú, ¿qué hiciste? ¿No (6) <u>le</u> dijiste que (7) <u>nos</u> parece el hombre más guapo del planeta y que (8) <u>lo</u> amamos?

BERTA No pude hacer nada, estaba paralizada por la emoción.

SUSI Voy a llamar a Claudia inmediatamente. ¡(9) <u>Le</u> tengo que contar todo!

1. _____
2. _____
3. _____
4. _____
5. _____
6. _____
7. _____
8. _____
9. _____

2

Un concierto Rogelio y Raquel han organizado un concierto y un policía les explica cómo evitar problemas. Reescribe las oraciones cambiando las palabras subrayadas por pronombres de complemento directo e indirecto.

1. Traten amablemente <u>a los policías</u>.

2. No pueden contratar <u>al grupo musical</u> sin permiso.

3. Hay que poner <u>la música</u> a volumen moderado.

4. Tienen que darme <u>la lista de periodistas y fotógrafos</u>.

5. Deben respetar <u>a los vecinos</u>.

6. Me dicen que van a transmitir <u>el concierto</u> por la radio.

3

Entrevista Completa la entrevista con el pronombre correcto.

REPORTERO (1) _____ digo que pareces muy contento con el éxito de tu sitio web.

JOAQUÍN Sí, (2) _____ estoy. Este sitio es muy importante para (3) _____.

REPORTERO ¿Con quién trabajas?

JOAQUÍN Con mi hermano. (4) _____ doy la mitad del trabajo. (5) _____ ayuda mucho en los momentos de estrés.

REPORTERO ¿Cuáles son tus proyectos ahora?

JOAQUÍN (6) _____ gustaría presentar cortometrajes y documentales en el sitio web. A mi hermano y a mí (7) _____ encantan las películas.

REPORTERO ¿(8) _____ preocupa mucho la censura? Por ejemplo, ¿editas los guiones?

JOAQUÍN A veces, sí. Porque si (9) _____ editamos, luego no tenemos problemas.

 Practice more at **imagina.vhlcentral.com**.

Comunicación

4

¿En qué piensas? Piensa en algunos de los objetos típicos que ves en la clase o en tu casa (un cuadro, una maleta, un mapa, etc.). Tu compañero/a debe adivinar el objeto que tienes en mente, haciéndote preguntas con pronombres.

> **Modelo** **Tú piensas en: un libro**
>
> —Estoy pensando en algo que uso para estudiar.
> —¿Lo usas mucho?
> —Sí, lo uso para aprender español.
> —¿Lo compraste?
> —Sí, lo compré en la librería.

5

A conversar En parejas, túrnense para contestar las preguntas usando pronombres de complemento directo o indirecto según sea necesario.

1. ¿Te gusta organizar fiestas? ¿Cuándo fue la última vez que organizaste una? ¿Por qué la organizaste?

2. ¿Invitaste a muchas personas? ¿A quiénes invitaste? ¿Cómo lo decidiste?

3. ¿Qué actividades les sugeriste a los invitados? ¿Las hicieron? Explica.

4. ¿Qué les ofreciste de comer a los invitados en tu fiesta? ¿Qué opinaron de la comida?

6

Fama La actriz Pamela de la Torre debe encontrarse con sus fans pero no recuerda a qué hora. En grupos de cuatro, miren la ilustración e inventen una historia inspirándose en ella. Utilicen por lo menos cinco pronombres de complemento directo o indirecto.

7

Una persona famosa En parejas, escriban una entrevista con una persona famosa. Utilicen estas preguntas y escriban cuatro más. Utilicen pronombres en las respuestas. Después, representen la entrevista delante de la clase.

> **Modelo** —¿Quién prepara la comida en su casa?
> —Mi cocinero la prepara.

1. ¿Visita frecuentemente a sus amigos/as?

2. ¿Mira mucho la televisión?

3. ¿Quién conduce su auto?

4. ¿Prepara usted mismo/a sus maletas cuando viaja?

3.3

Commands

Formal (Ud. and Uds.) commands

- Formal commands (**mandatos**) are used to give orders or advice to people you address as **usted** or **ustedes**. Their forms are identical to the present subjunctive forms for **usted** and **ustedes**.

Formal commands		
Infinitive	Affirmative command	Negative command
tomar	**tome** (usted) **tomen** (ustedes)	**no tome** (usted) **no tomen** (ustedes)
volver	**vuelva** (usted) **vuelvan** (ustedes)	**no vuelva** (usted) **no vuelvan** (ustedes)
salir	**salga** (usted) **salgan** (ustedes)	**no salga** (usted) **no salgan** (ustedes)

Familiar (tú) commands

- Familar commands are used with people you address as **tú**. Affirmative **tú** commands have the same form as the **él, ella,** and **usted** form of the present indicative. Negative **tú** commands have the same form as the **tú** form of the present subjunctive.

Familiar commands		
Infinitive	Affirmative command	Negative command
viajar	viaja	no viajes
empezar	empieza	no empieces
pedir	pide	no pidas

—*Toma, ponte esto.*

- Eight verbs have irregular affirmative **tú** commands. Their negative forms are still the same as the **tú** form of the present subjunctive.

decir	di	salir	sal
hacer	haz	ser	sé
ir	ve	tener	ten
poner	pon	venir	ven

¡ATENCIÓN!

Vosotros/as commands

In Latin America, **ustedes** commands serve as the plural of familiar (**tú**) commands. The familiar plural **vosotros/as** command is used in Spain. The affirmative command is formed by changing the **–r** of the infinitive to **–d**. The negative command is identical to the **vosotros/as** form of the present subjunctive.

bailar: bailad/no bailéis

For reflexive verbs, affirmative commands are formed by dropping the **–r** and adding the reflexive pronoun **–os**. In negative commands, the pronoun precedes the verb.

levantarse: levantaos/no os levantéis

Irse is irregular: **idos/no os vayáis**

Nosotros/as commands

- **Nosotros/as** commands are used to give orders or suggestions that include yourself as well as others. They correspond to the English *let's* + [*verb*]. Affirmative *and* negative **nosotros/as** commands are generally identical to the **nosotros/as** forms of the present subjunctive.

Nosotros/as commands

Infinitive	Affirmative command	Negative command
bailar	bailemos	no bailemos
beber	bebamos	no bebamos
abrir	abramos	no abramos

- The verb **ir** has two possible affirmative **nosotros/as** commands: **vayamos**, the form identical to that of the present subjunctive, and the more common **vamos**. In the negative, however, use only **no vayamos**.

Using pronouns with commands

- When object and reflexive pronouns are used with affirmative commands, they are always attached to the verb. When used with negative commands, the pronouns appear between **no** and the verb.

Levántense temprano.	No **se** levanten temprano.
Wake up early.	*Don't wake up early.*
Dímelo todo.	No **me lo** digas.
Tell me everything.	*Don't tell it to me.*

- When the pronouns **nos** or **se** are attached to an affirmative **nosotros/as** command, the final **s** of the command form is dropped.

Sentémonos aquí.	No nos **sentemos** aquí.
Let's sit here.	*Let's not sit here.*
Démoselo mañana.	No se lo **demos** mañana.
Let's give it to him tomorrow.	*Let's not give it to him tomorrow.*

Indirect (él, ella, ellos, ellas) commands

- The construction **que** + [*subjunctive*] can be used with a third-person form to express indirect commands that correspond to the English *let someone do something*. If the subject of the indirect command is expressed, it usually follows the verb.

Que pase el siguiente.	**Que** lo **haga** ella.
Let the next person pass.	*Let her do it.*

- Unlike with direct commands, pronouns are never attached to the conjugated verb.

Que se lo den los otros.	**Que no se lo den.**
Que lo vuelvan a hacer.	**Que no lo vuelvan** a hacer.

¡ATENCIÓN!

When one or more pronouns are attached to an affirmative command, an accent mark may be necessary to maintain the command form's original stress. This usually happens when the combined verb form has three or more syllables.

decir:

di, dile, dímelo

diga, dígale, dígaselo

digamos, digámosle, digámoselo

TALLER DE CONSULTA

See **3.2, p. 100** for object pronouns.

See **4.2, p. 138** for reflexive pronouns.

Práctica

1

Cambiar Cambia estas oraciones para que sean mandatos. Usa el imperativo.

1. Te conviene buscarlo en Internet.

2. ¿Por qué no leemos el horóscopo?

3. Te pido que mires la película con subtítulos.

4. ¿Quiere hacer la entrevista?

5. ¿Podrían ustedes grabar mi telenovela favorita hoy?

6. ¿Y si vamos al estreno?

7. Traten de darme el guión antes de las tres.

8. Debes escuchar esta banda sonora. Es muy buena.

2 **Recién famoso** El actor Mateo Domínguez va al estreno de su primera película. Usa mandatos informales para darle consejos sobre lo que debe y no debe hacer.

besar a la gente	firmar (*to sign*) autógrafos
contar el final de la película	gritarle al público
darle una entrevista a la prensa sensacionalista	hablar durante la película
	llegar tarde/temprano
explicar los efectos especiales	vestirse bien/mal

3 **Un director difícil**

A. Agustín Álvarez es un director de teatro muy exigente (*demanding*). Usa mandatos formales afirmativos y negativos para escribir los consejos que les dio a sus actores antes del estreno.

1. No olvidar llegar temprano.

2. Comer dos horas y media antes.

3. Venir con los diálogos memorizados.

4. Evitar los medios de comunicación 24 horas antes del estreno.

5. Hacer ejercicios de respiración y de voz.

6. No fumar ni tomar bebidas frías.

B. El estreno de la obra de teatro fue un éxito. Sin embargo, el señor Álvarez no estuvo contento con el actor principal. En parejas, usen mandatos informales afirmativos y negativos para escribir siete nuevos consejos que le dio a este actor. Usen pronombres y sean creativos.

> **Modelo** No empieces a ensayar tu papel en el último minuto.
> Ensáyalo con tiempo.

Comunicación

4

Internet ¿Qué le dirían a un(a) amigo/a para que esté mejor informado/a sobre la actualidad? En parejas, escojan verbos de la lista y otros para hacerle ocho recomendaciones utilizando mandatos informales afirmativos y negativos. Sean creativos.

Modelo   Navega en la red. Hay sitios web que ofrecen noticias de todo tipo.

enterarse	hacer	leer
escuchar	investigar	navegar
hablar	ir	ver

5

Escenas En parejas, escojan por lo menos dos de estos personajes y escriban una escena para una película. Usen mandatos afirmativos y negativos de las formas **tú**, **usted(es)** y **nosotros/as.** Usen pronombres cuando sea posible.

Modelo   **OLGA** ¡Sal de aquí! No quiero verte más.

RODOLFO No quiero irme. ¡Quedémonos aquí! Hablemos del viaje a San Juan.

Rodolfo   Olga   Tomasito   doña Filomena

6

Anuncio En grupos de tres, elijan cuatro de estos productos y escriban un anuncio de televisión para promocionar cada uno de ellos. Utilicen mandatos formales y pronombres para convencer al público de que lo compre.

Modelo   El nuevo perfume "Enamorar" de Carolina Ferrero le va a encantar. Cómprelo en cualquier perfumería de su ciudad. Pruébelo y...

1. Perfume "Enamorar" de Carolina Ferrero
2. Chocolate sin calorías "Deliz"
3. Raqueta de tenis "Rayo"
4. Pasta de dientes "Sonrisa Sana"
5. Computadora portátil "Digitex"
6. Crema hidratante "Suave"
7. Todo terreno "4 × 4"
8. Cámara fotográfica "Flimp"

Síntesis

Noticias: ¿Mucho, poco o nada?

Los noticieros de la televisión tienen la misión de informar al público. Sin embargo, hay distintas opiniones sobre estos programas de noticias. Algunas personas están satisfechas con mirar solamente un noticiero para informarse. Generalmente estas personas miran el mismo programa todos los días o todas las semanas. Otras personas creen que deben obtener información de diferentes fuentes°, por ejemplo de otros canales de televisión. Estas personas generalmente miran más de un programa de noticias, en diferentes cadenas de televisión. Y hay incluso otro tipo de televidente que simplemente no cree en los programas de noticias y, por lo tanto, no mira las noticias. Estas personas buscan información en medios de comunicación alternativos, como la radio o Internet, o simplemente no buscan ninguna información y sólo miran la televisión para entretenerse y evadirse de la realidad. ■

sources

1 Consejos ¿Qué consejos le darían a un(a) amigo/a que mira la televisión sólo como entretenimiento y nunca mira las noticias? En parejas, escríbanle un párrafo con recomendaciones. Deben utilizar el subjuntivo y el infinitivo. También deben utilizar por lo menos dos mandatos afirmativos y dos negativos.

> **Modelo**   Compra el periódico y léelo. Te recomiendo también que
> consideres opciones en Internet.

2 Anuncio En grupos pequeños, imaginen que en la historia de la universidad nunca hubo tan pocos nuevos estudiantes inscritos como en este semestre. Escriban un anuncio para la radio para atraer un mayor número de estudiantes el año que viene. Usen tres mandatos informales afirmativos y tres negativos.

> **Modelo**   ¿Todavía no sabes dónde vas a estudiar el semestre que viene?
> Considera la universidad de...

3 Debate En parejas, imaginen un diálogo entre una persona que nunca utiliza Internet y otra que está todo el día frente a la computadora. Representen el diálogo ante la clase, utilizando la mayor cantidad de pronombres posible.

Preparación  Audio: Vocabulary

Vocabulario de la lectura

controvertido/a *controversial*
el crecimiento *growth*
el estilo *style*
el éxito *success*
la fama *fame*
el género *genre*

golpear *to beat (a drum)*
la letra *lyrics*
la pista de baile *dance floor*
el ritmo *rhythm*
salir a la venta *to go on sale*
el violonchelo *cello*

Vocabulario útil

el bajo *bass*
la flauta *flute*
el tambor *drum*
tocar *to play (an instrument)*

1 Vocabulario Completa las oraciones con el vocabulario de la lista.

controvertido	fama	pista de baile
estilo	géneros	ritmo
éxito	golpear	salir a la venta

1. La nueva novela de Gabriel García Márquez va a _____ en mayo.
2. La diseñadora de moda (*fashion designer*) Carolina Herrera tiene un _____ único.
3. Para tener _____ en la vida, hay que trabajar y estudiar mucho.
4. El origen de la vida es un tema muy _____.
5. La salsa, la rumba y el tango son diferentes _____ musicales.
6. Algunos actores que viven en Hollywood tienen dinero y mucha _____.
7. En una discoteca, se puede bailar en la _____.

2 La música En parejas, contesten las siguientes preguntas y expliquen sus respuestas.

1. ¿Les gusta la música latina? ¿Por qué?
2. ¿Qué cantantes latinos conocen?
3. ¿De qué países son esos/as cantantes?
4. ¿En qué situaciones escuchan música en español?
5. ¿Les gusta bailar música latina? ¿Por qué?
6. ¿Toman clases de baile? ¿De qué tipo?

3 Completar En grupos de cuatro, completen las siguientes oraciones de acuerdo a sus opiniones.

1. Me identifico con la música de... porque...
2. La música (no) es importante en mi vida porque...
3. Me gusta que mi cantante favorito/a... porque...
4. Pienso que las bandas y los cantantes que tienen éxito son aquéllos que… porque...
5. Saber bailar es importante/necesario... porque...
6. Las personas que saben bailar... porque...

Ritmos del Caribe

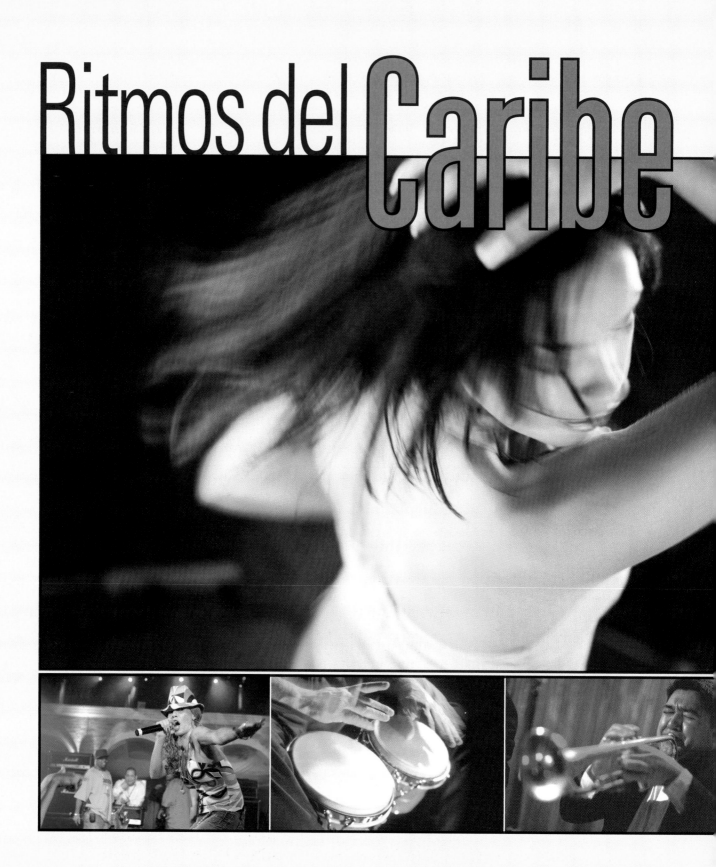

Audio: Dramatic Recording

experiencing

Durante los últimos años, en los Estados Unidos se está viviendo° una explosión en las ventas de discos en español. Las estaciones de radio especializadas en música latina son las de mayor crecimiento y los cantantes y grupos musicales hispanos programan conciertos por todo el territorio norteamericano. Este fenómeno resulta de los cambios socioculturales que se están viviendo en el país. En primer lugar, se debe al crecimiento de la población latina que mantiene sus tradiciones y con ello el consumo de su música. En segundo lugar, se debe al nuevo interés por la música en español por parte de un público que antes se limitaba a oírla sólo en inglés.

distribution

Cuban musical style

Los estilos musicales de origen caribeño, mezclas de ritmos africanos, españoles e indígenas, gozan de la mayor proyección° internacional. Algunos de los ritmos caribeños más populares son la salsa, el son° cubano y el reggaetón.

La salsa

home

daily, everyday

entryway

La salsa, que nació como una versión modernizada del son cubano, se extendió en el mercado latinoamericano en 1975. El ritmo salsero se hizo compañero indispensable en el día a día hispano. A partir de entonces, se empezó a oír en los comercios, en las oficinas, en los bares, en las fiestas, en el hogar° y en las calles. Sus letras hablan de los sufrimientos y las alegrías de la vida cotidiana°. El gran número de inmigrantes latinos que vivían en Nueva York hizo que esta ciudad se convirtiera en puerto de entrada° de los ritmos caribeños en los Estados Unidos. Entre sus representantes más famosos se cuentan El Gran Combo de Puerto Rico y Óscar de León.

El son cubano

moved to the top

box office

El son cubano se apoderó° de las listas de los discos más vendidos en 1997, cuando salió a la venta el álbum titulado *Buena Vista Social Club*, interpretado por un grupo de importantes músicos de Cuba. Una película que documenta la grabación del disco fue un éxito de taquilla°

Instrumentos del Caribe

El bongó y las maracas son algunos de los instrumentos más utilizados en la música caribeña. El bongó tiene forma de barril y posee dos parches de cuero (*leather skin*) muy tensos que vibran al golpearlos. Las maracas son de origen indígena y están hechas de un recipiente que tiene forma redondeada. En su interior se ponen pequeños objetos como semillas o piedrecillas que al agitarse producen su sonido típico.

en todo el mundo. La fama del documental ayudó a que el son cubano llegara a un público que nunca antes había tenido interés en este género musical. De hecho, durante décadas, la fama de los artistas de *Buena Vista* se limitaba sólo a la isla. Personas de todas las edades ahora bailan al ritmo de la música de este fascinante grupo que se convirtió en un fenómeno mediático° internacional.

created by the media

El reggaetón

El reggaetón ha sido una de las últimas formas musicales en desarrollarse como estilo distintivo. Esta música bailable° nació en Puerto Rico en los años noventa. Se deriva del *reggae* jamaicano, del *hip-hop* norteamericano y de diferentes ritmos puertorriqueños. Recientemente se ha convertido en la música en español con más proyección internacional. El contenido de sus letras, en su mayoría controvertido, no es muy diferente al del *hip-hop* norteamericano y retrata° con frecuencia la violencia en las calles. Don Omar y Ivy Queen son dos de los creadores de reggaetón cuyas canciones dominan las pistas de baile.

dance

depicts

Las melodías del Caribe están cada vez más presentes en el panorama musical del momento. Con la introducción en el mercado internacional de los ritmos caribeños, se está acostumbrando al público a escuchar con mayor atención lo que, en muchas ocasiones, es la bandera de esa cultura: su música. ■

Análisis

1

Comprensión Decide si cada afirmación es cierta o falsa. Corrige las falsas.

1. La música latina es popular en los EE.UU., pero todavía no en el resto del mundo.
2. El consumo de la música latina entre hispanos es en parte debido a que esta población mantiene sus tradiciones.
3. Las letras de la salsa hablan de los sufrimientos y las alegrías de la vida cotidiana.
4. Los músicos del *Buena Vista Social Club* ya eran conocidos internacionalmente antes de que saliera este álbum.
5. El reggaetón tiene sus raíces en la música indígena del Caribe.
6. El contenido de las letras del reggaetón es tan controvertido como el de las letras del *hip-hop*.

2

Ampliar En parejas, contesten las preguntas y expliquen sus respuestas.

1. ¿Por qué crees que la música es tan importante para los latinos de los Estados Unidos?
2. ¿Has visto el fenómeno de la música latina donde tú vives? ¿Cómo se manifiesta?
3. ¿Cuál es el tipo de música sin el cual no puedes vivir?
4. ¿Escuchas música local cuando viajas? ¿La compras? ¿Por qué?

3

Aviso En grupos de cuatro, han decidido formar un grupo de música caribeña, pero todavía están buscando los músicos adecuados. Escriban un aviso para buscar candidatos con al menos tres características esenciales. Luego presenten el aviso a la clase.

> **Modelo** El grupo Los Salseros Boricuas busca persona entusiasta que sepa tocar el bongó. Si te encanta la música caribeña, hacer amigos y viajar, llama al 431-237-1003 y pregunta por Lucio.

4

Su música En grupos de cuatro, piensen en un estilo de música típico de los Estados Unidos y luego comparen sus características con las de un estilo de música latina. Usen este cuadro como guía. Luego comparen sus respuestas con las de otros grupos.

	Música latina	Música norteamericana
Instrumentos típicos		
Ocasiones en que se escucha o se baila		
Origen e influencias		
Público típico		
Temas de las letras		
Intérpretes más conocidos en el mundo		

 Practice more at **imagina.vhlcentral.com**.

Preparación

Reading
Audio: Vocabulary

Sobre el autor

Ginés S. Cutillas nació en Valencia, España, en 1973. En su obra prevalece el microcuento, para el que tiene un ingenio especial. Su talento fue premiado (*rewarded*) al ganar en 2006 la V edición del concurso de microcuentos de la feria del libro de Granada. Cutillas también ha sido ganador de otros concursos internacionales de relatos. Ha publicado un libro de cuentos llamado *La biblioteca de la vida* (2007) y una novela, *La sociedad del duelo* (2008), así como su primera colección de microcuentos, titulada *Un koala en el armario* (2009). Ha contribuido a varias antologías de nuevos autores y es además crítico literario para el periódico *La Opinión de Granada*. Cutillas también colabora en revistas literarias como *El oteador de los nuevos tiempos* y *Prometheus*.

Vocabulario de la lectura		Vocabulario útil
el castigo *punishment*	**el suelo** *ground*	**la desaparición** *disappearance*
la desesperación *desperation*	**tras** *after*	**el hallazgo** *discovery*
la estantería *bookcase*	**vigilar** *to watch, keep an eye on*	**la sospecha** *suspicion*
el rasgo *trait, feature*		

1 **Vocabulario** Completa el párrafo con palabras de la lista.

castigo	estantería	sospechas
desaparición	hallazgo	tras
desesperación	rasgos	vigilar

Los noticieros informaron hoy sobre un nuevo crimen (*murder*) del "carnicero del campo de golf", provocando una reacción de (1) _____ en la ciudad. La (2) _____ de un hombre de negocios había sido denunciada (*reported*) días antes por sus compañeros de golf, (3) _____ perderlo de vista de manera extraña durante una práctica. El (4) _____ de la víctima confirmó las (5) _____ por la presencia de (6) _____ comunes a todos los crímenes del "carnicero". La policía ha prometido (7) _____ los campos de golf de toda la ciudad para capturar al culpable y darle el (8) _____ que se merece.

2 **Responder** En grupos de tres, contesten estas preguntas.

1. Cuando no puedes salir de tu casa por algún motivo, ¿prefieres leer un libro o mirar televisión? ¿Por qué?

2. ¿Enciendes el televisor sólo para mirar programas que te interesan o miras cualquier cosa que estén transmitiendo? Explica.

3. ¿Cuántas horas de televisión dirías que miras por semana? ¿Crees que es tiempo bien utilizado o una pérdida de tiempo? ¿Por qué?

4. ¿Qué opinas de esta afirmación: "La televisión duerme a la gente y los libros la despiertan"?

La Desesperación de las Letras

Ginés S. Cutillas

crashing noise

surprised

to check

was in the throes of death

Estaba viendo la tele cuando oí un fuerte estruendo° detrás de mí. Justo en la biblioteca. Me levanté extrañado° y fui a comprobar° qué era. Una masa inconsistente de papel agonizaba° a los pies de la estantería. La cogí entre mis

5 manos y desmembrando sus partes pude adivinar que aquello había sido un libro, *Crimen y Castigo* para ser exactos. No supe encontrar una explicación lógica a tan extraño incidente. A la noche siguiente, otra vez delante de la televisión, oí de nuevo ese ruido. Esta vez, irónicamente, había sido *Anna Karenina* quien

bunch / was lying 10 se había convertido en un manojo° de papel deforme que yacía° a los pies de sus compañeros. Tras varias noches repitiéndose

events los hechos°, me di cuenta de lo que estaba ocurriendo: los libros se estaban suicidando. Al principio fueron los clásicos,

of crashing cuanto más clásico era, más probabilidad tenía de estamparse°

15 contra el suelo. Más tarde comenzaron los de filosofía, un día moría Platón y al otro Sócrates. Luego les siguieron autores más contemporáneos como Hemingway, Dos Passos, Nabokov…

by leaps and bounds Mi biblioteca estaba desapareciendo a pasos agigantados°. Había noches de suicidios colectivos y yo, por más que me

por... *no matter how hard I tried* 20 esforzaba°, no conseguía encontrar un rasgo común entre las obras kamikazes que me permitiera saber cuál iba a ser la siguiente. Una noche decidí no encender la televisión para vigilar atentamente los libros. Aquella noche no se suicidó ninguno. ■

Análisis

1 **Comprensión** Contesta las preguntas con oraciones completas.

1. ¿A qué hora transcurren los acontecimientos del relato y dónde está el narrador?
2. ¿Cómo se da cuenta el narrador de que los libros se caen?
3. ¿Cómo quedan los libros tras caerse?
4. ¿Qué están haciendo los libros, según el narrador?
5. ¿Cuándo paran los suicidios colectivos?

2 **Interpretar** Contesta estas preguntas.

1. ¿Cómo es la personalidad del narrador? ¿Qué opina de la televisión y por qué?
2. ¿Hay relación entre el título del primer libro que cae y lo que sucede? ¿Cuál?
3. ¿Qué significa que los libros más clásicos tengan más probabilidad de caer?
4. ¿Por qué crees que los libros se suicidan? ¿Logran algún objetivo? Explica.

3 **Juzgar** En grupos pequeños, organicen un juicio (*trial*) en el que los libros demandan a (*sue*) la televisión por provocar suicidios colectivos, y la televisión se defiende. Distribuyan los papeles de abogados, testigos (*witnesses*), jurado (*jury*) y juez. Debatan hasta llegar a un veredicto.

4 **Opinar** En parejas, lean estas afirmaciones y digan si están de acuerdo y por qué. Después, compartan su opinión con la clase.

- La televisión ayuda a los padres a educar a sus hijos.
- Gracias a los programas infantiles, los padres tienen más tiempo libre.
- La televisión hace compañía a los enfermos y ancianos.
- La TV es buena para niños y ancianos; para los demás, es una pérdida de tiempo.

5 **Escribir** Escribe un correo electrónico a un periódico local como si fueras el narrador del cuento denunciando la muerte de los libros por culpa de la televisión.

Plan de redacción

Escribir un correo electrónico

1 **Título** Inventa un título para tu mensaje de correo electrónico.

2 **Contenido** Organiza tus ideas para que no se te olvide nada.

1. Explica lo que sucede con los libros. Indica cómo te sientes utilizando expresiones como: **Es terrible que, Tengo miedo de que, Es una pena que**, etc.
2. Acusa a los programas de televisión. Cita algunos que te parecen de peor calidad y expresa tu opinión sobre ellos. Usa el subjuntivo.
3. Sugiere un castigo para la televisión por la muerte de los libros o indica cómo podría solucionarse el problema. Incluye mandatos.

3 **Conclusión** Elige una de estas frases o escribe otra para concluir: **El tiempo corre, Es hora de actuar, La cultura está en peligro, Basta de telebasura.**

Los medios de comunicación

Los medios

el acontecimiento *event*
la actualidad *current events*
el anuncio *advertisement, commercial*
la censura *censorship*
Internet *Internet*
los medios (de comunicación) *media*
la parcialidad *bias*
la publicidad *advertising*
la radio *radio*
la radioemisora *radio station*
el reportaje *news report*
el sitio web *website*
la temporada *season*

enterarse (de) *to become informed (about)*
navegar en la red *to surf the web*
opinar *to express an opinion, think*
ser parcial *to be biased*
tener buena/mala fama *to have a good/bad reputation*

actualizado/a *up-to-date*
destacado/a *prominent*
en directo/vivo *live*
imparcial *impartial, unbiased*
influyente *influential*

Profesionales de los medios

el/la actor/actriz *actor/actress*
el/la cantante *singer*
el/la crítico/a de cine *film critic*
el/la director(a) *director*
la estrella (de cine) *(movie) star*
el/la fotógrafo/a *photographer*
el/la locutor(a) de radio *radio announcer*
el/la oyente *listener*
el/la periodista *journalist*
el público *audience, public*
el/la redactor(a) *editor*
el/la reportero/a *reporter*
el/la televidente *television viewer*

El cine y la televisión

la banda sonora *soundtrack*
la cadena *network*
el cine *cinema, movies*
el doblaje *dubbing*

el documental *documentary*
los efectos especiales *special effects*
el estreno *premiere, new movie*
la pantalla *screen*
la película *movie*
el programa de concursos *game show*
el programa de telerrealidad *reality show*
los subtítulos *subtitles*
la telenovela *soap opera*
la transmisión *broadcast*
el video musical *music video*

ensayar *to rehearse*
entretener *to entertain*
entrevistar *to interview*
rodar (o:ue) *to shoot (a movie)*
grabar *to record*
transmitir *to broadcast*

La prensa

el horóscopo *horoscope*
la libertad de prensa *freedom of the press*
las noticias locales/internacionales/ nacionales *local/international/ national news*
el periódico/el diario *newspaper*
la portada *front page, cover*
la prensa (sensacionalista) *(sensationalist) press*
la revista *magazine*
la sección de sociedad *lifestyle section*
la sección deportiva *sports section*
la tira cómica *comic strip*
el titular *headline*

investigar *to research; to investigate*
publicar *to publish*
suscribirse (a) *to subscribe (to)*

Cortometraje

el alma *soul*
el ángel *angel*
el arma *gun*
el Diablo *devil*
el disparo *shot*
la encrucijada *crossroads*
la fantasía *fantasy*
el fenómeno *phenomenon*
el pasamontañas *ski mask*

los rasgos *features*
el robo *robbery*
la sangre *blood*
el ser humano *human being*
el suceso *incident*

adivinar *to guess*
arrepentirse *to regret*
castigar *to punish*
cometer (un delito) *to commit (a crime)*
engañar *to deceive, to trick*
firmar *to sign*
invocar *to invoke, call on*
robar *to rob*

apenas *hardly; just*

Cultura

el bajo *bass*
el crecimiento *growth*
el estilo *style*
el éxito *success*
la fama *fame*
la flauta *flute*
el género *genre*
la letra *lyrics*
la pista de baile *dance floor*
el ritmo *rhythm*
el tambor *drum*
el violonchelo *cello*

golpear *to beat (a drum)*
salir a la venta *to go on sale*
tocar *to play (an instrument)*

controvertido/a *controversial*

Literatura

el castigo *punishment*
la desaparición *disappearance*
la desesperación *desperation*
la estantería *bookcase*
el hallazgo *discovery*
el rasgo *trait, feature*
el suelo *ground*
la sospecha *suspicion*

vigilar *to watch, keep an eye on*

tras *after*

Generaciones en *movimiento*

El paso del tiempo es una realidad inevitable que nos afecta a todos. La evolución de las culturas y la sucesión de nuevas generaciones dependen de ese constante transcurso del tiempo. La vida sigue, y en ese trayecto interminable surgen choques entre generaciones y culturas.

125

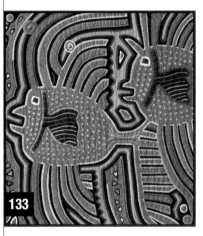

133

Destino:
CENTROAMÉRICA

HONDURAS
GUATEMALA
EL SALVADOR   NICARAGUA
COSTA RICA
PANAMÁ

En familia  Audio: Vocabulary

Los parientes

el antepasado *ancestor*
el/la bisabuelo/a *great-grandfather/ grandmother*
el/la cuñado/a *brother/ sister-in-law*
el/la esposo/a *husband/wife*
el/la (hermano/a) gemelo/a *twin (brother/sister)*

el/la hermanastro/a *stepbrother/stepsister*
el/la hijo/a único/a *only child*
la madrastra *stepmother*
el/la medio/a hermano/a *half brother/sister*
el/la nieto/a *grandson/granddaughter*
la nuera *daughter-in-law*
el padrastro *stepfather*
el/la pariente/a *relative*
el/la primo/a *cousin*
el/la sobrino/a *nephew/niece*
el/la suegro/a *father/mother-in-law*
el/la tío/a (abuelo/a) *(great) uncle/aunt*
el yerno *son-in-law*

La vida familiar

agradecer *to thank*
apoyar(se) *to support (each other)*
criar *to raise (children)*
independizarse *to become independent*
lamentar *to regret*
malcriar *to spoil*
mimar *to pamper*
mudarse *to move*
pelear(se) *to fight (with one another)*
quejarse (de) *to complain (about)*
regañar *to scold*
respetar *to respect*
superar *to overcome*

La personalidad

el carácter *character, personality*

————

(bien) educado/a *well-mannered*
egoísta *selfish*
estricto/a *strict*
exigente *demanding*
honrado/a *honest*
insoportable *unbearable*
maleducado/a *ill-mannered*
mandón/mandona *bossy*

rebelde *rebellious*
sumiso/a *submissive*
unido/a *close-knit*

Las etapas de la vida

la adolescencia *adolescence*
el/la adolescente *adolescent*
el/la adulto/a *adult*
la edad adulta *adulthood*
la juventud *youth*
la muerte *death*
el nacimiento *birth*
la niñez *childhood*
el/la niño/a *child*
la vejez *old age*

Las generaciones

el apodo *nickname*
la ascendencia *heritage*
la autoestima *self-esteem*
la brecha generacional *generation gap*
la comprensión *understanding*
la patria *homeland*
el prejuicio social *social prejudice*
la raíz *root*
el sexo *gender*

————

heredar *to inherit*
parecerse *to resemble, to look like*
realizarse *to become true*
sobrevivir *to survive*

Práctica

1

Completar Completa las oraciones con la opción correcta.

1. ¡Es increíble! Mi hermana y mi madre se _____ mucho. Son casi idénticas.
   a. pelean   b. quejan   c. parecen

2. Yo, en cambio, soy físicamente igual a mi padre y también tenemos el mismo _____.
   a. niñez   b. carácter   c. tío

3. Durante su _____, mis padres estaban muy enamorados uno del otro.
   a. nacimiento   b. apodo   c. juventud

4. Ellos se divorciaron el año pasado y yo lo _____ mucho.
   a. mimo   b. lamento   c. mudo

5. Estoy disgustada, sí, pero no me _____, porque nos quieren igual.
   a. quejo   b. apoyo   c. realizo

6. Al fin y al cabo, seguimos siendo una familia _____. ¡Siempre lo fuimos!
   a. sumisa   b. unida   c. exigente

2

Crucigrama Completa el crucigrama.

Horizontales
1. el hijo de mi hermano
4. dar las gracias
6. que no se puede soportar; intolerable
8. última etapa de la vida antes de morir
9. tratar a alguien con buenos modales, cortesía y atención
10. opinión que se tiene de algo antes de conocerlo

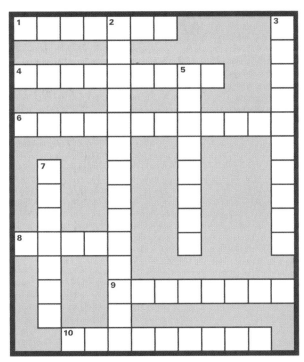

Verticales
2. irse de la casa de los padres para ser independiente
3. valoración positiva de uno mismo
5. que no admite excepciones; riguroso
7. recibir los bienes (*possessions*) que deja alguien al morir

3

La familia Rodríguez En grupos de cuatro, túrnense para elegir a un miembro de esta familia y decir quién y cómo es. Inventen los detalles y utilicen palabras del vocabulario.

Modelo   El abuelo, don Ramón, se crió en un pueblo de Costa Rica y se mudó a San José cuando se casó. Ahora disfruta de su vejez con su esposa. Tiene un carácter muy agradable y se lleva muy bien con toda su familia.

 Practice more at **imagina.vhlcentral.com.**

Preparación  Audio: Vocabulary

Vocabulario del corto

alcanzar *to be enough, to reach*
la arepera *restaurant serving arepas*
botar *to fire, throw out*
chévere *great, fantastic*
la deuda *debt*
el disparate *silly remark/action, nonsense*
la embajada *embassy*
firmar *to sign*

la ganancia *profit*
el/la gusano/a *(pej., lit. worm) Cuban exile*
la pérdida *loss*
las prestaciones *social assistance*
repartir *to distribute, hand out*

Vocabulario útil

el asilo *asylum*
el comunismo *communism*
el consulado *consulate*
el/la extranjero/a *foreigner, alien*
(i)legal *(il)legal*
la manifestación *protest*
la pancarta *banner, sign*
el/la residente *resident*

EXPRESIONES

¡Ni un paso atrás! *Not one step back!*
pasársele la mano *to go overboard*
sacar adelante *to move something forward, get it off the ground*
sacar una cuenta *to add up, calculate*
tener (suficiente) criterio *to have (enough) judgment*

Nota CULTURAL

La **arepa** es una comida tradicional de Venezuela, consistente en una especie (*type*) de pan elaborado con harina (*flour*) de maíz que se rellena con diversos alimentos, como carne, queso o frijoles negros.

1

Vocabulario Escribe la palabra apropiada para cada definición.

1. ayuda que un gobierno da para que sus ciudadanos satisfagan (*satisfy*) las necesidades básicas parar vivir dignamente _____

2. oficina que representa a un país en un país extranjero _____

3. acción de poner su nombre en un documento para oficializarlo _____

4. dinero que se le debe a un banco, a una tarjeta de crédito o a un individuo _____

5. comentario tonto o acción tonta, sin lógica _____

2

El rincón de Venezuela En parejas, miren el afiche del cortometraje y completen las oraciones.

1. Las tres personas del afiche son...
   a. un grupo de amigos.   b. una familia.   c. desconocidos.

2. Las tres personas parecen tener...
   a. algo que celebrar.   b. una pelea.   c. un problema.

3. La escena del afiche parece transcurrir (*take place*) en...
   a. un carnaval   b. una cocina   c. una oficina

4. Las personas están hablando sobre...

3

Comida tradicional En grupos de tres, contesten estas preguntas.

1. ¿Han tenido la oportunidad de probar comida de Venezuela o conocen a alguien que la haya probado? Expliquen.

2. ¿Se parece a la comida de su comunidad? ¿Por qué?

3. ¿Es importante respetar las recetas tradicionales? ¿Está bien "modernizarlas"?

4

¿Qué sucederá? En parejas, miren el fotograma del cortometraje e imaginen lo que va a ocurrir en la historia. Compartan sus ideas con la clase.

5

La inmigración Lee estas oraciones y escoge la opción que expresa tu opinión. Después, en grupos de tres, expliquen sus respuestas.

	de acuerdo	en desacuerdo	neutral
1. Es lo mismo ser inmigrante de niño que de adulto.	☐	☐	☐
2. Las diferencias generacionales son iguales en todas las culturas.	☐	☐	☐
3. Hay mucha solidaridad entre los distintos grupos de inmigrantes.	☐	☐	☐
4. La opresión es la causa principal para emigrar a otro país.	☐	☐	☐
5. Las únicas personas que emigran son los pobres.	☐	☐	☐
6. Los inmigrantes suelen olvidar su cultura y adoptar la cultura nueva como propia.	☐	☐	☐

6

Brecha generacional Piensa en una diferencia de punto de vista que tengas con alguien de una generación distinta. Considera estos puntos y escribe un breve párrafo sobre esa diferencia de opinión. Luego, intercambia tu párrafo con un(a) compañero/a y traten de encontrar puntos comunes en los dos párrafos. Empiecen con estas sugerencias:

- tema en discusión
- acuerdos
- desacuerdos
- posible solución

7

Preguntas En parejas, contesten estas preguntas.

1. ¿Hablan de política con sus amigos o con sus familias? ¿De qué asuntos hablan? ¿Por qué?

2. ¿Piensan que es posible ser amigo/a de alguien que tiene diferente ideología política? Expliquen. ¿Tienen amigos que tengan otra ideología? ¿Quiénes?

3. ¿Creen que es importante participar en movimientos políticos? ¿Por qué?

4. ¿Se irían de su país si la situación política fuera muy conflictiva? Expliquen sus respuestas.

El Rincón de Venezuela

The Venezuelan Corner

Escrito y dirigido por **REYTHER ORTEGA**

Producido por **KATE GILROY**   Director de fotografía **ANTOINE VIVAS DENISOV**

Editado por **ELIZABETH ANWAR, REYTHER ORTEGA**

Diseño de producción **FREDERICA NASCIMENTO**   Vestuario original **KRISANA PALMA**

Sonido y mezcla **STEFANO GRAMITTO**   Música original **MAURICIO ARCAS**

Con la actuación de **AMINTA DE LARA, JABBO DE MOZOS, KRIS PAREDES, ROLANDO J. VARGAS**

CENTRO NACIONAL
AUTÓNOMO DE
CINEMATOGRAFÍA
DE VENEZUELA

ARGUMENTO La difícil situación política venezolana lleva a una familia a empezar una nueva vida en Nueva York. Allí tienen que luchar para sacar adelante su restaurante y adaptarse a las nuevas circunstancias.

GLORIA Mi amor, ¿y si nosotros vendemos esto y nos vamos para Venezuela?
ALBERTO ¿A qué vamos a regresar? ¿Para que nos vuelvan a asaltar[1]? Toda la gente está tratando de irse.
ROSARIO Hay otro grupo de gente que está tratando de hacer algo útil por el país.

GLORIA Aquí lo que hay que hacer es pensar cómo es que vamos a sacar este restaurante adelante, ¡y todos!
ALBERTO Pero que quede bien claro que yo no regreso al país hasta que esos imbéciles se vayan de allí, se vayan del gobierno.

GLORIA ¡Pero qué vas a estar tú saliendo con Mingo, mi amor; si ese señor es un empleado nuestro!

GLORIA Yo creo que ella tiene razón, ¿sabes? Nosotros somos como las arepas de tofu esas que yo estoy haciendo: queriendo ser lo que no somos. Ay, caramba, chico, francamente ¿habrá sido buena idea venirnos para acá? Aquí nadie nos conoce. Lo dejamos todo... ¡la familia!

GLORIA El dinero que teníamos en Caracas no existe más. Se lo presté a mi prima Chela cuando la botaron de PDVSA[2]. Como no tenía prestaciones ni seguro, no tenía cómo pagar el colegio de los muchachos ni el alquiler tampoco. Como es obvio, pues no tiene cómo pagarnos.

GLORIA Tú tienes razón. Usted ya tiene suficiente criterio como para escoger sus amistades. Mingo no es menos que nosotros, como usted dice. Yo lo siento mucho, mi amor.

[1] *to mug; to rob* [2] *national oil company*

Análisis

1

Comprensión Contesta las preguntas con oraciones completas.

1. ¿Qué tipo de comida se sirve en el restaurante?
2. ¿Cuándo dice Alberto que regresará a Venezuela?
3. ¿Qué contesta Rosario cuando su padre dice que toda la gente se quiere ir de Venezuela?
4. ¿Con quién quiere salir Rosario por la noche?
5. ¿Para qué va Gloria a la manifestación?
6. ¿Qué pide la gente que está en la manifestación?
7. Después de unos días, ¿qué le dice Gloria a su hija sobre su amistad con Mingo?
8. ¿Por qué se enojan algunos clientes del restaurante al final del corto?

2

Ampliación Contesta las preguntas con oraciones completas.

1. ¿Qué temas se tratan en *El Rincón de Venezuela*?
2. ¿Por qué se fue la familia de Venezuela?
3. ¿Por qué habla Gloria del *American Way of Management*? ¿En qué consiste?
4. ¿Crees que tendrían éxito las arepas de tofu? ¿Por qué?
5. ¿Por qué se opone Gloria al principio a que su hija salga con Mingo? ¿Por qué cambia luego de opinión?

3

Escenas

A. En grupos, describan lo que ocurre en estas dos escenas del corto. ¿Sobre qué están hablando los personajes? Luego, improvisen la conversación entre los personajes.

B. Elijan una de las escenas e imaginen qué sucederá con los personajes después del final del corto. Compartan su historia con la clase.

4

Mudanza En grupos de tres, imaginen que pertenecen a una familia que está por emigrar de su país de origen a otro país totalmente distinto. Decídanse por el país al que van a mudarse y escriban un breve informe sobre estos aspectos de su viaje.

- La situación política y social del país que van a dejar
- Los motivos de su viaje
- Los planes para estudiar o trabajar en el país nuevo

5 De regreso Ha pasado más de un año desde la experiencia de la actividad anterior. Las cosas no han ido como esperabas y has decidido regresar solo/a a tu país. En grupos de tres, uno de ustedes representa el papel de la persona que quiere regresar y da tres motivos. Los otros dos son su familia y, satisfechos con su vida en el nuevo país, tratan de disuadirla.

6 Discriminación En parejas, lean estos dos diálogos. Después, escriban un breve párrafo con un aspecto en común y una diferencia que encuentren en ambos diálogos. Luego, compartan sus ideas con la clase.

> **Diálogo 1**
> **GLORIA** El Rincón de Venezuela, el mejor restaurante latino de Jackson Heights. El Rincón de Venezuela, señora.
> **HOMBRE** *English. English. I don't know...*

> **Diálogo 2**
> **GLORIA** ¿Mingo, m'hija? ¡Pero qué vas a estar tú saliendo con Mingo, mi amor, si ese señor es un empleado nuestro!
> **ROSARIO** Bueno, ¿y qué? Él es bien chévere y yo aquí no tengo amigos.

7 Familia e independencia En grupos, hablen sobre los distintos niveles de independencia en las relaciones familiares. Consideren estas preguntas.

1. ¿Qué significa ser independiente? ¿Independencia económica? ¿Independencia afectiva (*emotional*)? ¿Independencia académica? ¿Todas? ¿Ninguna?

2. ¿A qué edad es razonable ser independiente de la familia?

3. ¿Es esa edad igual en todas las culturas?

4. ¿Qué relaciones familiares (padres-hijos; hermanos-hermanas; abuelos-nietos; etc.) implican más dependencia? ¿Por qué? ¿Se invierte alguna vez el nivel de dependencia?

8 Generación y política En parejas, preparen un diálogo entre dos personajes hipotéticos: un padre o una madre y un(a) hijo/a adulto/a. Uno/a está a favor del gobierno y el/la otro/a está en contra.

- Decidan sobre qué tema político específico van a hablar.
- Cada uno/a debe presentar al menos un argumento para defender su posición y uno para demostrar su desacuerdo con el otro personaje.

9 Fin Escribe una continuación posible para *El rincón de Venezuela*, en donde expliques qué pudo ocurrir después del enfrentamiento en el restaurante entre chavistas y disidentes. Comparte tu nuevo final con la clase.

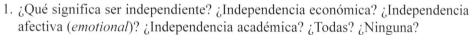

 Practice more at **imagina.vhlcentral.com**.

IMAGINA

La Panamericana

■ Imagina un viaje en automóvil por toda **Centroamérica**! Comenzarías en **Panamá** y terminarías en **Guatemala**, al sur de **México**. Al final de tu viaje habrás recorrido unos 2.500 kilómetros, visitado seis países y conocido sus capitales: **Ciudad de Panamá**, **San José**, **Managua**, **San Salvador**, **Tegucigalpa** y **Ciudad de Guatemala**. También habrás admirado volcanes humeantes[1], como el **Volcán Poas** en **Costa Rica**, y las ruinas mayas de **Tikal** y **Copán** en **Guatemala** y **Honduras**, respectivamente.

La ruta ideal para realizar esta odisea es la **carretera**[2] **Panamericana**, o simplemente **la Panamericana**. En principio, esta carretera conecta todo el continente americano, desde la **Patagonia** hasta **Alaska**. Sin embargo, fenómenos naturales han destruido algunos tramos[3] y existe uno que aún no está construido. Entre **Panamá** y **Colombia**, en el **Tapón del Darién**, hay unos 90 kilómetros de densa selva montañosa que interrumpen la continuidad de la ruta[4] intercontinental.

¡Arranquemos! Nuestra primera parada es el **Canal de Panamá**, uno de los proyectos de transporte más ambiciosos del siglo XX. Fue propiedad de los Estados Unidos hasta 1999.

CENTRO

El Canal de Panamá

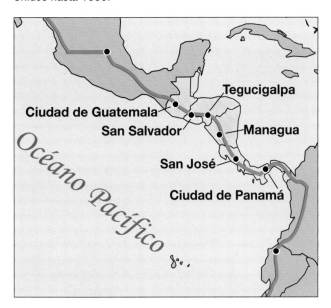

En la actualidad, más de 12.000 buques[5] pasan cada año de un océano a otro a través del canal.

De Panamá nos dirigimos a Costa Rica, a visitar el **Parque Nacional Chirripó**. Subimos al cerro Chirripó, palabra indígena que significa "tierra de aguas eternas", de unos 3.800 metros (aprox. 12.500 pies) de altura. En el camino[6] vemos una gran variedad de animales, como jaguares, tapires y quetzales.

Desde Managua, capital de **Nicaragua**, hacemos una excursión al lago de Nicaragua. Es el único lago donde subsisten tiburones[7] que se adaptaron al agua dulce[8] del lago hasta poder reproducirse en él.

Seguimos a **El Salvador**, donde probamos[9] las famosas **pupusas**. Por todas partes encontrarás *pupuserías* que preparan estas delicias, similares a una tortilla gruesa[10] y blanda, rellenas de queso, pollo o cerdo.

Continuamos en el segundo arrecife[11] de coral más grande del mundo: las **Islas de la Bahía**, en la costa norte de Honduras. El 95% de las especies de coral del **Caribe** se encuentran en esta región. Las tres islas de **Roatán**, **Guanaja** y **Utila** son algunas de las atracciones turísticas más populares.

AMÉRICA

Finalmente, en Guatemala visitamos las ruinas de Tikal, una de las ciudades más importantes de la civilización **maya**. Miles de turistas las visitan anualmente, pero también millones de personas las han visto porque aparecen como la base rebelde en la película original de *La guerra de las galaxias*[12].

[1] *smouldering* [2] *Highway* [3] *stretches* [4] *road* [5] *ships* [6] **En el...** *On the way*
[7] *sharks* [8] **agua...** *fresh water* [9] *we try* [10] *thick* [11] *reef* [12] *Star Wars*

El español de Centroamérica

los abarrotes	provisiones; *groceries* (Guat., Pan.)
el agua	refresco; *soda, soft drink* (Guat.)
el cartucho	bolsa; *(plastic) bag* (Pan.)
chivísimo	fantástico; *great, cool* (E.S.)
el fresco	refresco; *soft drink* (C.R., Hond.)
fulear	poner gasolina; *to get gas* (Nic.)
la pulpería	bodega; *grocery store* (C.R., Hond., Nic.)

Expresiones

hacer gallo	acompañar; *to accompany* (E.S.)
¡Pura vida!	¡Muy bien!; *Great!* (C.R.)
ser de alante	ser valiente; *to be brave* (Pan.)

¡Celebremos las tradiciones!

Semana Santa La celebración de **Semana Santa** en **Antigua, Guatemala,** es una tradición viva. Cientos de

personas participan en las procesiones y ayudan a llevar las carrozas[1], que pesan 3,5 toneladas[2]. La gente decora las ventanas y las iglesias para la procesión, pero lo más extraordinario de la celebración son las alfombras[3] que cada año se hacen a mano con serrín[4] teñido[5] de colores brillantes y con pétalos de flores.

Día de la independencia **Costa Rica** tiene una de las más antiguas democracias del **Continente Americano**. Por su política de neutralidad, el país ha recibido dos nominaciones para el **Premio Nobel de la Paz**[6] y la reputación de ser la **"Suiza"** de las Américas. Costa Rica

celebra su día de independencia de **España**, junto con los otros países centroamericanos menos Panamá, el 15 de septiembre, con desfiles[7] patrióticos y música. Los niños llevan linternas hechas a mano a estas fiestas llenas de color.

Carnavales La popularidad de los carnavales en **Panamá** es comparable con la de los famosos carnavales brasileños. Celebradas en **Panamá** desde principios del siglo XX, estas

grandiosas fiestas duran cuatro días y cinco noches. Los panameños disfrutan de desfiles magníficos, carrozas espectaculares, máscaras[8], disfraces[9] de todo tipo y comida variada. Las celebraciones más grandes tienen lugar en la **Ciudad de Panamá** y en **Las Tablas**.

San Jerónimo El pueblo de **Masaya** en **Nicaragua** es conocido por el festival que celebra al santo patrón, **San Jerónimo**. La fiesta, de unos 80 días, comienza el 20 de septiembre con **"el Día de la Bajada"**[10] de la imagen de San Jerónimo, y no termina hasta la primera semana de diciembre. Con bailes folklóricos, música, flores y rica comida, esta fiesta colorida integra tradiciones indígenas con el catolicismo.

[1] *floats* [2] *tons* [3] *carpets* [4] *sawdust* [5] *dyed* [6] **Premio...** *Nobel Peace Prize*
[7] *parades* [8] *masks* [9] *costumes* [10] **Día de...** *(Day when the saint is brought down)*

GALERÍA DE CREADORES

LITERATURA Gioconda Belli

El compromiso sociopolítico y la lucha por la liberación de la mujer a todos los niveles son las líneas temáticas que marcan la obra de la poeta y novelista nicaragüense Gioconda Belli. *Línea de fuego,* libro de poemas con el que obtuvo el prestigioso Premio Casa de las Américas en 1978 y *La mujer habitada* (1988), Premio a la Mejor Novela Política del Año, sobresalen (*stand out*) entre sus obras más leídas. En 2008 publicó su última novela, *El infinito en la palma de la mano*, por la cual ganó el Premio Biblioteca Breve de la editorial española Seix Barral.

PINTURA Armando Morales

El nicaragüense Armando Morales, nacido en 1927, es un pintor contemporáneo de Hispanoamérica que disfruta de fama internacional. Sus creaciones artísticas incluyen desnudos femeninos, escenas cotidianas, naturalezas muertas (*still lives*) y representaciones de hechos históricos que nacen de las imágenes de sus recuerdos. *Desnudo sentado* (1971); *Bodegón, ciruela y peras* (1981); *Bañistas en la tarde y coche* (1984); *Adiós a Sandino* (1985) y *Selva* (1987) son cinco de sus obras más conocidas. Aquí vemos el cuadro titulado *Dos peras en un paisaje* (1973).

ARTESANÍA La mola

En las islas panameñas del Archipiélago San Blas viven los kunas. Esta tribu indígena es conocida por la mola, su creativa expresión artística que realizan casi exclusivamente las mujeres. La mola es un tipo de bordado (*embroidery*) intrincado que adorna las blusas de las mujeres kuna y que forma parte de su vestido tradicional. Además de blusas, las molas pueden adornar cualquier cosa que la imaginación desee. Aunque los motivos (*motifs*) más populares son los diseños geométricos y elementos del mundo natural, también son frecuentes los diseños modernos. Las molas no son sólo atractivas para los turistas; muchas son verdaderas piezas de arte muy preciadas (*valued*) entre los coleccionistas.

PINTURA Mauricio Puente

Mauricio Puente nació en El Salvador en 1918 y actualmente reside en Massachusetts, EE.UU. Pintor autodidacta, empezó a pintar a los siete años y siempre ha explorado su pasión por la pintura. A lo largo de los años ha cultivado un estilo muy personal que podemos admirar en sus cuadros en galerías de arte de todo el mundo. Su especialidad son las acuarelas (*watercolors*) y óleos; domina a la perfección la técnica de la espátula (*palette knives*) y su talento para dibujar es de primera calidad. La obra *Caserío/Country Houses* presenta un paisaje salvadoreño y es un ejemplo representativo de su estilo.

CONEXIÓN INTERNET

En imagina.vhlcentral.com encontrarás más información y actividades relacionadas con esta sección.

¿Qué aprendiste?

Cierto o falso Indica si estas afirmaciones son ciertas o falsas. Corrige las falsas.

1. La Panamericana pasa por tres países de Centroamérica.

2. En el lago de Nicaragua hay tiburones.

3. Armando Morales y Mauricio Puente son pintores nicaragüenses.

4. El 28 de marzo se celebra la independencia de Costa Rica.

5. El festival de San Jerónimo en Masaya, Nicaragua, dura aproximadamente ochenta días.

6. La mola es una expresión artística que realizan los mayas.

Preguntas Contesta las preguntas.

1. ¿En qué estilos se especializa el pintor salvadoreño Mauricio Puente?

2. ¿De qué se rellenan las pupusas?

3. ¿De qué están hechas las alfombras en la celebración de Semana Santa en Antigua, Guatemala?

4. ¿Cuáles son los carnavales más grandes de Panamá?

5. ¿Qué líneas temáticas caracterizan la obra de Gioconda Belli?

6. ¿Qué artista de la Galería te interesa más? ¿Por qué?

PROYECTO

Odisea por Centroamérica

Organiza una travesía por las seis capitales centroamericanas siguiendo la Panamericana. Antes de empezar el viaje investiga toda la información que necesites en Internet.

- Explora una atracción importante por su valor histórico, cultural o natural en cada capital.

- Escribe una entrada en tu diario para la atracción que explores en cada capital.

- Explica tu aventura a tus compañeros/as de clase. Cuéntales lo que viste y aprendiste, léeles tus impresiones y muéstrales fotos de los lugares que visitaste.

MINIPRUEBA

Completa las oraciones con la información correcta y demuestra lo que aprendiste sobre Centroamérica.

1. En 2008, Gioconda Belli publicó su _____, *El infinito en la palma de la mano.*
   a. autobiografía   b. última novela
   c. colección de poemas

2. La carretera Panamericana recorre desde _____ hasta Alaska.
   a. el Volcán Poas   b. Copán
   c. la Patagonia

3. El _____ es un obstáculo para la continuidad de la Panamericana.
   a. Canal de Panamá   b. Chirripó
   c. Tapón del Darién

4. *Chirripó* es una palabra indígena que significa tierra de _____.
   a. aguas eternas   b. sal y oro   c. jaguares

5. En Panamá, un cartucho es _____.
   a. una bodega   b. un refresco   c. una bolsa

6. Además de diseños geométricos y elementos del mundo natural, también se ven _____ en las molas.
   a. diseños modernos   b. figuras políticas
   c. pequeñas esculturas

7. La gente decora las ventanas y las iglesias para la _____ de Semana Santa en Antigua.
   a. alfombra   b. flor   c. procesión

8. A Costa Rica se le conoce como la _____ de las Américas.
   a. "Suiza"   b. "España"   c. "Francia"

9. Los carnavales se celebran en Panamá desde _____ del siglo XX.
   a. finales   b. mediados   c. principios

10. Las creaciones artísticas de Armando Morales incluyen escenas cotidianas y _____.
    a. literarias   b. naturalezas muertas
    c. retratos de celebridades

11. Mauricio Puente domina la técnica _____.
    a. del fresco   b. de la espátula
    c. de la poesía

En pantalla (S) Video: *Reportaje*

Vocabulario

a la hora de *when it comes down to*
atraer *to attract*
chimenea *chimney*

destino *destination*
litoral *coastline*
mezclar *to mix*

Nicaragua es un pequeño país de exuberante naturaleza y gran riqueza histórica y cultural que durante los años 80 sufrió una devastadora guerra civil. Su economía se ha basado tradicionalmente en la ganadería (*ranching*) y la agricultura. Sin embargo, como se muestra en este reportaje del canal nicaragüense *Televicentro*, en la actualidad el turismo se está convirtiendo en una de las más importantes fuentes de ingresos.

Conexión personal El turismo representa una posibilidad de desarrollo económico para países pequeños. ¿Conoces algún país pequeño que esté desarrollando la industria turística?

Comprensión Contesta las preguntas.

1. ¿Por qué el turismo en Nicaragua se desarrolla casi de forma espontánea?

2. ¿Qué ventajas ofrece Nicaragua a diferencia de otros países de la región?

3. ¿Qué otro nombre se le da a la industria turística?

4. ¿Qué efectos positivos tiene el turismo?

Expansión

A. En grupos de tres, organicen un viaje turístico. ¿Adónde irán y qué actividades realizarán?

- Escriban una lista de los distintos tipos de lugares que visitarán y las actividades que planean hacer.

- Comenten de qué manera la industria turística influye en la economía y la cultura de estos lugares.

- Expliquen cómo podrán minimizar el impacto de su estancia (*stay*) en los espacios naturales.

- Hagan una lista de los aspectos que los habitantes de esos lugares deben tener en cuenta al planificar nuevos proyectos de desarrollo turístico.

B. Presenten a la clase un informe sobre el plan de viaje.

Turismo: aportes y desafíos

Nicaragua es un pueblo con una diversidad cultural, étnica e idiomática que se mezcla en un solo territorio.

Casi siete millones de turistas visitaron Centroamérica en el 2006.

El tema de la seguridad es uno de los aspectos más importantes que un turista considera a la hora de decidir viajar.

Los principales destinos que se venden de Nicaragua en el exterior son sol y playa, la ruta de los pueblos, la belleza arquitectónica de ciudades como León y Granada, y el eco y agroturismo.

Practice more at **imagina.vhlcentral.com.**

The subjunctive in adjective clauses

- When an adjective clause describes an antecedent that is known to exist, use the indicative. When the antecedent is unknown or uncertain, use the subjunctive.

MAIN CLAUSE: ANTECEDENT UNCERTAIN — **Busco un trabajo** | CONNECTOR — **que** | SUBORDINATE CLAUSE: SUBJUNCTIVE — **pague bien.**

Antecedent certain → Indicative	Antecedent uncertain → Subjunctive
Necesito el libro que **tiene** información sobre los prejuicios sociales. *I need the book that has information about social prejudices.*	Necesito un libro que **tenga** información sobre los prejuicios sociales. *I need a book that has information about social prejudices.*
Buscamos los documentos que **describen** el patrimonio de nuestros antepasados. *We're looking for the documents that describe our ancestors' heritage.*	Buscamos documentos que **describan** el patrimonio de nuestros antepasados. *We're looking for (any) documents that (may) describe our ancestors' heritage.*
Tiene un esposo que la **trata** con respeto y comprensión. *She has a husband who treats her with respect and understanding.*	Quiere un esposo que la **trate** con respeto y comprensión. *She wants a husband who will treat her with respect and understanding.*

*Algunos clientes prefieren un plato que no **tenga** carne.*

- When the antecedent of an adjective clause is a negative pronoun (**nadie, ninguno/a**), the subjunctive is used.

Antecedent certain → Indicative	Antecedent uncertain → Subjunctive
Elena tiene tres parientes que **viven** en San José. *Elena has three relatives who live in San José.*	Elena no tiene **ningún** pariente que **viva** en Limón. *Elena doesn't have any relatives who live in Limón.*
De los cinco nietos, hay dos que **se parecen** a la abuela. *Of the five grandchildren, there are two who resemble their grandmother.*	De todos mis nietos, no hay **ninguno** que **se parezca** a mí. *Of all my grandchildren, there's not one who looks like me.*
En mi patria, hay muchos que **apoyan** al candidato conservador. *In my homeland, there are many who support the conservative candidate.*	En mi familia, no hay **nadie** que **apoye** al candidato conservador. *In my family, there is nobody who supports the conservative candidate.*

ESTRUCTURAS

TALLER DE CONSULTA

This additional grammar topic is covered in the **Manual de gramática, Lección 4.**

4.4 *To become:* **hacerse, ponerse,** and **volverse, p. 390**

¡ATENCIÓN!

An adjective clause (**oración subordinada adjetiva**) is a subordinate clause that describes a noun or pronoun, called the antecedent, in the main clause.

- Do not use the personal **a** with direct objects that represent hypothetical persons.

Antecedent uncertain → Subjunctive	Antecedent certain → Indicative
Busco un abogado que **sea** honrado. *I'm looking for a lawyer who is honest.*	Conozco **a** un abogado que **es** honrado, justo e inteligente. *I know a lawyer who is honest, fair, and smart.*

- Use the personal **a** before **nadie** and **alguien**, even when their existence is uncertain.

Antecedent uncertain → Subjunctive	Antecedent certain → Indicative
No conozco **a nadie** que **se queje** tanto como mi suegra. *I don't know anyone who complains as much as my mother-in-law.*	Yo conozco **a alguien** que **se queja** aún más... ¡la mía! *I know someone who complains even more... mine!*

- The subjunctive is commonly used in questions with adjective clauses when the speaker is trying to find out information about which he or she is uncertain. If the person who responds knows the information, the indicative is used.

Antecedent uncertain → Subjunctive	Antecedent certain → Indicative
¿Me recomienda usted un buen restaurante que **esté** cerca de aquí? *Can you recommend a good restaurant that is near here?*	Sí, el restaurante de mi yerno **está** muy cerca y **es** excelente. *Yes, my son-in-law's restaurant is nearby, and it's excellent.*
Oigan, ¿no me pueden poner algún apodo que me **quede** mejor? *Hey guys, can't you give me a nickname that fits me better?*	Bueno, si tú insistes, pero Flaco es el apodo que te **queda** mejor. *OK, if you insist, but Skinny is the nickname that suits you best.*

Gente

Si leyó en **Gente** algo con lo que no está de acuerdo, discútalo con alguien que le preste atención. Con **Gente**.

Nos gusta saber lo que piensa. Envíe sus cartas al buzón de **Gente**.

Revista **Gente**
Avenida Bucarelli 4-12
México, DF

Práctica

1

Combinar Combina las frases de las dos columnas para formar oraciones lógicas. Recuerda que a veces vas a necesitar el subjuntivo y a veces no.

_____ 1. Mario tiene un hermano que   a. sea alta y artística.

_____ 2. Tengo dos cuñados que   b. sean respetuosos y estudiosos.

_____ 3. No conozco a nadie que   c. canta cuando se ducha.

_____ 4. Pedro busca una novia que   d. hablan alemán.

_____ 5. Quiero tener nietos que   e. entienda más de dos idiomas.

2

El agente de viajes Graciela va de vacaciones a Montelimar, en Nicaragua, y le escribe un correo electrónico a su agente de viajes explicándole sus planes. Completa el correo con el subjuntivo o el indicativo.

Querido Santiago:

Estoy muy contenta porque el mes que viene voy a viajar a Montelimar para tomar unas vacaciones. He estado pensando en el viaje y quiero decirte qué me gustaría hacer. Quiero ir a un hotel que (1)_____ (ser) de cinco estrellas, que (2)_____ (tener) vista al mar. Me gustaría hacer una excursión que (3)_____ (durar) varios días y que me (4)_____ (permitir) ver el famoso Lago de Nicaragua. ¿Qué te parece?

Mi hermano me dice que en la principal agencia de viajes de Montelimar hay un guía turístico llamado Ernesto que (5)_____ (conocer) algunos lugares exóticos y que me (6)_____ (poder) llevar a verlos. También dice que Ernesto llama mucho la atención (*stands out*) porque es un muchacho muy atractivo que (7)_____ (tener) el pelo muy rubio y (8)_____ (ser) muy alto. ¡Tal como a mí me gusta!

Espero tu respuesta,
Graciela

3

Reunión familiar Sebastián y Olga se preparan para celebrar en su casa la reunión familiar anual. Completa las oraciones con la opción más lógica de la lista. Haz los cambios necesarios.

gustarle a tío Alberto	ser festivo/a
hacer cortes de pelo modernos	venir a limpiar
	tocar merengue

1. Para la fiesta, Olga quiere contratar a la banda "Tonos dulces", que _____.

2. Sebastián busca un peluquero que _____.

3. Olga prepara para la fiesta el platillo que _____.

4. Sebastián quiere comprar decoraciones que _____.

5. Después de la fiesta, Olga quiere contratar a una compañía que _____.

Practice more at **imagina.vhlcentral.com**.

Comunicación

4 **Sueños y realidad** En parejas, hagan comparaciones sobre lo que tienen y lo que sueñan tener estos personajes. Usen las palabras de la lista. Recuerden utilizar el indicativo o el subjuntivo según el caso.

> **Modelo** Sonia tiene un novio que enseña historia en la universidad y que es muy responsable. Pero ella sueña con tener un novio que toque la guitarra eléctrica y que sea muy rebelde.

buscar	apartamento
conocer	computadora
necesitar	hermano/a
querer	mascota (*pet*)
tener	vecino/a

5 **Anuncios** Tú y tus compañeros/as escriben anuncios para un diario. El jefe les dejó dos mensajes indicándoles qué deben escribir. En grupos de cuatro, escriban anuncios detallados sobre lo que se busca usando el indicativo o el subjuntivo. Después, inventen dos anuncios originales para enseñárselos a la clase.

La familia Pérez busca a su perro Tomás, que se perdió en el parque. Aquí tienen una foto de él.

Miguel y Carlos Solís buscan un guía turístico para su viaje a los volcanes de Nicaragua.

6 **El ideal** En parejas, imaginen cómo es el/la compañero/a ideal en cada una de estas situaciones. Si ya conocen a una persona que tiene las características ideales, también pueden hablar de él/ella. Utilicen el subjuntivo o el indicativo de acuerdo a la situación.

> **Modelo** Lo ideal es vivir con alguien que no se queje demasiado.

Alguien con quien...

- vivir
- trabajar
- ver películas de amor o de aventuras

- comprar ropa
- estudiar
- viajar por el desierto del Sahara

4.2

Reflexive verbs

- In a reflexive construction, the subject of the verb both performs and receives the action. Reflexive verbs (**verbos reflexivos**) always use reflexive pronouns (**me, te, se, nos, os, se**).

Reflexive verb

Elena **se lava** la cara.

Non-reflexive verb

Elena **lava** los platos.

Reflexive verbs	
lavarse *to wash (oneself)*	
yo	me **lavo**
tú	te **lavas**
Ud./él/ella	se **lava**
nosotros/as	nos **lavamos**
vosotros/as	os **laváis**
Uds./ellos/ellas	se **lavan**

- Many of the verbs used to describe daily routines and personal care are reflexive.

acostarse *to go to bed*	**dormirse** *to fall asleep*	**peinarse** *to comb (one's hair)*
afeitarse *to shave*	**ducharse** *to take a shower*	**ponerse** *to put on (clothing)*
arreglarse *to dress up, get ready*	**lavarse** *to wash (oneself)*	**secarse** *to dry off*
bañarse *to take a bath*	**levantarse** *to get up*	**quitarse** *to take off (clothing)*
cepillarse *to brush (one's hair, teeth)*	**maquillarse** *to put on makeup*	**vestirse** *to get dressed*
despertarse *to wake up*		

¡ATENCIÓN!

A transitive verb takes an object. An intransitive verb does not take an object.

Transitive:

Mariela compró dos boletos.
Mariela bought two tickets.

Intransitive:

Johnny nació en México.
Johnny was born in Mexico.

- In Spanish, most transitive verbs can also be used as reflexive verbs to indicate that the subject performs the action to or for himself or herself.

Félix **divirtió** a los invitados con sus chistes.
Félix amused the guests with his jokes.

Félix **se divirtió** en la fiesta.
Félix had fun at the party.

Ana **acostó** a los gemelos antes de las nueve.
Ana put the twins to bed before nine.

Ana **se acostó** muy tarde.
Ana went to bed very late.

- Many verbs change meaning when they are used reflexively.

aburrir *to bore*	**aburrirse** *to become bored*
acordar *to agree*	**acordarse (de)** *to remember*
comer *to eat*	**comerse** *to eat up*
dormir *to sleep*	**dormirse** *to fall asleep*
ir *to go*	**irse (de)** *to go away (from)*
llevar *to carry*	**llevarse** *to carry away*
mudar *to change*	**mudarse** *to move (change residence)*
parecer *to seem*	**parecerse (a)** *to resemble, to look like*
poner *to put*	**ponerse** *to put on (clothing)*
quitar *to take away*	**quitarse** *to take off (clothing)*

- Some Spanish verbs and expressions are reflexive even though their English equivalents may not be. Many of these are followed by the prepositions **a, de,** and **en**.

acercarse (a) *to approach*	**fijarse (en)** *to take notice (of)*
arrepentirse (de) *to regret*	**morirse (de)** *to die (of)*
atreverse (a) *to dare (to)*	**olvidarse (de)** *to forget (about)*
convertirse (en) *to become*	**preocuparse (por)** *to worry (about)*
darse cuenta (de) *to realize*	**quejarse (de)** *to complain (about)*
enterarse (de) *to find out (about)*	**sorprenderse (de)** *to be surprised (about)*

- *To get* or *become* is frequently expressed in Spanish by the reflexive verb **ponerse** + [*adjective*].

Mi hijo **se pone feliz** cuando nos visitan los abuelos.
My son gets happy when our grandparents visit us.

Si no duermo bien, **me pongo insoportable**.
If I don't sleep well, I become unbearable.

- In the plural, reflexive verbs can express reciprocal actions done *to one another*.

¡Mi esposa y yo **nos peleamos** demasiado!
My wife and I fight too much!

¿Será porque ustedes no **se respetan**?
Could it be because you don't respect each other?

- The reflexive pronoun precedes the direct object pronoun when they are used together in a sentence.

¿Te comiste el pastel?
Did you eat the whole cake?

Sí, **me lo** comí todo.
Yes, I ate it all up.

TALLER DE CONSULTA

Hacerse and **volverse** also mean *to become*. See **Manual de gramática, 4.4, p. 390.**

When used with infinitives and present participles, reflexive pronouns follow the same rules of placement as object pronouns. See **3.2, pp. 100-101.**

Práctica

1

Reflexivos Algunos verbos cambian de significado cuando se usan en forma reflexiva. Completa las oraciones con la forma adecuada del verbo indicado y el pronombre si es necesario.

1. Yo siempre _____ (dormir/dormirse) bien cuando estoy en mi casa de verano.

2. Carlos, ¿_____ (acordar/acordarse) de cuando fuimos de vacaciones a Cancún hace dos años?

3. Si estamos tan cansados de la ciudad, ¿por qué no _____ (mudar/mudarse) a una casa junto al lago?

4. No me gusta esta fiesta. Quiero _____ (ir/irse) cuanto antes.

5. Cristina y Miguel _____ (llevar/llevarse) a los niños a la feria.

6. Mi abuela va a _____ (poner/ponerse) una foto de todos sus nietos en el salón.

2

Todos los sábados

A. En parejas, describan la rutina que siguen Eduardo y sus amigos todos los sábados.

Eduardo

Manny

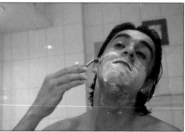

Teo

Sandra

Yoli

Mónica

B. ¿Qué hacen los sábados por la mañana otros cuatro amigos de Eduardo? Describan sus rutinas. Utilicen verbos reflexivos y sean creativos.

 Practice more at **imagina.vhlcentral.com**.

Comunicación

3

¿Y tú? En parejas, túrnense para hacerse las siguientes preguntas. Contesten con oraciones completas y expliquen sus respuestas.

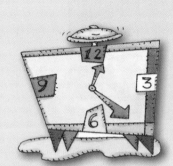

1. ¿A qué hora te despiertas normalmente los lunes por la mañana? ¿Por qué?
2. ¿Te duermes en las clases?
3. ¿A qué hora te acuestas normalmente los fines de semana?
4. ¿A qué hora te duchas durante la semana?
5. ¿Te levantas siempre a la misma hora que te despiertas? ¿Por qué?

6. ¿Qué te pones para salir los fines de semana? ¿Y tus amigos/as?
7. ¿Cuándo te vistes elegantemente?
8. ¿Te diviertes cuando vas a una discoteca? ¿Y cuando vas a una reunión familiar?
9. ¿Te fijas en la ropa que lleva la gente?
10. ¿Te preocupas por tu imagen?

11. ¿De qué se quejan tus amigos normalmente? ¿Y tus padres u otros miembros de la familia?
12. ¿Conoces a alguien que se preocupe constantemente por todo?
13. ¿Te arrepientes a menudo de las cosas que haces?
14. ¿Te peleas con tus amigos/as? ¿Y con tus familiares?
15. ¿Te sorprendes de una costumbre o un hábito de alguna persona mayor que conoces?

4

En un café Imagina que estás en un café y ves a tu ex novio/a besándose con alguien. ¿Qué haces? En grupos de tres, representen la escena. Utilicen por lo menos cinco verbos de la lista.

acercarse	atreverse	enterarse	ponerse
acordarse	convertirse	fijarse	preocuparse
alegrarse	darse cuenta	irse	quejarse
arrepentirse	enojarse	olvidarse	sorprenderse

4.3

Por and *para*

- **Por** and **para** are both translated as *for*, but they are not interchangeable.

—¿Y si vendemos esto y nos vamos *para* Venezuela?

Dice que quiere regresar *por* varias razones.

Uses of *para*

Destination *(toward, in the direction of)*	La familia sale **para** Estados Unidos pronto. *The family is leaving soon for the US.*
Deadline or a specific time in the future *(by, for)*	Las arepas deben estar hechas **para** las 12. *The arepas have to be made by 12.*
Goal (**para** + [*infinitive*]) *(in order to)*	**Para** atraer clientes vegetarianos, Gloria prepara arepas de tofu. *In order to attract vegetarian customers, Gloria makes tofu arepas.*
Purpose (**para** + [*noun*]) *(for, used for)*	Alberto compró la comida **para** la semana. *Alberto bought food for the week.*
Recipient *(for)*	Gloria ahorró dinero **para** Chela. *Gloria saved money for Chela.*
Comparison with others or opinion *(for, considering)*	**Para** ser tan joven, Mingo ha trabajado mucho. *For being so young, Mingo has worked a lot.* **Para** Alberto, volver a Caracas es una tontería. *For Alberto, returning to Caracas is foolish.*
Employment *(for)*	Mingo trabaja **para** Alberto y Gloria. *Mingo works for Alberto and Gloria.*

Expressions with *para*

no estar para bromas *to be in no mood for jokes*	**para colmo** *to top it all off*
	para que sepas *just so you know*
no ser para tanto *to not be so important*	**para siempre** *forever*

¡ATENCIÓN!

Remember to use the infinitive, not the subjunctive, after **para** if there is no change of subject.

Me despierto a las cinco para llegar temprano.

I wake up at five in order to arrive early.

- Note that the expression **para que** is followed by the subjunctive.

  Gloria distribuye panfletos **para que** los venezolanos **vengan** al restaurante.
  Gloria distributes flyers so that Venezuelans will come to the restaurant.

*—Señora, ¿usted ya firmó **para** el nuevo referéndum?*
*Sin embargo, Gloria está ahí **por** otro motivo...*

Uses of *por*

Motion or a general location *(along, through, around, by)*	El cliente entró **por** la puerta y lo saludó. *The customer came in through the door and greeted him.*
Duration of an action *(for, during, in)*	Gloria quiere quedarse **por** un año. *Gloria wants to stay for a year.*
Reason or motive for an action *(because of, on account of, on behalf of)*	Vinieron a Estados Unidos **por** razones políticas. *They came to the US for political reasons.*
Object of a search *(for, in search of)*	Mingo fue a la cocina **por** la ensalada. *Mingo went to the kitchen for the salad.*
Means by which *(by, by way of, by means of)*	Su prima los llamó **por** teléfono. *Her cousin called them by phone.*
Exchange or substitution *(for, in exchange for)*	Cambió las arepas de carne **por** las de tofu. *She switched the meat arepas for the tofu ones.*
Unit of measure *(per, by)*	El metro puede ir a 50 km **por** hora. *The subway can go 50 km per hour.*
Agent (passive voice) *(by)*	El dinero fue gastado **por** Chela. *The money was spent by Chela.*

Expressions with *por*

por allí/aquí *around there/here*	**por lo tanto** *therefore*
por casualidad *by chance/accident*	**por lo visto** *apparently*
por ejemplo *for example*	**por más/mucho que** *no matter how much*
por eso *therefore, for that reason*	**por otro lado/otra parte** *on the other hand*
por fin *finally*	**por primera vez** *for the first time*
por lo general *in general*	**por si acaso** *just in case*
por lo menos *at least*	**por supuesto** *of course*

¡ATENCIÓN!

In many cases it is grammatically correct to use either **por** or **para** in a sentence. The meaning of each sentence, however, is different.

Trabajó por Alberto.
He worked for (in place of) Alberto.

Trabajó para Alberto.
He worked for (in the employment of) Alberto.

TALLER DE CONSULTA

The passive voice is discussed in detail in **10.1, p. 352.**

Práctica

1 **Otra manera** Lee la primera oración y completa la segunda versión usando **por** o **para**.

1. Cuando voy a Costa Rica, siempre visito Puntarenas.
   Paso _____ Puntarenas cuando voy a Costa Rica.

2. El hotel era muy barato. Pagué sólo 100 dólares.
   Conseguí la habitación _____ sólo 100 dólares.

3. Fui porque quería visitar a mis suegros.
   Yo quería ir _____ visitar a mis suegros.

4. Mi familia les envió muchos regalos a ellos.
   Mi familia envió muchos regalos _____ ellos.

5. Mis suegros se alegraron mucho de nuestra visita.
   Mis suegros se pusieron muy felices _____ nuestra visita.

Playa de Puntarenas, Costa Rica

2 **Completar** Completa la carta con **por** y **para**.

> Querida abuela,
>
> (1) _____ fin llegué a esta tierra. La Ciudad de Panamá es hermosa. Todavía no he pasado (2) _____ el Canal de Panamá porque debo ir con un guía. Puedo contratar uno (3) _____ pocos dólares. En los tres meses del viaje por Centroamérica pensé en ti y en el abuelo (4) _por_ lo mucho que esta tierra representa para ustedes.
>
> Sé que (5) _para_ conocer mejor este país y su cultura tendré que quedarme (6) _por_ lo menos un mes. (7) _Por_ eso, no volveré hasta finales de mayo. (8) _Para_ que sepas, voy a quedarme en el hotel "Panameño". (9) _Para_ mí es un hotel muy cómodo (10) _por_ estar tan cerca del centro de la ciudad.
>
> ¡Muchos saludos al abuelo!
>
> José

3 **Oraciones** En parejas, escriban oraciones lógicas utilizando una palabra de cada columna. Luego, inventen una historia incorporando las oraciones que escribieron.

Modelo Mi hermana preparó una cena especial para mi mamá.

caminar	jugar		él	mi mamá
comprar	preparar	para	la fiesta	su edad
hacer	trabajar	por	el parque	su hermana

 Practice more at **imagina.vhlcentral.com**.

Comunicación

4

Soluciones En parejas, comenten las mejores maneras de lograr los objetivos de la lista. Sigan el modelo y utilicen **por** y **para**.

> Modelo Para ser saludable, lo mejor es comer cinco frutas o verduras
> por día porque tienen muchas vitaminas.

concentrarse al estudiar	relajarse
divertirse	ser famoso
hacer muchos amigos	ser organizado/a
mantener tradiciones familiares	ser saludable (*healthy*)

5

Una familia Los miembros de una familia no siempre se llevan bien. En parejas, miren la foto y escriban un párrafo sobre estas personas. ¿Por qué se pelean? Usen por lo menos cinco de estas expresiones en su relato.

> Modelo Para empezar, Sofía llegó a casa muy tarde y por eso...

no fue para tanto	por casualidad	por lo menos
para colmo	por eso	por lo tanto
para siempre	por fin	por supuesto

6

Conversación En parejas, elijan una de las situaciones e improvisen una conversación. Utilicen **por** y **para** y algunas de las expresiones de la actividad 5.

A

Abelardo, tu vecino millonario, está escribiendo su testamento (*will*). Él no tiene herederos y quiere dejarle toda su fortuna a una sola persona. Está pensando en ti y en el alcalde del pueblo. Convence a Abelardo de que te deje toda su fortuna a ti.

B

Hace un año que trabajas en una librería y nunca has tenido vacaciones. Dile a tu jefe/a que quieres tomarte unas vacaciones de dos semanas en el Caribe. Tu jefe/a dice que no y te da sus razones. Explícale las tuyas y dile que si vas de vacaciones vas a ser un(a) mejor empleado/a.

Síntesis

Busco compañera de habitación que sea responsable, limpia y ordenada para compartir apartamento céntrico con dos habitaciones. El apartamento es grande e iluminado, pero es muy caro para una sola persona. Llamar por la tarde a Luisa, al teléfono (555) 333-4455.

Gatito perdido

Mi gato *Julio Enrique* se perdió el sábado pasado por la tarde en la Plaza de la Independencia. Es un gato blanco que tiene manchas (*spots*) negras en la cara. A la persona que lo encuentre le pagaré una recompensa de $50. Comunicarse con *Adriana* al (555) 123-4567.

Traductor de español

se ofrece para traducciones inglés-español. Hace poco tiempo me mudé al centro de la ciudad y trabajo desde mi casa. Soy honrado, profesional y estricto para trabajar. Escribir a Horacio a *traductor86@mail.org*

CLASES DE NATACIÓN

Busco nadador(a) olímpico/a para aprender a nadar. Interesados/as pasar por la biblioteca de la universidad el próximo viernes por la tarde (de 3 a 6). Traigan todos sus trofeos y medallas (preferentemente de oro). Me podrán reconocer porque llevaré puesto un traje de baño anaranjado y gafas para nadar. ¡Estoy listo para aprender!

1 **Avisos** En parejas, inventen dos avisos como éstos para el periódico de la escuela. Usen el indicativo o el subjuntivo, según sea necesario. También deben usar **por** y **para**. Después intercambien sus avisos con otra pareja y escriban un mensaje de correo electrónico para contestarlos.

2 **Escenas** En parejas, trabajen para representar una de estas escenas. Usen la mayor cantidad posible de verbos reflexivos. También deben usar **por** y **para**.

Situación A: dos estudiantes se acaban de conocer; uno/a es nuevo/a en la ciudad, y el/la otro/a hace mucho que vive en esta ciudad.

Situación B: dos miembros de la misma familia hablan por teléfono. Uno es estudiante y le cuenta al otro su rutina diaria.

Situación C: dos amigos/as se encuentran y uno/a le cuenta al/a la otro/a cómo fue el concierto de la noche anterior.

Preparación (S) Audio: Vocabulary

Vocabulario de la lectura	Vocabulario útil
el cultivo *farming; cultivation* **la desaparición** *disappearance* **la fe** *faith* **homenajear a los dioses** *to pay homage to the gods* **la lengua** *language* **el rito sagrado** *sacred ritual* **el sacerdote** *priest*	**la creencia** *belief* **cultivar** *to cultivate, to farm* **la esperanza** *hope* **la etnia** *ethnic group* **el/la historiador(a)** *historian* **la receta** *recipe*

1

Escoger Escoge la palabra que coincide con cada definición.

1. Trabajar la tierra para que produzca trigo, maíz, alfalfa, etc.
   a. fe   b. etnia   c. cultivar

2. Los diversos códigos fonéticos que usan los seres humanos para comunicarse.
   a. historiadoras   b. lenguas   c. esperanzas

3. La creencia o esperanza que una persona tiene.
   a. fe   b. receta   c. etnia

4. Una ceremonia religiosa que se repite.
   a. rito   b. sacerdote   c. fe

5. Cuando algo existe pero luego deja de existir.
   a. creencia   b. cultivo   c. desaparición

2

A pensar Contesta las preguntas. Después comparte tus respuestas con un(a) compañero/a.

1. ¿Quiénes son los mayas? ¿Qué sabes de ellos?

2. ¿Cuál crees que es el origen de la goma de mascar (*chewing gum*)?

3. ¿Hay recetas en tu familia que han pasado de una generación a otra? ¿Cuáles son?

4. ¿Cómo crees que era la vida de tus antepasados hace cien años?

5. Haz una lista de tradiciones o costumbres que tu familia ha practicado por más de dos generaciones.

6. Haz una lista de tradiciones o costumbres que quieres que tus descendientes hereden de ti.

3

Opinar En grupos de tres, lean la cita. ¿Qué piensan de lo que dice? ¿Están de acuerdo? Intercambien sus opiniones. Luego, compartan sus ideas con la clase.

> "Un pueblo sin tradición es un pueblo sin porvenir."
> *Alberto Lleras Camargo*

La herencia de los mayas

Para conocer la cultura maya no es suficiente estudiar su historia; también hay que prestar atención a costumbres y prácticas mayas que
endure 5 todavía perduran°. La civilización maya se originó en la península de Yucatán alrededor del 2600 a.C. Con el tiempo, se extendió por toda Centroamérica. Ahí surgieron diferentes grupos étnicos, entre
10 los que se cuentan los quichés, cakchiqueles, pokonchis, pokomanes y chortís. Cada uno de ellos habla una lengua diferente derivada de una lengua común.

La cultura maya llegó a su esplendor
15 alrededor del año 250 d.C. Su desarrollo se vio interrumpido en 1541 con la llegada de los conquistadores españoles.
burned Éstos quemaron° muchos de sus libros e impusieron políticas que buscaban la
20 desaparición de su cultura y su religión. A pesar de ello, muchas de sus tradiciones han sobrevivido el paso de los siglos, pues han sabido preservarlas de la cultura occidental.

Hoy día, muchas personas de origen
25 maya viven en ciudades y practican profesiones modernas. Muchos también viven en pequeñas poblaciones dedicadas especialmente al cultivo del maíz y del frijol. La mayoría de estos habitantes se dedica a
30 las labores del campo, usando métodos de sus antepasados para el cultivo de la tierra. También ha resistido el paso de los siglos la
textiles elaboración de tejidos° y de cerámicas, que todavía tiene importancia en la economía de
35 las poblaciones mayas.

La religión que practican muchos mayas en la actualidad se basa en una mezcla de tradiciones antiguas, de animismo y de catolicismo. Creen en la influencia
40 del cosmos en la vida y atribuyen los fenómenos naturales a los dioses. Según la religión maya hay dioses benévolos, que traen elementos como la lluvia y el maíz, y dioses malévolos que causan el hambre
45 y los desastres naturales. Los rituales para homenajear a los dioses de la naturaleza

El chicle

¿Sabías que el chicle, o goma de mascar, es un invento maya? Los mayas recolectaban la resina del Chicozapote, un árbol muy abundante en Centroamérica, y la sometían a un proceso de secado (*drying*). El resultado era una goma masticable que los mayas utilizaban para limpiarse los dientes y saciar (*satisfy*) el hambre en los rituales de ayuno (*fasting*). Los mayas llamaron a esta goma "sicte", de ahí que a la goma de mascar se le llame "chicle" en español.

son la perfecta expresión, hoy día, del sincretismo religioso entre la fe cristiana y la maya. Este aspecto es evidente en algunas iglesias, donde se puede ver mayas católicos 50 realizando las mismas ceremonias que los sacerdotes mayas hacen frente a sus ídolos.
En el sistema de creencias° maya, el Sol *beliefs* representa a Jesucristo y la Virgen María se encuentra reflejada en la Luna. 55

La vida diaria y las celebraciones de estos mayas todavía se rigen° por el muy *are determined* preciso calendario de sus ancestros. Cada poblado° tiene un sacerdote encargado de *village* llevar la cuenta de su calendario tradicional, 60 importante para saber cuándo realizar los ritos sagrados. Este calendario, creado hace miles de años, relaciona los astros con los eventos de la vida cotidiana. Los conocimientos de astronomía y matemáticas de los antiguos 65 mayas les sirvieron para construir, sin usar ningún instrumento metálico, observatorios, pirámides y plazas, siempre siguiendo la orientación de los astros.

Los museos y sitios arqueológicos 70 muestran sólo una parte de la cultura maya, porque los habitantes actuales de ciudades y pueblos centroamericanos siguen contando la historia. ■

Análisis

1

Comprensión Contesta las preguntas con oraciones completas.

1. ¿Qué tienen en común las lenguas de los quichés, cakchiqueles, pokonchis, pokomanes y chortís, entre otros?

2. ¿Qué hicieron los conquistadores cuando se encontraron con la civilización maya?

3. ¿Cómo y de qué viven los mayas hoy en día?

4. ¿Qué actividades han resistido el paso del tiempo entre los mayas?

5. ¿Qué creencias religiosas tienen los mayas?

6. ¿De qué maneras se mezclan la religión católica y la religión maya?

7. ¿Cuál ha sido la importancia de los astros en la cultura maya?

8. ¿De qué otra forma se llama en español a la goma de mascar?

9. ¿Para qué usaban los mayas la goma de mascar?

2

Culturas ¿Qué otras culturas, aparte de la suya, conocen? En grupos de tres, escojan una cultura con la que estén familiarizados y hablen de ella. Compartan sus conocimientos sobre estos aspectos u otros.

- alimentos
- cultivos
- religiones
- artesanías
- historia
- ropa típica
- celebraciones
- lenguas
- tradiciones

Plato de tamales

3

Imaginar Es el año 2500 y un historiador escribe sobre la sociedad y la cultura occidental del siglo XXI en una revista. En grupos de cuatro, escriban lo que creen que el historiador dirá sobre las actividades cotidianas, religión, alimentos típicos, costumbres, fiestas, etc. Compartan su escrito con la clase.

CAPÍTULO 3

Hace cinco siglos la gente tenía vidas muy diferentes.
El pueblo llamado...

 Practice more at **imagina.vhlcentral.com**.

Preparación  Reading
Audio: Vocabulary

Sobre el autor

Augusto Monterroso (1921-2003) nació en Honduras, pero pasó su niñez y juventud en Guatemala. En 1944 se radicó (*settled*) en México tras dejar Guatemala por motivos políticos. A pesar de su origen y de haber vivido su vida adulta en México, siempre se consideró guatemalteco. Monterroso tuvo acceso desde pequeño al mundo intelectual de los adultos. Fue prácticamente autodidacta: abandonó la escuela a los 11 años y con sólo 15 años fundó una asociación de artistas y escritores. Considerado padre y maestro del microcuento latinoamericano, Monterroso recurre (*resorts to*) en su prosa al humor inteligente con el que presenta su visión de la realidad. Entre sus obras se destacan *La oveja negra y demás fábulas* (1969) y la novela *Lo demás es silencio* (1978). Recibió numerosos premios, incluso el Premio Príncipe de Asturias en 2000.

Vocabulario de la lectura		Vocabulario útil	
aislado/a *isolated*	**poderoso/a** *powerful*	**la civilización** *civilization*	**la opresión** *oppression*
el conocimiento *knowledge*	**rodear** *to surround*	**la conquista** *conquest*	**la religión** *religion*
el desdén *disdain*	**sacrificar** *to sacrifice*	**despreciar** *to look down on*	**sí mismo/a** *himself/ herself*
digno/a *worthy*	**salvar** *to save*	**el fraile (fray)** *friar, monk (Brother)*	

1

Vocabulario Marca la palabra que no corresponde al grupo.

1. a. esperanza   b. conquista   c. opresión
2. a. sobrevivir   b. salvar   c. despreciar
3. a. conocimiento   b. civilización   c. desdén
4. a. niñez   b. fraile   c. religión
5. a. antepasado   b. castigar   c. sacrificar

2

Astros Contesta las preguntas y comenta tus respuestas con un(a) compañero/a.

1. ¿Has visto alguna vez un eclipse? Descríbelo. Si nunca has visto un eclipse, ¿cómo lo imaginas?
2. ¿Qué porcentaje de tu personalidad crees que está marcado por el día en que naciste? ¿Por qué?
3. ¿Crees que la posición de los astros afecta nuestra vida personal? Explica.
4. ¿Tienes alguna superstición? ¿Cuál?

3

América En parejas, hagan un pequeño resumen con todo lo que saben sobre la conquista de América por los europeos.

¿En qué año llegaron?	
¿De qué país eran? ¿Quién financió la expedición?	
¿Qué religión practicaban?	
¿Qué culturas o etnias se perdieron o fueron afectadas por la conquista?	
¿?	

EL ECLIPSE

Augusto Monterroso

brother (title given to a monk)

Cuando fray° Bartolomé Arrazola se sintió perdido, aceptó que ya nada podría salvarlo. La selva poderosa de Guatemala lo *captured* 5 había apresado°, implacable y definitiva. Ante su ignorancia topográfica se sentó con tranquilidad a esperar la muerte. Quiso morir allí, sin ninguna esperanza, aislado, con el pensamiento fijo 10 en la España distante, particularmente en

Al despertar se encontró rodeado por un grupo de indígenas de rostro impasible que se disponían a sacrificarlo ante un altar…

had deigned

zeal

redemptive 15

el convento de Los Abrojos, donde Carlos Quinto condescendiera° una vez a bajar de su eminencia para decirle que confiaba en el celo° religioso de su labor redentora°.

face

se… were preparing

bed 20

Al despertar se encontró rodeado por un grupo de indígenas de rostro° impasible que se disponían° a sacrificarlo ante un altar, un altar que a Bartolomé le pareció como el lecho° en que descansaría,

al fin, de sus temores°, de su destino, de sí mismo.

fears

Tres años en el país le habían conferido un mediano dominio° de las lenguas nativas. Intentó algo. Dijo algunas 25 palabras que fueron comprendidas.

command (of a language)

Entonces floreció° en él una idea que tuvo por digna de su talento y de su cultura universal y de su arduo conocimiento de Aristóteles. Recordó que 30 para ese día se esperaba un eclipse total de sol. Y dispuso, en lo más íntimo°, valerse de° aquel conocimiento para engañar a sus opresores y salvar la vida.

blossomed

*deepest recesses/**valerse**… to take advantage of*

—Si me matáis —les dijo— puedo 35 hacer que el sol se oscurezca en su altura.

Los indígenas lo miraron fijamente y Bartolomé sorprendió la incredulidad en sus ojos. Vio que se produjo un pequeño consejo°, y esperó confiado, no 40 sin cierto desdén.

counsel

Dos horas después el corazón de fray Bartolomé Arrazola chorreaba° su sangre vehemente sobre la piedra de los sacrificios (brillante bajo la opaca 45 luz de un sol eclipsado), mientras uno de los indígenas recitaba sin ninguna inflexión de voz, sin prisa, una por una, las infinitas fechas en que se producirían eclipses solares y lunares, 50 que los astrónomos de la comunidad maya habían previsto y anotado en sus códices sin la valiosa ayuda de Aristóteles. ∎

was gushing

Análisis

1

Comprensión Contesta las siguientes preguntas con oraciones completas.

1. ¿Dónde estaba fray Bartolomé?
2. ¿Qué pensaba fray Bartolomé que le iba a ocurrir a él?
3. ¿De dónde era fray Bartolomé?
4. ¿Por qué conocía el protagonista la lengua de los indígenas?
5. ¿Qué querían hacer los indígenas con fray Bartolomé?
6. ¿De qué se acordó el fraile?
7. ¿Qué les dijo fray Bartolomé a los indígenas?
8. ¿Qué hicieron los indígenas?
9. ¿Qué recitaba un indígena al final del cuento?

2

Interpretar Contesta las preguntas.

1. ¿Cuál había sido la misión de fray Bartolomé en Guatemala?
2. ¿Quién lo había enviado a esa misión?
3. A pesar de los conocimientos sobre la obra de Aristóteles, ¿por qué el protagonista no consiguió salvarse?

3

Culturas En parejas, expliquen qué ideología representa fray Bartolomé y comenten si conocen algún acontecimiento histórico en el que se haya infravalorado (*undervalued*) la cultura indígena. Compartan sus conclusiones con la clase.

4

Escribir Imagina que un periódico te ha pedido que escribas un artículo sobre alguna historia que le ocurrió a un(a) antepasado/a tuyo/a. Escribe el artículo y trata de incluir algunos verbos reflexivos y las preposiciones **por** y **para**.

Plan de redacción

Narrar una historia familiar

1 Organización de los hechos Piensa en un acontecimiento que haya ocurrido en tu familia que te interese especialmente. Sigue las preguntas para organizar tu artículo:

1. ¿Quién o quiénes fueron los protagonistas de la historia?
2. ¿Qué antecedentes puedes dar sobre lo que sucedió?
3. ¿Cómo y dónde ocurrieron los hechos?
4. ¿Cómo terminó?
5. ¿Cuál es la conclusión de la historia?

2 Título Después de saber con exactitud sobre qué vas a escribir, es muy importante darle al artículo un título atractivo y conciso que atraiga al lector. Ponle un título y comienza a escribir.

3 Explicar y concluir Una vez que hayas contado lo que ocurrió, explica por qué has escrito sobre esta historia y si ha tenido consecuencias en tu familia.

 Practice more at **imagina.vhlcentral.com**.

En familia

(S) Audio: Vocabulary
Flashcards
Video: *Flash Cultura*

Los parientes

el antepasado *ancestor*
el/la bisabuelo/a *great-grandfather/ grandmother*
el/la cuñado/a *brother/sister-in-law*
el/la esposo/a *husband/wife*
el/la (hermano/a) gemelo/a *twin (brother/sister)*
el/la hermanastro/a *stepbrother/stepsister*
el/la hijo/a único/a *only child*
la madrastra *stepmother*
el/la medio/a hermano/a *half brother/sister*
el/la nieto/a *grandson/granddaughter*
la nuera *daughter-in-law*
el padrastro *stepfather*
el/la pariente/a *relative*
el/la primo/a *cousin*
el/la sobrino/a *nephew/niece*
el/la suegro/a *father/mother-in-law*
el/la tío/a (abuelo/a) *(great) uncle/aunt*
el yerno *son-in-law*

La vida familiar

agradecer *to thank*
apoyar(se) *to support (each other)*
criar *to raise (children)*
independizarse *to become independent*
lamentar *to regret*
malcriar *to spoil*
mimar *to pamper*
mudarse *to move*
pelear(se) *to fight with (one another)*
quejarse (de) *to complain (about)*
regañar *to scold*
respetar *to respect*
superar *to overcome*

La personalidad

el carácter *character, personality*

(bien) educado/a *well-mannered*
egoísta *selfish*
estricto/a *strict*
exigente *demanding*

honrado/a *honest*
insoportable *unbearable*
maleducado/a *ill-mannered*
mandón/mandona *bossy*
rebelde *rebellious*
sumiso/a *submissive*
unido/a *close-knit*

Las etapas de la vida

la adolescencia *adolescence*
el/la adolescente *adolescent*
el/la adulto/a *adult*
la edad adulta *adulthood*
la juventud *youth*
la muerte *death*
el nacimiento *birth*
la niñez *childhood*
el/la niño/a *child*
la vejez *old age*

Las generaciones

el apodo *nickname*
la ascendencia *heritage*
la autoestima *self-esteem*
la brecha generacional *generation gap*
la comprensión *understanding*
la patria *homeland*
el prejuicio social *social prejudice*
la raíz *root*
el sexo *gender*

heredar *to inherit*
parecerse *to resemble, to look like*
realizarse *to become true*
sobrevivir *to survive*

Cortometraje

la arepera *restaurant serving **arepas***
el asilo *asylum*
el comunismo *communism*
el consulado *consulate*
la deuda *debt*
el disparate *silly remark/action, nonsense*
la embajada *embassy*
el/la extranjero/a *foreigner, alien*
la ganancia *profit*

el/la gusano/a *(pej., lit. worm) Cuban exile*
la manifestación *protest*
la pancarta *banner, sign*
la pérdida *loss*
las prestaciones *social assistance*
el/la residente *resident*

alcanzar *to be enough, to reach*
botar *to fire, throw out*
firmar *to sign*
repartir *to distribute, hand out*

chévere *great, fantastic*

Cultura

la creencia *belief*
el cultivo *farming; cultivation*
la desaparición *disappearance*
la esperanza *hope*
la etnia *ethnic group*
la fe *faith*
el/la historiador(a) *historian*
la lengua *language*
la receta *recipe*
el rito sagrado *sacred ritual*
el sacerdote *priest*

cultivar *to cultivate, to farm*
homenajear a los dioses *to pay homage to the gods*

Literatura

la civilización *civilization*
el conocimiento *knowledge*
la conquista *conquest*
el desdén *disdain*
el fraile (fray) *friar, monk (Brother)*
la opresión *oppression*
la religión *religion*

despreciar *to look down on*
rodear *to surround*
sacrificar *to sacrifice*
salvar *to save*

aislado/a *isolated*
digno/a *worthy*
poderoso/a *powerful*
sí mismo/a *himself/herself*

Las riquezas naturales

L a vida humana depende de que la naturaleza
esté en equilibrio. La destrucción de los
recursos naturales nos afecta a todos,
independientemente de nuestra situación
geográfica, económica, política o social. ¿Por qué
hay quienes viven al margen de esta realidad
e ignoran las consecuencias? ¿Cómo debe
enfrentar la especie humana el peligro de su
propia extinción?

162

170

Destino:
COLOMBIA, ECUADOR Y VENEZUELA

VENEZUELA

COLOMBIA

ECUADOR

Nuestro mundo Audio: Vocabulary

La naturaleza

el árbol *tree*
el bosque *forest*
la cordillera *mountain range*
la costa *coast*
el desierto *desert*
la luna *moon*
el mar *sea*
el paisaje *landscape, scenery*
el río *river*
la selva (tropical) *(tropical) rainforest*
el sol *sun*
la tierra *land, earth*

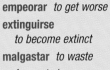

al aire libre *outdoors*
escaso/a *scant, scarce*
potable *drinkable*
protegido/a *protected*
puro/a *pure, clean*
seco/a *dry*

Los animales

el águila *(f.)* *eagle*
el ave, el pájaro *bird*
la ballena *whale*
la especie en peligro (de extinción) *endangered species*
la foca *seal*
el lagarto *lizard*
el león *lion*
el lobo *wolf*
el mono *monkey*
el oso *bear*
el pez *fish*
la serpiente *snake*
el tigre *tiger*

la tortuga (marina) *(sea) turtle*

Los fenómenos naturales

el calentamiento *warming*
la erosión *erosion*
el huracán *hurricane*
el incendio *fire*
la inundación *flood*
la lluvia *rain*
la sequía *drought*
el terremoto *earthquake*

La ecología

la basura *trash*
la capa de ozono *ozone layer*
el combustible *fuel*
el consumo de energía *energy consumption*
la contaminación *pollution*
la deforestación *deforestation*
el desarrollo *development*
la energía (eólica, nuclear, renovable, solar) *(wind, nuclear, renewable, solar) energy*
la fuente *source*
el medio ambiente *environment*
el peligro *danger*
el petróleo *oil*
el porvenir *future*
los recursos *resources*
el smog *smog*

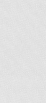

agotar *to use up*
aguantar *to put up with, to tolerate*
amenazar *to threaten*
cazar *to hunt*
conservar *to preserve*
contagiar *to infect, to be contagious*
contaminar *to pollute*
desaparecer *to disappear*
destruir *to destroy*

echar *to throw away*
empeorar *to get worse*
extinguirse *to become extinct*
malgastar *to waste*
mejorar *to improve*
prevenir (e:ie) *to prevent*
proteger *to protect*

resolver (o:ue) *to solve, to resolve*
respirar *to breathe*
urbanizar *to urbanize*

dañino/a *harmful*
desechable *disposable*
híbrido/a *hybrid*
renovable *renewable*
tóxico/a *toxic*

Práctica

1

Cierto o falso Indica si las afirmaciones son ciertas. Corrige las falsas.

1. La energía eólica da mejores resultados donde hace mucho sol.
2. Un recurso es escaso cuando es insuficiente y puede agotarse.
3. El porvenir es el tiempo pasado.
4. Una planta, animal o persona desaparece cuando deja de existir.
5. La sequía es un largo período con lluvias.
6. Una situación empeora cuando pasa a un estado mejor.
7. El agua potable no debe beberse porque es dañina para la salud.
8. Dicen que el oso es el rey de la selva.

2

Saludos desde Venezuela Completa la postal que Álvaro le mandó a su amigo Carlos.

aire libre	desarrollo	medio ambiente	resolver
conservar	desechable	pájaros	río
contaminación	extinguirse	peligro	urbanizar

Hola Carlos:

¡Aquí estoy! Por fin realicé mi gran sueño de navegar por el
(1) _____ Orinoco. No hay nada como disfrutar del
(2) _____ . Aquí las vistas son espectaculares, pero también hay
muchos problemas medioambientales. Nuestro guía es excelente y nos
explicó muchas cosas. Por ejemplo, que más de trescientas especies
de la fauna venezolana están en peligro de (3) _____ ; el ser
humano es la especie que mejor se adapta a la (4) _____ del
(5) _____ ; el sector privado no puede (6) _____ aquí para
construir hoteles de lujo. Y es que el (7) _____ no siempre implica
progreso, ¿verdad? En fin, en todos los rincones (corners) del planeta
hay problemas por (8) _____ . Yo espero que este país pueda
(9) _____ este bello lugar y que los (10) _____ no dejen
de cantar.

Un fuerte abrazo,
Álvaro

Carlos Sierra

Plazuela Nutibara, 77

Medellín, Colombia

3

Asociaciones En parejas, contesten estas preguntas: ¿Con cuáles de estos animales, elementos y fuerzas naturales te sientes asociado/a? ¿Con cuáles crees que se siente asociado/a tu compañero/a? Expliquen y comparen sus respuestas.

árbol	energía eólica	mar	sol
bosque	huracán	pájaro	terremoto
cordillera	león	río	tierra
desierto	luna	serpiente	tortuga

Preparación Ⓢ Audio: Vocabulary

EXPRESIONES

No me extraña. *It doesn't surprise me.*

No te pongas así. *Don't get like that.*

Siempre tan (liado) *Always so (busy)* (Esp.)

Vale, vale. *Okay, okay.* (Esp.)

¡Vaya faena! *What a drag/pain!* (Esp.)

1

Vocabulario Completa cada oración con palabras y expresiones que aprendiste en esta página.

1. Hoy voy a _____ mi _____ en el aparcamiento de la calle Buen Camino.

2. —No quiero ir solo a la fiesta. Nunca encuentro con quien hablar.
   —¡_____ tímido!

3. Este fin de semana trabajaré en mi jardín. Voy a _____ unas flores que compré ayer.

4. ¿Cómo que no puedes venir? ¡Qué _____! Tenía tantas ganas de verte.

5. No debes _____ a tu tía. Visítala de vez en cuando.

6. Voy a _____ estos árboles. Sus ramas *(branches)* han crecido demasiado.

7. ¡Qué _____ tan grande tiene este árbol! ¿Cuántos años tendrá?

8. Durante años han cazado al leopardo. _____ que la especie se extinga.

2

Fotograma Observa el fotograma y escribe las respuestas a las preguntas.

- ¿Por qué crees que este hombre está cortando el árbol?
- ¿Piensas que a veces tiene sentido cortar un árbol? ¿En qué circunstancias?

3

Preparación En parejas, miren esta lista de las posibles funciones de un árbol. Elijan cuatro de estas funciones y den un ejemplo específico de cómo los seres humanos usan los árboles. Luego añadan dos funciones más y den un ejemplo de cada una.

- alimento (*food*)
- materiales para la construcción
- refugio
- belleza
- medicina
- sombra (*shade*)

4

Cambios En parejas, hablen sobre los cambios que se han producido en los últimos cincuenta años. ¿Cómo era la vida antes y cómo es ahora? Completen la tabla y compartan sus opiniones con la clase.

	Hace 50 años	Hoy día
1. trabajos		
2. ciudades		
3. contaminación del aire		
4. contaminación del agua		
5. relaciones familiares		
6. extinción de especies		
7. consumo de energía		
8. medios de comunicación		
9. expansión descontrolada		

5
Familias En parejas, háganse las preguntas y amplíen sus respuestas con anécdotas.
1. ¿Cómo es la forma de ser de cada uno de tus padres? ¿De otros parientes?
2. ¿Qué rasgos de personalidad tienes en común con algunos de ellos?
3. ¿Qué importancia tiene tu familia en tu vida? ¿Cómo se la demuestras?

6
Tus padres Contesta las preguntas. Después, en parejas, expliquen sus respuestas.
1. ¿Tienes los mismos problemas que tenían tus padres a tu edad? ¿Cuáles sí y cuáles no?
2. ¿Cómo ha mejorado o empeorado el mundo desde que tus padres tenían tu edad?
3. ¿Cómo se divertían tus padres? ¿Cómo te diviertes tú?
4. ¿Qué planes tenían tus padres para el futuro? ¿Qué planes tienes tú?
5. Si un día tienes hijos, ¿cómo crees que será el mundo en el que vivirán? ¿Cómo prefieres que sea?

7

Plantar un árbol En grupos de tres, contesten las preguntas. Después, compartan sus opiniones con la clase.
1. ¿Por qué creen que se dice que, antes de morir, una persona debe hacer tres cosas fundamentales: tener un hijo, escribir un libro y plantar un árbol?
2. ¿Creen que estas tres acciones son válidas en el siglo XXI? ¿Por qué?
3. ¿Qué otras tres acciones "más contemporáneas" podrían sustituir a las clásicas? ¿En alguna de ellas se debe considerar a la naturaleza?

 **Short Film**

RAIZ

Plantar un árbol
Escribir un libro
Tener un hijo

Premio Majuel 2003 al Mejor Cortometraje,
Muestra Internacional de Cortometrajes
de Almuñécar, España

Una producción de IMVAL/TAIKO/MATEO MATEO COMUNICACIÓN Director y Guión GAIZKA URRESTI
Productores GAIZKA URRESTI/LUIS ÁNGEL RAMÍREZ Productores Asociados PATRICIA MATEO/ÁNGEL ENFEDAQUE
Fotografía ESTEBAN RAMOS Música ÁNGEL ENFEDAQUE Montaje GAIZKA URRESTI Sonido SONORA ESTUDIOS
Directora Producción ALEJANDRA BALSA Dirección Artística YON GIJÓN Peluquería NEREA FRAILE Vestuario EVA URQUIZA
Maquillaje NURIA TEJEDOR Actores MANUEL DE BLAS/PETRA MARTÍNEZ/MIKEL ALBISU/JAVIER MAÑÓN/ROSA MARÍA
FERNÁNDEZ DE VALDERRAMA/VÍCTOR CLAVIJO

ARGUMENTO *Una pareja mayor espera con ilusión la visita de su hijo. Arcadio piensa en cortar un árbol para que su hijo pueda aparcar su coche.*

HIJO Este verano sí voy a poder ir a pasar unos días a casa.
CLARA Y, ¿cuándo te irás?
HIJO ¡Mamá, por favor, si todavía ni siquiera he ido! No sé, yo creo que me podré quedar toda la semana.

ARCADIO Tu hijo siempre se ha movido por el interés. No le importa su familia, ni su pueblo, ni nada de nada.
CLARA Ya estamos como siempre. Él tiene que vivir su vida.
ARCADIO Su vida, su vida.

ARCADIO Si tu hijo va a venir con el coche le va a resultar un poco difícil aparcarlo. Estaba pensado que si le hago un poco de sitio lo puede dejar aquí junto al mío.
CLARA ¿Quitar el árbol? ¿Tú eres tonto?

VECINO Pues como le iba diciendo, el tronco tiene que estar seco[1] para que salga con más fuerza.
ARCADIO ¡Que no lo estoy podando, que lo estoy quitando! ¿No ve que le he dado un tajo[2] por la mitad?

ARCADIO El viernes viene mi hijo a pasar unos cuantos días con su madre y conmigo y le estaba haciendo un hueco[3] para que pueda aparcar su coche sin problema.

ARCADIO ¿Qué coche tiene ahora Pedro?
CLARA No lo sé.
ARCADIO Supongo que tendrá un coche alemán. Ésos sí que son buenos, para toda la vida.

[1] **seco** *dry* [2] **tajo** *cut* [3] **hueco** *room*

Nota
CULTURAL

La vida en el campo y en la ciudad

En la segunda mitad del siglo XX, España vivió un rápido proceso de desarrollo°. Se convirtió en un país industrializado y la mayor parte de la población, que antes vivía y trabajaba en el campo, se trasladó a las ciudades y cambió de ocupación. En algunos casos llegaron a desaparecer pueblos enteros. Hoy en día, sin embargo, algunos valores de la vida rural se están recuperando en España. Las personas que se van de las ciudades huyen° de problemas como la contaminación, el ruido, la inseguridad° o los altos precios. A cambio, la vida del campo ofrece tranquilidad, aire puro, contacto con la naturaleza y una mayor comunicación entre sus habitantes.

desarrollo *development* **huyen** *flee* **inseguridad** *lack of safety*

Análisis

1

Comprensión Contesta las preguntas con oraciones completas.

1. ¿Quién llama por teléfono?

2. ¿Qué le dice a Clara?

3. ¿Qué piensa Clara de la idea de su esposo de cortar el árbol?

4. ¿Cuánto tiempo se va a quedar Pedro con sus padres?

5. ¿Para qué quiere quitar el árbol Arcadio?

6. Según el vecino de Arcadio, ¿cómo debe estar el tronco del árbol para poder usar la madera?

7. ¿Qué le dice el capataz de la obra (*foreman*) a Arcadio sobre los aparcamientos de los edificios que están construyendo?

8. ¿Qué coches le gustaban a Arcadio cuando era joven?

9. ¿Qué dice Pedro sobre su visita la segunda vez que llama por teléfono?

2 **Interpretar** Contesta las preguntas.

1. ¿Crees que Pedro visita regularmente a sus padres? ¿Cómo lo sabes?

2. ¿Qué opinión tiene Arcadio de su hijo?

3. ¿Cómo piensas que es la vida diaria de Clara y Arcadio?

4. ¿Qué opciones da Clara para que su hijo pueda aparcar su coche?

5. ¿Por qué Arcadio planta un nuevo árbol?

3

La visita En parejas, imaginen que Pedro regresa a vivir al pueblo porque se cansó de la ciudad. Escriban un párrafo contestando las preguntas de la lista. Añadan todos los detalles que crean necesarios.

• ¿Qué aspectos de la vida urbana le disgustan?

• ¿Qué aspectos de la vida del campo le atraen?

• ¿Cómo reaccionan sus padres ante la noticia?

• ¿Cómo mejora la vida de Pedro tras mudarse al pueblo? ¿Cómo empeora?

4

El pueblo En grupos de tres, imaginen cómo era el pueblo de Arcadio y Clara cuando Pedro era niño. ¿Cómo ha cambiado desde entonces? Hagan dos listas y compartan sus ideas con la clase.

Modelo   En el pasado había   Hoy en día, queda una
         muchas plazas.   plaza solamente.

5 **Temas** En parejas, escriban un párrafo para explicar el tema principal del cortometraje. Después, sugieran al menos dos temas secundarios y analicen el título *Raíz*. Compartan sus temas y opiniones con la clase. ¿Escogieron temas parecidos? Expliquen si están de acuerdo con sus compañeros/as.

6 **Árbol, familia y sociedad** En grupos pequeños, comenten estas citas. ¿Están de acuerdo con ellas? Después compartan sus opiniones con la clase.

> "Por muy alto que sea un árbol, sus hojas siempre caen hacia la raíz." *Anónimo*

> "El que es bueno en la familia es también un buen ciudadano." *Sófocles*

> "El progreso consiste en el cambio." *Miguel de Unamuno*

> "Lo mejor que se les puede dar a los hijos, además de buenos hábitos, son buenos recuerdos." *Sydney Harris*

> "Que nuestro ejército sean los árboles, las rocas y los pájaros del cielo." *Alejandro Magno*

7 **Situaciones** En parejas, elijan una de las situaciones y escriban una conversación basada en ella. Cuando la terminen, represéntenla delante de la clase.

A

Uno/a de ustedes tiene la oportunidad de trabajar para *Greenpeace* en otro país por un año. Lo malo es que no podrán ver a su familia en todo ese tiempo. Debe explicarle la situación a su madre o padre.

B

A uno/a de ustedes le gusta cazar e invita a un(a) compañero/a de clase a cazar el fin de semana próximo. El/La compañero/a no está de acuerdo con esta actividad y le explica por qué no puede aceptar la invitación.

 Practice more at **imagina.vhlcentral.com**.

IMAGINA

La cordillera de los Incas

Imagina una cadena[1] de montañas que se extiende por más de 7.500 kilómetros (4.660 millas) con picos nevados[2] que se elevan a más de 6.900 metros (22.800 pies), numerosos volcanes activos, enormes glaciares y lagunas escondidas en la niebla[3]. Ésta es la **cordillera de los Andes**, que atraviesa el oeste de Suramérica desde su extremo sur hasta su extremo norte. Esta geografía contribuye al carácter distintivo de países como **Ecuador**, **Colombia** y **Venezuela**. Después del **Himalaya**, los Andes son la cadena montañosa más extensa y de mayor altura[4] del planeta. Hagamos un recorrido por la región para conocer algunas de sus maravillas naturales.

Comencemos en Ecuador. ¿Sabías que este país —con una extensión casi igual a la del estado de **Nevada**— tiene la densidad de volcanes más alta del mundo? Existen más de treinta volcanes en Ecuador. El **Sangay**, el más activo del país, y el **Guagua Pichincha**, situado en las afueras de la capital, **Quito**, han hecho erupción recientemente.

Muy cerca de Quito, encontramos el **Parque Nacional Cotopaxi**, cuyo atractivo principal es el **volcán Cotopaxi**, el segundo más alto del país y tal vez el más popular entre los turistas. El Cotopaxi asciende a 5.897 metros (19.347 pies) y su pico nevado puede verse a cientos de kilómetros de distancia. Su última erupción confirmada fue en 1904, pero desde entonces ha producido emisiones de vapor y pequeños

Volcán Cotopaxi, Ecuador

temblores[5], lo que indica que puede haber más erupciones en el futuro.

Ahora pasemos a Colombia. Su **cordillera Oriental** es una de las subcordilleras[6] de los Andes. Aquí encontramos el **Parque Nacional El Cocuy**, una de las reservas naturales más extensas del país. El Cocuy se encuentra a unos 200 kilómetros (125 millas) al noreste de la capital, **Bogotá**, y contiene un ecosistema típicamente andino con más de veinte picos nevados, entre ellos el **Pan de Azúcar** y el **Púlpito del Diablo**. También hay lagunas de origen glaciar y páramos[7] con flora y fauna característicos de los bosques andinos.

Terminemos en Venezuela. Aquí, en las montañas al sureste de **Caracas**, está el **Parque Nacional Canaima**. Su principal atractivo es el **Salto Ángel**, la catarata[8] más alta del mundo. Compara sus 1.000 metros (3.280 pies) de altura con los 50 metros (170 pies) de las del **Niágara**.

Hay excursiones entre **Caracas** y el salto. Ya sea en avión o en lancha[9] por el **río Churún**, se puede disfrutar de la belleza de esta catarata.

Después de unos días en esta región, regresamos a casa con recuerdos de nuestras aventuras en los Andes del norte. ¡Y sólo visitamos una pequeña parte de estos tres países!

1 *chain* 2 *picos… snow-capped peaks* 3 *fog* 4 *height* 5 *tremors* 6 *subranges*
7 *high plateaus; moors* 8 *waterfall* 9 *motorboat*

Bogotá, Colombia

LOS ANDES

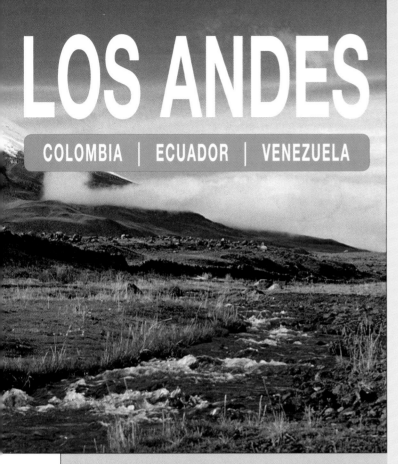

COLOMBIA | ECUADOR | VENEZUELA

Animales de los Andes

El cóndor Es el ave más grande de **Suramérica**. Con las alas[1] extendidas mide hasta tres metros (unos diez pies) de ancho y pesa hasta 14 kg (30 libras). Los **cóndores** pueden

vivir hasta 50 años y por lo general forman parejas que duran toda la vida. Tanto las hembras[2] como los machos[3] comparten las responsabilidades en la crianza[4] de los polluelos[5]. El cóndor puede recorrer unos 325 km (200 millas) por día y volar[6] a una altura de 5.500 metros (18.000 pies) en busca de comida. En vez de matar a otros animales, el cóndor prefiere comer los restos[7] de animales muertos.

La alpaca Pertenece a la misma familia que los camellos y está relacionada también con la **llama** y la **vicuña,** que también habitan en la cordillera andina. Las **alpacas** son muy valoradas por su lana[8], que puede tener más de 20 matices[9] de color. Hoy día, se utiliza la lana de alpaca para hacer muchísimos productos, como suéteres, gorros[10], chaquetas y alfombras[11]. Esta lana es considerada una de las más finas y suaves del mundo.

El puma Es natural de las **Américas** y es uno de los felinos más representativos de la región andina. Puede vivir en ecosistemas muy diversos, desde el nivel del mar hasta los

4.500 metros (15.000 pies) de altura. El **puma** es el segundo felino más grande de América. Los machos, que son más grandes que las hembras, miden de uno a 2,75 metros (9 pies) de longitud. El puma puede trepar[12], saltar[13] y nadar con gran agilidad, aunque no se ve en el agua con frecuencia. Se alimenta de mamíferos[14] de todos los tamaños, desde roedores[15] hasta venados[16] grandes. También ataca animales domésticos como caballos y ovejas, razón por la cual ha sido cazado hasta el punto de estar en peligro de extinción.

1 *wings* 2 *females* 3 *males* 4 *rearing* 5 *chicks* 6 *to fly* 7 *carcass* 8 *wool* 9 *shades* 10 *caps, hats* 11 *rugs* 12 *climb* 13 *jump* 14 *mammals* 15 *rodents* 16 *deer*

El español de Colombia, Ecuador y Venezuela

bacano/a	que gusta, fabuloso; *great!* (Col.)
¡Qué bacanería!	¡Qué bien!; ¡Qué bonito!; *How nice!* (Col.)
bonche	fiesta; *party* (Ven.)
burda	mucho/a; *a lot of* (Ven.)
caleta	casa; *house* (Ecu.)
cambur	plátano; *banana* (Ven.)
chamo/a	chico/a; *boy/girl; dude* (Ven.)
chiva	bicicleta; *bicycle* (Ecu.)
choclos	dientes; *teeth* (Ecu.)
guagua	niño/a; hijo/a; *kid; son/ daughter* (Ecu.)
guambra	joven, muchacho/a; *youngster* (Ecu.)
pana	amigo/a, compañero/a; *partner* (Ven.)
parce, parcero/a	amigo/a, compañero/a; *partner* (Col.)
pelado/a	adolescente; *teenager* (Col.) *kid* (Col.)
¡Pilas!	¡Atención!; *Careful!;* *Watch out!* (Col.)
tinto	café; *coffee* (Col.)

GALERÍA DE CREADORES

LITERATURA
Gabriel García Márquez

Cien años de soledad y *El amor en los tiempos del cólera* no son sólo títulos. Forman parte de la mitología colectiva de cualquier hispanohablante. Las obras del colombiano Gabriel García Márquez han marcado el mundo literario del siglo XX y le merecieron el premio Nobel de Literatura en 1982. En sus cuentos y novelas, García Márquez configura el mundo del realismo mágico, donde lo fantástico es verosímil (*true to life*) y lo común parece fantástico.

DISEÑO Y MODA **Carolina Herrera**

A los cuarenta años, después de tener su primer nieto, la venezolana Carolina Herrera decidió hacer algo nuevo en su vida y empezó a trabajar como diseñadora. Su influencia en el mundo de la moda fue inmediata y continúa hasta nuestros días. En las listas de nombres mencionados regularmente en las galas de Hollywood suele oírse el suyo. Carolina Herrera fue incluso diseñadora exclusiva de Jaqueline Onassis y amiga y modelo de Andy Warhol.

ESCULTURA **Marisol Escobar**

De adolescente en Venezuela, Marisol Escobar pasó por un período en el que imitaba a santos, vírgenes y mártires. Hacía penitencias como caminar de rodillas hasta sangrar y permanecer en silencio por largos espacios de tiempo. Estas experiencias, y la influencia del catolicismo en general, le han dado a su arte un fuerte componente espiritual, lleno de elementos naturales y sobrenaturales. Lo natural es evidente en su uso común de la madera y la terracota, y lo sobrenatural se expresa en sus creaciones abstractas, hechas con diferentes combinaciones de pinturas, grabados, dibujos y esculturas. Aquí vemos su obra *Presidente Charles de Gaulle* (1967).

RALISMO

ayasamín

a llega al aeropuerto
adrid o visita la UNESCO en
irar uno de los murales de
samín. El pintor y muralista
ama mundial colaboró
gigantes del muralismo
Clemente Orozco y David
. Mantuvo también fuertes
Gabriel García Márquez y
l morir, Guayasamín dejó
n artística al pueblo de
e en vida éste fue una de
fuentes de inspiración. Aquí
obra *Violinista* (1967).

CONEXIÓN
INTERNET

En **imagina.vhlcentral.com** encontrarás más información y actividades relacionadas con esta sección.

aturales

¿Qué aprendiste?

Cierto o falso Indica si estas afirmaciones son ciertas o falsas. Corrige las falsas.

1. La cordillera de los Andes tiene picos nevados y glaciares.

2. Los Andes se extienden desde el sur de Ecuador hasta el norte de Venezuela.

3. Ecuador es el país con mayor densidad de volcanes.

4. Hace más de un siglo que los volcanes Sangay y Guagua Pichincha no hacen erupción.

5. El Salto Ángel es la catarata más alta del mundo.

6. Los cóndores forman parejas temporarias para reproducirse.

7. Al morir, Oswaldo Guayasamín le dejó su colección artística al presidente de Ecuador.

8. Carolina Herrera empezó a trabajar como diseñadora después de ser abuela.

Preguntas Contesta las preguntas.

1. ¿Cómo se llama el género literario que caracteriza las obras de Gabriel García Márquez?

2. ¿Cuál es el atractivo principal del Parque Nacional Cotopaxi?

3. ¿En qué país está el Parque Nacional Canaima?

4. ¿Qué otros animales son de la misma familia que la alpaca?

5. ¿Qué hacía Marisol Escobar para imitar a los mártires?

6. ¿Qué artista de la Galería te interesa más? ¿Por qué?

PROYECTO

Fotografías descriptivas

Imagina que eres fotógrafo/a y trabajas para una revista de ecoturismo. Tu jefe te ha pedido que saques fotos para un reportaje sobre la cordillera de los **Andes** en **Colombia**, **Ecuador** y **Venezuela**.

Busca la información que necesites en Internet.

- Investiga sobre tres maravillas naturales o animales de los Andes.
- Escoge fotografías que reflejen su magnitud y belleza.
- Describe cada foto a la clase y explica por qué la escogiste.

MINIPRUEBA

Completa las oraciones con la información correcta y demuestra lo que aprendiste sobre Colombia, Ecuador y Venezuela.

1. _____ es la cordillera más extensa y más alta del planeta, después _____ .
   a. Los Pirineos; de los Andes   b. Los Andes; del Himalaya   c. Los Alpes; de los Andes

2. *Cien años de* _____ y *El amor en los tiempos del* _____ son títulos de novelas de Gabriel García Márquez.
   a. *amistad; cólera*   b. *soledad; cólera*
   c. *soledad; cáncer*

3. El Sangay, el Guagua Pichincha y el Cotopaxi son volcanes _____ de Ecuador.
   a. inactivos   b. desechables   c. activos

4. De todos los volcanes en Ecuador, el _____ es el más conocido por los turistas y el _____ más alto del país.
   a. Guagua Pichincha; primero   b. Sangay; segundo
   c. Cotopaxi; segundo

5. En Venezuela se le puede decir _____ a un amigo.
   a. pana   b. bacano   c. cambur

6. Carolina Herrera fue amiga y modelo de _____ .
   a. David Alfaro Siqueiros   b. Andy Warhol
   c. Pablo Neruda

7. Se puede ver un mural de Oswaldo Guayasamín en _____ de Madrid.
   a. el aeropuerto   b. la Plaza Mayor   c. el metro

8. Un(a) ecuatoriano/a podría decir que vive en una _____ .
   a. chama   b. caleta   c. chiva

9. El _____ se puede disfrutar desde el cielo en avión o desde el _____ en lancha.
   a. Salto Ángel; río   b. Churum; río
   c. Parque Nacional Canaima; mar

10. El cóndor es el ave más _____ de Suramérica.
    a. tóxica   b. pequeña   c. grande

11. La lana de la alpaca es una de las más _____ del mundo.
    a. gruesas   b. baratas   c. finas

12. El puma está en peligro de extinción debido a la _____ .
    a. caza   b. comida   c. elevación

En pantalla (S) Video: *Reportaje*

De aventura por Mindo

1

Vamos a ver uno de los atractivos turísticos que la gente más frecuenta, que es este paseo en las boyas para pasear en el río; una especie de *rafting*.

2

Allí puede apreciarse todo el proceso de reproducción, nacimiento y vida de varias especies de mariposas, incluso no es difícil verlas nacer.

3

La tarabita mide 530 metros de largo, ¿no? Se conecta a la reserva ecológica Mindo Nambillo que consta de 22.000 hectáreas.

4

La cascada... de Nambillo... no es necesariamente un atractivo turístico por ser tan grande o tan fuerte sino por lo que se puede hacer...

Vocabulario	
la boya *raft*	**el mariposario** *butterfly farm*
el cautiverio *captivity*	**el risco** *crag, cliff*
el colibrí (*pl.* colibríes) *hummingbird*	**el sendero** *trail*
	la tarabita *cable car*

A una hora de Quito, Ecuador, se encuentra el valle del río Mindo. Es una zona boscosa (*forested*) de flora y fauna exuberantes. Tiene más de 300 variedades de orquídeas y es famosa entre las personas que se dedican a observar aves. En Mindo se puede pasear por senderos y practicar deportes de aventura. El valle se encuentra a 1.200 metros (4.000 pies) sobre el nivel del mar y la temperatura apenas varía entre los 14 y 23 grados centígrados (58° y 74° Fahrenheit). ¡Te invitamos a conocerlo a través del documental!

Conexión personal El ecoturismo promueve (*promotes*) viajes a destinos donde se conserva el medio ambiente. ¿Qué lugares conoces en los que se cuide y proteja a la naturaleza? ¿Por qué es tan popular el ecoturismo?

Comprensión Contesta las preguntas.

1. ¿Qué actividades acuáticas se pueden hacer en el Mindo?

2. ¿Qué es el mariposario y qué actividades se realizan ahí?

3. ¿Cuántas especies de mariposas hay en el mariposario?

4. ¿Qué permite la tarabita?

5. ¿Por qué la cascada de Nambillo se convirtió en un atractivo turístico?

Expansión

A. En grupos de tres, elijan un lugar del mundo para desarrollar una nueva zona de ecoturismo.

- Describan el lugar elegido, incluyendo sus ventajas naturales, los pueblos que tiene cerca, los habitantes locales y las actividades que se realizarán.

- Enumeren las ventajas y desventajas de desarrollar el ecoturismo allí. ¿A quiénes beneficia y perjudica esta iniciativa?

- Enumeren las precauciones que tendrán que tomar los turistas en este nuevo destino.

B. Presenten un informe para convencer a la clase de que hagan el viaje.

Practice more at
imagina.vhlcentral.com.

5.1

The future

Forms of the future tense

TALLER DE CONSULTA

These grammar topics are covered in the **Manual de gramática, Lección 5.**

5.4 *Qué* vs. *cuál*, p. 392

5.5 The neuter *lo*, p. 394

¡ATENCIÓN!

Note that all of the future tense endings carry a written accent except in the **nosotros** form.

*Y, ¿cuándo te **irás**?*

- The future tense (**el futuro**) takes the same endings for all **–ar, –er,** and **–ir** verbs. For regular verbs, the endings are added to the infinitive.

The future tense		
hablar	**deber**	**abrir**
hablaré	deberé	abriré
hablarás	deberás	abrirás
hablará	deberá	abrirá
hablaremos	deberemos	abriremos
hablaréis	deberéis	abriréis
hablarán	deberán	abrirán

- For verbs with irregular future stems, the same endings are added to the irregular stem.

infinitive	stem	future
caber	cabr–	cabré, cabrás, cabrá, cabremos, cabréis, cabrán
haber	habr–	habré, habrás, habrá, habremos, habréis, habrán
poder	podr–	podré, podrás, podrá, podremos, podréis, podrán
querer	querr–	querré, querrás, querrá, querremos, querréis, querrán
saber	sabr–	sabré, sabrás, sabrá, sabremos, sabréis, sabrán
poner	pondr–	pondré, pondrás, pondrá, pondremos, pondréis, pondrán
salir	saldr–	saldré, saldrás, saldrá, saldremos, saldréis, saldrán
tener	tendr–	tendré, tendrás, tendrá, tendremos, tendréis, tendrán
valer	valdr–	valdré, valdrás, valdrá, valdremos, valdréis, valdrán
venir	vendr–	vendré, vendrás, vendrá, vendremos, vendréis, vendrán
decir	dir–	diré, dirás, dirá, diremos, diréis, dirán
hacer	har–	haré, harás, hará, haremos, haréis, harán

Uses of the future tense

- In Spanish, as in English, the future tense is one of many ways to express actions or conditions that will happen in the future.

Present indicative	Present subjunctive
Llegan a Caracas mañana.	**Prefiero que lleguen a Caracas mañana.**
They arrive in Caracas tomorrow.	*I prefer that they arrive in Caracas tomorrow.*
(conveys a sense of certainty that the action will occur)	**(refers to an action that has yet to occur)**

ir a + [*infinitive*]	Future tense
Van a llegar a Caracas mañana.	**Llegarán a Caracas mañana.**
They are going to arrive in Caracas tomorrow.	*They will arrive in Caracas tomorrow.*
(expresses the near future; is commonly used in everyday speech)	**(expresses an action that will occur; often implies more certainty than ir a + [*infinitive*])**

- The English word *will* can refer either to future time or to someone's willingness to do something. To express willingness, Spanish uses the verb **querer** + [*infinitive*], not the future tense.

¿Quieres contribuir a la protección del medio ambiente?	**Quiero ayudar**, pero no sé por dónde empezar.
Will you contribute to the protection of the environment?	*I'll help, but I don't know where to begin.*

- In Spanish, the future tense may be used to express conjecture or probability, even about present events. English expresses this in various ways, using words and expressions such as *wonder, bet, must be, may, might,* and *probably.*

¿Qué hora **será**?	Ya **serán** las dos de la mañana.
I wonder what time it is.	*It must be 2 a.m. by now.*
¿**Estará** lloviendo en Medellín?	**Hará** un poco de sol y un poco de viento.
Do you think it's raining in Medellín?	*It's probably a bit sunny and windy.*

- When the present subjunctive follows a conjunction of time like **cuando, después (de) que, en cuanto, hasta que,** and **tan pronto como**, the future tense is often used in the main clause of the sentence.

Nos **quedaremos** lejos de la costa **hasta que pase** el huracán.
We'll stay far from the coast until the hurricane passes.

En cuanto termine de llover, **regresaremos** a casa.
As soon as it stops raining, we'll go back home.

Tan pronto como salga el sol, **iré** a la playa a tomar fotos.
As soon as the sun comes up, I'll go to the beach to take photos.

Práctica

1

Horóscopo chino En el horóscopo chino cada signo está representado por un animal. Completa las predicciones para la serpiente, conjugando los verbos entre paréntesis en el futuro.

TRABAJO Esta semana tú (1) _____ (tener) que trabajar duro. (2) _____ (salir) poco y no (3) _____ (poder) divertirte. Pero (4) _____ (valer) la pena. Muy pronto (5) _____ (conseguir) el puesto que esperas.

DINERO (6) _____ (venir) dificultades económicas. No malgastes tus ahorros.

SALUD El médico (7) _____ (resolver) tus problemas respiratorios, pero tú (8) _____ (deber) cuidarte la garganta.

AMOR (9) _____ (recibir) una noticia muy buena. Una persona especial te (10) _____ (decir) que te ama. (11) _____ (venir) días felices.

2

Predicciones En parejas, escriban el horóscopo de su compañero/a. Utilicen verbos en futuro y las frases de la lista. Luego compartan sus predicciones con la clase.

decir secretos	haber una sorpresa	recibir una visita
empezar una relación	hacer daño	tener suerte
festejar	hacer un viaje	venir amigos
ganar/perder dinero	poder solucionar problemas	viajar al extranjero

Dragón:
1940-1952-1964-
1976-1988

Serpiente:
1941-1953-1965-
1977-1989

Caballo:
1942-1954-1966-
1978-1990

Cabra:
1943-1955-1967-
1979-1991

Mono:
1944-1956-
1968-1980-1992

Gallo:
1945-1957-1969-
1981-1993

Perro:
1946-1958-
1970-1982-1994

Cerdo:
1947-1959-1971-
1983-1995

Rata:
1948-1960-1972-
1984-1996

Búfalo:
1949-1961-1973-
1985-1997

Tigre:
1950-1962-1974-
1986-1998

Gato:
1951-1963-1975-
1987-1999

3

Tus planes En parejas, pregúntense qué planes tienen para el próximo verano. Pueden hacerse preguntas que no estén en la lista. Después compartan la información con la clase.

1. ¿Trabajarás? ¿En qué?
2. ¿Tomarás clases? ¿De qué?
3. ¿Te irás de viaje? ¿Adónde?
4. ¿Saldrás por las noches? ¿Con quién?
5. ¿Harás algo extraordinario? ¿Qué?
6. ¿Protegerás el medio ambiente? ¿Cómo?
7. ¿Harás ejercicio al aire libre? ¿Dónde?
8. ¿Mejorarás tu vida? ¿Cómo?

 Practice more at **imagina.vhlcentral.com.**

Comunicación

4 **Viaje de aventura** Tú y tu compañero/a están planeando un viaje de dos semanas. Decidan cuándo y a cuál de estos países irán y qué harán allí, usando el anuncio como guía. Conjuguen los verbos en el futuro.

ECOTURISMO

Colombia	Ecuador	Venezuela
• acampar en la costa	• montar a caballo en las montañas	• explorar un tramo de los Andes
• hacer *rafting* por el río Tobia	• bucear en el mar	• ascender un tepuy (*flat-topped mountain*)
• visitar la región amazónica colombiana	• ir en bicicleta de montaña	• hacer una expedición por un río
• disfrutar de la naturaleza y las playas en el Parque Nacional Tayrona	• viajar en kayak por las islas Galápagos con las tortugas marinas, focas y delfines	• explorar las islas del Parque Nacional Mochima en kayak

5 **¿Qué será de...?** Todo cambia con el tiempo. En parejas, conversen sobre el futuro de cada lugar, producto o animal.

- las ballenas
- Venecia
- el libro impreso (*printed*)
- la televisión
- Internet

- las hamburguesas
- el hielo (*ice*) en los polos norte y sur
- la selva amazónica
- Los Ángeles
- el petróleo

6 **¿Dónde estarán en 20 años?** La fama es, en muchas ocasiones, pasajera (*fleeting*). En grupos de tres, hagan una lista de cinco personas famosas y anticipen lo que será de ellas dentro de veinte años.

7 **Situaciones** En parejas, seleccionen uno de estos temas e inventen un diálogo usando el tiempo futuro.

1. Dos jóvenes han terminado sus estudios y hablan sobre lo que harán para convertirse en millonarios.

2. Dos ladrones/as acaban de robar todo el dinero de un banco internacional y lo han escondido en el congelador (*freezer*) de un(a) amigo/a. Ahora se preguntan cómo escaparán de la policía.

3. Dos hermanas han decidido convertir su granja (*farm*) en un centro de ecoturismo. Deben desarrollar atracciones para los turistas.

4. Dos inventores/as se reúnen para participar en un intercambio (*exchange*) de ideas. El objetivo es controlar, reducir y eliminar la contaminación del aire en las ciudades. Cada uno/a dice lo que inventará para conseguirlo.

5.2

The conditional

¿Te dijo en qué coche vendría?

- The conditional tense (**el condicional**) takes the same endings for all **–ar, –er,** and **–ir** verbs. For regular verbs, the endings are added to the infinitive.

The conditional		
dar	ser	vivir
daría	sería	viviría
darías	serías	vivirías
daría	sería	viviría
daríamos	seríamos	viviríamos
daríais	seríais	viviríais
darían	serían	vivirían

- Verbs with irregular future stems have the same irregular stem in the conditional.

infinitive	stem	conditional
caber	cabr–	**cabría, cabrías, cabría, cabríamos, cabríais, cabrían**
haber	habr–	**habría, habrías, habría, habríamos, habríais, habrían**
poder	podr–	**podría, podrías, podría, podríamos, podríais, podrían**
querer	querr–	**querría, querrías, querría, querríamos, querríais, querrían**
saber	sabr–	**sabría, sabrías, sabría, sabríamos, sabríais, sabrían**
poner	pondr–	**pondría, pondrías, pondría, pondríamos, pondríais, pondrían**
salir	saldr–	**saldría, saldrías, saldría, saldríamos, saldríais, saldrían**
tener	tendr–	**tendría, tendrías, tendría, tendríamos, tendríais, tendrían**
valer	valdr–	**valdría, valdrías, valdría, valdríamos, valdríais, valdrían**
venir	vendr–	**vendría, vendrías, vendría, vendríamos, vendríais, vendrían**
decir	dir–	**diría, dirías, diría, diríamos, diríais, dirían**
hacer	har–	**haría, harías, haría, haríamos, haríais, harían**

Uses of the conditional

- The conditional is used to express what *would* occur under certain circumstances.

  ¿Qué ciudad de Ecuador **visitarías** primero?
  Which city in Ecuador would you visit first?

  Iría primero a Quito y después a Guayaquil.
  First I would go to Quito and then to Guayaquil.

- The conditional is also used to make polite requests.

  ¿**Podrías** pasarme ese mapa, por favor?
  Could you pass me that map, please?

  ¿Le **importaría** (a usted) cuidar mis plantas?
  Would you mind taking care of my plants?

- Just as the future tense is one of several ways of expressing a future action, the conditional is one of several ways of expressing a future action as perceived in the past. In this case, the conditional expresses what someone said or thought *would* happen.

  Dicen que mañana **hará** viento.
  They say it will be windy tomorrow.

  Creía que hoy **haría** viento.
  I thought it would be windy today.

  Dicen que mañana **va a hacer** viento.
  They say it's going to be windy tomorrow.

  Creía que hoy **iba a hacer** viento.
  I thought it was going to be windy today.

- In Spanish, the conditional may be used to express conjecture or probability about a past event. English expresses this in various ways using words and expressions such as *wondered, must have been,* and *was probably.*

  ¿A qué hora **regresaría**?
  I wonder what time he returned.

  Serían las ocho.
  It must have been eight o'clock.

¡ATENCIÓN!

The English *would* is used to express the conditional, but it can also express what *used to* happen. To express habitual past actions, Spanish uses the imperfect, not the conditional.

Cuando era pequeña, iba a la playa todos los veranos.
When I was young, I would (used to) go to the beach every summer.

TALLER DE CONSULTA

The conditional is also used in contrary-to-fact sentences.
See **9.3, p. 323.**

¿No sería ahora el momento justo para ir de vacaciones a San Andrés?

Práctica

1 **Ambición** Completa el diálogo con el condicional de los verbos entre paréntesis.

DARÍO Si yo pudiera formar parte de esta organización, (1) _____ (estar) dispuesto (*ready*) a ayudar en todo lo posible.

CONSUELO Sí, lo sé, pero tú no (2) _____ (poder) hacer mucho. No tienes la preparación necesaria. Tú (3) _____ (necesitar) estudios de biología.

DARÍO Bueno, yo (4) _____ (ayudar) con las cosas menos difíciles. Por ejemplo, (5) _____ (hacer) el café para las reuniones.

CONSUELO Estoy segura de que todos (6) _____ (agradecer) tu colaboración. Les preguntaré si necesitan ayuda.

DARÍO Eres muy amable, Consuelo. (7) _____ (dar) cualquier cosa por trabajar con ustedes. Y (8) _____ (considerar) la posibilidad de volver a la universidad para estudiar biología. (9) _____ (tener) que trabajar duro, pero lo (10) _____ (hacer) porque no (11) _____ (saber) qué hacer sin un buen trabajo. Por eso sé que el esfuerzo (12) _____ (valer) la pena.

2 **Cortesía** Cambia estos mandatos por mandatos indirectos que usen el condicional.

Mandatos directos	Mandatos indirectos
1. Dale de comer al perro.	¿Podrías darle de comer al perro, por favor?
2. No malgastes el agua.	
3. Compra un carro híbrido.	
4. Planta un árbol.	
5. Deja de molestar al gato.	
6. Usa sólo papel reciclado.	
7. No tires basura en la calle.	

3 **Lo que hizo Irma** Utilizamos el condicional para expresar el futuro en el contexto de una acción pasada. Explica lo que quiso hacer Irma e inventa lo que al final pudo hacer.

Modelo pensar / desayunar
Irma pensó que desayunaría con su amiga Gabi, pero Gabi no tenía hambre.

1. pensar / comer
2. decir / poner
3. imaginar / tener
4. escribir / venir
5. contarme / querer
6. suponer / hacer
7. explicar / salir
8. calcular / valer

Practice more at **imagina.vhlcentral.com**.

Comunicación

4

De vacaciones Tu tío Ignacio y su familia van a Ciudad Bolívar en Venezuela. Ellos te han llamado para pedirte consejos sobre lo que deben hacer. En grupos de cuatro, háganles sugerencias de acuerdo a sus gustos y a la información de la Nota cultural. Usen el condicional.

> **Modelo** Tía Rosa y Eduardito podrían visitar el Ecomuseo.

Tía Rosa: No le gusta estar al aire libre. Odia los mosquitos.

Tío Ignacio: Le encanta acampar.

María Fernanda: Le encantan los animales salvajes.

Eduardito: Le gusta jugar con la computadora y leer.

Nota CULTURAL

El estado de **Bolívar**, en el sur de **Venezuela**, limita al norte con el **río Orinoco** y al sur con el estado de **Amazonas** en **Brasil**. La capital del estado se llama **Ciudad Bolívar** y se distingue por sus casas de estilo colonial. También cuenta con dos importantes museos que presentan el lado moderno de la ciudad: el **Museo de Arte Moderno Jesús Soto** y el **Ecomuseo**. En la región también encontramos dos parques nacionales que ofrecen una abundante flora y fauna.

5

¿Qué harías? Piensa en lo que harías en estas situaciones. Luego, en grupos de tres, compartan sus reacciones usando el condicional.

1.

2.

3.

4.

5.

Las riquezas naturales

5.3

Relative pronouns

The relative pronoun *que*

TALLER DE CONSULTA

See **Manual de gramática 5.4, p. 392** to review the uses of **qué** and **cuál** in asking questions.

*Echa unas monedas en esas maquinitas **que** ha puesto el ayuntamiento y lo deja aquí al lado.*

- **Que** (*that, which, who*) is the most frequently used relative pronoun (**pronombre relativo**). It can refer to people or things, subjects or objects, and can be used in restrictive clauses (without commas) or nonrestrictive clauses (with commas). Note that while some relative pronouns may be omitted in English, they must always be used in Spanish.

> El incendio **que** vimos ayer destruyó la tercera parte del bosque.
> *The fire (that) we saw yesterday destroyed a third of the forest.*

> Los ciudadanos **que** van a la manifestación exigen respuestas del gobierno.
> *The citizens who are going to the protest demand answers from the government.*

> La inundación fue causada por la lluvia, **que** ha durado más de dos semanas.
> *The flood was caused by the rain, which has lasted over two weeks.*

- In a restrictive (without commas) clause where no preposition or personal **a** precedes the relative pronoun, always use **que**.

> Las ballenas **que** encontraron en la playa estaban vivas.
> *The whales they found on the beach were alive.*

El que/La que

- After prepositions, **que** follows the definite article: **el que, la que, los que** or **las que**. The article must agree in gender and number with the antecedent (the noun or pronoun to which it refers). When referring to *things* (but not *people*), the article may be omitted after short prepositions, such as **en, de,** and **con**.

> La mujer **para la que** trabajo llegará a las seis.
> *The woman (whom) I work for will arrive at six.*

> El edificio **en (el) que** viven es viejo.
> *The building (that) they live in is old.*

- **El que, la que, los que,** and **las que** are also used for clarification to refer to a previously mentioned person or thing.

> Hablé con los vecinos que tienen perros pero no con **los que** tienen gatos.
> *I talked to the neighbors who have dogs but not to the ones who have cats.*

> Si puedes optar entre dos compañías, elige **la que** paga más.
> *If you can choose between two companies, pick the one that pays more.*

El cual/La cual

- **El cual, la cual, los cuales,** and **las cuales** are generally interchangeable with **el que, la que, los que,** and **las que** after prepositions. They are often used in more formal speech or writing. Note that when **el cual** and its forms are used, the definite article is never omitted.

    El edificio **en el cual** viven es viejo.
    The building in which they live is old.

Quien/Quienes

- **Quien** (sing.) and **quienes** (pl.) only refer to people. **Quien(es)** can therefore generally be replaced by forms of **el que** and **el cual**, although the reverse is not always true.

    Los investigadores, **quienes (los que/los cuales)** estudian la erosión, son de Ecuador.
    The researchers, who are studying erosion, are from Ecuador.

    El investigador **de quien (del que/del cual)** hablaron era mi profesor.
    The researcher (whom) they spoke about was my professor.

- Although **que** and **quien(es)** may both refer to people, their use depends on the structure of the sentence. In restrictive clauses (without commas), only **que** is used if no preposition or personal **a** is necessary. If a preposition or personal **a** is necessary, **quien** (or a form of **el que/el cual**) is used instead.

    La gente **que** vive en la capital está harta del smog.
    The people who live in the capital are tired of the smog.

    Esperamos una respuesta de los biólogos **a quienes (a los que/a los cuales)** llamamos.
    We're waiting for a response from the biologists (whom) we called.

- In nonrestrictive clauses (with commas) that refer to people, **que** is more common in spoken Spanish, but **quien(es)** (or a form of **el que/el cual**) is preferred in written speech.

    Juan y María, **que** viven conmigo, me regañan si dejo las luces prendidas.
    Juan and María, who live with me, scold me if I leave the lights on.

    Las expertas, **quienes** por fin concedieron la entrevista, no mencionaron la sequía.
    The experts, who finally granted the interview, didn't mention the drought.

The relative adjective *cuyo*

- The relative adjective **cuyo (cuya, cuyos, cuyas)** means *whose* and agrees in number and gender with the noun it precedes. When asking to whom something belongs, use **¿de quién(es)?**, not a form of **cuyo.**

    El equipo, **cuyo** proyecto aprobaron, viajará a las islas Galápagos en febrero.
    The team, whose project they approved, will travel to the Galapagos Islands in February.

    La colega, **cuyas** ideas mejoraron el plan, no tiene tiempo para realizar el proyecto.
    The colleague, whose ideas improved the plan, doesn't have time to do the project.

    ¿De quién es este mapa de Venezuela?
    Whose map of Venezuela is this?

    Es mío, pero no es un mapa. Es un atlas **cuyos** autores son venezolanos.
    It's mine, but it's not a map. It's an atlas whose authors are Venezuelan.

TALLER DE CONSULTA

The neuter forms **lo que** and **lo cual** are used when referring to situations or abstract concepts that have no gender. See **Manual de gramática 5.5, p. 394.**

¿Qué es lo que te molesta?
What is it that's bothering you?

Ella habla sin parar, lo cual me enoja mucho.
She won't stop talking, which is making me really angry.

¡ATENCIÓN!

When used with **a** or **de**, the contractions **al que/al cual** and **del que/del cual** are formed.

Práctica

1 **Relativos** Selecciona la palabra o frase adecuada para completar cada oración.

1. El señor Gómez, _____ empresa se dedica al ecoturismo, está en una reunión.
   a. cuya   b. cuyo   c. cuyos

2. Hay muchos tóxicos _____ se contamina el agua.
   a. con la que   b. con los que   c. con quienes

3. El científico, _____ busca una solución para el consumo de energía, hace estudios en Chicaque.
   a. del cual   b. quien   c. quienes

4. Los amigos _____ me viste quieren visitar el Parque Natural Chicaque.
   a. en quien   b. de quien   c. con quienes

Nota CULTURAL

El **Parque Natural Chicaque** en **Colombia** es una reserva natural de 300 hectáreas de selva montañosa que permanece cubierta de niebla la mayor parte del tiempo.

2 **El ozono** Completa el siguiente artículo de una revista científica con los pronombres relativos de la lista. Algunos pronombres pueden repetirse.

LA CAPA DE OZONO

con quien
cuyas
cuyo
de las cuales
de que
del que
el cual
en que
las cuales
que
quien

La capa de ozono está formada por un gas, (1) _____ se encuentra en la estratosfera. Este gas (2) _____ nos protege de la radiación ultravioleta ha empezado a desaparecer en algunas regiones del planeta, (3) _____ la Antártida es la zona (4) _____ está en mayor peligro.

Los seres humanos y la naturaleza causan este daño a la capa de ozono. La gente lo hace con los gases (5) _____ se usan en aerosoles y refrigeradores. La naturaleza lo hace con las erupciones volcánicas, (6) _____ emiten un gas llamado cloro, (7) _____ propiedades dañan el ozono. Este problema del ozono, sobre (8) _____ muchos científicos hablan, puede tener consecuencias negativas para la salud de las personas.

3 **Seamos concisos** Combina estas oraciones usando un pronombre o adjetivo relativo apropiado.

> **Modelo** **El consumo de energía es un problema. El gobierno habla del consumo de energía.**
> El consumo de energía es un problema del cual el gobierno habla.

1. Los jóvenes son estudiantes universitarios. Los jóvenes luchan contra la deforestación.

2. La manifestación será mañana en la plaza. Te hablé de la manifestación.

3. El gobierno aprobó una ley. El contenido de la ley apoya el reciclaje.

4. La gente no puede bañarse en el río. Las aguas del río están contaminadas.

5. La empresa tiene proyectos de urbanización. La empresa está en crisis.

 Practice more at **imagina.vhlcentral.com**.

Comunicación

4 **Tus prioridades**

A. Completa el recuadro de acuerdo con tus hábitos y opiniones.

	Sí	No	Depende
1. No uso mi carro. Siempre viajo en autobús o en bicicleta.	☐	☐	☐
2. Como frutas y verduras orgánicas.	☐	☐	☐
3. Reciclo latas, productos de plástico y de papel.	☐	☐	☐
4. Apago las luces de los cuartos donde no hay nadie.	☐	☐	☐
5. En invierno me pongo un abrigo en casa en vez de subir la calefacción.	☐	☐	☐
6. En verano no uso el aire acondicionado, sólo abro las ventanas.	☐	☐	☐
7. Quiero tener una casa con paneles solares o una turbina de viento.	☐	☐	☐
8. Participo en organizaciones que protegen el medio ambiente.	☐	☐	☐
9. Sólo el gobierno debe preocuparse por el medio ambiente.	☐	☐	☐
10. Conducir mi carro tiene cero impacto en el medio ambiente.	☐	☐	☐
11. Sólo las grandes empresas son responsables de la contaminación.	☐	☐	☐
12. Es imposible proteger todas las especies en peligro de extinción.	☐	☐	☐

B. En parejas, compartan la información del recuadro. Después, usando pronombres relativos, informen a la clase lo que han aprendido sobre su compañero/a.

Modelo Rafael come verduras y frutas orgánicas que compra en el mercado al aire libre. Es una persona a quien no le gusta la contaminación causada por pesticidas y herbicidas.

5 **¿Quién es quién?** La clase se divide en dos equipos. Un(a) integrante del equipo A piensa en un(a) compañero/a y da tres pistas. El equipo B tiene que adivinar de quién se trata. Si adivina con la primera pista, obtiene 3 puntos; con la segunda, obtiene 2 puntos; con la tercera, obtiene 1 punto.

Modelo Estoy pensando en alguien con quien almorzamos.
Estoy pensando en alguien cuyos ojos son marrones.
Estoy pensando en alguien que lleva pantalones azules.

6 **Evolución de ideas** En parejas, hagan una lista de cinco creencias (*beliefs*) erróneas que los humanos hemos tenido en los últimos cien años acerca de estos temas. Escriban oraciones y usen por lo menos tres pronombres relativos distintos.

Modelo Los árboles que crecen en la selva amazónica aportan menos oxígeno a la atmósfera de lo que pensábamos.

- la salud
- el medio ambiente
- la familia
- la guerra
- el universo

Síntesis

Pronóstico del tiempo

	Hoy	Mañana	Pasado mañana
Buenos Aires	Máx. / Mín. 15º C / 9 ºC	Máx. / Mín. 19 ºC / 9 ºC	Máx. / Mín. 12 ºC / 8 ºC
Caracas	Máx. / Mín. 34 ºC / 26 ºC	Máx. / Mín. 34 ºC / 26 ºC	Máx. / Mín. 36 ºC / 25 ºC
México D.F.	Máx. / Mín. 24 ºC / 14 ºC	Máx. / Mín. 22 ºC / 13 ºC	Máx. / Mín. 22 ºC / 12 ºC
Quito	Máx. / Mín. 18 ºC / 10 ºC	Máx. / Mín. 22 ºC / 9 ºC	Máx. / Mín. 23 ºC / 10 ºC
Santo Domingo	Máx. / Mín. 32 ºC / 24 ºC	Máx. / Mín. 32 ºC / 23 ºC	Máx. / Mín. 32 ºC / 23 ºC

1 **El pronóstico** En parejas, seleccionen dos de las ciudades incluidas en el informe del tiempo y describan el pronóstico de esos lugares para los tres días. Utilicen los usos del futuro presentados en la lección.

2 **La isla** Imagina que tú y tu compañero/a han naufragado (*shipwrecked*) en una isla desierta. Piensa en los problemas a los que se podrían enfrentar (*be faced with*). Coméntalos con tu compañero/a para ver qué haría él/ella en cada situación.

Modelo —No hay agua potable.
—Bebería agua de coco.

3 **El parque** En grupos pequeños, elijan un parque nacional de su país e imaginen que van a visitarlo. Escriban una breve descripción del parque y su medio ambiente usando el vocabulario de esta lección y algunos de los pronombres relativos que han aprendido.

Preparación Audio: Vocabulary

Vocabulario de la lectura		Vocabulario útil
el chamán *shaman (religious figure believed to have magical or supernatural powers)*	**el medicamento** *medication*	**la dolencia** *ailment*
el/la curandero/a *folk healer*	**el pulmón** *lung*	**el efecto invernadero** *greenhouse effect*
el/la encargado/a *person in charge*	**la semilla** *seed*	**el reciclaje** *recycling*
el hecho *fact*	**la Tierra** *Earth*	**reciclar** *to recycle*
la madera *wood*	**la utilidad** *usefulness*	**el reto** *challenge*

1 **Emparejar** Une cada palabra con su definición.

1. curandero _____
2. medicamento _____
3. pulmón _____
4. madera _____
5. semilla _____
6. Tierra _____

a. órgano donde ocurre la respiración
b. el planeta donde vivimos
c. persona que cura con remedios naturales
d. parte dura de una fruta o vegetal de la cual crecen nuevas frutas y vegetales
e. material sólido de un árbol, que tiene múltiples usos
f. sustancia que se consume para curar una enfermedad

2 **La madre naturaleza** En parejas, túrnense para contestar las preguntas y expliquen sus respuestas.

1. ¿Cómo te gusta disfrutar de la naturaleza? ¿Qué experiencia al aire libre recuerdas?
2. ¿Has estado en una selva o en un bosque muy grande? ¿Cómo te sentiste?
3. ¿Tomas medicamentos naturales cuando te sientes enfermo/a? ¿Por qué?
4. ¿Te preocupa el destino de las culturas indígenas de América? ¿Por qué? ¿Cómo se deben proteger?
5. ¿Crees que la tecnología resolverá todos los problemas medioambientales? ¿Qué papel juega la tecnología? ¿Cuáles son sus límites?
6. ¿Alguna vez has tomado un curso de educación ambiental? Si contestaste que sí, ¿qué aprendiste? Si contestaste que no, ¿te gustaría tomar uno? ¿Qué aprenderías?

3 **Recursos y destino** Trabajen en grupos de tres.

A. Escriban una lista de todos los productos que ustedes han utilizado en las últimas 24 horas. Al lado de cada uno, enumeren los recursos naturales que se utilizaron para producirlo.

B. Expliquen el papel de la biodiversidad en la producción de las comodidades (*comforts*) de la vida moderna. ¿Cómo nos beneficiamos de las plantas y los animales?

C. ¿Por qué es paradójica la explotación humana de la biodiversidad? Expliquen y luego compartan sus impresiones con la clase.

La selva amazónica:
biodiversidad curativa

S Audio: Dramatic Recording

Sólo se conoce una fracción de los millones de especies de plantas y animales que viven en las selvas tropicales de la Tierra. Con una superficie de 5.500.000 km², la selva amazónica es el hábitat de millones de estos organismos. Esta selva es el ecosistema más diverso del planeta, hecho que se refleja especialmente en los árboles, de los que se reconocen más de 60.000 especies diferentes.

La gran riqueza de su vegetación ha sido durante siglos de gran utilidad para los habitantes de la cuenca° amazónica. Frutas poco conocidas en nuestra cultura occidental, como el túpiro, el copoazú o el temare, les sirven de alimento. Los árboles, algunos de los cuales llegan a medir cien metros, les proveen de maderas de gran calidad. Y sus bosques, aparte de ser la morada° natural de los espíritus de sus religiones, también les proporcionan un enorme surtido° de plantas medicinales.

Este uso de las plantas como medicinas se remonta° a épocas precolombinas en que las culturas indígenas descubrieron las propiedades curativas de la vegetación que las rodeaba. Los chamanes y curanderos eran, y todavía son, los encargados de recoger las plantas y las muestras° de los árboles. La tradición indica que tenían que entrar a las zonas más apartadas° e impenetrables de la selva para buscarlas, pues se creía que cuanto más difícil era el acceso a los remedios, más poderosos eran sus efectos curativos.

Hoy, las plantas son el origen de más del 25% de los medicamentos que se encuentran en las farmacias del mundo. Muchas de ellas provienen de° la selva en la cuenca del río Amazonas. La mayor presencia en el mercado de este tipo de medicinas se debe al creciente interés de

basin
dwelling
assortment
dates back
samples
isolated
originate from

Desaparecen las culturas amazónicas

Se estima que hace más de quinientos años vivían cerca de 10 millones de indígenas en la región amazónica. Hoy día hay menos de 200.000. Tan sólo en Brasil unas 90 tribus indígenas han desaparecido desde comienzos del siglo XX. Y en países como Perú, Colombia, Ecuador y Venezuela cada año se reduce aún más la población indígena de la región amazónica.

la industria farmacéutica por métodos de curación que han sido usados con éxito durante miles de años.

En el noroeste de la selva amazónica, por ejemplo, los indígenas usan más de 1.300 plantas medicinales. Una de ellas es el curare, una sustancia que los indígenas suramericanos ponían en la punta° de sus flechas° para paralizar a los animales que cazaban para comer. Actualmente, la tubocurarina, derivada del curare, se utiliza en todo el mundo como anestesia. Otro remedio que se está haciendo muy popular es la semilla de guaraná, que favorece al corazón y a la memoria, y es más poderosa que el ginseng.

Desafortunadamente, la deforestación de esta zona está reduciendo su área aceleradamente. Esto afecta a todos los seres que habitan allí, y pone en peligro de extinción a cientos de especies animales y vegetales. Es por esto que tanto gobiernos locales como organizaciones de todo el mundo están luchando° para proteger sus extraordinarios recursos naturales y preservar las culturas de sus habitantes. ∎

tip
arrows
fighting

Análisis

1

Comprensión Contesta las preguntas con oraciones completas.

1. ¿Por qué crees que se dice que la selva amazónica es el pulmón de la Tierra?

2. ¿Por qué está considerada como el ecosistema más variado del planeta?

3. ¿Qué tareas realizan los chamanes y los curanderos?

4. ¿Por qué entran a zonas muy apartadas para conseguir medicinas?

5. ¿Qué porcentaje de los medicamentos que se venden en las farmacias del mundo proviene de las plantas?

6. ¿A qué se debe el uso de tantas medicinas de origen vegetal?

7. ¿Cuáles son las consecuencias de la deforestación de la selva amazónica?

8. ¿Cuántos indígenas vivían en la región amazónica hace más de quinientos años? ¿Y ahora?

2

Informe Tú y tu compañero/a participan en un concurso (*contest*) para desarrollar un nuevo medicamento que utiliza ingredientes vegetales provenientes de la selva amazónica. Escriban un informe para su página web sobre la importancia de cuidar de la biodiversidad y las culturas indígenas de la selva amazónica. Expliquen los problemas que existen y las soluciones.

PROTEGER LA SELVA AMAZÓNICA

La selva amazónica es la más extensa del mundo. Su biodiversidad guarda un número infinito de secretos que pueden ayudar a curar muchas enfermedades. Por lo tanto, es esencial que...

3

En peligro de extinción: ¿Sí o no? En grupos de cuatro, hablen de las causas, los efectos, las posibles soluciones y el futuro de estos problemas medioambientales. Después, dividan la clase en Optimistas y Pesimistas, y discutan sobre el porvenir del planeta. ¿Está en peligro de extinción?

- La destrucción de selvas tropicales
- El efecto invernadero
- La contaminación del aire
- La extinción de culturas indígenas
- La contaminación de océanos, ríos y mares
- El calentamiento global

 Practice more at **imagina.vhlcentral.com**.

Preparación ⑤ Reading
Audio: Vocabulary

Sobre el autor

Jaime Sabines (1926–1999) es uno de los más grandes poetas mexicanos. Licenciado en Lengua y Literatura Española por la Universidad Nacional Autónoma de México (UNAM), estuvo muy involucrado en la política de su país. Su poesía se distingue por su lenguaje coloquial que nos habla de la realidad de todos los días. En 1972, obtuvo el Premio Villaurrutia y, en 1983, le concedieron el Premio Nacional de Literatura.

Vocabulario de la lectura		Vocabulario útil	
a cucharadas *in spoonfuls*	**intoxicar** *to poison*	**el antídoto** *antidote*	
ahogarse *to suffocate, to drown*	**la pata de conejo** *rabbit's foot*	**la felicidad** *happiness*	
aliviar *to relieve, to soothe*	**el pedazo** *piece*	**la rutina diaria** *daily routine*	
el frasquito *little bottle*	**el/la preso/a** *prisoner*	**el símbolo** *symbol*	
la hoja *leaf*			

1 **Vocabulario** Escoge la mejor opción para completar las oraciones.

1. Armando fue al médico porque por las noches sentía que se _____.
   a. ahogaba   b. aliviaba

2. El médico le dio _____ con medicina.
   a. un pedazo   b. un frasquito

3. Él le preguntó al médico cómo debía tomarse la medicina, quien le respondió que dos _____ al día.
   a. cucharadas   b. hojas

4. También quería saber cuándo se iba a _____ de sus síntomas.
   a. aliviar   b. intoxicar

5. El médico le dijo que necesitaba descansar más y simplificar su _____.
   a. pata de conejo   b. rutina diaria

2 **La felicidad** En el poema que van a leer, Jaime Sabines habla de la esperanza e ilusión que hay que tener en la vida. En parejas, contesten las preguntas.

1. ¿Son felices a pesar de los problemas cotidianos? ¿Cómo lo logran?

2. Cuando tienen problemas que no pueden solucionar, ¿qué hacen para sentirse mejor?

3. ¿Es posible ser feliz siempre? Expliquen.

4. Hagan una lista de cinco cosas bellas que piensan que tiene la vida. Compártanla después con la clase.

3 **La luna** En parejas, hagan una lista de ideas, situaciones y/o personas que relacionen con la luna. Sean creativos/as. Después compartan su lista con la clase.

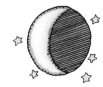

LA LUNA

Jaime Sabines

La luna se puede tomar a cucharadas
o como una cápsula cada dos horas.
Es buena como hipnótico y sedante
y también alivia
5 a los que se han intoxicado de filosofía.
Un pedazo de luna en el bolsillo°   pocket
es mejor amuleto° que la pata de conejo: *charm, amulet*
sirve para encontrar a quien se ama,
para ser rico sin que lo sepa nadie
keep away 10 y para alejar° a los médicos y a las clínicas.
Se puede dar de postre a los niños
cuando no se han dormido,
drops y unas gotas° de luna en los ojos de los ancianos°   elderly
ayudan a bien morir.

15 Pon una hoja tierna° de la luna   tender
debajo de tu almohada°   pillow
y mirarás lo que quieras ver.
Lleva siempre un frasquito del aire de la luna
para cuando te ahogues,
20 y dales la llave de la luna
a los presos y a los desencantados°.   disenchanted
Para los condenados° a muerte   condemned
y para los condenados a vida
no hay mejor estimulante que la luna
25 en dosis precisas y controladas.   **S** Audio: Dramatic Recording

Análisis

1 **Comprensión** Elige el párrafo que resume mejor lo que expresa el poema.

1. Las responsabilidades de la vida moderna traen estrés y dificultan las relaciones personales. La luna, con su influencia negativa, intoxica a las personas y es causa de conflictos.

2. El poema les recomienda la luna a niños y adultos contra una variedad de problemas y para tener mejor suerte. Un postre de luna ayuda a los niños a dormirse. Una dosis de luna alivia cuando uno se ahoga.

2 **Interpretar** Contesta las preguntas. Luego explícale tus respuestas a la clase.

1. ¿Cuál es el tema principal del poema? ¿Cuáles son los temas secundarios?

2. Lee estos versos. ¿Qué crees que quiere expresar el poeta?

> Un pedazo de luna en el bolsillo
> es mejor amuleto que la pata de conejo:
> sirve para encontrar a quien se ama,
> para ser rico sin que lo sepa nadie
> y para alejar a los médicos y a las clínicas.

3. ¿Qué relación hay entre llaves y presos? ¿Qué quiere decir el poeta con esa imagen?

4. En tu opinión, ¿qué simboliza la luna? Sustituye la luna con otro símbolo que represente las mismas ideas. ¿Funciona? ¿Por qué?

5. ¿Qué efecto causa el poeta cuando recomienda la luna en "dosis precisas y controladas"?

3 **Símbolos** Los símbolos están en nuestro día a día. En parejas, mencionen cinco símbolos conocidos por todos y expliquen lo que simbolizan.

> **Modelo** Un corazón simboliza el amor.

4 **¿Y tú?** El poeta hace recomendaciones para que seamos más felices. ¿Qué les dirías a estas personas si te preguntaran qué hacer para solucionar sus problemas?

- un(a) enamorado/a que no es correspondido/a
- alguien que acaba de perder su empleo/a
- un(a) preso/a que es inocente
- una pareja que está muy enamorada pero que se pelea constantemente

5 **Escribir** Escribe diez consejos siguiendo el **Plan de redacción** para que todos seamos más felices.

Plan de redacción

Consejos para ser feliz

1 **Esquema** Prepara un esquema con las diez actitudes hacia la vida que crees necesarias para ser feliz. Organiza tus ideas para no repetir ni olvidar nada.

2 **Título** Elige un título simbólico para tu decálogo.

3 **Contenido** Escribe los diez consejos. Utiliza el subjuntivo, el condicional, mandatos y pronombres relativos.

Practice more at
imagina.vhlcentral.com

Nuestro mundo

 Audio: Vocabulary
Flashcards
Video: *Flash Cultura*

La naturaleza

el árbol *tree*
el bosque *forest*
la cordillera *mountain range*
la costa *coast*
el desierto *desert*
la luna *moon*
el mar *sea*
el paisaje *landscape, scenery*
el río *river*
la selva (tropical) *(tropical) rainforest*
el sol *sun*
la tierra *land, earth*

al aire libre *outdoors*
escaso/a *scant, scarce*
potable *drinkable*
protegido/a *protected*
puro/a *pure, clean*
seco/a *dry*

Los animales

el águila (f.) *eagle*
el ave, el pájaro *bird*
la ballena *whale*
la especie en peligro (de extinción) *endangered species*
la foca *seal*
el lagarto *lizard*
el león *lion*
el lobo *wolf*
el mono *monkey*
el oso *bear*
el pez *fish*
la serpiente *snake*
el tigre *tiger*
la tortuga (marina) *(sea) turtle*

Los fenómenos naturales

el calentamiento *warming*
la erosión *erosion*
el huracán *hurricane*
el incendio *fire*
la inundación *flood*
la lluvia *rain*
la sequía *drought*
el smog *smog*
el terremoto *earthquake*

La ecología

la basura *trash*
la capa de ozono *ozone layer*
el combustible *fuel*
el consumo de energía *energy consumption*
la contaminación *pollution*
la deforestación *deforestation*
el desarrollo *development*
la energía (eólica, nuclear, renovable, solar) *(wind, nuclear, renewable, solar) energy*
la fuente *source*
el medio ambiente *environment*
el peligro *danger*
el petróleo *oil*
el porvenir *future*
los recursos *resources*

agotar *to use up*
aguantar *to put up with, to tolerate*
amenazar *to threaten*
cazar *to hunt*
conservar *to preserve*
contagiar *to infect; to be contagious*
contaminar *to pollute*
desaparecer *to disappear*
destruir *to destroy*
echar *to throw away*
empeorar *to get worse*
extinguirse *to become extinct*
malgastar *to waste*
mejorar *to improve*
prevenir (e:ie) *to prevent*
proteger *to protect*
resolver (o:ue) *to solve, to resolve*
respirar *to breathe*
urbanizar *to urbanize*

dañino/a *harmful*
desechable *disposable*
híbrido/a *hybrid*
renovable *renewable*
tóxico/a *toxic*

Cortometraje

el aparcamiento *parking space*
el coche *car*
la decepción *disappointment*

el desinterés *lack of interest*
la expansión (urbana) *(urban) sprawl*
el tronco *trunk*

aparcar *to park*
cortar *to cut*
desatender (e:ie) *to neglect*
hacer falta *to be necessary*
plantar *to plant*
podar *to prune*
quitar *to remove*
serrar *to saw*
soportar *to put up with*

descontrolado/a *out of control*

Cultura

el chamán *shaman*
el/la curandero/a *folk healer*
la dolencia *ailment*
el efecto invernadero *greenhouse effect*
el/la encargado/a *person in charge*
el hecho *fact*
la madera *wood*
el medicamento *medication*
el pulmón *lung*
el reciclaje *recycling*
el reto *challenge*
la semilla *seed*
la Tierra *Earth*
la utilidad *usefulness*

reciclar *to recycle*

Literatura

el antídoto *antidote*
la felicidad *happiness*
el frasquito *little bottle*
la hoja *leaf*
la pata de conejo *rabbit's foot*
el pedazo *piece*
el/la preso/a *prisoner*
la rutina diaria *daily routine*
el símbolo *symbol*

ahogarse *to suffocate, to drown*
aliviar *to relieve, to soothe*
intoxicar *to poison*

a cucharadas *in spoonfuls*

El valor de las ideas

¡Techo y trabaj
sin ser esclav

Las épocas más difíciles de la historia, como las de guerra y dictadura, muestran a la vez lo peor y lo mejor de la humanidad. La solidaridad y la protección de los derechos humanos, así como la denuncia de la opresión, de la intolerancia y de la falta de libertad, han caracterizado la literatura y el cine de Hispanoamérica desde el siglo pasado. Sin embargo, ¿qué crees que estamos aprendiendo realmente de estos hechos? ¿Cuántos gobiernos hoy día respetan la libertad y los derechos humanos?

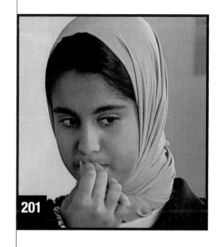

201

209

Destino:
CHILE

Creencias e ideologías Audio: Vocabulary

Las leyes y los derechos

los derechos humanos *human rights*
la desobediencia civil *civil disobedience*
la (des)igualdad *(in)equality*
el/la juez(a) *judge*
la (in)justicia *(in)justice*
la libertad *freedom*
la lucha *struggle, fight*
el tribunal *court*

———

abusar *to abuse*
aprobar (o:ue) una ley
   to pass a law
convocar *to summon*
defender (e:ie) *to defend*
derogar *to abolish*
encarcelar *to imprison*
juzgar *to judge*

———

analfabeto/a *illiterate*
(des)igual *(un)equal*
(in)justo/a *(un)fair*
oprimido/a *oppressed*

La política

el abuso *abuse*
la armada *navy*
la bandera *flag*

la creencia *belief*
la crueldad *cruelty*
la democracia *democracy*

la dictadura *dictatorship*
el ejército *army*

el gobierno *government*
la guerra (civil) *(civil) war*
el partido político *political party*
la paz *peace*
el poder *power*
la política *politics*
las relaciones exteriores
   foreign relations
la victoria *victory*

———

dedicarse a *to devote oneself to*
elegir (e:i) *to elect*
ganar/perder (e:ie) las elecciones *to win/*
   to lose elections
gobernar (e:ie) *to govern*
influir *to influence*
votar *to vote*

———

conservador(a)
   conservative
liberal *liberal*
pacífico/a *peaceful*
pacifista *pacifist*

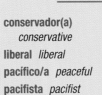

La gente

el/la abogado/a *lawyer*
el/la activista *activist*
el/la ladrón/ladrona *thief*

el/la manifestante *demonstrator*
el/la político/a *politician*

el/la presidente/a *president*
el/la terrorista *terrorist*
la víctima *victim*

La seguridad y la amenaza

la amenaza *threat*
el arma (f.) *weapon*
el escándalo *scandal*
la (in)seguridad *(in)security; (lack of)*
   safety
el temor *fear*
el terrorismo *terrorism*
la violencia *violence*

———

chantajear *to blackmail*
destrozar *to destroy*
espiar *to spy*
huir *to flee*
pelear *to fight*
secuestrar *to kidnap, to hijack*

Práctica

1

Antónimos Selecciona el antónimo de cada palabra.

bandera	escándalo	perder
derogar	liberal	temor
dictadura	paz	víctima

1. aprobar _____   4. terrorista _____

2. democracia _____   5. guerra _____

3. ganar _____   6. conservador _____

2 **¿Cuál es?** Indica a qué palabra se refiere cada descripción.

abogada	ladrona	político
armada	manifestante	secuestrar
crueldad	oprimido	tribunal
desobediencia	poder	votar

_____ 1. Mujer que defiende a un(a) acusado/a

_____ 2. Acción de retener a una persona contra su voluntad para después pedir dinero a cambio de su libertad

_____ 3. Hombre que es víctima de una tiranía

_____ 4. Hombre cuyo empleo es un cargo público en el gobierno de una ciudad, un estado o una nación

_____ 5. Fuerzas navales de un país

_____ 6. Conducta que ignora intencionalmente las reglas o leyes establecidas por una autoridad

_____ 7. Persona que toma parte en una protesta a favor de un cambio social

_____ 8. Cualidad del que provoca el sufrimiento y el temor de otra persona o de un animal

_____ 9. Mujer que roba

_____ 10. Acción de expresar preferencia por un(a) candidato/a en una elección

3 **Titulares** En grupos de cuatro, piensen en tres acontecimientos recientes de las noticias. Expliquen cada acontecimiento usando dos palabras de la lista u otras del vocabulario nuevo.

Modelo El partido liberal declaró ayer que pelearía por los derechos de los indígenas.

chantajear	espiar	ladrón	pelear
destrozar	huir	liberal	político
escándalo	igualdad	pacifista	seguridad

Practice more at
imagina.vhlcentral.com.

Preparación Audio: Vocabulary

Vocabulario del corto

el/la alumno/a *pupil, student*

el/la chaval(a) *kid, youngster*

confiar *to trust*

el instituto *high school*

laico/a *secular, lay*

musulmán/musulmana *Muslim*

el pañuelo *headscarf*

pegar *to hit*

raro/a *weird*

el rato *a while*

la regla *rule*

Vocabulario útil

la autoridad *authority*

ceder *to give up*

la confianza *trust*

disentir *to dissent, to disagree*

la diversidad *diversity*

la doble moral *double standard*

la hipocresía *hypocrisy*

Nota CULTURAL

El **hiyab** (*hijab*) es un pañuelo usado por muchas musulmanas para cubrirse la cabeza.

EXPRESIONES

¿A que no? *I bet not.*

cómo van las otras *how the others dress*

Nos da igual. *It's the same to us.*

¿Eso qué tiene que ver? *What does that have to do with it?*

Venga. *Come on.*

1 **Vocabulario** Empareja cada palabra de la columna B con la definición correspondiente de la columna A. Después, escribe tres oraciones usando cuatro de las palabras.

A	B
____ 1. No afiliado a una religión	a. ceder
____ 2. Tener fe en la discreción e intenciones de alguien	b. chaval
____ 3. Darle golpes a una persona para lastimarla	c. confiar
____ 4. Extraño	d. disentir
____ 5. Tener una opinión distinta	e. hiyab
____ 6. Muchas musulmanas lo llevan en la cabeza	f. laico
____ 7. Abandonar, renunciar	g. pegar
____ 8. Niño o joven	h. raro

2 **Preparación** En parejas, contesten estas preguntas.

1. ¿Qué es lo primero que notan al ver a una persona?

2. Consideren este dicho: "La primera impresión es lo que cuenta". ¿Les parece que es verdad? ¿Por qué?

3. ¿Alguna vez se formaron una impresión equivocada de una persona a partir de su aspecto físico? Expliquen.

4. ¿Cómo deciden cada día qué ropa se van a poner? ¿Qué factores influyen en la selección?

5. ¿Qué aspectos de la apariencia física de ustedes le parecerían curiosos a una persona de otra cultura?

3 Fotogramas En parejas, observen los fotogramas y contesten las preguntas.

1. ¿De dónde es la joven? ¿En qué país vive?
2. ¿Cuál es su estado de ánimo (*state of mind*)? ¿Qué está pensando?
3. ¿Quién es la mujer? ¿Qué relación tiene con la joven?
4. ¿Dónde se encuentran? ¿De qué hablan?

4 Comunidades

A. En grupos de tres, miren las fotos y consideren cada uno de estos puntos. Intercambien sus reacciones y compartan sus opiniones con la clase.

- quién es la persona / quiénes son las personas
- sus marcas de identidad
- por qué se viste(n) así
- qué impresión quiere(n) dar
- la reacción de ustedes si la(s) vieran en la calle

1.   2.   3.   4.

B. ¿Pertenecen ustedes o alguien que conocen a alguna comunidad o grupo con el que se identifican? ¿A cuál?

5 Encuesta En parejas, lean cada oración y elijan una opción. Justifiquen su elección. Si consideran que las dos son posibles, expliquen por qué y bajo qué circunstancias. Comparen sus opiniones con otra pareja.

1. Si uso símbolos religiosos y culturales, ...
   a. me destaco (*stand out*) en la multitud.   b. soy "uno/a más".
2. Las marcas de identidad sirven para...
   a. aislar.   b. incluir.
3. "Comunidad" equivale a...
   a. separación.   b. unión.
4. "Libertad" quiere decir que...
   a. todos somos iguales.   b. las diferencias no importan.

 Short Film

Nominado al **Premio Goya** 2006

Hiyab

Guión, dirección y producción ejecutiva **XAVI SALA**   Jefa de producción **NAGORE OLCOZ AYTE**
Director de fotografía **IGNACIO GIMÉNEZ-RICO**   Montaje **NINO MARTÍNEZ SOSA**   Director de arte **LUIS E. PARÉS**
Sonido **ALEX F. CAPILLA**   Asistente de dirección **TOMÁS SILBERMAN**   Música **COKE RIOBÓO**
Peluquería, maquillaje **ÁFRICA DE LA LLAVE**   Vestuario **SOUMIA DADI**   Diseño gráfico **MIREILLE AZNAR**
Actores **ANA WAGENER, LORENA ROSADO, JOSÉ LUIS TORRIJO**

ARGUMENTO *La directora de un instituto intenta convencer a una nueva alumna de que se quite el hiyab. La joven se resiste.*

BELÉN Fátima, lo que intento explicarte es que ésta es una escuela laica y todos somos iguales. No queremos diferencias entre los alumnos, ¿entiendes?

BELÉN El pañuelo está bien para la calle, para tu casa, pero para aquí no.
FÁTIMA Pero en casa me lo quito...
BELÉN Y aquí también tienes que hacerlo.

BELÉN ¿Qué pasa, que tus padres te pegan si no lo llevas?
FÁTIMA Ellos también quieren que me lo quite.

BELÉN Estarías muy guapa si te lo quitas.
FÁTIMA Pero a mí me gusta llevarlo.
BELÉN Y me parece muy bien, cariño[1], pero para cuando salgas del instituto.

BELÉN ¿Tú has visto a alguien aquí que lo lleve? Pues por eso. Venga, Fátima, confía en mí.

PROFESOR Ésta es Fátima, es nueva y quiero que la tratéis como a una más de la clase. ¿Está claro?

[1]*sweetheart*

Análisis

1

Comprensión Contesta las preguntas con oraciones completas.

1. ¿Quiénes son Fátima y Belén?
2. ¿De qué hablan la joven y la directora?
3. ¿Qué quiere la directora que haga Fátima?
4. ¿Qué piensan los padres de Fátima del hiyab?
5. ¿Por qué lleva Fátima hiyab?
6. ¿Qué argumentos utiliza Belén para convencer a Fátima? Menciona dos.
7. ¿Qué les dice el profesor a sus alumnos cuando les presenta a Fátima?
8. ¿Cómo se visten los compañeros de clase?

2

Interpretación En parejas, contesten las preguntas y expliquen sus respuestas.

1. Belén le pregunta a Fátima si quiere ser "la rara de la clase". ¿Qué significa esa expresión? ¿Qué consecuencias puede tener?
2. ¿Cómo creen que se siente Fátima mientras se quita el hiyab? ¿Y la directora?
3. ¿Cuál de los argumentos de Belén convence a Fátima? ¿Los convencería a ustedes?
4. ¿Qué creen que piensa Fátima al entrar en la clase y ver a sus compañeros?
5. ¿Por qué creen que a Fátima no se le permite llevar el hiyab en clase, pero se les permiten otros accesorios a sus compañeros?
6. Cuando Belén dice: "No queremos diferencias entre los alumnos", ¿a qué diferencias se refiere?

3

Contextos En parejas, hablen de estas citas extraídas del cortometraje. Expliquen la importancia que tiene cada una dentro de la historia.

> ❝ Pues que la libertad de culto, pensamiento y todo eso se nos iría a la basura. ❞ **DIRECTORA**

> ❝ Las reglas son las reglas, no las he inventado yo. ❞ **DIRECTORA**

> ❝ Ellos también quieren que me lo quite. ❞ **FÁTIMA**

> ❝ Pero a mí me gusta llevarlo. ❞ **FÁTIMA**

> ❝ ... ésta es Fátima, es nueva y quiero que la tratéis como a una más de la clase. ❞ **PROFESOR**

4 **Puntos de vista** En grupos de tres, lean estas oraciones y decidan quién las puede haber dicho. ¿Con cuál(es) están de acuerdo? ¿Por qué? Después, compartan sus opiniones con la clase.

1. "Todo individuo tiene el derecho de vestir lo que ya lleva el alma (*soul*)."

2. "Los símbolos religiosos, llevados por alumnos de nuestras escuelas públicas, se deben prohibir. Fomentan la desigualdad, la sospecha y la discriminación."

3. "A partir del próximo semestre, el director mandará a casa a cualquier alumno o alumna que lleve camiseta (*T-shirt*) con mensaje ofensivo o provocador."

4. "Si hoy nos limitan la ropa que podemos llevar, ¿qué nos limitarán mañana?"

5 **Vestimenta** En parejas, escriban dos listas. Un(a) compañero/a escribe cuatro ventajas de imponer reglas de vestimenta (*dress codes*) en las escuelas y en los lugares de trabajo. El/La otro/a escribe cuatro desventajas. Consideren las preguntas a continuación y después intercambien sus listas para comentarlas.

- ¿Deben o debieron ustedes llevar uniforme a la escuela? ¿Conocen a alguien que debe o debió hacerlo?

- ¿Trabajan o trabajaron ustedes en una empresa con reglas de vestimenta? ¿Conocen a alguien que trabaja o trabajó en una empresa así?

- ¿Existe una diferencia entre llevar uniforme y observar una serie de reglas de vestimenta?

- ¿Se pueden fiar (*trust*) las escuelas y las empresas del criterio personal de sus alumnos y empleados en cuanto a la vestimenta?

6 **La obediencia y la autoridad** En grupos de cuatro, lean estas preguntas y razonen las respuestas.

1. "Las reglas son las reglas." ¿Piensan que una figura de autoridad tiene poder de decisión frente a las reglas?

2. ¿Alguna vez tuvieron problemas en la escuela, una iglesia u otro lugar público por algo que llevaban o que habían hecho? ¿Cómo reaccionaron? ¿Les parece que hicieron lo correcto? ¿Por qué?

3. ¿Qué es más importante: obedecer o mantenerse fiel a sus propios principios? ¿Dónde está el límite? ¿Hasta qué punto es necesario confiar en la autoridad de los superiores?

4. ¿Qué tipo de desobediencia les parece aceptable?

7 **Obediencia** En parejas, elijan un personaje que haya desobedecido un mandato del orden establecido, como Gandhi, Nelson Mandela o Rosa Parks. Improvisen un diálogo entre ese personaje y otro que represente la autoridad. Expongan ambos puntos de vista, incluyendo las razones y el precio de la desobediencia. Representen su diálogo ante la clase.

8 **Final** Elige una de estas opciones y escribe una composición sobre el tema.

1. Decides escribir una carta al periódico de la ciudad donde está la escuela de Fátima. En ella expresas tu opinión, a favor o en contra, sobre lo ocurrido. Justifica tu reacción.

2. Eres presidente de un grupo que protege celosamente su exclusividad y busca diferenciarse del resto. Escribe las reglas y los requisitos para pertenecer a él.

Practice more at **imagina.vhlcentral.com**.

IMAGINA CHILE

S En **imagina.vhlcentral.com** encontrarás más información y actividades relacionadas con esta sección.

Rompecabezas de maravillas

Según una leyenda, cuando Dios terminó de crear las maravillas del mundo, se dio cuenta de que le habían quedado muchos trozos sueltos[1]. Decidió entonces reunir el rompecabezas[2] de montañas, bosques, desiertos, valles, ríos y glaciares en uno de los confines de la Tierra. Ese rompecabezas es el mapa de Chile.

Su geografía está enmarcada por el **océano Pacífico** al oeste y la **cordillera de los Andes** al este. Su territorio se distribuye entre el continente americano y un gran número de islas que hacen que Chile ponga pie en un segundo continente: **Oceanía**. El país tiene dimensiones excepcionales: 4.300 kilómetros (2.672 millas) de longitud y una anchura[3] promedio de 200 kilómetros (124 millas).

Entre la gran cantidad de islas del territorio chileno existen algunas que inspiraron relatos fantásticos y novelas de aventuras. El **archipiélago Juan Fernández**, de origen volcánico, incluye la **isla Robinson Crusoe**. En ella, el marino escocés **Alexander Selkirk**, a quien se considera una de las posibles fuentes[4] de la famosa novela de **Daniel Defoe**, vivió cuatro años como náufrago[5] solitario.

La misteriosa **isla de Pascua**[6] está ubicada[7] en la **Polinesia**, en Oceanía. Además de contar con una belleza natural extraordinaria, conserva las ruinas de los **Rapa**

Los moáis

Nui, una cultura prehistórica. Por toda la isla, se encuentran más de 600 enormes esculturas de piedra. Estas esculturas, llamadas **moáis**, son únicas en el mundo. Se cree que con estas estatuas, que pueden medir[8] hasta 12 metros (40 pies) y pesar más de 100 toneladas[9], los nativos representaban a sus antepasados para que proyectaran sobre ellos su poder sobrenatural.

Formación rocosa *La Portada* en una playa cerca de Antofagasta, Chile

En el extremo sur del continente se halla la isla de **Tierra del Fuego**, que Chile comparte con Argentina. Un poco más al norte, podemos ver los glaciares y los impresionantes picos montañosos del **Parque Nacional Torres del Paine**; y en el norte del país reina el **desierto de Atacama**, que cubre los 360 mil km[2] (90 millones de acres) más áridos de todo el planeta. En la ciudad de Atacama, por ejemplo, caen sólo 3 milímetros de lluvia por año. Esta zona reúne maravillas tan variadas como aguas termales, géiseres, un oasis donde habitan flamencos rosados, valles esculpidos por el viento y vestigios arqueológicos de pueblos precolombinos que atraen incesantemente a los turistas.

Signos vitales

Los **mapuches**, también conocidos como **araucanos**, forman uno de los pueblos originarios del territorio de **Chile** y **Argentina.** Han conservado hasta hoy su lengua, el **mapudungun**, sus creencias y sus ritos. Lucharon primero contra la dominación del imperio inca y después contra la conquista española. En la actualidad buscan la reivindicación[10] de la propiedad de la tierra, el respeto por su forma de vida tradicional y vencer[11] la discriminación.

[1] **trozos sueltos** *loose bits* [2] *puzzle* [3] *width* [4] *sources* [5] *castaway* [6] *Easter Island*
[7] *located* [8] *measure* [9] *tons* [10] *claim* [11] *overcome*

¡Visitemos Chile!

Centros de esquí Gracias a los picos de los **Andes**, en **Chile** se encuentran excelentes centros de esquí. Preparados para

acoger[1] a los que practican cualquier deporte de invierno, están situados en todo el centro y sur de Chile. Varios de estos centros de esquí están a poca distancia de la ciudad de **Santiago**, como **El Colorado** a 37 kilómetros (23 millas) o **Valle Nevado** a 60 kilómetros (37 millas). Esto permite una escapada hacia allí durante el fin de semana.

Volcanes **Chile** es también un país de volcanes: en toda su extensión existen más de 2.000. De éstos, 500 están aún en actividad, como el **Villarrica**, llamado *Rucapillán* ("casa de los espíritus") por los mapuches. No lejos de ahí, se puede visitar

Temuco, ciudad industrial y capital regional, donde el poeta **Pablo Neruda** pasó su infancia y adolescencia.

Mariscos Chile, que posee una costa privilegiada, es uno de los países con mayor variedad de fauna marina en todo

el mundo. Se puede encontrar allí mariscos[2] únicos, como **locos**, **picorocos** y **piures**[3], muy apreciados en la gastronomía. Para disfrutarlos, basta visitar los pueblos pesqueros[4] de la costa o los restaurantes del Mercado Central de Santiago.

Valparaíso Esta ciudad portuaria[5] cuenta con un centro histórico de fama mundial. Su diseño urbano entrelaza[6] exitosamente el estilo colonial español con otros estilos europeos como el **victoriano**, llevado hasta allí por inmigrantes ingleses y desarrollado en el

siglo XIX. Fue declarada **Patrimonio de la Humanidad** por la **UNESCO** en 2003.

[1] *to receive* [2] *seafood; shellfish* [3] **locos...** *abalone, barnacles, and red sea squirts* [4] **pueblos...** *fishing villages* [5] *port* [6] *intertwines*

El español de Chile

billullo	dinero; *money*
cacho	problema, situación difícil; *problem*
capear	no ir a clase; *to play hookie*
caperuzo/a	inteligente, astuto; *smart, clever*
carrete	fiesta
fome	aburrido/a; *boring, dull*
harto/a	muy, mucho/a; *very, a lot (of)*
funar	echar a perder; *to ruin*
polera	camiseta; *T-shirt*
pololo/a	novio/a; *boyfriend/girlfriend*

Expresiones

al tiro	ahora mismo, inmediatamente; *right now, immediately*
andar pato	no tener nada de dinero; *not to have two nickels to rub together*
¿Cachai?	¿Entendiste?; *Do you understand?*
caldo de cabeza	estar demasiado preocupado/a por algo; *to be too worried about something*
Estoy piola.	Estoy muy bien.; *I'm great.*

GALERÍA DE CREADORES

BESTSELLER INTERNACIONAL

"Una extravagante historia, escrita por una cuentista de talento que revive, como por arte de magia, el mundo del siglo XIX."
—LOS ANGELES TIMES BOOK REVIEW

hija de la fortuna
isabel allende
autora de RETRATO EN SEPIA y EVA LUNA

LITERATURA Isabel Allende

En 1973 el presidente chileno Salvador Allende fue asesinado. Dos años después, su sobrina Isabel Allende escapó del país para exiliarse en Venezuela, donde publicó en 1982 su primera novela, *La casa de los espíritus*, que fue muy bien recibida por el público. Esta novela también se popularizó en los Estados Unidos, donde vive hoy la escritora, al ser publicada en inglés y sobre todo al aparecer la versión cinematográfica. La familia, el amor y el poder son temas recurrentes en la obra de Isabel Allende. Sus libros incluyen títulos como *Eva Luna, El plan infinito, Paula, Retrato en sepia* y *La suma de los días*.

MÚSICA Y ARTE Violeta Parra

Considerada la iniciadora de la Nueva Canción Chilena, Violeta Parra fue una artista de extraordinaria riqueza creativa, quien logró revitalizar la cultura popular de Chile. Es conocida por sus grabaciones y recitales de canciones tradicionales y propias, como *Gracias a la vida,* que fue popularizada en los Estados Unidos por Joan Baez. También se dedicó a la pintura, la escultura, la cerámica y el arte de bordado de arpilleras (*burlap embroidery*). Hoy día la Fundación Violeta Parra preserva el patrimonio de esta artista universal que murió en 1967.

CINE Miguel Littín

El director de cine Miguel Littín nació en Chile en 1942. El gobierno del nuevo presidente Salvador Allende lo designó a la cabeza de la productora estatal Chile Films en 1971. Durante el período subsiguiente dirigió películas de gran calidad, como *El chacal de Nahueltoro*. Los hechos reales que narra esta película causaron gran conmoción; sin embargo, fue un éxito con los críticos y el público. Muchas de las películas de Littín tienen carácter político. Entre ellas, *Actas de Marusia* y *Alsino y el cóndor* fueron nominadas al Oscar a la mejor película extranjera en 1975 y 1982 respectivamente. Estos logros le merecieron a Littín el reconocimiento internacional.

PINTURA Y ESCULTURA Roberto Matta

El pintor y escultor Roberto Matta es considerado mundialmente como el artista plástico chileno más importante del siglo XX. En 1937 conoció en París a André Breton y se unió al movimiento surrealista. Marcel Duchamp, Salvador Dalí e Yves Tanguy son algunos de los artistas que influyeron en su obra. Sobre sus lienzos (*canvases*) creó mundos imaginarios en los que quiso representar su peculiar visión de las múltiples fuerzas invisibles del universo que influyen sobre la vida y la cultura del hombre contemporáneo. Aquí vemos el óleo *L'Etang de No* (1958).

CONEXIÓN INTERNET

En imagina.vhlcentral.com encontrarás más información y actividades relacionadas con esta sección.

¿Qué aprendiste?

Cierto o falso Indica si estas afirmaciones son ciertas o falsas. Corrige las falsas.

1. La isla de Pascua se encuentra en la Polinesia.

2. Los mapuches y los araucanos tienen lenguas y costumbres distintas.

3. Violeta Parra es la autora de la canción *Gracias a la vida*, que la cantante Joan Baez popularizó en los Estados Unidos.

4. Considerando su larga costa, la variedad de mariscos que se encuentra en Chile es pequeña.

5. La película *El chacal de Nahueltoro* provocó una gran conmoción social por los hechos reales que narra.

6. Inmigrantes de otros países latinoamericanos llevaron el estilo victoriano a Valparaíso.

Preguntas Contesta las preguntas.

1. ¿En qué ciudad creció el poeta chileno Pablo Neruda?

2. ¿A qué movimiento se unió el escultor Roberto Matta en París?

3. ¿Por qué representaban los Rapa Nui a sus antepasados?

4. ¿Cuáles son los temas más recurrentes de las novelas de Isabel Allende?

5. ¿Qué centros de esquí están a poca distancia de Santiago?

6. ¿Qué artista de la Galería te interesa más? ¿Por qué?

PROYECTO

De norte a sur

Crea un itinerario de quince días de vacaciones en Chile. Investiga la información que necesites en Internet.

- Empieza en el norte del país y termina en el sur.
- Selecciona los lugares que quieres visitar, combinando las montañas, el mar y las ciudades.
- Menciona la ropa más adecuada para cada tramo (*stretch*).
- Presenta tu itinerario a la clase con fotografías y un mapa.

MINIPRUEBA

Completa las oraciones con la información correcta y demuestra lo que aprendiste sobre Chile.

1. La novela *Robinson Crusoe* posiblemente está inspirada en las experiencias de _____.
   a. Juan Fernández   b. Alexander Selkirk   c. Daniel Defoe

2. Los _____, esculturas de piedra, se encuentran en la isla de Pascua.
   a. moáis   b. antepasados   c. volcanes

3. El desierto de Atacama es el más _____ del mundo.
   a. grande   b. árido   c. montañoso

4. Chile es un paraíso para los amantes de la naturaleza, pero quienes disfrutan de las _____ pueden ir a Santiago y a Valparaíso.
   a. geografías   b. aguas termales   c. ciudades

5. Los mapuches se encuentran en Chile y _____.
   a. Argentina   b. Perú   c. Bolivia

6. El mapudungun es el _____ de los mapuches.
   a. dios   b. río   c. idioma

7. Un chileno usaría la palabra _____ para describir algo que le aburre.
   a. cacho   b. billullo   c. fome

8. El Villarrica es uno de los _____ de Chile.
   a. lagos profundos   b. volcanes activos
   c. géiseres activos

9. Isabel Allende publicó _____, su primera novela, en el exilio.
   a. *La casa de los espíritus*   b. *Actas de Marusia*
   c. *Hija de la fortuna*

10. Valparaíso es una ciudad _____.
    a. industrial   b. arqueológica   c. portuaria

11. Roberto Matta retrata en sus pinturas las fuerzas invisibles del universo que influyen sobre _____ del hombre contemporáneo.
    a. los ríos y glaciares   b. la vida y la cultura
    c. el amor y el poder

12. Violeta Parra se dedicó a distintas artes, pero no a la _____.
    a. pintura   b. danza   c. cerámica

En pantalla  Video: *Reportaje*

Vocabulario

acrecentar *to increase*
la bencina *gasoline* (Chile)
el bolsillo *wallet* (lit. *pocket*)
la comuna *town, municipality*
la patente *car registration*
tentar *to tempt*

El transporte en automóvil afecta el medio ambiente y el bolsillo. Con el aumento de los precios en el combustible, el congestionamiento del tránsito y las preocupaciones por las emisiones de gases, muchas personas vuelven a escoger un medio de transporte mucho más económico y ecológico: la bicicleta. Te invitamos a mirar este reportaje de Canal 13 de Chile para que aprendas acerca de un proyecto de bicicletas públicas que les alivia a los chilenos sus gastos en combustible y salud.

Conexión personal ¿Cuál es tu medio de transporte favorito? ¿Por qué?¿Conoces algún medio de transporte barato que no contamine mucho? ¿Cuál(es)?

Comprensión Contesta las preguntas.

1. ¿Cuáles son las desventajas económicas de tener un carro en Chile?

2. ¿Qué dos problemas promete resolver el uso de bicicletas?

3. ¿Qué tipos de bicicletas se venden?

4. ¿Cómo se puede ahorrar usando la bicicleta?

5. ¿Cómo funciona el proyecto de bicicletas públicas?

Expansión

A. En grupos de tres, preparen un proyecto de transporte alternativo para la localidad donde viven.

Expliquen:

- la situación actual del transporte del lugar elegido.

- cómo funciona el proyecto, qué equipos y energía usa, y dónde se puede usar.

- quién se beneficiará más y si habrá personas afectadas.

- las ventajas y desventajas del proyecto.

B. Presenten ante la clase un informe sobre su proyecto.

El uso de las bicicletas

Las bicicletas prometen ser la mejor solución al alza (*rise*) de los precios en las bencinas y a los tacos (*traffic jams*).

Ésta fue creada con esa intención: plegarla (*fold it up*) para poder subirse al metro.

La principal razón, adivine (*guess*): es la forma de movilizarse gratis.

El Zap, ideal para la tercera edad (*the elderly*).

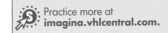 Practice more at
imagina.vhlcentral.com.

6.1

The subjunctive in adverbial clauses

- In Spanish, adverbial clauses are commonly introduced by conjunctions. Certain conjunctions require the subjunctive, while others can be followed by the subjunctive or the indicative, depending on the context.

—*Y me parece muy bien, cariño, pero para cuando **salgas** del instituto.*

TALLER DE CONSULTA

The following grammar topics are covered in the **Manual de gramática, Lección 6.**

6.4 Adverbs, p. 396

6.5 Diminutives and augmentatives, p. 398

¡ATENCIÓN!

An adverbial clause (**cláusula adverbial**) is one that modifies or describes verbs, adjectives, or other adverbs. It describes how, why, when, or where an action takes place.

Conjunctions that require the subjunctive

- Certain conjunctions are always followed by the subjunctive because they introduce actions or states that are uncertain or have not yet happened. These conjunctions commonly express purpose, condition, or intent.

MAIN CLAUSE	CONNECTOR	SUBORDINATE CLAUSE
No habrá justicia para las víctimas	sin que	encarcelen a los criminales.

Conjunctions that require the subjunctive	
a menos que *unless*	**en caso (de) que** *in case*
antes (de) que *before*	**para que** *so that, in order*
con tal (de) que *provided that, as long as*	**sin que** *without, unless*

El ejército siempre debe estar preparado **en caso de que haya** un ataque.
The army must always be prepared, in case there is an attack.

El presidente ganará las elecciones otra vez **con tal de que no cometa** un error.
The president will win the election provided that he doesn't make a mistake.

- If there is no change of subject in the sentence, always use the infinitive after the prepositions **para** and **sin**, and drop the **que**.

La abogada investigará todos los detalles del caso **para defender** a su cliente.
The lawyer will investigate every detail of the case in order to defend her client.

- The use of the infinitive without **que** when there is no change of subject is optional after the prepositions **antes de**, **con tal de**, and **en caso de**. After **a menos que**, however, always use the subjunctive.

Debo leer sobre el candidato **antes de votar** por él.
I must read about the candidate before voting for him.

La senadora va a perder **a menos que mejore** su imagen.
The senator is going to lose unless she improves her image.

Conjunctions followed by the subjunctive or the indicative

● If the action in the main clause has not yet occurred, then the subjunctive is used after conjunctions of time or concession.

—*En cuanto te lo quites un rato, ni te acuerdas.*

Conjunctions followed by the subjunctive or the indicative

a pesar de que *despite*	**hasta que** *until*
aunque *although; even if*	**luego (de) que** *after*
cuando *when*	**mientras que** *while*
después (de) que *after*	**siempre que** *as long as*
en cuanto *as soon as*	**tan pronto como** *as soon as*

Trabajaremos duro **hasta que** no **haya** más abusos de poder.
We will work hard until there are no more abuses of power.

Aunque mejore la seguridad, siempre tendrán miedo de viajar en avión.
Even if security improves, they will always be afraid to travel by plane.

Cuando hablen con la prensa, van a exigir la libertad para los prisioneros.
When they speak with the press, they are going to demand freedom for the prisoners.

● If the action in the main clause has already happened, or happens habitually, then the indicative is used in the adverbial clause.

Tan pronto como se supieron los resultados, el partido anunció su victoria.
As soon as the results were known, the party announced its victory.

Mi padre y yo siempre nos peleamos **cuando hablamos** de política.
My father and I always fight when we talk about politics.

● **A pesar de**, **después de**, and **hasta** can also be followed by an infinitive, instead of **que** + [*subjunctive*], when there is no change of subject.

Algunos ladrones se reforman **después de salir** de la cárcel.
Some thieves reform after leaving jail.

Algunos ladrones se reforman **después de que salen** de la cárcel.
Some thieves reform after they leave jail.

Práctica

1

Declaraciones Elige la conjunción adecuada para completar la conversación entre un periodista y la gobernadora Ibáñez.

PERIODISTA Gobernadora Ibáñez, ¿qué le parecieron las declaraciones del presidente?

GOBERNADORA (1) (Aunque / Cuando) yo generalmente no pienso igual que él, en este caso creo que todos debemos trabajar juntos (2) (a pesar de que / para que) la situación económica mejore. (3) (Hasta que / Tan pronto como) el presidente vuelva de su viaje por Asia, insistiré en hablar con él sobre mis ideas.

PERIODISTA ¿Cuándo me dijo que va hablar con él?

GOBERNADORA (4) (En cuanto / Aunque) regrese la semana que viene. Quiero hablar con él (5) (sin que / para que) sepa que todos los miembros del partido estamos dispuestos (*willing*) a trabajar muy duro (6) (con tal de que / luego que) la situación de este país mejore.

2

Completar Completa las oraciones usando el indicativo, el subjuntivo o el infinitivo.

1. El candidato no va a viajar a menos que su esposa lo _____ (acompañar).

2. El abogado va a hablar con el presidente antes de que _____ (llegar) los manifestantes.

3. Los liberales y los conservadores hacen todo lo necesario con tal de _____ (ganar) las elecciones.

4. Los miembros del partido se fueron tan pronto como _____ (saber) que habían perdido las elecciones.

5. Los políticos viajan por el país para _____ (hablar) con la gente.

6. El pueblo votará por la candidata con tal de no _____ (ver) al otro candidato ganar.

7. La gente recuerda las promesas de los políticos cuando _____ (votar).

8. El alcalde olvidó sus promesas después de _____ (ganar) las elecciones.

9. El tribunal no podrá continuar sin _____ (juzgar) al acusado.

10. Los periodistas van a estar con los candidatos hasta que _____ (terminar) las elecciones.

3

Tendencias políticas Forma oraciones completas usando los elementos. Usa el presente del indicativo para el primer verbo y haz otros cambios que sean necesarios.

Modelo **(nosotros) / escuchar / debates / con tal de que / candidato / inspirarnos**
Escuchamos los debates con tal de que el candidato nos inspire.

1. (yo) / llamarte / mañana / en cuanto / (ellas) / llegar / manifestación

2. cada año / partido / anunciar / victoria / después de que / contarse / último voto

3. gobiernos / chantajear / víctimas / para que / nadie / descubrir / injusticias

4. (tú) / siempre / pelear / por / nuestros derechos / sin que / (nosotros) / pedírtelo

5. guerra civil / ir / empezar / antes de que / políticos / poder / explicar / escándalos

6. presidentes / aprobar / leyes / inútil / mientras que / (nosotros) / destrozar / medio ambiente

 Practice more at **imagina.vhlcentral.com**.

Comunicación

4

Instrucciones La primera dama le dejó una lista de tareas a su secretario. Luego se dio cuenta de que había olvidado ciertos detalles y dejó otra lista. En parejas, túrnense para unir los detalles de las dos listas. Después, inventen dos oraciones adicionales. Usen estas conjunciones.

Modelo **Pídele los archivos de todas sus decisiones. / ¡Puede pasar el juez!**
Le pido los archivos de todas sus decisiones en caso de que pase el juez.

a menos que	cuando	para que
a pesar de que	en caso de que	siempre que
con tal de que	en cuanto	tan pronto como

1. Contesta llamadas y correos electrónicos.
2. Escríbeles cartas a los senadores.
3. No hagas declaraciones.
4. Dile al ministro de educación que lo llamaré.

1. ¡Deben ser urgentes!
2. ¡Tienen que saber que no estaré en mi oficina!
3. ¡Pueden llamar los periodistas!
4. ¡Debe acabarse primero el almuerzo de gala!

5

Posibilidades En parejas, túrnense para completar estas oraciones y expresar sus puntos de vista.

1. Terminaré mis estudios a tiempo a menos que…

2. Me iré a vivir a otro país en caso de que…

3. Ahorraré mucho dinero para que…

4. Yo cambiaré de carrera en cuanto…

5. Me jubilaré cuando…

6

Programa En grupos de cuatro, imaginen que son los asesores (*advisors*) de un político. Expliquen qué hará el candidato en distintas situaciones usando conjunciones con el subjuntivo.

Modelo Para que los ecologistas estén contentos, el alcalde dará más dinero para limpiar el río. Volverá a ser una parte importante en la vida de los ciudadanos con tal de que toda la comunidad ayude a mantenerlo.

6.2

The past subjunctive

Forms of the past subjunctive

TALLER DE CONSULTA

See **2.1**, **pp. 56–57** for the preterite forms of regular, irregular, and stem-changing verbs.

- The past subjunctive (**el pretérito imperfecto del subjuntivo**) of all verbs is formed by dropping the **–ron** ending from the **ustedes/ellos/ellas** form of the preterite and adding the past subjunctive endings.

¡ATENCIÓN!

The past subjunctive is also referred to as the imperfect subjunctive (**el imperfecto del subjuntivo**).

The **nosotros/as** form of the past subjunctive always takes a written accent.

The past subjunctive		
caminar (caminaron)	perder (perdieron)	vivir (vivieron)
caminara	perdiera	viviera
caminaras	perdieras	vivieras
caminara	perdiera	viviera
camináramos	perdiéramos	viviéramos
caminarais	perdierais	vivierais
caminaran	perdieran	vivieran

Queríamos que el gobierno **respetara** los derechos humanos.
We wanted the government to respect human rights.

Me pareció increíble que los liberales **perdieran** las elecciones.
It seemed unbelievable to me that the liberals lost the election.

Nos sorprendió que el abogado no **supiera** cómo reaccionar ante la amenaza.
It surprised us that the lawyer did not know how to react to the threat.

- Verbs that have stem changes or irregularities in the **ustedes/ellos/ellas** form of the preterite have those same irregularities in all forms of the past subjunctive.

infinitive	preterite form	past subjunctive forms
pedir	pidieron	pidiera, pidieras, pidiera, pidiéramos, pidierais, pidieran
sentir	sintieron	sintiera, sintieras, sintiera, sintiéramos, sintierais, sintieran
dormir	durmieron	durmiera, durmieras, durmiera, durmiéramos, durmierais, durmieran
influir	influyeron	influyera, influyeras, influyera, influyéramos, influyerais, influyeran
saber	supieron	supiera, supieras, supiera, supiéramos, supierais, supieran
ir/ser	fueron	fuera, fueras, fuera, fuéramos, fuerais, fueran

- In Spain and other parts of the Spanish-speaking world, the past subjunctive is also used with an alternate set of endings: **–se, –ses, –se, –semos, –seis, –sen**. You will also see these forms in literary texts.

Mariano me pidió que **fuera/fuese** con él al tribunal.
Mariano asked me to go with him to court.

Nadie creyó que **estuviéramos/estuviésemos** entre los manifestantes.
No one believed that we were among the demonstrators.

Uses of the past subjunctive

- The past subjunctive is required in the same contexts as the present subjunctive, except that the point of reference is in the past. When the verb in the main clause is in the past, the verb in the subordinate clause is in the past subjunctive.

*Mis padres también me pidieron que me lo **quitara**.*

Present time	**Past time**
Ellos sugieren que **vayamos** a la reunión.	Ellos sugirieron que **fuéramos** a la reunión.
They suggest that we go to the meeting.	*They suggested that we go to the meeting.*
Espero que no **tengan** problemas con los políticos.	Esperaba que no **tuvieran** problemas con los políticos.
I hope they won't have any problems with the politicians.	*I was hoping they wouldn't have any problems with the politicians.*
Necesitamos un presidente que **apoye** nuestra causa.	Necesitábamos un presidente que **apoyara** nuestra causa.
We need a president who will support our cause.	*We needed a president who would support our cause.*
Tú la defiendes aunque **sea** culpable.	Tú la defendiste aunque **fuera** culpable.
You defend her even though she's guilty.	*You defended her even though she was guilty.*

- The expression **como si** (*as if*) is always followed by the past subjunctive.

  Habla de la guerra **como si** no le **importara**.
  He talks about the war as if he didn't care.

  ¿Por qué siempre me andas espiando **como si fuera** un ladrón?
  Why do you always go around spying on me as if I were a thief?

  Reaccionarán **como si trajéramos** malas noticias.
  They will react as if we brought bad news.

  Me saludó **como si** no me **conociera**.
  She greeted me as if she didn't know me.

- The past subjunctive is commonly used with **querer** to make polite requests, to express wishes, or to soften statements.

  Quisiera verlos hoy, por favor.   **Quisiéramos** paz y justicia para nuestro pueblo.
  I'd like to see you today, please.   *We wish for peace and justice for our people.*

TALLER DE CONSULTA

The past subjunctive is also frequently used in **si** clauses. See **9.3, pp. 322–323**.

¿Tú te imaginas qué pasaría si a cada uno se le ocurriera venir vestido de acuerdo con su religión?
Can you imagine what would happen if everyone decided to come dressed according to his or her religion?

¡ATENCIÓN!

When using the past subjunctive of **querer** or the conditional of any verb in a main clause, use the past subjunctive in the subordinate clause.

Quisiéramos que volvieran mañana.
We'd like you to return tomorrow.

Sería mejor que me dijeras la verdad.
It would be better for you to tell me the truth.

Práctica

1 **Viñas de Chile** Completa este párrafo en que le cuentas a tu familia los consejos de un viticultor (*vine-grower*) chileno sobre cómo guardar el vino en casa. Usa el pretérito imperfecto del subjuntivo.

Miren, me dijo que era importante que nosotros (1) _____ (poner) el vino en un lugar oscuro y sin corrientes de aire. Me sugirió que lo (2) _____ (guardar) en el sótano (*basement*) de la casa, donde hay una temperatura baja y constante. También me recomendó que (3) _____ (mantener) el sótano con un nivel de humedad de un 70% como si (4) _____ (ser) absolutamente esencial. Y claro, me dijo que sólo (5) _____ (comprar) vinos de calidad,

La viña Errazuriz

como los chilenos o argentinos. A mí me pareció curioso que me (6) _____ (aconsejar) comprar vinos argentinos, porque otros chilenos con los que hablé me pidieron que nunca los (7) _____ (comprar). ¿Qué les parecen estos consejos? Papá, me dijo que no (8) _____ (dudar) en llamarlo si tienes alguna pregunta.

2 **¿Qué le pidieron?** Eugenia Lucía Bermúdez es rectora (*chancellor*) de una universidad. En parejas, usen la tabla para preparar un diálogo donde ella cuenta lo que le pidieron el primer día de clases.

Modelo —¿Qué le pidió su secretaria?
—Mi secretaria me pidió que le diera menos trabajo.

Personajes	Verbo	Actividad
los profesores los estudiantes el club ecologista los vecinos de la universidad el entrenador del equipo de fútbol	me pidió que me pidieron que	construir un estadio nuevo hacer menos ruido plantar más árboles dar más días de vacaciones comprar más computadoras

3 **Dueño estricto** En parejas, imaginen que ustedes compartían un apartamento. Túrnense para comentar las reglas del edificio y usen el pretérito imperfecto del subjuntivo.

Modelo **No cocinar comidas aromáticas**
El dueño del apartamento me dijo/pidió/ordenó que no cocinara comidas aromáticas.

1. No usar la calefacción en abril.
2. Limpiar los pisos dos veces al día.
3. No recibir visitas en el apartamento después de las 10 de la noche.
4. Hacer la cama todos los días.
5. Sacar la basura todos los días.
6. No encender las luces antes de las 8 de la noche.

 Practice more at **imagina.vhlcentral.com.**

Comunicación

4

De niño En parejas, háganse estas preguntas sobre su niñez. Después, añadan información adicional usando un verbo distinto en el pretérito imperfecto del subjuntivo.

Modelo —¿**Esperabas que tus padres te compraran videojuegos?**

—Sí, y también esperaba que me dieran más independencia./
No, pero esperaba que me llevaran al cine todos los sábados.

La imaginación

¿Esperabas que tus padres te compraran videojuegos?

¿Dudabas que los súper héroes existieran?

¿Esperabas que Santa Claus te trajera los regalos que le pedías?

Las relaciones

¿Querías que tu primer amor durara toda la vida?

¿Querías que tus padres te compraran todo lo que pedías?

¿Querías que tus familiares pasaran menos o más tiempo contigo?

El colegio

¿Soñabas con que el/la maestro/a cancelara la clase todos los días?

¿Esperabas que tus amigos de la infancia siguieran siendo tus amigos toda la vida?

¿Deseabas que las vacaciones de verano se alargaran (*were longer*)?

5

¿Qué sucedió? En parejas, preparen una conversación inspirada en esta situación utilizando el pretérito imperfecto del subjuntivo. Después, represéntenla ante la clase.

Rosaura y Orlando fueron de viaje a Chile el año pasado. Rosaura se enojó con Orlando porque él se quedó en el hotel y no quiso acompañarla a esquiar. A ella le encanta el esquí, pero a él no. Ahora están planeando otras vacaciones y peleando sobre lo que pasó durante las últimas.

Modelo ROSAURA Quería que tú me acompañaras.

ORLANDO Era importante que tú entendieras mis gustos.

6.3

Comparatives and superlatives

Comparisons of inequality

TALLER DE CONSULTA

The use of diminutives and augmentatives is common in comparative and superlative statements. See **Manual de gramática, 6.5, p. 398.**

- With adjectives, adverbs, nouns, and verbs, use these constructions to make comparisons of inequality (*more than/less than*).

$$\text{más/menos} + \begin{bmatrix} \textit{adjective} \\ \textit{adverb} \\ \textit{noun} \end{bmatrix} + \text{que} \qquad \boxed{\textit{verb}} + \text{más/menos que}$$

Adjective	Noun
Sus creencias son **menos liberales que** las mías.	El presidente tenía **menos poder que** el ejército.
His beliefs are less liberal than mine.	*The president had less power than the army.*

Adverb	Verb
¡Llegaste **más tarde que** yo!	¡**Nos peleamos más que** los niños!
You arrived later than I did!	*We fight more than the kids do!*

- Before a number (or equivalent expression), *more/less than* is expressed with **más/menos de**.

Necesito un vuelo a Santiago, pero no puedo pagar **más de** quinientos dólares.	Será difícil, señor. Déjeme buscar y le aviso en **menos de** una hora.
I need a flight to Santiago, but I can't pay more than five hundred dollars.	*That will be difficult, sir. Let me look, and I'll let you know in less than an hour.*

Comparisons of equality

¡ATENCIÓN!

Tan and **tanto** can also be used for emphasis, rather than to compare.

tan *so*

tanto *so much*

tantos/as *so many*

¡Tus ideas son tan anticuadas!
Your ideas are so outdated!

¿Por qué te enojas tanto?
Why do you get so angry?

Lo hemos hablado tantas veces y nunca logro convencerte.
We've talked about it so many times, and I never manage to convince you.

- The following constructions are used to make comparisons of equality (*as...as*).

$$\text{tan} + \begin{bmatrix} \textit{adjective} \\ \textit{adverb} \end{bmatrix} + \text{como} \qquad \text{tanto/a(s)} + \begin{bmatrix} \textit{singular noun} \\ \textit{plural noun} \end{bmatrix} + \text{como}$$

$$\boxed{\textit{verb}} + \text{tanto como}$$

Adjective	Noun
El debate de anoche fue **tan aburrido como** el de la semana pasada.	La señora Pacheco habló con **tanta convicción como** el señor Quesada.
Last night's debate was as boring as last week's.	*Ms. Pacheco spoke with as much conviction as Mr. Quesada.*

Adverb	Verb
Nosotros discutimos **tan intensamente como** los candidatos.	Ambos candidatos son insoportables. Ella **miente tanto como** él.
We argued as intensely as the candidates.	*Both candidates are unbearable. She lies as much as he does.*

Superlatives

- Use this construction to form superlatives (**superlativos**). The noun is preceded by a definite article, and **de** is the equivalent of *in*, *on*, or *of*.

el/la/los/las + [*noun*] + más/menos + [*adjective*] + de

Ésta es **la playa más bonita de** la costa chilena.
This is the prettiest beach on the coast of Chile.

Es **el hotel menos caro del** pueblo.
It is the least expensive hotel in town.

- The noun may also be omitted from a superlative construction.

Me gustaría comer en **el** restaurante **más elegante del** barrio.
I would like to eat at the most elegant restaurant in the neighborhood.

Las Dos Palmas es **el más elegante de** la ciudad.
Las Dos Palmas is the most elegant one in the city.

Irregular comparatives and superlatives

Adjective	Comparative form	Superlative form
bueno/a *good*	**mejor** *better*	**el/la mejor** *best*
malo/a *bad*	**peor** *worse*	**el/la peor** *worst*
grande *big*	**mayor** *bigger*	**el/la mayor** *biggest*
pequeño/a *small*	**menor** *smaller*	**el/la menor** *smallest*
viejo/a *old*	**mayor** *older*	**el/la mayor** *oldest*
joven *young*	**menor** *younger*	**el/la menor** *youngest*

- When **grande** and **pequeño** refer to size and not age or quality, the regular comparative and superlative forms are used.

Ernesto es **más pequeño** que yo.   Ese edificio es **el más grande** de todos.
Ernesto is smaller than I am.   *That building is the biggest one of all.*

- When **mayor** and **menor** refer to age, they follow the noun they modify. When they refer to quality, they precede the noun.

Lucía es mi hermana **menor**.   La corrupción es el **menor** problema del candidato.
Lucía is my younger sister.   *Corruption is the least of the candidate's problems.*

- The adverbs **bien** and **mal** also have irregular comparatives.

bien *well*	**mejor** *better*
mal *badly*	**peor** *worse*

Ayúdame, que **tú** lo haces **mejor que yo**.
Give me a hand; you do it better than I do.

¡ATENCIÓN!

Absolute superlatives
The suffix **–ísimo/a** is added to adjectives and adverbs to form the *absolute superlative*.

This form is the equivalent of *extremely* or *very* before an adjective or adverb in English.

malo → malísimo
mucha → muchísima
rápidos → rapidísimos
fáciles → facilísimas

Adjectives and adverbs with stems ending in **c, g,** or **z** change spelling to **qu, gu,** and **c** in the absolute superlative.

rico → riquísimo
larga → larguísima
feliz → felicísimo

Adjectives that end in **–n** or **–r** form the absolute by adding **–císimo/a**.

joven → jovencísimo
trabajador → trabajadorcísimo

Práctica

1

El mejor Marta y Roberto son de diferentes partidos políticos. Completa su diálogo utilizando las palabras de la lista.

como	más	mejor	peor
malísimo	mayor	muchísimos	que

ROBERTO Mi candidato está tan preparado para ser presidente de este país
(1) _____ el tuyo. Estudió en la (2) _____ universidad del país y ha
sido uno de los abogados (3) _____ reconocidos de los últimos cinco
años. Además, habla (4) _____ idiomas.

MARTA ¡Sólo habla español! Mi hermana (5) _____ trabaja en la oficina de tu
candidato y dice que es el (6) _____ abogado de la ciudad.

ROBERTO No te creo. Es verdad que no ha tenido mucha suerte últimamente,
pero ha perdido menos casos (7) _____ tu candidato, que es un
abogado (8) _____.

2

Oraciones

A. Escribe oraciones con superlativos usando la información del cuadro.

Modelo *Harry Potter* es el libro más popular del siglo.

Harry Potter	libro	popular
Miley Cyrus	banda	famosa
La Antártida	jugador	joven
Hilary Duff	continente	frío
El Nilo	cantante	rico
Disneylandia	actriz	largo
Chris Paul	montaña	importante
Los hermanos Jonas	río	alta
El monte Everest	país	feliz
China	lugar	poblado

B. Ahora, vuelve a escribir oraciones, pero esta vez usa comparativos.

Modelo *Harry Potter* es más popular que *El señor de los anillos*.

Comunicación

3

Cita Anoche tuviste una cita a ciegas (*blind date*). En parejas, hablen sobre la cita usando comparativos y superlativos. Utilicen las palabras de la lista.

> **Modelo** La cita de anoche fue la peor de mi vida porque fue aburrida.

carne	conversación	pelo
carro	ensalada	restaurante
chistes	película	ropa

4

¿Punta Arenas o Miami? Néstor y Ofelia están planeando unas vacaciones. Néstor quiere ir a Miami, pero Ofelia prefiere visitar Punta Arenas.

A. En parejas, decidan qué frases de la lista corresponden a cada lugar y completen la tabla.

> 1. Hacer un crucero por la Antártida
> 2. Hacer un crucero por el Caribe
> 3. Hace mucho calor
> 4. Hace mucho frío
> 5. Ir a la playa con pantalones cortos y camiseta
> 6. Ir a la playa con abrigo y guantes
> 7. Visitar la Plaza de Armas
> 8. Visitar la Pequeña Habana

Punta Arenas	Miami

Frases:	Frases:

B. Ahora, dramaticen un diálogo entre Néstor y Ofelia. Cada uno tiene que explicar las razones por las cuales prefiere ir a cada lugar. Utilicen comparativos y superlativos.

5

Debate presidencial En grupos de tres, imaginen un debate en que dos de ustedes son candidatos/as presidenciales. La tercera persona es un(a) periodista que hace preguntas. Usen oraciones con comparativos y superlativos.

Síntesis

¡Luchemos unidos contra la corrupción!

Porque Temuco lo merece...
Vote por Marcelo Rojas para gobernador
Partido Conservador

**Para que haya más trabajo en Temuco
Vote por Patricia Salazar para gobernar con decisión
Partido Liberal**

Para una sociedad más justa
Antonio Morales es la solución.
Por un Temuco mejor...
Vote Partido Ecologista

Por un Temuco que progresa
Celeste Ortega es tu mejor opción.
Para encaminarnos a un futuro mejor
vota por el Partido Avance Democrático

1
Entrevista En la ciudad chilena de Temuco hay elecciones para elegir alcalde. Aquí tienen algunos carteles publicitarios de cuatro partidos políticos imaginarios. En parejas, seleccionen uno de ellos y escriban una entrevista al/a la candidato/a realizada por un(a) periodista local. Deben usar oraciones adverbiales con subjuntivo y las conjunciones que aprendieron en esta lección.

2
Pedidos Los políticos reciben muchos pedidos durante sus campañas electorales. En grupos pequeños, imaginen que tuvieron una audiencia con uno de los candidatos para alcalde. Describan cinco cosas que le pidieron. Deben usar el pretérito imperfecto del subjuntivo.

   Modelo   Le pedimos que bajara los impuestos.

3
Sistema electoral Usando oraciones con comparativos y superlativos, escriban su opinión sobre el sistema electoral. ¿Les gusta? ¿Creen que es justo? ¿Cambiarían algo? ¿Por qué? Después compartan con la clase sus opiniones en un debate abierto.

Preparación  Audio: Vocabulary

Vocabulario de la lectura		Vocabulario útil
derrocar *to overthrow*	**el golpe de estado** *coup d'état*	**encabezar** *to lead*
derrotar *to defeat*		**el juicio** *judgment*
la ejecución *execution*	**la huelga** *strike*	**la ley** *law*
ejercer (el poder) *to exercise/ exert (power)*	**el informe** *report*	**promulgar** *to enact (a law)*
	el orgullo *pride*	**rescatado/a** *rescued*
fortalecer *to strengthen*	**el secuestro** *kidnapping*	**tener derecho a** *to have the right to*
el fracaso *failure*	**la trampa** *trap*	
la fuerza *force*		

1 **Palabras** Elige la palabra de la lista que corresponde a cada descripción.

derrotar	informe
fortalecer	ley
fracaso	orgullo
fuerza	secuestro
huelga	trampa

1. _____ regla o norma

2. _____ poder, fortaleza, vigor

3. _____ acción de retener a una persona y no dejarla libre

4. _____ opuesto de éxito

5. _____ vencer, ganar

6. _____ exposición oral o escrita que describe una situación

7. _____ forma de protesta en la que se decide no trabajar

8. _____ hacer que algo o alguien sea más fuerte

2 **Contextos** Escribe dos oraciones usando en cada una dos palabras de la Actividad 1. Después, escribe dos oraciones más usando en cada una otras dos palabras del resto del vocabulario de esta página.

3 **Los gobiernos** En parejas, contesten las preguntas y expliquen sus respuestas.

1. ¿Cuántas formas de gobierno conocen?

2. ¿Cuáles son las diferencias entre estos gobiernos?

3. ¿Qué tipo de gobierno tiene su país?

4. ¿De qué beneficios disfrutan gracias al tipo de gobierno de su país? ¿Qué desventajas tiene?

5. ¿Cómo participan en la vida política de su país?

Chile: dictadura y democracia

El día 11 de septiembre de 1973, Chile, considerado por décadas como uno de los países de mayor tradición democrática de Hispanoamérica, sufrió un golpe militar liderado por Augusto Pinochet. El golpe derrocó al presidente socialista Salvador Allende. El gobierno, que caía por la fuerza, había durado tan sólo tres años. Este breve período se había visto marcado por las grandes dificultades económicas, las huelgas y la violencia en las calles. La oposición, con la ayuda de los servicios secretos estadounidenses, había impuesto grandes obstáculos para desequilibrar la economía chilena.

Esta crisis social e institucional culminó con el golpe de estado. Desde ese día, el general Augusto Pinochet ejerció el poder de forma dictatorial. La prioridad de su gobierno fue la de eliminar a la oposición política tomando como primera medida° la prohibición de todos los partidos políticos. Este objetivo no sólo se persiguió° con las leyes, sino que se violaron de forma sistemática los derechos humanos. Se detenía a los miembros de partidos políticos y sindicatos° y se les llevaba a centros preparados para la tortura. De muchos de ellos no se supo nunca nada; de otros, se tiene la certeza° de que fueron ejecutados°.

El gobierno militar estableció una política económica neoliberal que mejoró la economía chilena, reduciendo con éxito la inflación y aumentando la producción. Este éxito económico ha sido en muchas ocasiones la tarjeta de presentación de la dictadura de Pinochet. Sus críticos, sin embargo, afirman que estas medidas económicas aumentaron las desigualdades sociales porque privilegiaban a los más ricos.

Confiado° en su victoria, el general se presentó como candidato presidencial en un plebiscito que él mismo propuso. Éste se celebró en 1988 y, para sorpresa de muchos, fue derrotado. Pinochet había caído

en su propia trampa y su fracaso abrió las puertas a elecciones libres al año siguiente, las primeras en casi veinte años. Augusto Pinochet salió del poder en 1990. A partir de esa fecha, Chile empezó el proceso de transición democrática.

Hoy, la sociedad chilena todavía sigue dividida a la hora de juzgar los muchos años de dictadura. Una parte de la población chilena ve a Pinochet, quien murió el 10 de diciembre de 2006, como un cruel dictador que impuso un estado dictatorial manchado por la sangre° de sus enemigos políticos. Otros ven en Pinochet a un héroe que intervino en la historia del país para salvarlo del comunismo. Hasta hace poco, todavía había quienes negaban la existencia de secuestros y ejecuciones, tantas veces denunciados° por los familiares de los desaparecidos. La aparición de pruebas° y la publicación de informes han confirmado la existencia de estos crímenes.

Uno de ellos, el informe Valech (conocido oficialmente como Informe de la Comisión Nacional sobre Prisión Política y Tortura), fue publicado el 29 de noviembre de 2004. Su misión era ofrecer un reconocimiento público y oficial de los abusos a los derechos humanos cometidos por el gobierno militar de Augusto Pinochet en Chile entre los años 1973 y 1990. El presidente chileno Ricardo Lagos, electo en las elecciones del año 2000, formó una comisión para ello. Con el testimonio de más de treinta y cinco mil personas, se constataron° los crímenes y se ofreció ayuda económica compensatoria y cobertura sanitaria° a las víctimas de la represión militar.

En un día histórico de enero de 2005, el ejército chileno aceptó su responsabilidad institucional en los abusos del pasado. En palabras de Ricardo Lagos, la mirada a la historia reciente ha servido para fortalecer la convivencia° y la unidad de todos los chilenos, que ya pueden mirar con orgullo hacia un futuro mejor. ■

measure

was pursued

labor unions

certainty/executed

Confident

stained by the blood

reported

proof

verified

health coverage

coexistence

Análisis

Comprensión Contesta las preguntas con oraciones completas.

1. ¿Qué sucedió con el gobierno de Salvador Allende?
2. ¿Qué ocurrió con la economía chilena durante el gobierno de Allende?
3. ¿Qué tipo de gobierno estableció Pinochet?
4. ¿Qué prioridades tuvo el gobierno de Pinochet? ¿Cómo consiguió estos objetivos?
5. ¿Qué ocurrió en el plebiscito de 1988? ¿Cuáles fueron las consecuencias?
6. ¿Qué piensan los chilenos hoy en día sobre el gobierno de Pinochet?
7. ¿Cuál fue el propósito del informe Valech?
8. ¿Qué ocurrió en enero de 2005?

Responsables Vuelve a leer este pasaje del artículo. Después, en parejas, contesten las preguntas a continuación.

Hoy, la sociedad chilena todavía sigue dividida... Una parte de la población chilena ve a Pinochet... como un cruel dictador... Otros ven en Pinochet a un héroe... Hasta hace poco, todavía había quienes negaban la existencia de secuestros y ejecuciones...

- ¿Qué situación paralela tiene/tuvo su país?
- ¿Quiénes son/fueron los protagonistas?
- ¿Cuáles son/fueron las circunstancias?
- ¿En qué se parece/parecía la situación a lo descrito en el pasaje?
- ¿En qué se diferencia/diferenciaba?

Completar En parejas, completen las oraciones con sus propias opiniones.

1. Un buen líder es una persona que...
2. El gobierno de cada país debe garantizar...
3. El abuso de poder en el gobierno ocurre cuando...
4. El abuso de poder también ocurre en la vida cuando...
5. Las leyes y los derechos nos ayudan a...

El juicio En grupos de tres, elijan uno de los casos y preparen un pequeño juicio. Uno/a de ustedes hará el papel de juez(a) y los/las demás representarán las posturas opuestas en cada tema. El/La juez(a) hará preguntas y al final dará su veredicto.

- Licencias de conducir a los 16 años de edad
- No fumar en lugares públicos
- Conscripción (*draft*) en tiempos de guerra

 Practice more at **imagina.vhlcentral.com.**

Preparación  Reading Audio: Vocabulary

Sobre el autor

Armando Valladares nació en Cuba en 1937. Pintor, poeta y ex-embajador de EE.UU. ante la comisión de Derechos Humanos de la ONU, es sin embargo conocido mundialmente como prisionero político y de conciencia. Fue encarcelado en 1960, a los 23 años, y liberado en 1982 gracias a la presión de una campaña internacional. Escribió varios libros de poemas, entre ellos *Prisionero de Castro* (1979) y *Contra toda esperanza* (1985). Actualmente preside el Proyecto Valladares, una organización internacional que defiende los derechos de los niños, y el Consejo Internacional de la Fundación de Derechos Humanos.

Vocabulario de la lectura		Vocabulario útil
ahogar *to stifle; to drown*	**la rebeldía** *rebelliousness*	**callar** *to silence*
el alma (f.) *soul*	**la sangre** *blood*	**la censura** *censorship*
la astilla *splinter*	**la tinta** *ink*	**el/la preso/a** *prisoner*
la cárcel *prison, jail*		**el orgullo** *pride*
el castigo *punishment*		**la reja** *iron bar*
la celda *(prison, jail) cell*		**resistir** *to resist*
hundir *to sink*		**vigilar** *to keep watch on*

1 **Vocabulario** Identifica la palabra que no está relacionada con cada grupo. Luego, escribe una oración usando cada palabra que seleccionaste.

1. a. censura   b. callar   c. ahogar   d. tinta
2. a. analfabeto   b. resistir   c. creencia   d. orgullo
3. a. cárcel   b. alma   c. preso   d. castigo
4. a. reja   b. celda   c. sangre   d. cárcel
5. a. callar   b. ahogar   c. silencio   d. astilla

2 **Responder** En parejas, contesten estas preguntas.

1. ¿Alguna vez les prohibieron algo injustamente? ¿Cómo reaccionaron en el momento? ¿Y después?

2. ¿Están o han estado alguna vez en una posición de poder (presidente de una organización, líder de un grupo académico, etc.)? ¿Cuál? ¿Qué tienen o tuvieron que hacer? ¿Qué efecto les produce o produjo el poder?

3. ¿Para qué sirve el poder? ¿Qué consecuencias tiene? ¿Puede usarse para el bien? ¿Y para el mal? Expliquen.

4. ¿Cómo definirían ustedes la palabra "resistencia"?

3 **Preparación** En parejas, lean el título del poema de Armando Valladares e imaginen de qué puede tratarse. Propongan más de una opción. Luego, compartan sus ideas con la clase.

La mejor TINTA

Audio: Dramatic Recording

ARMANDO VALLADARES

Me lo han quitado todo
las plumas
los lápices
la tinta
5 porque ellos no quieren
que yo escriba.
Y me han hundido
en esta celda de castigo
pero ni así ahogarán mi rebeldía.
10 Me lo han quitado todo
—bueno, casi todo—
porque me queda la sonrisa°   smile
el orgullo de sentirme un hombre libre
y en el alma un jardín
15 de eternas florecitas°.   little flowers
Me lo han quitado todo
la pluma
los lápices
pero me queda la tinta de la vida
20 —mi propia sangre—
y con ella escribo versos todavía.

Original escrito con mi sangre y una astillita° de   splinter
madera° en abril de 1981 en las celdas de castigo   wood
de la cárcel del Combinado del Este, en La Habana.

Análisis

1 **Comprensión** Decide si cada declaración es cierta o falsa. Corrige las falsas.

1. El poema es sobre un hombre que no puede salir de su casa.

2. El hombre es dueño (*owner*) de una colección de libros.

3. El encierro (*confinement*) ha logrado quitarle su orgullo y dignidad.

4. Escribe con su sangre y una astilla de madera.

5. Por la ventana el hombre puede ver un jardín.

2 **Interpretar** En parejas, contesten estas preguntas.

1. ¿Qué relación existe entre el poema y la biografía del autor?

2. ¿Qué crees que significa el título del poema? ¿Qué quiere decir que la sangre es "la tinta de la vida"?

3. El poeta usa las palabras "hundido" y "ahogar" para referirse a su situación en la cárcel. ¿Con qué se relacionan estos verbos y qué intentan expresar aquí?

4. El autor dice: "Me lo han quitado todo / las plumas / los lápices / la tinta". ¿Qué significa "todo" para el poeta?

5. Relee la enumeración de lo que todavía le queda al autor. ¿Qué consecuencias y significado crees que tiene para él?

3 **La escritura**

A. En parejas, lean estas respuestas de distintos escritores a la pregunta: **¿Para qué escribes?** Luego imaginen qué respuesta daría Armando Valladares y compártanla con la clase.

- "Escribir es prácticamente un proceso fisiológico: me regala la vida, me mantiene viva, me da energía."

- "Escribo porque sé que mis palabras hacen reír y llorar a mi público. Me da satisfacción saber que he despertado algo en mis lectores."

- "Fui profesor de historia durante muchos años. Escribir es para mí compartir los conocimientos acumulados de generaciones previas y transmitírselos a las futuras."

B. ¿Qué actividad les hace falta a ustedes para vivir? ¿Hay algo que nadie les puede quitar? ¿Qué?

4 **Escribir** Eres cronista (*reporter*) para una página web de análisis de las noticias y escribes un artículo sobre la historia de un(a) prisionero/a. Puedes elegir el punto de vista a favor (y pedir por su libertad) o en contra (y afirmar que lo que cuenta es mentira).

Plan de redacción

Escribir un artículo para una página web

1 Presentación Elige un título. Empieza el artículo con una cita que resuma tu posición.

2 Opinión Explica brevemente qué importancia tiene la historia de esta persona y qué efecto producen en ti sus acciones.

3 Conclusión Expresa tu idea sobre cómo solucionar la situación. Indica tu opinión usando el subjuntivo en cláusulas adverbiales: **No habrá solución hasta que se sepa la verdad; A menos que triunfe la libertad, la justicia nunca se cumplirá**, etc.

Creencias e ideologías

Audio: Vocabulary Flashcards
Video: *Flash Cultura*

Las leyes y los derechos

los derechos humanos *human rights*
la desobediencia civil *civil disobedience*
la (des)igualdad *(in)equality*
el/la juez(a) *judge*
la (in)justicia *(in)justice*
la libertad *freedom*
la lucha *struggle, fight*
el tribunal *court*

abusar *to abuse*
aprobar (o:ue) una ley *to pass a law*
convocar *to summon*
defender (e:ie) *to defend*
derogar *to abolish*
encarcelar *to imprison*
juzgar *to judge*

analfabeto/a *illiterate*
(des)igual *(un)equal*
(in)justo/a *(un)fair*
oprimido/a *oppressed*

La política

el abuso *abuse*
la armada *navy*
la bandera *flag*
la creencia *belief*
la crueldad *cruelty*
la democracia *democracy*
la dictadura *dictatorship*
el ejército *army*
el gobierno *government*
la guerra (civil) *(civil) war*
el partido político *political party*
la paz *peace*
el poder *power*
la política *politics*
las relaciones exteriores *foreign relations*
la victoria *victory*

dedicarse a *to devote oneself to*
elegir (e:i) *to elect*
ganar/perder (e:ie) las elecciones *to win/lose elections*
gobernar (e:ie) *to govern*
influir *to influence*
votar *to vote*

conservador(a) *conservative*
liberal *liberal*
pacífico/a *peaceful*
pacifista *pacifist*

Gente

el/la abogado/a *lawyer*
el/la activista *activist*
el/la ladrón/ladrona *thief*
el/la manifestante *demonstrator*
el/la político/a *politician*
el/la presidente/a *president*
el/la terrorista *terrorist*
la víctima *victim*

La seguridad y la amenaza

la amenaza *threat*
el arma (f.) *weapon*
el escándalo *scandal*
la (in)seguridad *(in)security; (lack of) safety*
el temor *fear*
el terrorismo *terrorism*
la violencia *violence*

chantajear *to blackmail*
destrozar *to destroy*
espiar *to spy*
huir *to flee*
pelear *to fight*
secuestrar *to kidnap, to hijack*

Cortometraje

el/la alumno/a *pupil, student*
la autoridad *authority*
el/la chaval(a) *kid, youngster*
la confianza *trust*
la diversidad *diversity*
la doble moral *double standard*
la hipocresía *hypocrisy*
el instituto *high school*
el pañuelo *headscarf*
el rato *a while*
la regla *rule*

ceder *to give up*
confiar *to trust*
disentir *to dissent, to disagree*

pegar *to hit*

laico/a *secular, lay*
musulmán/musulmana *Muslim*
raro/a *weird*

Cultura

la ejecución *execution*
el fracaso *failure*
la fuerza *force*
el golpe de estado *coup d'état*
la huelga *strike*
el informe *report*
el juicio *judgment*
la ley *law*
el orgullo *pride*
el secuestro *kidnapping*
la trampa *trap*

derrocar *to overthrow*
derrotar *to defeat*
ejercer (el poder) *to exercise/exert (power)*
encabezar *to lead*
fortalecer *to strengthen*
promulgar *to enact (a law)*
tener (e:ie) derecho a *to have the right to*

rescatado/a *rescued*

Literatura

el alma (f.) *soul*
la astilla *splinter*
la cárcel *prison, jail*
el castigo *punishment*
la celda *(prison, jail) cell*
la censura *censorship*
el orgullo *pride*
el/la preso/a *prisoner*
la rebeldía *rebelliousness*
la reja *iron bar*
la sangre *blood*
la tinta *ink*

ahogar *to stifle; to drown*
callar *to silence*
hundir *to sink*
resistir *to resist*
vigilar *to keep watch on*

Perspectivas laborales

P asamos un tercio de la vida educándonos para luego trabajar durante los dos tercios restantes. Durante la juventud hacemos planes y alimentamos ilusiones para el futuro. ¿Te sientes preparado/a para comenzar una carrera? ¿Te será más fácil encontrar trabajo que a tus padres o más difícil? ¿Qué situaciones favorables y retos anticipas?

Destino:
BOLIVIA Y PARAGUAY

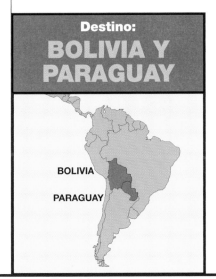

BOLIVIA

PARAGUAY

El trabajo y las finanzas  Audio: Vocabulary

El mundo laboral

el almacén *department store; warehouse*

el aumento de sueldo *pay raise*
la compañía *company*
el desempleo *unemployment*
la empresa (multinacional) *(multinational) company*
el horario de trabajo *work schedule*
el impuesto *tax*
el mercado *market*
el presupuesto *budget*
el puesto *position, job*
la reunión *meeting*
el sindicato *labor union*
el sueldo (mínimo) *(minimum) wage*

----

acosar *to harass*
administrar *to manage, to run*
ascender *to rise, to be promoted*
contratar *to hire*
despedir (e:i) *to fire*
estar a la/en venta *to be on sale*

¡En venta!

estar bajo presión *to be under pressure*
exigir *to demand*
ganarse la vida *to earn a living*
jubilarse *to retire*
renunciar *to quit*
solicitar *to apply for*
tener conexiones *to have connections; to have influence*

----

administrativo/a *administrative*
(in)capaz *(in)capable, (in)competent*
desempleado/a *unemployed*
perezoso/a *lazy*
trabajador(a) *hard-working*

La economía

los ahorros *savings*
la bancarrota *bankruptcy*
la bolsa de valores *stock market*
el cajero automático *ATM*

la crisis económica *economic crisis*
la cuenta corriente *checking account*
la cuenta de ahorros *savings account*
la deuda *debt*
la pobreza *poverty*
la riqueza *wealth*
la tarjeta de crédito *credit card*
la tarjeta de débito *debit card*

----

ahorrar *to save*
aprovechar *to take advantage of*
cobrar *to charge, to be paid*
depositar *to deposit*
gastar *to spend*
invertir (e:ie) *to invest*
pedir (e:i) prestado *to borrow*
prestar *to lend*

----

a corto/largo plazo *short/long-term*
agotado/a *exhausted*

dispuesto/a (a) *ready, willing (to)*
estresado/a *stressed (out)*
exitoso/a *successful*
financiero/a *financial*

La gente en el trabajo

el/la asesor(a) *consultant, advisor*
el/la contador(a) *accountant*
el/la dueño/a *owner*
el/la ejecutivo/a *executive*
el/la empleado/a *employee*
el/la gerente *manager*
el hombre/la mujer de negocios *businessman/woman*

el/la obrero/a *blue-collar worker*
el/la socio/a *partner; member*
el/la vendedor(a) *salesman/woman*

Práctica

1

Definir Indica a qué palabra se refiere cada definición.

agotado	deuda	obrero
aprovechar	dispuesto	presupuesto
ascender	gerente	renunciar
desempleo	invertir	solicitar

1. Pasar a una categoría o puesto superior
2. Obligación que tiene una persona de devolverle dinero a otra
3. Cálculo de los gastos (*expenses*) necesarios para realizar un proyecto
4. Falta de empleo
5. Abandonar un proyecto o puesto de trabajo
6. Pedir un trabajo siguiendo los pasos adecuados
7. Preparado para hacer algo y con la voluntad de hacerlo
8. Poner dinero o tiempo en algo para después sacar un beneficio
9. Obtener la máxima ventaja de una situación
10. Sin fuerzas o energía a causa del cansancio

2

Completar Elige el final para cada oración.

1. Yo soy el dueño de esta compañía, pero por fin me jubilé y ahora la compañía _____

2. Mi nieta es empleada de una empresa multinacional extranjera y _____

3. Estoy harto. Si no me suben el sueldo inmediatamente, _____

4. Los centros comerciales, los restaurantes, los cines y los taxis están vacíos. Nadie sale a comprar nada. Debe ser porque _____

5. Estoy desempleado y no encuentro trabajo. Mi cuenta de ahorros está en rojo y sólo tengo dinero para pagar el alquiler. Son motivos suficientes para _____

a. renuncio y punto.
b. estar bajo presión.
c. está a la venta.
d. se gana muy bien la vida.
e. hay crisis económica.

3

Soluciones En grupos de tres, busquen soluciones a estas situaciones. Cada uno/a debe dar al menos dos consejos para cada caso. Utilicen la imaginación y tantas palabras del vocabulario como puedan.

a. No tengo trabajo pero sí tengo muchas deudas. Soy demasiado joven para tener tantos problemas. Estoy dispuesta a aceptar cualquier trabajo.

b. Mi trabajo consiste en vender un producto defectuoso. Odio tener que mentir a los clientes. Quiero renunciar, pero temo no conseguir otro trabajo.

c. Estoy cansado de trabajar más horas que un reloj y cobrar el sueldo mínimo. Tengo tres hijos pequeños. Mi esposa es ejecutiva y gana mucho dinero, pero siempre está fuera de casa. Estoy agotado.

Practice more at **imagina.vhlcentral.com**.

Preparación ⓢ Audio: Vocabulary

Vocabulario del corto

la beca de investigación *research grant*

el botón *button*

el cargo *position*

la culpa *fault*

expulsar *to expel, to dismiss*

inaudito/a *unprecedented*

intentar *to try*

el/la jefe/a *boss*

marcharse *to leave*

partirse de risa *to split one's sides laughing*

perder (e:ie) el tiempo *to waste time*

portarse *to behave*

sellar *to stamp*

volar (o:ue) *to fly*

Vocabulario útil

el ataque *seizure*

la burocracia *bureaucracy*

comprensivo/a *understanding*

destacar *to stand out*

flotar *to float*

el/la oficinista *office worker*

el sello *stamp*

el/la soñador(a) *dreamer*

el techo *ceiling*

EXPRESIONES

Dentro de lo que cabe. *All things considered.*

Me toca. *It's my turn.*

No tiene que ver con… *It has nothing to do with…*

¡Qué fuerte! *Wow!; Unbelievable!*

¡Qué gracia! *How funny!*

Qué va, es ponerse, como en todos los trabajos. *Nonsense, it's just a matter of making an effort, as in all jobs.*

1 Vocabulario Completa las oraciones.

1. El señor Martínez es el nuevo _____.
   a. botón   b. cargo   c. jefe

2. No me gusta _____ cuando estoy trabajando.
   a. flotar   b. perder el tiempo   c. volar

3. Mi _____ en esta compañía es el de gerente.
   a. culpa   b. beca de investigación   c. cargo

4. Su trabajo _____ entre los demás.
   a. destaca   b. se marcha   c. intenta

5. Mi primo trabaja de _____.
   a. oficinista   b. sello   c. inaudito

6. _____, nuestro jefe es comprensivo.
   a. Me toca   b. Dentro de lo que cabe   c. La beca de investigación

2 Escribir En parejas, escriban oraciones combinando un elemento de cada columna.

compañía	ascender	cargo
empleados	destacar	culpa
gerentes	expulsar	reunión
jefa	intentar	sindicato
obreros	marcharse	sueldo

3

Fotogramas En parejas, observen el fotograma e imaginen lo que va a ocurrir en el cortometraje. Después, intercambien sus predicciones.

4

¿Eres optimista? Primero, completa la tabla y después, en parejas, intercambien sus opiniones explicando sus puntos de vista. Díganle a la clase si su compañero/a es optimista o pesimista, según las respuestas que dio.

	Sí	No
1. Algún día voy a alcanzar (*reach*) mis sueños.	☐	☐
2. La vida es demasiado complicada.	☐	☐
3. Todas las personas tienen un lado bueno.	☐	☐
4. No creo que los problemas del mundo se puedan resolver.	☐	☐
5. Cuando termine la universidad, voy a encontrar un trabajo muy bueno.	☐	☐
6. La edad para jubilarse seguirá subiendo. Tendré que trabajar hasta los 85 años.	☐	☐
7. Voy a mejorar el mundo.	☐	☐
8. Con mi sueldo voy a comprar una casa en las montañas y una en la playa.	☐	☐
9. Nunca voy a tener un(a) jefe/a que comparta mis ideales.	☐	☐
10. Para no enojarme en las situaciones difíciles, evito sacar conclusiones precipitadas.	☐	☐

5

Preguntas En parejas, contesten las preguntas y expliquen sus respuestas.

1. ¿Creen que se debe obedecer a un(a) jefe/a aunque se piense que está equivocado/a?

2. ¿Qué piensan de las personas que siempre actúan de acuerdo a sus ideales sin importarles las consecuencias?

3. ¿Qué es más importante: la presión social o los valores personales?

4. ¿Por qué creen que la sociedad señala a la gente que es "diferente"?

5. ¿Es buena o mala idea tener un romance en el trabajo?

6

¿Estudias o trabajas? En grupos de tres, hablen de las ventajas y desventajas de estudiar y no trabajar. Después, hablen de las ventajas y desventajas de trabajar y no estudiar. Compartan sus opiniones con la clase y, entre todos, contesten estas preguntas.

1. ¿Bajo qué circunstancias considerarían ustedes trabajar mientras estudian?

2. ¿Cuál es el trabajo de sus sueños?

Short Film

El hombre que volaba un poquito

Premio de la
Crítica en Curt
Ficcions 2002
España

Una producción de CATÁ PRODUCCIONES Dirección y Guión SERGIO CATÁ
Diseño y Directora de Producción ISABEL GUERRERO Dirección de Fotografía IGNACIO GIMÉNEZ-RICO
Cámara JERÓNIMO MOLERO Música COKE RIOBÓO
Dirección Artística CARMEN FERNÁNDEZ LASQUETTY Diseño de Sonido GOLDSTEIN & STEINBERG
Actores ANTONIO MUÑOZ DE MESA/DIANA LÁZARO/JUAN MARGALLO/JOSÉ RAMÓN PARDO DEL RÍO/
ELEAZAR ORTIZ/JORGE GERÓNIMO/DAVID GARCÍA VÁZQUEZ

ESCENAS

CORTOMETRAJE

ARGUMENTO *Un día cualquiera en una oficina de registro; todo parece normal.*

SUSANA Hola, buenos días. Soy la nueva. Me han dicho que empiezo hoy.
ANSELMO Mucho gusto, señorita nueva. Disculpe nuestra reacción, pero es que esperábamos a un hombre, que es lo normal.
SUSO Hola, mucho gusto, señorita.

SUSANA Me aburro un poco. Yo, es que quiero ser actriz.
SUSO ¿Sí? Debe ser muy difícil decir eso de: "Ser o no ser".
SUSANA Qué va, es ponerse, como en todos los trabajos. ¡Ser o no ser!

(Susana está cantando y bailando.)
ANSELMO Suso, di algo hombre, que tú eres el jefe del departamento.
(Suso se cae de su silla.)
ANSELMO ¿Estás bien, Susito?
SUSO Es que me he caído.

(Suso está flotando en el aire y ha llegado al techo[1].)
SUSANA Suso, ¿qué sientes?
SUSO Es que, no sé explicarlo.
SUSANA Qué divertido. ¿Y es la primera vez que te pasa?

JEFE Esto, francamente, no es normal. Y las cosas que no son normales no hay que hacerlas, y mucho menos permitirlas.
SUSANA ¿Qué es lo normal? ¿Ser como usted que va por ahí insultando a la gente?

JEFE Señorita, queda[2] desde este preciso instante expulsada de su cargo. Recoja sus pertenencias[3], rápido, tiene diez minutos para marcharse...
SUSANA Señor, es un...
JEFE ¡Y cállese!

[1] *ceiling* [2] *you are/you remain* [3] **Recoja...** *gather your belongings*

Nota CULTURAL

Los funcionarios

En España, como en otros países, muchos ciudadanos trabajan para el gobierno en vez de para una empresa privada. A estos empleados se les llama funcionarios. Por lo general, estas personas cumplen con un servicio que beneficia a toda la sociedad. Los profesores, los policías, los barrenderos° y los carteros son todos funcionarios. A veces estos empleos son escasos° porque ofrecen una ventaja muy codiciada°: un puesto bien remunerado del que es difícil ser despedido. En *El hombre que volaba un poquito*, se critica el mundo gris y sin esperanza de unos funcionarios, cuyo universo se ve amenazado con la llegada de una soñadora llena de vitalidad.

barrenderos *street cleaners* **escasos** *scarce* **codiciada** *coveted*

Análisis

 Comprensión Contesta las preguntas con oraciones completas.

1. ¿Qué hacen los empleados de esa oficina?

2. ¿Cuál es el cargo de Suso?

3. ¿Quién es Susana y por qué llega a la oficina?

4. ¿Qué profesiones le gustan a Susana?

5. ¿Qué le pasa a Suso cuando él y Susana están sellando los papeles del hombre que tiene prisa?

6. ¿Cuántas veces le ha pasado esto antes?

7. ¿Qué piensa el jefe de lo que le pasa a Suso?

8. ¿Por qué despide el jefe a Susana?

9. ¿Por qué dice Anselmo que es una pena que Susana se vaya?

10. ¿Por qué sale Suso de la oficina corriendo?

Interpretar En parejas, contesten las preguntas y expliquen sus respuestas.

1. ¿Por qué piensan que Suso empieza a volar? ¿Qué creen que simboliza?

2. ¿Por qué creen que al jefe no le gustan las cosas que no son normales?

3. ¿Piensan que Susana tiene razón cuando le responde al jefe?

4. ¿Qué harían ustedes si estuvieran en el lugar de Susana?

5. ¿Por qué vuelan Suso y Susana al final del corto?

Al día siguiente En grupos de tres, imaginen lo que cada uno de estos personajes va a decir y hacer el día después del incidente de Suso. Cuéntenle a la clase la continuación de la historia.

 Analizar En grupos de tres, analicen estas citas del cortometraje y pónganlas en contexto: ¿quién las dice, a quién y en qué momento? Después, compartan sus opiniones sobre cada una de ellas con el resto de la clase.

"Todo se supera con trabajo."

"Las cosas que no son normales, algunas son del bien."

"Lo importante es hacer cosas bonitas."

5

Actuar En parejas, escriban un diálogo en el que una persona descubre que tiene un poder extraordinario y su amigo/a le explica que debe usarlo responsablemente. Represéntenlo ante la clase. Pueden elegir una de estas opciones o cualquier otra.

- Volar
- Ser inmortal
- Ver el futuro
- Hacerse invisible
- Viajar en el tiempo
- Ser inmune al dolor
- Leer la mente (*mind*) de los demás

6

Comparar Imaginen que las condiciones laborales donde trabajan Suso, Anselmo y Susana son típicas de un ministerio público. En parejas, compárenlas con las de una empresa privada. Consideren los aspectos laborales de esta lista y escriban sus opiniones.

> **Modelo** **plan de jubilación**
> **Ministerio:** El plan de jubilación es bueno porque el gobierno lo protege.
> **Empresa:** El plan de jubilación a veces no existe porque cada empresa es independiente.

	Ministerio público	Empresa privada
jefe/a		
sueldos		
beneficios médicos		
horario		
reglas de conducta		

7

Escribir Imagina que ha pasado un año desde que despidieron a Susana de la oficina de registro. Escribe lo que hicieron Suso y ella, y justifica sus acciones y decisiones durante ese año.

IMAGINA BOLIVIA Y

Vista aérea del Pantanal, Paraguay

En **imagina.vhlcentral.com** encontrarás más información y actividades relacionadas con esta sección.

Historia y naturaleza

Bolivia y **Paraguay** se distinguen por ser los únicos países suramericanos sin acceso directo al mar. Los dos también tienen más de una lengua oficial. Además del **español**, el **quechua** y el **aymará** son lenguas oficiales en Bolivia, mientras que el **guaraní** es el otro idioma oficial en Paraguay.

En ambos países es típico que cada idioma tome prestadas palabras de los otros, siendo el uso del español más común en zonas urbanas. Sin embargo, la situación lingüística es particularmente interesante en Paraguay, donde aproximadamente el 90% de la población habla guaraní o **jopara**, una variante híbrida que mezcla palabras del español.

A pesar de estas similitudes[1], viajar por Bolivia y Paraguay es también ver dos mundos distintos. Tienen historias y paisajes diferentes, pero igualmente fascinantes.

Los contrastes entre el presente y el pasado son inevitables en Bolivia. A sólo 72 kilómetros de la capital boliviana de **La Paz**, la capital más alta del mundo (3.640 metros / 12.000 pies sobre el nivel del mar), están las ruinas de **Tiahuanaco**, construidas hace 1.500 años por la civilización preincaica **tiwanakota**. Algunos de los templos y monumentos fueron construidos con rocas enormes, cortadas con una precisión inexplicable. Todavía no se sabe claramente cómo estas estructuras fueron construidas, pero hoy en día son un excelente ejemplo de la riqueza arqueológica de Bolivia.

En **Sucre**, la capital administrativa de Bolivia, se pueden apreciar importantes ejemplos de arquitectura colonial de los siglos XVIII y XIX. Sucre también está ubicada en el árido altiplano[2], a 2.750 metros (7.000 pies) sobre el nivel del mar.

Al comparar los paisajes de Bolivia y Paraguay, se puede apreciar de inmediato que son diferentes como la noche y el día.

Las ruinas de Tiahuanaco

Paraguay tiene una altura máxima de apenas 842 metros (2.762 pies), y el agua desempeña un papel singular tanto en la vida moderna como en la herencia ecológica del país. La represa[3] paraguaya de **Itaipú** tiene la mayor capacidad de producción eléctrica del mundo. Por otra parte, el **Pantanal** es una región donde predomina la naturaleza y no hay rastros de la civilización. Este humedal[4], el más extenso del mundo, es parte de **Paraguay**, **Bolivia** y **Brasil**, y su superficie varía, según la época del año, entre los 140.000 y los 200.000 km2 (54.000 y 77.000 mi2). En esta región existe una inmensa variedad de peces, aves y mamíferos[5]. Es como regresar a tiempos prehistóricos y observar un paraíso terrenal[6] interminable.

Haz un recorrido desde el **lago Titicaca**, en el árido altiplano boliviano, hasta el húmedo **Pantanal** paraguayo, y aprecia las diferencias que hacen que cada uno de estos países sea totalmente único.

[1] *similarities* [2] *high plateau* [3] *dam* [4] *wetland* [5] *mammals* [6] *earthly*

Signos vitales

La composición étnica es otro aspecto contrastante entre **Bolivia** y **Paraguay**. En Bolivia, la distribución general es: quechua 30%, mestizo 30%, aymará 25% y blanco/ europeo 15%. En Paraguay, el 95% de la población es mestiza y el 5% está formado por otras razas.

PARAGUAY

Viaje por Bolivia y Paraguay

La Guerra del Pacífico Los bolivianos recuerdan con nostalgia el mar que perdieron. La Guerra del Pacífico entre

Bolivia y **Chile** surgió en 1879 por el control de los depósitos de minerales en el **Desierto de Atacama**. Al final, Bolivia tuvo que cederle a Chile el desierto y la costa, su único acceso al océano. Los bolivianos todavía no aceptan esta pérdida y reclaman una salida al mar.

Potosí Esta ciudad boliviana fue escenario[1] de la frenética búsqueda de metales preciosos durante el período de la colonización española. En el siglo XVII fue una de las ciudades más grandes y ricas del mundo gracias a la gran producción de plata. En esa época

también fue un importante centro comercial y cultural. Todavía hoy es un pintoresco ejemplo de la arquitectura colonial. Es, además, la ciudad más alta del mundo, ubicada a 4.800 metros (15.800 pies) sobre el nivel del mar.

La chipá Especialidad culinaria típica de Paraguay, la chipá es un pan que tradicionalmente se prepara con harina

de mandioca[2], queso y otros ingredientes, como huevos y leche. El queso, que se derrite[3] en el horno, domina el sabor de estos tradicionales pancitos. La chipá ha cruzado fronteras internacionales y sus variantes se disfrutan también en Argentina y Bolivia.

Las misiones jesuitas Por un período de 150 años, en los siglos XVII y XVIII, los misioneros jesuitas fundaron y administraron varias comunidades, llamadas **reducciones**, donde los indígenas convivían con los religiosos europeos. En ellas se gozaba de

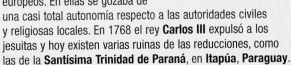

una casi total autonomía respecto a las autoridades civiles y religiosas locales. En 1768 el rey **Carlos III** expulsó a los jesuitas y hoy existen varias ruinas de las reducciones, como las de la **Santísima Trinidad de Paraná**, en **Itapúa**, **Paraguay**.

[1] *scene* [2] *cassava* [3] *melts*

El español de Bolivia y Paraguay

argel	(para personas y cosas) antipático/a; desagradable; *unpleasant; horrible* (Par.)
camba	persona oriunda de la zona de Santa Cruz, Beni y Pando (Bol.)
colla	descendiente incaico oriundo de la zona de La Paz, Oruro, Potosí, Cochabamba y Chuquisaca (Bol.)
¿Cómo es?	(forma común de saludar entre jóvenes) ¿Qué tal?; *What's up?* (Bol.)
chango/a	persona; *person* (Bol.)
chapar	besar; *to kiss* (Bol.)
chasqui	persona muy rápida (originalmente mensajero incaico); *a very fast person* (Bol.)
–ingo/a	diminutivo usado en vez del más común **–ito/a** (común en el sur del país); por ejemplo, **chiquitingo/a** en vez de **chiquitito/a**; *very small* (Bol.)
ingueroviable	increíble; *incredible* (Par.)
julepe	susto muy grande; *big scare* (Par.)
perro/a	amigo/a; *friend* (Par.)

GALERÍA DE CREADORES

LITERATURA Augusto Roa Bast

Distinguido hombre de letras de Paraguay
Augusto Roa Bastos nació y murió en su
querida ciudad de Asunción, aunque estuv
exiliado en otros países por muchos años.
Uno de los temas principales de sus nove
fue el abuso del poder. Su defensa de la
democracia le mereció innumerables pre
—como el Premio Cervantes, el mayor
premio literario de la lengua española— y
la gran admiración y respeto de su país y
todo el mundo hispanohablante. Algunos d
sus libros más leídos son *Hijo de hombre*,
el Supremo y *El trueno entre las hojas*.

PINTURA Arturo Reque Meruvia

El pintor boliviano Arturo Reque Meruvia siempre tuvo un espíritu creativo
y aventurero. Cuando estudiaba arte por su cuenta, quiso aprender más
sobre su país y organizó un viaje en bicicleta con otros cinco jóvenes.
Juntos viajaron unos 3.600 kilómetros (2.200 millas) desde Cochabamba
hasta Buenos Aires. Reque Meruvia realizó sus estudios y trabajos en
Argentina, España, Francia y su amada Bolivia. Su energía y creatividad
son evidentes en todas sus obras, creadas con colores vibrantes y
técnicas audaces. Aquí vemos el óleo titulado *Familia*.

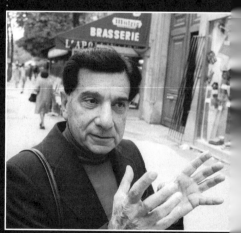

PINTURA Graciela Rodo Boulanger

La boliviana Graciela Rodo Boulanger, nacida en 1935 empezó a estudiar arte a los 11 años y, cuando tenía 18 años, ya había hecho exposiciones y recitales de piano en Argentina, Austria y Suiza. Muchas de sus obras muestran temas e imágenes infantiles combinados con colores y elementos culturales netamente bolivianos. En 1979, la UNICEF la designó para realizar el afiche del Año Internacional del Niño. Desde 1961 reside en París. Aquí se ve su obra *Altamar*.

POESÍA Josefina Plá

Doctora Honoris Causa de la Universidad Nacional de Paraguay, Dama de la Orden de Isabel la Católica (España) y Medalla del Ministerio de Cultura de San Pablo (Brasil), son sólo tres de los incontables honores internacionales que ha recibido la escritora Josefina Plá. Aunque nació en las Islas Canarias, España, llegó a Paraguay de joven y ahí realizó su intensa carrera literaria. Se distinguió por su poesía y dramaturgia, aunque trabajó en todos los géneros literarios y publicó más de 50 libros. Sus obras incluyen *Aquí no ha pasado nada, El polvo enamorado* y *La muralla robada*.

CONEXIÓN INTERNET

En imagina.vhlcentral.com encontrarás más información y actividades relacionadas con esta sección.

¿Qué aprendiste?

Cierto o falso Indica si estas afirmaciones son ciertas o falsas. Corrige las falsas.

1. Las lenguas oficiales de Bolivia son el español, el quechua y el aymará.

2. En Paraguay la población mestiza es minoría.

3. La región del Pantanal posee gran riqueza arqueológica.

4. Como consecuencia de la Guerra del Pacífico, Bolivia perdió su salida al mar.

5. Todavía hoy Potosí es una de las ciudades más grandes y ricas del mundo.

6. El escritor paraguayo Augusto Roa Bastos murió en el exilio.

Preguntas Contesta las preguntas.

1. ¿Qué civilización construyó lo que hoy son las ruinas de Tiahuanaco?

2. ¿Qué importancia tiene la represa paraguaya de Itaipú?

3. ¿Cómo se llama la especialidad culinaria de Paraguay?

4. ¿Qué aventura vivió el pintor boliviano Arturo Reque Meruvia cuando era joven?

5. ¿En qué disciplina se destaca Graciela Rodo Boulanger?

6. ¿Qué artista de la Galería te interesa más? ¿Por qué?

PROYECTO

Un final entre ruinas

Imagina que quieres filmar las últimas escenas de una película de aventuras en Bolivia o Paraguay. Elige un lugar donde haya ruinas interesantes. Investiga en Internet toda la información que necesites. Después organiza tu investigación de la siguiente manera:

Tiahuanaco

- Busca fotos y datos históricos de las ruinas.

- Prepara una lista de: (a) posibles actores y (b) escenas en las ruinas.

- Presenta esta información a tus compañeros/as de clase y decidan quiénes serán los/las protagonistas y qué pasará en las ruinas.

MINIPRUEBA

Completa las oraciones con la información correcta y demuestra lo que aprendiste sobre Bolivia y Paraguay.

1. El _____ es una variante lingüística que mezcla palabras del español con guaraní.
   a. quechua   b. mapuche   c. jopara

2. En Bolivia es inevitable ver _____ entre pasado y presente.
   a. aumentos   b. contrastes   c. distancias

3. La ciudad de La Paz, capital de Bolivia, es la capital más _____ del mundo.
   a. antigua   b. industrial   c. alta

4. La tiwanakota es una civilización _____.
   a. preincaica   b. paraguaya   c. quechua

5. Tras la Guerra del Pacífico, Bolivia tuvo que cederle a _____ su único acceso al océano.
   a. Chile   b. Paraguay   c. Perú

6. La ciudad de Potosí fue rica gracias a la producción de _____.
   a. arquitectura   b. maíz   c. plata

7. La chipá se prepara con harina de _____ y se rellena de _____.
   a. queso; carne   b. mandioca; queso   c. pan; queso

8. En 1768 el rey Carlos III decidió _____ a los jesuitas de América.
   a. expulsar   b. fundar   c. administrar

9. Las comunidades jesuíticas recibían el nombre de _____.
   a. fundaciones   b. autonomías   c. reducciones

10. La defensa de la _____ es uno de los principales temas de las novelas de Roa Bastos.
    a. patria   b. literatura   c. democracia

11. Josefina Plá nació en _____.
    a. Paraguay   b. España   c. Bolivia

12. Muchas de las obras de la artista Graciela Rodo Boulanger presentan temas _____.
    a. infantiles   b. incontables   c. aventureros

En pantalla (S) Video: *Documental*

Vocabulario

el altiplano andino
Andean high plateau

el/la artesano/a
craftsperson

aterrar *to terrify*

el cerro *hill*

dar pleitesía *to pay honor*

el/la peregrino/a *pilgrim*

Cada año, en el mes de febrero, más de un millón de personas van a Oruro, Bolivia, para celebrar la fiesta religiosa más importante del altiplano andino. La música, las danzas rituales y las obras de los artesanos locales son los principales protagonistas de este evento. En el carnaval de Oruro se mezcla el catolicismo con los rituales de civilizaciones andinas prehispánicas, cuya historia se remonta (*goes back*) cinco mil años atrás. Te invitamos a conocer esta celebración a través del documental.

Conexión personal ¿Qué fiesta religiosa de otra cultura te gustaría conocer? Explica lo que sepas de ella.

Comprensión Contesta las preguntas.

1. ¿Qué consecuencia tuvo para Oruro la riqueza de su tierra?

2. ¿Quiénes participaban cada año en el carnaval en la época prehispánica?

3. ¿Qué efectos tuvo la colonización española sobre el carnaval?

4. ¿Cuánto tiempo dura el carnaval?

5. ¿Qué particularidad se menciona sobre los bailes del carnaval?

Expansión

A. En grupos de tres, seleccionen alguna fiesta religiosa que conozcan.

Expliquen:

- Dónde se realiza y cuáles son sus principales características.

- Desde cuándo se realiza, sus orígenes y por qué se sigue celebrando hoy.

- Quiénes participaban antiguamente y quiénes lo hacen hoy.

- Si creen que es importante este tipo de celebración.

B. Presenten un informe sobre su análisis ante la clase.

El gran carnaval de Oruro

Hasta aquí llegaban, desde épocas prehispánicas, peregrinos de todo el altiplano.

En trenes, buses, camiones o simplemente caminando, llegarán en los próximos días más de un millón de personas.

Artesanos como Blanca Sánchez son los protagonistas ocultos (*hidden*) de este carnaval.

Cada baile tiene un traje específico y también una máscara, que representa a la divinidad.

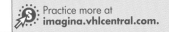
Practice more at
imagina.vhlcentral.com.

7.1

TALLER DE CONSULTA

See the **Manual de gramática, Lección 7** for these grammar topics.

7.4 Past participles used as adjectives, p. 400.

7.5 Time expressions with *hacer*, **p. 402.**

The present perfect

—*Tiene mucho mérito lo que te **ha pasado**.*

- In Spanish, as in English, the present perfect tense (**el pretérito perfecto**) expresses what *has happened*. It generally refers to recently completed actions or to a past that still bears relevance in the present.

    La gerente **ha cambiado** mi horario de trabajo dos veces este mes.
    The manager has changed my work schedule twice this month.

    Josefina se jubiló el año pasado, pero aún no **ha decidido** qué va a hacer.
    Josefina retired last year, but she still hasn't decided what she is going to do.

- Form the present perfect with the present tense of the verb **haber** and a past participle. Regular past participles are formed by adding **–ado** to the stem of **–ar** verbs, and **–ido** to the stem of **–er** and **–ir** verbs.

The present perfect		
comprar	**beber**	**recibir**
he comprado	he bebido	he recibido
has comprado	has bebido	has recibido
ha comprado	ha bebido	ha recibido
hemos comprado	hemos bebido	hemos recibido
habéis comprado	habéis bebido	habéis recibido
han comprado	han bebido	han recibido

TALLER DE CONSULTA

When used as adjectives (**la puerta** *abierta*, **los documentos** *escritos*), past participles must agree in number and gender with the noun or pronoun they modify. See **Manual de gramática, 7.4, p. 400.**

While English speakers often use the present perfect to express actions that *continue* into the present time, Spanish uses the phrase **hace** + [*period of time*] + **que** + [*present tense*]. See **Manual de gramática, 7.5, p. 402.**

- Note that past participles do not change form in the present perfect tense.

    No **he recibido** la tarjeta de débito. Mis hijos no **han recibido** las suyas tampoco.
    I haven't received the debit card. My children haven't received theirs, either.

    No se la **hemos mandado** porque el contador no **ha mandado** el correo todavía.
    We haven't sent it to you because the accountant hasn't sent the mail yet.

- To express that something *has just happened*, use **acabar de** + [*infinitive*], not the present perfect.

    Le **acabamos de ofrecer** el puesto.
    We have just offered him/her the position.

- When the stem of an **–er** or **–ir** verb ends in **a, e,** or **o**, the past participle requires a written accent (**–ído**) to maintain the correct stress. No accent mark is needed for stems ending in **u**.

ca-er → caído   **le-er → leído**

o-ír → oído   **constru-ir → construido**

—*Es que me **he caído**.*

- Several verbs have irregular past participles.

abrir	abierto	morir	muerto
cubrir	cubierto	poner	puesto
decir	dicho	resolver	resuelto
descubrir	descubierto	romper	roto
escribir	escrito	ver	visto
hacer	hecho	volver	vuelto

He escrito varias veces al gerente. ¿Por qué no me **ha abierto** la cuenta?
I have written the manager several times. Why hasn't he opened the account for me?

Hablé con el gerente y ya **hemos resuelto** el problema.
I spoke with the manager, and we have already resolved the problem.

- In the present perfect, pronouns and the word **no** precede the verb **haber**.

¿Por qué **no has depositado** más dinero en tu cuenta de ahorros?
Why haven't you deposited more money in your savings account?

Porque ya **lo he invertido** en la bolsa de valores.
Because I have already invested it in the stock market.

—*Jefe, Suso **no lo ha hecho** queriendo, no volverá a pasar.*

Práctica

1 **Mentiras** La directora de una empresa habla con su secretario. Completa el diálogo con las formas del pretérito perfecto de los verbos entre paréntesis.

DIRECTORA ¿Dónde (1) _____ (estar) tú toda la mañana y qué (2) _____ (hacer) con mi computadora portátil?

SECRETARIO Ay, (yo) (3) _____ (tener) la peor mañana de mi vida... Resulta que ayer fui a cinco bancos con su computadora portátil y creo que la olvidé en alguna parte.

DIRECTORA Me estás mintiendo, en realidad la (4) _____ (romper), ¿no?

SECRETARIO No, no la (5) _____ (romper); la (6) _____ (perder). Por eso esta mañana (7) _____ (volver) a todos los bancos y le (8) _____ (preguntar) a todo el mundo si la (9) _____ (ver).

DIRECTORA ¿Y?

SECRETARIO Todos los gerentes me (10) _____ (decir) que vuelva mañana.

2 **¿Qué has hecho?** Escribe una oración indicando si has hecho o no cada actividad. Si no la has hecho, añade más información.

> **Modelo** **Ir a Bolivia**
> No he ido a Bolivia, pero he viajado a Paraguay.

1. Viajar a un país hispanohablante
2. Ganar la lotería
3. Estar bajo presión
4. Estar en bancarrota
5. Comer caracoles (*snails*)
6. Ahorrar diez mil dólares
7. Conocer al presidente del país
8. Estar despierto/a por más de dos días
9. Tener una entrevista de trabajo
10. Enfermarse durante unas vacaciones

3 **Empleo** Juan Carlos responde las preguntas de su amigo Marcos sobre todo lo que ha hecho hasta ahora para buscar un empleo como programador. En parejas, pongan en orden cronológico lo que ha hecho y luego representen la conversación ante la clase utilizando el pretérito perfecto.

> **Modelo** **MARCOS: ¿Qué has hecho primero?**
> **JUAN CARLOS: Primero he...**

_____ a. Leer los anuncios del diario
_____ b. Entrevistarme con el gerente
_____ c. Escribir un currículum vitae (*résumé*)
_____ d. Enviar el currículum vitae
_____ e. Planear una entrevista con el gerente
_____ f. Estudiar programas de computación en la universidad

Comunicación

4

Preguntas En parejas, háganse preguntas sobre sus experiencias en cada una de estas categorías. Usen el pretérito perfecto. Después, háganse una pregunta más sobre una categoría que no aparezca en la lista.

> **Modelo** **los parques nacionales**
> —¿Has visitado el Parque Nacional Madidi?
> —No, no he visitado el Parque Nacional Madidi.

1. otros países	5. la comida
2. los deportes	6. los empleos
3. los idiomas extranjeros	7. el cine
4. las compras	8. las personas famosas

Nota CULTURAL

El **Parque Nacional Madidi** de Bolivia, ubicado en la cordillera de **los Andes**, cuenta con uno de los ecosistemas mejor preservados de **Suramérica**. En sus 1,8 millones de hectáreas (4,4 millones de acres) viven más especies protegidas que en cualquier otro parque en el mundo.

5

20 preguntas En grupos de tres, cada uno piensa en una persona famosa, sin decir quién es. Túrnense para hacer preguntas usando el pretérito perfecto para adivinar el nombre de cada celebridad.

6

Carta En grupos de tres, imaginen que han estado en Bolivia durante algunos días por razones de trabajo. Escriban una carta contándole a un(a) amigo/a qué actividades han realizado de acuerdo a los dibujos. Usen el pretérito perfecto y sean creativos/as.

7.2

The present perfect subjunctive

TALLER DE CONSULTA

The past perfect subjunctive is covered in **8.2, p. 286**. To review the present and past subjunctive, see **3.1, pp. 94–96; 4.1, pp. 134–135; 6.1, pp. 210–211**; and **6.2, pp. 214–215**.

*—Siento mucho que la **hayan despedido** por mi culpa, señorita Susana.*

- The present perfect subjunctive (**el pretérito perfecto del subjuntivo**) is formed with the present subjunctive of **haber** and a past participle.

The present perfect subjunctive		
cerrar	**perder**	**asistir**
haya cerrado	**haya perdido**	**haya asistido**
hayas cerrado	**hayas perdido**	**hayas asistido**
haya cerrado	**haya perdido**	**haya asistido**
hayamos cerrado	**hayamos perdido**	**hayamos asistido**
hayáis cerrado	**hayáis perdido**	**hayáis asistido**
hayan cerrado	**hayan perdido**	**hayan asistido**

- The present perfect subjunctive is used to refer to recently completed actions or past actions that still bear relevance in the present. It is used mainly in the subordinate clause of a sentence whose main clause expresses will, emotion, doubt, or uncertainty.

Present perfect indicative	**Present perfect subjunctive**
Luis **ha dejado** de usar su tarjeta de crédito.	No creo que Luis **haya dejado** de usar su tarjeta de crédito.
Luis has stopped using his credit card.	*I don't think Luis has stopped using his credit card.*

- Note the different contexts in which you must use the subjunctive tenses you have learned so far.

¡ATENCIÓN!

In a multiple-clause sentence, the choice of tense for the verb in the subjunctive depends on *when* the action takes place in each clause. The present perfect subjunctive is used primarily when the action of the main clause is in the present tense, but the action in the subordinate clause is in the past.

Present subjunctive	**Present perfect subjunctive**	**Past subjunctive**
Las empresas multinacionales **buscan** empleados que **hablen** varios idiomas.	**Prefieren** contratar a los que **hayan viajado** al extranjero.	Antes, casi todas **insistían** en que los solicitantes **tuvieran** cinco años de experiencia.
Multinational companies are looking for employees who speak several languages.	*They prefer to hire those who have traveled abroad.*	*In the past, almost all of them insisted that applicants have five years of experience.*

Práctica y comunicación

1

Seleccionar Elige la opción correcta.

1. Es imposible que el nivel de desempleo (ha/haya) subido.

2. Prefieren contratar a un empleado que (ha/haya) trabajado en una empresa multinacional.

3. Estoy casi seguro de que el nuevo gerente se (ha/haya) aprendido todos nuestros nombres.

4. Busco al joven que (ha/haya) solicitado empleo en el Museo del Barro.

5. No creo que la bancarrota (ha/haya) sido la mejor opción.

2

Mentirosa Tu amiga Isabel te ha llamado para contarte todos sus éxitos en España. Contesta diciéndole que no crees nada de lo que te dice. Usa el pretérito perfecto del subjuntivo y los verbos y expresiones de la lista.

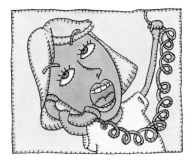

No creo	Es improbable
Dudo	No es cierto
Es imposible	No es probable

Isabel	Tú
1. He ido de compras con Leticia Ortiz, la futura reina de España.	1. _____
2. Mi jefe me ha aumentado el sueldo un 100%.	2. _____
3. Mi compañía me ha declarado la mejor empleada del año.	3. _____
4. El rey Juan Carlos ha visitado la oficina donde trabajo.	4. _____
5. El gerente me ha pedido que me quede en España para siempre.	5. _____

3

Competencia profesional En parejas, imaginen que los/las dos eran candidatos/as para mejor empleado/a del año. Uno/a de ustedes ha ganado el premio y, cuando salen de la empresa, se encuentran y discuten. Dramaticen la situación usando el pretérito perfecto del subjuntivo.

Modelo —¿Quieres saber la verdad? Me sorprende que te hayan elegido a ti.

—¿Por qué? ¿Dudas que yo haya hecho un buen trabajo este año?

 Practice more at **imagina.vhlcentral.com**.

7.3

Uses of *se*

The passive *se*

TALLER DE CONSULTA

In passive constructions, the object of a verb becomes the subject of the sentence.

Active: **La compañía necesita más fondos**. *The company needs more funds.*
Passive: **Se necesitan más fondos**. *More funds are needed.*

For more on the passive voice, see **10.1, p. 352.**

- In Spanish, the pronoun **se** is often used to express the passive voice when the agent performing the action is not stated. The third person singular verb form is used with singular nouns, and the third person plural form is used with plural nouns.

  Se subirán los impuestos a final de año.
  Taxes will be raised at the end of the year.

  Se necesita un cajero automático en este edificio.
  An ATM is needed in this building.

—*Aquí no* **se compulsan** *los documentos:* **se sellan**, *y las personas se van siempre muy contentas.*

- When the passive **se** refers to a specific person or persons, the personal **a** is used and the verb is always singular.

  Se despidió al vendedor por llegar tarde.
  The salesperson was fired for being late.

  Se informó a los dueños de los cambios en el presupuesto.
  The owners were informed of the budget changes.

The impersonal *se*

- **Se** is also used with third person singular verbs in impersonal constructions where the subject of the sentence is indefinite. In English, the words *one, people, we, you,* or *they* are often used for this purpose.

  Se habla mucho de la crisis.
  People are talking about the crisis a lot.

  Se dice que es mejor prestar que pedir prestado.
  They say it is better to lend than to borrow.

  ¿**Se puede** vivir sin dinero?
  Can one live without money?

  No **se debe** invertir todo en la bolsa de valores.
  You shouldn't invest everything in the stock market.

- Constructions with the impersonal **se** are often used on signs and warnings.

  Se habla español.
  We speak Spanish.

  Se busca camarero.
  Waiter wanted.

  Se alquilan apartamentos.
  Apartments for rent.

  No se aceptan tarjetas de crédito.
  We don't accept credit cards.

Se to express unexpected events

—*Tome*, **se le ha olvidado** *la bufanda.*

- **Se** is also used in statements that describe accidental or unplanned incidents. In this construction, the agent who performs the action is de-emphasized, implying that the incident is not his or her direct responsibility.

INDIRECT OBJECT PRONOUN	VERB	SUBJECT
Se **me**	**perdió**	**el reloj.**

- In this construction, the person(s) to whom the event happened is/are expressed as an indirect object. What would normally be the direct object of the English sentence becomes the subject of the Spanish sentence.

Se	INDIRECT OBJECT PRONOUN	VERB	SUBJECT
	me	**acabó**	**el dinero.**
	te	**cayeron**	**las gafas.**
	le	**ocurrió**	**una buena idea.**
	nos	**dañó**	**la radio.**
	os	**olvidaron**	**las llaves.**
	les	**perdió**	**el documento.**

- These verbs are frequently used with **se** to describe unplanned events.

acabar *to finish, to run out*	**olvidar** *to forget*
caer *to fall, to drop*	**perder** (e:ie) *to lose*
dañar *to damage, to break*	**quedar** *to leave behind*
ocurrir *to occur*	**romper** *to break*

Se me quedó la tarjeta de crédito en el almacén.
I left my credit card at the store.

Se nos dañó la computadora en la reunión con los ejecutivos.
Our computer broke at the meeting with the executives.

- To clarify or emphasize the person(s) to whom the unexpected occurrence happened, the construction sometimes begins with **a** + [*noun*] or **a** + [*prepositional pronoun*].

A María siempre se le olvida pagar los impuestos.
María always forgets to pay her taxes.

A mí se me cayeron todos los documentos en medio de la calle.
I dropped all the documents in the middle of the street.

Práctica

1 **Unir** Une las frases de la columna A con las frases correspondientes de la columna B.

A	B
_____ 1. A la empresa	a. se les pagó el sueldo mínimo.
_____ 2. A los empleados	b. se le dio un aumento.
_____ 3. A mí	c. se nos depositó el sueldo en la cuenta.
_____ 4. A nosotros	d. se le exigió pagar más impuestos.
_____ 5. A ti	e. se te olvidó pagar la tarjeta de crédito.
	f. se me dañó la computadora.

2 **Completar** La empresa para la que trabajas ha cambiado algunas reglas. Complétalas con frases impersonales con **se**.

Las nuevas reglas de la oficina son:

1. _____ (trabajar) de ocho a seis.
2. No _____ (deber) comer en las oficinas.
3. _____ (prohibir) los teléfonos celulares.
4. _____ (tener) sólo veinte minutos para almorzar.
5. No _____ (permitir) las llamadas telefónicas personales.
6. _____ (prohibir) escuchar la radio en la oficina.

3 **Accidentes**

A. Describe qué sucedió en cada situación. Usa **se** y el verbo entre paréntesis.

> **Modelo**   **No encuentro las llaves por ningún lado. (perder)**
> Se me perdieron las llaves.

1. Dejamos el presupuesto en la oficina. (olvidar)
2. Un virus atacó la computadora que compré hace poco. (dañar)
3. Después de pagar todas las deudas, Julián y Pati no tenían más dinero en la cuenta. (acabar)
4. Tienes varias ideas buenas para luchar contra la pobreza. (ocurrir)
5. Tony no recuerda dónde puso las solicitudes (*applications*) que llevaba para las entrevistas. (perder)
6. Iba con demasiada prisa y tropecé (*tripped*). Ahora los papeles están por todo el suelo. (caer)
7. No pensamos que los vasos estuvieran en peligro en el nuevo lavaplatos. (romper)
8. Carlos y Emilia dijeron que traerían las fotos de sus últimas vacaciones, pero no las tienen. (olvidar)

B. Usando las oraciones anteriores como modelo, describe tres situaciones que te hayan pasado a ti o a alguien que conoces.

 Practice more at **imagina.vhlcentral.com**.

Comunicación

4 ⚲⚲ **La escuela** Marcos y Marta son estudiantes y les cuentan a sus padres qué se hace en la escuela. En parejas, describan lo que se hace usando el **se** impersonal y las notas de Marcos y Marta.

Aprender a...
Comer en...
Estudiar...
Hacer...
Compartir...

Hablar con...
Jugar...
Usar...
Practicar...
Escribir...

5 ⚲⚲ **Oraciones** En parejas, imaginen que son dueños de una empresa y van a hablar con sus empleados sobre algunas decisiones que se han tomado. Formen oraciones con los elementos de la lista e inventen otros.

contratar	el dinero
exigir	dos ingenieros/as
no se puede	mientras usan la computadora
se decidió	nuevos/as empleados/as
se despidió	para el puesto
se entrevistaron	para los sueldos
se me acabó	perezosos/as
	tres estudiantes

6 ⚲⚲ **Carteles** En parejas, imaginen qué otras cosas se hacen en el lugar donde se encuentra cada cartel. Escriban oraciones usando **se**. Luego, la clase tiene que adivinar qué lugar están describiendo.

Modelo —Se prestan libros. Se estudia y se consultan diccionarios. Se pide y se da información para hacer investigaciones.
—Es la biblioteca.

Se prohíbe hablar.

Se venden insectos.

Se leen
las manos.

Se necesitan estudiantes de español.

Sólo se habla guaraní.

Síntesis

Gerardo

Rosa

Flavia

Tomás

Ernesto

Ángela

1

En parejas, representen una entrevista de trabajo entre un(a) gerente y un(a) candidato/a a un puesto. Decidan cuál de las personas en las fotos es quién y cuál es el puesto que se ofrece. Usen el pretérito perfecto y la tabla como guía.

Entrevista de trabajo	
Experiencia	Nombre de la compañía, tipo de trabajo, tiempo en la compañía
Educación	Lugar de estudio (universidad, escuela secundaria, etc.), título(s)
Otras habilidades	Pasatiempos, conocimientos de computación, idiomas
Expectativas económicas	Sueldo, beneficios
Expectativas de trabajo	Responsabilidades

2

En grupos pequeños, imaginen que un(a) compañero/a de trabajo ha sido despedido/a injustamente. Escríbanle una carta al/a la dueño/a de la compañía en la que expresen su asombro (*astonishment*) por lo sucedido. Recuerden que ustedes todavía trabajan allí. Usen el presente del subjuntivo y el pretérito perfecto del subjuntivo.

3

En parejas, escojan tres acontecimientos (*events*) y escriban dos consecuencias lógicas para cada uno usando construcciones con **se** y frases impersonales.

> **Modelo** **Una crisis económica**
> Se pierden los empleos. Se ahorra el dinero.

- El translado de su lugar de trabajo
- Un(a) nuevo/a jefe/a
- Una huelga (*strike*) de trabajadores
- La pérdida de todos sus ahorros
- Un aumento de sueldo
- Un aumento en las horas de trabajo

Preparación Audio: Vocabulary

Vocabulario de la lectura		Vocabulario útil
abastecer *to supply*	**quejarse** *to complain*	**la cantera** *quarry*
los bienes *goods*	**la represa** *dam*	**la compra** *purchase*
desaprovechar *to waste, to misuse*	**las riquezas** *riches*	**el descubrimiento** *discovery*
	el yacimiento *deposit*	**la escasez** *shortage*
el/la inversionista *investor*		**el gasoducto** *gas pipeline*
		la venta *sale*

1 **Emparejar** Relaciona cada frase de la columna A con la mejor opción de la columna B.

A

_____ 1. Expresar insatisfacción, protestar

_____ 2. Una persona que da dinero a cambio de pertenecer a una empresa

_____ 3. Construcción que sirve para desviar (*deviate*) el curso de un río y contener el agua

_____ 4. Ausencia de un recurso necesario

_____ 5. Acción de pagar dinero a cambio de un producto

B

a. represa

b. compra

c. inversionista

d. quejarse

e. escasez

2 **Recursos naturales** En parejas, contesten estas preguntas.

1. ¿Qué recursos naturales tiene la región donde viven?

2. ¿Cómo los/las benefician a ustedes personalmente esos recursos naturales?

3. ¿Qué empleos existen gracias a esos recursos?

4. ¿Cómo se aprovechan económicamente los recursos del país donde viven? ¿Cómo se malgastan?

5. ¿Qué compañías dedicadas a la explotación de recursos naturales existen en su país?

6. Miren el mapa de Suramérica en la página XXXII. ¿Qué recursos naturales creen que hay en cada región?

3 **Apoyo y oposición** En grupos de tres, diseñen un cartel en el que expresen su apoyo u oposición frente a la explotación de los recursos naturales. Tengan en cuenta:

• Los efectos que la explotación de los recursos tiene en la naturaleza

• La política para aprovechar económicamente los recursos

• Los empleos que crea la explotación de los recursos

• La importancia de conservar los recursos para el futuro

• Los costos de importar recursos desde otros países

Recursos naturales: una salida al mundo

os recursos naturales son todos aquellos bienes que hay en la naturaleza y que los humanos pueden aprovechar y cuidar. En Bolivia y Paraguay se reconoce bien su importancia. Por eso, en vez de quejarse por no tener salida al mar, los gobiernos e inversionistas de estos países se han dedicado, en las últimas décadas, a aprovechar estos inestimables° regalos de la madre tierra. Esto ha convertido a Paraguay en una potencia° de generación de electricidad y a Bolivia de extracción de gas natural.

En los años setenta, una de las principales fuentes de energía de Paraguay era la madera. Sin embargo, no se podía decir lo mismo del agua. Al no existir la infraestructura adecuada para producir energía hidráulica, los ríos, como el poderoso Paraná, y sus afluentes° eran desaprovechados. Ante las necesidades energéticas del país, se analizaron las posibilidades de generar energía. Fue entonces cuando se pensó en construir una represa en la frontera con Brasil y permitir a Estados Unidos levantar una central termonuclear en territorio paraguayo. Sin embargo, las propuestas de asociación por parte del gobierno e inversionistas brasileños y argentinos cambiaron el rumbo° de estos proyectos. Se decidió entonces la construcción de tres grandes represas: la del Acaray, la del Itaipú, en compañía con Brasil, y la de Yacyretá, en alianza con Argentina.

La central hidroeléctrica Acaray fue la primera construida en Paraguay. La represa del Itaipú es una de las más grandes del mundo. El 50% corresponde a Paraguay y el otro 50% a Brasil. Por su parte, la central de Yacyretá abastece el 15% de la demanda anual argentina. Estas represas han generado grandes riquezas y han logrado que el país pueda abastecerse a sí mismo y convertirse en el mayor exportador de energía eléctrica del mundo.

Hace unas décadas Bolivia exportaba principalmente metales y soja°. Esto cambió

invaluable
power 10
tributaries
20
direction
30
35
40
soy

Bolivia y los carros del futuro

Debajo de los desiertos de sal bolivianos se encuentra casi la mitad de las reservas mundiales de litio, un mineral necesario para la fabricación de las baterías de carros híbridos y eléctricos. De acuerdo con las reformas constitucionales adoptadas en Bolivia en 2009, los pueblos indígenas podrían tener derecho a explotar los minerales que se encuentran debajo de su territorio. ¿Se convertirá Bolivia en la "Arabia Saudita del litio"? ¿Cómo se controlará la explotación de este mineral? ¿Cómo será el diálogo entre las empresas de explotación y el gobierno y el pueblo bolivianos? Son muchos los interrogantes, pero el potencial es enorme.

en la década de 1990, con el descubrimiento de grandes yacimientos de gas natural que convirtieron a Bolivia en el segundo país latinoamericano en cuanto a reservas de gas. Bolivia continúa siendo un fuerte exportador agrícola y minero. Entre los metales explotados y exportados se encuentran oro, plata, zinc y estaño°. Sin embargo, el gas natural es el recurso que le ha generado más desarrollo y riquezas y se ha convertido en el producto de exportación principal, siendo Brasil y Argentina los clientes más importantes. Gracias a sus grandes reservas, las regiones del Tarija, Potosí y Santa Cruz han sido las más beneficiadas. Las condiciones de trabajo han mejorado, y quienes empezaron como pequeños productores están expandiendo actualmente sus compañías mineras.

Paraguay y Bolivia han recibido propuestas para ampliar sus mercados a nivel internacional. Esto les abre estupendos horizontes y mercados y, lo más importante, les da a ambos países la oportunidad de sobresalir° como grandes proveedores° de energía. Los convierte en candidatos, ¿por qué no?, a alcanzar poderío económico y social a nivel mundial. ■

45
50 *tin*
55
60
65 *excel*
suppliers

Análisis

1

Comprensión Contesta las preguntas.

1. ¿A qué se han dedicado los gobiernos e inversionistas de Bolivia y Paraguay en las últimas décadas?

2. ¿En qué son potencias Paraguay y Bolivia en la actualidad?

3. Antes de la electricidad, ¿cuál era una de las principales fuentes de energía en Paraguay?

4. ¿Cuáles son las represas que existen en Paraguay?

5. ¿Qué países se asociaron con Paraguay para construir las represas?

6. Anteriormente, ¿cuáles eran los principales productos de exportación de Bolivia?

7. ¿Qué recursos naturales abundan en la tierra boliviana?

8. ¿Cuáles han sido las provincias más beneficiadas con la explotación minera en Bolivia?

2

Análisis En parejas, contesten las preguntas y expliquen sus respuestas.

1. ¿Cuáles creen que son los aspectos positivos y negativos de la explotación de los recursos naturales en Bolivia y Paraguay? Razonen su respuesta.

2. ¿Creen que estos países pueden llegar a ser potencias mundiales si siguen haciendo buen uso de sus recursos? ¿Qué más tendrían que hacer para lograrlo?

3. ¿Conocen otros países donde la explotación y exportación de recursos naturales hayan sido fundamentales para su desarrollo económico y social? ¿Cuáles? ¿Qué recursos tienen?

4. ¿Qué impacto puede tener en Bolivia la explotación del litio? ¿Creen que Bolivia podría convertirse realmente en la "Arabia Saudita del litio"?

3

Un gran descubrimiento

A. En grupos de cuatro, imaginen que en su escuela han encontrado un nuevo mineral, hasta ahora desconocido, cuyo uso aún no se ha establecido. Ustedes deben informar al público a través de un periódico. Deben decidir qué uso darle, su nombre y sus características. Sean creativos.

DIARIO CIENTÍFICO

En la escuela _____, se ha descubierto un nuevo mineral, el cual ha sido llamado _____. Sus características son _____...

B. Planeen un anuncio de televisión para invitar a otros países a comprar el mineral que encontraron. Representen el anuncio para la clase.

 Practice more at **imagina.vhlcentral.com**.

Preparación 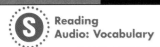 Reading
Audio: Vocabulary

Sobre el autor

Juan Madrid (1947–) nació en Málaga, España. Estudió en Madrid y Salamanca antes de iniciarse en su carrera como periodista en 1973. Se dedica además a la literatura y es reconocido desde hace mucho tiempo como uno de los máximos exponentes de la llamada "nueva novela negra". También ha escrito cuentos, novelas juveniles y guiones de cine y de televisión. Entre sus obras destacan las novelas: *Cuentas pendientes* (1995), *Tánger* (1997) y *Gente bastante extraña* (2001).

Vocabulario de la lectura	Vocabulario útil
Comercio *Business Administration*	**el control de armas** *gun control*
dar para vivir *to yield enough to live on*	**desesperado/a** *desperate*
darse cuenta de *to realize*	**dirigirse a** *to address*
el juguete *toy*	**disparar** *to shoot*
el lío *mess*	**el hambre** *hunger*
matar(se) *to kill (oneself)*	**la indiferencia** *indifference*
sospechar *to suspect*	**la inflación** *inflation*
	el/la tendero/a *storekeeper*
	voltear *to turn back*

1

Vocabulario Relaciona cada palabra con la definición adecuada. Después escribe un párrafo usando el mayor número posible de palabras de la actividad.

_____ 1. hambre   a. no confiar en las intenciones de alguien

_____ 2. juguete   b. ganas y necesidad de comer

_____ 3. dar para vivir   c. confusión que resulta al presentarse muchos problemas a la vez

_____ 4. sospechar   d. tipo de arma de fuego

_____ 5. matar   e. situación económica en que los precios suben mucho

_____ 6. indiferencia   f. objeto con que se divierten los niños

_____ 7. lío   g. quitarle la vida a otro ser

_____ 8. inflación   h. actitud que no inspira ni interés ni repulsión

                         i. ser suficiente para vivir dignamente

2

Cambiar el pasado En parejas, contesten las preguntas. Expliquen sus respuestas.

1. Si pudieran viajar al pasado, ¿qué decisiones cambiarían?

2. ¿Han hecho alguna vez algo de lo que se arrepientan? ¿Qué?

3. ¿Tiene algún valor arrepentirse, o es mejor no mirar atrás? ¿Por qué?

4. ¿Por qué creen que sospechamos tan fácilmente de los demás?

5. ¿Cuál es el acto más violento que cometerían si actuaran en defensa propia (*self-defense*)?

LA MIRADA

Juan Madrid

M ire usted, yo no soy mala persona. Yo
me dedico a mis cosas, la tienda, y
ya ve usted, no es muy grande y mis
hijos, que antes estaban aquí conmigo, pero
5 la juventud, ya lo sabe usted. La juventud tira
para° otras cosas, pasan de° la tienda, como
ellos dicen. ¿Usted tiene hijos? Dios se los
conserve. Mientras sean pequeños, no le darán
más que alegrías, pero en cuanto se hacen
10 mayores la cosa cambia, se lo digo porque lo sé,
sí señor. Mire, mi Arturo, con veinte años, aún
no ha hecho nada. Empezó Comercio y luego
dijo de hacer° Filosofía, no sé si la empezó,
y ahora va diciendo que lo suyo° es el teatro.
15 ¡El teatro, fíjese usted! Pero para qué cansarle.

tira... prefiere/pasan...
no les interesa

dijo... habló de estudiar
lo... his "thing"

Usted va a lo suyo, a su trabajo y yo al mío. No,
no señor, no voy a cerrar la tienda. ¿Para qué?
No es que no pueda, es que no quiero. Aquí no
ha pasado nada.

¿Cómo dice usted, señor inspector? 20
Bueno, Arturo y Carmina, sí señor. Carmina
está con su madre, sí señor, y viene menos por
aquí. Antes, como ya le he dicho, venían más.
Claro, también estaba su madre. Trabajábamos
Carmina y yo y los niños ayudaban. Esas cosas, 25
liar° paquetes, llevar recados°, nada. Para mí
que la juventud tiene que saber lo que es la
vida. ¿Cómo dice? No señor, yo solo. Llevo ya
muchos años yo solo en la tienda. Da para vivir
pero nada más. Si le pregunta a mi mujer le dirá 30

to tie/mens...

mentiras. Le dirá que soy rico. Pero es mentira, no señor. Y ella lo sabe porque ha estado aquí conmigo toda la vida. O sea desde que nos casamos, hace... hace más de veinte años. ¡Si no lo sabrá ella, señor inspector!

35

Yo no soy violento. Yo soy normal, ya se lo he dicho. Soy un español decente, normal, que se mata a trabajar y paga sus impuestos. Y si no puedo defenderme pues usted me dirá.

40 ¿Cómo dice? Oiga, yo no quiero hablar de política. Yo la única política que entiendo es la del trabajo. ¿Sabe usted a qué hora salgo yo de la tienda? No lo sabe, claro que no lo sabe. Pues salgo a las diez de la noche. Bueno,
45 mejor dicho, echo el cierre° a las diez y me quedo con la luz encendida haciendo el balance, porque yo
50 hago el balance diario. En cualquier momento, sé lo que falta, lo que tengo que comprar... Si la política de este país
55 se llevara como mi tienda... Pero, bueno, no quiero hablar de política.

echo... *I lock up*

Sí señor, se lo cuento, los maté porque les miré a los ojos. Esa cara descarada°, chulesca°, del que no trabaja, el pelo largo y sucio... y
60 la chica, para qué hablar de la chica. Una... una cualquiera°. Se cruzó de brazos° y me llamó viejo de mierda°. Eso es, apunte, viejo de mierda.

shameless/cocky

a floozy/
Se... *She crossed her arms/*
viejo...
lousy old man

No, no me estoy haciendo un lío, lo que
65 pasa es que no hablo mucho con la gente y menos con la policía... disculpe, le cuento, sí señor. Entraron como a las nueve y media. Yo, nada más verlos, sospeché. Algunas veces vienen jóvenes a comprar saladitos°,
70 galletitas°, cosas, refrescos, patatas... para los guateques°, ¿sabe usted? Bueno, nada más verlos supe que no venían a ningún guateque. El chico fue el que sacó la pistola y me la puso en la garganta. Me quedé sin habla°. Yo creo

snacks
cookies
fiestas

sin... *speechless*

que estaba más nervioso que yo, temblaba 75 y sudaba°.

"El dinero, venga, el dinero", me dijo. Y la chica dijo eso de viejo de mierda. Pero fue al mirarle a los ojos. Yo he estado en la guerra°, ¿sabe? Sé los ojos que tienen los que quieren 80 matar y ese chico me quería matar. Yo tengo licencia de armas, sí señor, aquí la tiene y aquí está la Magnum 357. ¿Qué? Pues nada, que me gusta ¿a usted no? Es un arma preciosa, segura, ella me ha salvado la vida. Con licencia yo 85 puedo tener lo que quiera. No se enfade, sigo.

Bueno, pues eso. ¿Por dónde iba?... ¡Ah, sí! Pues que veo que me pone en la garganta la pistola y le digo que sí, que le doy el dinero. Hay que 90 decir eso, para disimular, para que confíen. Igual hacíamos en la guerra.

Y ahí está... ¿Cómo? No señor, no me di cuenta 95 de que la pistola era de juguete. ¿Cómo habría de° saberlo? Lo único que supe es que me iba a matar y entonces abrí el cajón...° Mire, de esta forma... y el revólver lo 100 tenía ahí, tapado° bajo los papeles. Le seguí mirando a los ojos y saqué el revólver. Disparé de cerca y me salpicó° el delantal° y la camisa. Es muy potente el Magnum, es un buen revólver. Ya lo ha visto. Le abrí un boquete° en 105 el pecho° que...

En fin, era su vida o la mía... ¿La chica? ¡Qué sabía yo! Podría tener un arma escondida° entre las ropas, esas golfas° lo hacen... nada, a ella fue en la cabeza. Es más seguro, usted 110 sabe, que es un defensor del orden.

Pues no, no señor. No supe que el revólver era de juguete, ni que tenían doce años. A mí me parecieron de la edad de mi Arturo, ya se lo he dicho. Me parecieron como de veinte años. 115 Y no jugaban. No era juego. Les miré a los ojos y supe que querían matarme. Por eso los maté yo. A los dos, sí señor. ■

temblaba...
he was shaking and sweating

(Guerra civil española)

habría... *podría*

drawer

covered

spattered/apron

hole

chest

hidden

street walkers

> **Yo he estado en la guerra, ¿sabe? Sé los ojos que tienen los que quieren matar y ese chico me quería matar.**

Análisis

1 **Comprensión** Contesta las preguntas con oraciones completas.

1. ¿Quién está hablando de lo que pasó en la tienda?
2. ¿A quién se dirige?
3. ¿Cuántos hijos tiene el tendero?
4. ¿Quién estaba con el tendero cuando llegaron los dos chicos?
5. ¿Cómo se describe a sí mismo (*himself*)?
6. ¿Cómo es el arma del tendero? ¿Y la de los chicos?
7. ¿Cuántos años tenían los chicos?

2 **Interpretar** Contesta las preguntas y explica tus respuestas.

1. ¿Cómo piensas que es la relación del tendero con su familia?
2. ¿Crees que el tendero se arrepiente de lo que hizo?
3. ¿Cuál es tu opinión sobre estas frases?

   a. "Mientras [los hijos] sean pequeños, no le darán más que alegrías, pero en cuanto se hacen mayores la cosa cambia."

   b. "La juventud tiene que saber lo que es la vida."

3 **Reacción** En grupos pequeños, elijan una de estas situaciones y decidan quién es la persona que llega y cómo reaccionarían ustedes. Después, improvisen un diálogo ante la clase según lo que hayan discutido.

- Trabajas en una tienda y estás solo/a haciendo el turno (*shift*) de noche. Un hombre nervioso con un abrigo largo y sucio entra y empieza a observarlo todo.
- Estás hablando con dos amigos/as cuando un(a) chico/a extraño/a con ropa muy rara (*strange*) se acerca. Parece estar furioso/a.
- Estás poniendo gasolina a tu carro cuando una mujer extraña se te acerca.

4 **Escribir** Imagina que eres periodista y has escuchado las declaraciones del tendero. Escribe una noticia sobre lo que sucedió. Agrega todos los detalles que creas necesarios. Usa el pretérito perfecto del indicativo y el pretérito perfecto del subjuntivo.

Plan de redacción

Escribir una noticia

1 Organización Organiza la información que tienes, empezando por lo más importante.

2 Narración Narra los hechos de forma clara, detallando qué sucedió, cuándo y cómo.

3 Conclusión Termina hablando de la parte más general de la noticia a modo de conclusión.

4 Título Escoge un título para tu noticia que sea corto y llamativo.

El trabajo y las finanzas

Audio: Vocabulary Flashcards
Video: *Flash Cultura*

El mundo laboral

el almacén *department store; warehouse*
el aumento de sueldo *pay raise*
la compañía *company*
el desempleo *unemployment*
la empresa (multinacional)
   (multinational) company
el horario de trabajo *work schedule*
el impuesto *tax*
el mercado *market*
el presupuesto *budget*
el puesto *position, job*
la reunión *meeting*
el sindicato *labor union*
el sueldo (mínimo) *(minimum) wage*

acosar *to harass*
administrar *to manage, to run*
ascender *to rise, to be promoted*
contratar *to hire*
despedir (e:i) *to fire*
estar a la/en venta *to be on sale*
estar bajo presión *to be under pressure*
exigir *to demand*
ganarse la vida *to earn a living*
jubilarse *to retire*
renunciar *to quit*
solicitar *to apply for*
tener conexiones *to have connections;*
   to have influence

administrativo/a *administrative*
(in)capaz *(in)capable, (in)competent*
desempleado/a *unemployed*
perezoso/a *lazy*
trabajador(a) *hard-working*

La economía

los ahorros *savings*
la bancarrota *bankruptcy*
la bolsa de valores *stock market*
el cajero automático *ATM*
la crisis económica *economic crisis*
la cuenta corriente *checking account*
la cuenta de ahorros *savings account*
la deuda *debt*
la pobreza *poverty*
la riqueza *wealth*

la tarjeta de crédito *credit card*
la tarjeta de débito *debit card*

ahorrar *to save*
aprovechar *to take advantage of*
cobrar *to charge, to be paid*
depositar *to deposit*
gastar *to spend*
invertir (e:ie) *to invest*
pedir (e:i) prestado *to borrow*
prestar *to lend*

a corto/largo plazo *short/long-term*
agotado/a *exhausted*
dispuesto/a (a) *ready, willing (to)*
estresado/a *stressed (out)*
exitoso/a *successful*
financiero/a *financial*

La gente en el trabajo

el/la asesor(a) *consultant, advisor*
el/la contador(a) *accountant*
el/la dueño/a *owner*
el/la ejecutivo/a *executive*
el/la empleado/a *employee*
el/la gerente *manager*
el hombre/la mujer de negocios
   businessman/woman
el/la obrero/a *blue-collar worker*
el/la socio/a *partner; member*
el/la vendedor(a) *salesman/woman*

Cortometraje

el ataque *seizure*
la beca de investigación *research grant*
el botón *button*
la burocracia *bureaucracy*
el cargo *position*
la culpa *fault*
el/la jefe/a *boss*
el/la oficinista *office worker*
el sello *stamp*
el/la soñador(a) *dreamer*
el techo *ceiling*

destacar *to stand out*
expulsar *to expel, to dismiss*
flotar *to float*

intentar *to try*
marcharse *to leave*
partirse de risa *to split one's*
   sides laughing
perder (e:ie) el tiempo *to waste time*
portarse *to behave*
sellar *to stamp*
volar (o:ue) *to fly*

comprensivo/a *understanding*
inaudito/a *unprecedented*

Cultura

los bienes *goods*
la cantera *quarry*
la compra *purchase*
el descubrimiento *discovery*
la escasez *shortage*
el gasoducto *gas pipeline*
el/la inversionista *investor*
la represa *dam*
las riquezas *riches*
la venta *sale*
el yacimiento *deposit*

abastecer *to supply*
desaprovechar *to waste, to misuse*
quejarse *to complain*

Literatura

Comercio *Business Administration*
el control de armas *gun control*
el hambre *hunger*
la indiferencia *indifference*
la inflación *inflation*
el juguete *toy*
el lío *mess*
el/la tendero/a *storekeeper*

dar para vivir *to yield enough to live on*
darse cuenta de *to realize*
dirigirse a *to address*
disparar *to shoot*
matar(se) *to kill (oneself)*
sospechar *to suspect*
voltear *to turn back*

desesperado/a *desperate*

Ciencia y tecnología

Hoy en día, la ciencia y la tecnología avanzan a pasos agigantados con relación a otras épocas. Mucho camino ha recorrido la humanidad desde que se inventó la rueda, hace más de cinco mil años. Hoy, sumas astronómicas de dinero se invierten en experimentos tecnológicos y científicos que parecen de ciencia ficción. ¿Crees que todos los avances científicos y tecnológicos son beneficiosos?

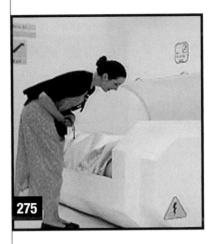

275

279

Destino:
PERÚ

La tecnología y la ciencia

La tecnología

la arroba @ symbol
el blog blog
el buscador search engine
la cámara digital digital camera
el CD-ROM CD-ROM
el ciberespacio cyber space
la computadora portátil laptop

la contraseña password
el corrector ortográfico spell checker
la dirección electrónica e-mail address
el enlace link
la herramienta tool
la informática computer science
el mensaje (de texto) (text) message
el nombre de usuario user name
el programa (de computación) software
la red the Web
el reproductor de MP3/DVD
    MP3/DVD player
el (teléfono) celular
    cell phone

adjuntar (un archivo)
    to attach (a file)
borrar to delete, to erase
descargar to download
grabar (un CD) to burn (a CD)
guardar to save
subir to upload

———

avanzado/a advanced
en línea online
inalámbrico/a wireless
innovador(a) innovative
revolucionario/a revolutionary

Los inventos y la ciencia

el ADN DNA
el avance advance, breakthrough
la célula cell

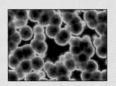

el desafío challenge
el descubrimiento discovery
el experimento experiment
el gen gene
la genética genetics
el invento invention
la novedad new development
la patente patent
la teoría theory

———

alcanzar to reach, to attain
clonar to clone
comprobar (o:ue) to prove, to confirm
contribuir to contribute
crear to create
curar to cure
fabricar to manufacture
inventar to invent

———

(bio)químico/a (bio)chemical
especializado/a specialized
(poco) ético/a (un)ethical

El universo y la astronomía

el agujero negro black hole
el espacio space

la estrella (fugaz) (shooting) star
la galaxia galaxy
la gravedad gravity
el planeta planet
la supervivencia survival
el telescopio telescope
el transbordador espacial space shuttle

———

aterrizar to land
explorar to explore

———

extraterrestre extraterrestrial, alien

Los científicos

el/la astronauta astronaut
el/la astrónomo/a astronomer
el/la biólogo/a biologist
el/la científico/a scientist

el/la físico/a physicist
el/la ingeniero/a engineer
el/la investigador(a) researcher
el/la matemático/a mathematician
el/la (bio)químico/a (bio)chemist

 Audio: Vocabulary

Práctica

1

No pertenece Identifica la palabra que no pertenece al grupo.

1. ADN • célula • contraseña • gen
2. astronauta • red • transbordador espacial • aterrizar
3. descargar • curar • grabar • guardar
4. patente • extraterrestre • espacio • agujero negro
5. científico • biólogo • herramienta • químico
6. novedad • descubrimiento • gravedad • avance

2

Se necesita... ¿Qué se necesita para hacer posible lo siguiente? Añade el artículo correcto *un* o *una*.

buscador	contraseña	dirección electrónica	reproductor de DVD
cámara digital	corrector ortográfico	experimento	teléfono celular
computadora portátil	desafío	patente	telescopio

1. Para encontrar una lista de sitios web útiles, se necesita _____.
2. Para recibir correo electrónico, se necesita _____.
3. Para navegar la red en la playa, se necesita _____.
4. Para hacer una llamada en un autobús, se necesita _____.
5. Para escribir sin errores en la computadora, se necesita _____.
6. Para proteger la información de la computadora, se necesita _____.
7. Para proteger un invento, se necesita _____.
8. Para observar las estrellas y galaxias desde la Tierra, se necesita _____.

3

Actualidad científica Parece que la biotecnología no tiene límites. ¿Qué opinas tú sobre el tema?

A. Marca las afirmaciones con las que estás de acuerdo.

☐ 1. La clonación de seres humanos es una herramienta importante para luchar contra las enfermedades genéticas.

☐ 2. La genética ha ido demasiado lejos. El hombre no puede jugar a alterar la naturaleza humana. No es ético y sólo produciría sufrimiento.

☐ 3. Es injusto gastar dinero en experimentos genéticos cuando hay gente que muere de hambre.

☐ 4. Debemos seguir desarrollando la biotecnología para que un día los seres humanos seamos inmortales.

☐ 5. La clonación de seres humanos disminuirá (*will diminish*) nuestro respeto por la vida humana.

☐ 6. Clonar seres humanos en un mundo superpoblado (*overpopulated*) no tiene sentido.

B. Ahora compara tus opiniones con las de un(a) compañero/a. ¿Cuáles son los aspectos positivos y negativos de la manipulación genética?

Practice more at **imagina.vhlcentral.com**.

Preparación

Audio: Vocabulary

Vocabulario del corto

alimentar *to feed*
congelar(se) *to freeze (oneself)*
derretir(se) (e:i) *to melt*
descongelar(se) *to thaw (oneself)*
la guita *cash, dough (slang)*

el interrogante *question; doubt*
la locura *craziness*
la plata *money*
soñar (o:ue) *to dream*
el/la vago/a *slacker*

Vocabulario útil

la calidad *quality*
el clon *clone*
computarizado/a *computerized*
la nave espacial *spacecraft*

práctico/a *useful; practical*
el regreso *return*
virtual *virtual*

EXPRESIONES

al alcance de la mano *within reach*
al final de cuentas *after all*
cuanto antes *as soon as possible*
menos mal que... *It's a good thing (that)...*
¡Qué bárbaro! *Amazing!*

1

Completar Elige la mejor opción.

1. A los que se atreven a (*dare to*) _____ se les ocurren las mejores ideas para inventos.

   a. alimentar   b. derretir   c. soñar

2. No puedo comprar una computadora portátil hasta que no tenga _____.

   a. plata   b. locura   c. interrogante

3. No necesitas un telescopio de excelente _____ para ver los anillos (*rings*) de Saturno.

   a. calidad   b. clon   c. regreso

4. Las _____ espaciales son capaces de viajar hasta los límites del sistema solar.

   a. vagas   b. guitas   c. naves

5. Las piezas de los exploradores robotizados pueden _____ en el frío extremo de un planeta remoto.

   a. derretirse   b. congelarse   c. descongelarse

2

Vocabulario En grupos de tres, túrnense para elegir una palabra de la lista. Defínansela a sus compañeros/as para que la adivinen. La persona que adivine elige la próxima.

> **Modelo**   Sacar algo del congelador y dejarlo afuera es... **descongelar**.

alimentar	locura	práctico/a
clon	nave espacial	soñar
interrogante	plata	vago/a

3 **Avances** En parejas, contesten las preguntas y expliquen sus respuestas.

1. ¿Creen que la vida en el futuro va a ser mejor?

2. ¿Qué avances tecnológicos creen que habrá para el año 2030? Mencionen al menos cinco.

3. Hoy en día se están preparando viajes turísticos a la Luna. Éstos estarán en funcionamiento dentro de unos años. ¿Creen que es una buena idea? ¿Les gustaría ir de vacaciones a la Luna?

4. ¿Cuáles creen que son los principales objetivos de la ciencia y la tecnología en cualquier época de la humanidad?

5. ¿Qué factores pueden afectar la investigación científica y el desarrollo tecnológico?

6. ¿Creen que la ciencia y la tecnología pueden, o deben, resolver problemas sociales? ¿Cuáles?

4 **¿Qué opinan?** En parejas, escriban las ventajas y desventajas de cada uno de estos medios u objetos tecnológicos. Luego, compártanlas con la clase.

	ventajas	desventajas
Internet		
teléfono celular		
Nintendo Wii		
videoteléfono		
reproductor de mp3		
?		

5 **Fotograma** En parejas, miren el fotograma e imaginen lo que va a ocurrir en el cortometraje.

 Short Film

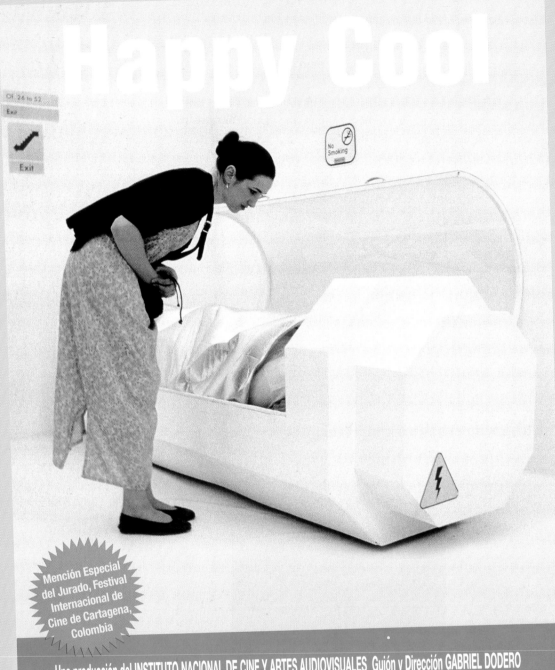

Mención Especial del Jurado, Festival Internacional de Cine de Cartagena, Colombia

Una producción del INSTITUTO NACIONAL DE CINE Y ARTES AUDIOVISUALES Guión y Dirección GABRIEL DODERO
Producción Ejecutiva ANDRÉS "Gato" MARTÍNEZ CANTÓ Dirección de Fotografía LEANDRO MARTÍNEZ
Dirección de Arte PATRICIA IBARRA Montaje LEANDRO PATRONELLI Dirección de Sonido FERNANDO VEGA
Actores CARLOS BERRAYMUNDO/CECILIA ROCHE/JORGE OCHOA/NORBERTO ARCUSÍN/GONZALO SAN MARTÍN/
NORBERTO FERNÁNDEZ/GISELLE CHEWELLE

ARGUMENTO *En Buenos Aires, el desempleo ha obligado a la gente a buscar un futuro mejor a través de la tecnología.*

JULIO Yo vengo de buscar trabajo y no consigo nada, y encima tengo que ver esto. El chico me pierde el respeto a mí, yo ya no sé qué decirle a tu papá que nos está bancando[1] acá en su casa.

LOCUTOR No hay trabajo, pero hay una empresa que piensa en usted. *Happy Cool*, la tecnología que lo ayuda a esperar los buenos tiempos. [...] ¡Congélese!, y viva el resto de su vida en el momento oportuno.

JULIO Mirá, Mabel, yo quizá me tenga que congelar. Un tiempito nomás. Yo creo que esto en uno o dos años se soluciona.
MABEL Pero, Julio, ¿qué decís? ¿Cómo podés pensar en una cosa así?

DANIEL ¿Vos te acordás cuando éramos pibes[2] que pensábamos que en el 2000 la tecnología iba a ser tan poderosa que no iba a hacer falta laburar[3]?

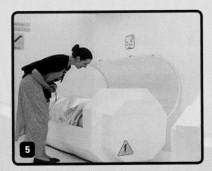

MABEL Ay, Julio, ¡qué tecnología!
JULIO Sí, sí... se ve que es gente seria... hay mucha plata invertida acá.
MABEL Ah... no sé qué voy a hacer. No sé si traerte flores como si estuvieras en un cementerio o qué.

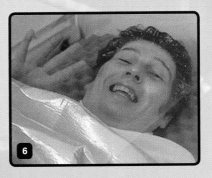

MABEL Volvé pronto.
JULIO Ojalá que la situación económica mejore...
MABEL Ojalá...
JULIO Sí, así me descongelan cuanto antes.
MABEL Cuidate... te voy a extrañar.

[1] **nos...** *he is putting us up* [2] *kids* [3] *work*

¡ATENCIÓN!

El **voseo** consiste en el uso del pronombre personal **vos** en lugar de **tú**. Se usa en Argentina y en varios lugares de América del Sur y de América Central. En el voseo, los verbos en presente en la segunda persona del singular se acentúan en la última sílaba. Los verbos irregulares se conjugan como si fueran regulares. Por ejemplo:

vos tenés = tú tienes
vos querés = tú quieres

Análisis

1 **Comprensión** Contesta las preguntas con oraciones completas.

1. ¿De quién es la casa donde viven Julio y su familia?
2. ¿Cuánto tiempo lleva Julio desempleado?
3. ¿Qué promete la empresa *Happy Cool*?
4. ¿A quiénes se destinan los servicios de la empresa?
5. ¿Qué opina al principio Julio sobre la congelación?
6. ¿Quién ofrece pagar por la congelación de Julio?
7. ¿Por qué decide Julio finalmente que sí quiere ser congelado?
8. ¿En qué año se descongela Julio?
9. ¿Qué pasó en su familia mientras él estaba congelado?
10. ¿Cómo soluciona Mabel la situación al final?

2 **Interpretar** En parejas, contesten las preguntas.

1. ¿Por qué piensan que la gente cree en la publicidad de *Happy Cool*?
2. ¿Ustedes se congelarían si estuvieran en la situación de Julio? ¿Por qué?
3. ¿Piensan que sería positivo o negativo que no fuera necesario trabajar para vivir? ¿Por qué?
4. ¿Creen que la tecnología de la empresa *Happy Cool* se inventó para ayudar a la gente o para aprovecharse de (*take advantage of*) ella? ¿Por qué?

3 **El regreso** En parejas, imaginen que la congelación ha sido un éxito y Julio despierta en un futuro mejor. Escriban un párrafo explicando lo que ocurre.

- ¿Cómo ha sido la vida de su esposa?
- ¿Cómo es su hijo y qué hace?
- ¿Cómo está su suegro? ¿Qué piensa ahora de su yerno?
- ¿Cómo es la situación económica de Argentina?
- ¿Qué tipo de trabajo consigue Julio?
- ¿Son ahora todos más felices?
- ¿Fue una buena idea congelarse?

4 **Viajeros** En el sueño de Julio hay una máquina para viajar en el tiempo. En grupos de tres, imaginen que ustedes pueden usarla tres veces. Escriban lo que hicieron en cada viaje y luego compartan sus viajes con la clase.

Fecha	Lugar	Actividades

5

El invento En grupos pequeños, imaginen que han construido un aparato tecnológico revolucionario. Dibujen su invento y descríbanlo contestando estas preguntas. Añadan todos los detalles que crean necesarios. Luego, compártanlo con la clase.

- ¿Para qué sirve?
- ¿Cómo es?
- ¿A qué público está dirigido?
- ¿Cuánto cuesta?
- ¿Tiene éxito?

6

Cambio constante En parejas, miren estas imágenes y contesten las preguntas. Luego, compartan sus ideas con la clase.

 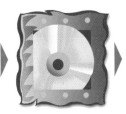 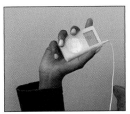

- ¿De qué tecnología se trata?
- ¿Cómo funcionaba esta tecnología en el pasado?
- ¿Cómo ha cambiado a través de los años?
- ¿Cómo funciona hoy en día?
- ¿Cómo cambiará en el futuro?

7

Un debate En grupos, hablen de las consecuencias de la tecnología. ¿Creen que siempre beneficia a la humanidad? ¿Qué ocurriría si la tecnología se pusiera al servicio de los problemas sociales?

 Practice more at **imagina.vhlcentral.com**.

IMAGINA PERÚ

(S) En **imagina.vhlcentral.com** encontrarás más información y actividades relacionadas con esta sección.

Lima: el encanto de la historia

Entre los siglos XVI y XVIII, **Lima** era una metrópoli con tanta riqueza y poder que no había muchas ciudades ni en el **Nuevo** ni en el **Viejo Mundo** que pudieran competir con ella. Fue fundada en 1535 por el conquistador español **Francisco Pizarro**. La necesidad de tener un puerto[1] al mar lo llevó a establecer la ciudad en la costa del **Pacífico**. La llamó **Ciudad de los Reyes**, pero Lima, el nombre quechua, prevaleció[2].

Los conquistadores pisaron[3] estas tierras en busca de plata y oro, y las llenaron de historias de ambición, de fe y de venganza[4]. El corazón de la ciudad sigue en el mismo sitio desde los años coloniales. **La Plaza de Armas**, incrustada entre monumentos, es espejo de las complejas[5] relaciones sociales y políticas de aquella época. Hoy día, todavía se encuentra allí el **Palacio de Gobierno**, construido bajo las órdenes de Francisco Pizarro.

Los conventos, palacios y mansiones nos cuentan la fascinante historia de la ciudad. Las familias adineradas[6] que querían construir una mansión tenían que seguir ciertas normas. La distancia entre la mansión y la Plaza de Armas dependía de su posición social, por lo cual los residentes de mayor nobleza vivían más cerca de la plaza. El **Tribunal de la Santa Inquisición**, establecido en **Perú** en 1570, llevaba a cabo sus juicios en esta plaza, y en su mismo centro se ejecutaba a los condenados.

Los balcones de las casas coloniales, famosos por su omnipresencia y por su variedad, reflejan el estilo arquitectónico mudéjar[7], resultado de la mezcla de las culturas musulmana, judía y cristiana de la **España** de la época. Los balcones de Lima hacen uso de enrejados[8] que no dejan pasar la luz. Ideales para las temperaturas del norte de **Marruecos**[9] y ciertas zonas de España, se adecuaron perfectamente a las temperaturas cálidas[10] de Lima. Su conveniencia no era exclusivamente climática, pues a través de los pequeños orificios se ocultaban los rostros[11] de las mujeres nobles que querían ver lo que ocurría en las calles, sin necesidad de salir.

Lima vista de noche

Lima ofrece más que la grandiosidad arquitectónica de su pasado colonial. En el distrito **Pachacamac** se encuentra un santuario que data del siglo V, anterior a la llegada de los incas, en el cual se veneraba[12] al dios del mismo nombre. Por otra parte, una visita al distrito de **Miraflores** nos muestra la Lima contemporánea. Sus edificios se alternan con parques, centros comerciales, teatros y galerías de arte. Miraflores es la zona de paseo por excelencia.

Aunque Lima fue destruida casi en su totalidad por un terremoto en 1746, los limeños, a través de la reconstrucción, garantizaron la continuación de la larga historia de la capital peruana.

Signos vitales

Lima tiene más de ocho millones de habitantes. Son en su mayoría mestizos, es decir, tienen una mezcla de orígenes europeos e indígenas. El gran crecimiento en su población se inició en los años sesenta, cuando muchos peruanos abandonaron las zonas rurales para vivir en la capital.

[1] *port* [2] *prevailed* [3] *walked on* [4] *revenge* [5] *complex* [6] *wealthy* [7] *Mudejar (architectural style)* [8] *railings* [9] *Morocco* [10] *hot* [11] *faces* [12] *worshipped*

¡Conozcamos Perú!

Las líneas de Nazca
Sobrevolando[1] la pampa de Jumana, se ven las famosas **líneas de Nazca**. Estos trazos[2], discernibles únicamente desde el aire, representan figuras geométricas, humanas y animales, entre otras. Entre 200 y 700 d.C., la civilización nazca las grabó en el desierto. Los antropólogos, intentando descifrar el misterio que encierran estos dibujos[3], han considerado varias teorías, pero la verdad absoluta sobre estas líneas continúa siendo un enigma.

Cuzco La ciudad de **Cuzco** era la más importante de los **Andes** durante el imperio incaico. Fue la capital y sede[4] del gobierno de esta civilización, lo que la convirtió en centro cultural y religioso. En la actualidad, es una de las ciudades precolombinas más importantes del continente y por ello es visita inevitable para quien quiera conocer un poco más sobre la historia y costumbres de los incas.

Parque Nacional del Manu Para aquéllos que disfrutan del turismo ecológico, el **Parque Nacional del Manu** ofrece todo lo que puedan desear. Por siglos, conservó su biodiversidad gracias a su difícil acceso. Este parque cuenta con 15.000 tipos de plantas diferentes. En tan sólo una hectárea de su terreno, se han encontrado hasta 250 variedades de árboles. Además, es el hábitat de algunas especies animales poco comunes, como armadillos y nutrias[5] gigantes.

Iquitos La ciudad más grande de la selva de **Perú**, **Iquitos**, es también una de las ciudades más importantes en la orilla[6] del **Amazonas** y una puerta de ingreso para navegar por el río. Fue fundada por jesuitas en el siglo XVIII, y durante la primera parte del siglo XX vivió un auge[7] económico con el cultivo de goma[8]. Actualmente, es considerada una ciudad muy viva, segura e ideal para conocer la cultura indígena de la región. Aun hoy día, sólo se puede acceder a Iquitos por barco o avión.

1 *Flying over* 2 *lines* 3 *drawings* 4 *seat* 5 *otters* 6 *bank* 7 *boom* 8 *rubber*

El español de Perú

arruga	deuda; estafa; *debt; fraud*
asado/a	enojado/a, molesto/a; *upset*
bobo	corazón; *heart*
café	regaño; *scolding*
causa	amigo
chaufa	adiós
encamotado/a	enamorado/a; *in love*
pata	amigo/a; individuo; *friend; guy, dude*
quincearse	equivocarse; *to be wrong/mistaken*
tono	fiesta

Expresiones

al polo	muy frío (bebidas); *very cold (drinks)*
¡Como cancha!	¡Mucho!; *A lot!*
estar muñequeado/a	estar nervioso/a; *to be nervous*
mi collera	mi amigo/a íntimo/a
tirar caña	manejar un carro; *to drive*
tirar lenteja	mirar; curiosear; *to look at; to browse*

GALERÍA DE CREADORES

MÚSICA Tania Libertad

La UNESCO ha nombrado a Tania Libertad "Artista por la Paz" en varias ocasiones. Esta cantante peruana, radicada en México, es considerada una embajadora artística de Latinoamérica. Su discografía incluye más treinta álbumes que reflejan su versatilida. Esta artista sin fronteras interpreta todo tipo de géneros —música africana, músic folclórica, rancheras, boleros, salsa, rumba *rock*— con la misma pasión y autenticida que cautivan a todo aquél que la escucha. Los que la han visto cantar en vivo describ la experiencia como conmovedora (*moving* mágica y casi espiritual.

LITERATURA Mario Vargas Llosa

Perú y su realidad son el escenario de la mayoría de las novelas de Mario Vargas Llosa, prestigiosa figura del panorama literario hispanoamericano de la segunda mitad del siglo XX. Saltó a la fama internacionalmente en 1962 con la publicación de *La ciudad y los perros*. En 1993 publicó sus memorias, *El pez en el agua*, donde habla de su fracaso en las elecciones presidenciales de su país en 1990. Después de muchas más novelas y numerosos premios literarios internacionales, fue galardonado (*awarded*) en 1994 con el Premio Cervantes. Es, además de novelista, crítico literario y columnista de prensa, uno de los intelectuales contemporáneos más activos.

MÚSICA
Los Hermanos Santa Cruz

En 1988 se formó el grupo musical Hermanos Santa Cruz. Son sobrinos del fundador de Cumanana, una de las primeras formaciones de músicos profesionales dedicadas a mantener viva la música negra peruana y sus temas. Aunque la base de su música es afroperuana, los Hermanos Santa Cruz la combinan con otros elementos contemporáneos y el resultado es un sonido (*sound*) musical muy interesante cuyo éxito ha sido abrumador (*overwhelming*) en Perú y en el extranjero. Su estilo alegre y enérgico está lleno de calor y color.

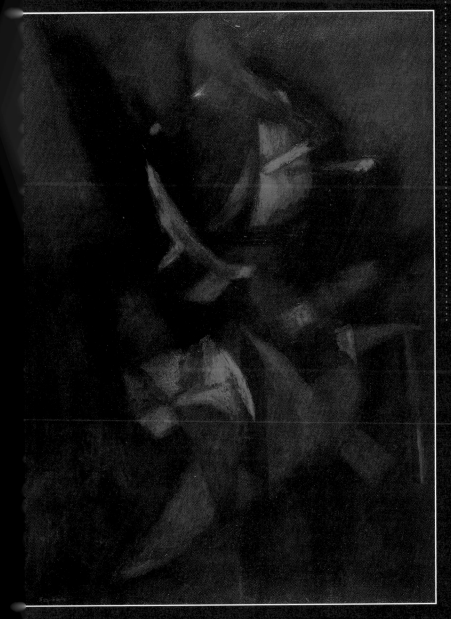

PINTURA   Fernando de Szyszlo

Pintor peruano apreciado dentro y fuera de su país, Fernando de Szyszlo ha explorado en su trayectoria artística diferentes estilos pictóricos. Practicó el cubismo, el surrealismo y el abstractismo, convirtiéndose desde los años 50 en pintor clave del arte abstracto latinoamericano. Su estilo, rico en recursos, se caracteriza por el uso del color y las texturas y por un excepcional dominio de la luz creando un ambiente (*environment*) lírico en cada uno de sus cuadros. Su arte va más allá de la representación literal; cada obra es una aventura en busca de conocimiento. El óleo que vemos aquí, *Cajamarca 1959*, forma parte de la serie *Cajamarca*, que está inspirada en un poema indígena sobre la captura y ejecución del jefe inca Atahualpa por el conquistador Francisco Pizarro en la ciudad de Cajamarca.

CONEXIÓN INTERNET

En imagina.vhlcentral.com encontrarás más información y actividades relacionadas con esta sección.

¿Qué aprendiste?

Cierto o falso
Indica si estas afirmaciones son ciertas o falsas. Corrige las falsas.

1. Cuzco era la ciudad más importante de los Andes durante el imperio inca.

2. El fundador de Lima fue un conquistador portugués.

3. El Tribunal de la Santa Inquisición se estableció en Perú.

4. La ciudad de Lima se conserva igual desde su fundación.

5. Las líneas de Nazca están en la pampa de Jumana.

6. Tania Libertad es una de las actrices más famosas de Perú.

Preguntas
Contesta las preguntas.

1. ¿Por qué se estableció la ciudad de Lima en la costa del Pacífico?

2. ¿Quién ordenó la construcción del Palacio de Gobierno?

3. ¿Por qué se pudo conservar la biodiversidad del Parque Nacional del Manu?

4. ¿Qué tipo de música quiere mantener viva el grupo *Hermanos Santa Cruz*?

5. ¿Cuál es el escenario de la mayoría de las novelas de Mario Vargas Llosa?

6. ¿Qué artista de la Galería te interesa más? ¿Por qué?

PROYECTO

El misterio de las líneas de Nazca

Imagina que eres antropólogo/a y vas a hacer una presentación sobre las líneas de Nazca. Investiga en Internet la información que necesites.

- Recopila fotos de las líneas de Nazca.

- Escribe un resumen de la historia de las líneas de Nazca.

- Describe las teorías que encuentres e inventa tu propia teoría.

- Haz tu presentación ante la clase. Explícales tu teoría del origen de las líneas.

MINIPRUEBA

Completa las oraciones con la información correcta y demuestra lo que aprendiste sobre Perú.

1. Hasta el siglo XVIII, pocas ciudades podían _____ con Lima.
   a. conquistar   b. competir   c. negociar

2. Al fundar Lima, Pizarro la llamó Ciudad _____.
   a. del Pacífico   b. de los Reyes   c. de la costa

3. Las familias con _____ poder social vivían cerca de la Plaza de Armas.
   a. poco   b. menor   c. mayor

4. Los balcones de las casas coloniales de Lima hacen uso de _____ que se adecuaron a las temperaturas cálidas del lugar.
   a. enrejados   b. zonas   c. ventanas

5. La mayoría de la población de Lima es _____.
   a. mestiza   b. indígena   c. europea

6. En el siglo XVI, en el centro de Lima se ejecutaba a los _____.
   a. educados   b. ejércitos   c. condenados

7. El rápido crecimiento de la _____ de Lima se inició cuando muchos peruanos abandonaron las zonas rurales.
   a. nobleza   b. población   c. agricultura

8. Las líneas de Nazca forman figuras geométricas, _____ y humanas en el desierto.
   a. alfabéticas   b. animales   c. indescifrables

9. En Manu hay más de 15.000 tipos de _____.
   a. plantas   b. terrenos   c. nutrias

10. Iquitos es la ciudad más grande de la _____ de Perú.
    a. orilla   b. costa   c. selva

11. La ciudad de Iquitos creció gracias al cultivo de _____.
    a. café   b. goma   c. oro

12. El artista plástico Fernando de Szyszlo exploró el _____, entre otros estilos pictóricos.
    a. expresionismo   b. impresionismo   c. cubismo

13. Mario Vargas Llosa publicó sus memorias, *El _____ en el agua*, después de su fracaso en las elecciones presidenciales.
    a. siglo   b. perro   c. pez

En pantalla (S) Video: *Reportaje*

"Si los grandes compositores vivieran en este siglo, hoy sus obras sonarían así." Ésta es la premisa de Perú Rock Ópera, un grupo artístico peruano que nació en 2006 para acercar la música clásica a más gente. Con letras traducidas al español, las obras de grandes maestros como Mozart, Bizet, Bach y Beethoven llegan al público renovadas por la potencia del rock. El proyecto ha tenido un gran recibimiento en su propio país. "El resultado es increíble", dicen los seis artistas que integran el grupo.

Conexión personal ¿Has escuchado una ópera alguna vez? ¿Irías a ver una? ¿A qué público consideras que ha estado dirigida la ópera tradicionalmente?

Comprensión Contesta las preguntas.

1. Antes de este grupo, ¿existían en Perú grupos de rock ópera?

2. ¿Quién de los músicos había tenido experiencia con la ópera?

3. ¿Qué instrumentos tocan?

4. ¿Qué retos mencionan los músicos?

5. ¿Qué pensaba la cantante del tipo de público que suele escuchar ópera?

Expansión

A. En grupos de tres, imaginen que quieren organizar una gira *(tour)* del grupo Perú Rock Ópera por el país donde ustedes viven. Diseñen una propuesta para el grupo con información sobre:

- las ciudades de la gira
- el auditorio donde va a tocar el grupo
- los programas de televisión que va a visitar
- los programas de radio en los que va a dar entrevistas

B. Presenten su propuesta ante la clase.

Perú Rock Ópera

Es interesante siempre involucrarse (*involve oneself*) en algo distinto, que te pone a prueba y es un reto... una manera diferente, algo que va a sacar algo nuevo de ti.

Me está exigiendo (*demanding*) mucho más de lo que he dado hasta ahora en cuanto a técnica vocal.

Bueno, el violín es un instrumento bien versátil, ¿no? Tiene cientos de años exactamente igual y se ha adaptado a casi todo tipo de música.

Yo creo que la guitarra en este caso pone la parte más roquera, ¿no?

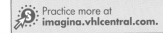

Practice more at
imagina.vhlcentral.com.

8.1

The past perfect

- The past perfect tense (**el pluscuamperfecto**) is formed with the imperfect of **haber** and a past participle. As with other perfect tenses, the past participle does not change form.

TALLER DE CONSULTA

These grammar topics are covered in the **Manual de gramática, Lección 8**.

8.4 Prepositions: *a, hacia,* and *con,* p. 404

8.5 Prepositions: *de, desde, en, entre, hasta,* and *sin,* p. 406

To review irregular past participles, see **7.1, p. 249**.

The past perfect		
viajar	**perder**	**incluir**
había viajado	había perdido	había incluido
habías viajado	habías perdido	habías incluido
había viajado	había perdido	había incluido
habíamos viajado	habíamos perdido	habíamos incluido
habíais viajado	habíais perdido	habíais incluido
habían viajado	habían perdido	habían incluido

- In Spanish, as in English, the past perfect expresses what someone *had done* or what *had occurred* before another action or condition in the past.

Decidí comprar una cámara digital nueva porque la vieja se me **había roto** varias veces.

I decided to buy a new digital camera because the old one had broken several times.

Cuando por fin les dieron la patente, otros ingenieros ya **habían inventado** una tecnología mejor.

When they were finally given the patent, other engineers had already invented a better technology.

- **Antes, aún, nunca, todavía,** and **ya** are often used with the past perfect to indicate that one past action occurred before another. Note that these adverbs, as well as pronouns and the word **no,** may not come between **haber** and the past participle.

¡ATENCIÓN!

Note that in English, an adverb may come between the verb *to have* and a past participle. This is not the case in Spanish.

Los humanos ya habían llegado a la Luna cuando mandaron una nave a Júpiter.
Humans had already reached the Moon when they sent a spacecraft to Jupiter.

Cuando Julio volvió a la casa, Mabel **ya** *se* **había casado** *otra vez.*

Cuando apagué la computadora, **aún no había guardado** el documento. ¡Lo perdí!

When I shut off the computer, I hadn't yet saved the document. I lost it!

Ya me **había explicado** la teoría, pero no la entendí hasta que vi el experimento.

He had already explained the theory to me, but I didn't understand it until I saw the experiment.

Nunca había visto una estrella fugaz tan luminosa **antes.**

I had never seen such a bright shooting star before.

Los ovnis **todavía no habían aterrizado,** pero los terrícolas ya estaban corriendo.

The UFOs hadn't yet landed, but the Earthlings were already running.

Práctica y comunicación

1 **Completar** Jorge Báez, un médico dedicado a la genética, ha recibido un premio por su trabajo. Completa su discurso de agradecimiento con el pluscuamperfecto.

Muchas gracias por este premio. Recuerdo que antes de cumplir 12 años ya (1) _____ (decidir) ser médico. A esa edad, mi madre ya me (2) _____ (llevar) al hospital donde ella trabajaba y recuerdo que la primera vez me (3) _____ (fascinar) los médicos vestidos de blanco. Luego, cuando cumplí 26 años, ya me (4) _____ (pasar) tres años estudiando las propiedades de los genes humanos, en especial desde que (5) _____ (ver) un programa en la televisión sobre la clonación. Cuando terminé mis estudios de postgrado, ya se (6) _____ (hacer) grandes adelantos científicos…

2 **Explicación** Reescribe las oraciones usando el pluscuamperfecto.

> **Modelo** **Me duché a las 7:00. Antes de ducharme hablé con mi hermano.**
> Ya había hablado con mi hermano antes de ducharme.

1. Salí de casa a las 8:00. Antes de salir de casa miré mi correo electrónico.
2. Llegué a la oficina a las 8:30. Antes de llegar a la oficina tomé un café.
3. Se apagó la computadora a las 10:00. Guardé los documentos a las 9:55.
4. Fui a tomar un café. Antes, comprobé que todo estaba bien.

3 **Informe** En grupos de tres, imaginen que son policías y deben preparar un informe sobre este accidente. Inventen una historia sobre lo que había ocurrido en las vidas de los personajes dos horas antes, dos minutos antes y dos segundos antes del accidente. Usen el pluscuamperfecto.

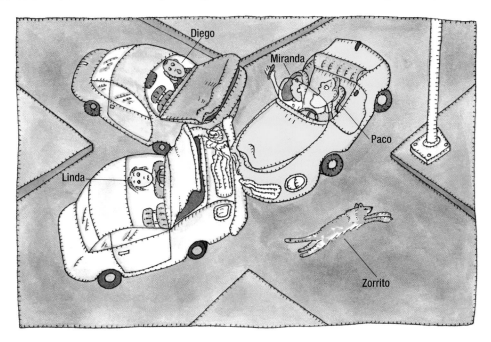

The past perfect subjunctive

● The past perfect subjunctive (**el pluscuamperfecto del subjuntivo**) is formed with the past subjunctive of **haber** and a past participle.

*A Julio le sorprendió que lo **hubieran descongelado** después de tan pocos años.*

TALLER DE CONSULTA

The alternative past subjunctive forms of **haber** may also be used with the past participle to form the past perfect subjunctive. See **6.2, p. 214.**

Ojalá hubieras/hubieses contribuido al proyecto de astronomía.
I wish you had contributed to the astronomy project.

———

The past perfect subjunctive is also frequently used in **si** clauses. See **9.3, p. 323.**

Si no se te hubiera/hubiese perdido el celular, te habríamos llamado. *If you hadn't lost your cell phone, we would have called you.*

The past perfect subjunctive		
cambiar	**poder**	**sentir**
hubiera cambiado	hubiera podido	hubiera sentido
hubieras cambiado	hubieras podido	hubieras sentido
hubiera cambiado	hubiera podido	hubiera sentido
hubiéramos cambiado	hubiéramos podido	hubiéramos sentido
hubierais cambiado	hubierais podido	hubierais sentido
hubieran cambiado	hubieran podido	hubieran sentido

● The past perfect subjunctive is used in subordinate clauses under the same conditions for other subjunctive forms, and in the same way the past perfect is used in English (*I had talked, you had spoken, etc.*). It refers to actions or conditions that *had taken place* before another past occurence.

Le molestó que los otros investigadores no **hubieran asistido** a su conferencia.
It annoyed her that the other researchers hadn't attended her lecture.

A pesar de que nos mostró fotos, dudábamos que el científico **hubiera visto** un ovni.
Despite the pictures that he showed us, we doubted that the scientist had seen a UFO.

● When the action in the main clause is in the past, both the past subjunctive and the past perfect subjunctive can be used in the subordinate clause. Note, however, how the sequence of events differs.

Past subjunctive	Past perfect subjunctive
Tú no pensabas que el telescopio **costara** tanto, ¿verdad?	Tú no pensabas que el telescopio **hubiera costado** tanto, ¿verdad?
You didn't think the telescope would (was going to) cost so much, right?	*You didn't think the telescope (had already) cost so much, right?*
La empresa buscó una bioquímica que **viviera** en la zona.	La empresa buscó una bioquímica que **hubiera vivido** en la zona.
The company looked for a biochemist who lived (was living) in the area.	*The company looked for a biochemist who had (might have) lived in the area.*

Práctica y comunicación

1

Seleccionar Combina las expresiones de la segunda columna con las de la primera para formar oraciones completas con el pluscuamperfecto del subjuntivo.

_____ 1. Esperaba que tú

_____ 2. Dudaba que los estudiantes de la clase de química

_____ 3. Le molestó que el director del laboratorio no lo

_____ 4. Ojalá ellos te

_____ 5. Fue una lástima que ella no

a. hubieran dado la patente.

b. hubieran apagado sus teléfonos celulares.

c. hubiera podido venir a la conferencia.

d. hubiera contratado para trabajar en el proyecto.

e. hubieras encontrado algo en la red, pero no tuviste suerte.

2

Conferencia Completa cada oración para explicar lo que ocurrió durante una conferencia científica. Usa el pluscuamperfecto del subjuntivo del verbo entre paréntesis.

1. La ingeniera Penélope Torres temió que su asistente _____ (borrar) su presentación.

2. No se habló de los desafíos profesionales antes de que todos los participantes _____ (hacer) sus presentaciones.

3. Fue necesario que nosotros _____ (asistir) a la ceremonia de apertura (_opening_).

4. Algunos científicos dudaron que tú _____ (resolver) las dificultades técnicas.

5. Mis jefes no pensaron que yo los _____ (ver) en la entrada del auditorio.

6. El organizador no encontró investigadores que _____ (escribir) sobre las influencias de la economía.

3

Tarjeta Ayer preparaste un plato peruano llamado _Papas rellenas_ y tu mejor amigo/a tuvo una reacción alérgica. Escribe una tarjeta pidiéndole disculpas. Usa el pluscuamperfecto del subjuntivo con las expresiones de la lista y tres más.

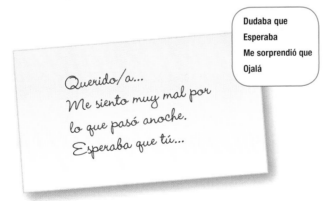

Dudaba que
Esperaba
Me sorprendió que
Ojalá

Querido/a...
Me siento muy mal por
lo que pasó anoche.
Esperaba que tú...

4

Historia En parejas, imaginen que son periodistas que investigan la vida de un famoso y excéntrico científico peruano llamado Astor Gómez. Hace un mes que su familia y sus colegas no lo ven, y sólo se ha encontrado una nota debajo de su microscopio que dice: "Ojalá hubiera sido un extraterrestre". Inventen una historia que explique la frase encontrada. Usen el pluscuamperfecto del subjuntivo.

🔊 Practice more at **imagina.vhlcentral.com.**

Nota CULTURAL

Los ingredientes más utilizados en la comida peruana son **la papa**, **el maíz** y **el ají** (_pepper_). La papa se ha adaptado a los diversos climas del país y cuenta con 4.000 variedades distintas. Por otra parte, la gastronomía peruana tiene por lo menos 35 formas diferentes de preparar el maíz: tostado, molido (_ground_), hervido (_boiled_), etc. En algunos platos típicos se pueden saborear variedades de ají, como los llamados **ají amarillo** y **rocoto**.

8.3 Uses of the infinitive

—*Yo quisiera **ver** a Mabel y a Pablito, ¿se puede **hacer** eso?*
—*No se preocupe, en estos tiempos la tecnología le permite **hacer** lo que desee.*

- The infinitive (**el infinitivo**) is commonly used after other conjugated verbs, especially when there is no change of subject. **Deber, decidir, desear, necesitar, pensar, poder, preferir, querer,** and **saber** are all frequently followed by infinitives.

  Mis primos **han decidido comprarle** una computadora a mi abuela.
  My cousins have decided to buy a computer for my grandmother.

  ¡Qué buena idea! No sabía que ella **quería tener** una.
  What a good idea! I didn't know that she wanted to have one.

- Verbs of perception, such as **escuchar, mirar, oír, sentir,** and **ver,** are followed by the infinitive even if there is a change of subject. The use of an object pronoun with the conjugated verb distinguishes the two subjects and eliminates the need for a subordinate clause.

  Te **oigo hablar,** ¡pero no entiendo nada!
  I hear you speaking, but I don't understand anything!

  Si la **ven salir,** avísenme enseguida.
  If you see her leave, let me know immediately.

- Many verbs of influence, such as **dejar, hacer, mandar, permitir,** and **prohibir,** may also be followed by the infinitive. Here again, the object pronoun makes a subordinate clause unnecessary.

  La profesora **nos hizo leer** artículos sobre el ADN.
  The teacher made us read articles about DNA.

  El comité **me ha dejado continuar** con los experimentos.
  The committee has allowed me to continue with the experiments.

- The infinitive may be used with impersonal expressions, such as **es bueno, es fácil**, and **es importante**. It is required after **hay que** and **tener que**.

  Es importante utilizar el corrector ortográfico.
  It is important to use the spell-checker.

  ¿**Es ético clonar** a un ser humano?
  Is it ethical to clone a human being?

—*¿Dónde **hay que firmar**?*

TALLER DE CONSULTA

See **Manual de gramática, 8.4, p. 404** and **8.5, p. 406** to learn more about prepositions.

- In Spanish, unlike in English, the gerund form of a verb (*talking, working,* etc.) may not be used as a noun or in giving instructions. The infinitive form, with or without the definite article **el,** is used instead.

Ver es **creer.**	**Descargar** es fácil.	El arte del **mirar**
Seeing is believing.	*Downloading is easy.*	*The art of seeing*

- You will often see infinitives where English uses commands on signs and written instructions.

Empujar	**No fumar**	**Seguir** con cuidado
Push	*No smoking*	*Proceed with caution*

- After prepositions, the infinitive is used.

— *Y **para ir** al 2001, ¿cómo hago?*

El Dr. Pérez necesitó veinte años **para demostrar** sus teorías.
Dr. Pérez needed twenty years in order to prove his theories.

Él no podrá abrir el documento **sin instalar** el programa.
He won't be able to open the document without installing the program.

- Many Spanish verbs follow the pattern of [*conjugated* verb] + [*preposition*] + [*infinitive*]. The prepositions for this pattern are **de, a,** or **en.**

acabar de *to have just (done something)*	**enseñar a** *to teach (to)*
tratar de *to try (to)*	**quedar en** *to agree (to)*
aprender a *to learn (to)*	**tardar en** *to take time (to)*

Me **enseñó a grabar** un CD.
She taught me how to burn a CD.

Su computadora **tarda en encenderse**.
His computer takes a while to start.

Trato de estudiar todos los días.
I try to study every day.

Quedamos en hacerlo.
We agreed to do it.

- **Deber** + **de** + [*infinitive*] suggests probability.

La bióloga **debe de** anunciar sus resultados hoy.
The biologist probably announces her results today.

but

La bióloga **debe** anunciar sus resultados hoy.
The biologist has to announce her results today.

Práctica

1 **La Luna** Rellena cada espacio con dos palabras: una de la primera columna y una de la segunda. Conjuga los verbos según sea necesario.

desear	conseguir
importante	convencer
necesitar	hablar
para	hacer
pensar	investigar
querer	seguir

Científicos de la NASA (1) _____ la superficie de la Luna. (2) _____ el dinero necesario para el proyecto, primero ellos (3) _____ a la opinión pública de que es (4) _____ invirtiendo dinero público en estas aventuras espaciales. (5) _____ en todos los medios de comunicación posibles para explicar sus objetivos. (6) _____ mucha publicidad en los próximos meses.

2 **Oraciones** Forma oraciones usando los elementos dados. Añade preposiciones cuando sea necesario.

> **Modelo** el científico / querer / encontrar / una vacuna
> El científico quiere encontrar una vacuna.

1. nosotros / desear / encontrar / una cura
2. Luis / pensar / ser / bioquímico
3. mi madre / querer / comprar / un reproductor de DVD
4. Marisa / me / enseñar / usar / el telescopio
5. el profesor / tratar / explicar / el problema
6. yo / acabar / romper / mi cámara digital
7. ustedes / deber / observar / el experimento
8. tú / poder / contratar / al ingeniero

3 **Recomendaciones** Nuria quiere ser ingeniera. En parejas, háganle recomendaciones usando las frases y los verbos de la lista.

hacer falta	aprender
hay que	estudiar
ser bueno	explorar
ser fácil	investigar
ser importante	leer
ser necesario	tratar
tener que	viajar

 Practice more at **imagina.vhlcentral.com**.

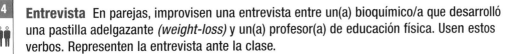

Comunicación

4 **Entrevista** En parejas, improvisen una entrevista entre un(a) bioquímico/a que desarrolló una pastilla adelgazante *(weight-loss)* y un(a) profesor(a) de educación física. Usen estos verbos. Representen la entrevista ante la clase.

acabar de	quedar en
aprender a	tardar en
enseñar a	tratar de

5 **Extraterrestre** Un extraterrestre aterrizó cerca de su escuela y ahora no puede volver a su planeta de origen. ¿Qué tiene que hacer para aprender a adaptarse a la vida en la Tierra? En parejas, escriban una lista usando por lo menos cinco infinitivos. Después, compártanla con la clase.

6 **Anuncio** Tú y tus compañeros/as son científicos/as y han inventado un producto revolucionario. Ahora deben prepararse para anunciar este invento a la prensa. En grupos de cuatro, preparen un anuncio que incluya las palabras y frases del cuadro.

acabar de	ser fácil
aprender a	ser importante
quedar en	tardar en
querer	tratar de

7 **Viaje espacial** Trabajen en grupos pequeños. Imaginen que hacen un viaje al espacio. Usen el infinitivo para escribir oraciones sobre las cosas que hicieron y vieron en su viaje.

En el planeta _____	**Los habitantes de este planeta...**
aprendimos a _____	acaban de _____
es fácil _____	tienen que _____
es importante _____	tratan de _____

Síntesis

¡Invasión marciana!

Te levantas de la cama y, como todas las mañanas, enciendes la radio. Allí se oye la voz agitada del locutor anunciando que unos extraterrestres están atacando la ciudad. Se oyen ruidos extraños, gente gritando y, de repente, una gran explosión. Algo asustado°, sales a la calle y ves a tus vecinos empacando sus cosas en el carro a toda velocidad. En todo tu barrio la gente está asustada y parece no saber qué hacer. Tú también sientes pánico y no sabes si lo que está ocurriendo es verdad, o si es una pesadilla°.

Algo así ocurrió el 30 de octubre de 1938, cuando el cineasta estadounidense Orson Welles transmitió° una adaptación de *La guerra de los mundos*, del escritor H.G. Wells, en su programa de radio. Pero la adaptación que hizo Welles no era una simple lectura del texto. La historia estaba disfrazada° de efectos especiales y era interrumpida por partes° informativos de unos astrónomos que acababan de ver unas extrañas° explosiones en Marte°. Se oían gritos, el reportero lloraba. La atmósfera de la transmisión era de un realismo total. Los que no oyeron el principio del programa pensaron que un ejército marciano estaba invadiendo la Tierra.

El programa de Orson Welles produjo reacciones de histeria colectiva°. Algunos se encerraron en los sótanos° de sus casas con pistolas. Otros se pusieron toallas mojadas° en la cara para protegerse del gas venenoso de los marcianos. El programa fue motivo de escándalo e indignación cuando se reveló la verdad. También demostró el poder de una narración bien hecha. Fue uno de los momentos más gloriosos (y terribles) de la historia de la radio. ■

disguised
reports

strange/Ma

frightened

mass hyste

nightmare
basements
wet

broadcasted

---

1 **Relato** En parejas, imaginen que están en 1938 y forman parte del público que creyó en la invasión de extraterrestres. Preparen un párrafo explicando los detalles sobre lo que pasó el 30 de octubre en su barrio y lo que hicieron ustedes. Usen el pluscuamperfecto del indicativo (y del subjuntivo cuando sea necesario) y el pretérito.

2 **Productores** En parejas, imaginen que son los productores del programa de radio de Orson Welles. Utilizando el pluscuamperfecto del subjuntivo, escriban tres cosas que hubieran hecho para evitar el pánico entre el público.

3 **Situaciones** En grupos pequeños, escojan una situación y discutan qué se debe hacer en caso de que ésta ocurriera. Deben utilizar el infinitivo. Compartan sus ideas con la clase.

- Una invasión extraterrestre
- El impacto de un meteorito contra la Tierra
- La clonación de seres humanos
- El descubrimiento de una vacuna para curar todas las enfermedades

Preparación  Audio: Vocabulary

Vocabulario de la lectura		Vocabulario útil
el barro *mud; clay*	**la piedra (esculpida)** *(sculpted) stone*	**descubrir** *to discover*
guiar *to guide*		**el enigma** *enigma*
el ladrillo *brick*	**planificar** *to plan*	**el modo** *means, manner*
la maqueta *model*	**realizar** *to carry out*	**el plano** *blueprint, plan*
el martillo *hammer*	**el tamaño** *size*	**remodelar** *to remodel*
la pared *wall*	**el terreno** *terrain*	**el universo** *universe*
	ubicado/a *located*	

1

Adivinanzas Las palabras del vocabulario de esta página están describiéndose. Resuelve cada adivinanza (*riddle*).

_____ 1. Soy un objeto rectangular. Me puedes usar en la construcción de un edificio.

_____ 2. Me formo si mezclas tierra y agua.

_____ 3. Divido los cuartos de tu casa. Puedes pintarme de blanco, de azul o del color que más te guste.

_____ 4. Contengo todos los planetas, estrellas y galaxias. Nada es más grande que yo.

_____ 5. Soy otra forma de decir "manera".

_____ 6. Si necesitas golpear algo con mucha fuerza, te puedo ayudar.

2

Preferencias Completa la siguiente encuesta según tus preferencias. Luego explícale a tu compañero/a por qué has elegido cada opción.

1. Cuando viajo, prefiero…	
hacer viajes tranquilos	tener aventuras como Indiana Jones
estar en mi propia cultura	descubrir culturas nuevas
2. Cuando tengo tiempo libre, me gusta…	
hacer trabajos que no sean manuales	hacer trabajos manuales
3. Si necesito algo, prefiero…	
comprarlo	crearlo yo mismo/a

3

Descubrimiento Se sabe mucho sobre las culturas antiguas (persa, griega, romana, azteca, etc.) a través de sus ruinas. En parejas, escriban una noticia anunciando el descubrimiento de las ruinas de una civilización hasta ahora desconocida. Luego compartan la noticia con la clase.

- ¿Dónde se descubrieron?
- ¿Quién las descubrió?
- ¿Qué indican sobre esa cultura?
- ¿Cómo y por qué se extinguió?

Machu Picchu

La ciudad redescubierta

En 1911, como si se tratara de una película de Indiana Jones, el estadounidense Hiram Bingham, profesor de la universidad de Yale,
5 guió una expedición por los Andes que llevó al redescubrimiento de la maravillosa "Ciudad Perdida", Machu Picchu. Puesto que los conquistadores españoles nunca la encontraron, la majestuosa ciudad, construida
10 a mediados del siglo XV, estaba casi intacta. Nunca había sido olvidada totalmente, pero los habitantes de la zona, quienes conocían su existencia, tenían poco contacto con otros pueblos. Después de la visita de Bingham,
15 Machu Picchu se convirtió en uno de los atractivos turísticos más importantes de todo el mundo.

Esta ciudad es el ejemplo más famoso de la arquitectura inca, caracterizada por
escarpments 20 adecuarse a los escarpes° naturales del terreno. Está ubicada en una zona montañosa y cubre unos trece kilómetros cuadrados. En los escarpes, se construyeron terrazas que, conectadas por escaleras, llevaban a una plaza
25 central, donde se encontraban los templos y los edificios del gobierno de la ciudad.

Además de Machu Picchu, los incas, por lo general, planificaban muy cuidadosamente la construcción de otros
30 tipos de edificios, como templos y palacios, y también de ciudades enteras. Realizaban planos cuidadosos sobre la ubicación de cada uno de los componentes de la ciudad y construían maquetas. Normalmente, las
35 paredes de los edificios importantes eran de piedra. Los incas usaban martillos para dar a las piedras la forma adecuada, y con ellos hacían un trabajo muy fino. Incluso se piensa que cuando tenían que construir un edificio
40 importante, especialmente si era religioso, construían primero un modelo a tamaño real. Este procedimiento permitía anticipar la distribución correcta de las piedras. Así explican los expertos el nivel de perfección
45 que se consiguió con la arquitectura en piedra, a pesar de que los modelos se hacían supuestamente con adobe, ladrillos hechos de
dried barro secado° al sol.

¿Bingham e Indiana Jones?

Según un artículo del _Los Angeles Times,_ el famoso protagonista de la serie de películas de Indiana Jones estaba inspirado en Hiram Bingham, el redescubridor de Machu Picchu. Aunque no es la única hipótesis que se maneja, las coincidencias son muchas. Las obvias son que los dos eran norteamericanos, profesores universitarios e iban siempre a la búsqueda de tesoros y ciudades perdidas.

Varios factores contribuyeron a
la decadencia° de Machu Picchu, que   _decline_
comenzó sólo unos cien años después   50
de su construcción. Durante el apogeo°   _height_
del imperio inca, su primer emperador
Pachacútec había mandado construir
la ciudad, reservada a la élite social.
Sin embargo, después de la muerte de   55
Pachacútec, sus sucesores construyeron sus
propias ciudades, por lo que Machu Picchu
empezó a perder algo de su prestigio.

Durante la misma época, los españoles
conquistaron la capital inca de Cuzco.   60
Mientras tanto, los incas sucumbían a
enfermedades como la viruela°, que habían   _smallpox_
traído los españoles y contra las cuales no
tenían defensas naturales. Además, luego de
la conquista española, los agricultores que   65
habían sido forzados a cultivar las tierras
de Machu Picchu dejaron estas tierras para
volver a sus pueblos de origen. Cuando llegó
Bingham casi cuatro siglos más tarde, con
la excepción de unos pocos descendientes   70
que todavía ocupaban el lugar, los incas ya
habían abandonado Machu Picchu.

Con su historia tan llena de intriga y
una arquitectura que asombra° hasta a los   _astounds_
ingenieros contemporáneos, se justifica   75
que en 1983 la UNESCO haya nombrado a
Machu Picchu patrimonio cultural y natural
de la humanidad. ■

Análisis

1

Comprensión Contesta las preguntas con oraciones completas.

1. ¿Quién fue Hiram Bingham y por qué es conocido?

2. ¿Por qué estaba Machu Picchu casi intacta?

3. ¿Por qué es Machu Picchu famosa?

4. ¿Qué construían los incas primero cuando tenían un proyecto muy importante?

5. ¿Qué hizo el emperador Pachacútec?

6. ¿Por qué sucumbían muchos incas a la viruela?

7. ¿Cuál es la conexión entre Hiram Bingham e Indiana Jones?

8. ¿Qué declaró la UNESCO en 1983?

2

Interpretar En parejas, contesten estas preguntas.

1. ¿Qué habrían hecho los conquistadores españoles si hubieran encontrado la ciudad de Machu Picchu en el siglo XVI?

2. Los españoles consideraban su propia civilización más avanzada que las de los indígenas que encontraron en América. ¿Crees que el redescubrimiento de Machu Picchu prueba que esta suposición era falsa? ¿Por qué?

3. ¿Conocen alguna cultura actual que tenga la misma actitud hacia otra cultura que tenían los españoles del siglo XVI? Expliquen.

3

Abandono En grupos de tres, consideren qué tendría que ocurrir para que todos los habitantes del pueblo donde ustedes viven lo abandonaran. Tengan en cuenta estos puntos y después, compartan sus opiniones con la clase.

• La serie de eventos que tendrían que suceder

• Las razones principales: económicas, políticas, sociales, etc.

• La rapidez con que los habitantes abandonarían el lugar

• La probabilidad de este panorama

4

Cambios En grupos de cuatro, imaginen que son parte de un programa dedicado a remodelar casas y que se les ha pedido remodelar el edificio donde estudian para que los estudiantes estén más cómodos. Hagan un plano con los cambios que harán en el edificio y luego preséntenlo a la clase.

 Practice more at **imagina.vhlcentral.com**.

Preparación  Reading
Audio: Vocabulary

Sobre el autor

Ya desde su juventud, el escritor argentino **Pedro Orgambide** (1929–2003) mostró interés por la literatura social. Publicó sus primeros poemas en 1942, y con tan sólo 19 años publicó su primer libro, *Mitología de la adolescencia* (1948). En 1974, se exilió en México, donde su trayectoria literaria continuó sumando títulos. De vuelta en Argentina en 1983, trabajó como creativo de publicidad y guionista de televisión. Durante la década de los noventa fue especialmente prolífico: novelas, ensayos, biografías, cuentos y prólogos se añaden a la lista, casi interminable (*endless*), de sus publicaciones.

Vocabulario de la lectura	Vocabulario útil
arruinar *to ruin*	**capacitar** *to prepare*
el/la intruso/a *intruder*	**envidioso/a** *envious, jealous*
la máquina *machine*	**la multa** *fine*
el pedazo de lata *piece of junk*	**reemplazar** *to replace*
pegar *to hit*	**sustituir** *to substitute*
sospechoso/a *suspicious*	**la vanguardia** *vanguard*

1 **Vocabulario**

A. Completa cada oración con la palabra correspondiente.

arruinado	multa
envidiosa	sospechoso
máquina	sustituir

1. A nadie se le ocurrió que el acusado más _____ pudiera ser inocente.
2. A Teresa no le gusta que su amiga reciba tantos regalos. Es muy _____.
3. Fue muy duro para ella saber que la iban a _____ por otra persona.
4. No pudo hacer otra cosa más que llorar cuando supo que se había _____.
5. Estacioné mi carro en la esquina y me pusieron una _____.

 B. En parejas, elijan una de las oraciones de la parte A y escriban una breve historia inspirándose en ella. Cuando terminen, compartan su historia con la clase.

2 **Preguntas** En parejas, túrnense para contestar las preguntas. Expliquen sus respuestas.

1. ¿Alguna vez has tenido miedo de que otra persona te sustituya en el puesto de trabajo u ocupe tu lugar?
2. Al llegar a un lugar nuevo, ¿has sentido que tu presencia amenaza la posición de alguien más? ¿Cómo resolviste la situación?
3. ¿Te consideras envidioso/a o te alegras del bien ajeno (*are you happy for other people*)?

LA INTRUSA

Pedro Orgambide

Sí, confieso que la insulté, Señor Juez, y que le pegué con todas mis fuerzas. Fui yo quien le dio con el fierro. Le gritaba y estaba como loco.

Ella tuvo la culpa, Señor Juez. Hasta entonces, hasta el día que llegó, nadie se quejó de mi conducta. Puedo decirlo con la frente bien alta°. Yo era el primero en llegar a la oficina y el último en irme. Mi escritorio era el más limpio de todos. Jamás me olvidé de cubrir la máquina de calcular, por ejemplo, o de planchar° con mis propias manos el papel carbónico°.

El año pasado, sin ir muy lejos, recibí una medalla del mismo gerente. En cuanto a ésa, me pareció sospechosa desde el primer momento. Vino con tantas ínfulas° a la oficina. Además ¡qué exageración! recibirla con un discurso, como si fuera una princesa. Yo seguí trabajando como si nada pasara. Los otros se deshacían en elogios°. Alguno deslumbrado°, se atrevía a rozarla° con la mano. ¿Cree usted que yo me inmuté° por eso, Señor Juez? No. Tengo mis principios° y no los voy a cambiar de un día para el otro. Pero hay cosas que colman la medida°. La intrusa, poco a poco, me fue invadiendo. Comencé a perder el apetito. Mi mujer me compró un tónico, pero sin resultado. ¡Si hasta se me caía el pelo, señor, y soñaba con ella! Todo lo soporté°, todo. Menos lo de ayer. "González —me dijo el gerente— lamento° decirle que la empresa ha decidido prescindir° de sus servicios."

Veinte años, Señor Juez, veinte años tirados a la basura. Supe que ella fue con la alcahuetería°. Y yo, que nunca dije una mala palabra, la insulté. Sí, confieso que la insulté, Señor Juez, y que le pegué con todas mis fuerzas. Fui yo quien le dio° con el fierro°. Le gritaba y estaba como loco. Ella tuvo la culpa°. Arruinó mi carrera, la vida de un hombre honrado°, señor. Me perdí por una extranjera, por una miserable computadora, por un pedazo de lata, como quien dice°.

con... *with my head held high*

5 *smooth out*/**papel...** *carbon paper*

arrogance

10

Los otros... *praised her to the skies* *dazzled*/tocarla

me preocupé

15 *principles*

colman... *are too much*

20

tolerated

I am sorry

25 *do without*

gossip

30 *hit*

metal bar

Ella... *It was her fault.*

honesto

35

como... *so to speak*

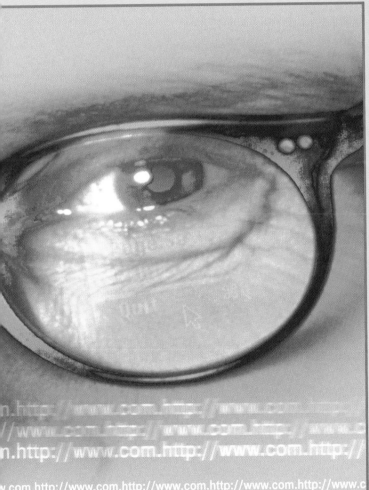

Análisis

1 **Comprensión** Contesta las preguntas con oraciones completas.

1. ¿Quién está contando la historia?
2. ¿Qué cosas hacía el hombre para ser considerado un buen empleado?
3. ¿Cómo fue recibida la intrusa en la oficina?
4. ¿Cómo afectó al hombre su llegada?
5. ¿Qué hizo su esposa para ayudarlo?
6. ¿Cuántos años trabajó el hombre en la empresa?
7. ¿Por qué le está dando explicaciones a un juez?
8. ¿Quién es la intrusa?

2 **Interpretar** Contesta las siguientes preguntas y explica tus respuestas.

1. ¿Crees que el enojo del hombre es justificado?
2. ¿Qué hubieras hecho tú en su lugar?
3. ¿Piensas que la actitud del gerente fue correcta?
4. ¿Cuál crees que va a ser la sentencia del juez?
5. ¿Qué técnicas usa Orgambide para engañar (*fool*) al lector?
6. ¿Por qué escoge sorprendernos al final, en lugar de revelar desde el principio la identidad de la intrusa?

3 **Tecnologías** Hagan una lista con los efectos positivos y negativos del uso de la tecnología en el trabajo. Escriban un diálogo en el que cada uno/a de ustedes defienda una posición opuesta. Luego represéntenlo frente a la clase.

> Modelo — El correo electrónico facilita mucho el trabajo.
> — Sí, pero los empleados pierden mucho tiempo revisando su correo personal.

4 **Escribir** Imagina que eres publicista y tienes que escribir un folleto para una campaña publicitaria. Elige el invento que consideres el más importante de los últimos tiempos y escribe todos los detalles que creas necesarios para promoverlo. Usa el infinitivo y el pluscuamperfecto.

Plan de redacción

Campaña publicitaria

1 **Presentación** Da el nombre técnico del objeto junto con el nombre de la marca. Preséntalo describiendo sus características y usos. Da o inventa también el eslogan del producto.

2 **Exposición** Explica por qué piensas que es tan importante y cómo ha afectado la calidad de vida.

3 **Conclusión** Expresa tus ideas sobre cómo va a evolucionar este invento en el futuro.

 Practice more at **imagina.vhlcentral.com**.

La tecnología y la ciencia

Audio: Vocabulary Flashcards
Video: *Flash Cultura*

La tecnología

la arroba *@ symbol*
el blog *blog*
el buscador *search engine*
la cámara digital *digital camera*
el CD-ROM *CD-ROM*
el ciberespacio *cyber space*
la computadora portátil *laptop*
la contraseña *password*
el corrector ortográfico *spell checker*
la dirección electrónica *e-mail address*
el enlace *link*
la herramienta *tool*
la informática *computer science*
el mensaje (de texto) *(text) message*
el nombre de usuario *user name*
el programa (de computación) *software*
la red *the Web*
el reproductor de MP3/DVD *MP3/DVD player*
el (teléfono) celular *cell phone*

adjuntar (un archivo) *to attach (a file)*
borrar *to delete, to erase*
descargar *to download*
grabar (un *CD*) *to burn (a CD)*
guardar *to save*
subir *to upload*

avanzado/a *advanced*
en línea *online*
inalámbrico/a *wireless*
innovador(a) *innovative*
revolucionario/a *revolutionary*

Los inventos y la ciencia

el ADN *DNA*
el avance *advance, breakthrough*
la célula *cell*
el desafío *challenge*
el descubrimiento *discovery*
el experimento *experiment*
el gen *gene*
la genética *genetics*
el invento *invention*
la novedad *new development*
la patente *patent*
la teoría *theory*

alcanzar *to reach, to attain*

clonar *to clone*
comprobar (o:ue) *to prove, to confirm*
contribuir *to contribute*
crear *to create*
curar *to cure*
fabricar *to manufacture*
inventar *to invent*

(bio)químico/a *(bio)chemical*
especializado/a *specialized*
(poco) ético/a *(un)ethical*

El universo y la astronomía

el agujero negro *black hole*
el espacio *space*
la estrella (fugaz) *(shooting) star*
la galaxia *galaxy*
la gravedad *gravity*
el planeta *planet*
la supervivencia *survival*
el telescopio *telescope*
el transbordador espacial *space shuttle*

aterrizar *to land*
explorar *to explore*

extraterrestre *extraterrestrial, alien*

Los científicos

el/la astronauta *astronaut*
el/la astrónomo/a *astronomer*
el/la biólogo/a *biologist*
el/la científico/a *scientist*
el/la físico/a *physicist*
el/la ingeniero/a *engineer*
el/la investigador(a) *researcher*
el/la matemático/a *mathematician*
el/la (bio)químico/a *(bio)chemist*

Cortometraje

la calidad *quality*
el clon *clone*
la guita *cash, dough (slang)*
el interrogante *question; doubt*
la locura *craziness*
la nave espacial *spacecraft*
la plata *money (L. Am.)*
el regreso *return*
el/la vago/a *slacker*

alimentar *to feed*
congelar(se) *to freeze (oneself)*
derretir(se) (e:i) *to melt*
descongelar(se) *to thaw (oneself)*
soñar (o:ue) *to dream*

computarizado/a *computerized*
práctico/a *useful; practical*
virtual *virtual*

Cultura

el barro *mud; clay*
el enigma *enigma*
el ladrillo *brick*
la maqueta *model*
el martillo *hammer*
el modo *means, manner*
la pared *wall*
la piedra (esculpida) *(sculpted) stone*
el plano *blueprint, plan*
el tamaño *size*
el terreno *terrain*
el universo *universe*

descubrir *to discover*
guiar *to guide*
planificar *to plan*
realizar *to carry out*
remodelar *to remodel*

ubicado/a *located*

Literatura

el/la intruso/a *intruder*
la máquina *machine*
la multa *fine*
el pedazo de lata *piece of junk*
la vanguardia *vanguard*

arruinar *to ruin*
capacitar *to prepare*
pegar *to hit*
reemplazar *to replace*
sustituir *to substitute*

envidioso/a *envious, jealous*
sospechoso/a *suspicious*

Escapar y divertirse

Hay personas para quienes la vida no tiene sentido sin rutina, y hay personas para quienes la rutina destruye la esencia de su vida. Sin gravitar en ningún extremo, sí podemos afirmar que salir de la rutina y del trabajo es una necesidad básica del ser humano. Y es aquí donde entra en juego el ocio, ese tiempo libre que dedicamos a actividades diversas para encontrarle a la vida plenitud e inspiración. Pero, ¿por cuánto tiempo es posible escaparse cuando la tecnología nos mantiene conectados las 24 horas del día?

309

316

Destino:

ARGENTINA Y URUGUAY

URUGUAY

ARGENTINA

Escapar y divertirse

Las diversiones

Audio: Vocabulary

Los deportes

el/la aficionado/a *fan*

el alpinismo/andinismo *mountain climbing*

el/la atleta/deportista *athlete*

el boliche *bowling*

la carrera *race*

el club deportivo *sports club*

los deportes extremos *extreme sports*

el equipo *team*

el esquí alpino/de fondo *downhill/cross country skiing*

apostar (o:ue) *to bet*

empatar *to tie (a game)*

ganar/perder (e:ie) un partido *to win/ to lose a game*

gritar *to shout*

lastimar(se) *to injure (oneself)*

marcar (un gol/un punto) *to score (a goal/a point)*

silbar (a) *to whistle (at)*

vencer *to defeat*

El tiempo libre

el/la aguafiestas *party pooper*

el/la anfitrión/anfitriona *host/hostess*

el billar *billiards*

el boleto/la entrada *ticket*

las cartas/los naipes *(playing) cards*

la comedia *comedy*

el concierto *concert*

el conjunto/grupo musical *musical group, band*

los dardos *darts*

el espectáculo *show, performance*

el/la espectador(a) *spectator*

la feria *fair*

el juego de mesa *board game*

la lotería *lottery*

el/la músico/a *musician*

la obra de teatro *theater play*

el ocio *leisure*

el parque de atracciones *amusement park*

los ratos libres/el tiempo libre *free time*

el recreo *recreation*

el teatro *theater*

el videojuego *video game*

actuar *to act*

aplaudir *to applaud; to clap*

brindar *to toast (drink)*

celebrar *to celebrate*

charlar *to chat*

coleccionar *to collect*

conseguir (e:i) (entradas) *to get (tickets)*

correr la voz *to spread the word*

divertirse (e:ie) *to have a good time*

entretenerse (e:ie) *to amuse oneself*

estrenar (una película) *to release (a movie)*

festejar *to celebrate*

hacer cola *to wait in line*

poner un disco compacto *to play a CD*

reunirse (con) *to get together (with)*

salir (a comer/a tomar algo) *to go out (to eat/to have a drink)*

valer la pena *to be worth it*

aburrido/a *boring*

agotado/a *sold out*

animado/a *lively*

entretenido/a *entertaining*

Práctica

1 **¿Dónde están?** Indica en qué lugar están estas personas.

1. Llegamos muy temprano, pero había una cola larguísima. ¿Y si no conseguíamos entradas? ¿Y si estaban agotadas las localidades (*seats*)?

   a. zoológico   b. teatro   c. supermercado   d. gimnasio

2. Había máquinas que subían, bajaban, daban vueltas hacia la derecha y hacia la izquierda. La más espectacular dibujaba un laberinto de líneas en el aire.

   a. oficina   b. rascacielos   c. parque de atracciones   d. partido de fútbol

3. Yo no sabía que cuatro personas podían hacer tanto ruido en un campo de fútbol lleno de gente. Mi novio se divertía, pero yo no entendía nada de lo que decían.

   a. playa   b. restaurante   c. ópera   d. concierto

4. Aquí la gente suda (*sweat*), pero a mí no me gusta sudar cuando hago ejercicio; por eso, me gusta nadar. Mi hermano es el dueño y no tengo que pagar.

   a. club deportivo   b. video club   c. cine   d. bar

2 **Celebraciones** Completa la conversación entre Mario y Pedro.

aburridos	apostado	equipo	perder
aficionado	brindando	espectáculo	silbando
aguafiestas	empató	festejar	tomar algo
animadas	entretenida	gritando	valió la pena

PEDRO Mario, ¿vamos o qué? ¿Estás listo? Apúrate, que llegamos tarde.

MARIO Lo siento, pero no puedo ir a la fiesta de tu novia. Hay partido de fútbol.

PEDRO ¿Qué partido de fútbol? Dale, vamos. No seas (1) _____.

MARIO No, es que soy (2) _____ al fútbol, eso es todo.

PEDRO Las fiestas de mi novia son más (3) _____ y más entretenidas que los (4) _____ partidos de fútbol. Todos son iguales…Veintidós tontos corriendo detrás de una pelota, la gente (5) _____ histéricamente y (6) _____.

MARIO Es la final de la Copa Mundial. ¡Argentina contra Brasil! Es el (7) _____ del año. He invitado a todos mis amigos. Y cuando termine el partido, vamos a (8) _____ para (9) _____ la victoria.

PEDRO Estás muy seguro de la victoria de tu (10) _____.

MARIO Estoy más que seguro, estoy segurísimo. Argentina no puede (11) _____. Tiene que ganar; he (12) _____ todos mis ahorros. ¡Tiene que ganar!

PEDRO Disfruta de la pantalla gigante. ¡Espero que no tengas que venderla!

3 **Un fin de semana extraordinario** Juan y Marcela, dos amigos con personalidades muy diferentes, tienen que pasar un fin de semana juntos en una ciudad que nunca han visitado. Hacen muchas sugerencias interesantes, pero todo lo que uno propone, el otro lo rechaza con alguna explicación. En parejas, improvisen una conversación utilizando las palabras del vocabulario.

Practice more at **imagina.vhlcentral.com**.

Preparación  Audio: Vocabulary

Vocabulario del corto		Vocabulario útil
anotar un gol *to score a goal*	**enterrado/a** *buried*	**el/la delantero/a** *forward (sport position)*
el ataúd *casket*	**la misa** *mass*	**desafiar** *to challenge*
el balón *ball*	**el mujeriego** *womanizer*	**dominar** *to dominate*
el campeonato *championship*	**el Mundial** *World Cup*	**enterrar (e:ie)** *to bury*
la cancha *field*	**patear** *to kick*	**fallecido/a** *deceased*
deber (dinero) *to owe (money)*	**la prueba** *proof*	**el fantasma** *ghost*
el empate *tie (sports)*	**la señal** *sign*	**invisible** *invisible*
		pasar *to pass*
		saltar *to jump*
		el/la viudo/a *widower/widow*

EXPRESIONES

¡Aguas! *Watch out! (Mex.)*

¿Cómo ves/ven? *How about that?*

estar deshecho/a *to be devastated*

ni siquiera *not even*

ser un(a) hablador(a) *to be a liar (Mex.)*

Ya qué más da. *It doesn't matter anymore.*

1 **Partido decisivo** Completa los comentarios de un partido de fútbol usando las palabras del vocabulario.

"Continuamos trasmitiendo en vivo el (1) _____ sudamericano de fútbol. Con una (2) _____ del árbitro, comienza el segundo tiempo. El equipo debe ganar para clasificarse para el (3) _____. Ahora Castillo toma el (4) _____ en la mitad de la (5) _____, avanza velozmente, lo (6) _____ con fuerza y ¡gol, gooool! Esto es una (7) _____ de la capacidad de recuperación y entrega del equipo. No olvidemos que tan sólo la semana pasada, tras su repentina muerte, fue (8) _____ su entrenador José García, a quien todos le dedican este triunfo. Su (9) _____, presente en el estadio, aplaude emocionada".

2 **Escribir** En parejas, escriban seis oraciones lógicas usando todas las palabras y expresiones de la lista.

campeonato	empate	invisible
deber	estar deshecho	ni siquiera
desafiar	fantasma	saltar

3 **Fotogramas** En parejas, observen los fotogramas e imaginen lo que va a ocurrir en el cortometraje.

4 **¿Y tú?** Completa la encuesta. Luego, en parejas, intercambien sus opiniones explicando sus puntos de vista. Cuando terminen, compartan con la clase lo que han aprendido sobre su compañero/a.

	Sí	No
1. Sigo los deportes en televisión.	☐	☐
2. Prefiero la música a los deportes.	☐	☐
3. Conozco la historia de algunos deportistas famosos del pasado.	☐	☐
4. Me gusta oír historias de las personas mayores; me interesa saber cómo fueron sus vidas.	☐	☐
5. Cuando tenga ochenta años, me acordaré de todo lo que ha pasado en mi vida.	☐	☐
6. Creo que nunca voy a cambiar; siempre voy a ser la misma persona año tras año.	☐	☐
7. Cuando yo sea una persona mayor, nunca criticaré las modas (*fashion*) y las costumbres de los jóvenes.	☐	☐

5 **Preguntas** En parejas, túrnense para hacerse las preguntas. Expliquen sus respuestas.

1. ¿Qué papel tiene el deporte en tu vida?
2. ¿Qué deportes practicabas cuando eras niño/a? ¿Y ahora?
3. ¿Qué deportes te gusta mirar por televisión?
4. ¿A qué deportistas admiras?
5. ¿Qué cualidades positivas y qué cualidades negativas asocias con los deportistas profesionales actuales?
6. ¿Qué opinas de que los medios se ocupen de la vida privada de los deportistas profesionales?
7. ¿Crees que los deportistas profesionales ganan demasiado dinero?
8. ¿Qué ventajas y desventajas relacionas con la vida de los grandes deportistas?
9. ¿Qué semejanzas y diferencias hay entre los deportes individuales y los de equipo?
10. ¿Qué es más importante para ti: ganar o disfrutar de la camaradería con tus compañeros/as de equipo?

6 **El deporte y sus funciones** En grupos de tres, hablen sobre algunas de estas funciones que el deporte desempeña (*plays*) en la sociedad actual. Después, compartan sus opiniones con la clase y decidan por qué algunos deportistas son considerados héroes.

- el deporte como diversión
- el deporte como acto político
- el deporte como actividad social
- el deporte como fuente económica

Short Film

GANADOR DEL 3ER. CONCURSO NACIONAL DE PROYECTOS DE CORTOMETRAJE, MÉXICO 2004

espíritu deportivo

Una producción de CONACULTA/INSTITUTO MEXICANO DE CINEMATOGRAFÍA Guión y Dirección JAVIER BOURGES

Fotografía SERGEI SALDÍVAR TANAKA Edición JAVIER BOURGES Diseño Sonoro AURORA OJEDA

Música EDUARDO GAMBOA Dirección de Arte ÁLVARO CHÁVEZ

Actores MAX KERLOW/MA. ELENA OLIVARES/PEPE URCELAY/FAMESIO DE BERNAL/JOSÉ L. AVENDAÑO/

RAFAEL G. MIYAGUI/VÍCTOR H. ARANA/JOSÉ L. HUERTA/BALTIMORE BELTRÁN/LUIS ÁVILA/RENÉ CAMPERO/

GEORGINA GONZÁLEZ/MA. FERNANDA GARCÍA

ARGUMENTO *El futbolista Efrén "El Corsario" Moreno ha muerto de un ataque al corazón. Su familia y amigos lo están velando[1].*

REPORTERA Sin duda, extrañaremos al autor de aquel gran gol de chilena[2] con el que eliminamos a Brasil del Mundial de Honduras de 1957.

REPORTERA Don Tacho, ¿es cierto que usted dio el pase para aquel famoso gol?
TACHO Claro que sí, yo le mandé como veinte pases al área penal, pero él nada más anotó esa sola vez.

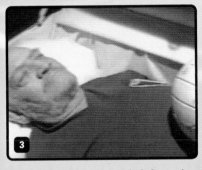

JUANITA Quiso ser enterrado [...] con el balón de fútbol con las firmas de todos los que jugaron con él en aquel partido con Uru... con... con Brasil. [...] Se irá a la tumba[3] con sus trofeos[4] y con su uniforme, como un gran héroe.

MARACA Tacho, eres un hablador. Estás mal. Tú ni siquiera fuiste a ese Mundial. Es más, cien pesos a que te lo compruebo.
TACHO Y cien pesos más que estuve en el juego.

MARACA A ver, ¿dónde está tu firma?
TACHO Aquí debe estar... ¡Ya la borraron!
(Molesto porque no encuentra su firma, patea el balón.)

(El balón cae sobre la guitarra de un grupo de jóvenes y la rompe.)
HUGO Si no le pagan la guitarra aquí a mi carnal[5], no les regresamos[6] su balón. ¿Cómo ven?

1 *holding a wake* 2 *scissor kick* 3 *grave* 4 *trophies* 5 *buddy* 6 *give back*

Nota CULTURAL

La Copa Mundial de Fútbol

El fútbol es pasión en Latinoamérica; por eso surgen de allí algunos de los mejores equipos del mundo que, desde 1930, se ponen a prueba cada cuatro años en la Copa Mundial de Fútbol. Algunas selecciones nacionales dominan históricamente el marcador: Brasil se llevó la copa en cinco ocasiones, y Argentina y Uruguay la consiguieron en dos ocasiones cada uno. Países como México, Chile y Paraguay se clasifican también entre los mejores. Durante el mes que dura el campeonato, cualquier cosa puede quedar interrumpida para ver un partido. Incluso las personas que normalmente no siguen este deporte se hacen adictas a la televisión. En casas, bares, tiendas y hasta en oficinas y escuelas, todos quieren celebrar los goles, ver a los ganadores y disfrutar del buen juego.

Análisis

1

Comprensión Contesta las preguntas con oraciones completas.

1. ¿Quién es Efrén "El Corsario" Moreno?
2. ¿Cuándo y de qué murió "El Corsario" Moreno?
3. ¿Cómo ganó México su partido contra Brasil en el Mundial de 1957?
4. Según "El Tacho" Taboada, ¿cómo anotó "El Corsario" el gol de la victoria?
5. ¿Qué hay en el balón de "El Corsario"?
6. ¿Cuánto apuestan los amigos sobre la firma de "El Tacho"?
7. ¿Cuánto le cuesta la misa a Juanita? ¿Por qué?
8. ¿Qué pasa cuando "El Tacho" patea el balón?
9. ¿Qué posición jugaba "El Tacho" en la selección nacional?
10. ¿Quiénes ganan el partido en el parque?
11. ¿Quién los ayuda a ganar?

2

Interpretar Contesta las preguntas y explica tus respuestas.

1. ¿Crees que "El Tacho" jugó en el partido contra Brasil?
2. ¿Piensas que el sacerdote admira a "El Corsario" Moreno? ¿Por qué?
3. ¿Piensas que "El Corsario" era mujeriego?
4. ¿Quién se queda con el balón al final?
5. ¿Por qué crees que "El Corsario" regresa voluntariamente al ataúd?
6. ¿Consideras que el cortometraje tiene un final feliz?

3

¿Qué quieres ver? En grupos de cuatro, lean la lista de programas que hay en la televisión esta noche: ¿cuál elegirían ver? ¿Por qué? Anoten los votos y preparen la lista de los programas preferidos. Compartan la lista con la clase.

22.00 hrs.	PROGRAMACIÓN
Canal 4	*Héroes.* Película sobre la Copa Mundial de Fútbol de México 1986.
Canal 5	*Portada, pasarela, pasión. Reality show* sobre cinco jóvenes que intentan triunfar en el mundo de la moda.
Canal 8	*Hablemos de ti.* Programa de entrevistas con Elisa Gardés. Hoy: ¿la belleza ayuda a la salud?
Canal 16	*Historia de los Mundiales: 1930–2010.* Entrevistas a los protagonistas, material inédito sobre las selecciones ganadoras y análisis de los mejores jugadores.
Canal 23	*Avances militares del siglo XX.* Documental sobre la industria bélica y los inventos que acompañaron un siglo de grandes guerras.
Canal 32	*Alfombra roja.* Programa de chismes y entrevistas a personalidades del cine y la TV.
Canal 54	*Homenaje a los grandes de la música.* Hoy: los pioneros del *Rock and Roll*.

4

Analizar En grupos de tres, analicen las citas. Después, compartan sus opiniones con el resto de la clase.

> "La muerte es una vida vivida. La vida es una muerte que viene." *Jorge Luis Borges*

> "El deporte no forja el carácter, lo pone de manifiesto." *Heywood Hale Broun*

> "La muerte es algo que no debemos temer porque, mientras somos, la muerte no es y cuando la muerte es, nosotros no somos." *Antonio Machado*

> "Algunos dirán que en fútbol sólo interesa ganar y otros, más cándidos, seguiremos pensando que si esto es un espectáculo también importa gustar." *Jorge Valdano*

> "Así como una jornada bien empleada produce un dulce sueño, así una vida bien usada causa una dulce muerte." *Leonardo Da Vinci*

5

Eres médium En parejas, imaginen que uno/a de ustedes es médium. El/La otro/a es una de las personas de la lista. Escriban una entrevista. Luego, compártanla con la clase.

- Lucille Ball
- Mohandas "Mahatma" Gandhi
- Frida Kahlo
- Martin Luther King, Jr.
- Abraham Lincoln
- Paul Newman
- Eva Perón
- Babe Ruth
- William Shakespeare

6

El fantasma En grupos de cuatro, escriban un diálogo; luego, dos miembros del grupo deben representarlo frente a la clase.
- Imaginen que el fantasma de un(a) deportista famoso/a regresa de la tumba para darle consejos a un(a) joven aspirante.
- Le cuenta de qué se arrepiente, qué cosas volvería a hacer o qué cambiaría, le explica su filosofía de vida y cuál fue su mayor triunfo.
- Finalmente, le entrega un amuleto relacionado con su carrera deportiva.

 Practice more at **imagina.vhlcentral.com**.

IMAGINA ARGENTINA

S En **imagina.vhlcentral.com** encontrarás más información y actividades relacionadas con esta sección.

Diversiones para todos

Cuando viajas, ¿buscas aventura, sofisticación, tranquilidad, naturaleza, cultura…? ¿Por qué no un poco de todo? Si viajas por **Argentina** y **Uruguay**, tendrás la oportunidad de admirar espectáculos naturales únicos, practicar deportes, disfrutar de la calma de paisajes de enorme belleza y visitar ciudades cosmopolitas.

Por donde mires, tienes para elegir. Al oeste, Argentina está separada de Chile por los **Andes**, que le proporcionan espléndidos lugares para esquiar. Al noroeste, la historia late[1] profundamente en los restos[2] arqueológicos de los pueblos originarios[3] y las huellas[4] de la guerra de la Independencia. En el noreste, puedes quedarte boquiabierto[5] frente al impresionante espectáculo de las **Cataratas del Iguazú**. Ya en el centro del país, las extensas llanuras[6] de la **Pampa** invitan a montar a caballo y recorrerlas hasta el horizonte.

Al sur se encuentra la **Patagonia argentina**, tierra de vientos y mares turbulentos, donde puedes visitar el **glaciar Perito Moreno**, avistar ballenas[7] en **Península Valdés** o esquiar en **Bariloche**, rodeado de un paisaje de lagos y montañas. Además, toda esa zona está considerada una especie de meca de los dinosaurios por la gran cantidad de fósiles que se han encontrado allí.

Basta una hora para cruzar en barco por el **Río de la Plata**, desde la cosmopolita **Buenos Aires**, en Argentina, hasta **Colonia**, encantadora ciudad uruguaya de fascinante arquitectura colonial que fue reconocida como Patrimonio de la Humanidad por la UNESCO.

Uruguay posee paisajes inigualables, complejos termales, playas y ciudades de activa vida cultural y turística, como su capital **Montevideo**, cuyos edificios son una interesante combinación de estilos coloniales, italianos y modernos con toques[8] de *Art Decó*. No hay que perderse el **carnaval**, que se celebra en toda la ciudad desde su comienzo oficial a mediados de enero, con el desfile[9] inaugural, hasta principios de marzo.

Lago Falkner, Patagonia

Si quieres relajarte todavía más y disfrutar de una experiencia única, debes visitar uno de los balnearios[10] más exclusivos de América del Sur y punto de encuentro del *jet set* internacional: **Punta del Este**. Esta ciudad de gran elegancia se encuentra donde termina el Río de la Plata y se abre al océano Atlántico. Es el lugar ideal para practicar deportes náuticos como *windsurf, jet-ski* o navegación a vela.

La actividad no para por la noche: cuando el sol se oculta, puedes disfrutar de las diversiones nocturnas que ofrece la ciudad en bares, discotecas o casinos. Tal vez tengas la suerte de encontrarte con algunos "ricos y famosos" que se refugian allí para descansar y divertirse durante el verano: ¡los meses de diciembre, enero y febrero!

Signos vitales

La **Murga** es uno de los fenómenos típicos del **carnaval de Montevideo**. Es un conjunto de personas que se reúnen para tocar tambores, cantar y hacer teatro. Las Murgas se burlan con frecuencia de los políticos y de las personalidades famosas.

[1] *pulsates* [2] *remains* [3] *native people* [4] *traces* [5] *speechless* [6] *plains*
[7] **avistar...** *go whale-watching* [8] *touches* [9] *parade* [10] *resorts*

Y URUGUAY

El español de Argentina y Uruguay

afanar	robar, cobrar de más; *steal*
agarrada	disputa; *quarrel*
amarrete	tacaño; *mean*
berreta	ordinario; *vulgar*
birome	bolígrafo, pluma; *pen*
bodrio	aburrimiento; *boredom*
bondi	ómnibus, autobús; *bus*
busarda	barriga; *belly*
chanta	informal, tramposo; *informal, cheater*
escrachar	poner en evidencia; *show somebody up*
gamba	servicial; *helpful, obliging*
gil	tonto; *fool*
guita	dinero; *money*
laburo	trabajo; *job*
macana	locura, mentira, estupidez; *trouble, lie, stupidity*
macanudo	excelente; *great*
naso	nariz; *nose*
pibe	niño; *boy*
remera	camiseta; *T-shirt*

¡Exploremos Montevideo y Buenos Aires!

El Río de la Plata Cuando Juan Díaz de Solís lo avistó por primera vez en 1516, creyó que era un mar y, por eso, lo llamó Mar Dulce.  De hecho, el Río de la Plata es el más ancho[1] del mundo: mide 48 kilómetros (30 millas) en la parte más angosta. En este gran estuario desembocan[2] las aguas del río Uruguay y el río Paraná. Sus márgenes[3] dividen a Argentina y Uruguay.

Puerto Madero En una época los grandes almacenes[4] de ladrillo a la orilla del **Río de la Plata** estaban abandonados y llenos de ratones.  Ahora, se han convertido en oficinas, restaurantes, apartamentos, y hasta en una universidad. Esta elegante zona de Buenos Aires está otra vez viva y llena de gente. Recientemente se han hallado allí restos de embarcaciones hundidas[5] en el Río de la Plata desde el siglo XVI en adelante; los arqueólogos afirman que esa zona es un gran cementerio de barcos.

La Feria de San Telmo y el Mercado del Puerto Éstos son dos mercados famosos de Buenos Aires y Montevideo. La **Feria de San Telmo** en la Plaza Dorrego de Buenos Aires brilla cada domingo desde 1970. En sus puestos[6] de antigüedades, pueden encontrarse desde tocadiscos[7] hasta medallas de la  Segunda Guerra Mundial. En la calle, pueden verse espectáculos artísticos. El **Mercado del Puerto** es, desde 1868, un centro de actividad constante en Montevideo. Actualmente es un área de restaurantes de mariscos y carnes.

El carnaval de Montevideo Con una duración de 40 días, se dice que es el carnaval más largo del mundo. Aunque se celebra en todo el país, los eventos más conocidos ocurren en la capital. El desfile de **Llamadas** es especialmente famoso y celebra las tradiciones y la herencia africanas de Uruguay.

[1] **más...** *widest* [2] *flow (into)* [3] *banks* [4] *warehouses* [5] **embarcaciones...** *sunken ships* [6] *stalls* [7] *record players*

GALERÍA DE CREADORES

LITERATURA Jorge Luis Borges

"Siempre imaginé el Paraíso como una especie de biblioteca." Jorge Luis Borges, el genio literario argentino, es un elemento central de la cultura argentina moderna. La literatura fue su pasión, y su creatividad e imaginación se anticipan por décadas a temas como la "realidad virtual". Leer a Borges es entrar al mundo de un hombre con conocimientos enciclopédicos, un autor que puede escribir sobre un crimen en París, un sueño en Persia o un paseo por la ciudad de Buenos Aires. Algunas de sus obras más conocidas son *El Aleph*, *Ficciones*, *Historia de la eternidad* y *El libro de arena*, entre otras.

DANZA Julio Bocca

Cuando Mikhail Baryshnikov necesitaba un primer bailarín para el *American Ballet Theatre*, buscó al argentino Julio Bocca. Bocca, quien desde 1990 tiene su propia compañía de ballet, es la figura principal del baile en su país y uno de los bailarines y coreógrafos más famosos del mundo. Empezó a bailar a los cuatro años y ganó la Medalla de Oro en el Concurso Internacional de la Danza de Moscú a los dieciocho. Su carrera lo llevó por todo el mundo como invitado especial de las compañías de ballet más prestigiosas. En diciembre de 2007, se retiró como bailarín, aunque continúa en el mundo de la danza como director. Su despedida del público fue en un gran *show* gratuito frente al Obelisco, símbolo de Buenos Aires, al que asistieron más de 300.000 personas.

LITERATURA **Cristina Peri Rossi**

Nacida en Montevideo, pero radicada en España desde 1972, adonde llegó como exiliada política, Cristina Peri Rossi es una de las escritoras contemporáneas más conocidas. En su literatura expresa dudas, emociones y deseos comunes en todos los seres humanos. A veces sus textos pueden ser irónicos o satíricos, pero siempre, aún detrás de algo cómico, existe un tema muy serio y básico de la existencia humana. Algunas de las obras de esta escritora uruguaya son *Cosmoagonías*, *Inmovilidad de los barcos*, *El amor es una droga dura* y *Cuando fumar era un placer*.

MÚSICA **Julio Sosa**

Julio Sosa fue uno de los cantantes de tango más famosos de la segunda mitad del siglo XX y brilló durante las décadas de 1950 y 1960: lo apodaron "el varón del tango", nombre que también tuvo su primer disco de larga duración. Había nacido en Uruguay, de una familia muy pobre, por lo que tuvo que trabajar en todo tipo de oficios; mientras tanto, participaba en todos los concursos de canto que podía. Poco a poco le llegó el reconocimiento que lo llevaría al éxito popular. Pero su pasión por los autos y por la velocidad desmedida lo llevó a sufrir varios accidentes de tránsito; finalmente murió en Buenos Aires, a causa de una colisión, a los 38 años de edad. A su velatorio concurrió una multitud.

CONEXIÓN INTERNET

En imagina.vhlcentral.com encontrarás más información y actividades relacionadas con esta sección.

¿Qué aprendiste?

Cierto o falso Indica si estas afirmaciones son ciertas o falsas. Corrige las falsas.

1. La Pampa se ubica en el noreste de Argentina.

2. Julio Bocca se retiró de la danza en 2007.

3. La Murga está formada por un grupo de personas que tocan tambores, cantan y hacen teatro.

4. El balneario más exclusivo de América del Sur es Colonia.

5. Julio Sosa fue un popular cantante argentino de tangos.

6. *Ficciones* es una de las obras más famosas de Cristina Peri Rossi.

Preguntas Contesta las preguntas.

1. ¿Dónde se pueden avistar las ballenas en la Patagonia argentina?

2. ¿Cuándo comienza el carnaval en Montevideo?

3. ¿Cómo imaginaba el Paraíso el escritor Jorge Luis Borges?

4. ¿A qué edad comenzó a bailar Julio Bocca?

5. ¿Cuál fue el apodo de Julio Sosa?

6. ¿De quiénes se burlan las Murgas?

7. ¿Cuál de los artistas de la galería te interesa más? ¿Por qué?

PROYECTO

Misión: Inmersión y diversión

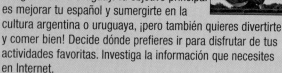

Imagina que este verano vas de intercambio a Argentina o a Uruguay. Tu objetivo principal es mejorar tu español y sumergirte en la cultura argentina o uruguaya, ¡pero también quieres divertirte y comer bien! Decide dónde prefieres ir para disfrutar de tus actividades favoritas. Investiga la información que necesites en Internet.

- Escoge entre una ciudad, una playa, el campo, el desierto o las montañas.

- Busca fotos e información sobre las actividades que ofrece ese lugar.

- Busca información sobre la comida típica del lugar.

- [...] clase dónde harás tu intercambio y por qué.

MINIPRUEBA

Completa las oraciones con la información correcta y demuestra lo que aprendiste sobre Argentina y Uruguay.

1. La ciudad de _____ ha sido nombrada Patrimonio de la Humanidad por la UNESCO.
   a. Montevideo   b. Colonia   c. Bariloche

2. Es posible viajar por barco desde Buenos Aires a _____ en sólo una hora.
   a. Colonia   b. Montevideo   c. Punta del Este

3. Juan Díaz de Solís llamó Mar _____ al Río de la Plata.
   a. Ancho   b. Dulce   c. de Plata

4. El Mercado del Puerto de Montevideo es un área de _____.
   a. carnaval   b. tango   c. restaurantes

5. Julio Bocca fue primer bailarín del _____.
   a. Ballet de Moscú   b. *American Ballet Theatre*
   c. Ballet de Argentina

6. Al oeste, los _____ separan a Argentina de Chile.
   a. sitios arqueológicos   b. lugares de esquí
   c. Andes

7. En la Pampa hay extensas _____.
   a. llanuras   b. montañas   c. huellas

8. Borges escribió _____.
   a. *El Hobbit*   b. *El Aleph*   c. *El Cid*

9. El río _____ y el río Uruguay desembocan en (*flow into*) el Río de la Plata.
   a. Argentino   b. Paraguay   c. Paraná

10. Cristina Peri Rossi expresa en su literatura dudas, emociones y deseos _____ en todos los seres humanos.
    a. comunes   b. ajenos   c. satíricos

11. El desfile de *Llamadas* del carnaval de Montevideo celebra la herencia _____ de Uruguay.
    a. española   b. indígena   c. africana

12. En Argentina y Uruguay, a una pluma le dicen _____.
    a. birome   b. naso   c. bondi

13. De joven, Julio Sosa participaba en _____ de canto.
    a. clases   b. consensos   c. concursos

14. _____ es uno de los mejores lugares para practicar esquí en Argentina.
    a. La Pampa   b. Bariloche   c. Iguazú

En pantalla (S) Video: *Reportaje*

Cruzar 9 de Julio

Senda peatonal: una. Peatones: cantidad necesaria.

Vocabulario

el archirrival *archenemy*	**la plazoleta** *small square*
el chabón *dude (col.)*	**la senda** *path*
el cobijo *shelter*	**velar** *to look after*
el cordón *curb*	**la vereda** *sidewalk*
el peatón *pedestrian*	

¿Alguna vez te has preguntado si hay alguna calle en el mundo en la que tengas que realizar algún tipo de calentamiento (*warm-up*) para poder cruzarla? Te presentamos la Avenida 9 de Julio en Buenos Aires, una de las vías más anchas del mundo, que facilita el tránsito de esta ciudad de norte a sur. Compuesta por veinte carriles para todo tipo de vehículos, cruzarla se convierte en toda una experiencia extrema en el tiempo que da el semáforo. En el reportaje, nos enseñan cómo cruzar esta avenida en siete simples pasos. ¿Te atreves (*Do you dare?*) a intentarlo?

El hombrecito blanco significa: ve tranquilo, caminante.

Conexión personal En el mundo hay muchas ciudades con grandes avenidas que representan todo un reto para aquellos que tienen que transitarlas diariamente. ¿Conoces otras grandes avenidas? ¿Cuáles? ¿Es difícil cruzarlas?

Comprensión Contesta las preguntas.

1. ¿Cuántos semáforos necesitamos para cruzar la Avenida 9 de Julio?

2. ¿Qué debemos hacer al llegar al cordón?

3. ¿Qué significa el hombrecito blanco y qué hace por el peatón?

4. ¿Qué descubrimos a mitad del trayecto?

5. ¿Cuál es el objetivo final y qué nos ayuda a lograrlo?

¡Debemos detenernos!

Expansión

A. En grupos de tres, elijan otra avenida de cualquier ciudad del mundo para diseñar unos simples pasos para cruzarla.

- Describan la ciudad elegida. Expliquen cómo es su tránsito y si tiene muchos o pocos habitantes.

- Enumeren las características de la avenida: parte de la ciudad donde está ubicada, número de carriles, medidas y tipo de vehículos que la transitan con mayor frecuencia.

- Hagan una lista de las dificultades con las que se puede encontrar un peatón para cruzar la avenida y de las precauciones que deben tomar los peatones para cruzarla.

B. Creen una presentación que incluya fotografías de la avenida para enseñarle a la clase cómo cruzarla en siete simples pasos.

Si así lo deseamos, podemos correr de felicidad. ¡Hemos llegado!

9.1

TALLER DE CONSULTA

The following grammar topic is covered in the **Manual de gramática, Lección 9.**

9.4 Transitional expressions, p. 408.

To review irregular past participles, see **7.1, p. 249**.

The future perfect

- The future perfect tense (**el futuro perfecto**) is formed with the future of **haber** and a past participle.

The future perfect		
ganar	perder	salir
habré ganado	habré perdido	habré salido
habrás ganado	habrás perdido	habrás salido
habrá ganado	habrá perdido	habrá salido
habremos ganado	habremos perdido	habremos salido
habréis ganado	habréis perdido	habréis salido
habrán ganado	habrán perdido	habrán salido

- The future perfect is used to express what *will have happened* at a certain point. The phrase **para** + [*time expression*] is often used with the future perfect.

  Para el mes que viene, ya **se habrá estrenado** la película.
  By next month, the movie will have already been released.

  El partido de fútbol **habrá terminado para** las diez de la noche.
  The soccer game will be over by ten p.m.

- **Antes de (que), cuando, dentro de,** and **hasta (que)** are also used with time expressions or other verb forms to indicate *when* the action in the future perfect *will have happened.*

  Cuando lleguemos al estadio, ya **habrá empezado** el partido.
  When we get to the stadium, the game will have already started.

  Lo **habré terminado dentro de** dos horas.
  I will have finished it within two hours.

TALLER DE CONSULTA

To review the subjunctive after conjunctions of time or concession, see **6.1, p. 210.**

To express probability regarding present or future occurrences, use the future tense. See **5.1, pp. 172–173**.

- The future perfect may also express supposition or probability regarding a past action.

¿**Habrá jugado** *"El Tacho" Taboada en el partido de México contra Brasil?*

¿**Habrán ganado** el partido?
I wonder if they've won the game.

Carlos **habrá marcado** dos goles, por lo menos.
I'm sure Carlos will have scored at least two goals.

Práctica y comunicación

1 **Completar** Completa el diálogo entre el jugador de fútbol Diego Sarazona y un aficionado. Usa el futuro perfecto de los verbos entre paréntesis.

AFICIONADO Diego, seguramente tú (1) _____ (comprar) entradas para ir a ver el partido del domingo entre Boca Juniors y River Plate.

SARAZONA No, pero antes de que comience el partido ya las (2) _____ (conseguir).

AFICIONADO ¿Crees que va a ser un partido complicado?

SARAZONA No, para el medio tiempo ya se (3) _____ (definir) quién será el ganador. Es más, para ese entonces todos nosotros, los aficionados del Boca Juniors, (4) _____ (festejar) la victoria.

AFICIONADO ¿Y los aficionados del River Plate?

SARAZONA Ellos ya (5) _____ (comprender) que no vale la pena ir a este tipo de partido porque siempre pierden.

2 **Planes** Tú y tus amigos habían planeado encontrarse a las seis de la tarde para ir a ver una película, pero nadie ha venido y tú no sabes por qué. Escribe suposiciones con la información proporcionada. Sigue el modelo.

> **Modelo** **Mis amigos pensaron que soy aburrido/a.**
> Mis amigos habrán pensado que soy aburrido/a.

1. Entendí mal los planes.
2. Me dejaron un mensaje telefónico.
3. No consiguieron entradas.
4. No escuché el timbre (*doorbell*).
5. Uno de mis amigos tuvo un accidente.
6. Llegaron antes de las seis.
7. Me equivoqué de día.
8. Me engañaron.
9. Fue una broma.
10. Lo soñé.
11. ¿?
12. ¿?

3 **El futuro**

A. Hazles estas preguntas a tres de tus compañeros/as. Anota sus respuestas.

- Cuando terminen las próximas vacaciones de verano, ¿qué habrás hecho?
- Antes de terminar tus estudios universitarios, ¿qué aventuras habrás tenido?
- Dentro de diez años, ¿dónde habrás estado y a quién habrás conocido?
- Cuando tengas cuarenta años, ¿qué decisiones importantes habrás tomado?
- Para el año 2035, ¿qué altibajos (*ups and downs*) habrás experimentado?
- Cuando seas abuelo/a, ¿qué lecciones habrás aprendido de la vida?

B. Ahora, comparte las respuestas de tus compañeros con la clase.

Practice more at **imagina.vhlcentral.com.**

9.2 The conditional perfect

—*Piensen en qué nos* **habría dicho** *"El Corsario".*

- The conditional perfect tense (**el condicional perfecto**) is formed with the conditional of **haber** and a past participle.

TALLER DE CONSULTA

To review irregular past participles, see **7.1, p. 249**.

The conditional perfect is frequently used after **si** clauses that contain the past perfect subjunctive. See **9.3, p. 323**.

The conditional perfect

tomar	correr	subir
habría tomado	habría corrido	habría subido
habrías tomado	habrías corrido	habrías subido
habría tomado	habría corrido	habría subido
habríamos tomado	habríamos corrido	habríamos subido
habríais tomado	habríais corrido	habríais subido
habrían tomado	habrían corrido	habrían subido

- The conditional perfect tense is used to express what *would have occurred* but did not.

Juan y Lidia **habrían ido** al partido, pero ya tenían otros planes.
Juan and Lidia would have gone to the game, but they already had other plans.

Habrías ganado la lotería.
You would have won the lottery.

Alda **habría jugado** mejor que Lourdes.
Alda would have played better than Lourdes.

Creo que Andrés **habría sido** un gran atleta.
I think Andrés would have been a great athlete.

—*En nuestros tiempos, les* **habríamos ganado,** *pero ahorita, estamos velando a "El Corsario" Moreno, ¡comprendan muchachos!*

- The conditional perfect may also express probability or conjecture about the past.

Era imposible que ganaran el partido. ¿No **habrían comprado** al árbitro?
It was impossible that they could have won the game. Don't you think they had paid off the referee?

Práctica y comunicación

 1 **Completar** Completa las oraciones con el condicional perfecto.

1. No me gustó la película. Otro director _____ (imaginar) un final más interesante.

2. Nosotros _____ (salir) a comer, pero no encontré mi tarjeta de crédito.

3. Ellos _____ (estrenar) la película la semana pasada, pero la estrella no pudo asistir y tuvieron que aplazar el estreno.

4. Al espectador le _____ (gustar) el espectáculo si no hubiera sido tan largo.

5. Ustedes _____ (jugar) al tenis, pero estaba lloviendo.

2 **Un final distinto** En parejas, conecten a los héroes con sus historias. Luego utilicen el condicional perfecto para inventar un final distinto. Sigan el modelo.

Modelo **El gladiador Máximo / muere en el coliseo.**

En nuestra historia, el gladiador no habría muerto en el coliseo. Él habría triunfado y…

Rocky	se pasa al Lado Oscuro.
Robin Hood	sigue al conejo por el túnel.
Harry Potter	derrota a Iván Drago.
Anakin Skywalker	se enamora de Marian.
Alicia	escapa de los ataques de Voldemort.

3 **¿Qué habrían hecho?** En parejas, miren los dibujos y túrnense para decir lo que habrían hecho en cada situación usando al menos seis palabras de la lista. Utilicen el condicional perfecto.

cerrajero (*locksmith*)	golpearse	llave
comprar	gritar	médico
culpar	helado	mentir
enojarse	llamar	traje (*suit*)
ensuciar (*to get dirty*)		

 Practice more at **imagina.vhlcentral.com.**

Escapar y divertirse

9.3

Si clauses

- **Si** (*if*) clauses express a condition or event upon which another condition or event depends. Sentences with **si** clauses are often hypothetical statements. They contain a subordinate clause (**si** clause) and a main clause (result clause).

TALLER DE CONSULTA

For other transitional expressions that express cause and effect, see **Manual de gramática, 9.4, p. 408**.

—*Si no le pagan la guitarra, no les regresamos su balón.*

- The **si** clause may be the first or second clause in a sentence. Note that a comma is used only when the **si** clause comes first.

    Si tienes tiempo, ven con nosotros al parque de atracciones.
    If you have time, come with us to the amusement park.

    Iré con ustedes si no tengo que trabajar.
    I'll go with you if I don't have to work.

¡ATENCIÓN!

Si (*if*) does not carry a written accent. However, **sí** (*yes*) does carry a written accent.

Si puedes, ven.
Come if you can.

Sí, puedo.
Yes, I can.

Hypothetical statements about possible events

- In hypothetical statements about conditions or events that are possible or likely to occur, the **si** clause uses the present indicative. The main clause may use the present indicative, the future indicative, **ir a** + [*infinitive*], or a command.

Si clause: Present indicative		Main clause
Si usted no **juega** a la lotería, *If you don't play the lottery,*	PRESENT TENSE	no **puede** ganar. *you can't win.*
Si Gisela **está** dispuesta a hacer cola, *If Gisela is willing to wait in line,*	FUTURE TENSE	**conseguirá** entradas, seguro. *she'll definitely get tickets.*
Si marcan un solo gol más, *If they score just one more goal,*	IR A + [INFINITIVE]	**van a ganar** el partido. *they are going to win the game.*
Si sales temprano del trabajo, *If you finish work early,*	COMMAND	**vámonos** a un concierto. *let's go to a concert.*

Hypothetical statements about improbable situations

- In hypothetical statements about current conditions or events that are improbable or contrary-to-fact, the **si** clause uses the past subjunctive. The main clause uses the conditional.

Si clause: Past subjunctive	Main clause: Conditional
Si tuviéramos boletos, *If we had tickets,*	**iríamos** al concierto. *we would go to the concert.*
Si no **estuviera** tan cansada, *If I weren't so tired,*	**saldría** a cenar contigo. *I'd go out to dinner with you.*

Hypothetical statements about the past

- In hypothetical statements about contrary-to-fact situations in the past, the **si** clause describes what *would have happened* if another event or condition *had occurred*. The **si** clause uses the past perfect subjunctive. The main clause uses the conditional perfect.

Si clause: Past perfect subjunctive	Main clause: Conditional perfect
Si no me **hubiera lastimado** el pie, *If I hadn't injured my foot,*	**habría ganado** la carrera. *I would have won the race.*
Si me **hubieras llamado** antes, *If you had called me sooner,*	**habríamos podido** reunirnos. *we would have been able to get together.*

Habitual conditions and actions in the past

- In statements that express habitual past actions that are not contrary-to-fact, both the **si** clause and the main clause use the imperfect.

Si clause: Imperfect	Main clause: Imperfect
Si Milena **tenía** tiempo libre, *If Milena had free time,*	siempre **iba** a la playa. *she would always go to the beach.*
De niño, **si iba** a la feria, *As a child, if I'd go to the fair,*	siempre **me montaba** en la montaña rusa. *I would always ride the roller coaster.*

—*Mi viejo nunca **quería** ir a la cancha **si** no **llevaba** bajo el uniforme el calzón de seda que yo le bordé con nuestras iniciales.*

Práctica

1 **Situaciones** Completa las oraciones.

A. Situaciones probables o posibles

1. Si mi amiga Teresa no _____ (venir) pronto, tendremos que hacer cola.

2. Si tú no _____ (trabajar) hoy, vamos a la feria.

B. Situaciones hipotéticas sobre eventos improbables

3. Si mis padres estuvieran aquí, yo no _____ (poder) salir con mis amigos todas las noches.

4. Si mi novia tuviera más tiempo libre, ella _____ (pasar) todo el día jugando al tenis.

C. Situaciones hipotéticas sobre el pasado

5. Si mi tía la aguafiestas no hubiera venido a pasar las vacaciones conmigo, yo _____ (divertirse) mucho más.

6. Si el anfitrión _____ (ser) más simpático, la fiesta habría sido más divertida.

2 **Si trabajara menos** Carolina y Leticia trabajan cuarenta horas por semana y se imaginan qué harían si trabajaran menos horas. Completa el diálogo con el condicional o el imperfecto del subjuntivo.

CAROLINA Estoy todo el día en la oficina, pero si (1) _____ (trabajar) menos, tendría más tiempo para divertirme. Si sólo viniera a la oficina algunas horas por semana, (2) _____ (practicar) el andinismo más a menudo.

LETICIA ¿Andinismo? ¡Qué aburrido! Si yo tuviera más tiempo libre, (3) _____ (hacer) todas las noches lo mismo: (4) _____ (ir) al teatro, luego (5) _____ (salir) a cenar y, para terminar la noche, (6) _____ (hacer) una fiesta para celebrar que ya no tengo que ir a trabajar por la mañana. Si nosotras (7) _____ (tener) la suerte de no tener que trabajar nunca más, (8) _____ (pasarse) todo el día sin hacer absolutamente nada.

CAROLINA ¿Te imaginas? Si la vida (9) _____ (ser) así, seríamos mucho más felices, ¿no crees?

3 **Si yo hubiera sido** En parejas, imaginen cómo habrían sido sus vidas si hubieran sido uno de estos personajes.

Modelo   **uno de los Beatles**
Si yo hubiera sido uno de los Beatles, habría tenido millones de aficionados a mi música y habría viajado por todo el mundo.

- Madre Teresa de Calcuta
- Benjamin Franklin
- Elvis Presley
- Ray Charles
- la Princesa Diana de Inglaterra
- Jorge Luis Borges
- ¿?

 Practice more at **imagina.vhlcentral.com**.

Comunicación

4

¿Qué harías? En parejas, miren los dibujos y túrnense para preguntarse qué harían si les ocurriera lo que muestra cada dibujo. Sigan el modelo y sean creativos/as.

Modelo —¿Qué harías si encontraras diez mil dólares en la calle?

—Si yo encontrara diez mil dólares en la calle, seguramente llamaría a la policía y preguntaría si alguien lo había reclamado.

1. Tu suegro viene de visita sin avisar.

2. Te invitan a bailar tango.

3. Se descompone tu carro en el desierto.

4. Te quedas atrapado/a en un ascensor.

5

¿Qué pasaría? En parejas, pregúntense qué hacían, hacen, harían o habrían hecho en las siguientes situaciones.

Modelo **Si fueras un(a) atleta famoso/a**

Si fuera un(a) atleta famoso/a, donaría parte de mi sueldo para construir más escuelas.

1. Si hoy hubieras tenido el día libre
2. Si, de niño/a, tus padres te regañaban
3. Si suspendieran las clases durante una semana
4. Si ves a tu novio/a con otro/a en el cine
5. Si descubrieras que tienes el poder de ser invisible

6

¡Qué desilusión! Imagina que vas a un concurso de la televisión en donde se elige al/a la artista que va a ser el nuevo ídolo de la música. Tú crees que actuaste bien, pero perdiste la competencia. En parejas, hablen de todo lo que habrían hecho de forma diferente si hubieran tenido una segunda oportunidad y de lo que habrían hecho si hubieran ganado.

Modelo Si hubiera tenido una segunda oportunidad, habría contratado a Paula Abdul para que me enseñara a bailar y habría... Y si hubiera ganado, habría invitado a todos mis amigos a celebrarlo en el club de moda y habría...

Síntesis

¿Qué pasará?

La clase se divide en cuatro grupos. Primero, cada grupo tiene que leer y tomar notas de las opiniones que tienen sus miembros sobre estos cuatro temas. Después, hagan las actividades.

1 La industria de los videojuegos es cada vez más grande y popular. Muchas personas se preocupan por el impacto psicológico y social que este tipo de juegos, cada vez más violentos, puede tener en niños, e incluso en adultos. Las compañías que los fabrican se defienden diciendo que estos juegos no incrementan la violencia del consumidor.

2 A pesar de que apostar dinero en el béisbol es ilegal, es un negocio millonario difícil de detener. En muchos casos, incluso los mismos directivos de los equipos están involucrados en el asunto. Hubo casos de jugadores que apostaron a favor de sus propios equipos, ¡y también contra sus equipos!

3 En los Estados Unidos se puede consumir alcohol legalmente cuando se tiene veintiún años de edad. Sin embargo, en muchos otros países la edad legal es dieciocho años. Algunos opinan que la edad legal en los Estados Unidos debería ser reducida, mientras otros creen que el límite de veintiún años es correcto.

4 La industria de discos compactos y DVD se ha visto afectada en los últimos años por las copias ilegales que millones de personas hacen a diario en sus computadoras. Mientras unos sostienen que el aumento de las copias ilegales se debe a que los productos originales son muy caros, otros dicen que la piratería es inevitable simplemente porque "cualquiera puede copiar música o películas en la comodidad de su casa y sin arriesgarse a ser castigado".

1 Predicciones ¿Qué creen que habrá pasado dentro de cinco años respecto a cada tema? Escriban dos predicciones de lo que creen que va a ocurrir en cada caso. Recuerden que deben usar el futuro perfecto.

2 Intercambiar Intercambien sus predicciones con otro grupo de la clase. Discutan qué podría ocurrir si se cumplieran los pronósticos del otro grupo.

3 Compartir Después, compartan todas las predicciones con la clase y analicen sus posibles consecuencias.

Preparación  Audio: Vocabulary

Vocabulario de la lectura		Vocabulario útil
el amanecer *dawn*	**la milonga** *type of dance;*	**el destino** *destination*
la capilla *chapel*	*tango club/event*	**pasear** *to go for a walk*
el diseño *design*	**el recorrido** *route, trip*	**trasnochar**
la madrugada	**la rivalidad** *rivalry*	*to stay up late*
early morning	**rodeado/a** *surrounded*	

1 **Elegir** Indica cuál es la palabra que no pertenece a cada lista.

1. tango   milonga   mambo   rodeado
2. iglesia   edificio   diseño   capilla
3. madrugada   amanecer   tarde   rivalidad
4. boleto   gráfico   diseño   dibujo
5. camino   ruta   concierto   recorrido

2 **Encuesta de turismo** Te ha llegado en el correo una encuesta de turismo. Complétala y luego habla con un(a) compañero/a sobre tus respuestas.

Encuesta de turismo

Indique con números del 1 (menos importante) al 5 (más importante) la importancia que tienen estos aspectos para usted como turista a la hora de visitar una ciudad.

Clima	1 2 3 4 5
Historia	1 2 3 4 5
Distancia de su casa	1 2 3 4 5
Hoteles	1 2 3 4 5
Lugares de compras	1 2 3 4 5
Museos	1 2 3 4 5
Precios	1 2 3 4 5
Restaurantes	1 2 3 4 5
Transporte público	1 2 3 4 5
Vida nocturna (teatros, discotecas, etc.)	1 2 3 4 5
Seguridad ciudadana	1 2 3 4 5

¿Cuál es su ciudad preferida en el mundo? ¿Por qué?

Fin de semana en Buenos Aires

charming,
seductive

Esta enérgica y seductora° ciudad se extiende junto al Río de la Plata. Los porteños, como se les dice a los habitantes de Buenos Aires, poseen una elaborada y
5 rica identidad cultural. En la ciudad abundan los museos, las casas de tango y milongas, y los teatros. Así que, una visita de tres días es apenas tiempo suficiente para recorrer los sitios más conocidos.

10 La Avenida 9 de Julio es un indiscutible punto de referencia. Llamada así en conmemoración de la independencia argentina, esta calle tiene 140 metros de ancho, lo que la convierte en una de las más
15 anchas del mundo, y se extiende desde el barrio de Retiro, al norte, hasta la estación de trenes de Constitución, en el sur. En el centro, encontramos el Obelisco, símbolo de la ciudad, que mide más de 67 metros de
20 altura. Se erigió en 1936 como homenaje al cuarto centenario de la fundación de la ciudad por Pedro de Mendoza.

25 Comenzando nuestro recorrido por San Telmo, podemos pasear por la Plaza Dorrego, popular por su

antiques

mercado de antigüedades° y
30 sus variadas presentaciones artísticas. También en el sur está el barrio La Boca, cuya calle-museo Caminito es famosa por el colorido de sus casas, sus exposiciones permanentes de arte y
35 la presencia de músicos y bailarines de tango. Allí se encuentra también La Bombonera, el estadio de fútbol del club Boca Juniors.

En Buenos Aires existe una tradicional rivalidad entre este club y el club River Plate.
40 Asistir a un partido entre sus equipos es una experiencia llena de pasión y drama que comienza mucho antes del silbatazo inicial°.

silbatazo...
starting whistle

Según la lista elaborada por el periódico inglés *The Observer*, figura entre los cincuenta
45 espectáculos deportivos que hay que ver antes de morir.

En el centro de la ciudad, en la Avenida de Mayo, se encuentra la Plaza de Mayo, el corazón político del país, rodeada por la
50 Catedral. En esta plaza se hallan los restos del libertador José de San Martín, el Cabildo y la Casa de Gobierno o Casa Rosada.

Cerca de ahí está la llamada Manzana de las Luces, cuya historia comenzó con la
55 instalación de los jesuitas en 1661, y donde

se encuentra un centro cultural para muestras de artes plásticas, teatro y conferencias. Este conjunto de edificios cuenta con una serie de galerías subterráneas que conectan éstos y
60 otros edificios de los alrededores; hoy en día es posible visitar algunos tramos recuperados°.

tramos... restored
sections

Otro sitio histórico interesante es el Teatro Colón, uno de los más famosos del mundo, inaugurado en 1908 después de un
65 proceso de construcción que duró veinte años. Su autoridad artística es indiscutible, y hace que los argentinos aclamen a excepcionales artistas con el famoso grito de "¡Al Colón!"

70 Si marchamos hacia el norte, encontramos uno de los barrios más elegantes de Buenos Aires: Recoleta. En esta moderna y distinguida zona de la ciudad abundan los cafés, las *boutiques* y las galerías de arte. También
75 podemos dar una vuelta por el Cementerio de la Recoleta, un elaborado laberinto donde algunos mausoleos son réplicas de capillas, pirámides
80 y templos griegos. Los más célebres personajes de la historia argentina, incluyendo a Eva Perón, se encuentran sepultados° aquí.

buried

85 En nuestro recorrido no debemos olvidar las paradas para comer. En la Avenida de Mayo está el Café Tortoni, el más antiguo de la ciudad. Su historia y tradición lo convierten en un punto imprescindible° en cualquier viaje a Buenos
90 Aires. También se pueden visitar restaurantes

must-see

modernos, como los de Puerto Madero, junto al río, o los ubicados en zonas del barrio de Palermo, como Las Cañitas, el Soho o Palermo Hollywood.
95

Parte esencial de un viaje a Buenos Aires es la vida nocturna. En esta ciudad, las discotecas abren a partir de las dos de la madrugada y sus puertas no se cierran hasta el amanecer. Para quien quiera disfrutar
100 de una experiencia única en el mundo, son imperdibles las milongas, fiestas de tango que se celebran en salones esparcidos por toda la ciudad.

Buenos Aires, con sus atractivos, su
105 historia, su cultura y su gente, seguirá seduciendo a los visitantes que encuentran aquí buenos recuerdos y aires nuevos. ∎

*Fotos p. 328: arriba, izq. **Bosques de Palermo**; arriba, der. **Caminito**;*
*abajo, izq. **La Boca**; abajo, der. **Casa Rosada***

Análisis

Comprensión Contesta las preguntas con oraciones completas.

1. ¿Cómo se les llama a los habitantes de Buenos Aires?
2. ¿Por qué se dice que los porteños tienen una rica identidad cultural?
3. ¿Por qué es la Avenida 9 de Julio un importante punto de referencia?
4. ¿Por qué es famosa la calle-museo Caminito?
5. ¿Cuáles son los equipos de fútbol que tienen una tradicional rivalidad?
6. ¿Por qué es importante la Plaza de Mayo?
7. ¿Cómo se llama la Casa de Gobierno de Argentina?
8. ¿Qué importancia tiene la Manzana de las Luces?
9. ¿Cuándo fue inaugurado el Teatro Colón y cuál es su importancia?
10. ¿Cómo es el Cementerio de la Recoleta? ¿Quiénes están sepultados allí?
11. ¿Por qué deben visitar los turistas el Café Tortoni?
12. ¿Qué horario tienen las discotecas de Buenos Aires?

2 **Consejos** Tú eres un(a) porteño/a; has vivido toda tu vida en Buenos Aires y te encuentras con algunos turistas que no saben adónde ir. Dales consejos de acuerdo a sus personalidades e intereses.

Mis amigas y yo somos estudiantes y tenemos 20 años. ¡Queremos divertirnos!

Mi esposo y yo somos profesores de historia. Nos encanta aprender cosas nuevas.

Mariano y yo somos maestros de baile. Nos encanta salir a bailar.

3 **Dos tipos de viajeros** En grupos pequeños, háganse estas preguntas y descubran qué tipo de viajeros son. Después, hablen con la clase sobre las distintas formas de viajar que conocen y decidan cuál proporciona la experiencia más auténtica y satisfactoria.

A. Cuanto más sepa de la ciudad, mejor.

- Antes de viajar a una ciudad, ¿te gusta conocer su historia? ¿Sus costumbres culinarias?
- ¿Compras un manual del idioma que se habla allí e intentas memorizarlo?
- ¿Compras mapas y memorizas calles, barrios y atracciones básicas?

B. Prefiero que la vida me sorprenda.

- ¿Te gusta llegar a una ciudad sin saber nada de ella y ver qué pasa?
- ¿Evitas las zonas turísticas y prefieres perderte entre la gente de allí?
- ¿Te gusta andar por las calles sin tener un itinerario fijo?

 Practice more at **imagina.vhlcentral.com**.

Preparación Reading
Audio: Vocabulary

Sobre el autor

Wilfredo Machado nació en Barquisimeto, Venezuela, en 1956. Ha publicado ensayos, cuentos y novelas y, además, ha trabajado en la administración de empresas editoriales. Varios de sus cuentos han sido premiados, entre ellos "Contracuerpo", que en 1986 ganó el Concurso de Cuentos del diario *El Nacional*. En 1995 obtuvo el Premio Municipal de Narrativa con la obra *Libro de animales* (1994). Ha publicado también *Fábula y muerte del ángel* (1990) y *Manuscrito* (1995).

Vocabulario de la lectura

acariciar *to caress*
el ala/las alas *wing(s)*
alejarse *to move away*
detenerse (e:ie) *to stop*
diminuto/a *tiny*
la escama *scale*
el fuego *fire*
la garra *claw*
el olor *smell*

Vocabulario útil

fantástico/a *imaginary*
la inocencia *innocence*
la mente *mind*
el ruido *noise*
la telepatía *telepathy*

---

1 **Vocabulario** Marca la palabra que no corresponde al grupo.

1. lastimar   acariciar   ataque   garras
2. dragón   alas   detenerse   escamas
3. enorme   gigante   bestia   diminuto
4. aproximarse   unión   alejarse   beso
5. fuego   comunicación   telepatía   mente

2 **Preguntas** En parejas, túrnense para contestar las preguntas. Expliquen sus respuestas.

1. ¿Es bueno que los niños lean cuentos? ¿Por qué?
2. Cuando eras niño/a, ¿tenías un cuento favorito? ¿Cuál era?
3. ¿Crees que los niños tienen la imaginación más desarrollada que los adultos?
4. Cuando eras niño/a, ¿te gustaba imaginar mundos o seres fantásticos?
5. ¿Te consideras una persona con mucha imaginación?
6. Menciona tres personas a las que admiras por su creatividad.

3   **¿Realidad?**

A. Trabajen en grupos pequeños. Elijan una película o novela en la que es difícil distinguir entre la realidad y la ficción.

- ¿Les gustó? ¿Por qué?
- ¿Han tenido alguna vez dificultades para distinguir entre la realidad y la ficción en su propia vida? ¿Cuándo?

B. Escriban el argumento de la historia sin decir el título. La clase va a tener que adivinar de qué novela o película se trata.

EL BESO DE LOS DRAGONES

Wilfredo Machado

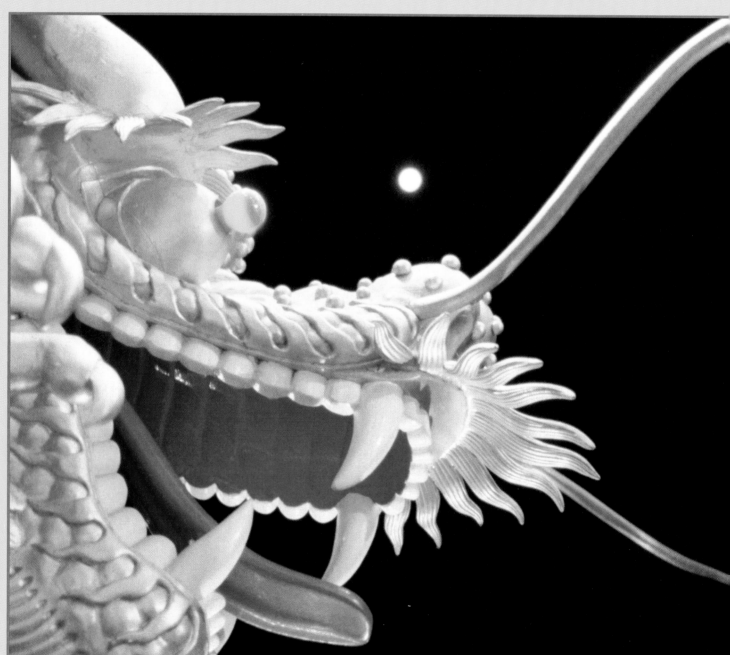

El dragón baja desde un cielo oscuro cubierto de niebla° *fog* hacia una ciudad desconocida. Recorre lentamente las calles, que están solas a esta hora, el arco del puente por donde se desliza° un río en silencio, *se... flows* una gasolinera abandonada, un parque ₅ solitario donde se detiene. Ahora siente el olor mezclado al aire frío de la noche como un rastro° dejado entre los árboles *trail* por otro animal desconocido. El olor lo conduce a un viejo edificio gris y ₁₀ sucio. De los balcones cuelgan macetas° *flowerpots* abandonadas y polvorientas°. El dragón *dusty* sube y se detiene en una ventana. Dentro de la habitación, un niño lo sueña tal cual es° en ese instante. El dragón entra ₁₅ *tal... just as he is* y se posa° en la cama suavemente. El *se... lands* olor es cada vez más fuerte. Acaricia con sus garras la cabellera° del niño. *hair* Luego levanta con cuidado las sábanas° *sheets* y mira con curiosidad y cierto orgullo ₂₀ las pequeñas alas de suaves escamas que comienzan a despuntar° en la espalda. *sprout* Entonces el dragón lo besa con ternura°. *tenderness* El niño dentro del sueño arroja° un *spews* fuego diminuto como el del amor. El ₂₅ dragón quisiera despertarlo, pero sabe que él es sólo la proyección de un sueño y un deseo como todas las cosas del mundo. Se aleja en silencio y regresa a la noche de donde vino. El niño nunca ₃₀ pudo explicar cómo comenzó el incendio dentro de su habitación. ∎

Análisis

  Comprensión Contesta las preguntas con oraciones completas.

1. ¿En qué momento del día se desarrolla la historia?
2. ¿Qué cosas observa el dragón durante su recorrido?
3. ¿Cómo es el edificio donde entra el dragón?
4. ¿Dónde entra el dragón?
5. ¿Qué hace el dragón después de posarse sobre la cama?

Interpretar En parejas, contesten las preguntas.

1. ¿Por qué crees que el dragón observa con ternura y orgullo al niño?
2. ¿Por qué el dragón no despierta al niño?
3. ¿Cómo crees que se inicia el incendio?

 ¿Cómo sigue? En grupos de tres, desarrollen un final nuevo para el microcuento. Compartan su historia con la clase.

Un animal imaginario En parejas, inventen un animal imaginario. Contesten las preguntas. Deben estar preparados/as para dibujarlo en la pizarra para la clase.

1. ¿Dónde vive este animal?
2. ¿Qué come?
3. ¿Cómo se mueve?
4. ¿Cómo se comunica con los de su misma especie?
5. ¿Qué habilidades especiales tiene?
6. ¿Cambia su rutina en distintas épocas del año?
7. ¿Qué hace durante el día? ¿Y durante la noche?

Escribir Elige una película o novela fantástica que te guste. Piensa qué cosas habrían sido diferentes si tú la hubieras dirigido o escrito. Usa el condicional perfecto. Haz por lo menos ocho cambios.

Plan de redacción

Reescribir una historia

1 Personajes Describe a los protagonistas de tu historia.

2 Lugar Explica si cambiarías el lugar donde se desarrolla.

3 Tiempo Menciona en qué época la habrías situado.

4 Final Relata cómo habría sido el final de tu historia.

 Practice more at **imagina.vhlcentral.com**.

Las diversiones

Audio: Vocabulary
Flashcards
Video: *Flash Cultura*

Los deportes

el/la aficionado *fan*
el alpinismo/andinismo *mountain climbing*
el/la atleta/deportista *athlete*
el boliche *bowling*
la carrera *race*
el club deportivo *sports club*
los deportes extremos *extreme sports*
el equipo *team*
el esquí alpino/de fondo *downhill/cross country skiing*

apostar (o:ue) *to bet*
empatar *to tie (a game)*
ganar/perder (e:ie) un partido *to win/to lose a game*
gritar *to shout*
lastimar(se) *to injure (oneself)*
marcar (un gol/un punto) *to score (a goal/a point)*
silbar (a) *to whistle (at)*
vencer *to defeat*

El tiempo libre

el/la aguafiestas *party pooper*
el/la anfitrión/anfitriona *host/hostess*
el billar *billiards*
el boleto/la entrada *ticket*
las cartas/los naipes *(playing) cards*
la comedia *comedy*
el concierto *concert*
el conjunto/grupo musical *musical group, band*
los dardos *darts*
el espectáculo *show, performance*
el/la espectador(a) *spectator*
la feria *fair*
el juego de mesa *board game*
la lotería *lottery*
el/la músico/a *musician*
la obra de teatro *theater play*
el ocio *leisure*
el parque de atracciones *amusement park*
los ratos libres/el tiempo libre *free time*

el recreo *recreation*
el teatro *theater*
el videojuego *video game*

actuar *to act*
aplaudir *to applaud; to clap*
brindar *to toast (drink)*
celebrar *to celebrate*
charlar *to chat*
coleccionar *to collect*
conseguir (e:i) (entradas) *to get (tickets)*
correr la voz *to spread the word*
divertirse (e:ie) *to have a good time*
entretenerse (e:ie) *to amuse oneself*
estrenar (una película) *to release (a movie)*
festejar *to celebrate*
hacer cola *to wait in line*
poner un disco compacto *to play a CD*
reunirse (con) *to get together (with)*
salir (a comer/a tomar algo) *to go out (to eat/to have a drink)*
valer la pena *to be worth it*

aburrido/a *boring*
agotado/a *sold out*
animado/a *lively*
entretenido/a *entertaining*

Cortometraje

el ataúd *casket*
el balón *ball*
el campeonato *championship*
la cancha *field*
el/la delantero/a *forward (sport position)*
el empate *tie (sports)*
el fantasma *ghost*
la misa *mass*
el mujeriego *womanizer*
el Mundial *World Cup*
la prueba *proof*
la señal *sign*
el/la viudo/a *widower/widow*

anotar un gol *to score a goal*
deber (dinero) *to owe (money)*
desafiar *to challenge*
dominar *to dominate*
enterrar (e:ie) *to bury*
pasar *to pass*
patear *to kick*
saltar *to jump*

enterrado/a *buried*
fallecido/a *deceased*
invisible *invisible*

Cultura

el amanecer *dawn*
la capilla *chapel*
el destino *destination*
el diseño *design*
la madrugada *early morning*
la milonga *type of dance; tango club/event*
el recorrido *route, trip*
la rivalidad *rivalry*

pasear *to go for a walk*
trasnochar *to stay up late*

rodeado/a *surrounded*

Literatura

el ala/las alas *wing(s)*
la escama *scale*
el fuego *fire*
la garra *claw*
la inocencia *innocence*
la mente *mind*
el olor *smell*
el ruido *noise*
la telepatía *telepathy*

acariciar *to caress*
alejarse *to move away*
detenerse (e:ie) *to stop*

diminuto/a *tiny*
fantástico/a *imaginary*

Herencia y destino

En un mundo donde las sociedades son multiculturales, ¿cómo podemos evitar los conflictos derivados de las diferentes formas de pensar, de actuar y de interpretar el mundo? ¿Podemos al mismo tiempo aferrarnos a la herencia de nuestros antepasados y aceptar los cambios que nos propone el multiculturalismo? ¿Es la diversidad una amenaza para la identidad de individuos y grupos o es una fuente de nuevas perspectivas? ¿En qué tipo de mundo queremos vivir?

Nuestro futuro 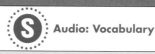 Audio: Vocabulary

Las tendencias

la **asimilación** *assimilation*
la **causa** *cause*
la **diversidad** *diversity*
el/la **emigrante** *emigrant*
la **frontera** *border*

la **herencia cultural** *cultural heritage*
la **humanidad** *humankind*
los **ideales** *principles; ideals*
el **idioma oficial** *official language*
la **inmigración** *immigration*
la **integración** *integration*
la **lengua materna** *mother tongue*
el **lujo** *luxury*
la **meta** *goal*
la **natalidad** *birthrate*
la **población** *population*
el/la **refugiado/a (de guerra/político/a)**
 (war/political) refugee

———

adivinar *to guess*
anticipar *to anticipate; to expect*
asimilarse *to assimilate*
atraer *to attract*
aumentar *to grow*

disminuir *to decrease, to reduce,*
 to diminish
predecir (e:i) *to predict*
superarse *to better*
 oneself

———

bilingüe *bilingual*
(in)conformista *(non)conformist*
excluido/a *excluded*
monolingüe *monolingual*
previsto/a *foreseen*
solo/a *alone*

Problemas y soluciones

la **amnistía** *amnesty*
la **añoranza** *homesickness*
el **caos** *chaos*
el **coraje** *courage*
el **daño** *harm*
el **diálogo** *dialogue*

el **entendimiento** *understanding*
la **incertidumbre** *uncertainty*
la **inestabilidad** *instability*
el **maltrato** *abuse, mistreatment*
el **nivel de vida** *standard of living*
la **polémica** *controversy*
la **superpoblación** *overpopulation*

———

hacer un esfuerzo *to make an effort*
luchar *to fight*
prescindir (de) *to do without*
protestar *to protest*

Los cambios

adaptarse *to adapt*
alcanzar (un sueño/una meta) *to fulfill*
 (a dream); to reach (a goal)
dejar *to leave behind*
despedirse (e:i) *to say goodbye*

enriquecerse *to become enriched*
establecerse *to establish oneself*
extrañar *to miss*
integrarse (a) *to become part (of); to fit in*
lograr *to attain, to achieve*
pertenecer *to belong*
rechazar *to reject*

Práctica

1

No pertenece

A. Indica cuál de las cuatro opciones no está relacionada con la palabra principal.

1. **predecir**
   a. anticipar   b. equivocarse   c. adivinar   d. prever

2. **meta**
   a. lujo   b. fin   c. propósito   d. objetivo

3. **polémica**
   a. entendimiento   b. controversia   c. debate   d. discusión

4. **humanidad**
   a. mundo   b. gente   c. seres humanos   d. maltrato

5. **despedirse**
   a. decir adiós   b. atraer   c. marcharse   d. separarse

6. **coraje**
   a. héroe   b. valentía   c. valor   d. cobardía

B. Ahora, escribe cuatro oraciones usando las palabras que escogiste en la parte A.

2

Contexto Escoge la palabra que mejor se ajuste al contexto de cada oración.

adaptarse	coraje	lograr	prescindir
añoranza	emigrante	monolingüe	rechazar

1. Sabe vivir bajo cualquier tipo de circunstancias.
2. No me dieron el puesto de trabajo porque sólo hablaba una lengua.
3. Dijo "no" a catorce propuestas buenísimas; no le convenció ninguna.
4. Me fui de mi país para encontrar trabajo, no por razones políticas.
5. Durante la recesión tuvimos que cortar gastos; dejamos de salir a comer.
6. En esta época del año siempre se pone melancólica. ¡Vive tan lejos de casa!

3

¿Dónde y cómo te ves en diez años?

A. Haz un esfuerzo e imagínate con diez años más. Escribe una descripción utilizando las preguntas como guía. Añade todos los detalles que quieras. ¡Es tu futuro!

- ¿Has alcanzado tus metas? ¿Qué has logrado? ¿Lo anticipaste?
- ¿Tuviste que prescindir de algo para alcanzar tus sueños?
- ¿Vives en el país donde naciste o en un país extranjero?
- ¿Vives adaptado/a a las circunstancias o te sientes excluido/a? ¿Por qué?
- ¿Rechazaste algo importante? ¿Dejaste algo atrás?
- ¿Te has enriquecido? ¿Cuál es tu nivel de vida?
- ¿Extrañas algo? ¿Eres feliz o quieres volver atrás?

B. Ahora, compártelo con un(a) compañero/a y responde a sus preguntas.

 Practice more at **imagina.vhlcentral.com.**

Preparación  Audio: Vocabulary

Vocabulario del corto		Vocabulario útil
la aduana *customs*	**el mantenimiento** *maintenance*	**la actitud** *attitude*
arreglar *to fix*	**la paciencia** *patience*	**arriesgarse** *to take a risk*
crecer *to grow (up)*	**el progreso** *progress*	**estar embarazada** *to be pregnant*
el cura *priest*	**el rancho** *ranch*	**gozar (de)** *to enjoy*
desconfiar *to be suspicious, to not trust*	**reconocer** *to recognize*	**mezclar** *to mix*
la facha *look*	**el territorio** *territory*	**la nostalgia** *nostalgia*
el jardín *garden*	**tomar el pelo** *to pull someone's leg*	**sembrar (e:ie)** *to plant*
jurar *to promise*		**sentirse realizado/a** *to feel fulfilled*

EXPRESIONES

aquí mismo *right here*

a ver, a ver *let's see*

Qué curioso. *How funny.*

Ya era hora. *It was about time.*

1 **Completar** Completa las oraciones usando las palabras del vocabulario.

1. —Acabo de ver a la vecina y te cuento que ella _____.
   —¿Cómo? ¡Ella me había dicho que no quería tener hijos!

2. Dicen que la gente europea _____ una alta calidad de vida.

3. Te aconsejo que no compres tanto queso. Te lo pueden quitar en la _____.

4. Mis tíos viven en un pueblo cuyo alcalde es muy corrupto; ellos _____ de las autoridades.

5. —¿Piensas salir con esa _____?
   —Pero, mamá, ésta es la moda que se usa ahora.

2 **Adivinar** Trabajen en grupos de tres. Por turnos, elijan una palabra de la lista y con pistas o definiciones deben conseguir que sus compañeros/as la adivinen. Quien la adivine, elige otra palabra y hace lo mismo. Sigan así hasta que las adivinen todas.

Modelo La persona que trabaja en la iglesia y da misa es. . . **el cura.**

arreglar	progreso
crecer	rancho
desconfiar	reconocer
jardín	territorio
nostalgia	tomar el pelo

3 **¿Y tú?** Contesta las preguntas y explica tus respuestas.

1. ¿Dónde creciste? ¿Te hubiera gustado crecer en otro sitio?

2. ¿Qué es para ti el progreso? ¿Crees que es algo positivo?

3. ¿Qué aspectos positivos crees que tiene la vejez?

4. ¿Qué opinas de que los abuelos vivan con los hijos y los nietos?

4 **Personajes** Observen los fotogramas y respondan las preguntas.

 1.    2.

 3.    4.

- ¿Quiénes son los personajes?
- ¿De dónde son?
- ¿Qué relación hay entre ellos?
- ¿Qué está sucediendo en la última escena?

5 **Antepasados** ¿Conoces la historia de tus antepasados? Escribe un párrafo sobre ellos. Responde a las preguntas y añade todos los datos que creas necesarios.

- ¿De dónde eran?
- ¿Por qué crees que vinieron a este país?
- ¿Sabes en qué trabajaban? ¿Cómo vivían?
- ¿Crees que tienes algo en común con ellos?
- ¿Habrías tomado las mismas decisiones? ¿Por qué?
- ¿Se ha esforzado tu familia por mantener las tradiciones de tus antepasados? ¿De qué manera?

6 **Otros países** En parejas, imaginen que tienen que ir a vivir a otro país. Hagan una lista de tres países en los que creen que les gustaría vivir. Expliquen por qué han elegido esos países y digan qué aspectos positivos y negativos tiene vivir allí. Compartan su lista con la clase.

UN PEDAZO
DE TIERRA

PRIMER PREMIO: *Academy of Television Arts & Sciences College Television Awards*
MEJOR CORTO: *Festival Internacional de Cortometrajes de Bilbao*
PREMIO AL MEJOR CORTOMETRAJE: *San Francisco Latino Film Fest*

Una producción de KOO KOO PRODUCTIONS Guión y Dirección JORGE GAGGERO Fotografía HILDA MERCADO
Montaje JOSÉ PULIDO Música XAVIER ASALI/MARCELO BERESTOVOY
Actores RUBÉN MORENO/ROBERTO ENTIQUE/ERICK CARRILLO/ART BONILLA

ARGUMENTO *Don Aurelio, muy enfermo, le pide a su familia que lo entierren en el mismo lugar donde está enterrada su esposa.*

DON AURELIO Palos Verdes...
IRENE Sí.
DON AURELIO ...quiero que me entierren en Palos Verdes.
IRENE Se lo juramos. Tranquilo, tranquilo, abuelo. Ya viene el cura.

DON AURELIO Esto no es Palos Verdes, no. Ustedes me quieren engañar.
RAMIRO Sí, es Palos Verdes, abuelo.
DON AURELIO No hay ranchos. Aquí no hay ranchos.

PEDRO Palos Verdes. No reconozco ningún lugar.
AGUSTÍN ¿No?
PEDRO No, nada. A ver, a ver, a ver, espérenme tantito... ¡este lugar yo lo conozco! Digo, conozco el árbol. Sí, es de los más viejos de acá.
RAMIRO Ahí nació el abuelo y está sepultada la abuela Mercedes.

RAMIRO Oye, ¿tú crees que llegue? Son como 400 kilómetros.
AGUSTÍN Sí, le cambié las bujías[1], los cables, la tapa del distribuidor. Sí, quedó como nuevo.
RAMIRO ¿Y el abuelo?
AGUSTÍN Sólo Dios sabe.

DON AURELIO Aquí mismo me casé con tu tatarabuela[2]. Fue una linda ceremonia. Merceditas bajó del carro con su largo vestido blanco. Dos meses tardaron con las puntillas[3] y esas bobadas[4].

(Ramiro se acerca por el pasillo[5] al cuarto que está con la puerta abierta. Puede ver a su hermano de espaldas[6]. Al entrar, encuentra al abuelo recostado[7] con los ojos entreabiertos[8] y una sonrisa.)
AGUSTÍN Está muerto.

[1] *spark plugs* [2] *great-great grandmother* [3] *lace trim* [4] *silly things* [5] *hallway* [6] **de...** *from behind* [7] *lying down* [8] *half-open*

Nota
CULTURAL

La guerra mexicano-estadounidense

El 29 de diciembre de 1845, la República de Texas pasó a ser territorio estadounidense. A partir de° ese día, las relaciones entre los Estados Unidos y México se vieron fuertemente deterioradas. La tensión entre los dos países creció tanto que culminó en una guerra, conocida como la guerra mexicano-estadounidense, que duró desde 1846 hasta 1848. Esta guerra tuvo fatales consecuencias para la integridad territorial de México, que terminó cediendo al país del norte tierras que hoy forman parte de California, Colorado, Nuevo México, Nevada, Arizona, Utah y Wyoming.

A partir de *From*

Análisis

1

Comprensión Contesta las preguntas con oraciones completas.

1. ¿Por qué está en la cama don Aurelio?
2. ¿Adónde van en el carro?
3. ¿Por qué llevan un ataúd?
4. ¿Quién es Merceditas?
5. ¿Dónde está enterrada Merceditas?
6. ¿En qué trabaja Pedro?
7. ¿Qué le ocurre al abuelo mientras duerme?
8. ¿Dónde lo entierran?
9. ¿Qué decide Ramiro después del entierro?

2

Interpretar Contesta las preguntas y explica tus respuestas.

1. Al comienzo del corto, ¿crees que la actitud de los jóvenes está influenciada por Irene?
2. ¿Cambia la actitud de los jóvenes hacia su abuelo?
3. ¿Crees que es clara la relación entre don Aurelio y los dos jóvenes? ¿Por qué?
4. ¿Por qué crees que Ramiro se quiere quedar en Palos Verdes?
5. En tu opinión, ¿por qué se titula el corto *Un pedazo de tierra*?
6. ¿Qué sensación te transmitió el corto? ¿Alegría, tristeza, soledad, esperanza? ¿Por qué?

3

Contextos En parejas, hablen de las citas. Expliquen la importancia que tienen dentro de la historia.

> ❝ Ándele, don Aurelio, déjese ir... déjese ir... ❞
>
> **IRENE**

> ❝ Si se nos va antes, pues lo dejamos acá y con la platita que nos dieron pues disfrutamos de las playas de California. ❞
>
> **RAMIRO**

> ❝ Mire, don Aurelio, Palos Verdes cambió. Ya no es territorio mexicano y su rancho ya no existe. Mírese usted en las fotos, no es igual. Ya nada es igual. ❞
>
> **AGUSTÍN**

> ❝ ¡Quién hubiera dicho que le arreglaría la tumba en cada cambio de estación! ❞
>
> **RAMIRO**

4

Futuro Expliquen qué ocurre al final del cortometraje y relaciónenlo con este fotograma. Después, imaginen cómo va a ser la vida de Ramiro y Julieta en el futuro.

5

Su país

A. En parejas, hablen sobre su país y anoten sus opiniones. Contesten las preguntas y agreguen todos los detalles que crean necesarios. Hablen también sobre otros aspectos que sean de su interés.

- ¿Qué características hacen que su país sea único en el mundo?
- ¿Cuáles son los aspectos positivos?
- ¿Cuáles son los aspectos negativos?
- ¿Hay diferencias culturales dentro del país?
- ¿En qué aspectos del país se puede apreciar la variedad de culturas y tradiciones?
- En su opinión, ¿qué cambios se podrían implementar para mejorar su país?
- ¿ ?

B. Ahora, compartan sus ideas con la clase. Inicien un debate.

6

Multiculturalismo En parejas, lean estas ideas opuestas sobre la diversidad cultural. Elijan una de las afirmaciones y defiéndanla. Escriban sus argumentos y después compartan su opinión con la clase.

- Es bueno separar los países y las culturas. Si se mezclan las culturas, terminan desapareciendo.
- Lo mejor es la mezcla de culturas. Siempre enriquece a todo el mundo.

 Practice more at **imagina.vhlcentral.com**.

IMAGINA ESPAÑA

Confluencia de civilizaciones

A través de los siglos, la ubicación estratégica de **España** la convirtió en territorio atractivo para todas las civilizaciones que buscaban ampliar sus dominios. Sus muchos kilómetros de costa están bañados por el **océano Atlántico** y el **mar Mediterráneo**. Su superficie ocupa la mayor parte de la **península Ibérica**, las **islas Baleares**, las **islas Canarias**, **Ceuta** y **Melilla**, ciudades que están en la costa africana. A estas tierras llegaron los celtas, los íberos, los romanos, los visigodos, los judíos y los moros del norte de **África**, entre otros, y todos ellos han dejado su huella[1] en la cultura española. Su legado[2] se encuentra en la arquitectura, el paisaje, las costumbres, las comidas y las celebraciones.

Un recorrido por sus ciudades y pueblos nos ofrece toda la magia de su patrimonio[3] histórico. De los romanos, quedan acueductos, puentes[4] y teatros. De los visigodos, quedan los arcos con forma de herradura[5] que desde la península pasaron a **Oriente**. De los ocho siglos que los moros estuvieron en la península, quedan monumentos arquitectónicos, como la **Alhambra** de **Granada** y la **Mezquita** de **Córdoba**. Los moros crearon además una nueva cultura a caballo[6] entre **Oriente** y **Occidente**, dejando una riquísima herencia, no sólo en las artes –imposible negar la influencia árabe en el flamenco–, sino también en las ciencias. El álgebra y sus conocimientos cartográficos, geográficos y astronómicos pasaron, a través de España, a formar parte de la cultura occidental.

Hoy día, el turismo es una de las bases de la economía del país. La gran oferta cultural y turística atrae anualmente a unos 45 millones de turistas a este país de sólo 46 millones de habitantes. Hay quienes siguen los pasos de **Hemingway**, que vio una España de toreros y de historias de amor y muerte. Otros buscan la diversión, fácil de encontrar en las fiestas que se ofrecen en toda la geografía y, claro está, en los bares que cierran a altas horas de la madrugada. Hay quienes quieren relajarse en la playa bajo el perenne sol de la costa mediterránea. Y no hay que olvidar a los que disfrutan de los extraordinarios museos que se encuentran en muchas ciudades, especialmente en **Barcelona** y **Madrid**.

España es el segundo país del mundo en número de monumentos declarados **Patrimonio de la Humanidad,** y en los últimos años se han aumentado las medidas para preservarlos. Los organismos oficiales están intentando promover una oferta más cultural que enseñe a los visitantes la realidad histórica del país. Pero independientemente de lo que busque el visitante, es imposible que no disfrute de la gran diversidad cultural de un país que ha sido por milenios uno de los centros culturales de **Europa**.

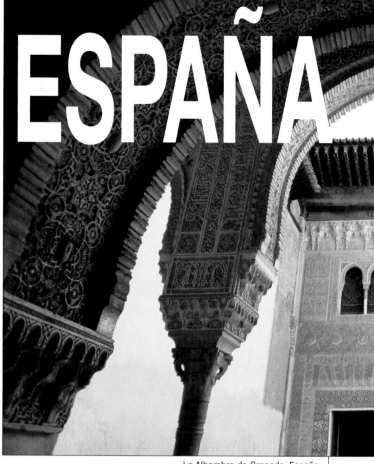

La Alhambra de Granada, España

Signos vitales

En **España** no sólo se habla español. Además de muchos dialectos, hay varias lenguas cooficiales: el **euskera**, de origen desconocido y que se habla en el **País Vasco**; el **gallego**, que se habla en **Galicia**, al norte de **Portugal**; y el **catalán**, que se habla en **Cataluña** y en otras comunidades autónomas.

[1] *mark* [2] *legacy* [3] *heritage* [4] *bridges* [5] *horseshoe* [6] **a...** *that bridged*

¡Visitemos España!

Antoni Gaudí Mezclados, a veces escondidos[1], a veces dominando la ciudad, en **Barcelona** se hallan[2] los edificios

más bellos del modernismo europeo. Enamoran por igual a los expertos en arquitectura y al paseante[3] menos entendido en la materia. Su creador fue el arquitecto catalán **Antoni Gaudí** (1852–1926), quien fue enterrado con grandes honores entre los muros[4] de su obra maestra: **la Sagrada Familia**.

Las cuevas de Sacromonte
Hay en **Granada**, ciudad del sur español, una montaña llena de cuevas[5] en las que los gitanos[6],

siglo tras siglo, establecieron sus viviendas. Allí pervivió[7] la tradición de las **zambras**, del árabe *zámra*, que significa *celebración espontánea de música y baile*. Hoy en día, **las cuevas de Sacromonte** ofrecen espectáculos gitanos de flamenco que los amantes de este estilo musical y los curiosos no pueden perderse.

Ibiza Situada en el **Mediterráneo**, **Ibiza** es una de las cinco **islas Baleares**. Antiguo paraíso *hippy*, es uno de los

sitios donde todavía persiste la costumbre de la vida relajada. La capital, también llamada **Ibiza**, está construida en una montaña y sus barrios de la **Penya** y de la **Bomba** no decepcionan a nadie que busque un poco de color en su vida nocturna.

El español de España

chaval/a	niño/a; *kid*
colega	amigo/a; *buddy, pal*
currar	trabajar; *to work (slang)*
jersey	suéter; *sweater*
lavabo	baño; *bathroom*
majo/a	guapo/a; simpático/a; *good-looking; friendly*
móvil	teléfono celular; *cell phone*
ordenador	computadora; *computer*
patatas	papas; *potatoes*
piso	apartamento; *apartment*
tío/a	chico/a; *guy*

Expresiones

¡Vale!	¡De acuerdo!; *OK!*
¡Venga!	¡Vamos!; ¡De acuerdo!; *Come on!; OK!*

Palabras españolas de origen árabe

aceite *cooking oil;* **aceituna** *olive;* **ajedrez** *chess;* **albañil** *mason;* **albaricoque** *apricot;* **alcachofa** *artichoke;* **alcalde** *mayor;* **alcoba** *bedroom;* **alfombra** *carpet;* **almacén** *store;* **almohada** *pillow;* **alquiler** *rent;* **limón** *lemon;* **naranja** *orange*

Museo del Prado Conocido como uno de los mejores museos de arte del mundo, el **Museo del Prado** en **Madrid**

es también uno de los más grandes. Tiene fama mundial por su amplia colección de pinturas, que contiene alrededor de 8.600 obras. El museo aloja[8] obras de artistas como **El Greco**, **Goya** y **Rembrandt**, pero, sin duda, la obra más famosa del museo es *Las Meninas* de **Velázquez**.

[1] *hidden* [2] *are found* [3] *visitor* [4] *walls* [5] *caves* [6] *gypsies* [7] *survived* [8] *houses*

GALERÍA DE CREADORES

ARQUITECTURA **Santiago Calatrava**

Santiago Calatrava es el arquitecto español más reconocido actualmente a nivel internacional. Nació en Valencia, donde terminó la carrera de arquitectura, y en 1981 se doctoró en ingeniería civil en Zurich. Allí estableció su estudio y empezó a trabajar por toda Europa en proyectos que combinan la arquitectura y la ingeniería. El color blanco está presente en todas sus creaciones, las cuales imitan no sólo el ojo humano, un par de manos, un árbol, una columna vertebral, sino también sus movimientos. Algunas de sus grandes obras incluyen el Puente James Joyce en Dublín, Irlanda; el Auditorio de Tenerife, España; y *Turning Torso* en Malmo, Suecia. En la imagen podemos apreciar el Hemisférico (izquierda) y el Palacio de las Artes Reina Sofía (derecha), en Valencia, España.

CINE **Isabel Coixet**

Isabel Coixet es una directora de cine española que afirma ganarse la vida no con el cine, sino con la publicidad. Nació en Barcelona en 1962, pero, a pesar de su nacionalidad, prefiere escribir sus guiones en inglés y rodar fuera de España. Algunas de sus películas son *Demasiado viejo para morir joven* (1989), *Cosas que nunca te dije* (1996), *Mi vida sin mí* (2003) y *La vida secreta de las palabras* (2005). En 2008 dirigió *Elegía*, basada en la novela *The Dying Animal* de Philip Roth, con un elenco estelar que incluye a Penélope Cruz y Ben Kingsley.

GASTRONOMÍA **Ferran Adrià**
Ferran Adrià es el dueño y jefe de cocina del famoso restaurante de Girona, El Bulli, y el máximo responsable de su abrumador (*overwhelming*) éxito dentro y fuera de España. *El País, Le Monde, The Times* y *The New York Times* dedican portadas y extensos artículos a este pionero de un nuevo arte. Comer en El Bulli es una experiencia lujosa, sofisticada y memorable. Para vivirla es necesario hacer una reserva con más de un año de antelación. Los treinta platos de los que consta el menú son una combinación de texturas, temperaturas y sabores. Sin duda, la creatividad de este innovador supera la imaginación de las mentes más desbocadas (*unbridled*). Los expertos coinciden en llamarle el Dalí de la cocina española.

LITERATURA **Ana María Matute**
Ana María Matute tenía diez años cuando estalló (*broke out*) la Guerra Civil Española en 1936, y para escapar de la realidad escribió una revista, *Shibyl*. Desde entonces, ha escrito muchas novelas, cuentos y obras juveniles, en los que están presentes los problemas de la infancia y la adolescencia. A pesar de escribir durante el franquismo, no dudó en criticar, sutilmente, la violencia y la hipocresía de la España de la época. Con la colección de cuentos *Los hijos muertos* (1958) ganó el Premio Nacional de Literatura. Sus novelas recientes *Olvidado Rey Gudú* (1996) y *Aranmanoth* (2001) se sitúan en el período medieval. Desde 1998, es miembro de la Real Academia Española y en 2007 recibió el Premio Nacional de las Letras Españolas.

CONEXIÓN INTERNET
En imagina.vhlcentral.com encontrarás más información y actividades relacionadas con esta sección.

¿Qué aprendiste?

Cierto o falso Indica si estas afirmaciones son ciertas o falsas. Corrige las falsas.

1. Ceuta y Melilla están en la costa española.

2. Los visigodos estuvieron en la península Ibérica por ocho siglos.

3. El euskera se habla en el País Vasco.

4. El arquitecto Antoni Gaudí está enterrado en la Sagrada Familia.

5. Ibiza es una isla mediterránea.

6. El Museo del Prado está en Barcelona.

Preguntas Contesta las preguntas.

1. ¿Qué construyeron los romanos en España?

2. ¿Cuántos turistas visitan España cada año?

3. ¿Qué conocimientos científicos trajeron los moros a España?

4. ¿Quiénes establecieron sus viviendas en las cuevas de Sacromonte?

5. ¿Dónde están los barrios de la Penya y de la Bomba?

6. ¿Qué artista de la galería te interesa más? ¿Por qué?

PROYECTO

La arquitectura de España

Imagina que eres un(a) arquitecto/a famoso/a y tienes un contrato para construir un edificio nuevo e importante en España. Investiga toda la información que necesites en Internet. Después organiza tu tarea de la siguiente manera:

- Recopila fotos de diferentes edificios y estructuras importantes en varios lugares de España.

- Busca un mapa de España, o dibuja uno, e indica dónde están estas estructuras.

- Presenta esta información a tus compañeros/as de clase y prepara un bosquejo de tu propio edificio, incorporando varias características de las estructuras que has encontrado.

MINIPRUEBA

Completa las oraciones con la información correcta y demuestra lo que aprendiste sobre España.

1. Las estructuras de arcos en forma de herradura fueron introducidas en España por los _____.
   a. romanos   b. visigodos   c. moros

2. La Alhambra y la Mezquita son dos perfectos ejemplos de la _____ árabe.
   a. astronomía   b. pintura   c. arquitectura

3. Los españoles dicen _____ como sinónimo de *trabajar*.
   a. majo   b. ordenar   c. currar

4. El _____ es un estilo de música con influencias árabes.
   a. flamenco   b. euskera   c. gitano

5. España es el país número _____ en el mundo en número de monumentos que forman parte del Patrimonio de la Humanidad.
   a. uno   b. dos   c. tres

6. El _____ se habla en la región que se encuentra al norte de Portugal.
   a. gallego   b. catalán   c. portugués

7. La ciudad de _____ tiene edificios que son magníficos ejemplos del modernismo europeo.
   a. Madrid   b. Granada   c. Barcelona

8. _____ es una palabra árabe que significa *fiesta*.
   a. Ajedrez   b. Zambra   c. Alacena

9. Los españoles comen _____ y navegan por Internet en _____.
   a. majos; ordenadores   b. patatas; colegas
   c. patatas; ordenadores

10. La obra maestra del arquitecto Antoni Gaudí es _____.
    a. la Alhambra   b. la Sagrada Familia
    c. la Mezquita de Córdoba

11. La capital de Ibiza se llama _____.
    a. Baleares   b. Ibiza   c. Penya

12. Las islas _____ se encuentran en el Mediterráneo y son parte del territorio español.
    a. Baleares   b. Sacromonte   c. Canarias

13. En el Museo del Prado, se encuentra *Las Meninas* de _____.
    a. Goya   b. Velázquez   c. Picasso

En pantalla (S) Video: TV Clip

Vocabulario

acertar (e:ie) *to be right*
avispado/a *sharp*
el comodín *wild card*
dar *to press*

forrarse (de dinero) *to make a mint*
inflar *to blow up*
la panza *belly*

Muchas veces el éxito de un programa de concursos televisivo en los Estados Unidos da origen a versiones locales en otros países. Sin embargo, ¿sabías que en ocasiones ha ocurrido lo opuesto? *Gran hermano* comenzó a transmitirse en los Países Bajos tres años antes que en los Estados Unidos, e incluso la versión española es unos meses más antigua que la estadounidense. *¿Quién quiere ser millonario?* tuvo su origen en Inglaterra y es la franquicia de programas de concursos más exitosa del mundo: ¡se han hecho versiones en más de cien países!

Conexión personal A veces, incluso las personas que hablan el mismo idioma tienen problemas para comunicarse. ¿Qué acento tienes al hablar inglés? ¿Qué tipos de acentos del inglés conoces? ¿Y acentos del español? ¿Alguna vez te costó entender a alguien o que te entendieran debido a diferencias entre acentos?

Comprensión Indica si lo que dice cada una de estas oraciones es cierto o falso. Si es falso, escribe la información correcta.

1. El presentador es de Canarias.

2. El concursante recién empieza a participar.

3. La primera pregunta es sobre el abecedario.

4. El concursante pide el comodín del 50 por ciento.

5. El presentador finalmente le entrega el dinero al concursante.

Expansión En grupos de tres, creen su propio programa de concursos. Después, creen un anuncio del concurso y preséntenlo ante la clase.

- Den un nombre al programa. Describan el formato, las reglas, el número de participantes, etc.

- Elijan algún personaje conocido como presentador(a), o inventen uno. Digan cómo se viste, cómo conduce el programa y trata a los concursantes, etc.

- Elijan premios y castigos para cada respuesta correcta o incorrecta.

- Diseñen la escenografía del estudio de televisión.

¿Quién quiere ser millonario?

Continuamos con nuestro siguiente concursante, al que recibimos con un fuertísimo aplauso.

Vas a tener la oportunidad de forrarte, si eres un poco avispado.

Si usted me dice que yo dé a la D...

Nota CULTURAL

En España existen diversos acentos. Los andaluces o los canarios, por ejemplo, pronuncian el español de forma muy diferente que los madrileños. Estas diferencias pueden llevar a situaciones cómicas y de ambigüedad entre los hablantes, como se puede observar en el video. En algunas zonas de España, al igual que en Latinoamérica, la **s**, la **c** (seguida de **e** o **i**) y la **z** se pronuncian igual. Por lo tanto, la oración **"Manuel se va de casa"** dicha por un andaluz podría confundirse con **Manuel se va de caza** *(Manuel is going hunting).*

 Practice more at **imagina.vhlcentral.com.**

10.1

The passive voice

*El abuelo había nacido en Palos
Verdes, donde, según él, **fue
llevado por el mismísimo Pancho
Villa** a pelear por la revolución.*

TALLER DE CONSULTA

The following grammar topic
is covered in the **Manual de
gramática, Lección 10.**

10.4 *Pero* vs. *sino,* **p. 410**

Passive statements may also be
expressed with the passive **se**.
See **7.3, p. 254.**

To review irregular past
participles, see **7.1, p. 249.**

- In the active voice (**la voz activa**), a person or thing (agent) performs an action on an object (recipient). The agent is emphasized as the subject of the sentence. Statements in the active voice usually follow the pattern [*agent*] + [*verb*] + [*recipient*].

AGENT = SUBJECT	VERB	RECIPIENT
El policía	**vigila**	**la frontera.**
The police officer	*guards*	*the border.*
El departamento de inmigración	**ha detenido**	**a diez personas.**
The department of immigration	*has detained*	*ten people.*

- In the passive voice (**la voz pasiva**), the recipient of the action becomes the subject of the sentence. Passive statements emphasize the thing that was done or the person that was acted upon. They follow the pattern [*recipient*] + **ser** + [*past participle*] + **por** + [*agent*].

RECIPIENT = SUBJECT	SER + PAST PARTICIPLE	POR + AGENT
La frontera	**es vigilada**	**por el policía.**
The border	*is guarded*	*by the police officer.*
Diez personas	**han sido detenidas**	**por el departamento de inmigración.**
Ten people	*have been detained*	*by the department of immigration.*

- Note that singular forms of **ser** (**es, ha sido, fue,** etc.) are used with singular recipients, and plural forms (**son, han sido, fueron,** etc.) are used with plural recipients.

  La manifestación **es organizada** por un grupo de activistas.
  The demonstration is organized by a group of activists.

  Los dos candidatos **fueron rechazados** por el comité.
  The two candidates were rejected by the committee.

- In addition, the past participle must agree in number and gender with the recipient(s).

  La **disminución** de empleos fue **prevista** por el Secretario de Economía.
  The decline in jobs was predicted by the Treasury Secretary.

  Los **problemas** han sido **resueltos** por el jefe.
  The problems have been resolved by the boss.

- Note that **por** + [*agent*] may be omitted if the agent is unknown or not specified.

  Las metas fueron alcanzadas.
  The goals were reached.

  El maltrato no ha sido eliminado.
  Abuse has not been eradicated.

Práctica y comunicación

1 **Cambio de país** Completa las oraciones en voz pasiva con la forma adecuada del participio pasado.

1. Una fiesta fue _____ (organizar) por sus familiares para despedir a la familia Villar.

2. En el aeropuerto, sus pasaportes y visas fueron _____ (revisar) por los agentes de aduana.

3. Su equipaje fue _____ (examinar) antes de subir al avión.

4. Ya en los Estados Unidos, los jóvenes de la familia fueron _____ (admitir) en las escuelas de la comunidad.

5. Los hijos de los Villar ya no son _____ (considerar) extranjeros.

6. Cuando volvieron a visitar Argentina, los Villar fueron _____ (recibir) en el aeropuerto por todos sus familiares.

2 **El artículo** Lee las notas que tomó una periodista sobre un caso de robo y escribe el artículo utilizando la voz pasiva.

Notas sobre el caso

- *Hace 25 años:*
  asaltaron el Museo de Bellas Artes
  robaron seis cuadros muy famosos, destruyeron varios
  marcos antiguos en un pasillo, dañaron una estatua,
  golpearon a los dos guardias de seguridad, lastimaron
  con una navaja al cuidador
- *El mes pasado:*
  un detective descubrió los seis cuadros en París
  dos meses antes, un empresario de Taiwán los vendió
  a una galería francesa
- *Ayer:*
  la policía allanó (raided) las propiedades del empresario
  en Taipéi, encontró las otras obras de arte robadas,
  no atrapó al sospechoso
- *Ahora:*
  la aseguradora del museo investiga pistas de los
  posibles ladrones.
  Ella afirma: "considerarán el robo resuelto cuando
  atrapen a los culpables"

3 **Titulares** En grupos, elijan uno de los siguientes titulares y escriban un breve artículo para el periódico de su universidad. Utilizando la voz pasiva y las palabras de la lista, expliquen dónde y cómo fue el evento, quiénes participaron y qué consecuencias tuvo.

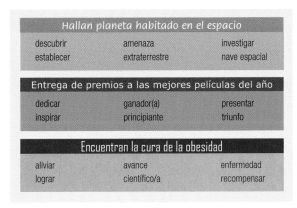

Hallan planeta habitado en el espacio		
descubrir	amenaza	investigar
establecer	extraterrestre	nave espacial

Entrega de premios a las mejores películas del año		
dedicar	ganador(a)	presentar
inspirar	principiante	triunfo

Encuentran la cura de la obesidad		
aliviar	avance	enfermedad
lograr	científico/a	recompensar

 Practice more at **imagina.vhlcentral.com**.

10.2

Negative and affirmative expressions

TALLER DE CONSULTA

Pero and **sino** are also used to express contradictions. See **Manual de gramática, 10.4, p. 410.**

—*No puedo reconocer **ninguno** de los lugares que veo en estas fotos.*

● Negative words (**palabras negativas**) deny something's existence or contradict statements.

Affirmative words	Negative words
algo *something; anything*	**nada** *nothing; not anything*
alguien *someone; somebody; anyone*	**nadie** *no one; nobody; not anyone*
alguno/a(s), algún *some; any*	**ninguno/a, ningún** *no; none; not any*
o. . . o *either. . . or*	**ni. . . ni** *neither. . . nor*
siempre *always*	**nunca, jamás** *never; not ever*
también *also; too*	**tampoco** *neither; not either*

¿Dejaste **algo** en la mesa?
Did you leave something on the table?

No, no dejé **nada**.
No, I didn't leave anything.

Siempre he tratado de mantener el diálogo con ustedes.
I have always tried to maintain a dialogue with you.

¡Mentira! Usted **no** ha hecho **ningún** esfuerzo.
That's a lie! You have not made any effort.

● In Spanish, double negatives are perfectly acceptable. Most negative statements use the pattern **no** + [*verb*] + [*negative word*]. When the negative word precedes the verb, **no** is omitted.

No lo extraño **nunca**.
I never miss him.

Nunca lo extraño.
I never miss him.

Su opinión **no** le importa a **nadie**.
His opinion doesn't matter to anyone.

A **nadie** le importa su opinión.
Nobody cares about his opinion.

● Once one negative word appears in an English sentence, no other negative word may be used. In Spanish, however, once a negative word is used, all other elements must be expressed in the negative, if possible.

No le digas **nada** a **nadie**.
Don't say anything to anyone.

No quiero **ni** pasta **ni** pizza.
I don't want pasta or pizza.

- The personal **a** is used before negative and affirmative words that refer to people when they are the direct object of the verb.

> **Nadie** me comprende. ¿Por qué será?
> *No one understands me. Why is that?*

> Porque tú no comprendes **a nadie**.
> *Because you don't understand anybody.*

> **Algunos** profesores de economía defienden la globalización.
> *Some economics professors defend globalization.*

> Pues, yo no conozco **a ninguno** que la defienda.
> *Well, I don't know any who defends it.*

- Before a masculine, singular noun, **alguno** and **ninguno** are shortened to **algún** and **ningún.**

> ¿Han sufrido **algún** daño?
> *Have they suffered any harm?*

> No hemos comprado **ningún** artículo de lujo últimamente.
> *We haven't bought any luxury items lately.*

- **Tampoco** means *neither* or *not either.* It is the opposite of **también.**

> ¿No quieren hacer un esfuerzo para solucionar la crisis? Pues yo **tampoco.**
> *They don't want to make an effort to resolve the crisis? Well, I don't either.*

> Mi hermano es muy idealista, y yo **también.**
> *My brother is very idealistic, and so am I.*

- The conjunction **o. . . o** (*either. . . or*) is used when there is a choice to be made between two options. **Ni. . . ni** (*neither. . . nor*) is used to negate both options.

> Debo hablar **o** con el gerente **o** con la dueña.
> *I have to speak with either the manager or the owner.*

> No me interesa **ni** la política **ni** la economía.
> *I am interested neither in politics nor in economics.*

- The conjunction **ni siquiera** (*not even*) is used to add emphasis.

> **Ni siquiera** se despidieron antes de salir.
> *They didn't even say goodbye before they left.*

> Nada pudo lograr que se solucionara el conflicto, **ni siquiera** la visita del ministro.
> *Nothing could lead them to settle the conflict, not even the visit from the minister.*

*—Palos Verdes **ni siquiera** es territorio mexicano y su rancho ya no existe, desapareció.*

¡ATENCIÓN!

Cualquiera can be used to mean *any, anyone, whoever, whatever* or *whichever.* When used before a singular noun (masculine or feminine), the **–a** is dropped.

Cualquiera haría lo mismo.
Anyone would do the same.

Llegarán en cualquier momento.
They will arrive at any moment.

¡ATENCIÓN!

In the conjunction **o... o**, the first **o** can be omitted.

Debo hablar con el gerente o con la dueña.

In the conjunction **ni... ni**, the first **ni** can be omitted when it comes after the verb.

No me interesa la política ni la economía.

However, when the first **ni** goes before the verb, **no...ni** can be used instead of **ni...ni.**

La inmigración no/ni ha subido ni ha bajado.

Práctica

1

Completar Ana acaba de regresar de un viaje a Madrid. Completa su conversación con Pablo usando expresiones negativas y afirmativas. Ten en cuenta que vas a usar una de ellas dos veces.

alguna	ni... ni	nunca	también
nadie	ningún	o... o	tampoco

ANA Pablo, ¿(1) _____ vez has probado las tapas españolas?

PABLO No, (2) _____ he probado la comida española.

ANA ¿De veras? ¿No has probado (3) _____ la tortilla de patata (4) _____ la paella?

PABLO No, no he comido (5) _____ plato español. (6) _____ conozco los ingredientes típicos de la cocina española.

ANA Entonces tenemos que salir a comer. ¿Conoces el Café Toro?

PABLO No, no conozco (7) _____ restaurante con ese nombre.

ANA (8) _____ lo conoce. Es nuevo, pero es muy bueno. A mí me viene bien que vayamos (9) _____ el lunes (10) _____ el jueves que viene.

PABLO El jueves (11) _____ me viene bien.

Nota CULTURAL

Las **tapas**, pequeñas porciones de comida que se sirven como aperitivo, son un plato típico de la cocina española. Existen varias versiones sobre su origen. Una de las más famosas cuenta que se originaron en la **Edad Media**, cuando, por una orden real, se obligó a los bares a servir el vino acompañado de comida. Hoy día, las tapas son un plato de fama internacional. Las más comunes son las de **aceitunas** (*olives*), **queso**, **jamón serrano**, **chorizo** y **mariscos** (*shellfish*).

2

Viajar Imagina que eres un(a) viajero/a un poco especial y estás hablando de lo que no te gusta hacer en los viajes. Transforma las oraciones afirmativas en negativas usando las expresiones negativas correspondientes. Sigue el modelo.

Modelo Siempre como la comida del país.
Nunca como la comida del país.

1. Cuando voy de viaje, siempre compro algunos regalos típicos.
2. A mí también me gusta visitar todos los lugares turísticos.
3. Yo siempre hablo el idioma del país con todo el mundo.
4. Normalmente, o alquilo un carro o alquilo una motocicleta.
5. Siempre intento visitar a algún conocido de mi familia.
6. Cada vez que visito un lugar nuevo, siempre hago algunos amigos.

3

La fiesta En parejas, imaginen que están en una fiesta, pero sólo escuchan parte de lo que la gente conversa. Escriban respuestas a estas oraciones, usando las expresiones indicadas.

1. —Podrías visitar a la abuela mañana, ¿no? (ni... ni)
2. —Sé que le mentiste al profesor sobre el examen. (jamás)
3. —¿Qué ocurrió con el dinero que faltaba? (nadie... nada)
4. —Ella decidió visitar el lugar del accidente. (nunca)
5. —No creo que despidan a otro empleado esta semana. (tampoco)
6. —¿Me das una tapa de jamón? (ninguno/a)

 Practice more at **imagina.vhlcentral.com**.

Comunicación

4 **Opiniones** En grupos de cuatro, hablen sobre estas opiniones. Cada miembro del equipo da su opinión y el resto responde diciendo si está de acuerdo o no. Usen expresiones negativas y afirmativas.

- Cada persona debe quedarse a vivir en su propio país.

- Los inmigrantes benefician la economía del país.

- La sociedad es responsable de integrar a los nuevos inmigrantes.

- Los inmigrantes deben aprender el idioma del país y no deben hablar su propio idioma nunca.

- Es responsabilidad de los gobiernos proporcionar los recursos justos y necesarios para que sus ciudadanos no se vean obligados a emigrar.

- Todo el mundo debería ser libre de vivir y trabajar donde quisiera.

- Nada es más difícil que vivir en un país extranjero por obligación.

- El inmigrante siempre piensa en regresar algún día a su patria.

- Nunca se puede decir: "jamás viviría en otro país", porque nunca se sabe.

5 **Escena**

A. En grupos de tres, escriban una conversación entre un(a) hijo/a adolescente y sus padres usando expresiones negativas y afirmativas.

Modelo   **HIJA** ¿Por qué siempre desconfían de mí?
No me gusta que nunca crean lo que les digo.
No soy ninguna mentirosa y mis amigos tampoco lo son.
No tienen ninguna razón para preocuparse.

  MAMÁ Sí, hija, muy bien, pero recuerda que...

  HIJA Por última vez, ¿puedo ir...?

  PAPÁ ...

B. Ahora, representen la conversación que escribieron ante la clase.

10.3

Summary of the indicative and the subjunctive

The indicative

TALLER DE CONSULTA

To review indicative verb forms, see:

Present 1.1, pp. 18–19	**Present perfect** 7.1, pp. 248–249
Preterite 2.1, pp. 56–57	**Past perfect** 8.1, p. 284
Imperfect 2.2, pp. 60–61	**Future perfect** 9.1, p. 318
Future 5.1, pp. 172–173	**Conditional perfect** 9.2, p. 320
Conditional 5.2, pp. 176–177	

—*Don Aurelio, Palos Verdes* **cambió**. *Ya no* **es** *territorio mexicano y su rancho ya no* **existe**. *Ya nada* **es** *igual.*

● This chart shows when each of the indicative verb tenses is typically used.

PRESENT	*timeless events:*	La gente **quiere** vivir en paz.
	habitual events that still occur:	Mi madre **sale** del trabajo a las cinco.
	events happening right now:	Ellos **están** enojados.
	future events expected to happen:	Te **llamo** este fin de semana.
PRETERITE	*actions or states beginning/ending at a definite point in the past:*	Ayer **firmamos** el contrato.
IMPERFECT	*past events without focus on beginning, end, or completeness:*	Yo **leía** mientras ella **estudiaba.**
	habitual past actions:	Ana siempre **iba** al mismo restaurante.
	mental, physical, and emotional states:	Mi abuelo **era** alto y fuerte.
FUTURE	*future events:*	**Iré** a Madrid en dos semanas.
	probability about the present:	¿**Estará** en su oficina ahora?
CONDITIONAL	*what would happen:*	Él **lucharía** por sus ideales.
	future events in past tense narration:	Me dijo que lo **haría** él mismo.
	conjecture about the past:	¿Qué hora **sería** cuando regresaron?
PRESENT PERFECT	*what has occurred:*	**Han cruzado** la frontera.
PAST PERFECT	*what had occurred:*	Lo **habían hablado** hacía tiempo.
FUTURE PERFECT	*what will have occurred:*	Para la próxima semana, ya **se habrá estrenado** la película.
CONDITIONAL PERFECT	*what would have occurred:*	Juan **habría sido** un gran atleta.

The subjunctive

*—Quiero que **me entierren**
en Palos Verdes.*

TALLER DE CONSULTA

To review subjunctive verb
forms, see:

**Present subjunctive
3.1, pp. 94–96**

**Past subjunctive
6.2, pp. 214–215**

**Present perfect subjunctive
7.2, p. 252**

**Past perfect subjunctive
8.2, p. 286**

To review commands, see
3.3, pp. 104–105

- The subjunctive is used mainly in multiple clause sentences. This chart explains when each of the subjunctive verb tenses is appropriate.

PRESENT	*main clause is in the present:*	Quiero que **hagas** un esfuerzo.
	main clause is in the future:	Ganará las elecciones a menos que **cometa** algún error.
PAST	*main clause is in the past:*	Esperaba que **vinieras.**
	hypothetical statements about the present:	Si **tuviéramos** boletos, iríamos al concierto.
PRESENT PERFECT	*main clause is in the present while subordinate clause is in the past:*	¡Es imposible que te **hayan despedido** de tu trabajo!
PAST PERFECT	*main clause is in the past and subordinate clause refers to earlier event:*	Me molestó que mi madre me **hubiera despertado** tan temprano.
	hypothetical statements about the past:	Si me **hubieras llamado,** habría salido contigo anoche.

Present subjunctive

Es necesario que **hagamos** un esfuerzo
para superarnos.
*It's necessary that we make an effort
to better ourselves.*

Past subjunctive

Yo no creía que **rechazaran** el plan.

*I didn't believe that they would reject
the plan.*

Past perfect subjunctive

Tú nunca **hubieras alcanzado**
tus sueños sin su apoyo.
*You never would have fulfilled your
dreams without his support.*

Present perfect subjunctive

La asimilación de los inmigrantes depende
de los idiomas que **hayan estudiado**.
*The assimilation of immigrants depends
on the languages they may have studied.*

The subjunctive vs. the indicative

- This chart contrasts the uses of the subjunctive with those of the indicative (or infinitive).

TALLER DE CONSULTA

To review the uses of the subjunctive, see:

Subjunctive in noun clauses 3.1, pp. 94–96

Subjunctive in adjective clauses 4.1, pp. 134–135

Subjunctive in adverbial clauses 6.1, pp. 210–211

Si clauses 9.3, pp. 322–323

¡ATENCIÓN!

Ojalá (que) is always followed by the subjunctive.

Ojalá (que) se mejore pronto.

Impersonal expressions of will, emotion, or uncertainty are followed by the subjunctive unless there is no change of subject.

Es terrible que tú fumes.

Es terrible fumar.

Subjunctive	Indicative (or infinitive)
after expressions of will and influence when there are two different subjects: Quieren que **vuelvas** temprano.	*after expressions of will and influence when there is only one subject (infinitive):* Quieren **volver** temprano.
after expressions of emotion when there are two different subjects: La profesora tenía miedo de que sus estudiantes no **aprobaran** el examen.	*after expressions of emotion when there is only one subject (infinitive):* Los estudiantes tenían miedo de no **aprobar** el examen.
after expressions of doubt, disbelief, or denial when there are two different subjects: Es imposible que Beto **haya salido** por esa puerta.	*after expressions of doubt, disbelief, or denial when there is only one subject (infinitive):* Es imposible **salir** por esa puerta; siempre está cerrada.
when the person or thing in the main clause is uncertain or indefinite: Buscan un empleado que **haya estudiado** administración de empresas.	*when the person or thing in the main clause is certain or definite (indicative):* Contrataron a un empleado que **estudió** administración de empresas.
after a menos que, antes (de) que, con tal (de) que, en caso (de) que, para que, and sin que when there are two different subjects: El abogado hizo todo lo posible para que su cliente no **fuera** a la cárcel.	*after a menos de, antes de, con tal de, en caso de, para, and sin when there is no change in subject (infinitive):* El abogado hizo todo lo posible para **defender** a su cliente.
after the conjunctions cuando, después (de) que, en cuanto, hasta que, and tan pronto como when they refer to future actions: Compraré otro teléfono celular cuando me **ofrezcan** un plan adecuado a mis necesidades.	*after the conjunctions cuando, después (de) que, en cuanto, hasta que, and tan pronto como when they do not refer to future actions (indicative):* Compré otro teléfono celular cuando me **ofrecieron** un plan adecuado a mis necesidades.
after si in hypothetical or contrary-to-fact statements about the present: Si **tuviera** tiempo, iría al cine.	*after si in hypothetical statements about possible or probable future events (indicative):* Si **tengo** tiempo, iré al cine.
after si in hypothetical or contrary-to-fact statements about the past: Si **hubiera tenido** tiempo, habría ido al cine.	*after si in statements that express habitual past actions (indicative):* Si **tenía** tiempo, siempre iba al cine.

Práctica

1

La futura Reina Elige la forma correcta de cada verbo para completar el párrafo sobre la vida de Letizia Ortiz.

Letizia Ortiz (1) _____ (nacía/nació) en 1972, en Oviedo. (2) _____ (Estudió/Estudiaba) periodismo en la Universidad Complutense de Madrid. Desde que (3) _____ (terminaba/terminó), (4) _____ (ha tenido/tiene) varios puestos importantes. Cuando Letizia y Felipe (5) _____ (se conocían/se conocieron), ella (6) _____ (trabajó/trabajaba) como periodista de TVE y por aquella época (7) _____ (era/fue) una de las figuras del canal. Desde hace unos días, Letizia y Felipe (8) _____ (estarán/están) en México y (9) _____ (anunciaban/han anunciado) que (10) _____ (viajan/viajarán) a otros países de Latinoamérica en el futuro como representantes de la Corona española.

2

Completar Completa las oraciones usando el verbo en subjuntivo o en indicativo.

1. Quiero que se _____ (terminar) los problemas con los inmigrantes.

2. Me gustaría que mis hijos _____ (tener) más tiempo para leer los diarios que escribió mi abuelo al emigrar.

3. El profesor me recomendó que yo _____ (preservar) mi herencia cultural.

4. Me molestaba que ella _____ (hablar) de esa manera sobre los inmigrantes.

5. Mi abuela hizo todo lo posible para que todos nosotros _____ (visitar) su país de origen.

6. Cada día _____ (llegar) al país muchos nuevos inmigrantes llenos de sueños.

7. La situación _____ (cambiar) en los últimos años porque los españoles ya no emigran tanto como en el pasado.

8. Te aconsejo que _____ (estudiar) la historia de la inmigración de tu país; es un tema muy interesante.

3

Pensamientos En parejas, escriban oraciones sobre lo que pensaban hace diez años y lo que piensan en la actualidad. Usen las diferentes formas del subjuntivo, del indicativo y del infinitivo, y las palabras y expresiones de la lista. Sean creativos/as.

Modelo Era una lástima que a mis padres no les gustara mi música.

buscar	es/era imposible	matrimonio	salir
comprar	es/era una lástima	ojalá	televisión
desear	humanidad	playa	tener miedo
dudar	matemáticas	querer	viajar

Nota
CULTURAL

Letizia Ortiz Rocasolano, conocida hoy día como la futura **Reina de España**, nació en **Oviedo** el 15 de septiembre de 1972. Periodista de profesión, empezó a formar parte de la aristocracia al contraer matrimonio con el **príncipe Felipe de Borbón**. Debido a la incompatibilidad de los puestos, tras la boda tuvo que abandonar su carrera profesional para ocuparse de las tareas que le exige su nuevo rango en la realeza española.

4 **Estudios** Juliana ha llegado a España con la intención de estudiar allí.

A. Escribe oraciones siguiendo el modelo para hablar de sus planes. Usa el subjuntivo cuando sea necesario.

> Modelo   **tan pronto como / tener dinero**
> Va a estudiar en la universidad tan pronto como tenga dinero.

1. con tal (de) que / estudiar psicología
2. en cuanto / tomar los exámenes de ingreso
3. cuando / encontrar un apartamento cerca de la universidad
4. hasta / terminar sus estudios
5. para / encontrar un buen trabajo en el futuro

B. Ahora, en parejas, utilicen las oraciones que han formado para escribir un diálogo entre Juliana y su madre. Juliana le explica cuáles son sus planes.

Sí, mamá, voy a estudiar en la universidad tan pronto como tenga dinero.

5 **El bisabuelo** En parejas, imaginen que su bisabuelo, de origen mexicano, emigró a España en 1890. Escriban una hoja de su diario contando cómo fue su llegada a ese país. Usen el indicativo o el subjuntivo y algunas de las palabras de la lista.

amigo/a	carpintero	esperanza	puerto (*harbor*)
anuncio	cartas	esposa	tormenta
barco	casa	familiares	trabajo
caballo	dinero	hijo/a	viento

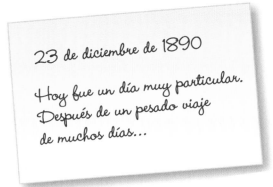

23 de diciembre de 1890

Hoy fue un día muy particular. Después de un pesado viaje de muchos días...

 Practice more at **imagina.vhlcentral.com**.

Comunicación

6 ¿Quién es? En parejas, escojan una persona famosa. Escriban una lista de los acontecimientos de su vida (pasados, presentes y los que puedan ocurrir en el futuro). Cuando hayan terminado, lean en voz alta la lista de los acontecimientos. El resto de la clase tendrá que adivinar de quién se trata.

7 Los cincuenta Mañana Manuel va a cumplir 50 años. Por ello, Manuel ha estado pensando en todo lo que le hubiera gustado hacer pero que nunca hizo. En parejas, miren el dibujo y hablen sobre lo que habría hecho Manuel si hubiera podido. Luego inventen tres cosas que hizo, pero de las que se arrepiente (*regrets*).

8 Tu vida Primero, completa el cuadro con algunos acontecimientos de tu vida y con los planes que tienes para el futuro. Luego, cuéntale a un(a) compañero/a los eventos de tu vida y tus planes.

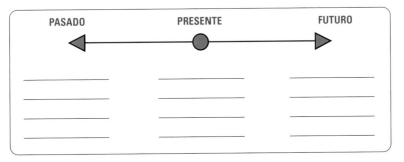

9 Cuando se acabe IMAGINA Se acerca el final de este libro de español. En grupos de cuatro, hablen sobre sus deseos, esperanzas y planes relacionados con el español que han aprendido. Usen el **presente**, el **futuro**, el **condicional** y el **subjuntivo**, según sea necesario.

Modelo   Me gustaría encontrar un trabajo en el que pudiera hablar español. /
               Quiero pasar seis meses en un país donde se hable español.

Síntesis

¡El español avanza a pasos de gigante!

A pesar de que se esperaba que las generaciones de hispanos nacidas en los Estados Unidos abandonaran la lengua materna, un estudio revela que el español sigue en crecimiento. El estudio *El uso futuro de la lengua española en los Estados Unidos – Proyecciones 2015 y 2025,* confirma la evidencia: el idioma español se expande rápidamente en los Estados Unidos. El estudio, financiado por la Hispanic USA Inc. y elaborado por el Roslow Research Group, afirma que en unos 20 años, el 45% de los habitantes de los Estados Unidos hablará también el idioma español.

Hasta hace poco, los estudios indicaban que las lenguas maternas de los inmigrantes tendían a reducirse o a desaparecer a lo largo de las generaciones. De hecho, el español desapareció en varios países durante el siglo XX. Así ocurrió en Micronesia, en Guam y en otras islas del Pacífico, y también en las Filipinas, donde prácticamente ha desaparecido. Pero, a pesar de la previsión de que el uso del español disminuiría en estos años, el estudio revela que dentro de dos décadas habrá en los Estados Unidos 12,4 millones de personas más que hablen este idioma.

"Sabemos que que el número de hispanos que se adaptan a la cultura estadounidense seguirá creciendo, pero lo que este estudio muestra claramente es que el español llegó para quedarse", concluye el estudio. En la actualidad, 39 millones de habitantes de los Estados Unidos son hispanohablantes. En este país, el español es, después del inglés, la lengua más hablada, y es el idioma que más se enseña en las escuelas y universidades. ∎

1 Opiniones En grupos pequeños, lean estas reacciones al artículo. Túrnense para dar sus opiniones sobre cada afirmación. Luego, presenten sus ideas a la clase.

"Algún día, el español reemplazará al inglés en el mundo. Pero, en la actualidad, los inmigrantes no hablan bien ni el español ni el inglés. El bilingüismo debe ser apoyado desde la educación."

"Nadie puede saber lo que ocurrirá en el futuro con la población. Lo más probable es que, con el tiempo, los inmigrantes se adapten y hablen cada vez más inglés."

"Si el español se impone, el país podría perder su identidad lingüística. Hay que proteger el inglés antes de que sea demasiado tarde: ninguna medida preventiva está de más."

2 Consecuencias En parejas, hablen sobre las consecuencias de la inmigración hispanohablante en los Estados Unidos. Escriban una lista en la que describan los beneficios y los riesgos de este fenómeno. Usen el subjuntivo y expresiones negativas y afirmativas. Luego debatan sus ideas con la clase.

Preparación Audio: Vocabulary

Vocabulario de la lectura		**Vocabulario útil**
el acento *accent*	**el hogar** *home*	**acomodarse** *to adapt*
convertirse (e:ie) en (algo) *to turn into (something)*	**la homogeneidad** *homogeneity*	**cómodo/a** *comfortable*
		echar de menos *to miss*
la convivencia *coexistence*	**la mejora** *improvement*	**heterogéneo/a** *heterogeneous*
de hecho *in fact*	**por delante** *ahead (of)*	**la limpieza étnica** *ethnic cleansing*
el/la exiliado/a político/a *political exile*	**proveniente de** *(coming) from*	**la persecución** *persecution*
la falta (de) *lack (of)*	**la razón** *reason*	**semejante** *similar*
	surgir *to emerge, to arise*	**los valores** *values*

1

Vocabulario Completa cada frase con la palabra o expresión adecuada. Luego, usa tres de estas palabras para formar oraciones.

1. Me fui de mi país por la censura. Ahora soy _____.
   a. exiliado político   b. astronauta   c. abogado

2. Mi casa es más que una casa porque me siento cómodo y feliz allí.
   Mi casa es mi _____.
   a. hogar   b. mejora   c. democracia

3. Vivo con mis hermanos y mis hermanas. Me gusta la _____ en familia.
   a. bancarrota   b. convivencia   c. crisis

4. Somos todos iguales en esta ciudad. Las casas tienen el mismo estilo, la gente lleva la misma ropa. Hay mucha _____.
   a. pobreza   b. homogeneidad   c. madurez

5. Llegué a este país y tuve que aprender el idioma. Ahora lo hablo pero con _____.
   a. vejez   b. Internet   c. acento

2

A pensar En grupos de cuatro, expresen sus opiniones sobre los siguientes temas.

1. Algunas personas deciden irse de sus países de origen voluntariamente. Otras personas, como los exiliados políticos, se ven forzados a irse de su país. ¿A cuál de estos dos grupos crees que le resulta más difícil adaptarse a la nueva cultura?

2. En caso de tener que dejar tu país, ¿qué crees que echarías de menos?

3. Con la llegada de inmigrantes, la diversidad cultural crece. Describe una de tus experiencias con la diversidad.

3

Éxodos En grupos de cuatro, hablen de los grandes movimientos migratorios.

- Escriban una lista de movimientos migratorios que se han producido a lo largo de la historia. ¿Qué circunstancias llevaron a estos grupos a emigrar?

- Hagan otra lista con los movimientos migratorios actuales. ¿Por qué emigran estos grupos?

- Teniendo en cuenta las tendencias migratorias, ¿cómo será el panorama sociocultural a finales del siglo XXI?

- Compartan sus listas y visión para el futuro con la clase.

España

Nueva ola de inmigrantes

Desde finales del siglo XIX hasta bien entrado el siglo XX, muchos españoles tuvieron que abandonar su país. Unos lo hicieron por razones económicas; otros, por razones políticas. Primero, surgió la corriente de españoles que se iban a "hacer la América", siendo las islas caribeñas uno de sus destinos de preferencia. Éstos volvían a veces a sus pueblos con pequeñas fortunas acumuladas. Pocos años después, el aura mítica que rodeaba a los que se iban en busca de aventura se desvaneció° para dar paso a otra clase de emigrante: el exiliado político.

5

10

faded

Audio: Dramatic Recording

15 El inicio de la Guerra Civil en 1936 obligó a muchos a abandonar a sus familias y hogares para salvar la vida. Políticos, artistas e intelectuales huyeron, encontrando un nuevo hogar en otros países. México, 20 Argentina y Venezuela fueron algunos de los países que dieron refugio y esperanza a miles de españoles. Hoy en día, sin embargo, ese *flow* proceso se ha invertido y el flujo° migratorio cruza el océano Atlántico en sentido inverso, 25 de Hispanoamérica a España.

Hace tan sólo unos treinta años, un paseo por cualquier ciudad española nos mostraba una ciudadanía inmersa en la homogeneidad. Bajo el régimen dictatorial 30 de Francisco Franco, todos los que vivían en España parecían comer los mismos platos, vestir las mismas ropas y practicar la misma religión. La falta de libertad de expresión también llevaba a pensar que tenían la 35 misma ideología.

Tras la muerte de Franco en 1975, se inició en el país un proceso de *opening; commencement* modernización y de apertura° política y económica que ha tenido como resultado 40 un cambio drástico, no sólo en la realidad de la sociedad española, sino también en *appearance* su semblante°. En la actualidad, un paseo por las ciudades nos ofrece un panorama considerablemente diferente. Restaurantes 45 argentinos, peruanos, cubanos y mexicanos forman parte del paisaje urbano. La gente por las calles habla con acentos extranjeros y, sin embargo, camina con la seguridad del que sabe que está en casa. Y el palmito, la 50 yuca, las frutas tropicales y el cilantro son sólo algunos de los productos que hasta hace poco eran desconocidos y que ahora se encuentran tanto en pequeñas tiendas como en supermercados.

55 En las últimas tres décadas, España ha pasado de ser un país de emigrantes, en el que los ciudadanos tenían que ir a buscar trabajo al extranjero, a ser el nuevo hogar de muchos. La mejora económica ha tenido 60 los efectos que, en décadas o incluso siglos anteriores, ya se habían vivido en otros países como Estados Unidos. Según los

De Franco a la democracia

Los casi cuarenta años de dictadura de Francisco Franco terminaron el día de su muerte en 1975. La pacífica transición española a la democracia causó gran admiración internacional. De hecho, España ha servido de modelo para muchos países que posteriormente se han visto en las mismas circunstancias. El mérito se debe al gran consenso social y político al que llegaron tanto la sociedad civil como los poderes políticos y militares.

datos del Instituto Nacional de Estadística del año 2005, el número de inmigrantes se ha triplicado en tan sólo cinco años. La 65 mayoría llega de Marruecos, por la cercanía con África, pero hay un gran número de inmigrantes provenientes de Ecuador, Colombia, la República Dominicana y Perú. A pesar de las dificultades vividas tanto por 70 los españoles como por los recién llegados, existen ciertos beneficios mutuos. Gracias a la inmigración, España ha dejado de ser el país de menor crecimiento en población del mundo occidental. Los beneficios 75 también se ven en los países de origen, ya que el dinero que envían los inmigrantes a sus familias se ha convertido en una de las principales fuentes de ingreso en los países de origen. 80

En el siglo XXI, el país se halla° frente *finds itself* al reto de tener sus puertas abiertas a los inmigrantes. El cambio ya se percibe y la diversidad cultural se respira por muchas zonas de la geografía española, pero todavía 85 hay mucho trabajo por delante. También hay que, a partir de la tolerancia y el respeto, crear una sociedad mejor para todos. Hagamos que este siglo en el que vivimos sea el siglo de la pluralidad, el intercambio 90 cultural y la convivencia. ∎

Análisis

1 Comprensión Contesta las preguntas con oraciones completas.

1. ¿Cuáles son las dos razones por las que muchos españoles dejaron su país entre finales del siglo XIX y bien entrado el siglo XX?

2. ¿Qué ocurrió en el año 1936 en España?

3. ¿Quiénes eran los exiliados políticos que salieron de España durante el gobierno de Franco?

4. ¿Por qué se dice que había homogeneidad entre los españoles durante el gobierno de Franco?

5. ¿Cómo es España hoy en día?

6. ¿Cómo ha cambiado la situación migratoria de España en las últimas tres décadas?

2 Análisis En parejas, contesten estas preguntas y expliquen sus respuestas.

1. ¿Creen que los países tienen el deber de aceptar inmigrantes? ¿Por qué?

2. Muchos de los nuevos inmigrantes vienen de Hispanoamérica y hablan un español distinto al de España. ¿Creen que los inmigrantes adaptarán su forma de hablar? ¿Deberían hacerlo?

3. ¿Es posible que España vuelva a tener una sociedad homogénea? ¿Por qué?

3 Diversidad En grupos de cuatro, hablen sobre cómo la diversidad cultural se ve reflejada en los siguientes ámbitos de sus vidas.

- Compañeros de clase/trabajo
- Idiomas que se hablan
- Los productos que consumes
- Los restaurantes de tu ciudad
- Tus amigos y tu familia
- Tus vecinos

4 Citas

A. En grupos de cuatro, expliquen lo que significan para ustedes estas citas.

> "Mi patria son mis amigos."
> *Alfredo Bryce Echenique*

> "Nadie es patria, todos lo somos."
> *Jorge Luis Borges*

B. Organicen un debate con toda la clase. Formen tres grupos, cada uno de los cuales deberá defender una de estas opiniones.

- La patria es la tierra en la que uno nació.
- La patria es la tierra de nuestros antepasados.
- La patria es la tierra que uno elige.

 Practice more at **imagina.vhlcentral.com**.

Preparación Audio: Vocabulary

Sobre el autor

Nacido en 1928 en Aracataca, Colombia, Gabriel García Márquez fue criado por sus abuelos entre mitos, leyendas y libros fantásticos. Comenzó a estudiar derecho, pero lo abandonó para dedicarse al periodismo. Como corresponsal en Italia, viajó por toda Europa. Vivió en diferentes lugares y escribió guiones cinematográficos, cuentos y novelas. En 1967 publicó su novela más famosa, *Cien años de soledad*, cuya acción transcurre en el mítico pueblo de Macondo. En 1982 se le concedió el Premio Nobel de Literatura. En el prefacio de su autobiografía, *Vivir para contarla* (2002), García Márquez señala: "La vida no es la que uno vivió, sino la que uno recuerda y cómo la recuerda para contarla".

Vocabulario de la lectura		Vocabulario útil
amanecer *to wake up*	**el/la pariente** *relative*	**afligirse** *to be distressed*
burlarse (de) *to mock*	**la preocupación** *concern*	**la duda** *doubt*
el/la carnicero/a *butcher*	**el presagio** *omen*	**el miedo** *fear*
la certeza *certainty*	**el presentimiento** *premonition*	**rumorear** *to be rumored*
la desgracia *misfortune, tragedy*	**el/la tonto/a** *fool*	**el sentido común** *common sense*
esparcir *to spread*		**supersticioso/a** *superstitious*

1 **Vocabulario** Busca en la lista del vocabulario un sinónimo para cada palabra.

1. despertarse _____   3. difundir _____   5. reírse (de) _____
2. presentimiento _____ 4. inquietud _____   6. estúpido _____

2 **¿Eres supersticioso/a?** Haz el test para saber si eres supersticioso/a o no. Luego, en parejas, comparen sus respuestas y díganle a su compañero/a si es sensato/a, prudente o supersticioso/a.

1. **Frente a ti hay una escalera (*ladder*) apoyada contra la pared.**
   a. Pasas por debajo sin pensarlo dos veces.
   b. Cruzas la calle.
   c. Corres a la iglesia más cercana para alejar de ti los malos espíritus.

2. **Un pariente te cuenta que soñó que algo malo te sucedía.**
   a. Le preguntas por qué mejor no sueña con los números ganadores de la lotería.
   b. Consultas a tu astróloga para preguntarle qué hacer.
   c. Te da un ataque de nervios y no sales de tu casa durante una semana.

3. **Accidentalmente rompes un espejo.**
   a. Echas todo a la basura y sales a comprar otro.
   b. Sales a buscar un trébol (*clover*) de cuatro hojas (*leaves*).
   c. Llamas a una bruja para que "limpie" tu casa.

4. **Para que te vaya bien en la vida, piensas que lo mejor es:**
   a. Pensar en lo positivo y ser optimista.
   b. Tener contigo tu amuleto de la buena suerte y leer tu horóscopo.
   c. Visitar a menudo a una adivina para que haga conjuros (*spells*) a tu favor.

Resultados

Mayoría de A: Sensato/a Eres inteligente y sensato/a; para ti no existen las malas señales y te burlas de las supersticiones.

Mayoría de B: Prudente Eres prudente y buscas soluciones, pero también consideras que los hechos casuales pueden ser señal de que existen fuerzas negativas.

Mayoría de C: Supersticioso/a Le das tanto valor a los malos presagios que el miedo determina tus acciones.

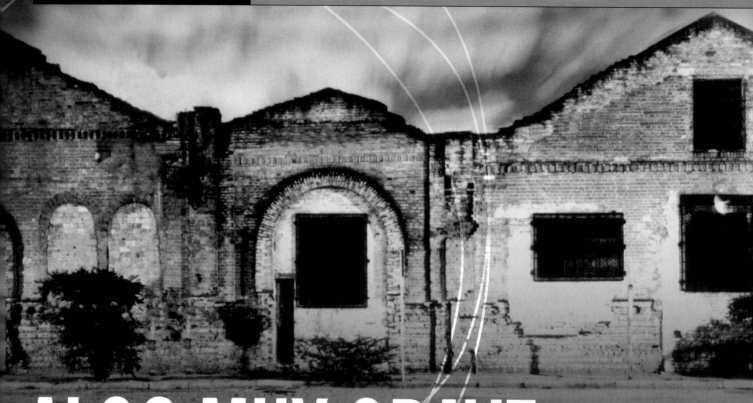

ALGO MUY GRAVE VA A SUCEDER EN ESTE PUEBLO

Gabriel García Márquez

magínese un pueblo muy pequeño donde hay una señora vieja que tiene dos hijos, uno de 17 y una hija de 14. Está sirviéndoles el desayuno a sus hijos y se le advierte una expresión muy preocupada. Los hijos le preguntan qué le pasa y ella responde: "No sé. Pero he amanecido con el presentimiento de que algo muy grave va a sucederle a este pueblo". El hijo se va a jugar al billar y, en el momento en que va a tirar una carambola° sencillísima, el adversario le dice: "Te apuesto° un peso a que no la haces". Todos se ríen; él se ríe. Tira la carambola y no la hace. Paga su peso y le preguntan: "Pero qué pasó, si era una carambola sencilla". Contesta: "Es cierto, pero me ha quedado la preocupación de una cosa que me dijo mi mamá esta mañana sobre algo grave que va a suceder a este pueblo". Todos se ríen de él y el que se ha ganado el peso regresa a su casa, donde está su mamá o una nieta o, en fin, cualquier pariente. Feliz con su peso, dice: "Le gané este peso a Dámaso en la forma más sencilla porque es un tonto".
—¿Y por qué es un tonto?

tirar… *make a rebound shot (in billiards)/bet*

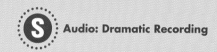

Dice: "Hombre, porque no pudo hacer una carambola sencillísima estorbado° por la idea de que su mamá amaneció hoy con la certeza de que algo muy grave iba a suceder en este pueblo". Entonces le dice su madre: "No te burles de los presentimientos de los viejos porque a veces salen°".

La pariente lo oye y va a comprar carne. Ella dice al carnicero: "Véndame una libra° de carne"; y, en el momento en que se la están cortando, agrega: "Mejor véndame dos, porque andan diciendo que algo grave va a pasar y lo mejor es estar preparado". El carnicero despacha° su carne y, cuando llega otra señora a comprar una libra de carne, le dice: "Lleve dos porque hasta aquí llega la gente diciendo que algo muy grave va a pasar, y se están preparando y andan comprando cosas". Entonces, la vieja responde: "Tengo varios hijos, mire, mejor déme cuatro libras". Se lleva las cuatro libras; y para no hacer largo el cuento, diré que el carnicero en media hora agota° la carne, mata otra vaca, se vende toda y se va esparciendo el rumor. Llega el momento en que todo el mundo, en el pueblo, está esperando que pase algo. Se paralizan las actividades y, de pronto a las dos de la tarde, hace calor como siempre. Alguien dice: "¿Se ha dado cuenta el calor que está haciendo?".

"Pero si en este pueblo siempre ha hecho calor." (Tanto calor que es el pueblo donde los músicos tenían instrumentos remendados° con brea° y tocaban siempre a la sombra° porque, si tocaban al sol, se les caían los pedazos.)

Pero he amanecido con el presentimiento de que algo muy grave va a sucederle a este pueblo.

"Sin embargo —dice uno— nunca a esta hora ha hecho tanto calor."

"Pero a las dos de la tarde es cuando hay más calor."

"Sí, pero no tanto calor como ahora."

Al pueblo desierto, a la plaza desierta, baja de pronto un pajarito y se corre la voz: "Hay un pajarito en la plaza". Y viene todo el mundo, espantado°, a ver el pajarito.

"Pero, señores, siempre ha habido pajaritos que bajan."

"Sí, pero nunca a esta hora."

Llega un momento de tal tensión para los habitantes del pueblo, que todos están desesperados por irse y no tienen el valor de hacerlo.

"Yo sí soy muy macho —grita uno—. Yo me voy."

Agarra° sus muebles, sus hijos, sus animales, los mete en una carreta° y atraviesa° la calle central donde está el pobre pueblo viéndolo. Hasta el momento en que dicen: "Si éste se atreve° a irse, pues nosotros también nos vamos", y empiezan a desmantelar literalmente el pueblo. Se llevan las cosas, los animales, todo.

Y uno de los últimos que abandona el pueblo dice: "Que no venga la desgracia a caer sobre lo que queda de nuestra casa", y entonces la incendia y otros incendian también sus casas.

Huyen° en un tremendo y verdadero pánico, como en un éxodo de guerra, y en medio de ellos va la señora que tuvo el presagio, clamando: "Yo dije que algo muy grave iba a pasar, y me dijeron que estaba loca". ■

(Este cuento fue narrado verbalmente —y grabado— en un congreso de escritores por Gabriel García Márquez "para que vean cómo cambia cuando lo escriba" y fue publicado por la revista mexicana El Cuento).

Margin glosses:
worried 15
they are fulfilled 20
pound
serves
runs out of
mended
tar/shade
frightened
He grabs
cart
he crosses
dares to
They flee

Análisis

1 **Comprensión** Contesta las preguntas con oraciones completas.

1. ¿Cuántos hijos tiene la señora vieja del cuento? ¿Dónde viven?

2. ¿Cuál es el presentimiento de la señora? ¿A quién se lo cuenta?

3. ¿Quién es Dámaso?

4. ¿Por qué pierde la apuesta?

5. ¿Qué pasa en la carnicería?

6. Al ver el calor que hace y los pájaros que bajan, ¿qué hacen los habitantes del pueblo?

2 **Interpretar** En parejas, contesten estas preguntas y expliquen sus respuestas.

1. Un personaje señala: "No te burles de los presentimientos de los viejos porque a veces salen". ¿Se cumple finalmente el presagio de la señora? ¿Cómo? ¿Por qué?

2. Este cuento carece de (*lacks*) descripciones de los personajes, incluso de sus nombres, con una excepción. ¿Por qué creen que sólo Dámaso tiene nombre? ¿De qué manera es un personaje clave?

3. ¿Podría desarrollarse este cuento en cualquier lugar del mundo? ¿Es importante que tome lugar en un pueblo pequeño? ¿En un pueblo de Latinoamérica?

4. ¿Quién es responsable del pánico? ¿Dámaso, la madre, el carnicero? ¿Por qué?

3 **Refranes** En parejas, lean los refranes y escriban una explicación para cada uno usando sus propias palabras. Luego, digan cómo se relacionan con el cuento.

> **Todo es según el color del cristal con que se mira.**

> **No hay peor ciego que el que no quiere ver.**

> **Hombre prevenido vale por dos.**

> **Cuando el río suena, agua lleva.**

4 **Escribir** Imagina que eres psíquico/a. Has tenido visiones de una catástrofe inminente y llamas a una conferencia de prensa. Sigue el plan de redacción para escribir tu declaración. Usa expresiones negativas y afirmativas, y el subjuntivo cuando sea necesario.

Plan de redacción

Conferencia de prensa

1 **Presagio** Cuenta brevemente cómo obtuviste la información (una visión, sueño, contacto con el más allá, etc.) y describe lo que viste.

2 **Interpretación** Interpreta lo que va a ocurrir y advierte del peligro.

3 **Conclusión** Indica de qué manera puede prevenirse la catástrofe.

Practice more at **imagina.vhlcentral.com.**

Nuestro futuro

Audio: Vocabulary
Flashcards
Video: *Flash Cultura*

Las tendencias

la asimilación *assimilation*
la causa *cause*
la diversidad *diversity*
el/la emigrante *emigrant*
la frontera *border*
la herencia cultural *cultural heritage*
la humanidad *humankind*
los ideales *principles; ideals*
el idioma oficial *official language*
la inmigración *immigration*
la integración *integration*
la lengua materna *mother tongue*
el lujo *luxury*
la meta *goal*
la natalidad *birthrate*
la población *population*
el/la refugiado/a (de guerra/político/a) *(war/political) refugee*

adivinar *to guess*
anticipar *to anticipate; to expect*
asimilarse *to assimilate*
atraer *to attract*
aumentar *to grow*
disminuir *to decrease, to reduce, to diminish*
predecir (e:i) *to predict*
superarse *to better oneself*

bilingüe *bilingual*
(in)conformista *(non)conformist*
excluido/a *excluded*
monolingüe *monolingual*
previsto/a *foreseen*
solo/a *alone*

Problemas y soluciones

la amnistía *amnesty*
la añoranza *homesickness*
el caos *chaos*
el coraje *courage*
el daño *harm*
el diálogo *dialogue*
el entendimiento *understanding*
la incertidumbre *uncertainty*
la inestabilidad *instability*
el maltrato *abuse, mistreatment*
el nivel de vida *standard of living*

la polémica *controversy*
la superpoblación *overpopulation*

hacer un esfuerzo *to make an effort*
luchar *to fight*
prescindir (de) *to do without*
protestar *to protest*

Los cambios

adaptarse *to adapt*
alcanzar (un sueño/una meta) *to fulfill (a dream); to reach (a goal)*
dejar *to leave behind*
despedirse (e:i) *to say goodbye*
enriquecerse *to become enriched*
establecerse *to establish oneself*
extrañar *to miss*
integrarse (a) *to become part (of); to fit in*
lograr *to attain, to achieve*
pertenecer *to belong*
rechazar *to reject*

Cortometraje

la actitud *attitude*
la aduana *customs*
el cura *priest*
la facha *look*
el jardín *garden*
el mantenimiento *maintenance*
la nostalgia *nostalgia*
la paciencia *patience*
el progreso *progress*
el rancho *ranch*
el territorio *territory*

arreglar *to fix*
arriesgarse *to take a risk*
crecer *to grow (up)*
desconfiar *to be suspicious, to not trust*
estar embarazada *to be pregnant*
gozar (de) *to enjoy*
jurar *to promise*
mezclar *to mix*
reconocer (c:zc) *to recognize*
sembrar (e:ie) *to plant*
sentirse realizado/a *to feel fulfilled*
tomar el pelo *to pull someone's leg*

Cultura

el acento *accent*
la convivencia *coexistence*
el/la exiliado/a político/a *political exile*
la falta (de) *lack (of)*
el hogar *home*
la homogeneidad *homogeneity*
la limpieza étnica *ethnic cleansing*
la mejora *improvement*
la persecución *persecution*
la razón *reason*
los valores *values*

acomodarse *to adapt*
convertirse (e:ie) en (algo) *to turn into (something)*
echar de menos *to miss*
surgir *to emerge, to arise*

cómodo/a *comfortable*
heterogéneo/a *heterogeneous*
proveniente de *(coming) from*
semejante *similar*

de hecho *in fact*
por delante *ahead (of)*

Literatura

el/la carnicero/a *butcher*
la certeza *certainty*
la desgracia *misfortune, tragedy*
la duda *doubt*
el miedo *fear*
el/la pariente *relative*
la preocupación *concern*
el presagio *omen*
el presentimiento *premonition*
el sentido común *common sense*
el/la tonto/a *fool*

afligirse *to be distressed*
amanecer *to wake up*
burlarse (de) *to mock*
esparcir *to spread*
rumorear *to be rumored (that)*

supersticioso/a *superstitious*

Manual de gramática

Verb conjugation tables

Vocabulary

Index

Credits

MANUAL
de
GRAMÁTICA

Supplementary Grammar Coverage
for IMAGINA

The **Manual de gramática** is an invaluable tool for both instructors and students of intermediate Spanish. It contains additional grammar concepts not covered within the core lessons of **IMAGINA**, as well as practice activities. For each lesson in **IMAGINA**, up to two additional grammar topics are offered with corresponding practice.

These concepts are correlated to the grammar points in **Estructuras** by means of the **Taller de consulta** sidebars, which provide the exact page numbers where additional concepts are taught or reviewed in the **Manual**.

This special supplement allows for great flexibility in planning and tailoring your course to suit the needs of whole classes and/or individual students. It also serves as a useful and convenient reference tool for students who wish to review previously-learned material.

Contenido

1.4 Nouns and articles

Nouns

- In Spanish, nouns (**sustantivos**) ending in **–o, –or, –l, –s,** and **–ma** are usually masculine, and nouns ending in **–a, –ora, –ión, –d,** and **–z** are usually feminine.

Masculine nouns	Feminine nouns
el amigo, el cuaderno	la amiga, la palabra
el escritor, el color	la escritora, la computadora
el control, el papel	la relación, la ilusión
el autobús, el paraguas	la amistad, la fidelidad
el problema, el tema	la luz, la paz

- Most nouns form the plural by adding **–s** to nouns ending in a vowel, and **–es** to nouns ending in a consonant. Nouns that end in **–z** change to **–c** before adding **–es**.

  el hombre → los hombres   la mujer → las mujeres

  la novia → las novias   el lápiz → los lápices

- If a singular noun ends in a stressed vowel, the plural form ends in **–es**. If the last syllable of a singular noun ending in **–s** is unstressed, the plural form does not change.

  el tabú → los tabúes   el lunes → los lunes

  el israelí → los israelíes   la crisis → las crisis

Articles

- Spanish definite and indefinite articles (**artículos definidos e indefinidos**) agree in gender and number with the nouns they modify.

	Definite articles		Indefinite articles	
	singular	plural	singular	plural
MASCULINE	el compañero	los compañeros	un compañero	unos compañeros
FEMININE	la compañera	las compañeras	una compañera	unas compañeras

- In Spanish, when an abstract noun is the subject of a sentence, a definite article is always used.

  El amor es eterno.   but   Para ser modelo, necesitas belleza y altura.
  Love is eternal.   *In order to be a model, you need beauty and height.*

- An indefinite article is not used before nouns that indicate profession or place of origin unless the noun is followed by an adjective.

  Juan García es profesor.   Juan García es **un** profesor excelente.
  Juan García is a professor.   *Juan García is an excellent professor.*

  Ana María es neoyorquina.   Ana María es **una** neoyorquina orgullosa.
  Ana María is a New Yorker.   *Ana María is a proud New Yorker.*

¡ATENCIÓN!

Some nouns may be either masculine or feminine, depending on whether they refer to a male or a female.

el/la artista *artist*
el/la estudiante *student*

Occasionally, the masculine and feminine forms have different meanings.

el capital *capital (money)*
la capital *capital (city)*

¡ATENCIÓN!

Accent marks are sometimes dropped or added to maintain the stress in the singular and plural forms.

canción → canciones
autobús → autobuses

margen → márgenes
imagen → imágenes

¡ATENCIÓN!

The prepositions **de** and **a** contract with the article **el**.

de + el = del

a + el = al

¡ATENCIÓN!

Singular feminine nouns that begin with a stressed **a** take **el**; adjectives remain in the feminine.

**el alma gemela →
las almas gemelas**

**el área vigilada →
las áreas vigiladas**

Práctica

1 **Cambiar** Escribe en plural las palabras que están en singular y viceversa.

1. la compañera _____
2. unos amigos _____
3. el novio _____
4. una crisis _____
5. unas parejas _____
6. un corazón _____
7. las amistades _____
8. el tabú _____

2 **Un chiste** Completa el chiste con los artículos apropiados. Recuerda que en algunos casos no debes usar ningún artículo.

(1) _____ pareja se va a casar. Él tiene 90 años. Ella tiene 85. Entran en (2) _____ farmacia y (3) _____ novio le pregunta al farmacéutico (*pharmacist*):

—¿Tiene (4) _____ remedios para (5) _____ corazón?

—Sí —contesta (6) _____ farmacéutico.

—¿Tiene (7) _____ remedios para (8) _____ presión y (9) _____ colesterol?

—Sí, también —contesta nuevamente (10) _____ farmacéutico.

—¿Y (11) _____ remedios para (12) _____ artritis y (13) _____ reumatismo?

—Sí. Ésta es (14) _____ farmacia muy completa. Tenemos de todo.

Entonces (15) _____ novio mira a (16) _____ novia y le dice:

—Querida, ¿qué te parece si hacemos (17) _____ lista de regalos de bodas aquí?

3 **La cita** Completa el párrafo con la forma correcta de los artículos definidos e indefinidos.

Ayer tuve (1) _____ cita con Leonardo. Fuimos a (2) _____ restaurante muy romántico que está junto a (3) _____ bonito lago. Desde nuestra mesa, podíamos ver (4) _____ lago y (5) _____ barcos que navegaban por allí. Comimos (6) _____ platos muy originales. (7) _____ pescado que yo pedí estaba delicioso. Nos divertimos mucho, pero al salir tuvimos (8) _____ problema. Una de (9) _____ ruedas (*tires*) del coche estaba pinchada (*punctured*). (10) _____ próxima semana tendremos nuestra segunda cita.

4 **Escribir** Escribe oraciones completas con las siguientes palabras; utiliza los artículos definidos e indefinidos que correspondan y haz los cambios necesarios.

Modelo Elisa – ser – buena periodista
Elisa es una buena periodista.

1. revistas del corazón – afirmar – amor – ser – eterno
2. ayer – astrólogo – predecir – desgracia
3. lunes pasado – comprar – flores – tía Juanita
4. capital – Venezuela – ser – Caracas
5. personas optimistas – soñar – mundo mejor
6. Rodrigo – ser – alma – fiesta

1.5 # Adjectives

- Spanish adjectives (**adjetivos**) agree in gender and number with the nouns they modify. Most adjectives ending in **–e** or a consonant have the same masculine and feminine forms.

Adjectives

	singular	plural	singular	plural	singular	plural
MASCULINE	rojo	rojos	inteligente	inteligentes	difícil	difíciles
FEMININE	roja	rojas	inteligente	inteligentes	difícil	difíciles

- Descriptive adjectives generally follow the noun they modify. If a single adjective modifies more than one noun, the plural form is used. If at least one of the nouns is masculine, then the adjective is masculine.

un libro **apasionante**
an enthralling book

las parejas **contentas**
the happy couples

un suegro y una suegra **maravillosos**
a wonderful father-in-law and mother-in-law

la literatura y la cultura **ecuatorianas**
Ecuadorean literature and culture

- A few adjectives have shortened forms when they precede a masculine singular noun.

bueno → buen   alguno → algún   primero → primer

malo → mal   ninguno → ningún   tercero → tercer

- Some adjectives change their meaning depending on their position. When the adjective follows the noun, the meaning is more literal. When it precedes the noun, the meaning is more figurative.

	after the noun	before the noun
antiguo/a	el edificio **antiguo** *the ancient building*	mi **antiguo** novio *my old/former boyfriend*
cierto/a	una respuesta **cierta** *a correct answer*	una **cierta** actitud *a certain attitude*
grande	una ciudad **grande** *a big city*	un **gran** país *a great country*
mismo/a	el artículo **mismo** *the article itself*	el **mismo** problema *the same problem*
nuevo/a	un coche **nuevo** *a (brand) new car*	un **nuevo** profesor *a new/different professor*
pobre	los estudiantes **pobres** *the students who are poor*	los **pobres** estudiantes *the unfortunate students*
viejo/a	un libro **viejo** *an old book*	una **vieja** amiga *a long-time friend*

¡ATENCIÓN!

Adjectives ending in –**án**, –**ín**, **ón**, and –**or**, like most others, vary in both gender and number.

dormilón → dormilona
dormilones → dormilonas

Adjectives ending in –**ior** and the comparatives **mayor, menor**, **mejor**, and **peor** do not vary in gender.

el **niño** mayor
la **niña** mayor

Adjectives indicating nationality vary in both gender and number (except those ending in –**a**, –**í**, and –**e**, which vary only in number).

español → española
españoles → españolas

marroquí → marroquí
marroquíes → marroquíes

¡ATENCIÓN!

Before a singular noun, **grande** changes to **gran**.

un gran esfuerzo *a great effort*

una gran autora *a great author*

Práctica

1 **Descripciones** Completa cada oración con la forma correcta de los adjetivos.

1. Mi mejor amiga es _____ (guapo) y muy _____ (gracioso).

2. Los novios de mis hermanas son _____ (alto) y _____ (moreno).

3. Javier es _____ (bueno) compañero, pero es bastante _____ (malhumorado).

4. Mi prima Susana es _____ (tranquilo), pero mi primo Luis es _____ (celoso).

5. No sé por qué Marcos y Rosario son tan _____ (inseguro) y _____ (tímido).

6. Sandra, mi vecina, es una _____ (grande) amiga, pero ayer tuvimos una _____ (terrible) discusión.

2 **La vida de Marina** Completa cada oración con los cuatro adjetivos.

1. Marina busca una compañera de cuarto

_____

(tranquilo, ordenado, honesto, puntual)

2. Se lleva bien con las personas _____
(sincero, serio, alegre, trabajador)

3. Marina tiene unos padres _____
(maduro, simpático, inteligente, conservador)

4. Quiere ver programas de televisión más

_____

(emocionante, divertido, dramático, didáctico)

5. Marina tiene un novio _____
(irlandés, talentoso, nervioso, creativo)

Marina

3 **Correo sentimental** La revista *Ellas y ellos* tiene una sección de anuncios personales. Este anuncio recibió unas cien respuestas. Inserta la forma completa o acortada de los adjetivos de la lista. Puedes utilizar el mismo adjetivo más de una vez.

buen	gran	mal	ningún	tercer
bueno/a	grande	malo/a	ninguno/a	tercero/a

Mi perrito y yo buscamos amor

Tengo 43 años y estoy viudo desde hace tres años. Soy un (1) _____ hombre: tranquilo y trabajador. Me gustan las plantas y no tengo (2) _____ problema con mis vecinos. Cocino y plancho. Me gusta ir al cine y no me gusta el fútbol. Siempre estoy de (3) _____ humor. Vivo en un apartamento (4) _____, en el (5) _____ piso de un edificio en Montevideo. Sólo tengo un pequeño problema: mi perro. Algunos dicen que tiene (6) _____ carácter. Otros dicen que es un (7) _____ animal. Yo creo que él es (8) _____, pero se siente solo, como su dueño. Busco una señora viuda o soltera que también se sienta sola. ¡Si tiene una perrita, mejor!

2.4

Progressive forms

- The present progressive (**el presente progresivo**) narrates an action in progress. It is formed with the present tense of **estar** and the present participle (**el gerundio**) of the main verb.

Estoy sacando una foto.	¿Qué **estás comiendo**?	**Están recorriendo** la ciudad.
I am taking a photo.	*What are you eating?*	*They are traveling around the city.*

- The present participle of regular **–ar, –er,** and **–ir** verbs is formed as follows:

INFINITIVE	STEM	ENDING	PRESENT PARTICIPLE
bailar	bail–	–ando	bailando
comer	com–	–iendo	comiendo
aplaudir	aplaud–	–iendo	aplaudiendo

- **–Ir** verbs that change **o** to **u**, or **e** to **i** in the **Ud./él/ella** and **Uds./ellos/ellas** forms of the preterite have the same change in the present participle.

p**e**dir → p**i**diendo	m**e**ntir → m**i**ntiendo	d**o**rmir → d**u**rmiendo

- When the stem of an **–er** or **–ir** verb ends in a vowel, the **–i–** of the present participle ending changes to **–y–**. The present participle of **ir** is **yendo**.

l**e**er → le**y**endo	constr**ui**r → constru**y**endo	o**í**r → o**y**endo

- Other tenses have progressive forms as well, though they are used less frequently than the present progressive. These tenses emphasize that an action was/will be in progress at a particular moment in time.

  Estaba contestando la última pregunta cuando el profesor nos pidió los exámenes.
  I was in the middle of answering the last question when the professor asked for our exams.

  No vengas a las cuatro, todavía **estaremos trabajando**.
  Don't come at four; we will still be working.

  Luis cerró la puerta, pero su mamá le **siguió gritando**.
  Luis shut the door, but his mother kept right on shouting at him.

- Progressive tenses often use other verbs, especially ones that convey motion or continuity like **andar, continuar, ir, llevar, seguir,** and **venir,** in place of **estar.**

anda diciendo	*he goes around saying*
continuarás trabajando	*you'll continue working*
van acostumbrándose	*they're getting more and more used to*
llevo un mes trabajando	*I have been working for a month*
siguieron hablando	*they kept talking*
venimos insistiendo	*we've been insisting*

Práctica

1 **Una conversación telefónica** Daniel es nuevo en la ciudad y no sabe cómo llegar al estadio de fútbol. Decide llamar a su ex novia Alicia para que le explique cómo encontrarlo. Completa el diálogo con la forma correcta del gerundio.

ALICIA Hola, ¿quién habla?

DANIEL Hola, Alicia, soy Daniel; estoy buscando el estadio de fútbol y necesito que me ayudes... Llevo (1) _____ (caminar) más de media hora por el centro y sigo perdido.

ALICIA ¿Dónde estás?

DANIEL No estoy muy seguro, no encuentro el nombre de la calle. Pero estoy (2) _____ (ver) un centro comercial a mi izquierda y más allá parece que están (3) _____ (construir) un estadio de fútbol. (4) _____ (hablar) de fútbol, ¿dónde tengo mis boletos? ¡He perdido mis entradas!

ALICIA Madre mía, ¡sigues (5) _____ (ser) un desastre...! Algún día te va a pasar algo serio.

DANIEL Siempre andas (6) _____ (pensar) lo peor.

ALICIA Y tú siempre estás (7) _____ (olvidarse) de todo.

DANIEL Ya estamos (8) _____ (discutir) otra vez.

2 **Continuamos escribiendo** Vuelve a escribir las oraciones usando los verbos **andar**, **ir**, **llevar**, **continuar**, **seguir** o **venir**.

1. Mariela se burla de su hermano y siempre piensa que no le hace daño.

2. José estudia medicina desde hace diez años, y en los últimos meses sus padres le insisten en que se dedique a otra cosa.

3. Se acerca la hora de poner manos a la obra al proyecto, aunque aparezcan problemas todo el tiempo.

4. Mi prima siempre habla mal de todo el mundo y hace años que le digo que deje de hacerlo. De todas formas, ella cree que no tiene importancia.

5. Hace seis años que ese hombre visita el museo todas las tardes, siempre para mirar el mismo cuadro.

6. Conversamos todo el tiempo mientras ellos se marchaban.

3 **En diferentes tiempos** Completa cada oración con el tiempo correcto del verbo entre paréntesis.

1. Anoche, Carlos y Raúl _____ (estar) mirando una película.

2. Mientras tú estudiabas, nosotros _____ (andar) paseando por el parque.

3. Mañana a las diez, ¿tú _____ (estar) durmiendo?

4. Con un poco de tiempo, yo _____ (ir) acostumbrándome a la idea.

5. Ayer, Catalina _____ (estar) dando indicaciones a los turistas.

6. Eduardo _____ (venir) corriendo desde el parque cuando vio a Ana.

2.5

Telling time

- The verb **ser** is used to tell time in Spanish. The construction **es + la** is used with **una**, and **son + las** is used with all other hours.

> **¿Qué hora es?**
> *What time is it?*
>
> **Es la una.**
> *It is one o'clock.*
>
> **Son las tres.**
> *It is three o'clock.*

- The phrase **y +** [*minutes*] is used to tell time from the hour to the half-hour. The phrase **menos +** [*minutes*] is used to tell time from the half-hour to the hour, and is expressed by subtracting minutes from the *next* hour.

¡ATENCIÓN!

The phrases **y media** (*half past*) and **y/menos cuarto** (*quarter past/of*) are usually used instead of **treinta** and **quince**.

Son las doce y media.
It's 12:30/half past twelve.

Son las nueve menos cuarto.
It's 8:45/quarter to nine.

Son las once **y veinte**.   Es la una **menos cuarto**.   Son las doce **menos diez**.

- To ask at what time an event takes place, the phrase **¿A qué hora (...)?** is used. To state at what time something takes place, use the construction **a la(s) +** [*time*].

¡ATENCIÓN!

Note that **es** is used to state the time at which a single event takes place.

Son las dos.
It is two o'clock.

Mi clase es a las dos.
My class is at two o'clock.

¿A qué hora es la fiesta?	La fiesta es **a las ocho**.
(At) what time is the party?	*The party is at eight.*

- The following expressions are used frequently for telling time.

Son las siete **en punto**.	Son las nueve **de la mañana**.
It's seven o'clock on the dot/sharp.	*It's 9 A.M./in the morning.*
Son las doce del mediodía./Es **(el) mediodía**.	Son las cuatro y cuarto **de la tarde**.
It's 12 P.M./It's noon.	*It's 4:15 P.M./in the afternoon.*
Son las doce de la noche./Es **(la) medianoche**.	Son las once y media **de la noche**.
It's 12 A.M./It's midnight.	*It's 11:30 P.M./at night.*

- The imperfect is generally used to tell time in the past. However, the preterite may be used to describe an action that occurred at a particular time.

¿Qué hora **era** cuando llegaste?	**Eran** las cuatro de la mañana.
What time was it when you arrived?	*It was four o'clock in the morning.*
¿A qué hora **fueron** al cine?	**Fuimos** a las nueve.
At what time did you go to the movies?	*We went at nine o'clock.*

Práctica

1 **La hora** Escribe la hora que aparece en cada reloj usando oraciones completas.

1. _____ 2. _____ 3. _____

4. _____ 5. _____ 6. _____

2 **En el cineclub** Gabriela quiere ver una película en el cineclub de la universidad, pero necesita saber los horarios. Contesta las preguntas con oraciones completas usando las pistas (*clues*).

1. ¿A qué hora empieza *Vicky Cristina Barcelona*? (12:05 P.M.)

_____

2. ¿A qué hora empieza *Los abrazos rotos*? (1:15 P.M.)

_____

3. ¿A qué hora empieza *Crepúsculo*? (3:30 P.M.)

_____

4. ¿A qué hora empieza *Che, el argentino*? (4:45 P.M.)

_____

5. ¿A qué hora empieza *El rey de la montaña*? (8:20 P.M.)

_____

3 **Coartada** Quedaste involucrado en la investigación de un crimen y la policía te pide que expliques lo que hiciste durante todo el día de ayer. Explica qué tenías planeado hacer y a qué hora lo hiciste realmente. Sigue el modelo.

> **Modelo**   **Cita con el médico – 11:30 A.M. (15 minutos de atraso)**
> Tenía cita con el médico a las once y media de la mañana, pero no pude llegar hasta las doce menos cuarto por culpa del tráfico.

1. Dejar el auto en el mecánico – 7 A.M. (30 minutos de atraso)
2. Desayunar con mi madre – 8:30 A.M. (1 hora de atraso)
3. Entregar los planos en la oficina – 11 A.M. (15 minutos de atraso)
4. Visita al museo de ciencias – 2 P.M. (1 hora y media de atraso)
5. Ir al cine con unos amigos – 5:30 P.M. (2 horas de atraso)
6. Recoger la ropa de la lavandería – 8:30 P.M. (¡Ya había cerrado!)

3.4

Possessive adjectives and pronouns

- Possessive adjectives (**adjetivos posesivos**) are used to express ownership or possession. Unlike English, Spanish has two types of possessive adjectives: the short, or unstressed, forms and the long, or stressed, forms. Both forms agree in gender, when applicable, and number with the object owned, and not with the owner.

Possessive adjectives			
short forms (unstressed)		long forms (stressed)	
mi(s)	*my*	**mío/a(s)**	*my/(of) mine*
tu(s)	*your*	**tuyo/a(s)**	*your/(of) yours*
su(s)	*your; his; her; its*	**suyo/a(s)**	*your/(of yours); his/(of) his; her/(of) hers; its/(of) its*
nuestro(s)/a(s)	*our*	**nuestro/a(s)**	*our/(of) ours*
vuestro(s)/a(s)	*your*	**vuestro/a(s)**	*your/(of) yours*
su(s)	*your; their*	**suyo/a(s)**	*your/(of) yours; their/(of) theirs*

- Short possessive adjectives precede the nouns they modify.

En **mi** opinión, esa telenovela es pésima.
In my opinion, that soap opera is awful.

Nuestras revistas favoritas son *Vanidades* y *Latina.*
Our favorite magazines are Vanidades *and* Latina.

- Stressed possessive adjectives follow the nouns they modify. They are used for emphasis or to express the phrases *of mine, of yours,* etc. The nouns are usually preceded by a definite or indefinite article.

mi amigo → **un** amigo **mío**
my friend → a friend of mine

tus amigas → **las** amigas **tuyas**
your friends → friends of yours

- Because **su(s)** and **suyo(s)/a(s)** have multiple meanings (*your, his, her, its, their*), the construction [*article*] + [*noun*] + **de** + [*subject pronoun*] can be used to clarify meaning.

su casa
la casa suya

la casa de él/ella   *his/her house*
la casa de usted/ustedes   *your house*
la casa de ellos/ellas   *their house*

- Possessive pronouns (**pronombres posesivos**) have the same forms as stressed possessive adjectives and are preceded by a definite article. Possessive pronouns agree in gender and number with the nouns they replace.

No encuentro mi **libro**. ¿Me prestas **el tuyo**?
I can't find my book. Can I borrow yours?

Si la **fotógrafa** suya no llega, **la nuestra** está disponible.
If your photographer doesn't arrive, ours is available.

Práctica

1 **¿De quién hablan?** En un programa de entrevistas en la televisión, varias personas famosas hacen comentarios. Completa los espacios en blanco con los posesivos que faltan.

1. La actriz Fernanda Luro habla sobre su esposo: "_____ esposo siempre me acompaña a los estrenos, aunque _____ agenda esté llena de compromisos."

2. Los integrantes del dúo Maite y Antonio comentan sobre su hijo: "_____ hijo empezó a cantar a los dos años."

3. El actor Saúl Mar habla de su ex esposa, la modelo Serafina: "_____ ex ya no es tan guapa como antes, aunque _____ seguidores piensen lo contrario."

4. La famosa cantante Celia Rodríguez habla de la relación con sus padres: "_____ padres me apoyan muchísimo cuando estoy de gira."

2 **¿Es tuyo...?** Escribe preguntas con **ser** y contéstalas usando el pronombre posesivo que corresponde a la(s) persona(s) indicada(s). Sigue el modelo.

> **Modelo** **tú / libro / yo**
> —¿Es tuyo este libro?
> —Sí, es mío.

1. ustedes / revistas / nosotros

_____

_____

2. nosotros / periódicos / yo

_____

_____

3. ella / computadora / ella

_____

_____

4. tú / control remoto / ellos

_____

_____

3 **Almuerzo** Durante la hora del almuerzo, tres compañeros de trabajo tratan de conocerse mejor. Completa el diálogo con los posesivos adecuados. Cuando sea necesario, añade también el artículo definido correspondiente.

AGUSTÍN (1) _____ esposa es locutora de radio y tiene un programa para niños.

MANUEL (2) _____ es redactora en el periódico *El Financiero*.

JUAN Yo soy soltero y vivo con (3) _____ padres y (4) _____ hermano.

MANUEL (5) _____ películas favoritas son las de acción. ¿Y (6) _____?

JUAN A mí no me gusta el cine.

AGUSTÍN A mí tampoco, pero a (7) _____ esposa le gustan las películas clásicas. Afortunadamente las ve con (8) _____ hermana.

JUAN (9) _____ pasatiempo favorito es la música.

MANUEL ¡Ahh! ¿Es (10) _____ la guitarra que vi en la oficina?

JUAN Sí, es (11) _____. Después del trabajo, nos reunimos en la casa de un amigo (12) _____ y tocamos un poco. A (13) _____ amigos y a mí nos gusta el rock. (14) _____ músicos preferidos son...

AGUSTÍN ¡No te molestes en nombrarlos! No sé nada de música.

MANUEL Parece que (15) _____ gustos son muy distintos.

3.5 Demonstrative adjectives and pronouns

- Demonstrative adjectives (**adjetivos demostrativos**) specify to which noun a speaker is referring. They precede the nouns they modify and agree in gender and number.

este anuncio	**esa** tira cómica	**aquellos** periódicos
this advertisement	*that comic strip*	*those newspapers (over there)*

Demonstrative adjectives

singular		plural		
masculine	feminine	masculine	feminine	
este	**esta**	**estos**	**estas**	*this; these*
ese	**esa**	**esos**	**esas**	*that; those*
aquel	**aquella**	**aquellos**	**aquellas**	*that; those (over there)*

- Spanish has three sets of demonstrative adjectives. Forms of **este** are used to point out nouns that are close to the speaker and the listener. Forms of **ese** modify nouns that are not close to the speaker, though they may be close to the listener. Forms of **aquel** refer to nouns that are far away from both the speaker and the listener.

No me gustan **estos** zapatos. Prefiero **esos** zapatos. **Aquel** coche es de Ana.

- Demonstrative pronouns (**pronombres demostrativos**) are identical to demonstrative adjectives, except that they carry an accent mark on the stressed vowel. They agree in gender and number with the nouns they replace.

¿Quieres comprar esta **radio**?	No, no quiero **ésta**. Quiero **ésa**.
Do you want to buy this radio?	*No, I don't want this one. I want that one.*
¿Leíste estos **libros**?	No leí **éstos**, pero sí leí **aquéllos**.
Did you read these books?	*I didn't read these, but I did read those (over there).*

- There are three neuter demonstrative pronouns: **esto, eso,** and **aquello**. These forms refer to unidentified or unspecified things, situations, or ideas. They do not vary in gender or number and they never carry an accent mark.

¿Qué es **esto**?	**Eso** es interesante.	**Aquello** es bonito.
What is this?	*That's interesting.*	*That's pretty.*

Práctica

1 **La diva** La famosa actriz de cine Lucía Mirabal tiene gustos muy particulares. Responde negativamente a las preguntas sobre la actriz. Usa las pistas entre paréntesis y las formas correctas de los adjetivos demostrativos.

Modelo **¿Llevó esta camisa? (vestido)**
No, llevó este vestido.

1. ¿Se va a sentar en esa silla? (sofá)

_____

2. ¿Quiere probar estos sándwiches? (langosta)

_____

3. ¿Decidió hablar con ese reportero? (locutora)

_____

4. ¿Llevará aquel suéter? (chaqueta negra)

_____

2 **En el centro comercial** Completa las oraciones con los adjetivos y pronombres demostrativos que correspondan en cada caso.

1. Quiero comprar _____ reproductor de MP3 que está a tu derecha.
2. No queremos _____ computadora que nos muestras, sino _____ de más atrás.
3. Hay rebajas en _____ libros y revistas que yo estoy mirando, pero no en _____ que tienes ahí.
4. Compra alguna de _____ películas en DVD que tienes a tu izquierda.
5. Yo voy a escoger _____ película de aquí, que está a mitad de precio.
6. Antes de irnos, vamos a comer algo en _____ restaurante de la otra esquina.
7. ¡Me he quedado sin dinero! _____ no puede seguir así: debo ser más cuidadoso.
8. No vayas a _____ tienda de enfrente, que es muy cara; mejor pregunta en _____ de aquí al lado.

3 **No y no** Escribe un breve diálogo con las siguientes palabras, utilizando los adjetivos y pronombres que se indican.

Modelo **Ustedes / querer comprar / libros (este/aquel)**
—¿Ustedes quieren comprar estos libros o aquellos libros?
—No queremos comprar ni éstos ni aquéllos.

1. tú / querer probarse / zapatos (este/ese)
2. ella / preferir / asiento (este/aquel)
3. Daniel y Agustina / buscar / película (ese/este)
4. niños / leer / novela (este/aquel)
5. Carlos / vivir / departamento (este/ese)
6. nosotros / poder / ir / fiesta (este/ese)

4.4

To become: *hacerse, ponerse, volverse,* and *llegar a ser*

- Spanish has several verbs and phrases that mean *to become*. Many of these constructions make use of reflexive verbs.

- The construction **ponerse** + [*adjective*] expresses a change in mental, emotional or physical state that is generally not long-lasting.

> ¡No **te pongas histérico**!
> *Don't get so worked up!*

> La señora Urbina **se pone muy feliz** cuando su familia la visita.
> *Mrs. Urbina gets so happy when her family comes to visit.*

- **Volverse** + [*adjective*] expresses a radical mental or psychological change. It often conveys a gradual or irreversible change in character. In English this is often expressed as *to have become* + [*adjective*].

> ¿**Te has vuelto loca**?
> *Have you gone mad?*

> Durante los últimos años, mi primo **se ha vuelto insoportable**.
> *In recent years, my cousin has become unbearable.*

- **Hacerse** can be followed by a noun or an adjective. It often implies a change that results from the subject's own efforts, such as changes in profession or social and political status.

> El yerno de doña Lidia **se ha hecho bailarín** de tango.
> *Doña Lidia's son-in-law has become a tango dancer.*

> Mi bisabuelo **se hizo rico** a pesar de haber salido de su patria sin un solo centavo.
> *My great-grandfather became wealthy despite having left his homeland without a penny in his pocket.*

- **Llegar a ser** may also be followed by a noun or an adjective. It indicates a change over time and does not imply the subject's voluntary effort.

> La novela que escribió el año pasado **ha llegado a ser** un *best seller.*
> *The novel that he wrote last year has become a best-seller.*

- There are often reflexive verb equivalents for **ponerse** + [*adjective*]. Note that when used with object pronouns instead of reflexive pronouns, such verbs convey that another person or thing is imposing a mental, emotional, or physical state on someone else.

ponerse alegre → **alegrarse**	**ponerse deprimido/a** → **deprimirse**
ponerse furioso/a → **enfurecerse**	**ponerse triste** → **entristecerse**

> La llegada de la primavera **me pone alegre** / **me alegra**.
> *The arrival of spring makes me happy.*

> Cuando pienso en la muerte, **me pongo triste** / **me entristezco**.
> *When I think about death, I get sad.*

Práctica

1 **Seleccionar** Selecciona la opción correcta para cada frase.

1. Siempre (se pone – se vuelve) nervioso cuando está frente a sus suegros.

2. Antes mi hijo era sumiso, pero con el tiempo (se puso – se volvió) muy rebelde.

3. Nunca (se pone – se vuelve) triste cuando está con su familia.

4. Después de quedarse viudo, (se puso – se volvió) un hombre solitario.

2 **Completar** Completa las oraciones utilizando la forma correcta de **volverse**, **llegar a ser**, **hacerse** y **ponerse**.

1. Con los años, mi sobrino _____.

2. Tras la muerte de mi abuelo, sus pinturas _____.

3. Ángela antes era contadora, pero ahora _____.

4. Como no llegamos a tiempo con la entrega del proyecto, mi profesor _____.

5. A causa de problemas de salud, Eduardo _____.

6. Después de perder nuestro trabajo, nosotros _____.

7. Ana y Eva no se conocían antes del viaje. Desde entonces _____.

8. Cuando se casó su hija, Alberto _____.

3 **Historias de familia** Completa las oraciones con la forma correcta de las expresiones de la lista.

> deprimirse | hacerse | llegar a ser | ponerse | volverse

1. Mi prima y su vecina _____ muy amigas.

2. Mi cuñado _____ el hombre más famoso de la ciudad.

3. Mi primo _____ loco después de ese viaje en el ascensor.

4. Mis sobrinas _____ muy tristes al despedirse.

5.4 *Qué* vs. *cuál*

- The interrogative words **¿qué?** and **¿cuál(es)?** can both mean *what/which*, but they are not interchangeable.

- **Qué** is used to ask for general information, explanations, or definitions.

  ¿Qué es la lluvia ácida?
  What is acid rain?

  ¿Qué dijo?
  What did she say?

- **Cuál(es)** is used to ask for specific information or to choose from a limited set of possibilities. When referring to more than one item, the plural form **cuáles** is used.

  ¿Cuál es el problema?
  What is the problem?

  ¿Cuál de los dos prefieres,
  el desierto o el bosque?
  *Which of these (two) do you
  prefer, the desert or the forest?*

  ¿Cuáles son tus animales favoritos?
  What are your favorite animals?

  ¿Cuáles escogieron, los rojos o
  los azules?
  *Which ones did they choose,
  the red or the blue?*

- Often, either **qué** or **cuál(es)** may be used in the same sentence, but the meaning is different.

  ¿Qué quieres comer
  de postre?
  *What do you want to eat
  for dessert?*

  Tengo una manzana y una naranja.
  ¿Cuál quieres comer de postre?
  *I have an apple and an orange. Which
  one do you want to eat for dessert?*

- **Cuál(es)** is not used before nouns. **Qué** is used instead, regardless of the type of information requested.

  ¿Qué ideas tienen ustedes?
  What ideas do you have?

  ¿Qué regalo te gusta más?
  Which gift do you like better?

  ¿Peligro? **¿Qué** peligro?
  Danger? What danger?

  ¿Qué libros leyeron este verano?
  Which books did you read this summer?

- **Qué** and **cuál(es)** are sometimes used in declarative sentences that imply a question or unknown information.

  No sé **qué** hacer.
  I don't know what to do.

  Elena quiere saber **qué** pasó ayer
  por la mañana.
  *Elena wants to know what
  happened yesterday morning.*

  No sé **cuál** de los dos escoger.
  I don't know which of the two to choose.

  Él me preguntó **cuál** de las dos
  películas prefería.
  *He asked me which of the two
  movies I preferred.*

- **Qué** is also used frequently in exclamations. In this case it means *What...!* or *How...!*

  Señor Acosta, ¡**qué** gusto verlo de nuevo!
  Mr. Acosta, a pleasure to see you again!

  ¡**Qué** niño más irresponsable!
  What an irresponsible child!

  Mira esa luna llena, ¡**qué** bella!
  Look at that full moon. How beautiful!

  ¡**Qué** triste te ves!
  How sad you look!

Práctica

1 **Elige** Lee las preguntas y elige la opción correcta para cada una.

¿Qué	¿Cuál	¿Cuáles	
1. ☐	☐	☐	... de los dos es tu conejo?
2. ☐	☐	☐	... tipo de ave te gusta más?
3. ☐	☐	☐	... es la deforestación?
4. ☐	☐	☐	... son los problemas que te preocupan más?
5. ☐	☐	☐	... es tu lugar favorito?
6. ☐	☐	☐	... parques están contaminados?
7. ☐	☐	☐	... usaron, las limpias o las contaminadas?

2 **Completar** Completa las preguntas con **¿qué?** o **¿cuál(es)?**, según el contexto.

1. ¿_____ de los dos paisajes es tu favorito?

2. ¿_____ piensas del calentamiento global?

3. ¿_____ son tus animales favoritos?

4. ¿_____ haces para proteger el medio ambiente?

5. ¿_____ problema ecológico es el más importante?

6. ¿_____ son tus ovejas, las blancas o las negras?

7. ¿_____ es tu opinión sobre la deforestación de nuestros bosques?

8. ¿_____ fuentes alternativas de energía usas?

9. ¿_____ son las especies que están en peligro de extinción?

3 **Preguntas** Usa **¿qué?** o **¿cuál(es)?** para escribir la pregunta correspondiente a cada respuesta.

1. _____

El animal que más me gusta es el león.

2. _____

Este fin de semana quiero disfrutar del mar y el sol.

3. _____

Mis pasatiempos favoritos son nadar y salir con mis amigos.

4. _____

Opino que la contaminación de los mares debe detenerse.

5. _____

Éstas son las botellas que vamos a reciclar.

6. _____

El plato favorito de Rosa es el pollo con papas.

5.5

The neuter *lo*

- The definite articles **el, la, los,** and **las** modify masculine or feminine nouns. The neuter article **lo** is used to refer to concepts that have no gender.

Me están volviendo loco.
*¡Eso es **lo** que pasa!*

- In Spanish, the construction **lo** + [*masculine singular adjective*] is used to express general characteristics and abstract ideas. The English equivalent of this construction is *the* + [*adjective*] + *thing*.

  Lo difícil es promover el desarrollo económico sin contaminar.
  The difficult thing is to promote economic development without polluting.

  Este río está muy contaminado; **lo bueno** es que los vecinos
  se han organizado para limpiarlo bien y salvar los peces.
  This river is very polluted; the good thing is that the neighbors
  have organized themselves to clean it well and save the fish.

- To express the idea of *the most* or *the least,* **más** and **menos** can be added after **lo**. **Lo mejor** and **lo peor** mean *the best/worst* (*thing*).

  Para proteger el medio ambiente, **lo más importante** es conservar los recursos.
  To protect the environment, the most important thing is to conserve resources.

  ¡Aún no te he contado **lo peor** del viaje!
  I still haven't told you about the worst part of the trip!

- The construction **lo** + [*adjective* or *adverb*] + **que** is used to express the English *how* + [*adjective*]. In these cases, the adjective agrees in number and gender with the noun it modifies.

lo + [*adjective*] + **que**	**lo** + [*adverb*] + **que**

  ¿No te das cuenta de **lo bella que** eres?   Recuerda **lo bien que** te fue en su clase.
  Don't you realize how beautiful you are?   *Remember how well you did in his class.*

- **Lo que** is equivalent to the English *what, that, which*. It is used to refer to an abstract idea, or to a previously mentioned situation or concept.

  ¿Qué fue **lo que** más te gustó de tu viaje a Ecuador?
  What was the thing that you enjoyed most about your trip to Ecuador?

  Lo que más me gustó fue el paisaje.
  The thing I liked best was the scenery.

¡ATENCIÓN!

The phrase **lo** + [*adjective* or *adverb*] + **que** may be replaced by **qué** + [*adjective* or *adverb*].

No sabes *qué difícil* es hablar con él.
You don't know how difficult it is to talk to him.

Fíjense en *qué pronto* agotaremos los recursos.
Just think about how soon we'll use up our resources.

Práctica

1 **Completar** Completa las oraciones con **lo** o **lo que**.

1. Las grandes empresas no quieren aceptar _____ les piden los ecologistas.

2. _____ más peligroso es la destrucción de la capa de ozono.

3. ¿Me cuentas _____ se decidió en la reunión del grupo de conservación de parques?

4. _____ malo es que no se puede ver el paisaje desde aquí.

5. _____ piden sus hijos es que deje de cazar animales.

6. _____ positivo del proyecto es que vamos a tener muchos más árboles en la ciudad.

7. _____ me gusta de este lugar es que se respira aire puro.

2 **Opiniones** Combina las frases para formar oraciones que contengan la estructura **lo** + [*adjetivo/adverbio*] + **que**.

> **Modelo**   parecer mentira / qué poco te preocupas por el medio ambiente
> Parece mentira lo poco que te preocupas por el medio ambiente.

1. asombrarme / qué lejos está el centro de reciclaje

_____

2. sorprenderme / qué obediente es tu gato

_____

3. no poder creer / qué contaminado está el lago

_____

4. ser increíble / qué bien se vive en este pueblo

_____

5. ser una sorpresa / qué limpio conservan este bosque

_____

3 **La mascota** Julián se va de vacaciones y le ha pedido a su amigo Sergio que cuide de su mascota (*pet*). Usa frases de la lista para completar las recomendaciones que le da Julián a Sergio.

lo contaminado que	lo mejor	lo potable
lo interesante que	lo peor	lo que más
lo más		lo rápido que

1. _____ le gusta es tomar el sol.

2. _____ difícil es darle su ducha diaria.

3. Es increíble _____ es vivir con él.

4. _____ es cuando te despierta por las mañanas.

5. Ya verás _____ se hacen amigos.

6. _____ es que lo voy a extrañar mucho.

6.4 Adverbs

- Adverbs (**adverbios**) describe *how, when,* and *where* actions take place. They usually follow the verbs they modify and precede adjectives or other adverbs.

Habla **bien**.

Ana es **muy** interesante.

Escribe **tan** bien.

Te lo digo **fácilmente**.

Eso es **absolutamente** cierto.

Lo hizo **completamente** mal.

- Many Spanish adverbs are formed by adding the suffix **–mente** to the feminine singular form of an adjective. The **–mente** ending is equivalent to the English *-ly.*

Adjective	Feminine form	Suffix	Adverb
básico	**básica**	-mente	**básicamente** *basically*
cuidadoso	**cuidadosa**	-mente	**cuidadosamente** *carefully*
enorme	**enorme**	-mente	**enormemente** *enormously*
hábil	**hábil**	-mente	**hábilmente** *cleverly; skillfully*

- If two or more adverbs modify the same verb, only the final adverb uses the suffix **–mente**.

Se marchó **lenta** y **silenciosamente**.
He left slowly and silently.

Lo explicó **clara** y **cuidadosamente.**
She explained it clearly and carefully.

- The construction **con** + [*noun*] is often used instead of long adverbs that end in **–mente**.

cuidadosamente = con cuidado   frecuentemente = con frecuencia

- Here are some common adverbs and adverbial phrases:

a menudo *frequently; often*	**así** *like this; so*	**mañana** *tomorrow*
a tiempo *on time*	**ayer** *yesterday*	**más** *more*
a veces *sometimes*	**casi** *almost*	**menos** *less*
adentro *inside*	**de costumbre** *usually*	**muy** *very*
afuera *outside*	**de repente** *suddenly*	**por fin** *finally*
apenas *hardly; scarcely*	**de vez en cuando** *now and then*	**pronto** *soon*
aquí *here*		**tan** *so*

A veces salimos a tomar un café.
Sometimes we go out for coffee.

Casi terminé el libro.
I almost finished the book.

- The adverbs **poco** and **bien** frequently modify adjectives. In these cases, **poco** is often the equivalent of the English prefix *un-*, while **bien** means *well, very, rather* or *quite.*

La situación está **poco** clara.
The situation is unclear.

El plan estuvo **bien** pensado.
The plan was well thought out.

Práctica

1 **Adverbios** Escribe el adverbio que se deriva de cada adjetivo.

1. básico _____
2. feliz _____
3. fácil _____
4. inteligente _____
5. alegre _____

6. común _____
7. injusto _____
8. asombroso _____
9. insistente _____
10. silencioso _____

2 **Instrucciones para ser feliz** Completa cada oración de forma lógica con un adverbio derivado de un adjetivo de la lista.

cuidadoso	frecuente	malo	triste
enorme	inmediato	tranquilo	último

1. Tienes que amar a tu pareja _____.
2. Haz ejercicio _____.
3. Debes gastar el dinero _____.
4. Si eres injusto/a con alguien, debes pedir perdón _____.
5. Desayuna todas las mañanas _____.

3 **Recomendaciones** Los padres de Mario y Paola salieron de viaje por dos semanas. Lee las recomendaciones que les dejaron a los chicos pegadas en el refrigerador. Completa los espacios con un adverbio o expresión adverbial de la lista.

a menudo	adentro	así	mañana
a tiempo	afuera	de vez en cuando	tan

Lunes, 19 de octubre

1. Pasar la aspiradora _____.(¡Todos los días!)

2. Si llueve, meter los muebles del jardín _____.

3. Llegar a la escuela _____.

4. _____, llevar a Botitas al veterinario para su cita.

5. Dejar que el gato juegue _____ si no llueve.

6. Sólo ir _____ al centro comercial.

6.5

Diminutives and augmentatives

- Diminutives and augmentatives (**diminutivos y aumentativos**) are frequently used in conversational Spanish. They emphasize size or express shades of meaning like affection or ridicule. Diminutives and augmentatives are formed by adding a suffix to the root of nouns or adjectives (which agree in gender and number), and occasionally adverbs.

- The most common diminutive suffixes are forms of **–ito/a** and **–illo/a**.

> **Huguillo**, ¿me traes un **cafecito** con unos **panecillos**?
> *Little Hugo, would you bring me a little cup of coffee with a few rolls?*

> **Ahorita**, **abuelita**, se los preparo **rapidito**.
> *Right away, Granny, I'll have them ready in a jiffy.*

- Most words form the diminutive by adding **–ito/a** or **–illo/a**. For words ending in vowels (except **–e**), the last vowel is dropped before the suffix.

bajo → **baj**ito *very short; very quietly*	**ventana** → **ventan**illa *little window*
Miguel → **Miguel**ito *Mikey*	**campana** → **campan**illa *handbell*

- Most words that end in **–e**, **–n**, or **–r** use the forms **–cito/a** or **–cillo/a**. However, one-syllable words often use **–ecito/a** or **–ecillo/a**.

Carmen → **Carmen**cita *little Carmen*	**pan** → **pan**ecillo *roll*
amor → **amor**cito *sweetheart*	**pez** → **pec**ecito *little fish*

- The most common augmentative suffixes are forms of **–ón/–ona**, **–ote/–ota**, and **–azo/–aza**.

> Hijo, ¿por qué tienes ese **chichonazo** en la cabeza?
> *Son, how'd you get that huge bump on your head?*

> Le dije *panzón* al **gordote** de la otra cuadra, ¡y me dio un **golpetazo**!
> *I said* Fatty *to the big fat guy from the next block, and he really socked me one!*

- Most words form the augmentative by simply adding the suffix to the word. For words ending in vowels, the final vowel is usually dropped.

hombre → **hombr**ón *big man; tough guy*	**casa** → **cas**ona *big house; mansion*
perro → **perr**azo *big, scary dog*	**palabra** → **palabr**ota *swear word*

- Note that many feminine nouns become masculine in the augmentative when the suffix **–ón** is used, unless they refer specifically to someone's gender.

la silla → **el sill**ón *armchair*	**la mujer** → **la mujer**ona *big woman*
la mancha → **el manch**ón *large stain*	**la soltera** → **la solter**ona *old maid*

- In regions where diminutives and augmentatives are used heavily in conversational Spanish, double endings are frequently used for additional emphasis.

chico/a → **chiquito/a** → **chiquitito/a**	**grande** → **grandote/a** → **grandotote/a**

- Some words change meaning completely when a suffix is added.

manzana → **manzanilla**	**pera** → **perilla**
apple *camomile*	*pear* *goatee*

¡ATENCIÓN!

Diminutive and augmentative suffixes may vary from one region to another, and sometimes convey different meanings or connotations. For example, while **–ito/a** and **–illo/a** may both mean *small*, **–ito/a** may imply *cute, nice,* or *dear,* while **–illo** may be used lightly, depreciatively, or for things of little importance.

¡Ay, qué perrito más lindo!
Oh, what a cute little puppy!

¡Ay, qué perrillo más feo!
Oh, what an ugly little mutt!

¡ATENCIÓN!

Note the following spelling changes:

chico → **chiquillo**
amigo → **amiguito**
agua → **agüita**
luz → **lucecita**

¡ATENCIÓN!

The masculine suffix **–azo** can also mean *blow* or *shot.*

flecha → flech**azo** *arrow wound; love at first sight*
rodilla → rodill**azo** *a blow to the knee*

The letters **–t–** or **–et–** are occasionally added to the beginning of augmentative endings.

reggae → reggae**tón**
guapa → guape**tona**
golpe → golpe**tazo**

¡ATENCIÓN!

For words ending in **-s** (singular or plural), diminutive and augmentative endings precede the final **-s**.

besos → **besitos**

Práctica

1 **La carta** Completa el párrafo con la forma indicada de cada palabra. Haz los cambios que creas necesarios.

Querido (1) _____ (nieto, –ito):

Cuando yo era (2) _____ (pequeño, –ito) como tú, jugaba siempre en la calle. Mi (3) _____ (abuela, –ita) me decía que no fuera con los (4) _____ (amigos, –ote) de mi hermano porque ellos eran mayores que yo y eran (5) _____ (hombres, –ón). Yo entonces, era muy (6) _____ (cabeza, –ón) y nunca hacía lo que ella decía. Una tarde, estaba jugando al fútbol, y uno de ellos me dio un (7) _____ (rodilla, –azo) que me rompió la (8) _____ (nariz, –ota). Nunca más jugué con ellos, y desde entonces, sólo salí con mis (9) _____ (amigos, –ito). Espero que me vengas a visitar (10) _____ (pronto, –ito).

Tu abuelo César

2 **Completar** Completa las oraciones con el aumentativo o diminutivo que corresponde a la definición entre paréntesis.

1. ¿Por qué no les gusta a los profesores que los estudiantes digan _____ (palabras feas y desagradables)?

2. El _____ (perro pequeño) de mi novia es muy lindo y amistoso.

3. Ese abogado tiene una buena _____ (nariz grande) para adivinar los problemas de sus clientes.

4. Mis abuelos viven en una _____ (casa grande) muy vieja.

5. La cantante Samantha siempre lleva una _____ (flor pequeña) en el cabello.

6. El presidente del partido tiene una excelente _____ (cabeza grande) para memorizar sus discursos.

7. A mi _____ (hermana menor) le fascina ir a la playa y hacer excursiones en el campo.

3 **¿Qué palabra es?** Combina las palabras para formar diminutivos y aumentativos.

1. muy grande _____
2. lago pequeño _____
3. cuarto grande y amplio _____
4. sillas para niños _____
5. libro grande y grueso _____
6. gato bebé _____
7. hombre alto y fuerte _____
8. muy cerca _____
9. abuelo querido _____
10. soldados de juguete _____

7.4 Past participles used as adjectives

- Past participles are used with **haber** to form compound tenses, such as the present perfect and the past perfect, and with **ser** to express the passive voice. They are also frequently used as adjectives.

- When a past participle is used as an adjective, it agrees in number and gender with the noun it modifies.

  un proyecto complicado
  a complicated project

  una oficina bien organizada
  a well-organized office

  los trabajadores destacados
  the prominent workers

  las reuniones aburridas
  the boring meetings

- Past participles are often used with the verb **estar** to express a state or condition that results from the action of another verb. They frequently express physical or emotional states.

  Felicia, ¿**estás despierta?**
  Felicia, are you awake?

  No, **estoy dormida**.
  No, I'm asleep.

  Marco, **estoy enfadado**.
  ¿Por qué no depositaste los cheques?
  Marco, I'm furious.
  Why didn't you deposit the checks?

  Perdón, don Humberto.
  Es que el banco ya **estaba cerrado**.
  I'm sorry, Don Humberto.
  It's that the bank was already closed.

- Past participles may be used as adjectives with other verbs, as well.

  Empezó a llover y **llegué empapada** a la reunión.
  It started to rain and I arrived at the meeting soaking wet.

  Ese libro **es** tan **aburrido**.
  That book is so boring.

  Después de las vacaciones, **nos sentimos descansados**.
  After vacation, we felt rested.

  ¿Los documentos? Ya los **tengo corregidos**.
  The documents? I already have them corrected.

—*Si no baja de ahí,* **queda** *prácticamente* **despedido**.

- Note that past participles are often used as adjectives to describe physical or emotional states.

aburrido/a	confundido/a	enojado/a	muerto/a
(des)cansado/a	enamorado/a	estresado/a	sorprendido/a

Práctica

1 **Entrevista de trabajo** Julieta trabaja en Recursos Humanos y está preparando sus preguntas para los candidatos que va a entrevistar para un puesto en la empresa. Completa cada pregunta de Julieta con el participio del verbo entre paréntesis.

1. ¿Por qué crees que estás _____ (preparar) para este puesto?

2. ¿Estás _____ (informar) sobre nuestros productos?

3. ¿Te sientes _____ (sorprender) de todos los beneficios que ofrecemos?

4. ¿Por qué estás _____ (interesar) en este puesto en particular?

5. ¿Trajiste tu currículum _____ (escribir) en computadora?

6. ¿Cómo manejarás el estrés cuando ya estés _____ (contratar)?

2 **¿Cómo están ellos?** Mira las imágenes y relaciónalas con los verbos de la lista. Después completa cada frase usando **estar** + [*participio*].

| aburrir | enamorar | esconder | preparar |
| cansar | enojar | lastimar | sorprender |

1. Ellos _____
2. Juanito _____
3. Eva _____
4. Ellos _____
5. Marta _____

3 **Dicho de otra forma** Transforma las oraciones usando **estar** y el participio pasado del verbo correspondiente. Sigue el modelo.

Modelo **Envió las cartas.**
Las cartas están enviadas.

1. El enfermo se despertó.

2. Cubrieron todas las salidas.

3. No preparó el plan todavía.

4. Ya filmaron la película.

5. Por desgracia, rompieron su compromiso.

6. El bar abre sólo por la tarde.

7. Los dos se enamoraron profundamente.

8. Hizo su cama y guardó las cosas en su valija.

7.5

Time expressions with *hacer*

- In Spanish, the verb **hacer** is used to describe how long something has been happening or how long ago an event occurred.

Time expressions with **hacer**
PRESENT   **Hace** + [*period of time*] + **que** + [*verb in present tense*]
Hace tres semanas que busco trabajo.
I've been looking for work for three weeks.
PRETERITE   **Hace** + [*period of time*] + **que** + [*verb in the preterite*]
Hace seis meses que fueron a Bolivia.
They went to Bolivia six months ago.
IMPERFECT   **Hacía** + [*period of time*] + **que** + [*verb in the imperfect*]
Hacía treinta años que trabajaba con nosotros cuando por fin se jubiló.
He had been working with us for thirty years when he finally retired.

- To express the duration of an event that continues into the present, Spanish uses the construction **hace** + [*period of time*] + **que** + [*present tense verb*]. Note that **hace** does not change form.

¿Cuánto tiempo **hace que vives** en Paraguay?	**Hace** siete años **que vivo** en Paraguay.
How long have you lived in Paraguay?	*I've lived in Paraguay for seven years.*

- To make a sentence negative, add **no** before the conjugated verb. Negative time expressions with **hacer** often translate as *since* in English.

¿Hace mucho tiempo que **no** le dan un aumento de sueldo?	¡Uy, hace años que **no** me dan un aumento de sueldo!
Has it been a long time since they gave you a raise?	*It's been years since they gave me a raise!/ They haven't given me a raise in years!*

- To tell how long ago an event occurred, use **hace** + [*period of time*] + **que** + [*preterite tense verb*].

¿Cuánto tiempo **hace que** te **despidieron**?	**Hace cuatro días que** me **despidieron**.
How long ago were you fired?	*I was fired four days ago.*

- **Hacer** is occasionally used in the imperfect to describe how long an event had been happening before another event occurred. Note that both **hacer** and the conjugated verb use the imperfect.

Hacía dos años que no estudiaba español cuando decidió tomar otra clase.
She hadn't studied Spanish for two years when she decided to take another class.

¡ATENCIÓN!

The construction [*present tense verb*] + **desde hace** + [*period of time*] may also be used. **Desde** can be omitted.

Estudia español (desde) hace un año. *He's been studying Spanish for a year.*

No come chocolate (desde) hace un mes. *It's been a month since he ate chocolate.*

¡ATENCIÓN!

Expressions of time with **hacer** can also be used without **que**.

¿Hace cuánto (tiempo) te despidieron?

Me despidieron hace cuatro días.

Práctica

1 **Oraciones** Escribe oraciones utilizando expresiones de tiempo con **hacer**. Usa el tiempo presente en las oraciones 1 a 3 y el pretérito en las oraciones 4 a 6.

     Modelo   **Ana / hablar por teléfono / veinte minutos**
                  Hace veinte minutos que Ana habla por teléfono.

1. Roberto y Miguel / estudiar / tres horas

   _____

2. nosotros / estar enfermos / una semana

   _____

3. tú / trabajar en esta empresa / seis meses

   _____

4. Sergio / visitar Bolivia / un mes

   _____

5. yo / ir a Paraguay / un año

   _____

6. Esteban y Lisa / casarse / dos años

   _____

2 **Minidiálogos** Completa los minidiálogos con las palabras adecuadas.

1. **GRACIELA** ¿_____ tiempo hace que vives en esta ciudad?
    SUSANA Mmm... _____ dos años que _____ aquí.

2. **GUSTAVO** Hacía veinte años que Miguel _____ con nosotros cuando decidió jubilarse, ¿verdad?
    ARMANDO No, _____ quince años que trabajaba con nosotros cuando se jubiló.

3. **MARÍA** _____ a visitar a tu novia hace dos meses, ¿no?
    PEDRO Sí, _____ dos meses que fui a visitar a mi novia. ¡La extraño mucho!

4. **PACO** ¿Cuánto tiempo _____ que _____ español?
    ANA Estudio español _____ hace tres años.

3 **Preguntas** Responde a las preguntas con oraciones completas. Utiliza las palabras entre paréntesis.

1. ¿Cuánto tiempo hace que fuiste de vacaciones a la playa? (cinco años)

   _____

2. ¿Hace cuánto tiempo que estudias economía? (dos semanas)

   _____

3. ¿Cuánto tiempo hace que despidieron a Nicolás? (un mes)

   _____

4. ¿Cuánto tiempo hace que llegaron Irene y Natalia? (una hora)

   _____

5. ¿Hace cuánto tiempo que ustedes trabajan aquí? (cuatro días)

   _____

8.4

Prepositions: *a, hacia,* and *con*

- The preposition **a** can mean *to, at, for, upon, within, of, on, from,* or *by,* depending on the context. Sometimes it has no direct translation in English.

Fueron **al** cine.
They went to the movies.

Terminó **a** las doce.
It ended at midnight.

Lucy estaba **a** mi derecha.
Lucy was on my right.

Al llegar **a** casa, me sentí feliz.
Upon returning home, I felt happy.

- The preposition **a** introduces indirect objects.

Le mandó un mensaje de texto **a** su novio.
She sent a text message to her boyfriend.

Le prometió **a** María que saldrían el viernes.
He promised María they'd go out on Friday.

- When a direct object noun is a person (or a pet), it is preceded by the personal **a,** which has no equivalent in English. If the person in question is not specific, the personal **a** is omitted, except before the words **alguien, nadie, alguno/a,** and **ninguno/a.**

¿Viste **a** tus amigos?
Did you see your friends?

No, no he visto **a** nadie.
No, I haven't seen anyone.

Necesitamos un buen ingeniero.
We need a good engineer.

Conozco **a** una ingeniera excelente.
I know an excellent engineer.

- With movement, either literal or figurative, **hacia** means *toward* or *to.*

Él se dirige **hacia** Chile para ver el eclipse.
He is going to Chile to see the eclipse.

La actitud de René **hacia** él fue negativa.
René's attitude toward him was negative.

- With time, **hacia** means *approximately, around, about,* or *toward.*

Hacia la una de la mañana, vi una luz extraña en el cielo.
Around one o'clock in the morning, I saw a strange light in the sky.

Sus teorías se hicieron populares **hacia** la segunda mitad del siglo XX.
His theories became popular toward the second half of the twentieth century.

- The preposition **con** means *with.*

Trabajó **con** los mejores investigadores.
She worked with the best researchers.

Quiero una computadora **con** reproductor de DVD.
I want a computer with a DVD player.

- **Con** can also mean *but, even though,* or *in spite of* when used to convey surprise at an apparent conflict between two known facts.

No han podido descubrir la cura.
They've been unable to discover a cure.

¡**Con** todo el dinero que reciben!
In spite of all the money they get!

Some verbs require **a** when used with an infinitive, such as **aprender a, ayudar a, comenzar a, enseñar a, ir a,** and **volver a.**

Aprendí a manejar.
I learned to drive.
Me ayudó a arreglar el coche.
He helped me fix the car.

A + [*infinitive*] can be used as a command.

¡A comer! *Let's eat!*
¡A dormir! *To bed!*

There is no accent mark on the **i** in the preposition **hacia.** The stress falls on the first **a.** The word **hacía** is a form of the verb **hacer.**

Spanish adverbs are often expressed with **con** + [*noun*].

con cuidado *carefully (with care)*
con cariño *affectionately (with affection)*

Note the following contractions:

con + mí = conmigo

con + ti = contigo

con + Ud./él/ella = consigo

con + Uds./ellos/ellas = consigo

It is never correct to say "con mí" or "con ti," but it is possible to use **con él mismo/con ella misma** instead of **consigo.**

Práctica

1 **Unir** Elige el elemento de la segunda columna que completa correctamente cada frase de la primera columna.

1. La clase de ciencias comenzará _____   a. hacia la salida.
2. El químico se negó _____   b. con las noticias.
3. Trata de estar al día _____   c. con el café.
4. Cuando terminó el experimento, caminó _____   d. a la astrónoma.
5. Manchó la ropa _____   e. hacia mí fue muy positiva.
6. El reportero hizo reír _____   f. a realizar ese experimento.
7. La actitud de Alberto _____   g. hacia las nueve y media.

2 **Completar** Coloca la preposición **a** sólo en los casos que sea correcto.

1. Vio _____ la cámara digital que quiere comprar.
2. La astronauta salió _____ la calle.
3. Le presentó _____ la ingeniera el proyecto de construcción.
4. El periódico publicó _____ un artículo sobre el descubrimiento.
5. Vimos _____ un ovni anoche.
6. El matemático dio un informe _____ los periodistas.
7. _____ la investigadora no le gusta levantarse temprano.
8. ¿Conoces _____ un buen restaurante cerca de aquí?

3 **Oraciones** Escribe oraciones completas con los elementos dados. En cada una debes usar **a, con** o **hacia** por lo menos una vez. Haz los cambios que creas necesarios.

1. estrella fugaz / estarse moviendo / ese planeta

_____

2. biólogo / hablar / jefe / laboratorio

_____

3. hace dos días / químico / salir / comer / científica

_____

4. nosotros / enseñarle / teoría / grupo

_____

5. yo / compartir / información / mis compañeros

_____

6. ayer / María / darle / contraseña / Manuel

_____

7. anoche / ovni / volar / bosque

_____

8. tú / grabar / CD / fotos de la fiesta

_____

8.5

Prepositions: *de, desde, en, entre, hasta,* and *sin*

- **De** often corresponds to *of* or the possessive endings *'s/s'* in English.

Uses of de					
Possession	**Description**	**Material**	**Position**	**Origin**	**Contents**
la superficie del sol *the sun's surface*	**la fórmula de larga duración** *the long-lasting formula*	**el recipiente de vidrio** *the glass container*	**la pantalla de enfrente** *the facing screen*	**El científico es de Perú.** *The scientist is from Peru.*	**el vaso de agua destilada** *the glass of distilled water*

- **Desde** expresses direction *(from)* and time *(since).*

El cohete viajó **desde** la Tierra a la Luna.
The rocket traveled from the Earth to the Moon.

No hemos oído de ellos **desde** el martes.
We haven't heard from them since Tuesday.

- **En** corresponds to several English prepositions, such as *in, on, into, onto, by,* and *at.*

El microscopio está **en** la mesa.
The microscope is on the table.

El profesor entró **en** la clase.
The professor went into the classroom.

Los resultados se encuentran **en** el cuaderno.
The results can be found in the notebook.

Luisa y Marta se encontraron **en** el museo.
Luisa and Marta met at the museum.

- **Entre** generally corresponds to the English prepositions *between* and *among.*

entre 1976 y 1982
between 1976 and 1982

entre ellos
among themselves

- **Entre** is not followed by **ti** and **mí**, the usual pronouns that serve as objects of prepositions. Instead, the subject pronouns **tú** and **yo** are used.

Entre tú y yo... *Between you and me . . .*

- **Hasta** corresponds to *as far as* in spatial relationships, *until* in time relationships, and *up to* for quantities. It can also be used as an adverb to mean *even* or *including.*

Avanzaron **hasta** las murallas del palacio.
They advanced as far as the palace walls.

Hasta 1898, Cuba fue colonia de España.
Until 1898, Cuba was a colony of Spain.

Haremos **hasta** veinte experimentos.
We'll do up to twenty experiments.

Hasta el presidente quedó sorprendido.
Even the president was surprised.

- **Sin** corresponds to *without* in English. It is often followed by a noun, but it can also be followed by the infinitive form of a verb.

No veo nada **sin** los lentes.
I can't see a thing without glasses.

Lo hice **sin** pensar.
I did it without thinking.

Práctica

1 **Completar** Completa cada oración con la opción correcta.

1. _____ la patente no podremos vender nuestro invento.
   a. En   b. Hasta   c. Sin

2. Una computadora como ésta puede costar _____ tres mil dólares.
   a. hasta   b. sin   c. en

3. ¿Estás segura de que el ovni va a aterrizar _____ nuestro jardín?
   a. de   b. en   c. sin

4. Nos vemos a las once en el laboratorio _____ biología.
   a. entre   b. de   c. desde

5. _____ mi ventana vi una estrella fugaz y pedí un deseo.
   a. Desde   b. En   c. Hasta

6. Este descubrimiento debe quedar sólo _____ tú y yo.
   a. entre   b. de   c. desde

2 **Un artículo** Completa el texto con las preposiciones **de, desde** o **en**.

(1) _____ la Tierra puedes ver hasta 3.000 estrellas. (2) _____ una noche clara también puedes ver una nube (3) _____ estrellas llamada Vía Láctea. Podrás descubrir rayos (*rays*) (4) _____ luz que se llaman estrellas fugaces. La estrella que está más cerca (5) _____ la Tierra es el Sol. (6) _____ el Sol hasta la Tierra hay unos 150 millones (7) _____ kilómetros.

¿Sabías que (8) _____ los inicios de la humanidad los hombres creían que el Sol era una pelota (9) _____ fuego? Los chinos, por ejemplo, pensaban que el Sol había salido (10) _____ la boca (11) _____ un dragón.

(12) _____ el Sol llegan a la Tierra diferentes tipos (13) _____ rayos. La capa (14) _____ ozono no deja pasar los rayos ultravioleta que son peligrosos para la salud (15) _____ personas, animales y plantas. Por eso, los agujeros (*holes*) (16) _____ la capa (17) _____ ozono se estudian constantemente (18) _____ los laboratorios científicos.

3 **La hipótesis** Completa las oraciones con las preposiciones **entre, hasta** o **sin**.

1. Hay varias hipótesis sobre el origen de los humanos en el continente americano. _____ ellas, la del antropólogo argentino Florentino Ameghino.

2. Ameghino decía que la especie humana se había originado en América. Hoy sabemos que Ameghino formuló esa idea _____ demasiados fundamentos.

3. _____ mediados del siglo XX, aún no se había encontrado en América ningún rastro de humanos parecidos al Neandertal.

4. _____ todos los esqueletos encontrados, no hay ninguno que se diferencie mucho del de los humanos modernos.

5. _____ embargo, sí se han encontrado restos (*remains*) de animales extintos desde hace cientos de miles de años.

6. _____ ellos están el mastodonte de Ecuador, un bisonte (*bison*) fósil y un elefante antiguo.

9.4 Transitional expressions

- Transitional words and phrases express the connections between ideas and details.

*—Esto se los digo en un sentido figurado, **porque** nuestro querido hermano Efrén fue un alma llena de bondad y bonhomía.*

- Many transitional words and phrases function to narrate time and sequence.

al final *at the end, in the end*	**hoy** *today*
al mismo tiempo *at the same time*	**luego** *then, next*
al principio *in the beginning*	**mañana** *tomorrow*
anteayer *the day before yesterday*	**mientras** *while*
antes (de) *before*	**pasado mañana** *the day after tomorrow*
ayer *yesterday*	**por fin** *finally*
después (de) *after, afterward*	**primero** *first*
entonces *then, at that time*	**segundo** *second*
finalmente *finally*	**siempre** *always*

- Several other transitional expressions compare or contrast ideas and details.

además *furthermore*	**ni... ni...** *neither. . . nor. . .*
al contrario *on the contrary*	**o... o...** *either. . . or. . .*
al mismo tiempo *at the same time*	**por otra parte/otro lado** *on the other hand*
aunque *although*	
con excepción de *with the exception of*	**por un lado... por el otro...** *on one hand. . . on the other. . .*
de la misma manera *similarly*	
del mismo modo *similarly*	**por una parte... por la otra...** *on one hand. . . on the other. . .*
igualmente *likewise*	**sin embargo** *however, yet*
mientras que *meanwhile, whereas*	**también** *also*

- Transitional expressions are also used to express cause and effect relationships.

así que *so; therefore*	**por consiguiente** *therefore*
como *since*	**por eso** *therefore*
como resultado (de) *as a result (of)*	**por esta razón** *for this reason*
dado que *since*	**por lo tanto** *therefore*
debido a *due to*	**porque** *because*

Práctica

1 **Ordena los hechos** Reconstruye el orden de los hechos asignando un número para cada uno. Ten en cuenta las expresiones de transición.

_____ a. Primero envié mi currículum por correo.

_____ b. Después de la entrevista, el gerente se despidió muy contento.

_____ c. Antes de la entrevista, tuve que escribir una carta de presentación.

_____ d. Al principio de la entrevista, el gerente de la empresa me pidió la carta y la leyó.

_____ e. Mañana empiezo a trabajar.

_____ f. Luego, el gerente me recibió en su oficina.

_____ g. Finalmente el gerente alabó mi experiencia y mi disposición.

_____ h. Dos semanas después, me citaron para una entrevista con el gerente.

2 **Escoge** Completa las oraciones con una de las opciones entre paréntesis.

1. Me gustan las actividades al aire libre, _____ (sin embargo / por eso) voy a esquiar todos los inviernos.

2. Eres aficionado al boliche y, _____ (por esta razón / por otra parte), te encanta leer.

3. Jugamos con todo el corazón y _____ (sin embargo / debido a eso) perdimos el partido.

4. Me lastimé el pie _____ (como resultado / con excepción) de la carrera.

5. Después de dos meses de búsqueda, _____ (como / por fin) conseguí entradas para el concierto.

6. Es un aguafiestas, _____ (mientras que / por consiguiente) no fue a la feria con nosotros.

7. Julia fue al teatro anoche, pero _____ (ni / además) se divirtió _____ (también / ni) aplaudió.

3 **Completar** Marcos acaba de regresar de un viaje por Argentina. Completa su relato con las expresiones de la lista. Puedes usar algunas expresiones más de una vez.

además	del mismo modo	por eso
al contrario	mientras que	por un lado
debido a eso	por el otro	sin embargo

Hoy estoy muy contento, (1) _____ ven en mi cara una sonrisa. ¡Hice un viaje maravilloso por Argentina! (2) _____, no fue estresante, (3) _____, descansé mucho. Mi paseo fue muy variado, (4) _____, pasé varios días en Buenos Aires y (5) _____, recorrí la pampa argentina, donde hice muchos amigos. Buenos Aires es una ciudad llena de historia, (6) _____ su carácter contemporáneo la mantiene entre las capitales más activas de Suramérica.

(7) _____, todo lo que empieza tiene que acabar y mi viaje terminó antes de lo que esperaba, (8) _____, pienso volver el próximo año.

10.4

Pero vs. *sino*

—*Fue una linda ceremonia,*
pero *no tengo ninguna foto.*

El abuelo no quería ser enterrado
en Candela, ***sino*** *en Palos Verdes.*

- In Spanish, both **pero** and **sino** are used to introduce contradictions or qualifications, but the two words are not interchangeable.

- **Pero** means *but* (in the sense of *however*). It may be used after either affirmative or negative clauses.

  Votaré por este partido, **pero** no me gusta su candidato.
  I will vote for this party, but I don't like its candidate.

  Él no decía que era religioso, **pero** siempre iba a misa.
  He didn't say he was religious, but he always went to mass.

- **Sino** also means *but* (in the sense of *but rather* or *on the contrary*). It is used only after negative clauses. **Sino** introduces a contradicting idea that clarifies or qualifies the previous information.

  No me interesan las excusas, **sino** las soluciones.
  I'm not interested in excuses, but rather in solutions.

  La casa **no** está en el centro de la ciudad, **sino** en las afueras.
  The house is not in the center of the city, but rather in the outskirts.

- When **sino** is used before a conjugated verb, the conjunction **que** is added.

  No quiero que vayas a la fiesta, **sino que** hagas tu tarea.
  I don't want you to go to the party, but to do your homework instead.

  No iba a su casa, **sino que** se quedaba en la capital.
  She was not going home, but was staying in the capital instead.

- *Not only… but also* is expressed with the phrase **no sólo… sino (que) también/además**.

  No sólo quiero pastel, **sino también** quiero helado.
  I not only want cake, but I also want ice cream.

- The phrase **pero tampoco** means *but neither* or *but not either*.

  No apoyan la globalización, **pero tampoco** son aislacionistas.
  They don't support globalization, but they're not isolationists either.

Práctica

1 **Columnas** Completa cada oración con la opción correcta de la segunda columna.

1. Sofía no quiere viajar mañana y Marta _____.

2. Mi compañero de cuarto no es de Madrid, _____ de Barcelona.

3. Mis padres querían que yo trabajara, _____ yo me fui de viaje a Europa.

4. No fui al partido de fútbol, _____ fui al concierto de rock.

a. pero

b. pero tampoco

c. sino

d. tampoco

2 **Completar** Completa cada oración con **no sólo, pero, sino (que)** o **tampoco**.

1. Las cartas no llegaron el miércoles, _____ el jueves.

2. Mis amigos no quieren ir al cine esta noche y yo _____.

3. No me gusta conducir por la noche, _____ te llevaré a la fiesta en mi carro.

4. Carlos no me llamaba por teléfono, _____ me enviaba correos electrónicos con frecuencia.

5. Yo _____ esperaba aprobar el examen, _____ también sacar una A.

6. Mis amigos no pensaban votar en las próximas elecciones, _____ yo los convencí para que lo hicieran.

7. Quiero aclarar que Juan no llegó temprano, _____ muy tarde.

3 **El mundo de hoy** Dos amigos están hablando sobre su visión del mundo contemporáneo. Uno es muy optimista y el otro es pesimista. Completa la conversación.

no sólo	sino
pero	sino que
pero tampoco	

TOMÁS El mundo de hoy es muy complejo, (1) _____ hay que reconocer que hemos avanzado mucho.

FELIPE Yo no estoy de acuerdo. Me da la sensación de que últimamente (2) _____ hemos avanzado poco, (3) _____ vamos para atrás.

TOMÁS ¡Cómo puedes decir eso, Felipe!

FELIPE El mundo no es (4) _____ consumismo en los países ricos y miseria en los países pobres.

TOMÁS Ése es un problema grave, (5) _____ creo que esa miseria ya existía antes. Acepto que tienes razón, (6) _____ vas a negar que hay inventos que han mejorado nuestra calidad de vida.

FELIPE La verdad es que yo no podría vivir sin el teléfono, el automóvil o la electricidad.

TOMÁS Pues a eso me refería yo.

Verb conjugation tables

Below you will find the infinitive of the verbs introduced as active vocabulary in **IMAGINA**, as well as other common verbs. Each verb is followed by a model verb conjugated on the same pattern. The number in parentheses indicates where in the verb tables, pages **414–421**, you can find the conjugated forms of the model verb. Many of these verbs can be used reflexively. To check the verb conjugation, use the tables on pages **414–421**. For placement of the reflexive pronouns, see page **422**.

abandonar like hablar (1)
abastecer (c:zc) like conocer (35)
abrazar (z:c) like cruzar (37)
abrir like vivir (3) *except* past participle is abierto
aburrir like vivir (3)
abusar like hablar (1)
acabar like hablar (1)
acariciar like hablar (1)
acercar (c:qu) like tocar (43)
acordar (o:ue) like contar (24)
acosar like hablar (1)
acostar (o:ue) like contar (24)
acostumbrar like hablar (1)
actuar like graduar (40)
acudir like vivir (3)
adaptar like hablar (1)
adivinar like hablar (1)
adjuntar like hablar (1)
administrar like hablar (1)
afeitar like hablar (1)
afligir (g:j) like proteger (42) for consonant change only
agotar like hablar (1)
agradecer (c:zc) like conocer (35)
aguantar like hablar (1)
ahogar (g:gu) like llegar (41)
ahorrar like hablar (1)
alcanzar (z:c) like cruzar (37)
alejar like hablar (1)
alimentar like hablar (1)
aliviar like hablar (1)
amanecer (c:zc) like conocer (35)
amar like hablar (1)
amenazar (z:c) like cruzar (37)
andar like hablar (1) *except* preterite stem is anduv-
animar like hablar (1)
anotar like hablar (1)
anticipar like hablar (1)
añadir like vivir (3)
aparcar (c:qu) like tocar (43)
aplaudir like vivir (3)
apostar (o:ue) like contar (24)
apoyar like hablar (1)
aprender like comer (2)
aprobar (o:ue) like contar (24)

aprovechar like hablar (1)
apuntar like hablar (1)
arreglar like hablar (1)
arrepentir (e:ie) like sentir (33)
arriesgar (g:gu) like llegar (41)
arruinar like hablar (1)
ascender (e:ie) like entender (27)
asimilar like hablar (1)
asistir like vivir (3)
aterrizar (z:c) like cruzar (37)
atraer like traer (21)
atrever like comer (2)
aumentar like hablar (1)
averiguar like hablar (1)
ayudar like hablar (1)
bailar like hablar (1)
bajar like hablar (1)
bañar like hablar (1)
batir like vivir (3)
beber like comer (2)
besar like hablar (1)
borrar like hablar (1)
brindar like hablar (1)
burlar like hablar (1)
buscar (c:qu) like tocar (43)
caber (4)
caer (5)
callar like hablar (1)
cambiar like hablar (1)
caminar like hablar (1)
capacitar like hablar (1)
casar like hablar (1)
castigar (g:gu) like llegar (41)
cazar (z:c) like cruzar (37)
ceder like comer (2)
celebrar like hablar (1)
cepillar like hablar (1)
cerrar (e:ie) like pensar (30)
chantajear like hablar (1)
charlar like hablar (1)
clonar like hablar (1)
cobrar like hablar (1)
coleccionar like hablar (1)
colocar (c:qu) like tocar (43)
comer (2)
cometer like comer (2)

compartir like vivir (3)
comportar like hablar (1)
comprar like hablar (1)
comprobar (o:ue) like contar (24)
compulsar like hablar (1)
conducir (c:zc) (6)
confiar like enviar (39)
congelar like hablar (1)
conocer (c:zc) (35)
conquistar like hablar (1)
conseguir (e:i) (gu:g) like seguir (32)
conservar like hablar (1)
considerar like hablar (1)
construir (y) like destruir (38)
consultar like hablar (1)
consumir like vivir (3)
contagiar like hablar (1)
contaminar like hablar (1)
contar (o:ue) (24)
contentar like hablar (1)
contratar like hablar (1)
contribuir (y) like destruir (38)
construir (y) like destruir (38)
convencer (c:z) like vencer (44)
conversar like hablar (1)
convertir (e:ie) like sentir (33)
convivir like vivir (3)
convocar (c:qu) like tocar (43)
cooperar like hablar (1)
coquetear like hablar (1)
correr like comer (2)
cortar like hablar (1)
crear like hablar (1)
crecer (c:zc) like conocer (35)
creer (y) (36)
criar like enviar (39)
cruzar (z:c) (37)
cubrir like vivir (3) *except* past participle is cubierto
cuidar like hablar (1)
cultivar like hablar (1)
curar like hablar (1)
dañar like hablar (1)
dar (7)
deber like comer (2)
decir (e:i) (8)

dedicar (c:qu) like tocar (43)
defender (e:ie) like entender (27)
dejar like hablar (1)
depositar like hablar (1)
derogar (g:gu) like llegar (41)
derretir (e:i) like pedir (29)
derrocar (c:qu) like tocar (43)
derrotar like hablar (1)
desafiar like enviar (39)
desaparecer (c:zc) like conocer (35)
desaprovechar like hablar (1)
desarrollar like hablar (1)
descargar (g:gu) like llegar (41)
desconfiar like enviar (39)
descongelar like hablar (1)
descubrir like vivir (3) *except* past participle is descubierto
desmayar like hablar (1)
despedir (e:i) like pedir (29)
despertar (e:ie) like pensar (30)
despreciar like hablar (1)
destacar (c:qu) like tocar (43)
destrozar (z:c) like cruzar (37)
destruir (y) (38)
detener (e:ie) like tener (20)
difundir like vivir (3)
dirigir (g:j) like proteger (42) for consonant change only
disculpar like hablar (1)
discutir like vivir (3)
disentir (e:ie) like sentir (33)
diseñar like hablar (1)
disfrutar like hablar (1)
disimular like hablar (1)
disminuir (y) like destruir (38)
disparar like hablar (1)
disponer like poner (15)
distinguir (gu:g) like extinguir (46)
divertir (e:ie) like sentir (33)
divorciar like hablar (1)
doblar like hablar (1)
dominar like hablar (1)
dormir (o:ue) (25)
duchar like hablar (1)
echar like hablar (1)
ejercer (c:z) like vencer (44)

elegir (e:i) like pedir (29) *except* (g:j) before a and o

emigrar like hablar (1)

empatar like hablar (1)

empeorar like hablar (1)

empezar (e:ie) (z:c) (26)

enamorar like hablar (1)

encabezar (z:c) like cruzar (37)

encarcelar like hablar (1)

engañar like hablar (1)

enojar like hablar (1)

enriquecer (c:zc) like conocer (35)

enrojecer (c:zc) like conocer (35)

ensayar like hablar (1)

enseñar like hablar (1)

entender (e:ie) (27)

enterar like hablar (1)

enterrar (e:ie) like pensar (30)

entretener (e:ie) like tener (20)

entrevistar like hablar (1)

enviar (39)

esconder like comer (2)

escribir like vivir (3) *except* past participle is escrito

esparcir (c:z) (45)

espiar like enviar (39)

establecer (c:zc) like conocer (35)

estar (9)

estrenar like hablar (1)

exigir (g:j) like proteger (42) for consonant change only

experimentar like hablar (1)

explorar like hablar (1)

exportar like hablar (1)

expulsar like hablar (1)

extinguir (gu:g) (46)

extrañar like hablar (1)

fabricar (c:qu) like tocar (43)

festejar like hablar (1)

fijar like hablar (1)

filmar like hablar (1)

financiar like hablar (1)

firmar like hablar (1)

flotar like hablar (1)

fortalecer (c:zc) like conocer (35)

ganar like hablar (1)

garantizar (z:c) like cruzar (37)

gastar like hablar (1)

gobernar (e:ie) like pensar (30)

golpear like hablar (1)

gozar (z:c) like cruzar (37)

grabar like hablar (1)

graduar (40)

gritar like hablar (1)

guardar like hablar (1)

guiar like enviar (39)

haber (10)

hablar (1)

hacer (11)

heredar like hablar (1)

homenajear like hablar (1)

huir (y) like destruir (38)

hundir like vivir (3)

incorporar like hablar (1)

incluir (y) like destruir (38)

independizar (z:c) like cruzar (37)

indicar (c:qu) like tocar (43)

influir (y) like destruir (38)

integrar like hablar (1)

intentar like hablar (1)

intercambiar like hablar (1)

intoxicar (c:qu) like tocar (43)

inventar like hablar (1)

invertir (e:ie) like sentir (33)

investigar (g:gu) like llegar (41)

ir (12)

jubilar like hablar (1)

jugar (u:ue) (g:gu) (28)

jurar like hablar (1)

juzgar (g:gu) like llegar (41)

lamentar like hablar (1)

lastimar like hablar (1)

lavar like hablar (1)

leer (y) like creer (36)

levantar like hablar (1)

ligar (g:gu) like llegar (41)

llegar (g:gu) (41)

llevar like hablar (1)

lograr like hablar (1)

luchar like hablar (1)

madrugar (g:gu) like llegar (41)

malcriar like enviar (39)

malgastar like hablar (1)

maquillar like hablar (1)

marcar (c:qu) like tocar (43)

marchar like hablar (1)

marear like hablar (1)

matar like hablar (1)

mejorar like hablar (1)

merecer (c:zc) like conocer (35)

meter like comer (2)

mezclar like hablar (1)

mimar like hablar (1)

morir (o:ue) like dormir (25) *except* past participle is muerto

mudar like hablar (1)

navegar (g:gu) like llegar (41)

obedecer (c:zc) like conocer (35)

odiar like hablar (1)

oír (y) (13)

olvidar like hablar (1)

opinar like hablar (1)

oprimir like vivir (3)

otorgar (g:gu) like llegar (41)

parar like hablar (1)

parecer (c:zc) like conocer (35)

partir like vivir (3)

pasar like hablar (1)

pasear like hablar (1)

patear like hablar (1)

pedir (e:i) (29)

pegar (g:gu) like llegar (41)

peinar like hablar (1)

pelear like hablar (1)

pensar (e:ie) (30)

perder (e:ie) like entender (27)

perdonar like hablar (1)

pertenecer (c:zc) like conocer (35)

planificar (c:qu) like tocar (43)

plantar like hablar (1)

poblar (o:ue) like contar (24)

podar like hablar (1)

poder (o:ue) (14)

poner (15)

portar like hablar (1)

predecir (e:i) like decir (8)

preguntar like hablar (1)

preocupar like hablar (1)

prescindir like vivir (3)

presenciar like hablar (1)

prestar like hablar (1)

prevenir (e:ie) like venir (22)

producir (c:zc) like conducir (6)

promover (o:ue) like volver (34) *except* past participle is regular

promulgar (g:gu) like llegar (41)

proteger (g:j) (42)

protestar like hablar (1)

publicar (c:qu) like tocar (43)

quedar like hablar (1)

quejar like hablar (1)

quemar like hablar (1)

querer (e:ie) (16)

quitar like hablar (1)

realizar (z:c) like cruzar (37)

rechazar (z:c) like cruzar (37)

recibir like vivir (3)

reciclar like hablar (1)

reconocer (c:zc) like conocer (35)

recorrer like comer (2)

reemplazar (z:c) like cruzar (37)

regañar like hablar (1)

regresar like hablar (1)

reír (e:i) (31)

relajar like hablar (1)

remodelar like hablar (1)

renunciar like hablar (1)

residir like vivir (3)

resistir like vivir (3)

resolver (o:ue) like volver (34)

respetar like hablar (1)

respirar like hablar (1)

reunir like vivir (3)

robar like hablar (1)

rodar (o:ue) like contar (24)

rodear like hablar (1)

romper like comer (2) *except* past participle is roto

rumorear like hablar (1)

saber (17)

sacrificar (c:qu) like tocar (43)

salir (18)

saltar like hablar (1)

salvar like hablar (1)

secar (c:qu) like tocar (43)

secuestrar like hablar (1)

seguir (e:i) (gu:g) (32)

sellar like hablar (1)

sembrar (e:ie) like pensar (30)

sentir (e:ie) (33)

señalar like hablar (1)

ser (19)

serrar (e:ie) like pensar (30)

significar (c:qu) like tocar (43)

silbar like hablar (1)

simbolizar (z:c) like cruzar (37)

sobresalir like salir (18)

sobrevivir like vivir (3)

solicitar like hablar (1)

soñar (o:ue) like contar (24)

soportar like hablar (1)

sorprender like comer (2)

sospechar like hablar (1)

subir like vivir (3)

subscribir like vivir (3) *except* past participle is subscrito

suceder like comer (2)

superar like hablar (1)

surgir (g:j) like proteger (42) for consonant change only

sustituir (y) like destruir (38)

tardar like hablar (1)

tener (e:ie) (20)

titular like hablar (1)

tocar (c:qu) (43)

tomar like hablar (1)

traducir (c:zc) like conducir (6)

traer (21)

transmitir like vivir (3)

trasladar like hablar (1)

trasnochar like hablar (1)

tratar like hablar (1)

urbanizar (z:c) like cruzar (37)

valer like tener (20) *except* no stem change, regular preterite and regular imperative

valorar like hablar (1)

vencer (c:z) (44)

vender like comer (2)

vengar (g:gu) like llegar (41)

venir (e:ie) (22)

ver (23)

vestir (e:i) like pedir (29)

viajar like hablar (1)

vigilar like hablar (1)

vivir (3)

volar (o:ue) like contar (24)

voltear like hablar (1)

volver (o:ue) (34)

votar like hablar (1)

Verb conjugation tables

Regular verbs: simple tenses

Infinitive	INDICATIVE Present	Imperfect	Preterite	Future	Conditional	SUBJUNCTIVE Present	Past	IMPERATIVE
1 hablar **Participles:** hablando hablado	hablo hablas habla hablamos habláis hablan	hablaba hablabas hablaba hablábamos hablabais hablaban	hablé hablaste habló hablamos hablasteis hablaron	hablaré hablarás hablará hablaremos hablaréis hablarán	hablaría hablarías hablaría hablaríamos hablaríais hablarían	hable hables hable hablemos habléis hablen	hablara hablaras hablara habláramos hablarais hablaran	habla tú (no hables) hable Ud. hablemos hablad (no habléis) hablen Uds.
2 comer **Participles:** comiendo comido	como comes come comemos coméis comen	comía comías comía comíamos comíais comían	comí comiste comió comimos comisteis comieron	comeré comerás comerá comeremos comeréis comerán	comería comerías comería comeríamos comeríais comerían	coma comas coma comamos comáis coman	comiera comieras comiera comiéramos comierais comieran	come tú (no comas) coma Ud. comamos comed (no comáis) coman Uds.
3 vivir **Participles:** viviendo vivido	vivo vives vive vivimos vivís viven	vivía vivías vivía vivíamos vivíais vivían	viví viviste vivió vivimos vivisteis vivieron	viviré vivirás vivirá viviremos viviréis vivirán	viviría vivirías viviría viviríamos viviríais vivirían	viva vivas viva vivamos viváis vivan	viviera vivieras viviera viviéramos vivierais vivieran	vive tú (no vivas) viva Ud. vivamos vivid (no viváis) vivan Uds.

All verbs: compound tenses

PERFECT TENSES

INDICATIVE Present Perfect		Past Perfect		Future Perfect		Conditional Perfect	
he has ha hemos habéis han	hablado comido vivido	había habías había habíamos habíais habían	hablado comido vivido	habré habrás habrá habremos habréis habrán	hablado comido vivido	habría habrías habría habríamos habríais habrían	hablado comido vivido

SUBJUNCTIVE Present Perfect		Past Perfect	
haya hayas haya hayamos hayáis hayan	hablado comido vivido	hubiera hubieras hubiera hubiéramos hubierais hubieran	hablado comido vivido

PROGRESSIVE TENSES

	INDICATIVE				SUBJUNCTIVE	
	Present Progressive	Past Progressive	Future Progressive	Conditional Progressive	Present Progressive	Past Progressive
	estoy	estaba	estaré	estaría	esté	estuviera
	estás	estabas	estarás	estarías	estés	estuvieras
	está hablando	estaba hablando	estará hablando	estaría hablando	esté hablando	estuviera hablando
	estamos comiendo	estábamos comiendo	estaremos comiendo	estaríamos comiendo	estemos comiendo	estuviéramos comiendo
	estáis viviendo	estabais viviendo	estaréis viviendo	estaríais viviendo	estéis viviendo	estuvierais viviendo
	están	estaban	estarán	estarían	estén	estuvieran

Irregular verbs

Infinitive	INDICATIVE					SUBJUNCTIVE		IMPERATIVE
	Present	Imperfect	Preterite	Future	Conditional	Present	Past	
4 caber	**quepo**	cabía	**cupe**	**cabré**	**cabría**	**quepa**	**cupiera**	
	cabes	cabías	**cupiste**	**cabrás**	**cabrías**	**quepas**	**cupieras**	cabe tú (no **quepas**)
Participles:	cabe	cabía	**cupo**	**cabrá**	**cabría**	**quepa**	**cupiera**	**quepa** Ud.
cabiendo	cabemos	cabíamos	**cupimos**	**cabremos**	**cabríamos**	**quepamos**	**cupiéramos**	**quepamos**
cabido	cabéis	cabíais	**cupisteis**	**cabréis**	**cabríais**	**quepáis**	**cupierais**	cabed (no **quepáis**)
	caben	cabían	**cupieron**	**cabrán**	**cabrían**	**quepan**	**cupieran**	**quepan** Uds.
5 caer	**caigo**	caía	caí	caeré	caería	**caiga**	**cayera**	
	caes	caías	**caíste**	caerás	caerías	**caigas**	**cayeras**	cae tú (no **caigas**)
Participles:	cae	caía	**cayó**	caerá	caería	**caiga**	**cayera**	**caiga** Ud. (no **caiga**)
cayendo	caemos	caíamos	**caímos**	caeremos	caeríamos	**caigamos**	**cayéramos**	**caigamos**
caído	caéis	caíais	**caísteis**	caeréis	caeríais	**caigáis**	**cayerais**	caed (no **caigáis**)
	caen	caían	**cayeron**	caerán	caerían	**caigan**	**cayeran**	**caigan** Uds.
6 conducir	**conduzco**	conducía	**conduje**	conduciré	conduciría	**conduzca**	**condujera**	
(c:zc)	conduces	conducías	**condujiste**	conducirás	conducirías	**conduzcas**	**condujeras**	conduce tú (no **conduzcas**)
Participles:	conduce	conducía	**condujo**	conducirá	conduciría	**conduzca**	**condujera**	**conduzca** Ud. (no **conduzca**)
conduciendo	conducimos	conducíamos	**condujimos**	conduciremos	conduciríamos	**conduzcamos**	**condujéramos**	**conduzcamos**
conducido	conducís	conducíais	**condujisteis**	conduciréis	conduciríais	**conduzcáis**	**condujerais**	conducid (no **conduzcáis**)
	conducen	conducían	**condujeron**	conducirán	conducirían	**conduzcan**	**condujeran**	**conduzcan** Uds.

	INDICATIVE					SUBJUNCTIVE		IMPERATIVE
Infinitive	Present	Imperfect	Preterite	Future	Conditional	Present	Past	

7 dar — Participles: dando, dado

	Present	Imperfect	Preterite	Future	Conditional	Subj. Present	Subj. Past	Imperative
	doy	daba	di	daré	daría	dé	diera	
	das	dabas	diste	darás	darías	des	dieras	da tú (no des)
	da	daba	dio	dará	daría	dé	diera	dé Ud.
	damos	dábamos	dimos	daremos	daríamos	demos	diéramos	demos
	dais	dabais	disteis	daréis	daríais	deis	dierais	dad (no deis)
	dan	daban	dieron	darán	darían	den	dieran	den Uds.

8 decir (e:i) — Participles: diciendo, dicho

	Present	Imperfect	Preterite	Future	Conditional	Subj. Present	Subj. Past	Imperative
	digo	decía	dije	diré	diría	diga	dijera	
	dices	decías	dijiste	dirás	dirías	digas	dijeras	di tú (no digas)
	dice	decía	dijo	dirá	diría	diga	dijera	diga Ud.
	decimos	decíamos	dijimos	diremos	diríamos	digamos	dijéramos	digamos
	decís	decíais	dijisteis	diréis	diríais	digáis	dijerais	decid (no digáis)
	dicen	decían	dijeron	dirán	dirían	digan	dijeran	digan Uds.

9 estar — Participles: estando, estado

	Present	Imperfect	Preterite	Future	Conditional	Subj. Present	Subj. Past	Imperative
	estoy	estaba	estuve	estaré	estaría	esté	estuviera	
	estás	estabas	estuviste	estarás	estarías	estés	estuvieras	está tú (no estés)
	está	estaba	estuvo	estará	estaría	esté	estuviera	esté Ud.
	estamos	estábamos	estuvimos	estaremos	estaríamos	estemos	estuviéramos	estemos
	estáis	estabais	estuvisteis	estaréis	estaríais	estéis	estuvierais	estad (no estéis)
	están	estaban	estuvieron	estarán	estarían	estén	estuvieran	estén Uds.

10 haber — Participles: habiendo, habido

	Present	Imperfect	Preterite	Future	Conditional	Subj. Present	Subj. Past	Imperative
	he	había	hube	habré	habría	haya	hubiera	
	has	habías	hubiste	habrás	habrías	hayas	hubieras	
	ha	había	hubo	habrá	habría	haya	hubiera	
	hemos	habíamos	hubimos	habremos	habríamos	hayamos	hubiéramos	
	habéis	habíais	hubisteis	habréis	habríais	hayáis	hubierais	
	han	habían	hubieron	habrán	habrían	hayan	hubieran	

11 hacer — Participles: haciendo, hecho

	Present	Imperfect	Preterite	Future	Conditional	Subj. Present	Subj. Past	Imperative
	hago	hacía	hice	haré	haría	haga	hiciera	
	haces	hacías	hiciste	harás	harías	hagas	hicieras	haz tú (no hagas)
	hace	hacía	hizo	hará	haría	haga	hiciera	haga Ud.
	hacemos	hacíamos	hicimos	haremos	haríamos	hagamos	hiciéramos	hagamos
	hacéis	hacíais	hicisteis	haréis	haríais	hagáis	hicierais	haced (no hagáis)
	hacen	hacían	hicieron	harán	harían	hagan	hicieran	hagan Uds.

12 ir — Participles: yendo, ido

	Present	Imperfect	Preterite	Future	Conditional	Subj. Present	Subj. Past	Imperative
	voy	iba	fui	iré	iría	vaya	fuera	
	vas	ibas	fuiste	irás	irías	vayas	fueras	ve tú (no vayas)
	va	iba	fue	irá	iría	vaya	fuera	vaya Ud.
	vamos	íbamos	fuimos	iremos	iríamos	vayamos	fuéramos	vamos (no vayamos)
	vais	ibais	fuisteis	iréis	iríais	vayáis	fuerais	id (no vayáis)
	van	iban	fueron	irán	irían	vayan	fueran	vayan Uds.

13 oír (y) — Participles: oyendo, oído

	Present	Imperfect	Preterite	Future	Conditional	Subj. Present	Subj. Past	Imperative
	oigo	oía	oí	oiré	oiría	oiga	oyera	
	oyes	oías	oíste	oirás	oirías	oigas	oyeras	oye tú (no oigas)
	oye	oía	oyó	oirá	oiría	oiga	oyera	oiga Ud.
	oímos	oíamos	oímos	oiremos	oiríamos	oigamos	oyéramos	oigamos
	oís	oíais	oísteis	oiréis	oiríais	oigáis	oyerais	oíd (no oigáis)
	oyen	oían	oyeron	oirán	oirían	oigan	oyeran	oigan Uds.

Infinitive	INDICATIVE Present	Imperfect	Preterite	Future	Conditional	SUBJUNCTIVE Present	Past	IMPERATIVE
14 poder (o:ue) **Participles:** **pudiendo** podido	**puedo** **puedes** **puede** podemos podéis **pueden**	podía podías podía podíamos podíais podían	**pude** **pudiste** **pudo** **pudimos** **pudisteis** **pudieron**	**podré** **podrás** **podrá** **podremos** **podréis** **podrán**	**podría** **podrías** **podría** **podríamos** **podríais** **podrían**	**pueda** **puedas** **pueda** podamos podáis **puedan**	**pudiera** **pudieras** **pudiera** **pudiéramos** **pudierais** **pudieran**	**puede** tú (no **puedas**) **pueda** Ud. podamos poded (no **podáis**) **puedan** Uds.
15 poner **Participles:** poniendo **puesto**	**pongo** pones pone ponemos ponéis ponen	ponía ponías ponía poníamos poníais ponían	**puse** **pusiste** **puso** **pusimos** **pusisteis** **pusieron**	**pondré** **pondrás** **pondrá** **pondremos** **pondréis** **pondrán**	**pondría** **pondrías** **pondría** **pondríamos** **pondríais** **pondrían**	**ponga** **pongas** **ponga** **pongamos** **pongáis** **pongan**	**pusiera** **pusieras** **pusiera** **pusiéramos** **pusierais** **pusieran**	**pon** tú (no **pongas**) **ponga** Ud. **pongamos** poned (no **pongáis**) **pongan** Uds.
16 querer (e:ie) **Participles:** queriendo querido	**quiero** **quieres** **quiere** queremos queréis **quieren**	quería querías quería queríamos queríais querían	**quise** **quisiste** **quiso** **quisimos** **quisisteis** **quisieron**	**querré** **querrás** **querrá** **querremos** **querréis** **querrán**	**querría** **querrías** **querría** **querríamos** **querríais** **querrían**	**quiera** **quieras** **quiera** queramos queráis **quieran**	**quisiera** **quisieras** **quisiera** **quisiéramos** **quisierais** **quisieran**	**quiere** tú (no **quieras**) **quiera** Ud. queramos quered (no queráis) **quieran** Uds.
17 saber **Participles:** sabiendo sabido	**sé** sabes sabe sabemos sabéis saben	sabía sabías sabía sabíamos sabíais sabían	**supe** **supiste** **supo** **supimos** **supisteis** **supieron**	**sabré** **sabrás** **sabrá** **sabremos** **sabréis** **sabrán**	**sabría** **sabrías** **sabría** **sabríamos** **sabríais** **sabrían**	**sepa** **sepas** **sepa** **sepamos** **sepáis** **sepan**	**supiera** **supieras** **supiera** **supiéramos** **supierais** **supieran**	sabe tú (no **sepas**) **sepa** Ud. **sepamos** sabed (no **sepáis**) **sepan** Uds.
18 salir **Participles:** saliendo salido	**salgo** sales sale salimos salís salen	salía salías salía salíamos salíais salían	salí saliste salió salimos salisteis salieron	**saldré** **saldrás** **saldrá** **saldremos** **saldréis** **saldrán**	**saldría** **saldrías** **saldría** **saldríamos** **saldríais** **saldrían**	**salga** **salgas** **salga** **salgamos** **salgáis** **salgan**	saliera salieras saliera saliéramos salierais salieran	**sal** tú (no **salgas**) **salga** Ud. **salgamos** salid (no **salgáis**) **salgan** Uds.
19 ser **Participles:** siendo sido	**soy** **eres** **es** **somos** **sois** **son**	**era** **eras** **era** **éramos** **erais** **eran**	**fui** **fuiste** **fue** **fuimos** **fuisteis** **fueron**	seré serás será seremos seréis serán	sería serías sería seríamos seríais serían	**sea** **seas** **sea** **seamos** **seáis** **sean**	**fuera** **fueras** **fuera** **fuéramos** **fuerais** **fueran**	**sé** tú (no **seas**) **sea** Ud. **seamos** sed (no **seáis**) **sean** Uds.
20 tener (e:ie) **Participles:** teniendo tenido	**tengo** **tienes** **tiene** tenemos tenéis **tienen**	tenía tenías tenía teníamos teníais tenían	**tuve** **tuviste** **tuvo** **tuvimos** **tuvisteis** **tuvieron**	**tendré** **tendrás** **tendrá** **tendremos** **tendréis** **tendrán**	**tendría** **tendrías** **tendría** **tendríamos** **tendríais** **tendrían**	**tenga** **tengas** **tenga** **tengamos** **tengáis** **tengan**	**tuviera** **tuvieras** **tuviera** **tuviéramos** **tuvierais** **tuvieran**	**ten** tú (no **tengas**) **tenga** Ud. **tengamos** tened (no **tengáis**) **tengan** Uds.

21 traer

Participles: trayendo, traído

Infinitive	INDICATIVE					SUBJUNCTIVE		IMPERATIVE
	Present	Imperfect	Preterite	Future	Conditional	Present	Past	
traer	traigo	traía	traje	traeré	traería	traiga	trajera	
	traes	traías	trajiste	traerás	traerías	traigas	trajeras	trae tú (no traigas)
	trae	traía	trajo	traerá	traería	traiga	trajera	traiga Ud.
	traemos	traíamos	trajimos	traeremos	traeríamos	traigamos	trajéramos	traigamos
	traéis	traíais	trajisteis	traeréis	traeríais	traigáis	trajerais	traed (no traigáis)
	traen	traían	trajeron	traerán	traerían	traigan	trajeran	traigan Uds.

22 venir (e:ie)

Participles: viniendo, venido

Infinitive	INDICATIVE					SUBJUNCTIVE		IMPERATIVE
	Present	Imperfect	Preterite	Future	Conditional	Present	Past	
venir (e:ie)	vengo	venía	vine	vendré	vendría	venga	viniera	
	vienes	venías	viniste	vendrás	vendrías	vengas	vinieras	ven tú (no vengas)
	viene	venía	vino	vendrá	vendría	venga	viniera	venga Ud.
	venimos	veníamos	vinimos	vendremos	vendríamos	vengamos	viniéramos	vengamos
	venís	veníais	vinisteis	vendréis	vendríais	vengáis	vinierais	venid (no vengáis)
	vienen	venían	vinieron	vendrán	vendrían	vengan	vinieran	vengan Uds.

23 ver

Participles: viendo, visto

Infinitive	INDICATIVE					SUBJUNCTIVE		IMPERATIVE
	Present	Imperfect	Preterite	Future	Conditional	Present	Past	
ver	veo	veía	vi	veré	vería	vea	viera	
	ves	veías	viste	verás	verías	veas	vieras	ve tú (no veas)
	ve	veía	vio	verá	vería	vea	viera	vea Ud.
	vemos	veíamos	vimos	veremos	veríamos	veamos	viéramos	veamos
	veis	veíais	visteis	veréis	veríais	veáis	vierais	ved (no veáis)
	ven	veían	vieron	verán	verían	vean	vieran	vean Uds.

Stem-changing verbs

24 contar (o:ue)

Participles: contando, contado

Infinitive	INDICATIVE					SUBJUNCTIVE		IMPERATIVE
	Present	Imperfect	Preterite	Future	Conditional	Present	Past	
contar (o:ue)	cuento	contaba	conté	contaré	contaría	cuente	contara	
	cuentas	contabas	contaste	contarás	contarías	cuentes	contaras	cuenta tú (no cuentes)
	cuenta	contaba	contó	contará	contaría	cuente	contara	cuente Ud.
	contamos	contábamos	contamos	contaremos	contaríamos	contemos	contáramos	contemos
	contáis	contabais	contasteis	contaréis	contaríais	contéis	contarais	contad (no contéis)
	cuentan	contaban	contaron	contarán	contarían	cuenten	contaran	cuenten Uds.

25 dormir (o:ue)

Participles: durmiendo, dormido

Infinitive	INDICATIVE					SUBJUNCTIVE		IMPERATIVE
	Present	Imperfect	Preterite	Future	Conditional	Present	Past	
dormir (o:ue)	duermo	dormía	dormí	dormiré	dormiría	duerma	durmiera	
	duermes	dormías	dormiste	dormirás	dormirías	duermas	durmieras	duerme tú (no duermas)
	duerme	dormía	durmió	dormirá	dormiría	duerma	durmiera	duerma Ud.
	dormimos	dormíamos	dormimos	dormiremos	dormiríamos	durmamos	durmiéramos	durmamos
	dormís	dormíais	dormisteis	dormiréis	dormiríais	durmáis	durmierais	dormid (no durmáis)
	duermen	dormían	durmieron	dormirán	dormirían	duerman	durmieran	duerman Uds.

26 empezar (e:ie) (z:c)

Participles: empezando, empezado

Infinitive	INDICATIVE					SUBJUNCTIVE		IMPERATIVE
	Present	Imperfect	Preterite	Future	Conditional	Present	Past	
empezar (e:ie) (z:c)	empiezo	empezaba	empecé	empezaré	empezaría	empiece	empezara	
	empiezas	empezabas	empezaste	empezarás	empezarías	empieces	empezaras	empieza tú (no empieces)
	empieza	empezaba	empezó	empezará	empezaría	empiece	empezara	empiece Ud.
	empezamos	empezábamos	empezamos	empezaremos	empezaríamos	empecemos	empezáramos	empecemos
	empezáis	empezabais	empezasteis	empezaréis	empezaríais	empecéis	empezarais	empezad (no empecéis)
	empiezan	empezaban	empezaron	empezarán	empezarían	empiecen	empezaran	empiecen Uds.

27. entender (e:ie) — Participles: entendiendo, entendido

	Present	Imperfect	Preterite	Future	Conditional	Present Subj.	Past Subj.	Imperative
	entiendo	entendía	entendí	entenderé	entendería	entienda	entendiera	
	entiendes	entendías	entendiste	entenderás	entenderías	entiendas	entendieras	entiende tú (no entiendas)
	entiende	entendía	entendió	entenderá	entendería	entienda	entendiera	entienda Ud.
	entendemos	entendíamos	entendimos	entenderemos	entenderíamos	entendamos	entendiéramos	entendamos
	entendéis	entendíais	entendisteis	entenderéis	entenderíais	entendáis	entendierais	entended (no entendáis)
	entienden	entendían	entendieron	entenderán	entenderían	entiendan	entendieran	entiendan Uds.

28. jugar (u:ue) (g:gu) — Participles: jugando, jugado

	Present	Imperfect	Preterite	Future	Conditional	Present Subj.	Past Subj.	Imperative
	juego	jugaba	jugué	jugaré	jugaría	juegue	jugara	
	juegas	jugabas	jugaste	jugarás	jugarías	juegues	jugaras	juega tú (no juegues)
	juega	jugaba	jugó	jugará	jugaría	juegue	jugara	juegue Ud.
	jugamos	jugábamos	jugamos	jugaremos	jugaríamos	juguemos	jugáramos	juguemos
	jugáis	jugabais	jugasteis	jugaréis	jugaríais	juguéis	jugarais	jugad (no juguéis)
	juegan	jugaban	jugaron	jugarán	jugarían	jueguen	jugaran	jueguen Uds.

29. pedir (e:i) — Participles: pidiendo, pedido

	Present	Imperfect	Preterite	Future	Conditional	Present Subj.	Past Subj.	Imperative
	pido	pedía	pedí	pediré	pediría	pida	pidiera	
	pides	pedías	pediste	pedirás	pedirías	pidas	pidieras	pide tú (no pidas)
	pide	pedía	pidió	pedirá	pediría	pida	pidiera	pida Ud.
	pedimos	pedíamos	pedimos	pediremos	pediríamos	pidamos	pidiéramos	pidamos
	pedís	pedíais	pedisteis	pediréis	pediríais	pidáis	pidierais	pedid (no pidáis)
	piden	pedían	pidieron	pedirán	pedirían	pidan	pidieran	pidan Uds.

30. pensar (e:ie) — Participles: pensando, pensado

	Present	Imperfect	Preterite	Future	Conditional	Present Subj.	Past Subj.	Imperative
	pienso	pensaba	pensé	pensaré	pensaría	piense	pensara	
	piensas	pensabas	pensaste	pensarás	pensarías	pienses	pensaras	piensa tú (no pienses)
	piensa	pensaba	pensó	pensará	pensaría	piense	pensara	piense Ud.
	pensamos	pensábamos	pensamos	pensaremos	pensaríamos	pensemos	pensáramos	pensemos
	pensáis	pensabais	pensasteis	pensaréis	pensaríais	penséis	pensarais	pensad (no penséis)
	piensan	pensaban	pensaron	pensarán	pensarían	piensen	pensaran	piensen Uds.

31. reír (e:i) — Participles: riendo, reído

	Present	Imperfect	Preterite	Future	Conditional	Present Subj.	Past Subj.	Imperative
	río	reía	reí	reiré	reiría	ría	riera	
	ríes	reías	reíste	reirás	reirías	rías	rieras	ríe tú (no rías)
	ríe	reía	rió	reirá	reiría	ría	riera	ría Ud.
	reímos	reíamos	reímos	reiremos	reiríamos	riamos	riéramos	riamos
	reís	reíais	reísteis	reiréis	reiríais	riáis	rierais	reíd (no riáis)
	ríen	reían	rieron	reirán	reirían	rían	rieran	rían Uds.

32. seguir (e:i) (gu:g) — Participles: siguiendo, seguido

	Present	Imperfect	Preterite	Future	Conditional	Present Subj.	Past Subj.	Imperative
	sigo	seguía	seguí	seguiré	seguiría	siga	siguiera	
	sigues	seguías	seguiste	seguirás	seguirías	sigas	siguieras	sigue tú (no sigas)
	sigue	seguía	siguió	seguirá	seguiría	siga	siguiera	siga Ud.
	seguimos	seguíamos	seguimos	seguiremos	seguiríamos	sigamos	siguiéramos	sigamos
	seguís	seguíais	seguisteis	seguiréis	seguiríais	sigáis	siguierais	seguid (no sigáis)
	siguen	seguían	siguieron	seguirán	seguirían	sigan	siguieran	sigan Uds.

33. sentir (e:ie) — Participles: sintiendo, sentido

	Present	Imperfect	Preterite	Future	Conditional	Present Subj.	Past Subj.	Imperative
	siento	sentía	sentí	sentiré	sentiría	sienta	sintiera	
	sientes	sentías	sentiste	sentirás	sentirías	sientas	sintieras	siente tú (no sientas)
	siente	sentía	sintió	sentirá	sentiría	sienta	sintiera	sienta Ud.
	sentimos	sentíamos	sentimos	sentiremos	sentiríamos	sintamos	sintiéramos	sintamos
	sentís	sentíais	sentisteis	sentiréis	sentiríais	sintáis	sintierais	sentid (no sintáis)
	sienten	sentían	sintieron	sentirán	sentirían	sientan	sintieran	sientan Uds.

34 volver (o:ue)

	INDICATIVE					SUBJUNCTIVE		IMPERATIVE
Infinitive	Present	Imperfect	Preterite	Future	Conditional	Present	Past	
volver (o:ue)	**vuelvo**	volvía	volví	volveré	volvería	**vuelva**	volviera	
	vuelves	volvías	volviste	volverás	volverías	**vuelvas**	volvieras	**vuelve** tú (no **vuelvas**)
	vuelve	volvía	volvió	volverá	volvería	**vuelva**	volviera	**vuelva** Ud.
Participles:	volvemos	volvíamos	volvimos	volveremos	volveríamos	volvamos	volviéramos	volvamos
volviendo	volvéis	volvíais	volvisteis	volveréis	volveríais	volváis	volvierais	volved (no volváis)
vuelto	**vuelven**	volvían	volvieron	volverán	volverían	**vuelvan**	volvieran	**vuelvan** Uds.

Verbs with spelling changes only

35 conocer (c:zc)

	INDICATIVE					SUBJUNCTIVE		IMPERATIVE
Infinitive	Present	Imperfect	Preterite	Future	Conditional	Present	Past	
conocer (c:zc)	**conozco**	conocía	conocí	conoceré	conocería	**conozca**	conociera	
	conoces	conocías	conociste	conocerás	conocerías	**conozcas**	conocieras	conoce tú (no **conozcas**)
	conoce	conocía	conoció	conocerá	conocería	**conozca**	conociera	**conozca** Ud.
Participles:	conocemos	conocíamos	conocimos	conoceremos	conoceríamos	**conozcamos**	conociéramos	**conozcamos**
conociendo	conocéis	conocíais	conocisteis	conoceréis	conoceríais	**conozcáis**	conocierais	conoced (no **conozcáis**)
conocido	conocen	conocían	conocieron	conocerán	conocerían	**conozcan**	conocieran	**conozcan** Uds.

36 creer (y)

	INDICATIVE					SUBJUNCTIVE		IMPERATIVE
Infinitive	Present	Imperfect	Preterite	Future	Conditional	Present	Past	
creer (y)	creo	creía	creí	creeré	creería	crea	**creyera**	
	crees	creías	**creíste**	creerás	creerías	creas	**creyeras**	cree tú (no creas)
	cree	creía	**creyó**	creerá	creería	crea	**creyera**	crea Ud.
Participles:	creemos	creíamos	**creímos**	creeremos	creeríamos	creamos	**creyéramos**	creamos
creyendo	creéis	creíais	**creísteis**	creeréis	creeríais	creáis	**creyerais**	creed (no creáis)
creído	creen	creían	**creyeron**	creerán	creerían	crean	**creyeran**	crean Uds.

37 cruzar (z:c)

	INDICATIVE					SUBJUNCTIVE		IMPERATIVE
Infinitive	Present	Imperfect	Preterite	Future	Conditional	Present	Past	
cruzar (z:c)	cruzo	cruzaba	**crucé**	cruzaré	cruzaría	**cruce**	cruzara	
	cruzas	cruzabas	cruzaste	cruzarás	cruzarías	**cruces**	cruzaras	cruza tú (no **cruces**)
	cruza	cruzaba	cruzó	cruzará	cruzaría	**cruce**	cruzara	**cruce** Ud.
Participles:	cruzamos	cruzábamos	cruzamos	cruzaremos	cruzaríamos	**crucemos**	cruzáramos	**crucemos**
cruzando	cruzáis	cruzabais	cruzasteis	cruzaréis	cruzaríais	**crucéis**	cruzarais	cruzad (no **crucéis**)
cruzado	cruzan	cruzaban	cruzaron	cruzarán	cruzarían	**crucen**	cruzaran	**crucen** Uds.

38 destruir (y)

	INDICATIVE					SUBJUNCTIVE		IMPERATIVE
Infinitive	Present	Imperfect	Preterite	Future	Conditional	Present	Past	
destruir (y)	**destruyo**	destruía	destruí	destruiré	destruiría	**destruya**	**destruyera**	
	destruyes	destruías	destruiste	destruirás	destruirías	**destruyas**	**destruyeras**	**destruye** tú (no **destruyas**)
	destruye	destruía	**destruyó**	destruirá	destruiría	**destruya**	**destruyera**	**destruya** Ud.
Participles:	destruimos	destruíamos	destruimos	destruiremos	destruiríamos	**destruyamos**	**destruyéramos**	**destruyamos**
destruyendo	destruís	destruíais	destruisteis	destruiréis	destruiríais	**destruyáis**	**destruyerais**	destruid (no **destruyáis**)
destruido	**destruyen**	destruían	**destruyeron**	destruirán	destruirían	**destruyan**	**destruyeran**	**destruyan** Uds.

39 enviar

	INDICATIVE					SUBJUNCTIVE		IMPERATIVE
Infinitive	Present	Imperfect	Preterite	Future	Conditional	Present	Past	
enviar	**envío**	enviaba	envié	enviaré	enviaría	**envíe**	enviara	
	envías	enviabas	enviaste	enviarás	enviarías	**envíes**	enviaras	**envía** tú (no **envíes**)
	envía	enviaba	envió	enviará	enviaría	**envíe**	enviara	**envíe** Ud.
Participles:	enviamos	enviábamos	enviamos	enviaremos	enviaríamos	enviemos	enviáramos	enviemos
enviando	enviáis	enviabais	enviasteis	enviaréis	enviaríais	enviéis	enviarais	enviad (no enviéis)
enviado	**envían**	enviaban	enviaron	enviarán	enviarían	**envíen**	enviaran	**envíen** Uds.

40. graduar — Participles: graduando, graduado

	INDICATIVE					SUBJUNCTIVE		IMPERATIVE
	Present	Imperfect	Preterite	Future	Conditional	Present	Past	
	gradúo	graduaba	gradué	graduaré	graduaría	gradúe	graduara	
	gradúas	graduabas	graduaste	graduarás	graduarías	gradúes	graduaras	gradúa tú (no gradúes)
	gradúa	graduaba	graduó	graduará	graduaría	gradúe	graduara	gradúe Ud.
	graduamos	graduábamos	graduamos	graduaremos	graduaríamos	graduemos	graduáramos	graduemos
	graduáis	graduabais	graduasteis	graduaréis	graduaríais	graduéis	graduarais	graduad (no graduéis)
	gradúan	graduaban	graduaron	graduarán	graduarían	gradúen	graduaran	gradúen Uds.

41. llegar (g:gu) — Participles: llegando, llegado

	INDICATIVE					SUBJUNCTIVE		IMPERATIVE
	Present	Imperfect	Preterite	Future	Conditional	Present	Past	
	llego	llegaba	llegué	llegaré	llegaría	llegue	llegara	
	llegas	llegabas	llegaste	llegarás	llegarías	llegues	llegaras	llega tú (no llegues)
	llega	llegaba	llegó	llegará	llegaría	llegue	llegara	llegue Ud.
	llegamos	llegábamos	llegamos	llegaremos	llegaríamos	lleguemos	llegáramos	lleguemos
	llegáis	llegabais	llegasteis	llegaréis	llegaríais	lleguéis	llegarais	llegad (no lleguéis)
	llegan	llegaban	llegaron	llegarán	llegarían	lleguen	llegaran	lleguen Uds.

42. proteger (g:j) — Participles: protegiendo, protegido

	INDICATIVE					SUBJUNCTIVE		IMPERATIVE
	Present	Imperfect	Preterite	Future	Conditional	Present	Past	
	protejo	protegía	protegí	protegeré	protegería	proteja	protegiera	
	proteges	protegías	protegiste	protegerás	protegerías	protejas	protegieras	protege tú (no protejas)
	protege	protegía	protegió	protegerá	protegería	proteja	protegiera	proteja Ud.
	protegemos	protegíamos	protegimos	protegeremos	protegeríamos	protejamos	protegiéramos	protejamos
	protegéis	protegíais	protegisteis	protegeréis	protegeríais	protejáis	protegierais	proteged (no protejáis)
	protegen	protegían	protegieron	protegerán	protegerían	protejan	protegieran	protejan Uds.

43. tocar (c:qu) — Participles: tocando, tocado

	INDICATIVE					SUBJUNCTIVE		IMPERATIVE
	Present	Imperfect	Preterite	Future	Conditional	Present	Past	
	toco	tocaba	toqué	tocaré	tocaría	toque	tocara	
	tocas	tocabas	tocaste	tocarás	tocarías	toques	tocaras	toca tú (no toques)
	toca	tocaba	tocó	tocará	tocaría	toque	tocara	toque Ud.
	tocamos	tocábamos	tocamos	tocaremos	tocaríamos	toquemos	tocáramos	toquemos
	tocáis	tocabais	tocasteis	tocaréis	tocaríais	toquéis	tocarais	tocad (no toquéis)
	tocan	tocaban	tocaron	tocarán	tocarían	toquen	tocaran	toquen Uds.

44. vencer (c:z) — Participles: venciendo, vencido

	INDICATIVE					SUBJUNCTIVE		IMPERATIVE
	Present	Imperfect	Preterite	Future	Conditional	Present	Past	
	venzo	vencía	vencí	venceré	vencería	venza	venciera	
	vences	vencías	venciste	vencerás	vencerías	venzas	vencieras	vence tú (no venzas)
	vence	vencía	venció	vencerá	vencería	venza	venciera	venza Ud.
	vencemos	vencíamos	vencimos	venceremos	venceríamos	venzamos	venciéramos	venzamos
	vencéis	vencíais	vencisteis	venceréis	venceríais	venzáis	vencierais	venced (no venzáis)
	vencen	vencían	vencieron	vencerán	vencerían	venzan	vencieran	venzan Uds.

45. esparcir (c:z) — Participles: esparciendo, esparcido

	INDICATIVE					SUBJUNCTIVE		IMPERATIVE
	Present	Imperfect	Preterite	Future	Conditional	Present	Past	
	esparzo	esparcía	esparcí	esparciré	esparciría	esparza	esparciera	
	esparces	esparcías	esparciste	esparcirás	esparcirías	esparzas	esparcieras	esparce tú (no esparzas)
	esparce	esparcía	esparció	esparcirá	esparciría	esparza	esparciera	esparza Ud.
	esparcimos	esparcíamos	esparcimos	esparciremos	esparciríamos	esparzamos	esparciéramos	esparzamos
	esparcís	esparcíais	esparcisteis	esparciréis	esparciríais	esparzáis	esparcierais	esparcid (no esparzáis)
	esparcen	esparcían	esparcieron	esparcirán	esparcirían	esparzan	esparcieran	esparzan Uds.

46. extinguir (gu:g) — Participles: extinguiendo, extinguido

	INDICATIVE					SUBJUNCTIVE		IMPERATIVE
	Present	Imperfect	Preterite	Future	Conditional	Present	Past	
	extingo	extinguía	extinguí	extinguiré	extinguiría	extinga	extinguiera	
	extingues	extinguías	extinguiste	extinguirás	extinguirías	extingas	extinguieras	extingue tú (no extingas)
	extingue	extinguía	extinguió	extinguirá	extinguiría	extinga	extinguiera	extinga Ud.
	extinguimos	extinguíamos	extinguimos	extinguiremos	extinguiríamos	extingamos	extinguiéramos	extingamos
	extinguís	extinguíais	extinguisteis	extinguiréis	extinguiríais	extingáis	extinguierais	extinguid (no extingáis)
	extinguen	extinguían	extinguieron	extinguirán	extinguirían	extingan	extinguieran	extingan Uds.

Reflexive verbs: simple tenses

- In all simple indicative and subjunctive tenses, the reflexive pronoun is placed before the verb. In the imperative, the reflexive pronoun is attached to the verb in affirmative commands, but precedes the verb in negative commands.

Infinitive	SIMPLE INDICATIVE TENSES	SIMPLE SUBJUNCTIVE TENSES	IMPERATIVE
casarse	me caso	me case	
	te casas	te cases	cásate tú (no te cases)
	se casa	se case	cásese Ud. (no se case)
	nos casamos	nos casemos	casémonos (no nos casemos)
	os casáis	os caséis	casaos (no os caséis)
	se casan	se casen	cásense Uds. (no se casen)

Reflexive verbs: compound tenses

- In all compound tenses, the reflexive pronoun is placed before the verb.

Infinitive	COMPOUND INDICATIVE TENSES	COMPOUND SUBJUNCTIVE TENSES
casarse	me he casado	me haya casado
	te has casado	te hayas casado
	se ha casado	se haya casado
	nos hemos casado	nos hayamos casado
	os habéis casado	os hayáis casado
	se han casado	se hayan casado

Vocabulary

This glossary contains the words and expressions listed on the **Vocabulario** page found at the end of each lesson in **IMAGINA** as well as other useful vocabulary. A numeral following an entry indicates the lesson where the word or expression was introduced.

Note on alphabetization

For purposes of alphabetization, **ch** and **ll** are not treated as separate letters, but **ñ** follows **n.**

Abbreviations used in this glossary

adj.	adjective	*indef.*	indefinite	*poss.*	possessive
adv.	adverb	*interj.*	interjection	*p.p.*	past participle
art.	article	*i.o.*	indirect object	*prep.*	preposition
conj.	conjunction	*m.*	masculine	*pron.*	pronoun
def.	definite	*n.*	noun	*sing.*	singular
d.o.	direct object	*obj.*	object	*sub.*	subject
f.	feminine	*pej.*	pejorative	*v.*	verb
fam.	familiar	*pl.*	plural		
form.	formal				

Español-Inglés

A

a *prep.* at; to **1**
  ¿A qué hora...?
    At what time...?
  a bordo aboard
  a dieta on a diet
  a la derecha to the right
  a la izquierda to the left
  a la plancha grilled
  a la(s) + time at + *time*
  a menos que unless
  a menudo *adv.* often
  a nombre de in the name of
  a plazos in installments
  A sus órdenes.
    At your service.
  a tiempo *adv.* on time
  a veces *adv.* sometimes
  a ver let's see
abajo *adv.* down
abeja *f.* bee
abandonar *v.* to leave **1**
abastecer *v.* to supply **7**
abierto/a *adj.* open
abogado/a *m., f.* lawyer **6**
abrazar(se) *v.* to hug; to embrace
  (each other) **1**
abrazo *m.* hug
abrigo *m.* coat
abril *m.* April
abrir *v.* to open
abuelo/a *m., f.* grandfather;
  grandmother

abuelos *pl.* grandparents
aburrido/a *adj.* bored; boring **9**
aburrir *v.* to bore
aburrirse *v.* to get bored
abusar *v.* to abuse **6**
abuso *m.* abuse **6**
acabar de (+ *inf.*) *v.* to have just
  done something
acampar *v.* to camp
acariciar *v.* to caress **9**
accidente *m.* accident
acción *f.* action
  de acción action (genre)
aceite *m.* oil
acento *m.* accent **10**
acera *f.* sidewalk **2**
ácido/a *adj.* acid
acomodarse *v.* to adapt **10**
acompañar *v.* to go with;
  to accompany
aconsejar *v.* to advise
acontecimiento *m.* event **3**
acordarse (de) (o:ue) *v.* to remember
acosar *v.* to harass **7**
acostarse (o:ue) *v.* to go to bed
acostumbrar *v.* to do as
  a custom/habit **2**
actitud *f.* attitude **10**
activista *m., f.* activist **6**
activo/a *adj.* active
actor *m.* actor **3**
actriz *f.* actress **3**
actualidad *f.* news; current events **3**
actualizado/a *adj.* up-to-date **3**
actuar *v.* to act **9**
acuático/a *adj.* aquatic

adaptar(se) *v.* to adapt **10**
adelgazar *v.* to lose weight;
  to slim down
además (de) *adv.* furthermore;
  besides
adicional *adj.* additional
adiós *interj.* good-bye
adivinar *v.* to guess **3, 10**
adjetivo *m.* adjective
adjuntar (un archivo) *v.* to attach
  (a file) **8**
administración *f.* **de empresas**
  business administration
administrar *v.* to manage, to run **7**
administrativo/a *adj.*
  administrative **7**
ADN *m.* DNA **8**
adolescencia *f.* adolescence **4**
adolescente *m., f.* adolescent **4**
¿adónde? *adv.* where (to)?
  (*destination*)
aduana *f.* customs **10**
adulto/a *m., f.* adult **4**
aeróbico/a *adj.* aerobic
aeropuerto *m.* airport
afectado/a *adj.* affected
afeitarse *v.* to shave
aficionado/a *adj.* fan **9**
afirmativo/a *adj.* affirmative
afligirse *v.* to be distressed;
  to get upset **2, 10**
afueras *f., pl.* suburbs **2**
agencia *f.* **de viajes** travel agency
agente *m., f.* **de viajes** travel agent
agobiado/a *adj.* overwhelmed **1**
agosto *m.* August

agotado/a *adj.* exhausted 7;
   adj. sold out 9
agotar *v.* to use up 5
agradable *adj.* pleasant
agradecer *v.* to thank 4
agua *f.* water
   agua mineral mineral water
aguafiestas *m., f.* party pooper 9
aguantar *v.* to put up with;
   to tolerate 5
águila *f.* eagle 5
agujero negro *m.* black hole 8
ahogar(se) *v.* to suffocate; to drown;
   to stifle 5, 6
ahora *adv.* now
   ahora mismo right now
ahorrar *v.* to save (money) 7
ahorros *m.* savings 7
aire *m.* air
aislado/a *adj.* isolated 4
ajo *m.* garlic
al (*contraction of* **a + el**)
   al aire libre open-air; outdoors 5
   al contado in cash
   (al) este (to the) east
   al fondo (de) at the end (of)
   al lado de beside
   (al) norte (to the) north
   (al) oeste (to the) west
   (al) sur (to the) south
ala: el ala *f.* **/las alas** wing(s) 9
alcalde(sa) *m., f.* mayor 2
alcanzar *v.* to be enough; to
   reach 4, 10; to attain 8
   alcanzar un sueño to fulfill
      a dream 10
   alcanzar una meta to reach
      a goal 10
alcoba *f.* bedroom
alcohol *m.* alcohol
alcohólico/a *adj.* alcoholic
alegrarse (de) *v.* to be happy
alegre *adj.* happy; joyful
alegría *f.* happiness
alejarse *v.* to move away 9
alemán, alemana *adj.* German
alérgico/a *adj.* allergic
alfombra *f.* carpet; rug
algo *pron.* something; anything
algodón *m.* cotton
alguien *pron.* someone; somebody;
   anyone
algún; alguna; algunos/as *adj.* any;
   some
alguno/a(s) *pron.* any; some
alimentar *v.* to feed 8
alimento *m.* food
alimentación *f.* diet
aliviar *v.* to reduce; to relieve;
   to soothe 5
   aliviar el estrés/la tensión
      to reduce stress/tension
allí *adv.* there
   allí mismo right there

alma *f.* soul 3
   el alma gemela soulmate,
      kindred spirit 1
almacén *m.* department store;
   warehouse 7
almohada *f.* pillow
almorzar (o:ue) *v.* to have lunch
almuerzo *m.* lunch
aló *interj.* hello (*on the telephone*)
alpinismo *m.* mountain climbing 9
alquilar *v.* to rent
alquiler *m.* rent (payment)
alrededores *m., pl.* the outskirts 2
alternador *m.* alternator
altillo *m.* attic
alto/a *adj.* tall
aluminio *m.* aluminum
alumno/a *m., f.* pupil, student 6
ama de casa *m., f.* housekeeper;
   caretaker
amable *adj.* nice; friendly
amado/a *m., f.* loved one,
   sweetheart 1
amanecer *m.* dawn 9;
   v. to wake up 10
amar(se) *v.* to love (each other) 1
amarillo/a *adj.* yellow
amenaza *f.* threat 6
amenazar *v.* to threaten 5
amigo/a *m., f.* friend
amistad *f.* friendship 1
amnistía *f.* amnesty 10
amor *m.* love
analfabeto/a *adj.* illiterate 6
anaranjado/a *adj.* orange
andar *v.* **en patineta**
   to skateboard
andinismo *m.* mountain climbing 9
anfitrión/anfitriona *m., f.*
   host/hostess 9
ángel *m.* angel 3
ánimo *m.* spirit, mood 1
animado/a *adj.* lively 9
animal *m.* animal
aniversario (de bodas) *m.*
   (wedding) anniversary
anoche *adv.* last night
anotar un gol *v.* to score a goal 9
ansioso/a *adj.* anxious 1
anteayer *adv.* the day
   before yesterday
antepasado *m.* ancestor 4
antes *adv.* before
   antes (de) que *conj.* before
   antes de *conj.* before
antibiótico *m.* antibiotic
anticipar *v.* to anticipate;
   to expect 10
antídoto *m.* antidote 5
antipático/a *adj.* unpleasant
anunciar *v.* to announce; to advertise
anuncio *m.* advertisement;
   commercial 3
año *m.* year
   año pasado last year

añoranza *f.* homesickness 10
apagar *v.* to turn off
aparato *m.* appliance
aparcamiento *m.* parking space 5
aparcar *v.* to park 5
apartamento *m.* apartment
apellido *m.* last name
apenas *adv.* hardly; scarcely; just 3
aplaudir *v.* to applaud; to clap 9
apodo *m.* nickname 4
apostar (o:ue) *v.* to bet 9
apoyar(se) *v.* to support
   (each other) 4
apreciar *v.* to appreciate
aprender (a + inf.) *v.* to learn
aprobar (o:ue) *v.* to approve
   aprobar una ley *v.* to pass a law 6
aprovechar *v.* to take advantage of 7
apurarse *v.* to hurry; to rush
aquel, aquella *adj.* that; those
   (over there)
aquél, aquélla *pron.* that; those
   (over there)
aquello *neuter, pron.* that; that thing;
   that fact
aquellos/as *pl. adj.* those (over there)
aquéllos/as *pl. pron.* those (ones)
   (over there)
aquí *adv.* here
   Aquí está... Here it is...
   aquí mismo right here
árbol *m.* tree 5
archivo *m.* file
arepera *f.* restaurant serving
   arepas 4
arma *f.* weapon; gun 3, 6
armada *f.* navy 6
armario *m.* closet
arqueólogo/a *m., f.* archaeologist
arquitecto/a *m., f.* architect
arrancar *v.* to start (a car)
arreglar *v.* to fix; to arrange;
   to neaten; to straighten up 10
arrepentirse *v.* to regret 3
arriba *adv.* up
arriesgarse *v.* to take a risk 10
arroba *f.* @ symbol 8
arroz *m.* rice
arruinar *v.* to ruin 8
arte *m.* art
artes *f., pl.* arts
artesanía *f.* craftsmanship; crafts
artículo *m.* article
artista *m., f.* artist
artístico/a *adj.* artistic
arveja *m.* pea
asado/a *adj.* roast
ascendencia *f.* heritage 4
ascender *v.* to rise, to be promoted 7
ascenso *m.* promotion
ascensor *m.* elevator
asesor(a) *m., f.* consultant, advisor 7
así *adv.* like this; so (*in such a way*)
   así así so so

asilo *m.* asylum **4**
asimilación *f.* assimilation **10**
asimilar(se) *v.* to assimilate **10**
asistir (a) *v.* to attend
aspiradora *f.* vacuum cleaner
aspirante *m., f.* candidate; applicant
aspirina *f.* aspirin
astilla *f.* splinter **6**
atraer *v.* to attract **10**
astronauta *m., f.* astronaut **8**
astrónomo/a *m., f.* astronomer **8**
ataque *m.* seizure **7**
ataúd *m.* casket **9**
aterrizar *v.* to land **8**
atleta *m., f.* athlete **9**
atrasado/a *adj.* late **2**
atreverse *v.* to dare **2**
atrevido/a *adj.* daring, brave **2**
atún *m.* tuna
aumentar *v.* to grow **10**
    aumentar de peso to gain weight
aumento *m.* increase
    aumento de sueldo pay raise **7**
aunque *conj.* although
autobús *m.* bus
autoestima *f.* self-esteem **4**
automático/a *adj.* automatic
auto(móvil) *m.* auto(mobile)
autoridad *f.* authority **6**
autopista *f.* highway
avance *m.* advance; breakthrough **8**
avanzado/a *adj.* advanced **8**
ave *f.* bird **5**
avenida *f.* avenue **2**
aventura *f.* adventure
    de aventura adventure (genre) **3**
avergonzado/a *adj.* embarrassed
averiguar *v.* to find out **1**
avión *m.* airplane
¡Ay! *interj.* Oh!
    ¡Ay, qué dolor! Oh, what a pain!
ayer *adv.* yesterday
ayudar(se) *v.* to help (each other) **1**
ayuntamiento *m.* city hall **2**
azúcar *m.* sugar
azul *adj.* blue

B

bailar *v.* to dance
bailarín/bailarina *m., f.* dancer
baile *m.* dance
bajar *v.* to get down **3**
    bajar(se) de *v.* to get off of/out of
        (a vehicle)
bajo *m.* bass **3**
bajo/a *adj.* short (*in height*)
bajo control under control
balcón *m.* balcony
ballena *f.* whale **5**
balón *m.* ball **9**
baloncesto *m.* basketball
banana *f.* banana

banco *m.* bank
banda *f.* band
    banda sonora soundtrack **3**
bandera *f.* flag **6**
bancarrota *f.* bankruptcy **7**
bañarse *v.* to bathe; to take a bath
baño *m.* bathroom
barato/a *adj.* cheap
barco *m.* boat
barrer *v.* to sweep
    barrer el suelo *v.* to sweep
        the floor
barrio *m.* neighborhood **2**
barro *m.* mud; clay **8**
bastante *adv.* enough; rather; pretty
basura *f.* trash **5**
baúl *m.* trunk
beber *v.* to drink
bebida *f.* drink
    bebida alcohólica
        alcoholic beverage
beca *f.* grant **7**
    beca de investigación
        research grant **7**
béisbol *m.* baseball
bellas artes *f., pl.* fine arts
belleza *f.* beauty
beneficio *m.* benefit
besar(se) *v.* to kiss (each other) **1**
beso *m.* kiss
biblioteca *f.* library
bicicleta *f.* bicycle
bien *adj.* well
    bien educado *adj.*
        well-mannered **4**
bienes *m., pl.* goods **7**
bienestar *m.* well-being **2**
bienvenido/a(s) *adj.* welcome
bilingüe *adj.* bilingual **10**
billar *m.* billiards **9**
billete *m.* paper money; ticket
billón *m.* trillion
biología *f.* biology
biólogo/a *m., f.* biologist **8**
bioquímico/a *m., f.* biochemist **8**;
    adj. biochemical **8**
bisabuelo/a *m., f.* great-grandfather/
    grandmother **4**
bistec *m.* steak
bizcocho *m.* biscuit
blanco/a *adj.* white
blog *m.* blog **8**
bluejeans *m., pl.* jeans
blusa *f.* blouse
boca *f.* mouth
boda *f.* wedding
boleto *m.* ticket **1**
boliche *m.* bowling **9**
bolsa *f.* purse, bag
    la bolsa de valores
        stock market **7**
bombero/a *m., f.* firefighter
bonito/a *adj.* pretty
borracho/a *adj.* drunk **2**

borrador *m.* eraser
borrar *v.* to erase; to delete **8**
bosque *m.* forest **5**
    bosque tropical tropical forest;
        rainforest
bota *f.* boot
botar *v.* to fire, throw out **4**
botella *f.* bottle
    botella de vino bottle of wine
botón *m.* button **7**
botones *m., f. sing.* bellhop
brazo *m.* arm
brecha *f.* **generacional**
    generation gap **4**
brindar *v.* to toast (*drink*) **9**
broma *f.* joke **1**
bucear *v.* to scuba dive
bueno *adv.* well
buen, bueno/a *adj.* good
    ¡Buen viaje! Have a good trip!
    buena forma good shape
        (*physical*)
    Buena idea. Good idea.
    Buenas noches. Good evening;
        Good night.
    Buenas tardes.
        Good afternoon.
    ¿Bueno? Hello. (*on telephone*)
    Buenos días. Good morning.
buenísimo/a extremely good
bulevar *m.* boulevard
burlarse (de) *v.* to mock **10**
burocracia *f.* bureaucracy **7**
buscador *m.* search engine **8**
buscar *v.* to look for
buzón *m.* mailbox

C

caballo *m.* horse
cabaña *f.* cabin
caber *v.* to fit **3**
    no cabe duda de there's no doubt
cabeza *f.* head
cada *adj. m., f.* each
cadena *f.* network **3**
caerse *v.* to fall (down)
café *m.* café; *m.* coffee; *adj.* brown
cafeína *f.* caffeine
cafetera *f.* coffee maker
cafetería *f.* cafeteria
caído/a *p.p.* fallen
caja *f.* cash register, box **1**
cajero/a *m., f.* cashier **2**
    cajero automático *m.* ATM **7**
calcetín (calcetines) *m.* sock(s)
calculadora *f.* calculator
caldo *m.* soup
    caldo de patas *m.* beef soup
calentamiento *m.* warming **5**
calentarse (e:ie) *v.* to warm up
calidad *f.* quality **8**
    calidad de vida standard
        of living **1**

callar *v.* to silence **6**
calle *f.* street **2**
calor *m.* heat
caloría *f.* calorie
calzar *v.* to take size... shoes
cama *f.* bed
cámara *f.* camera
   cámara de video video camera
   cámara digital digital camera **8**
camarero/a *m., f.* waiter/waitress
camarón *m.* shrimp
cambiar (de) *v.* to change
cambio *m.* change
   cambio de moneda
     currency exchange
caminar *v.* to walk
camino *m.* road
camión *m.* truck; bus
camisa *f.* shirt
camiseta *f.* t-shirt
campeonato *m.* championship **9**
campo *m.* countryside
canadiense *adj.* Canadian
canal *m.* (TV) channel
cancha *f.* field **9**
canción *f.* song
candidato/a *m., f.* candidate
cansado/a *adj.* tired
cantante *m., f.* singer **3**
cantar *v.* to sing
cantera *f.* quarry **7**
caos *m.* chaos **10**
capa de ozono *f.* ozone layer **5**
capacitar *v.* to prepare **8**
capaz *adj.* capable; competent **7**
capilla *f.* chapel **9**
capital *f.* capital city
capó *m.* hood
cara *f.* face
carácter *m.* character; personality **4**
característica *f.* characteristic **2**
caramelo *m.* caramel
cárcel *f.* prison; jail **6**
cargo *m.* position **7**
cariñoso/a *adj.* affectionate **1**
carne *f.* meat
   carne de res beef
carnicería *f.* butcher shop
carnicero/a *m., f.* butcher **10**
caro/a *adj.* expensive
carpintero/a *m., f.* carpenter
carrera *f.* career; race **9**
carretera *f.* highway
carro *m.* car; automobile
carta *f.* letter; (playing) card **9**
cartel *m.* poster
cartera *f.* wallet
cartero/a *m., f.* mail carrier
casa *f.* house; home
casado/a *adj.* married **1**
casarse (con) *v.* to get married (to) **1**
casi *adv.* almost
castigar *v.* to punish **3**

castigo *m.* punishment **3, 6**
catorce *adj.* fourteen
causa *f.* cause **10**
cazar *v.* to hunt **5**
CD-ROM *m.* CD-ROM **8**
cebolla *f.* onion
ceder *v.* to give up **6**
celda *f.* (prison, jail) cell **6**
celebrar *v.* to celebrate **9**
celos *m.* jealousy **1**
celoso/a *adj.* jealous **1**
célula *f.* cell **8**
celular *adj.* cellular
cena *f.* dinner
cenar *v.* to have dinner
censura *f.* censorship **3, 6**
centro *m.* downtown
   centro comercial mall **2**
cepillarse *v.* **los dientes/el pelo**
   to brush one's teeth/one's hair
cerámica *f.* pottery
cerca de *prep.* near
cerdo *m.* pork
cereales *m., pl.* cereal; grains
cero *m.* zero
cerrado/a *adj.* closed
cerrar (e:ie) *v.* to close
certeza *f.* certainty **10**
cerveza *f.* beer
césped *m.* grass
ceviche *m.* marinated fish dish
   ceviche de camarón
     lemon-marinated shrimp
chaleco *m.* vest
chamán *m.* shaman **5**
champán *m.* champagne
champiñón *m.* mushroom
champú *m.* shampoo
chantajear *v.* to blackmail **6**
chaqueta *f.* jacket
charlar *v.* to chat **9**
chau *fam. interj.* bye
chaval(a) *m., f.* kid; youngster **6**
cheque *m.* (bank) check
   cheque (de viajero)
     (traveler's) check
chévere *adj., fam.* terrific;
   great; fantastic **4**
chico/a *m., f.* boy/girl
chisme *m.* gossip **1**
chino/a *adj.* Chinese
chocar (con) *v.* to run into
chocolate *m.* chocolate
choque *m.* collision; crash **2**
chuleta *f.* chop (*food*)
   chuleta de cerdo pork chop
cibercafé *m.* cybercafé
ciberespacio *m.* cyber space **8**
ciclismo *m.* cycling
cielo *m.* sky
cien(to) one hundred
ciencia *f.* science
   de ciencia ficción *f.* science
     fiction (genre)

científico/a *m., f.* scientist **8**
cierto/a *adj.* certain
   (No) es cierto. It's (not) certain.
cinco *adj.* five
cincuenta *adj.* fifty
cine *m.* movie theater; cinema;
   movies **2, 3**
cinta *f.* (audio)tape
cinta caminadora *f.* treadmill
cinturón *m.* belt
circulación *f.* traffic
cita *f.* date; appointment
   cita a ciegas blind date **1**
ciudad *f.* city **3**
ciudadano/a *m., f.* citizen **2**
civilización *f.* civilization **4**
Claro (que sí). *fam.* Of course.
clase *f.* class
   clase de (ejercicios) aeróbicos
     aerobics class
clásico/a *adj.* classical
cliente/a *m., f.* customer
clínica *f.* clinic
clon *m.* clone **8**
clonar *v.* to clone **8**
club deportivo *m.* sports club **9**
cobrar *v.* to charge; to be paid **7**
coche *m.* car; automobile **5**
cocina *f.* kitchen; stove
cocinar *v.* to cook
cocinero/a *m., f.* cook; chef
cofre *m.* hood
cola *f.* line
coleccionar *v.* to collect **9**
colesterol *m.* cholesterol
color *m.* color
combustible *m.* fuel **5**
comedia *f.* comedy **9**; play
comedor *m.* dining room
comenzar (e:ie) *v.* to begin
comer *v.* to eat
comercial *adj.* commercial;
   business-related
Comercio *m.* Business Administration **7**
cometer (un delito) *v.* to commit
   (a crime) **3**
comida *f.* food; meal
comisaría *f.* police station **2**
como *adv.* like; as
¿cómo? *adv.* what?; how?
   ¿Cómo es...? What's... like?
   ¿Cómo está usted? *form.*
     How are you?
   ¿Cómo estás? *fam.* How are you?
   ¿Cómo les fue...? *pl.* How
     did ... go for you?
   ¿Cómo se llama (usted)?
     form. What's your name?
   ¿Cómo te llamas (tú)? *fam.*
     What's your name?
cómoda *f.* chest of drawers
cómodo/a *adj.* comfortable **10**
compañero/a *m., f.* **de clase**
   classmate

compañero/a *m., f.* **de cuarto** roommate

compañía *f.* company; firm **7**

compartir *v.* to share **1**

completamente *adv.* completely

compositor(a) *m., f.* composer

compra *f.* purchase **7**

comprar *v.* to buy

compras *f., pl.* purchases

  ir de compras *v.* go shopping

comprender *v.* to understand

comprensión *f.* understanding **4**

comprensivo/a *adj.* understanding **7**

comprobar (o:ue) *v.* to check; to prove; to confirm **8**

comprometerse (con) *v.* to get engaged (to)

compromiso *m.* commitment; responsibility; engagement **1**

computación *f.* computer science

computadora *f.* computer

  computadora portátil *f.* portable computer; laptop **8**

computarizado/a *adj.* computerized **8**

comunicación *f.* communication

comunicarse (con) *v.* to communicate (with)

comunidad *f.* community

comunismo *m.* communism **4**

con *prep.* with

  con frecuencia *adv.* frequently

  Con permiso. Pardon me; Excuse me.

  con tal (de) que provided (that)

concierto *m.* concert **9**

concordar *v.* to agree

concurso *m.* game show; contest

conducir *v.* to drive

conductor(a) *m., f.* driver **2**

confianza *f.* trust **6**

confiar (en) *v.* to trust (in) **1, 6**

confirmar *v.* to confirm

  confirmar una reservación to confirm a reservation

conformista *adj.* conformist **10**

confundido/a *adj.* confused

congelador *m.* freezer

congelar(se) *v.* to freeze (oneself) **8**

congestionado/a *adj.* congested; stuffed-up

conjunto musical *m.* musical group; band **9**

conmigo *pron.* with me

conocer *v.* to know; to be acquainted with

conocido *adj., p.p.* known

conocimiento *m.* knowledge **4**

conquista *f.* conquest **4**

conseguir (e:i) *v.* to get **9**; to obtain

  conseguir entradas to get tickets **9**

consejero/a *m., f.* counselor; advisor

consejo *m.* advice

conservación *f.* conservation

conservador(a) *adj.* conservative **6**

conservar *v.* to conserve; to preserve **2, 5**

construir *v.* to build **2**

consulado *m.* consulate **4**

consultorio *m.* doctor's office

consumir *v.* to consume

consumo *m.* **de energía** energy consumption **5**

contabilidad *f.* accounting

contador(a) *m., f.* accountant **7**

contagiar *v.* to infect; to be contagious **5**

contaminación *f.* pollution **5**

  contaminación del aire/del agua air/water pollution

contaminado/a *adj.* polluted

contaminar *v.* to pollute **5**

contar (o:ue) *v.* to count; to tell

  contar (con) *v.* to count (on); rely on **1**

contentarse con *v.* to be contented/ satisfied with **1**

contento/a *adj.* happy; content

contestadora *f.* answering machine

contestar *v.* to answer

contigo *fam. pron.* with you

contraseña *f.* password **8**

contratar *v.* to hire **7**

contribuir *v.* to contribute **8**

control *m.* control

  control de armas gun control **7**

  control remoto remote control

controlar *v.* to control

controvertido/a *adj.* controversial **3**

conversación *f.* conversation

conversar *v.* to converse; to talk; to chat **2**

convertirse (e:ie) en (algo) *v.* to turn into (something) **10**

convivencia *f.* coexistence **10**

convivir *v.* to live together; to coexist **2**

convocar *v.* to summon **6**

cooperar *v.* to cooperate **2**

copa *f.* wineglass; goblet

coquetear *v.* to flirt **1**

coraje *m.* courage **10**

corazón *m.* heart **1**

corbata *f.* tie

cordillera *f.* mountain range **5**

corrector *m.* **ortográfico** spell checker **8**

corredor(a) *m., f.* **de bolsa** stockbroker

correo *m.* mail; post office

  correo electrónico *m.* e-mail

correr *v.* to run

correr la voz *v.* to spread the word **9**

cortar *v.* to cut **5**

cortesía *f.* courtesy

cortinas *f., pl.* curtains

corto/a *adj.* short (*in length*)

  a corto plazo *adj.* short-term **7**

corto(metraje) *adj.* short film **1**

cosa *f.* thing

costa *f.* coast **5**

costar (o:ue) *v.* to cost

costumbre *f.* custom; habit **2**

cotidiano/a *adj.* everyday **2**

cráter *m.* crater

crear *v.* to create **8**

crecer *v.* to grow (up) **10**

crecimiento *m.* growth **3**

creencia *f.* belief **4, 6**

creer (en) *v.* to believe (in)

creído/a *adj., p.p.* believed

crema *f.* **de afeitar** shaving cream

criar *v.* to raise (children) **4**

crimen *m.* crime; murder

crisis económica *f.* economic crisis **7**

crítico/a de cine *m., f.* film critic **3**

crueldad *f.* cruelty **6**

cruzar *v.* to cross **2**

cuaderno *m.* notebook

cuadra *f.* city block **2**

¿cuál(es)? which?; which one(s)?

  ¿Cuál es la fecha de hoy? What is today's date?

cuadro *m.* picture

cuadros *m., pl.* plaid

cuando *conj.* when

¿cuándo? *adv.* when?

¿cuánto/a(s)? *pron.* how much/ how many?

  ¿Cuánto cuesta…? How much does… cost?

  ¿Cuántos años tienes? How old are you?

cuarenta *adj.* forty

cuarto *m.* room

  cuarto de baño bathroom

cuarto/a *adj.* fourth

  menos cuarto quarter to (*time*)

  y cuarto quarter after (*time*)

cuatro *adj.* four

cuatrocientos/as *adj.* four hundred

cubierto/a *p.p.* covered

cubiertos *m., pl.* silverware

cubrir *v.* to cover

cuchara *f.* spoon

cucharada *f.* spoonful **5**

  a cucharadas in spoonfuls **5**

cuchillo *m.* knife

cuello *m.* neck

cuenta *f.* bill; account

  cuenta corriente checking account **7**

  cuenta de ahorros savings account **7**

cuento *m.* short story

cuerpo *m.* body

cuidado *m.* care **2**

cuidadoso/a *adj.* careful **1**

cuidar *v.* to take care (of) **1**
 ¡Cuídense! Take care!
culpa *f.* fault **7**
cultivar *v.* to cultivate **4**
cultivo *m.* farming; cultivation **4**
cultura *f.* culture
cumpleaños *m., sing.* birthday
cumplir años *v.* to have
 a birthday
cuñado/a *m., f.* brother/sister-in law **4**
cura *m.* priest **10**
curandero/a *m., f.* folk healer **5**
curar *v.* to cure **8**
currículum *m.* résumé
curso *m.* course

D

danza *f.* dance
dañar *v.* to damage; to break down
dañino/a *adj.* harmful **5**
daño *m.* harm **10**
dar *v.* to give
 dar un consejo *v.* to give advice
 dar un paseo *v.* to take a stroll **2**
 dar una vuelta *v.* to take
 a walk/ride **2**
 dar una vuelta en bicicleta/carro/
 motocicleta *v.* to take a bike/car/
 motorcycle walk **2**
 darse con *v.* to bump into; to
 run into (something)
 darse cuenta *v.* to realize **7**
 dar para vivir *v.* to yield enough to
 live with **7**
 darse prisa *v.* to hurry; to rush
dardos *m., pl.* darts **9**
de *prep.* of; from
 ¿De dónde eres? *fam.*
 Where are you from?
 ¿De dónde es (usted)? *form.*
 Where are you from?
 ¿De parte de quién? Who is
 calling? (*on telephone*)
 ¿de quién…? *sing.* whose…?
 ¿de quiénes…? *pl.* whose…?
 de algodón (made) of cotton
 de aluminio (made) of aluminum
 de buen humor in a good mood
 de compras shopping
 de cuadros plaid
 de excursión hiking
 de hecho in fact **10**
 de ida y vuelta roundtrip
 de la mañana in the morning; A.M.
 de la noche in the evening;
 at night; P.M.
 de la tarde in the afternoon;
 in the early evening; P.M.
 de lana (made) of wool
 de lunares polka-dotted
 de mal humor in a bad mood
 de mi vida of my life

 de moda in fashion
 De nada. You're welcome.
 De ninguna manera. No way.
 de niño/a as a child
 de parte de on behalf of
 de plástico (made) of plastic
 de rayas striped
 de repente suddenly
 de seda (made) of silk
 de vaqueros western (*genre*)
 de vez en cuando
 from time to time
 de vidrio (made) of glass
debajo de *prep.* below; under
deber (+ *inf.*) *v.* should; must;
 ought to
deber (dinero) *v.* to owe (money) **9**
deber *m.* responsibility; obligation
debido a due to (the fact that)
débil *adj.* weak
decepción *f.* disappointment **5**
decidido/a *adj.* decided;
 determined **2**
decidir (+ *inf.*) *v.* to decide
décimo/a *adj.* tenth
decir (e:i) *v.* to say; to tell
 decir la verdad to tell the truth
 decir mentiras to tell lies
 decir que to say that
declarar *v.* to declare; to say
dedicarse a *v.* to devote oneself to **6**
dedo *m.* finger
 dedo del pie *m.* toe
defender (e:ie) *v.* to defend **6**
deforestación *f.* deforestation **5**
dejar *v.* to let; to quit; to leave
 behind **10**
 dejar a alguien *v.* to leave
 someone **1**
 dejar de (+ *inf.*) *v.* to stop
 (*doing something*)
 dejar plantado/a *v.* to stand some
 one up **1**
 dejar una propina *v.* to leave a tip
del (*contraction of* **de + el**) of the;
 from the
delante de *prep.* in front of
 por delante *adv.* ahead (of) **10**
delantero/a *m., f.* forward
 (*sport position*) **9**
delgado/a *adj.* thin; slender
delicioso/a *adj.* delicious
demás *adj.* the rest
demasiado *adj., adv.* too much
democracia *f.* democracy **6**
dentista *m., f.* dentist
dentro de (diez años) within (ten
 years); inside
dependiente/a *m., f.* clerk
deporte *m.* sport **9**
 deportes extremos
 extreme sports **9**
deportista *m.* sports person; athlete **9**
deportivo/a *adj.* sports-related

depositar *v.* to deposit **7**
deprimido/a *adj.* depressed **1**
derecha *f.* right
derecho *adj.* straight (ahead)
 a la derecha de to the right of
derechos *m., pl.* rights **6**
 derechos humanos
 human rights **6**
derogar *v.* to abolish **6**
derretir(se) (e:i) *v.* to melt **8**
derrocar *v.* to overflow **6**
derrotar *v.* to defeat **6**
desafiar *v.* to challenge **9**
desafío *m.* challenge **8**
desaparecer *v.* to disappear **5**
desaparición *f.* disappearance **3**
desaprovechar *v.* to not take
 advantage of **7**
desarrollar *v.* to develop
desarrollo *m.* development **5**
desastre (natural) *m.*
 (natural) disaster
desatender (e:ie) *v.* to neglect **5**
desayunar *v.* to have breakfast
desayuno *m.* breakfast
descafeinado/a *adj.* decaffeinated
descansar *v.* to rest
descargar *v.* to download **8**
descompuesto/a *adj.* not working;
 out of order
desconfiar *v.* to be suspicious,
 to not trust **10**
descongelar(se) *v.* to thaw
 (oneself) **8**
desconocido/a *m., f.* stranger **2**
descontrolado/a *adj.* out of control **5**
describir *v.* to describe
descrito/a *p.p.* described
descubierto/a *p.p.* discovered
descubrimiento *m.* discovery **7, 8**
descubrir *v.* to discover **8**
desde *prep.* from
desdén *m.* disdain **4**
desear *v.* to wish; to desire
desechable *adj.* disposable **5**
desempleado/a *adj.* unemployed **7**
desempleo *m.* unemployment **7**
desenlace *m.* ending; outcome **2**
deseo *m.* desire **1**
desesperación *f.* desperation **3**
desesperado/a *m., f.* desperate **7**
desgracia *f.* misfortune; tragedy **10**
desierto *m.* desert **5**
desigual *adj.* unequal **6**
desigualdad *f.* inequality **6**
desinterés *m.* lack of interest **5**
desobediencia *f.* disobedience **6**
 desobediencia civil
 civil disobedience **6**
desordenado/a *adj.* disorderly
despacio *adv.* slowly
desaparición *f.* disappearance **4**
despedida *f.* farewell; good-bye

despedir (e:i) *v.* to fire **7**
despedirse (de) (e:i) *v.* to say
goodbye (to) **10**
despejado/a *adj.* clear (*weather*)
despertador *m.* alarm clock
despertarse (e:ie) *v.* to wake up
despreciar *v.* to look down on **4**
después *adv.* afterwards; then
después de *conj.* after
después de que *conj.* after
destacado/a *adj.* prominent **3**
destacar *v.* to stand out **7**
destino *m.* destination **9**
destrozar *v.* to destroy **6**
destruir *v.* to destroy **5**
detenerse (e:ie) *v.* to stop **9**
detrás de *prep.* behind
deuda *f.* debt **4, 7**
día *m.* day
día de fiesta holiday
Diablo *m.* devil **3**
diálogo *m.* dialogue **10**
diario *m.* diary; newspaper **3**
diario/a *adj.* daily
dibujar *v.* to draw
dibujo *m.* drawing
dibujos animados *m., pl.*
cartoons
diccionario *m.* dictionary
dicho/a *p.p.* said
diciembre *m.* December
dictadura *f.* dictatorship **6**
diecinueve *adj.* nineteen
dieciocho *adj.* eighteen
dieciséis *adj.* sixteen
diecisiete *adj.* seventeen
diente *m.* tooth
dieta *f.* diet
diez *adj.* ten
difícil *adj.* difficult; hard
difundir (noticias) *v.* to spread
(news) **2**
Diga. *interj.* Hello. (*on telephone*)
digno/a *adj.* worthy **4**
diligencia *f.* errand
diminuto/a *adj.* tiny **9**
dinero *m.* money
dirección *f.* address **2**
dirección electrónica
e-mail address **8**
director(a) *m., f.* director; (*musical*)
conductor **3**
dirigir *v.* to direct
dirigirse a *v.* to address **7**
disco *m.* **compacto** compact disc (CD)
discoteca *f.* dance club **2**
discriminación *f.* discrimination
discurso *m.* speech
discutir *v.* to argue **1**
disentir *v.* to dissent; to disagree **6**
diseñador(a) *m., f.* designer
diseño *m.* design **9**
disfrutar (de) *v.* to enjoy; to reap the
benefits (of) **2**

disgustado/a *adj.* disgusted **1**
disimular *v.* to hide; to conceal **2**
disminuir *v.* to decrease; to reduce;
to diminish **10**
disparar *v.* to shoot **7**
disparate *m.* silly remark/action;
nonsense **4**
disparo *m.* shot **3**
dispuesto/a (a) *adj.* ready, willing (to) **7**
diversidad *f.* diversity **6, 10**
diversión *f.* fun activity;
entertainment; recreation
divertido/a *adj.* fun
divertirse (e:ie) *v.* to have fun;
to have a good time **9**
divorciado/a *adj.* divorced **1**
divorciarse (de) *v.* to get divorced
(from) **1**
divorcio *m.* divorce **1**
doblaje *m.* dubbing **3**
doblar *v.* to turn **2**
doble *adj.* double
doble moral *f.* double standard **6**
doce *adj.* twelve
doctor(a) *m., f.* doctor
documental *m.* documentary **3**
documentos de viaje *m., pl.*
travel documents
dolencia *f.* ailment **5**
doler (o:ue) *v.* to hurt
dolor *m.* ache; pain
dolor de cabeza *m.* headache
doméstico/a *adj.* domestic
dominar *v.* to dominate **9**
domingo *m.* Sunday
don/doña *title of respect used with a*
person's first name
donde *adv.* where
¿dónde? where?
¿Dónde está...? Where is...?
dormir (o:ue) *v.* to sleep
dormirse (o:ue) *v.* to go to sleep;
to fall asleep
dormitorio *m.* bedroom
dos *adj.* two
dos veces *adv.* twice; two times
doscientos/as *adj.* two hundred
drama *m.* drama; play
dramático/a *adj.* dramatic
dramaturgo/a *m., f.* playwright
droga *f.* drug
drogadicto/a *adj.* drug addict
ducha *f.* shower
ducharse *v.* to shower; to take
a shower
duda *f.* doubt **10**
dudar *v.* to doubt
dueño/a *m., f.* owner; landlord **7**
dulces *m., pl.* sweets; candy
durante *prep.* during
durar *v.* to last

E

e *conj.* and (*used instead of* **y** *before*
words beginning with **i** *and* **hi**)
echar *v.* to throw; to throw away **5**
echar (una carta) al buzón *v.*
to put (a letter) in the mailbox;
to mail
echar de menos *v.* to miss **10**
ecología *f.* ecology
economía *f.* economics
ecoturismo *m.* ecotourism
Ecuador *m.* Ecuador
ecuatoriano/a *adj.* Ecuadorian
edad *f.* age
edad adulta adulthood **4**
edificio *m.* building **2**
edificio de apartamentos
apartment building
(en) efectivo *adv., m.* cash
efecto *m.* **invernadero**
greenhouse effect **5**
efectos *m., pl.* **especiales**
special effects **3**
egoísta *adj.* selfish **4**
ejecución *f.* execution **6**
ejecutivo(a) *m., f.* executive **7**
ejercer *v.* to exercise, to exert **6**
ejercer el poder to exercise/
exert power **6**
ejercicio *m.* exercise
ejercicios aeróbicos
aerobic exercises
ejercicios de estiramiento
stretching exercises
ejército *m.* army **6**
el *m., sing., def. art.* the
él *sub. pron.* he; *adj. pron.* him
elecciones *f., pl.* election
electricista *m., f.* electrician
electrodoméstico *m.*
electric appliance
elegante *adj.* elegant
elegir (e:i) *v.* to elect **6**
ella *sub. pron.* she; *obj. pron.* her
ellos/as *sub. pron.* they; them
embajada *f.* embassy **4**
embarazada *adj.* pregnant
emergencia *f.* emergency
emigrante *m., f.* emigrant **10**
emigrar *v.* to emigrate **1**
emitir *v.* to broadcast
emocionado/a *adj.* excited **1**
emocionante *adj.* exciting
empatar *v.* to tie (a game) **9**
empate *m.* tie **9**
empeorar *v.* to get worse **5**
empezar (e:ie) *v.* to begin
empleado/a *m., f.* employee **7**
empleo *m.* job; employment
empresa company; firm **7**
empresa multinacional
multinational company **7**

en *prep.* in; on; at
  en casa at home
  en caso (de) que in case (that)
  en cuanto as soon as
  en directo live **3**
  en efectivo in cash
  en exceso in excess; too much
  en línea in-line; online **8**
  ¡En marcha! Let's get going!
  en mi nombre in my name
  en punto on the dot; exactly;
   sharp (*time*)
  en qué in what; how
  ¿En qué puedo servirles?
   How can I help you?
  en vivo live **3**
enamorado/a (de) *adj.* in love (with) **1**
enamorarse (de) *v.* to fall in
  love (with) **1**
encabezar *v.* to lead **6**
encantado/a *adj.* delighted; pleased
  to meet you
encantar *v.* to like very much; to love
  (*inanimate objects*)
  ¡Me encantó! I loved it!
encarcelar *v.* to imprison **6**
encargado/a *m., f.* person
  in charge **5**
encima de *prep.* on top of
encontrar (o:ue) *v.* to find
encontrar(se) (o:ue) *v.* to meet (each
  other); to run into (each other)
encrucijada *f.* crossroads **3**
encuesta *f.* poll; survey
energía *f.* energy **5**
  energía eólica wind energy **5**
  energía nuclear nuclear energy **5**
  energía renovable
   renewable energy **5**
  energía solar solar energy **5**
enero *m.* January
enfermarse *v.* to get sick
enfermedad *f.* illness
enfermero/a *m., f.* nurse
enfermo/a *adj.* sick
enfrente de *prep.* opposite; facing
engañar *v.* to cheat, to deceive;
  to trick **1, 3**
engordar *v.* to gain weight
enigma *m.* enigma **8**
enlace *m.* link **8**
enojado/a *adj.* mad; angry **1**
enojarse (con) *v.* to get angry (with) **1**
enriquecerse *v.* to become
  enriched **10**
enrojecer *v.* to blush; to turn red **2**
ensalada *f.* salad
ensayar *v.* to rehearse **3**
enseguida *adv.* right away
enseñar *v.* to teach
ensuciar *v.* to get (*something*) dirty
entender (e:ie) *v.* to understand
entendimiento *m.* understanding **10**

enterarse (de) *v.* to become
  informed (about) **3**
enterrado/a *adj.* buried **9**
enterrar (e:ie) *v.* to bury **9**
entonces *adv.* then
entrada *f.* entrance; ticket **9**
entre *prep.* between; among
entremeses *m., pl.* hors
  d'oeuvres; appetizers
entrenador(a) *m., f.* trainer
entrenarse *v.* to practice; to train
entretener *v.* to entertain **3**
entretenerse (e:ie) *v.*
  to amuse oneself **9**
entretenido/a *adj.* entertaining **9**
entrevista *f.* interview
entrevistador(a) *m., f.* interviewer
entrevistar *v.* to interview **3**
envase *m.* container
enviar *v.* to send; to mail
envidioso/a *adj.* envious; jealous **8**
equilibrado/a *adj.* balanced
equipado/a *adj.* equipped
equipaje *m.* luggage
equipo *m.* team **9**
equivocado/a *adj.* wrong
eres *fam.* you are
erosión *f.* erosion **5**
es he/she/it is
  Es bueno que… It's good that…
  Es de… He/She is from…
  es extraño it's strange
  Es importante que…
   It's important that…
  es imposible it's impossible
  es improbable it's improbable
  Es la una. It's one o'clock.
  Es malo que… It's bad that…
  Es mejor que… It's better that…
  Es necesario que…
   It's necessary that…
  es obvio it's obvious
  es ridículo it's ridiculous
  es seguro it's sure
  es terrible it's terrible
  es triste it's sad
  Es urgente que…
   It's urgent that…
  es una lástima it's a shame
  es verdad it's true
esa(s) *f., adj.* that; those
ésa(s) *f., pron.* that (one);
  those (ones)
escalar *v.* to climb
  escalar montañas *v.* to climb
   mountains
escalera *f.* stairs; stairway
escama *f.* scale **9**
escándalo *m.* scandal **6**
escasez *f.* shortage **7**
escaso/a *adj.* scant; scarce **5**
escena *f.* scene **1**
escoger *v.* to choose

esconder *v.* to hide **2**
escribir *v.* to write
  escribir un mensaje electrónico
   to write an e-mail message
  escribir una carta to write a letter
  escribir una postal to write
   a postcard
escrito/a *p.p.* written
escritor(a) *m., f.* writer
escritorio *m.* desk
escuchar *v.* to listen to
  escuchar la radio to listen
   (to) the radio
  escuchar música to listen
   (to) music
escuela *f.* school
esculpir *v.* to sculpt
escultor(a) *m., f.* sculptor
escultura *f.* sculpture
ese *m., sing., adj.* that
ése *m., sing., pron.* that one
eso *neuter pron.* that; that thing
esos *m., pl., adj.* those
ésos *m., pl., pron.* those (ones)
espacio *m.* space **8**
España *f.* Spain
español *m.* Spanish (*language*)
español(a) *adj.* Spanish; Spaniard
esparcir *v.* to spread **10**
espárragos *m., pl.* asparagus
especialización *f.* major
especializado/a *adj.* specialized **8**
especie *f.* **en peligro (de extinción)**
  endangered species **5**
espectacular *adj.* spectacular
espectáculo *m.* show; performance **9**
espectador(a) *m., f.* spectator **9**
espejo *m.* mirror
esperanza *f.* hope **4**
esperar *v.* to hope; to wish
  esperar (+ inf.) *v.* to wait (for);
   to hope
espiar *v.* to spy **6**
esposo/a *m., f.* husband/wife;
  spouse **4**
esquí *m.* skiing
  esquí acuático *m.* (water) skiing
  esquí alpino *m.* downhill skiing **9**
  esquí de fondo *m.* cross
   country skiing **9**
esquiar *v.* to ski
esquina *f.* corner **2**
está he/she/it is; you are
  Está bien. That's fine.
  Está (muy) despejado. It's
   (very) clear. (*weather*)
  Está lloviendo. It's raining.
  Está nevando. It's snowing.
  Está (muy) nublado. It's
   (very) cloudy. (*weather*)
esta(s) *f., adj.* this; these
  esta noche tonight
ésta(s) *f., pron.* this (one);
  these (ones)

Ésta es... This is…
(*introducing someone*)
establecer (se) *v.* to start; to establish
(oneself) **10**
estación *f.* station; season **2**
  estación de autobuses
    bus station **2**
  estación de bomberos
    fire station **2**
  estación del metro
    subway station
  estación de policía
    police station **2**
  estación de tren(es)
    train station **2**
estacionamiento *m.* parking lot **2**
estacionar *v.* to park
estadio *m.* stadium **2**
estado civil *m.* marital status
Estados Unidos *m., pl.* (EE.UU.;
E.U.) United States
estadounidense *adj.* from the
United States
estampado/a *adj.* print
estampilla *f.* stamp
estante *m.* bookcase; bookshelves
estantería *f.* bookcase **3**
estar *v.* to be
  estar a la/en venta *v.* to be
    on sale **7**
  estar a (veinte kilómetros) de
    aquí to be (twenty kilometers)
    from here
  estar a dieta to be on a diet
  estar aburrido/a to be bored
  estar afectado/a (por) to be
    affected (by)
  estar bajo control to be
    under control
  estar bajo presión to be
    under pressure **7**
  estar cansado/a to be tired
  estar contaminado/a
    to be polluted
  estar de acuerdo to agree
  Estoy (completamente) de
  acuerdo. I agree (completely).
    No estoy de acuerdo.
    I don't agree.
  estar de moda to be in fashion
  estar de vacaciones *f., pl.*
    to be on vacation
  estar embarazada
    to be pregnant **10**
  estar en buena forma to be
    in good shape
  estar enfermo/a to be sick
  estar harto/a to be fed up (with);
    to be sick (of) **1**
  estar listo/a to be ready
  estar perdido/a to be lost **2**
  estar roto/a to be broken
  estar seguro/a to be sure
  estar torcido/a to be twisted;
    to be sprained

estatua *f.* statue
Este *m.* East
este *m., sing., adj.* this
éste *m., sing., pron.* this (one)
  Éste es... *m.* This is…
    (*introducing someone*)
estéreo *m.* stereo
estilo *m.* style **3**
estiramiento *m.* stretching
esto *neuter pron.* this; this thing
estómago *m.* stomach
estornudar *v.* to sneeze
estos *m., pl., adj.* these
éstos *m., pl., pron.* these (ones)
estrella *f.* star **3**
  estrella de cine *m., f.*
    movie star **3**
  estrella fugaz shooting star **8**
estrenar (una película) *v.* to release
(a movie) **9**
estreno *m.* premiere; new movie **3**
estrés *m.* stress
estresado/a *adj.* stressed (out) **7**
estricto/a *adj.* strict **4**
estudiante *m., f.* student
estudiantil *adj.* student
estudiar *v.* to study
estufa *f.* stove
estupendo/a *adj.* stupendous
etapa *f.* stage
ético/a *adj.* ethical **8**
  poco ético/a unethical **8**
etnia *f.* ethnic group **4**
evitar *v.* to avoid
examen *m.* test; exam
  examen médico physical exam
excelente *adj.* excellent
exceso *m.* excess; too much
excluido/a *adj.* excluded **10**
excursión *f.* hike; tour; excursion
excursionista *m., f.* hiker
exigente *adj.* demanding **4**
exigir *v.* to demand **7**
exiliado/a *m., f.* exile **10**
  exiliado/a político/a
    political exile **10**
éxito *m.* success **3**
exitoso/a *adj.* successful **7**
expansión *f.* **(urbana)**
(urban) sprawl **5**
experiencia *f.* experience
experimento *m.* experiment **8**
explicar *v.* to explain
explorar *v.* to explore **8**
expulsar *v.* to expel; to dismiss **7**
expresión *f.* expression
extinción *f.* extinction
extinguirse *v.* to become extinct **5**
extranjero/a *adj.* foreign;
  m., f. foreigner; alien **4**
extrañar *v.* to miss **10**
extraño/a *adj.* strange
extraterrestre *adj.* extraterrestrial;
alien **8**

F

fabricar *v.* to manufacture **8**
fabuloso/a *adj.* fabulous
facciones *f., pl.* features **2**
facha *f.* look **10**
fácil *adj.* easy
falda *f.* skirt
fallecido/a *adj.* deceased **9**
falso/a *adj.* insincere **1**
falta (de) *f.* lack (of) **10**
faltar *v.* to lack; to need
fama *f.* fame **3**
familia *f.* family
familiares *m.* relatives **1**
famoso/a *adj.* famous
fantasía *f.* fantasy **3**
fantasma *m.* ghost **9**
fantástico/a *adj.* imaginary **9**
farmacia *f.* pharmacy
fascinar *v.* to fascinate
favorito/a *adj.* favorite
fax *m.* fax (machine)
fe *f.* faith **4**
febrero *m.* February
fecha *f.* date
felicidad *f.* happiness **5**
  ¡Felicidades! Congratulations!
  ¡Felicitaciones! Congratulations!
feliz *adj.* happy
  ¡Feliz cumpleaños!
    Happy birthday!
fenomenal *adj.* great; phenomenal
fenómeno *m.* phenomenon **3**
feo/a *adj.* ugly
feria *f.* fair **9**
festejar *v.* to celebrate **9**
festival *m.* festival
fidelidad *f.* faithfulness **1**
fiebre *f.* fever
fiesta *f.* party
fijo/a *adj.* fixed; set
fila *f.* line **2**
fin *m.* end
  fin de semana weekend
finalmente *adv.* finally
financiero/a *adj.* financial **7**
firmar *v.* to sign (*a document*) **4**
física *f.* physics
físico/a *m., f.* physicist **8**
flan (de caramelo) *m.* baked
(caramel) custard
flauta *f.* flute **3**
flexible *adj.* flexible
flor *f.* flower
flotar *v.* to float **7**
foca *f.* seal **5**
folklórico/a *adj.* folk; folkloric
folleto *m.* brochure
fondo *m.* end
forma *f.* shape
formulario *m.* form

fortalecer(se) v. to grow stronger; to strengthen **1, 6**
foto(grafía) f. photograph
fotógrafo/a m., f. photographer **3**
fracaso m. failure **6**
fraile (fray) m. friar; monk (Brother) **4**
francés, francesa adj. French
frasquito m. little bottle **5**
frecuentemente adv. frequently
frenos m., pl. brakes
fresco/a adj. cool
frijoles m., pl. beans
frío/a adj. cold
frito/a adj. fried
frontera f. border **10**
fruta f. fruit
frutería f. fruit store
frutilla f. strawberry
fuego m. fire **9**
fuente f. source **5**
fuente f. **de fritada** platter of fried food
fuera adv. outside
fuerte adj. strong
fuerza f. force **6**
fumar v. to smoke
funcionar v. to work; to function
fútbol m. soccer
fútbol americano m. football
futuro/a adj. future
  en el futuro in the future
lamentar v. to regret **4**

G

gafas (de sol) f., pl. (sun)glasses
gafas (oscuras) f., pl. (sun)glasses
galaxia f. galaxy **8**
galleta f. cookie
ganancia f. profit **4**
ganar v. to win **9**; to earn (money)
  ganar las elecciones to win elections **6**
  ganar un partido to win a game **9**
  ganarse la vida to earn a living **7**
ganga f. bargain
garaje m. garage; (mechanic's) repair shop; garage (in a house)
garganta f. throat
garra f. claw **9**
gasoducto m. gas pipeline **7**
gasolina f. gasoline
gasolinera f. gas station
gastar v. to spend (money) **7**
gato m. cat
gemelo/a m., f. twin **4**
gen m. gene **8**
género m. genre **3**
genética f. genetics **8**
genial adj. wonderful **1**
gente f. people **2**
geografía f. geography

gerente m., f. manager **7**
gimnasio m. gymnasium
gobernar (e:ie) v. to govern **6**
gobierno m. government **6**
golf m. golf
golpe m. blow, hit
  golpe de estado coup d'état **6**
golpear v. to beat (a drum) **3**
gordo/a adj. fat
gozar (de) v. to enjoy **10**
grabadora f. tape recorder
grabar v. to record **3**
  grabar (un CD) to burn (a CD) **8**
gracias f., pl. thank you; thanks
  Gracias por todo. Thanks for everything.
  Gracias una vez más. Thanks again.
gracioso/a adj. funny **1**
graduarse (de/en) v. to graduate (from/in)
gran, grande adj. big; large
grasa f. fat
gratis adj. free of charge
grave adj. grave; serious
gravedad f. gravity **8**
gravísimo/a adj. extremely serious
grillo m. cricket
gripe f. flu
gris adj. gray
gritar v. to scream; to shout **9**
grupo m. **musical** musical group, band **9**
guantes m., pl. gloves
guapo/a adj. handsome; good-looking
guardar v. to save (on a computer) **8**
guerra f. war **6**
  guerra civil civil war **6**
guía m., f. guide
guiar v. to guide **8**
guión m. script **1**
guita f. cash; dough (slang) **8**
gusano/a m., f., pej. (lit. worm) Cuban exile **4**
gustar v. to be pleasing to; to like
  Me gustaría... I would like…
gusto m. pleasure
  El gusto es mío. The pleasure is mine.
  Gusto de verlo/la. form. It's nice to see you.
  Gusto de verte. fam. It's nice to see you.
  Mucho gusto. Pleased to meet you.
  ¡Qué gusto volver a verlo/la! form. I'm happy to see you again!
  ¡Qué gusto volver a verte! fam. I'm happy to see you again!

H

haber (auxiliar) v. to have (done something)

Ha sido un placer. It's been a pleasure.
habitación f. room
  habitación doble double room
  habitación individual single room
habitante m., f. inhabitant **2**
hablar v. to talk; to speak
hacer v. to do; to make
  Hace buen tiempo. The weather is good.
  Hace (mucho) calor. It's (very) hot. (weather)
  Hace fresco. It's cool. (weather)
  Hace (mucho) frío. It's (very) cold. (weather)
  Hace mal tiempo. The weather is bad.
  Hace (mucho) sol. It's (very) sunny. (weather)
  Hace (mucho) viento. It's (very) windy. (weather)
  hacer cola to stand in line; to wait in line **9**
  hacer diligencias to run errands **2**
  hacer ejercicio to exercise
  hacer ejercicios aeróbicos to do aerobics
  hacer ejercicios de estiramiento to do stretching exercises
  hacer el papel (de) to play the role (of)
  hacer falta to be necessary **5**
  hacer gimnasia to work out
  hacer juego (con) to match (with)
  hacer la cama to make the bed
  hacer las maletas to pack (one's) suitcases
  hacer quehaceres domésticos to do household chores
  hacer turismo to go sightseeing
  hacer un esfuerzo to make an effort **10**
  hacer un viaje to take a trip
  hacer una excursión to go on a hike; to go on a tour
hacia prep. toward
hallazgo m. discovery **3**
hambre f. hunger **7**
hamburguesa f. hamburger
hasta prep. until; toward
  Hasta la vista. See you later.
  Hasta luego. See you later.
  Hasta mañana. See you tomorrow.
  hasta que until
  Hasta pronto. See you soon.
hay there is; there are
  Hay (mucha) contaminación. It's (very) smoggy.
  Hay (mucha) niebla. It's (very) foggy.
  Hay que... It is necessary that...
  No hay duda de... There's no doubt ...
  No hay de qué. You're welcome.

hecho *m.* fact **5**
hecho/a *p.p.* done
heladería *f.* ice cream shop
helado/a *adj.* iced
helado *m.* ice cream
heredar *v.* to inherit **4**
herencia *f.* heritage
  herencia cultural
    cultural heritage **6**
hermanastro/a *m., f.* stepbrother/
  stepsister **4**
hermano/a *m., f.* brother/sister
  hermano/a gemelo/a *m., f.* twin
    brother/sister **4**
  hermano/a mayor/menor *m., f.* older/
    younger brother/sister
  hermanos *m., pl.* siblings (brothers
    and sisters)
hermoso/a *adj.* beautiful
herramienta *f.* tool **8**
heterogéneo/a *adj.* heterogeneous **10**
híbrido/a *adj.* hybrid **5**
hierba *f.* grass
hijastro/a *m., f.* stepson/stepdaughter
hijo/a *m., f.* son/daughter
  hijo/a único/a *m., f.* only child **4**
  hijos *m., pl.* children
hipocresía *f.* hypocrisy **6**
historia *f.* history; story **1**
historiador(a) *m., f.* historian **4**
hockey *m.* hockey
hogar *m.* home **10**
hoja *f.* leaf **5**
hola *interj.* hello; hi
hombre *m.* man
  hombre de negocios *m.*
    businessman **7**
homenajear a los dioses *v.* to pay
  homage to the gods **4**
homogeneidad *f.* homogeneity **10**
honrado/a *adj.* honest **4**
hora *f.* hour; the time
horario *m.* schedule **7**
  horario de trabajo
    work schedule **7**
horno *m.* oven
  horno de microondas
    microwave oven
horóscopo *m.* horoscope **3**
horror *m.* horror
  de horror horror (genre)
hospital *m.* hospital
hotel *m.* hotel
hoy *adv.* today
  hoy día *adv.* nowadays
  Hoy es... Today is...
huelga *f.* strike (*labor*) **6**
hueso *m.* bone
huésped *m., f.* guest
huevo *m.* egg
huir *v.* to flee **6**
humanidad *f.* humankind **10**
humanidades *f., pl.* humanities

hundir *v.* to sink **6**
huracán *m.* hurricane **5**

I

ida *f.* one way (*travel*)
idea *f.* idea
ideales *m., pl.* principles; ideals **10**
idioma *m.* language
  idioma oficial *m.*
    official language **10**
iglesia *f.* church
igual *adj.* equal **6**
igualdad *f.* equality **6**
igualmente *adv.* likewise
ilegal *adj.* illegal **4**
imparcial *adj.* impartial; unbiased **3**
impermeable *m.* raincoat
importante *adj.* important
importar *v.* to be important to;
  to matter
imposible *adj.* impossible
impresora *f.* printer
imprimir *v.* to print
improbable *adj.* improbable
impuesto *m.* tax **7**
inalámbrico/a *adj.* wireless **8**
inaudito/a *adj.* unprecedented **7**
incapaz *adj.* incapable;
  incompetent **7**
incendio *m.* fire **5**
incertidumbre *f.* uncertainty **10**
inconformista *adj.* nonconformist **10**
increíble *adj.* incredible
independizarse *v.* to
  become independent **4**
indicar el camino *v.*
  to give directions **2**
indiferencia *f.* indifference **7**
individual *adj.* private (*room*)
inesperado/a *adj.* unexpected **2**
inestabilidad *f.* instability **10**
infección *f.* infection
infidelidad *f.* unfaithfulness **1**
inflación *f.* inflation **7**
influencia *f.* influence **2**
influir *v.* to influence **6**
influyente *adj.* influential **3**
informar *v.* to inform
informática *f.* computer science **8**
informe *m.* report; paper
  (*written work*) **6**
ingeniero/a *m., f.* engineer **8**
ingenuo/a *adj.* naïve **2**
inglés *m.* English (*language*)
inglés, inglesa *adj.* English
injusticia *f.* injustice **6**
injusto/a *adj.* unfair **6**
inmigración *f.* immigration **10**
inmigrante *m., f.* immigrant **1**
innovador(a) *adj.* innovative **8**
inocencia *f.* innocence **9**
inodoro *m.* toilet
inolvidable *adj.* unforgettable **1**

inseguridad *f.* insecurity; lack
  of safety **6**
inseguro/a *adj.* insecure **1**
insistir (en) *v.* to insist (on)
insoportable *adj.* unbearable **4**
inspector(a) de aduanas *m., f.*
  customs inspector
instituto *m.* high school **6**
integración *f.* integration **10**
integrarse (a) *v.* to become part (of);
  to fit in **10**
inteligente *adj.* intelligent
intentar *v.* to try **7**
intercambiar *v.* to exchange
interesante *adj.* interesting
interesar *v.* to be interesting to;
  to interest
internacional *adj.* international
Internet Internet **3**
interrogante *m.* question; doubt **8**
intoxicar *v.* to poison **5**
intruso/a *m., f.* intruder **8**
inundación *f.* flood **5**
inventar *v.* to invent **8**
invento *m.* invention **8**
inversionista *m., f.* investor **7**
invertir (e:ie) *v.* to invest **7**
investigador(a) *m., f.* researcher **8**
investigar *v.* to research;
  to investigate **3**
invierno *m.* winter
invisible *adj.* invisible **9**
invitado/a *m., f.* guest (*at a function*)
invitar *v.* to invite
invocar *v.* to invoke; call on **3**
inyección *f.* injection
ir *v.* to go
  ir a (+ inf.) to be going to
    do something
  ir de compras to go shopping
  ir de excursión (a las montañas)
    to go for a hike (in the mountains)
  ir de pesca to go fishing
  ir de vacaciones to go on vacation
  ir en autobús to go by bus
  ir en auto(móvil) to go by
    auto(mobile); to go by car
  ir en avión to go by plane
  ir en barco to go by boat
  ir en metro to go by subway
  ir en motocicleta to go
    by motorcycle
  ir en taxi to go by taxi
  ir en tren to go by train
irse *v.* to go away; to leave
italiano/a *adj.* Italian
izquierdo/a *adj.* left
  a la izquierda de to the left of

J

jabón *m.* soap
jamás *adv.* never; not ever
jamón *m.* ham

japonés, japonesa *adj.* Japanese
jardín *m.* garden; yard **10**
jefe/a *m., f.* boss **7**
joven *adj.* young
joven *m., f.* youth; young person
joyería *f.* jewelry store
jubilarse *v.* to retire (*from work*) **7**
juego *m.* game **9**
  juego de mesa board game **9**
jueves *m., sing.* Thursday
juez(a) *m., f.* judge **6**
jugador(a) *m., f.* player
jugar (u:ue) *v.* to play
  jugar a las cartas *f., pl.*
    to play cards
jugo *m.* juice
  jugo de fruta *m.* fruit juice
juguete *m.* toy **7**
juicio *m.* judgment **6**
julio *m.* July
jungla *f.* jungle
junio *m.* June
juntos/as *adj.* together
jurar *v.* to promise **10**
justicia *f.* justice **6**
justo/a *adj.* just; fair **2, 6**
juventud *f.* youth **4**
juzgar *v.* to judge **6**

K

kilómetro *m.* kilometer

L

la *f., sing., def. art.* the
la *f., sing., d.o. pron.* her, it; *form.* you
laboratorio *m.* laboratory
ladrillo *m.* brick **8**
ladrón/ladrona *m., f.* thief **6**
lagarto *m.* lizard **5**
lago *m.* lake
laico/a *adj.* secular; lay **6**
lámpara *f.* lamp
lana *f.* wool
langosta *f.* lobster
lápiz *m.* pencil
largo/a *adj.* long
  a largo plazo *adj.* long-term **7**
las *f., pl., def. art.* the
las *f., pl., d.o. pron.* them; *form.* you
lástima *f.* shame
lastimar(se) *v.* to injure (oneself) **9**
  lastimarse el pie to injure
    one's foot
lata *f.* (*tin*) can
lavabo *m.* sink
lavadora *f.* washing machine
lavandería *f.* laundromat
lavaplatos *m., sing.* dishwasher
lavar *v.* to wash
  lavar (el suelo, los platos)
    to wash (the floor, the dishes)

lavarse *v.* to wash oneself
  lavarse la cara to wash one's face
  lavarse las manos to wash
    one's hands
lazo *m.* tie **1**
le *sing., i.o. pron.* to/for him; her;
  form. you
  Le presento a… *form.* I would
    like to introduce… to you.
lección *f.* lesson
leche *f.* milk
lechuga *f.* lettuce
leer *v.* to read
  leer correo electrónico
    to read e-mail
  leer un periódico
    to read a newspaper
  leer una revista to read
    a magazine
legal *adj.* legal **4**
leído/a *p.p.* read
lejos de *prep.* far from
lengua *f.* language **4**
  lenguas extranjeras *f., pl.*
    foreign languages
  lengua materna
    mother tongue **10**
lentes de contacto *m., pl.*
  contact lenses
  lentes (de sol) (sun)glasses
lento/a *adj.* slow
león *m.* lion **5**
les *pl., i.o. pron.* to/for them;
  form. you
letra *f.* lyrics **3**
letrero *m.* sign; billboard **2**
levantar *v.* to lift
  levantar pesas to lift weights
levantarse *v.* to get up
ley *f.* law **2**
liberal *adj.* liberal **6**
libertad *f.* liberty; freedom **6**
  libertad de prensa freedom
    of the press **3**
libre *adj.* free
librería *f.* bookstore
libro *m.* book
licencia de conducir *f.*
  driver's license
ligar *v.* to flirt; to hook up **1**
limón *m.* lemon
limpiar *v.* to clean
limpiar la casa *v.* to clean the house
limpieza *f.* cleaning
  limpieza étnica ethnic cleaning **10**
limpio/a *adj.* clean
línea *f.* line
lío *m.* mess **7**
listo/a *adj.* ready; smart
literatura *f.* literature
llamar *v.* to call
  llamar por teléfono to call
    on the phone

llamarse *v.* to be called; to be named
llanta *f.* tire
llave *f.* key
llegada *f.* arrival
llegar *v.* to arrive
llenar *v.* to fill
  llenar el tanque to fill the tank
  llenar (un formulario) to fill
    out (a form)
lleno/a *adj.* full **2**
llevar *v.* to carry; *v.* to wear; to take
  llevar una vida sana to lead a
    healthy lifestyle
  llevarse bien/mal/fatal (con) to
    get along well/badly/terribly
    (with) **1**
llover (o:ue) *v.* to rain
  Llueve. It's raining.
lluvia *f.* rain **5**
  lluvia ácida acid rain
lo *m., sing. d.o. pron.* him, it; *form.* you
  ¡Lo hemos pasado de película!
    We've had a great time!
  ¡Lo hemos pasado maravillosamente!
    We've had a great time!
  lo mejor the best (thing)
  Lo pasamos muy bien.
    We had a very good time.
  lo peor the worst (thing)
  lo que that which; what
  Lo siento. I'm sorry.
  Lo siento muchísimo. I'm so sorry.
lobo *m.* wolf **5**
loco/a *adj.* crazy
locura *f.* craziness **8**
locutor(a) (de radio/televisión) *m., f.*
  (radio/TV) announcer **3**
lograr *v.* to attain; to achieve **10**
lomo a la plancha *m.* grilled
  flank steak
los *m., pl., def. art.* the
los *m. pl., d.o. pron.* them; *form.* you
lotería *f.* lottery **9**
lucha *f.* struggle; fight **6**
luchar (contra/por) *v.* to fight;
  to struggle (against/for) **10**
luego *adv.* then; *adv.* later
lugar *m.* place
lujo *m.* luxury **10**
luna *f.* moon **5**
lunares *m.* polka dots
lunes *m., sing.* Monday
luz *f.* light; electricity

M

madera *f.* wood **5**
madrastra *f.* stepmother **4**
madre *f.* mother
madrugada *f.* early morning **9**
madurez *f.* maturity; middle age
maduro/a *adj.* mature **1**
maestro/a *m., f.* teacher

magnífico/a *adj.* magnificent
maíz *m.* corn
mal, malo/a *adj.* bad
maleducado/a *adj.* ill-mannered **4**
malcriar *v.* to spoil **4**
maleta *f.* suitcase
malgastar *v.* to waste **5**
maltrato *m.* abuse; mistreatment **10**
mamá *f.* mom
mandar *v.* to order; to send; to mail
mandón/mandona *adj.* bossy **4**
manejar *v.* to drive
manera *f.* way
manifestación *f.* protest **4**
manifestante *m., f.* demonstrator **6**
mano *f.* hand
manta *f.* blanket
mantener (e:ie) *v.* to maintain
  mantenerse en forma to stay
    in shape
mantenimiento *m.* maintenance **10**
mantequilla *f.* butter
manzana *f.* apple
mañana *f.* morning, A.M.; tomorrow
mapa *m.* map
maqueta *f.* model **8**
maquillaje *m.* makeup
maquillarse *v.* to put on makeup
máquina *f.* machine **8**
mar *m.* sea **5**
maravilloso/a *adj.* marvelous
marcar (un gol/un punto) *v.* to score
  (a goal/a point) **9**
marcharse *v.* to leave **7**
mareado/a *adj.* dizzy; nauseated
margarina *f.* margarine
mariscos *m., pl.* shellfish
marrón *adj.* brown
martes *m., sing.* Tuesday
martillo *m.* hammer **8**
marzo *m.* March
más *pron.* more
  más de (+ *number*) more than
  más tarde later (on)
  más… que more… than
masaje *m.* massage
matar *v.* to kill **7**
matarse *v.* to kill oneself **7**
matemáticas *f., pl.* mathematics
matemático/a *m., f.* mathematician **8**
materia *f.* course
matriarcado *m.* matriarchy **2**
matrimonio *m.* marriage **1**
máximo/a *adj.* maximum
mayo *m.* May
mayonesa *f.* mayonnaise
mayor *adj.* older
  el/la mayor *adj.* eldest/oldest
me *sing., d.o. pron.* me; *sing. i.o.*
  pron. to/for me
  Me duele mucho. It hurts me a lot.
  Me gusta… I like…
  No me gustan nada. I don't like
    them at all.

Me gustaría(n)… I would like…
Me llamo… My name is…
Me muero por… I'm dying
  to/for…
mecánico/a *m., f.* mechanic
mediano/a *adj.* medium
medianoche *f.* midnight
medias *f., pl.* pantyhose; stockings
medicamento *m.* medication **5**
medicina *f.* medicine
médico/a *m., f.* doctor; *adj.* medical
medio/a *adj.* half
  medio *m.* **ambiente** environment **5**
  y media thirty minutes past the
    hour (*time*)
  medio/a hermano/a *m., f.* half
    brother/sister **4**
mediodía *m.* noon
medios (de comunicación) *m., pl.*
  means of communication; media **3**
mejor *adj.* better
  el/la mejor *m., f.* the best
mejora *f.* improvement **10**
mejorar *v.* to improve **5**
melocotón *m.* peach
menor *adj.* younger
  el/la menor *m., f.* youngest
menos *adv.* less
  menos cuarto…, menos quince…
    quarter to… (*time*)
  menos de (+ *number*) fewer than
  menos… que less… than
mensaje *m.* message **8**
  mensaje de texto text message **8**
  mensaje electrónico *m.*
    e-mail message
mente *f.* mind **9**
mentira *f.* lie
mentiroso/a *adj.* lying; liar **1**
menú *m.* menu
mercado *m.* market **7**
  mercado al aire libre
    open-air market
merecer *v.* to deserve **1**
merendar (e:ie) *v.* to snack; to have
  an afternoon snack
merienda *f.* afternoon snack
mes *m.* month
mesa *f.* table
mesero/a *m., f.* waiter/waitress **2**
mesita *f.* end table
  mesita de noche night stand
meta *f.* goal **10**
meterse *v.* to break in
  (to a conversation) **1**
metro *m.* subway **2**
mexicano/a *adj.* Mexican
México *m.* Mexico
mezclar *v.* to mix **10**
mí *pron., obj. of prep.* me
mi(s) *poss. adj.* my
microondas *f., sing.* microwave
  horno *m.* **de microondas**
    microwave oven

miedo *m.* fear **10**
mientras *adv.* while
miércoles *m., sing.* Wednesday
mil *m.* one thousand
  mil millones billion
  Mil perdones. I'm so sorry.
    (*lit.* A thousand pardons.)
milla *f.* mile
millón *m.* million
millones (de) *m.* millions (of)
milonga *f.* type of dance music from the
  Río de la Plata area in Argentina **9**
mimar *v.* to pamper **4**
mineral *m.* mineral
minuto *m.* minute
mío/a(s) *poss.* my; (of) mine
mirada *f.* gaze **2**
mirar *v.* to look (at); to watch
  mirar (la) televisión
    to watch television
misa *f.* mass **9**
mismo/a *adj.* same
mito *m.* myth **2**
mochila *f.* backpack
moda *f.* fashion
módem *m.* modem
moderno/a *adj.* modern
modo *m.* means; manner **8**
molestar *v.* to bother; to annoy
monitor *m.* (computer) monitor
monitor(a) *m., f.* trainer
mono *m.* monkey **5**
monolingüe *adj.* monolingual **10**
montaña *f.* mountain
montar *v.* **a caballo** to ride a horse
monumento *m.* monument
mora *f.* blackberry
morado/a *adj.* purple
moreno/a *adj.* brunet(te)
morir (o:ue) *v.* to die
mostrar (o:ue) *v.* to show
motocicleta *f.* motorcycle
motor *m.* motor
muchacho/a *m., f.* boy; girl
mucho/a *adj., adv.* a lot of; much; many
  (Muchas) gracias. Thank you
    (very much); Thanks (a lot).
  muchas veces *adv.* a lot;
    many times
  Muchísimas gracias. Thank you
    very, very much.
  Mucho gusto. Pleased to meet you.
muchísimo very much
mudarse *v.* to move (from one house
  to another) **1, 4**
muebles *m., pl.* furniture
muela *f.* tooth
muerte *f.* death **4**
muerto/a *p.p.* died
mujer *f.* woman
  mujer de negocios *f.*
    business woman **7**
  mujer policía *f.* policewoman **2**
mujeriego *m.* womanizer **9**
multa *f.* fine **8**

mundial *adj.* worldwide
Mundial *m.* World Cup **9**
mundo *m.* world
municipal *adj.* municipal
músculo *m.* muscle
museo *m.* museum **2**
música *f.* music
musical *adj.* musical
músico/a *m., f.* musician **9**
musulmán/musulmana *m., f.*
  Muslim **6**
muy *adv.* very
  Muy amable. That's very kind
    of you.
  (Muy) bien, gracias.
    (Very) well, thanks.

N

nacer *v.* to be born
nacimiento *m.* birth **4**
nacional *adj.* national
nacionalidad *f.* nationality
nada *pron.* nothing; not anything
  nada mal not bad at all
nadar *v.* to swim
nadie *pron.* no one, nobody;
  not anyone
naipes *m., pl.* (playing) cards **9**
naranja *f.* orange
nariz *f.* nose
natación *f.* swimming
natalidad *f.* birthrate **10**
natural *adj.* natural
naturaleza *f.* nature
nave espacial *f.* spacecraft **8**
navegar (en la red, en Internet) *v.*
  to surf (the web, the Internet) **3**
Navidad *f.* Christmas
necesario/a *adj.* necessary
necesitar (+ *inf.*) *v.* to need
negar (e:ie) *v.* to deny
negativo/a *adj.* negative
negocios *m., pl.* business; commerce
negro/a *adj.* black
nervioso/a *adj.* nervous
nevar (e:ie) *v.* to snow
  Nieva. It's snowing.
ni...ni neither... nor
niebla *f.* fog
nieto/a *m., f.* grandson/granddaughter **4**
nieve *f.* snow
ningún; ninguna; ningunos/as *adj.*
  no; not any
ninguno/a(s) *pron.* no; none; not any
niñez *f.* childhood **4**
niño/a *m., f.* child **4**
nivel *m.* level
  nivel de vida standard
    of living **10**
no *adv.* no; not
  ¿no? right?
  No cabe duda de... There is
    no doubt...

No es así. That's not the way it is
No es para tanto. It's not a big deal.
no es seguro it's not sure
no es verdad it's not true
No está nada mal. It's not bad
  at all.
no estar de acuerdo to disagree
No estoy seguro. I'm not sure.
no hay there is/are not
No hay de qué. You're welcome.
No hay duda de... There is
  no doubt...
No hay problema. No problem.
¡No me diga(s)! You don't say!
No me gustan nada. I don't like
  them at all.
no muy bien not very well
No quiero. I don't want to.
No sé. I don't know.
No se preocupe. *form.*
  Don't worry.
No te preocupes. *fam.*
  Don't worry.
no tener razón to be wrong
noche *f.* night
nombre *m.* name
  nombre de usuario user name **8**
Norte *m.* North
norteamericano/a *adj.*
  (North) American
nos *pl., d.o. pron.* us; *pl., i.o. pron.*
  to/for us
  Nos divertimos mucho.
    We had a lot of fun.
  Nos vemos. See you.
nosotros/as *sub. pron.* we;
  ob. pron. us
nostalgia *f.* nostalgia **10**
noticias (internacionales/locales/
  nacionales) *f., pl.* (international/
  local/national) news **3**
noticiero *m.* newscast
novecientos/as *adj.* nine hundred
novedad *f.* new development **8**
noveno/a *adj.* ninth
noventa *adj.* ninety
noviembre *m.* November
novio/a *m., f.* boyfriend/girlfriend
nube *f.* cloud
nublado/a *adj.* cloudy
  Está (muy) nublado. It's
    very cloudy.
nuclear *adj.* nuclear
nuera *f.* daughter-in-law **4**
nuestro/a(s) *poss. adj.* our; (of ours)
nueve *adj.* nine
nuevo/a *adj.* new
número *m.* number; (shoe) size
nunca *adj.* never; not ever
nutrición *f.* nutrition
nutricionista *m., f.* nutritionist

O

o *conj.* or
o... o *conj.* either... or
obedecer *v.* to obey
obra *f.* work (*of art, literature,*
  music, etc.)
  obra maestra masterpiece
  obra de teatro theater play **9**
obrero/a *m., f.* blue-collar worker **7**
obtener *v.* to obtain; to get
obvio/a *adj.* obvious
océano *m.* ocean
ochenta *adj.* eighty
ocho *adj.* eight
ochocientos/as *adj.* eight hundred
ocio *m.* leisure **9**
octavo/a *adj.* eighth
octubre *m.* October
ocupación *f.* occupation
ocupado/a *adj.* busy
ocurrir *v.* to occur; to happen
odiar *v.* to hate **1**
Oeste *m.* West
oferta *f.* offer
oficina *f.* office
oficinista *m., f.* office worker **7**
oficio *m.* trade
ofrecer *v.* to offer
oído *m.* (sense of) hearing; inner ear
oído/a *p.p.* heard
oír *v.* to hear
  Oiga/Oigan. *form., sing./pl.* Listen.
    (*in conversation*)
  Oye. *fam., sing.* Listen.
    (*in conversation*)
ojalá (que) *interj.* I hope (that);
  I wish (that)
ojo *m.* eye
olor *m.* smell **9**
olvidar *v.* to forget
olvido *m.* forgetfulness; oblivion **1**
once *adj.* eleven
ópera *f.* opera
operación *f.* operation
opinar *v.* to express an opinion;
  to think **3**
opresión *f.* oppression **4**
oprimido/a *adj.* oppressed **6**
ordenado/a *adj.* orderly
ordinal *adj.* ordinal (*number*)
oreja *f.* (outer) ear
orgullo *m.* pride **6**
orgulloso/a *adj.* proud **1**
orquesta *f.* orchestra
ortografía *f.* spelling
ortográfico/a *adj.* spelling
os *fam., pl. d.o. pron.* you;
  fam., pl. i.o. pron. to/for you
oso *m.* bear **5**
otoño *m.* autumn
otro/a *adj.* other; another
  otra vez again
oyente *m., f.* listener **3**

P

paciencia *f.* patience **10**
paciente *m., f.* patient
pacífico/a *adj.* peaceful **6**
pacifista *adj.* pacifist **6**
padrastro *m.* stepfather **4**
padre *m.* father
padres *m., pl.* parents
pagar *v.* to pay
  pagar a plazos
    to pay in installments
  pagar al contado to pay in cash
  pagar en efectivo to pay in cash
  pagar la cuenta to pay the bill
página *f.* page
  página principal home page
país *m.* country
paisaje *m.* landscape; scenery **5**
pájaro *m.* bird **5**
palabra *f.* word
pan *m.* bread
  pan tostado *m.* toasted bread
panadería *f.* bakery
pancarta *f.* banner; sign **4**
pantalla *f.* screen **3**
pantalones *m., pl.* pants
  pantalones cortos *m., pl.* shorts
pantuflas *f.* slippers
pañuelo *m.* headscarf **6**
papa *f.* potato
  papas fritas *f., pl.* fried potatoes;
    French fries
papá *m.* dad
papás *m., pl.* parents
papel *m.* paper; role
papelera *f.* wastebasket
paquete *m.* package
par *m.* pair
  par de zapatos pair of shoes
para *prep.* for; in order to; by;
  used for; considering
  para que so that
parabrisas *m., sing.* windshield
parada *f.* stop **2**
  parada de autobús bus stop **2**
  parada de metro subway stop **2**
parar *v.* to stop **2**
parcial *adj.* biased **3**
parcialidad *f.* bias **3**
parecer *v.* to seem
parecerse (c:zc) *v.* to resemble;
  to look like **4, 2**
pared *f.* wall **8**
pareja *f.* (married) couple; partner **1**
pariente *m., f.* relative **4, 10**
  parientes *m., pl.* relatives
parque *m.* park **9**
  parque de atracciones
    amusement park **9**
párrafo *m.* paragraph
parte: de parte de on behalf of
partido *m.* game; match (*sports*)

partido político *m.*
  political party **6**
partir *v.* to split
  partirse de risa *v.* to split one's
    sides laughing **7**
pasado/a *adj.* last; past
pasado *p.p.* passed
pasaje *m.* ticket
  pasaje de ida y vuelta *m.* round
    trip ticket
pasajero/a *m., f.* passenger;
  adj. fleeting **1, 2**
pasamontañas *m.* ski mask **3**
pasaporte *m.* passport
pasar *v.* to go through; to pass **9**
  pasar la aspiradora to vacuum
  pasar por el banco to go
    by the bank
  pasar por la aduana to go
    through customs
  pasar tiempo to spend time
  pasarlo bien/mal *v.* to have a
    good/bad time **2**
pasatiempo *m.* pastime; hobby
pasear *v.* to take a walk; to stroll;
  to go for a walk **9**
  pasear en bicicleta to ride
    a bicycle
  pasear por to walk around
pasillo *m.* hallway
pasta *f.* **de dientes** toothpaste
pastel *m.* cake; pie
  pastel de chocolate
    chocolate cake
  pastel de cumpleaños
    birthday cake
pastelería *f.* pastry shop
pastilla *f.* pill; tablet
pata *f.* **de conejo** rabbit's foot **5**
patata *f.* potato
  patatas fritas *f., pl.* fried
    potatoes; French fries
patear *v.* to kick **9**
patente *f.* patent **8**
patinar (en línea) *v.* to (in-line) skate
patineta *f.* skateboard
patio *m.* patio; yard
patria *f.* homeland **1, 4**
pavo *m.* turkey
paz *f.* peace **6**
peatón/peatona *m., f.* pedestrian **2**
pedazo *m.* piece **5**
  pedazo de lata piece of junk **8**
pedir (e:i) *v.* to ask for; to request;
  to order (*food*)
  pedir prestado *v.* to borrow **7**
  pedir un préstamo *v.* to apply
    for a loan
pegar *v.* to hit **6, 8**
peinarse *v.* to comb one's hair
pelear(se) *v.* to fight with (one
  another) **4, 6**
película *f.* movie **3**

peligro *m.* danger **5**
peligroso/a *adj.* dangerous
pelirrojo/a *adj.* red-haired
pelo *m.* hair
pelota *f.* ball
peluquería *f.* beauty salon
peluquero/a *m., f.* hairdresser
penicilina *f.* penicillin
pensar (e:ie) *v.* to think
  pensar (+ *inf.*) *v.* to intend to;
    to plan to (do something)
  pensar en *v.* to think about
pensión *f.* boardinghouse
peor *adj.* worse
  el/la peor *adj.* the worst
pequeño/a *adj.* small
pera *f.* pear
perder (e:ie) *v.* to lose **9**; to miss
  perder las elecciones
    to lose elections **6**
  perder un partido
    to lose a game **9**
  perder el tiempo *v.* to waste time **7**
pérdida *f.* loss **4**
perdido/a *adj.* lost
Perdón. Pardon me.; Excuse me.
perezoso/a *adj.* lazy **7**
perfecto/a *adj.* perfect
periódico *m.* newspaper **3**
periodismo *m.* journalism
periodista *m., f.* journalist **3**
permiso *m.* permission
permitir *v.* to allow **2**
pero *conj.* but
perro *m.* dog
persecución *f.* persecution **10**
persona *f.* person
personaje *m.* character
  personaje principal *m.*
    main character
pertenecer *v.* to belong **10**
pesas *f. pl.* weights
pesca *f.* fishing
pescadería *f.* fish market
pescado *m.* fish (*cooked*)
pescador(a) *m., f.* fisherman/
  fisherwoman
pescar *v.* to fish
peso *m.* weight
petróleo *m.* oil **5**
pez *m.* fish (*live*) **5**
pie *m.* foot
piedra (esculpida) *f.* (sculpted)
  stone **8**
pierna *f.* leg
pimienta *f.* black pepper
pintar *v.* to paint
pintor(a) *m., f.* painter
pintura *f.* painting; picture
piña *f.* pineapple
piscina *f.* swimming pool
piso *m.* floor (*of a building*)
pista de baile *f.* dance floor **3**

pizarra *f.* blackboard
placer *m.* pleasure
  Ha sido un placer. It's been
    a pleasure.
planchar la ropa *v.* to iron the clothes
planes *m., pl.* plans
planeta *m.* planet **8**
planificar *v.* to plan **8**
plano *m.* blueprint; plan **8**
planta *f.* plant
  planta baja *f.* ground floor
plantar *v.* to plant **5**
plástico *m.* plastic
plata *f.* money (*in S. America*) **8**
plato *m.* dish (*in a meal*); *m.* plate
  plato principal *m.* main dish
playa *f.* beach
plaza *f.* city or town square **2**
plazos *m., pl.* periods; time
  a corto/largo plazo *adj.*
    short/long-term **7**
pluma *f.* pen
población *f.* population **10**
poblar *v.* to settle; to populate **2**
pobre *adj.* poor
pobreza *f.* poverty **7**
poco/a *adj.* little; few
podar *v.* to prune **5**
poder (o:ue) *v.* to be able to; can
poder *m.* power **6**
poderoso/a *adj.* powerful **4**
poema *m.* poem
poesía *f.* poetry
poeta *m., f.* poet
polémica *f.* controversy **10**
policía *f.* police (force)
policía *m.* policeman **2**
política *f.* politics **6**
político/a *m., f.* politician;
  adj. political **6**
pollo *m.* chicken
  pollo asado *m.* roast chicken
ponchar *v.* to go flat
poner *v.* to put; to place; *v.* to turn on
  (*electrical appliances*)
  poner la mesa *v.* to set the table
  poner un disco compacto *v.*
    to play a CD **9**
  poner una inyección *v.* to give
    an injection
ponerse (+ *adj.*) *v.* to become;
  to put on
  ponerse pesado/a to become
    annoying **1**
por *prep.* in exchange for; for;
  by; in; through; around; along;
  during; because of; on account of;
  on behalf of; in search of; by way
  of; by means of
  por aquí around here
  por delante *adv.* ahead (of) **10**
  por ejemplo for example
  por eso that's why; therefore
  por favor please

por fin finally
por la mañana in the morning
por la noche at night
por la tarde in the afternoon
por lo menos at least
¿por qué? why?
Por supuesto. Of course.
por su cuenta on his/her own **1**
por teléfono by phone; on the phone
por último finally
porque *conj.* because
portada *f.* front page; cover **3**
portátil *m.* portable
porvenir *m.* future **5**
  ¡Por el porvenir! Here's to
    the future!
posesivo/a *adj.* possessive
posible *adj.* possible
  (no) es posible it's (not) possible
postal *f.* postcard
portarse *v.* to behave **7**
postre *m.* dessert
potable *adj.* drinkable **5**
practicar *v.* to practice
  practicar deportes
    to play sports
práctico/a *adj.* useful; practical **8**
precio (fijo) *m.* (fixed; set) price
predecir (e:i) *v.* to predict **10**
preferir (e:ie) *v.* to prefer
pregunta *f.* question
preguntar *v.* to ask (*a question*)
  preguntar el camino to ask
    for directions **2**
prejucio social *m.* social prejudice **4**
premio *m.* prize; award
prender *v.* to turn on
prensa (sensacionalista) *f.*
  (sensationalist) press **3**
preocupación *f.* concern **10**
preocupado/a (por) *adj.*
  worried (about) **1**
preocuparse (por) *v.* to worry (about)
preparar *v.* to prepare
preposición *f.* preposition
presagio *m.* omen **10**
prescindir (de) *v.* to do without **10**
presentación *f.* introduction
presentar *v.* to introduce; to present;
  to put on (*a performance*)
  Le presento a… I would like to
    introduce (*name*) to you (*form.*)
  Te presento a… I would like to
    introduce (*name*) to you (*fam.*)
presentimiento *m.* premonition **10**
presidente/a *m., f.* president **6**
presiones *f., pl.* pressures
preso/a *m., f.* prisoner **5, 6**
prestaciones *f., pl.*
  social assistance **4**
prestado/a *adj.* borrowed
préstamo *m.* loan
prestar *v.* to lend; to loan **7**

presupuesto *m.* budget **7**
prevenir (e:ie) *v.* to prevent **5**
previsto/a *adj.* foreseen **10**
primavera *f.* spring
primer, primero/a *adj.* first
primo/a *m., f.* cousin **4**
principal *adj.* main
prisa *f.* haste
  darse prisa *v.* to hurry; to rush
probable *adj.* probable
  (no) es probable it's (not) probable
probar (o:ue) *v.* to taste; to try
probarse (o:ue) *v.* to try on
problema *m.* problem
profesión *f.* profession
profesor(a) *m., f.* teacher
programa *m. program* **3**
  programa (de computación)
    software **8**
  programa de concursos
    game show **3**
  programa de entrevistas
    talk show
  programa de telerrealidad
    reality show **3**
programador(a) *m., f.*
  computer programmer
progreso *m.* progress **10**
prohibir *v.* to prohibit; to forbid
promulgar *v.* to enact (a law) **6**
pronombre *m.* pronoun
pronto *adv.* soon
propina *f.* tip
propio/a *adj.* own
protagonista *m., f.* protagonist **1**
proteger *v.* to protect **5**
protegido/a *adj.* protected **5**
proteína *f.* protein
protestar *v.* to protest **10**
proveniente *adj.* (coming) from **10**
próximo/a *adj.* next
prueba *f.* test; quiz; proof **9**
psicología *f.* psychology
psicólogo/a *m., f.* psychologist
publicar *v.* to publish **3**
publicidad *f.* advertising **3**
público *m.* audience; public **3**
pueblo *m.* town
puente *m.* bridge **2**
puerta *f.* door
Puerto Rico *m.* Puerto Rico
puertorriqueño/a *adj.* Puerto Rican
pues *conj.* well
puesto *m.* position; job **7**
puesto/a *p.p.* put
pulmón *m.* lung **5**
puro/a *adj.* pure, clean **5**

que *pron.* that; which; who
  ¿En qué…? In which…?

¡Qué...! How...!
¡Qué dolor! What pain!
¡Qué ropa más bonita!
    What pretty clothes!
¡Qué sorpresa! What a surprise!
¿qué? what?
¿Qué día es hoy? What day is it?
¿Qué hay de nuevo? What's new?
¿Qué hora es? What time is it?
¿Qué les parece? What do you
    (pl.) think?
¿Qué pasa? What's happening?
    What's going on?
¿Qué pasó? What happened?
¿Qué precio tiene? What is
    the price?
¿Qué tal...? How are you?;
    How is it going?; How is/are...?
¿Qué talla lleva/usa? What size
    do you wear?
¿Qué tiempo hace? How's
    the weather?
quedar v. to be left over; to fit
    (*clothing*); to be left behind;
    to be located **2**
quedarse v. to stay; to remain **2**
quehaceres domésticos m., pl.
    household chores
quejarse (de) v. to complain
    (about) **4, 7**
quemado/a adj. burned (out)
quemar v. to burn
querer(se) (e:ie) v. to want; to love
    (each other) **1**
queso m. cheese
quien(es) pron. who; whom; that
    ¿quién(es)? who?; whom?
    ¿Quién es...? Who is...?
    ¿Quién habla? Who is speaking?
        (*telephone*)
química f. chemistry
químico/a m., f. chemist **8**
quince adj. fifteen
    menos quince quarter to (*time*)
    y quince quarter after (*time*)
quinceañera f. fifteen-year-old girl
quinientos/as adj. five hundred
quinto/a adj. fifth
quisiera v. I would like
quitar v. to remove **5**
    quitar el polvo v. to dust
    quitar la mesa v. to clear the table
    quitarse v. to take off
quizás adv. maybe

R

racismo m. racism
radio f. radio
radioemisora f. radio station **3**
radiografía f. X-ray
raíz f. root **4**
rancho m. ranch **10**

rápido/a adv. quickly
raro/a adj. weird **6**
rascacielos m. skyscraper **2**
rasgo m. trait; feature **3**
rato m. while **6**
ratón m. mouse
ratos libres m., pl. free time **9**
raya f. stripe
razón f. reason **10**
realizar v. to carry out **8**
realizarse v. to become true **4**
rebaja f. sale
rebelde adj. rebellious **4**
rebeldía f. rebelliousness **6**
recado m. (telephone) message
receta f. prescription; recipe **4**
recetar v. to prescribe
rechazar v. to reject **10**
recibir v. to receive
reciclaje m. recycling **5**
reciclar v. to recycle **5**
recién casado/a m., f. newlywed
recoger v. to pick up
recomendar (e:ie) v. to recommend
reconocer (c:zc) v. to recognize **10**
recordar (o:ue) v. to remember
recorrer v. to travel (around a city) **2**
recorrido m. route; trip **9**
recreo m. recreation **9**
recuerdo m. memento; souvenir **1**
recursos m., pl. resources **5**
    recurso natural
        natural resource
red f. network; the Web **8**
    red de apoyo support network **1**
redactor(a) m., f. editor **3**
reducir v. to reduce
reemplazar v. to replace **8**
refresco m. soft drink
refrigerador m. refrigerator
refugiado/a m., f. refugee **10**
    refugiado/a de guerra m., f.
        war refugee **10**
    refugiado/a político/a m., f.
        political refugee **10**
regalar v. to give (a gift)
regalo m. gift
regañar v. to scold **4**
regatear v. to bargain
región f. region; area
regla f. rule **6**
regresar v. to return
regreso m. return **8**
regular adj. so-so; OK
reído p.p. laughed
reírse (e:i) v. to laugh
reja f. iron bar **6**
relaciones f., pl. relationships
    relaciones exteriores f., pl.
        foreign relations **6**
relajarse v. to relax **2**
religión f. religion **4**
reloj m. clock; watch

remodelar v. to remodel **8**
renovable adj. renewable **5**
renunciar v. to quit **7**
repartir v. to distribute; hand out **4**
repentino/a adj. sudden **2**
repetir (e:i) v. to repeat
reportaje m. (news) report **3**
reportero/a m., f. reporter;
    journalist **3**
represa f. dam **7**
representante m., f. representative
reproductor de DVD m.
    DVD player **8**
reproductor de MP3 m.
    MP3 player **8**
rescatado/a adj. rescued **6**
resfriado m. cold (*illness*)
residencia estudiantil f. dormitory
residente m., f. resident **4**
residir v. to reside **2**
resistir v. to resist **6**
resolver (o:ue) v. to solve;
    to resolve **5**
respetar v. to respect **4**
respirar v. to breathe **5**
respuesta f. answer
restaurante m. restaurant
resuelto/a p.p. resolved
reto m. challenge **5**
reunión f. meeting **7**
reunirse (con) v. to get
    together (with) **9**
revisar v. to check
    revisar el aceite v. to check the oil
revista f. magazine **3**
revolucionario/a adj. revolutionary **8**
rico/a adj. rich; adj. tasty; delicious
ridículo/a adj. ridiculous
riesgo m. risk **1**
río m. river **5**
riqueza f. wealth **7**
riquezas f., pl. riches **7**
riquísimo/a adj. extremely delicious
ritmo m. rhythm **3**
rito sagrado m. sacred ritual **4**
rivalidad f. rivalry **9**
robar v. to rob **3**
robo m. robbery **3**
rodar (o:ue) v. to shoot (a movie) **3**
rodeado/a adj. surrounded **9**
rodear v. to surround **4**
rodilla f. knee
rogar (o:ue) v. to beg; to plead
rojo/a adj. red
romántico/a adj. romantic
romper v. to break
    romper con v. to break up with **1**
    romperse la pierna v. to break
        one's leg
ropa f. clothing; clothes
    ropa interior f. underwear
rosado/a adj. pink
roto/a adj. broken

rubio/a *adj.* blond(e)
ruido *m.* noise **9**
ruidoso/a *adj.* noisy **2**
rumorear *v.* to be rumored (that) **10**
ruso/a *adj.* Russian
rutina *f.* routine **5**
    rutina diaria daily routine **5**

S

sábado *m.* Saturday
saber *v.* to know; to know how; to taste
    saber a to taste like
sabrosísimo/a *adj.*
    extremely delicious
sabroso/a *adj.* tasty; delicious
sacar *v.* to take out
    sacar fotos to take photos
    sacar la basura to take out
      the trash
    sacar(se) un diente to have a
      tooth removed
sacerdote *m.* priest **4**
sacrificar *v.* to sacrifice **4**
sacudir *v.* to dust
    sacudir los muebles to dust
      the furniture
sal *f.* salt
sala *f.* living room; room
    sala de emergencia(s)
      emergency room
salario *m.* salary
salchicha *f.* sausage
salida *f.* departure; exit
salir *v.* to leave; to go out **9**
    salir (con) to go out (with); to date
    salir a comer algo to go out
      to eat **9**
    salir a la venta to go on sale **3**
    salir a tomar algo to go out to
      have a drink **9**
    salir con to go out with **1**
    salir de to leave from
    salir para to leave for (*a place*)
salmón *m.* salmon
salón *m.* **de belleza** beauty salon
saltar *v.* to jump **9**
salud *f.* health
saludable *adj.* healthy
saludar(se) *v.* to greet (each other)
saludo *m.* greeting
    saludos a… greetings to…
salvar *v.* to save **4**
sandalia *f.* sandal
sandía *f.* watermelon
sándwich *m.* sandwich
sangre *f.* blood **3, 6**
sano/a *adj.* healthy
se *ref. pron.* himself; herself;
    itself; *form.* yourself; themselves;
    yourselves
se *impersonal* one
    Se hizo… He/she/it became…

Se nos dañó… The… broke down.
Se nos pinchó una llanta.
    We had a flat tire.
secadora *f.* clothes dryer
secarse *v.* to dry oneself
sección de (no) fumar *f.*
    (non) smoking section
sección de sociedad *f.*
    lifestyle section **3**
sección deportiva *f.* sports section **3**
seco/a *adj.* dry **5**
secretario/a *m., f.* secretary
secuencia *f.* sequence
secuestrar *v.* to kidnap; to hijack **6**
secuestro *m.* kidnapping **6**
sed *f.* thirst
seda *f.* silk
sedentario/a *adj.* sedentary; related
    to sitting
seguir (e:i) *v.* to follow; to continue
según according to
segundo/a *adj.* second
seguridad *f.* security; safety **6**
seguro/a *adj.* sure; safe;
    secure; confident **1**
seis *adj.* six
seiscientos/as *adj.* six hundred
sellar *v.* to stamp **7**
sello *m.* stamp **7**
selva *f.* jungle; rainforest **5**
    selva tropical tropical rainforest **5**
semáforo *m.* traffic light **2**
semana *f.* week
    fin *m.* **de semana** weekend
    semana pasada last week
sembrar *v.* to plant **10**
semejante *adj.* similar **10**
semestre *m.* semester
semilla *f.* seed **5**
sendero *m.* trail; trailhead
sensible *adj.* sensitive **1**
sentarse (e:ie) *v.* to sit down
sentido *m.* sense
    sentido común common sense **10**
sentir(se) (e:ie) *v.* to feel; to be sorry;
    to regret **1**
    sentirse realizado/a
      to feel fulfilled **10**
señal *f.* sign **9**
señor (Sr.); don *m.* Mr.; sir
señora (Sra.); doña *f.* Mrs.; ma'am
señorita (Srta.) *f.* Miss
separado/a *adj.* separated **1**
separarse (de) *v.* to separate (from)
septiembre *m.* September
séptimo/a *adj.* seventh
sequía *f.* drought **5**
ser *v.* to be
    ser aficionado/a (a) to be
      a fan (of)
    ser alérgico/a (a) to be
      allergic (to)
    ser gratis to be free of charge
    ser parcial to be biased **3**

ser humano *m.* human being **3**
serio/a *adj.* serious
serpiente *f.* snake **5**
serrar *v.* to saw **5**
servilleta *f.* napkin
servir (e:i) *v.* to serve; to help
sesenta *adj.* sixty
setecientos/as *adj.* seven hundred
setenta *adj.* seventy
sexismo *m.* sexism
sexo *m.* gender **4**
sexto/a *adj.* sixth
sí *adv.* yes
si *conj.* if
sí mismo/a himself/herself **4**
SIDA *m.* AIDS
sido *p.p.* been
siempre *adv.* always
siete *adj.* seven
significar *v.* to mean **2**
silbar (a) *v.* to whistle (at) **9**
silla *f.* seat
sillón *m.* armchair
símbolo *m.* symbol **5**
similar *adj.* similar
simpático/a *adj.* nice; likeable
sin *prep.* without
    sin duda without a doubt
    sin embargo however
    sin que *conj.* without
sindicato *m.* labor union **7**
sino *conj.* but (rather)
síntoma *m.* symptom
sitio *m.* **web** website **3**
situado/a *p.p.* located
smog *m.* smog **5**
sobre *m.* envelope; *prep.* on; over
sobrevivir *v.* to survive **4**
sobrino/a *m., f.* nephew/niece **4**
socio/a *m., f.* partner; member **7**
sociología *f.* sociology
sofá *m.* couch; sofa
sol *m.* sun **5**
solar *adj.* solar
soldado *m., f.* soldier
soleado/a *adj.* sunny
soledad *f.* loneliness **2**
solicitar *v.* to apply **7**
solicitud (de trabajo) *f.*
    (job) application
sólo *adv.* only
solo/a *adj.* alone **10**
soltero/a *adj.* single **1**
solución *f.* solution
sombrero *m.* hat
Son las dos. It's two o'clock.
sonar (o:ue) *v.* to ring
sonreído *p.p.* smiled
sonreír (e:i) *v.* to smile
soñador(a) *m., f.* dreamer **7**
soñar (o:ue) *v.* to dream **8**
    soñar con to dream about **1**
sopa *f.* soup

soportar *v.* to put up with **5**
sorprender *v.* to surprise
sorpresa *f.* surprise
sospecha *f.* suspicion **3**
sospechar *v.* to suspect **7**
sospechoso/a *adj.* suspicious **8**
sótano *m.* basement; cellar
soy I am
  Soy de… I'm from…
  Soy yo. That's me.
su(s) *poss. adj.* his; her; its;
  form. your; their
subir *v.* to go up; to upload (*on a
  computer*) **2, 8**
subir(se) a *v.* to get on/into
  (*a vehicle*)
subtítulos *m., pl.* subtitles **3**
suburbio *m.* suburb **2**
suceder *v.* to happen **1**
suceso *m.* incident **3**
sucio/a *adj.* dirty
sucre *m.* former
  Ecuadorian currency
sudar *v.* to sweat
suegro/a *m., f.* father/mother-in law **4**
sueldo *m.* salary **7**
  sueldo mínimo minimum wage **7**
suelo *m.* floor; ground **3**
sueño *m.* sleep
suerte *f.* luck
suéter *m.* sweater
sufrir *v.* to suffer
  sufrir muchas presiones
    to be under a lot of pressure
  sufrir una enfermedad
    to suffer an illness
sugerir (e:ie) *v.* to suggest
sumiso/a *adj.* submissive **4**
superar(se) *v.* to overcome;
  to better oneself **4, 10**
supermercado *m.* supermarket
superpoblación *f.* overpopulation **10**
supersticioso/a *m., f.* superstitious **10**
supervivencia *f.* survival **8**
suponer *v.* to suppose
Sur *m.* South
surgir *v.* to emerge, to arise **10**
suscribirse (a) *v.* to subscribe (to) **3**
sustantivo *m.* noun
sustituir *v.* to substitute **8**
suyo(s)/a(s) *poss.* (of) his/her; (of)
  hers; (of) its; (of) *form.* your; (of)
  yours; (of) their

T

tacaño/a *adj.* cheap; stingy **1**
tal vez *adv.* maybe
talentoso/a *adj.* talented
talla *f.* size
  talla grande *f.* large (*size*)
taller *m.* **mecánico** garage;
  mechanic's repairshop

tamaño *m.* size **8**
también *adv.* also; too
tambor *m.* drum **3**
tampoco *adv.* neither; not either
tan *adv.* so
  tan… como as… as
  tan pronto como *conj.* as soon as
tanque *m.* tank
tanto *adv.* so much
  tanto… como as much… as
  tantos/as… como as many… as
tarde *adv.* late; *f.* afternoon;
  evening; P.M.
tarea *f.* homework
tarjeta *f.* (post) card
  tarjeta de débito debit card **7**
  tarjeta de crédito credit card **7**
  tarjeta postal postcard
taxi *m.* taxi
taza *f.* cup
te *sing., fam., d.o. pron.* you;
  sing., fam., i.o. pron. to/for you
  Te presento a… *fam.* I would like
    to introduce… to you
  ¿Te gustaría? Would you like to?
  ¿Te gusta(n)… ? Do you like…?
té *m.* tea
  té helado iced tea
teatro *m.* theater **9**
techo *m.* ceiling **7**
teclado *m.* keyboard
técnico/a *m., f.* technician
tejido *m.* weaving
teleadicto/a *m., f.* couch potato
(teléfono) celular *m.* cell (phone) **8**
telenovela *f.* soap opera **3**
telepatía *f.* telepathy **9**
telescopio *m.* telescope **8**
teletrabajo *m.* telecommuting
televidente *m., f.* television viewer **3**
televisión *f.* television
televisión por cable *f.*
  cable television
televisor *m.* television set
temer *v.* to fear
temor *m.* fear **6**
temperatura *f.* temperature
tempestuoso/a *adj.* stormy **1**
temporada *f.* season **3**
temprano *adv.* early
tendero/a *m., f.* storekeeper **7**
tenedor *m.* fork
tener *v.* to have
  tener… años to be… years old
  Tengo… años. I'm… years old.
  tener buena fama to have a
    good reputation **3**
  tener (mucho) calor to be (very) hot
  tener celos (de) to be jealous (of) **1**
  tener conexiones *v.*
    to have connections;
    to have influence **7**

tener (mucho) cuidado to be
  (very) careful
tener derecho a to have the right to **6**
tener dolor to have a pain
tener éxito to be successful
tener fiebre to have a fever
tener (mucho) frío to be (very) cold
tener ganas de (+ *inf.*) to feel
  like (doing something)
tener (mucha) hambre *f.* to be
  (very) hungry
tener mala fama to have
  a bad reputation **3**
tener (mucho) miedo (de)
  to be (very) afraid (of);
  to be (very) scared (of)
tener miedo (de) que to be
  afraid that
tener planes to have plans
tener (mucha) prisa to be in
  a (big) hurry
tener que (+ *inf.*) *v.* to have to
  (*do something*)
tener razón *f.* to be right
tener (mucha) sed *f.* to be
  (very) thirsty
tener (mucho) sueño to be
  (very) sleepy
tener (mucha) suerte to be
  (very) lucky
tener tiempo to have time
tener una cita to have a date;
  to have an appointment
tener vergüenza (de) to be
  ashamed (of) **1**
tenis *m.* tennis
tensión *f.* tension
teoría *f.* theory **8**
tercer, tercero/a *adj.* third
terminar *v.* to end; to finish
  terminar de (+ *inf.*) *v.* to finish
    (*doing something*)
terremoto *m.* earthquake **5**
terreno *m.* terrain **8**
terrible *adj.* terrible
territorio *m.* territory **10**
terrorismo *m.* terrorism **6**
terrorista *m., f.* terrorist **6**
ti *prep., obj. of prep., fam.* you
tiempo *m.* time; weather
  tiempo libre free time **9**
tienda *f.* shop; store
  tienda de campaña tent
tierra *f.* land; earth; soil **5**
Tierra *f.* Earth **5**
tigre *m.* tiger **5**
timidez *f.* shyness **2**
tímido/a *adj.* shy **1**
tinta *f.* ink **6**
tinto/a *adj.* red (wine)
tío/a *m., f.* uncle; aunt
  tío/a abuelo/a *m.* great
    uncle/aunt **4**
  tíos *m., pl.* aunts and uncles

tira cómica *f.* comic strip **3**
titular *m.* headline **3**
título *m.* title
tiza *f.* chalk
toalla *f.* towel
tobillo *m.* ankle
tocadiscos compacto *m., sing.*
    compact disc player
tocar *v.* to play (*a musical*
    instrument) **3**; to touch
todavía *adv.* yet; still
todo *m.* everything
    en todo el mundo throughout
        the world
    Todo está bajo control.
        Everything is under control.
    todo derecho straight (ahead)
todo/a(s) *adj.* all; whole
todos *m., pl.* all of us; *m., pl.*
    everybody; everyone
    ¡Todos a bordo! All aboard!
    todos los días *adv.* every day
tomar *v.* to take; to drink
    tomar clases *f., pl.* to take classes
    tomar el sol to sunbathe
    tomar el pelo to pull
        someone's leg **10**
    tomar en cuenta to take
        into account
    tomar fotos *f., pl.* to take photos
    tomar la temperatura to take
        someone's temperature
tomate *m.* tomato
tonto/a *adj.* silly; fool; foolish **10**
torcerse (o:ue) (el tobillo) *v.*
    to sprain (one's ankle)
torcido/a *adj.* twisted; sprained
tormenta *f.* storm
tornado *m.* tornado
tortilla *f.* tortilla
    tortilla de maíz corn tortilla
tortuga *f.* **(marina)** (sea) turtle **5**
tos *f., sing.* cough
toser *v.* to cough
tostado/a *adj.* toasted
tostadora *f.* toaster
tóxico/a *adj.* toxic **5**
trabajador(a) *adj.* hard-working **7**
trabajar *v.* to work
trabajo *m.* job; work
traducir *v.* to translate
traer *v.* to bring
tráfico *m.* traffic **2**
tragedia *f.* tragedy
traído/a *p.p.* brought
traje *m.* suit
    traje de baño *m.* bathing suit
trampa *f.* trap **6**
tranquilo/a *adj.* calm; quiet **1**
    Tranquilo. Don't worry.;
        Be cool.
transbordador espacial *m.*
    space shuttle **8**

transmisión *f.* broadcast **3**
transmitir *v.* to broadcast **3**
transporte *m.* transportation **2**
    transporte público
        public transportation **2**
tras *prep.* after **3**
trasnochar *v.* to stay up late **9**
tratar de (+ *inf*.) *v.* to try (*to do*
    something)
Trato hecho. You've got a deal.
trece *adj.* thirteen
treinta *adj.* thirty
    y treinta thirty minutes past
        the hour (*time*)
tren *m.* train
tres *adj.* three
trescientos/as *adj.* three hundred
tribunal *m.* court **6**
trimestre *m.* trimester; quarter
triste *adj.* sad
tronco *m.* trunk **5**
tú *fam. sub. pron.* you
    Tú eres... You are…
tu(s) *fam. poss. adj.* your
turismo *m.* tourism
turista *m., f.* tourist
turístico/a *adj.* touristic
tuyo/a(s) *fam. poss. pron.* your;
    (of) yours

U

ubicado/a *adj.* located **8**
último/a *adj.* last
un, uno/a *indef. art.* a; one
uno/a *m., f., sing. pron.* one
    a la una at one o'clock
    una vez once; one time
    una vez más one more time
único/a *adj.* only
unido/a *adj.* close-knit **4**
universidad *f.* university; college
universo *m.* universe **8**
unos/as *m., f., pl., indef. art.* some
unos/as *pron.* some
urbanizar *v.* to urbanize **5**
urgente *adj.* urgent
usar *v.* to wear; to use
usted (Ud.) *form., sing.* you
    ustedes (Uds.) *form., pl.* you
útil *adj.* useful
utilidad *f.* usefulness **5**
uva *f.* grape

V

vaca *f.* cow
vacaciones *f. pl.* vacation
vacío/a *adj.* empty **2**
vago/a *m., f.* slacker **8**
valer la pena *v.* to be worth it **9**
valle *m.* valley
valorar *v.* to value **2**

valores *m., pl.* values **10**
vamos let's go
vanguardia *f.* vanguard **8**
vaquero *m.* cowboy
    de vaqueros *m., pl.* western (genre)
varios/as *adj. m., f., pl.* various;
    several
vaso *m.* glass
veces *f., pl.* times
vecino/a *m., f.* neighbor
veinte *adj.* twenty
veinticinco *adj.* twenty-five
veinticuatro *adj.* twenty-four
veintidós *adj.* twenty-two
veintinueve *adj.* twenty-nine
veintiocho *adj.* twenty-eight
veintiséis *adj.* twenty-six
veintisiete *adj.* twenty-seven
veintitrés *adj.* twenty-three
veintiún, veintiuno/a *adj.* twenty-one
vejez *f.* old age **4**
velocidad *f.* speed
    velocidad máxima *f.* speed limit
vencer *v.* to defeat **9**
vendedor(a) *m., f.* salesman/
    saleswoman **7**
vender *v.* to sell
venir *v.* to come
venta *f.* sale **7**
ventana *f.* window
ver *v.* to see
    a ver *v.* let's see
    ver películas *f., pl.* to see movies
verano *m.* summer
verbo *m.* verb
verdad *f.* truth
    ¿verdad? right?
verde *adj.* green
verduras *f., pl.* vegetables
vergüenza *f.* embarrassment **2**
vestido *m.* dress
vestirse (e:i) *v.* to get dressed
vez *f.* time
viajar *v.* to travel
viaje *m.* trip
viajero/a *m., f.* traveler
víctima *f.* victim **6**
victoria *f.* victory **6**
vida *f.* life
    vida nocturna *f.* nightlife **2**
video *m.* video
video musical *m.* music video **3**
video(casete) *m.* video(cassette)
videocasetera *f.* VCR
videoconferencia *f.* videoconference
videojuego *m.* video game **9**
vidrio *m.* glass
viejo/a *adj.* old
viento *m.* wind
viernes *m., sing.* Friday
vigilar *v.* to watch; keep an eye on;
    keep watch on **3, 6**
vinagre *m.* vinegar

vino *m.* wine
   vino blanco *m.* white wine
   vino tinto *m.* red wine
violencia *f.* violence **6**
violonchelo *m.* cello **3**
virtual *adj.* virtual **8**
visitar *v.* to visit
   visitar monumentos *m., pl.*
   to visit monuments
visto/a *p.p.* seen
vitamina *f.* vitamin
viudo/a *adj.* widower/widow **9**
vivienda *f.* housing; home **2**
vivir *v.* to live
vivo/a *adj.* bright; lively; living
volante *m.* steering wheel
volar (o:ue) *v.* to fly **7**
volcán *m.* volcano
vóleibol *m.* volleyball
voltear *v.* to turn back **7**
volver (o:ue) *v.* to return
volver a ver(te, lo, la) *v.* to see (you,
   him, her) again
vos *pron.* you
vosotros/as *form., pl.* you
votar *v.* to vote
vuelta *f.* return trip
vuelto/a *p.p.* returned
vuestro/a(s) *poss. adj.* your;
   fam. (of) yours

Y

y *conj.* and
   y cuarto quarter after (time)
   y media half-past (time)
   y quince quarter after (time)
   y treinta thirty (minutes past the
   hour)
   ¿Y tú? *fam.* And you?
   ¿Y usted? *form.* And you?
ya *adv.* already
yacimiento *m.* deposit **7**
yerno *m.* son-in-law **4**
yo *sub. pron.* I
   Yo soy... I'm…
yogur *m.* yogurt

Z

zanahoria *f.* carrot
zapatería *f.* shoe store
zapatos de tenis *m., pl.* tennis
   shoes; sneakers

English-Spanish

A

a un/(a) *m., f., sing.; indef. art.* 1
@ (*symbol*) arroba *f.* 8
A.M. mañana *f.*
able: be able to poder (o:ue) *v.*
aboard a bordo
abolish derogar *v.* 6
abuse abusar *v.* 6
abuse abuso *m.* 6; maltrato *m.* 10
accent acento *m.* 10
accident accidente *m.*
accompany acompañar *v.*
account cuenta *f.*
   on account of por *prep.*
accountant contador(a) *m., f.* 7
accounting contabilidad *f.*
ache dolor *m.*
achieve lograr *v.* 10
acid ácido/a *adj.*
   acid rain lluvia ácida
acquainted: be acquainted with
   conocer *v.*
act actuar *v.* 9
action (genre) de acción *f.*
active activo/a *adj.*
activist activista *m., f.* 6
actor actor *m.*, actriz *f.* 3
actress actriz *f.* 3
adapt acomodarse *v.* 10;
   adaptarse *v.* 10
addict (drug) drogadicto/a *adj.*
additional adicional *adj.*
address dirección *f.* 2; dirigirse *v.* 7
adjective adjetivo *m.*
administrative administrativo/a *adj.* 7
adolescence adolescencia *f.* 4
adolescent adolescente *m., f.* 4
adult adulto/a *m., f.* 4
adulthood edad adulta *f.* 4
advance avance *m.* 8
advanced avanzado/a *adj.* 8
adventure (genre) de aventura *f.*
advertise anunciar *v.*
advertisement anuncio *m.* 3
advertising publicidad *f.* 3
advice consejo *m.*
   give advice dar consejos
advise aconsejar *v.*
advisor consejero/a *m., f.*;
   asesor(a) *m., f.* 7
aerobic aeróbico/a *adj.*
   aerobics class clase de
     (ejercicios) aeróbicos
   to do aerobics hacer (ejercicios)
     aeróbicos
affected afectado/a *adj.*
be affected (by) estar *v.*
   afectado (por)
affectionate cariñoso/a *adj.* 1
affirmative afirmativo/a *adj.*

afraid: be (very) afraid (of) tener
   (mucho) miedo (de)
   be afraid that tener miedo (de) que
after después de *prep.*; después de
   que *conj.*; tras *prep.* 3
afternoon tarde *f.*
afterward después *adv.*
again otra vez
age edad *f.*
agree concordar *v.*
agree estar *v.* de acuerdo
   I agree (completely). Estoy
     (completamente) de acuerdo.
   I don't agree. No estoy de acuerdo.
agreement acuerdo *m.*
ahead (of) por delante *adv.* 10
AIDS SIDA *m.*
ailment dolencia *f.* 5
air aire *m.*
   air pollution contaminación
     del aire
airplane avión *m.*
airport aeropuerto *m.*
alarm clock despertador *m.*
alcohol alcohol *m.*
alcoholic alcohólico/a *adj.*
alien extranjero/a *m., f.* 4;
   extraterrestre *adj.* 8
all todo(s)/a(s) *adj.*
   All aboard! ¡Todos a bordo!
   all of us todos
   all over the world en todo
     el mundo
allergic alérgico/a *adj.*
   be allergic (to) ser alérgico/a
alleviate aliviar *v.*
allow permitir *v.* 10
almost casi *adv.*
alone solo/a *adj.* 10
along por *prep.*
already ya *adv.*
also también *adv.*
alternator alternador *m.*
although aunque *conj.*
aluminum aluminio *m.*
   (made) of aluminum de aluminio
always siempre *adv.*
American (North)
   norteamericano/a *adj.*
amnesty amnistía *f.* 10
among entre *prep.*
amuse oneself entretenerse (e:ie) *v.* 9
amusement diversión *f.*
amusement park parque *m.*
   de atracciones 9
ancestor antepasado *m.* 4
and y, e (*before words beginning with*
   i or hi)
   And you? ¿Y tú? *fam.*;
     ¿Y usted? *form.*
angel ángel *m.* 3
angry enojado/a *adj.* 1
   get angry (with) enojarse *v.* (con) 1

animal animal *m.*
ankle tobillo *m.*
anniversary aniversario *m.*
   (wedding) anniversary
     aniversario *m.* (de bodas)
announce anunciar *v.*
announcer (TV/radio) locutor(a) *m.,*
   f. (de televisión/radio) 3
annoy molestar *v.*
annoying pesado/a *adj.* 1
another otro/a *adj.*
answer contestar *v.*; respuesta *f.*
answering machine contestadora *f.*
antibiotic antibiótico *m.*
anticipate anticipar *v.* 10
antidote antídoto *m.* 5
anxious ansioso/a *adj.* 1
any algún, alguno/a(s) *adj.*
anyone alguien *pron.*
anything algo *pron.*
apartment apartamento *m.*
apartment building edificio
   de apartamentos
appear aparecer *v.*
appetizers entremeses *m., pl.*
applaud aplaudir *v.* 9
apple manzana *f.*
appliance (electric) electrodoméstico *m.*
applicant aspirante *m., f.*
application solicitud *f.*
   job application solicitud de trabajo
apply (*for a job*) solicitar *v.* 7
   apply for a loan pedir (e:ie) *v.*
     un préstamo
appointment cita *f.*
   have an appointment tener *v.*
     una cita
appreciate apreciar *v.*
April abril *m.*
aquatic acuático/a *adj.*
archaeologist arqueólogo/a *m., f.*
architect arquitecto/a *m., f.*
area región *f.*
argue discutir *v* 1
arise surgir *v.* 10
arm brazo *m.*
armchair sillón *m.*
army ejército *m.* 6
around por *prep.*
   around here por aquí
arrange arreglar *v.*
arrival llegada *f.*
arrive llegar *v.*
art arte *m.*
   (fine) arts bellas artes *f., pl.*
article *m.* artículo
artist artista *m., f.*
artistic artístico/a *adj.*
arts artes *f., pl.*
as como
   as a child de niño/a
   as... as tan... como
   as many... as tantos/as... como
   as much... as tanto... como
   as soon as en cuanto *conj.*;
     tan pronto como *conj.*

ask (*a question*) preguntar *v.*
   ask for pedir (e:i) *v.*
   ask for directions preguntar
     el camino *v.* 2
asparagus espárragos *m., pl.*
aspirin aspirina *f.*
assimilate asimilar *v.* 10
assimilation asimilación *f.* 10
astronaut astronauta *m., f.* 8
astronomer astrónomo/a *m., f.* 8
asylum asilo *m.* 4
at a *prep.*; en *prep.*
   at + *time* a la(s) + *time*
   at home en casa
   at least por lo menos
   at night por la noche
   at the end (of) al fondo (de)
   At what time…? ¿A qué hora…?
   At your service. A sus órdenes.
athlete atleta *m., f.*; deportista
   m., f. 9
ATM cajero *m.* automático 7
attach (a file) adjuntar
   (un archivo) *v.* 8
attain alcanzar *v.* 8; lograr *v.* 10
attend asistir (a) *v.*
attic altillo *m.*
attitude actitud *f.* 10
attract atraer *v.* 10
audience público *m.* 3
August agosto *m.*
aunt tía *f.* 4
   aunts and uncles tíos *m., pl.*
authority autoridad *f.* 6
automobile automóvil *m.*; carro *m.*;
   coche *m.*
autumn otoño *m.*
avenue avenida *f.* 2
avoid evitar *v.*
award premio *m.*

B

backpack mochila *f.*
bad mal, malo/a *adj.*
   have a bad reputation tener (e:ie)
     mala fama *v.* 3
   It's bad that… Es malo que…
   It's not at all bad. No está nada mal.
bag bolsa *f.*
bakery panadería *f.*
balanced equilibrado/a *adj.*
balcony balcón *m.*
ball pelota *f.*; balón *m.* 9
banana banana *f.*
band banda *f.*; conjunto/grupo *m.*
   musical 9
bank banco *m.*
bankruptcy bancarrota *f.* 7
banner pancarta *f.* 4
bargain ganga *f.*; regatear *v.*
baseball (*game*) béisbol *m.*
basement sótano *m.*

basketball (*game*) baloncesto *m.*
bass bajo *m.* 3
bathe bañarse *v.*
bathing suit traje *m.* de baño
bathroom baño *m.*; cuarto de baño *m.*
be ser *v.*; estar *v.*
   be ashamed tener vergüenza 1
   be biased ser parcial 3
   be contagious contagiar 5
   be distressed afligirse 10
   be enough alcanzar 4
   be located quedar 2
   be lost estar perdido/a 2
   be necessary hacer falta 5
   be on sale estar a la venta 7
   be paid cobrar 7
   be pregnant estar embarazada 10
   be promoted ascender 7
   be rumored (that) rumorear 10
   be suspicious desconfiar 10
   be under pressure estar
     bajo presión 7
   be worth it valer la pena 9
   be… years old tener… años
beach playa *f.*
beans frijoles *m., pl.*
bear oso *m.* 5
beat (*a drum*) golpear *v.* 3
beautiful hermoso/a *adj.*
beauty belleza *f.*
   beauty salon peluquería *f.*;
     salón *m.* de belleza
because porque *conj.*
   because of por *prep.*
become (+ *adj.*) ponerse;
   convertirse *v.*
   become annoying ponerse *v.*
     pesado/a 1
   become enriched
     enriquecerse *v.* 10
   become extinct extinguirse *v.* 5
   become independent
     independizarse *v.* 4
   become informed (about)
     enterarse (de) *v.* 3
   become part (of) integrarse (a) *v.* 10
   become true realizarse *v.* 4
bed cama *f.*
   go to bed acostarse (o:ue) *v.*
bedroom alcoba *f.*; dormitorio *m.*;
   recámara *f.*
beef carne de res *f.*
   beef soup caldo de patas
been sido *p.p.*
beer cerveza *f.*
before antes *adv.*; antes de *prep.*;
   antes (de) que *conj.*
beg rogar (o:ue) *v.*
begin comenzar (e:ie) *v.*;
   empezar (e:ie) *v.*
behalf: on behalf of de parte de
behave portarse *v.* 7
behind detrás de *prep.*

being (human) ser humano *m.* 3
belief creencia *f.* 4, 6
believe (in) creer *v.* (en); creer *v.*
believed creído/a *p.p.*
bellhop botones *m., f. sing.*
belong pertenecer *v.* 10
below debajo de *prep.*
beloved amado/a *m., f.* 1
belt cinturón *m.*
benefit beneficio *m.*
beside al lado de *prep.*
besides además (de) *adv.*
best mejor *adj.*
   the best el/la mejor *m., f.*;
     lo mejor *neuter*
bet apostar (o:ue) *v.* 9
better mejor *adj.*
   It's better that… Es mejor que…
better oneself superarse *v.* 10
between entre *prep.*
beverage bebida *f.*
   alcoholic beverage
     bebida alcohólica *f.*
bias parcialidad *f.* 3
biased parcial *adj.* 3
bicycle bicicleta *f.*
big gran, grande *adj.*
bilingual bilingüe *adj.* 10
bill cuenta *f.*
billboard letrero *m.* 2
billion mil millones
billiards billar *m.* 9
biology biología *f.*
biochemical bioquímico/a *adj.* 8
biochemist bioquímico/a *m., f.* 8
biologist biólogo/a *m., f.* 8
bird ave *f.*; pájaro *m.* 5
birth nacimiento *m.* 4
birthday cumpleaños *m., sing.*
   have a birthday cumplir *v.* años
birthrate natalidad *f.* 10
black negro/a *adj.*
black hole agujero negro *m.* 8
blackberry mora *f.*
blackboard pizarra *f.*
blackmail chantajear *v.* 6
blanket manta *f.*
block (city) cuadra *f.* 2
blog blog *m.* 8
blond(e) rubio/a *adj.*
blood sangre *f.* 3, 6
blouse blusa *f.*
blue azul *adj. m., f.*
blue-collar worker obrero/a *m., f.* 7
blueprint plano *m.* 8
blush enrojecer *v.* 2
boad game juego *m.* de mesa 9
boarding house pensión *f.*
boat barco *m.*
body cuerpo *m.*
bone hueso *m.*
book libro *m.*
bookcase estante *m.*; estantería *f.* 3
bookshelves estante *m.*

bookstore librería *f.*
boot bota *f.*
border frontera *f.* **10**
bore aburrir *v.*
bored aburrido/a *adj.*
  be bored estar *v.* aburrido/a
  get bored aburrirse *v.*
boring aburrido/a *adj.* **9**
born: be born nacer *v.*
borrow pedir (e:ie) *v.* prestado **7**
borrowed prestado/a *adj.*
boss jefe/a *m., f.* **7**
bossy mandón/mandona *adj* **4**.
bother molestar *v.*
bottle botella *f.*
  bottle of wine botella de vino
  little bottle frasquito *m.* **5**
bottom fondo *m.*
boulevard bulevar *m.*
bowling boliche *m.* **9**
box caja *f.* **1**
boy chico *m.*; muchacho *m.*
boyfriend novio *m.*
brakes frenos *m., pl.*
brave atrevido/a *adj.* **2**
bread pan *m.*
break romper *v.*
  break (into a conversation)
    meterse **1**
  break (one's leg) romperse
    (la pierna)
  break down dañar *v.*
  The... broke down. Se nos
    dañó el/la...
  break up (with) romper (con) **1**
breakfast desayuno *m.*
  have breakfast desayunar *v.*
breakthrough avance *m.* **8**
breathe respirar *v.* **5**
brick ladrillo *m.* **8**
bridge puente *m.* **2**
bring traer *v.*
broadcast transmisión *f.* **3**;
  transmitir *v.*; emitir *v.* **3**
brochure folleto *m.*
broken roto/a *adj.*
  be broken estar roto/a
brother hermano *m.*
  brother-in-law cuñado *m.* **4**
  brothers and sisters
    hermanos *m., pl.*
brought traído/a *p.p.*
brown café *adj.*; marrón *adj.*
brunet(te) moreno/a *adj.*
brush cepillar *v.*
  brush one's hair cepillarse el pelo
  brush one's teeth cepillarse
    los dientes
budget presupuesto *m.* **7**
build construir *v.* **2**
building edificio *m.* **2**
bump into (*something accidentally*)
  darse con; (*someone*) encontrarse *v.*
bureaucracy burocracia *f.* **7**

burn (a CD) grabar (un CD) *v.* **8**
burned (out) quemado/a *adj.*
buried enterrado/a *adj.* **9**
bury enterrar (e:ie) *v.* **9**
bus autobús *m.*
  bus station estación *f.*
    de autobuses **2**
  bus stop parada *f.* de autobús **2**
business negocios *m. pl.*
  Business Administration
    Comercio *m.* **7**
  business-related comercial *adj.*
businessman hombre *m.*
  de negocios **7**
businesswoman mujer *f.*
  de negocios **7**
busy ocupado/a *adj.*
but pero *conj.*; **(rather)** sino *conj.*
  (*in negative sentences*)
butcher carnicero/a *m., f.* **10**
butcher shop carnicería *f.*
butter mantequilla *f.*
button botón *m.* **7**
buy comprar *v.*
by por *prep.*; para *prep.*
  by means of por *prep.*
  by phone por teléfono
  by plane en avión
  by way of por *prep.*
bye chau *interj. fam.*

C

cabin cabaña *f.*
cable television televisión *f.*
  por cable *m.*
café café *m.*
cafeteria cafetería *f.*
caffeine cafeína *f.*
cake pastel *m.*
  chocolate cake pastel
    de chocolate
calculator calculadora *f.*
call llamar *v.*
  be called llamarse *v.*
  call on invocar *v.* **3**
  call on the phone llamar
    por teléfono
calm tranquilo/a *adj.* **1**
calorie caloría *f.*
camera cámara *f.*
camp acampar *v.*
can (*tin*) lata *f.*
can poder (o:ue) *v.*
Canadian canadiense *adj.*
candidate aspirante *m., f.*;
  candidato/a *m., f.*
candy dulces *m., pl.*
capable capaz *adj.* **7**
capital city capital *f.*
car coche *m.* **5**; carro *m.*;
  auto(móvil) *m.*
caramel caramelo *m.*

card tarjeta *f.*; (*playing*) carta *f.* **9**
care cuidado *m.* **2**
  Take care! ¡Cuídense! *v.*
  take care of cuidar *v.* **1**
career carrera *f.*
careful cuidadoso/a *adj.* **1**
  be (very) careful tener *v.*
    (mucho) cuidado
caress acariciar *v.* **9**
caretaker ama *m., f.* de casa
carpenter carpintero/a *m., f.*
carpet alfombra *f.*
carrot zanahoria *f.*
carry llevar *v.*
carry out realizar *v.* **8**
cartoons dibujos *m., pl.* animados
case: in case (that) en caso (de) que
cash guita *f.* (*slang.*) **8**
cash (a check) cobrar *v.*
  cash (en) efectivo
  cash register caja *f.*
  pay in cash pagar *v.* al contado;
    pagar en efectivo
cashier cajero/a *m., f.* **2**
cat gato *m.*
cause causa *f.* **10**
CD-ROM CD-ROM *m.* **8**
ceiling techo *m.* **7**
celebrate celebrar *v.*; festejar *v.* **9**
celebration celebración *f.*
  quinceañera *f.*
cell célula *f.* **8**; celda *f.* **6**
cell (phone) (teléfono) celular *m.* **8**
cellar sótano *m.*
cello violonchelo *m.* **3**
censorship censura *f.* **3, 6**
cereal cereales *m., pl.*
certain cierto *m.*; seguro *m.*
  it's (not) certain (no) es
    cierto/seguro
certainty certeza *f.* **10**
chalk tiza *f.*
challenge reto *m.* **5**; desafío *m.* **8**;
  desafiar *v.* **9**
champagne champán *m.*
championship campeonato *m.* **9**
change cambiar *v.* (de)
channel (*TV*) canal *m.*
chaos caos *m.* **10**
chapel capilla *f.* **9**
character (*fictional*) personaje *m.*;
  carácter *m.* **4**
  (main) character *m.* personaje
    (principal); protagonista *m., f.* **1**
characteristic característica *f.* **2**
charge cobrar *v.* **7**
chat conversar *v.*; charlar *v.* **9**
chauffeur conductor(a) *m., f.*
cheap (*inexpensive*) barato/a *adj.*;
  (*stingy*) tacaño/a *adj.* **1**
cheat engañar *v.* **1**
check comprobar (o:ue) *v.*; revisar *v.*;
  (*bank*) cheque *m.*
  check the oil revisar el aceite

checking account cuenta *f.* corriente 7
cheese queso *m.*
chef cocinero/a *m., f.*
chemist químico/a *m., f.* 8
chemistry química *f.*
chest of drawers cómoda *f.*
chicken pollo *m.*
child niño/a *m., f.* 4
childhood niñez *f.* 4
children hijos *m., pl.*
Chinese chino/a *adj.*
chocolate chocolate *m.*
    chocolate cake pastel *m.*
    de chocolate
cholesterol colesterol *m.*
choose escoger *v.*
chop (*food*) chuleta *f.*
Christmas Navidad *f.*
church iglesia *f.*
cinema cine *m.* 3
citizen ciudadano/a *adj.*
city ciudad *f.* 2
    city hall ayuntamiento *m.* 2
civil civil *adj.*
    city block cuadra *f.* 2
    civil disobedience
      desobediencia civil *f.* 6
    civil war guerra civil *f.* 6
civilization civilización *f.* 4
citizen ciudadano/a *m., f.* 2
clap aplaudir *v.* 9
class clase *f.*
    take classes tomar *v.* clases
classical clásico/a *adj.*
classmate compañero/a *m., f.*
    de clase
claw garra *f.* 9
clay barro *m.* 8
clean limpio/a *adj.*; puro/a *adj.* 5;
    limpiar *v.*
clean the house limpiar *v.* la casa
clear (*weather*) despejado/a *adj.*
    clear the table quitar *v.* la mesa
    It's (very) clear. (*weather*)
      Está (muy) despejado.
clerk dependiente/a *m., f.*
climb escalar
    climb mountains escalar montañas
climbing: mountain climbing
    alpinismo *m.*; andinismo *m.* 9
clinic clínica *f.*
clock reloj *m.*
clone clon *m.* 8; clonar *v.* 8
close cerrar (e:ie) *v.*
close-knit unido/a *adj.* 4
closed cerrado/a *adj.*
closet armario *m.*
clothes ropa *f.*
    clothes dryer secadora *f.*
clothing ropa *f.*
cloud nube *f.*
cloudy nublado/a *adj.*
    It's (very) cloudy. Está
      (muy) nublado.

coast costa *f.* 5
coat abrigo *m.*
coexist convivir *v.* 2
coexistence convivencia *f.* 10
coffee café *m.*
    coffee maker cafetera *f.*
cold frío *m.*; (*illness*) resfriado *m.*
    be (*feel*) **(very) cold** tener
      (mucho) frío
    It's (very) cold. (*weather*) Hace
      (mucho) frío.
collect coleccionar *v.* 9
college universidad *f.*
collision choque *m.*
color color *m.*
comb one's hair peinarse *v.*
come venir *v.*
comedy comedia *f.* 9
comfortable cómodo/a *adj.* 10
comic strip tira cómica *f.* 3
coming from proveniente *adj.* 10
commerce negocios *m., pl.*
commercial anuncio *m.* 3;
    comercial *adj.*
commit (a crime) cometer (un delito) *v.* 3
commitment compromiso *m.* 1
common común *adj.*
    common sense sentido *m.* común 10
communicate (with) comunicarse *v.* (con)
communication comunicación *f.*
    means of communication
      medios *m. pl.* de comunicación
communism comunismo *m.* 4
community comunidad *f.*
compact disc (CD)
    disco *m.* compacto
    compact disc player tocadiscos
      m. sing. compacto
company compañía *f.*; empresa *f.* 7
comparison comparación *f.*
competent capaz *adj.* 7
complain (about) quejarse (de) *v.* 4, 7
completely completamente *adv.*
composer compositor(a) *m., f.*
computer computadora *f.*
    computer disc disco *m.*
    computer monitor monitor *m.*
    computer programmer
      programador(a) *m., f.*
    computer science computación *f.*;
      informática *f.* 8
computerized computarizado/a *adj.* 8
conceal disimular *v.* 2
concern preocupación *f.* 10
concert concierto *m.* 9
conductor (musical) director(a) *m., f.*
confident seguro/a *adj.* 1
confirm confirmar *v.*; comprobar
    (o:ue) *v.* 8
    confirm a reservation confirmar
      una reservación
conformist conformista *adj.* 10
confused confundido/a *adj.*
congested congestionado/a *adj.*

Congratulations! ¡Felicidades!;
    f., pl. ¡Felicitaciones!
conquest conquista *f.* 4
conservation conservación *f.*
conservative conservador(a) *adj.* 6
conserve conservar *v.*
consulate consulado *m.* 4
consultant asesor(a) *m., f.* 7
consume consumir *v.*
container envase *m.*
contamination contaminación *f.*
content contento/a *adj.*
    to be contented with
      contentarse con *v.* 1
contest concurso *m.*
continue seguir (e:i) *v.*
contribute contribuir *v.* 8
control control *m.*; controlar *v.*
    be under control estar bajo control
controversial controvertido/a *adj.* 3
controversy polémica *f.* 10
conversation conversación *f.*
converse conversar *v.*
cook cocinar *v.*; cocinero/a *m., f.*
cookie galleta *f.*
cool fresco/a *adj.*
    Be cool. Tranquilo.
    It's cool. (*weather*) Hace fresco.
cooperate cooperar *v.* 2
corn maíz *m.*
corner esquina *f.* 2
cost costar (o:ue) *v.*
cotton algodón *f.*
    (made of) cotton de algodón
couch sofá *m.*
couch potato teleadicto/a *m., f.*
cough tos *f.*; toser *v.*
counselor consejero/a *m., f.*
count (on) contar (o:ue) *v.* (con) 1
country (*nation*) país *m.*
countryside campo *m.*
coup d'état golpe de estado *m.* 6
(married) couple pareja *f.* 1
courage coraje *m.* 10
course curso *m.*; materia *f.*
court tribunal *m.* 6
courtesy cortesía *f.*
cousin primo/a *m., f.* 4
cover portada *f.* 3; cubrir *v.*
covered cubierto/a *p.p.*
cow vaca *f.*
crafts artesanía *f.*
craftsmanship artesanía *f.*
crash choque *m.* 2
crater cráter *m.*
craziness locura *f.* 8
crazy loco/a *adj.*
create crear *v.* 8
credit crédito *m.*
    credit card tarjeta *f.* de crédito 7
crime crimen *m.*; delito *m.* 3
cross cruzar *v.* 2
crossroads encrucijada *f.* 3
cruelty crueldad *f.* 6

Cuban exile gusano/a *m., f.* **4**
cultivate cultivar *v.* **4**
cultivation cultivo *m.* **4**
cultural cultural *adj.* **10**
  cultural heritage
    herencia cultural *f.* **10**
culture cultura *f.*
cup taza *f.*
cure curar *v.* **8**
currency exchange cambio *m.*
  de moneda
current events actualidad *f.*;
  actualidades *f., pl.* **3**
curtains cortinas *f., pl.*
custard (baked) flan *m.*
custom costumbre *f.* **2**
customer cliente/a *m., f.*
customs aduana *f.* **10**
  customs inspector inspector(a)
    m., f. de aduanas
cut cortar *v.* **5**
cyber space ciberespacio *m.* **8**
cybercafé cibercafé *m.*
cycling ciclismo *m.*

D

dad papá *m.*
daily diario/a *adj.*
  daily routine rutina *f.* diaria **5**
dam represa *f.* **7**
damage dañar *v.*
dance bailar *v.*; danza *f.*; baile *m.*
  dance club discoteca *f.* **2**
  dance floor pista *f.* de baile **3**
dancer bailarín/bailarina *m., f.*
danger peligro *m.* **5**
dangerous peligroso/a *adj.*
dare atreverse *v.* **2**
daring atrevido/a *adj.* **2**
darts dardos *m., pl.* **9**
date (*appointment*) cita *f.* **1**;
  (*calendar*) fecha *f.*; (*someone*) salir
  v. con (alguien)
  blind date cita a ciegas **1**
  have a date tener una cita
daughter hija *f.*
daughter-in-law nuera *f.* **4**
dawn amanecer *m.* **9**
day día *m.*
  day before yesterday
    anteayer *adv.*
deal trato *m.*
  It's not a big deal.
    No es para tanto.
  You've got a deal! ¡Trato hecho!
death muerte *f.* **4**
debit card tarjeta *f.* de débito **7**
debt deuda *f.* **4, 7**
decaffeinated descafeinado/a *adj.*
deceased fallecido/a *adj.* **9**
deceive engañar *v.* **1, 3**
December diciembre *m.*
decide decidir *v.* (+ *inf.*)

decided decidido/a *adj. p.p.*
declare declarar *v.*
decrease disminuir *v.* **10**
defeat derrotar *v.* **6**; vencer *v.* **9**
defend defender (e:ie) *v.* **6**
deforestation deforestación *f.* **5**
delete borrar *v.* **8**
delicious delicioso/a *adj.*; rico/a *adj.*;
  sabroso/a *adj.*
delighted encantado/a *adj.*
demand exigir *v.* **7**
demanding exigente *adj.* **4**
democracy democracia *f.* **6**
demonstrator manifestante *m., f.* **6**
dentist dentista *m., f.*
deny negar (e:ie) *v.*
  not to deny no dudar
department store almacén *m.* **7**
departure salida *f.*
deposit depositar *v.* **7**;
  yacimiento *m.* **7**
quarry cantera *f.* **7**
depressed deprimido/a *adj.* **1**
describe describir *v.*
described descrito/a *p.p.*
desert desierto *m.* **5**
deserve merecer *v.* **1**
design diseño *m.* **9**
designer diseñador(a) *m., f.*
desire desear *v.*; deseo *m.* **1**
desk escritorio *m.*
desperate desesperado/a *adj.* **7**
desperation desesperación *f.* **3**
dessert postre *m.*
destination destino *m.* **9**
destroy destruir *v.* **5, 6**
determined decidido/a *adj.* **2**
develop desarrollar *v.*
devote oneself to dedicarse a *v.* **6**
development desarrollo *m.* **5**
devil Diablo *m.* **3**
dialogue diálogo *m.* **10**
diary diario *m.*
dictatorship dictadura *f.* **6**
dictionary diccionario *m.*
die morir (o:ue) *v.*
died muerto/a *p.p.*
diet dieta *f.*; alimentación *f.*
  balanced diet dieta equilibrada
  be on a diet estar a dieta
difficult difícil *adj.*
digital camera cámara *f.* digital **8**
diminish disminuir *v.* **10**
dining room comedor *m.*
dinner cena *f.*
  have dinner cenar *v.*
direct dirigir *v.*
director director(a) *m., f.* **3**
dirty ensuciar *v.*; sucio/a *adj.*
  get (something) dirty ensuciar *v.*
disagree no estar de acuerdo *v.*;
  disentir *v.* **6**
disappear desaparecer *v.* **5**

disappearance desaparición *f.* **3**
disappointment decepción *f.* **5**
disaster desastre *m.*
discover descubrir *v.* **8**; (*find out*)
  averiguar *v.* **1**
discovered descubierto/a *p.p.*
discovery hallazgo *m.* **3**;
  descubrimiento *m.* **7, 8**
discrimination discriminación *f.*
disdain desdén *m.* **4**
dish plato *m.*
  main dish *m.* plato principal
dishwasher lavaplatos *m., sing.*
disk disco *m.*
dismiss expulsar *v.* **7**
disorderly desordenado/a *adj.*
disposable desechable *adj.* **5**
dissent disentir *v.* **6**
distribute repartir *v.* **4**
dive bucear *v.*
diversity diversidad *f.* **6, 10**
divorce divorcio *m.* **1**
divorced divorciado/a *adj.* **1**
  get divorced (from)
    divorciarse (de) *v.* **1**
dizzy mareado/a *adj.*
DNA ADN *m.* **8**
do hacer *v.*
  do aerobics hacer
    (ejercicios) aeróbicos
  do as a custom/habit
    acostumbrar *v.* **10**
  do household chores hacer
    quehaceres domésticos
  do stretching exercises hacer
    ejercicios de estiramiento
  (I) don't want to. No quiero.
  do without prescindir (de) *v.* **10**
doctor doctor(a) *m., f.*; médico/a *m., f.*
documentary (*film*) documental *m.* **3**
dog perro *m.*
domestic doméstico/a *adj.*
  domestic appliance
    electrodoméstico *m.*
dominate dominar *v.* **9**
done hecho/a *p.p.*
door puerta *f.*
dormitory residencia *f.* estudiantil
double doble *adj.*
  double room habitación *f.* doble
  double standard doble moral *f.* **6**
doubt duda *f.* **10**; interrogante *m.* **8**;
  dudar *v.*
  There is no doubt that...
    No cabe duda de...
    No hay duda de...
dough (*slang*) guita *f.* **8**
Down with... ! ¡Abajo el/la...!
download descargar *v.* **8**
downtown centro *m.*
drama drama *m.*
dramatic dramático/a *adj.*
draw dibujar *v.*

drawing dibujo *m.*
dream soñar (o:ue) *v.* **1, 8**
dreamer soñador(a) *m., f.* **7**
dress vestido *m.*
   get dressed vestirse (e:i) *v.*
drink beber *v.*; bebida *f.*; tomar *v.*
drinkable potable *adj.* **5**
drive conducir *v.*; manejar *v.*
driver conductor(a) *m., f.* **2**
drought sequía *f.* **5**
drown ahogar(se) *v.* **5, 6**
drug droga *f.*
   drug addict drogadicto/a *adj.*
drum tambor *m.* **3**
drunk borracho/a *adj.* **2**
dry seco/a *adj.* **5**
dry oneself secarse *v.*
dubbing doblaje *m.* **3**
during durante *prep.*; por *prep.*
dust sacudir *v.*; quitar *v.* el polvo
   dust the furniture sacudir
     los muebles
DVD player reproductor *m.* de DVD **8**

E

each cada *adj.*
eagle águila *f.* **5**
ear (outer) oreja *f.*
early temprano *adv.*
early morning madrugada *f.* **9**
earn ganar *v.*
   earn a living ganarse la vida *v.* **7**
earth tierra *f.* **5**
Earth Tierra *f.* **5**
earthquake terremoto *m.* **5**
ease aliviar *v.*
east Este *m.*
   to the east al este
easy fácil *adj. m., f.*
eat comer *v.*
ecology ecología *f.*
economic económico/a *adj.* **7**
   economic crisis
     crisis *f.* económica **7**
economics economía *f.*
ecotourism ecoturismo *m.*
Ecuador Ecuador *m.*
Ecuadorian ecuatoriano/a *adj.*
editor redactor(a) *m., f.* **3**
effective eficaz *adj. m., f.*
effects (special)
   efectos *m.* especiales **3**
effort esfuerzo *m.* **10**
egg huevo *m.*
eight ocho *adj.*
eight hundred ochocientos/as *adj.*
eighteen dieciocho *adj.*
eighth octavo/a *adj.*
eighty ochenta *adj.*
either... or o... o *conj.*
eldest el/la mayor
elect elegir (e:i) *v.* **6**

election elecciones *f. pl.*
electric appliance
   electrodoméstico *m.*
electrician electricista *m., f.*
electricity luz *f.*
elegant elegante *adj.*
elevator ascensor *m.*
eleven once *adj.*
e-mail correo *m.* electrónico
   e-mail address
     dirrección *f.* electrónica **8**
   e-mail message
     mensaje *m.* electrónico
   read e-mail leer *v.*
     el correo electrónico
embarrassed avergonzado/a *adj.*
embarrassment vergüenza *f.* **2**
embrace (each other) abrazar(se) *v.*
embassy embajada *f.* **4**
emerge surgir *v.* **10**
emergency emergencia *f.*
   emergency room sala *f.*
     de emergencia
emigrant emigrante *m., f.* **10**
emigrate emigrar *v.* **1**
employee empleado/a *m., f.* **7**
employment empleo *m.*
empty vacío/a *adj.* **2**
enact (a law) promulgar *v.* **6**
end fin *m.*; terminar *v.*
   end table mesita *f.*
ending desenlace *m.* **2**
energy energía *f.* **5**
   energy consumption consumo *m.*
     de energía **5**
   nuclear energy energía nuclear **5**
   renewable energy
     energía renovable **5**
   solar energy energía solar **5**
   wind energy energía eólica **5**
engaged: get engaged (to)
   comprometerse (con) *v.*
engagement compromiso *m.* **1**
engineer ingeniero/a *m., f.* **8**
English (*language*) inglés *m.*; inglés,
   inglesa *adj.*
enigma enigma *f.* **8**
enjoy disfrutar (de) *v.*; gozar (de)
   v. **2, 10**
enough bastante *adv.*
entertain entretener *v.* **3**
entertaining entretenido/a *adj.* **9**
entertainment diversión *f.*
entrance entrada *f.*
envelope sobre *m.*
envious envidioso/a *adj.* **8**
environment medio ambiente *m.* **5**
equal igual *adj.* **6**
equality igualdad *f.* **6**
equipped equipado/a *adj.*
erase borrar *v.* **8**
eraser borrador *m.*
erosion erosión *f.* **5**

errand diligencia *f.*
establish establecer *v.*
   establish oneself establecerse *v.* **10**
ethical ético/a *adj.* **8**
ethnic cleansing
   limpieza étnica *f.* **10**
ethnic group etnia *f.* **4**
evening tarde *f.*
event acontecimiento *m.* **3**
every day todos los días
everyday cotidiano/a *adj.* **2**
everybody todos *m., pl.*
everything todo *m.*
   Everything is under control.
     Todo está bajo control.
exactly (time) en punto
exam examen *m.*
excellent excelente *adj.*
excess exceso *m.*
   in excess en exceso
exchange intercambiar *v.*
   in exchange for por
excited emocionado/a *adj.* **1**
exciting emocionante *adj.*
excluded excluido/a *adj.* **10**
excursion excursión *f.*
excuse disculpar *v.*
Excuse me. (*May I?*) Con permiso.;
   (*I beg your pardon.*) Perdón.
execution ejecución *m.* **6**
executive ejecutivo/a *m., f.* **7**
exhausted agotado/a *adj.* **7**
exercise ejercicio *m*;
   hacer *v.* ejercicio
   exercise (power) ejercer
     (el poder) *v.* **6**
exert (power) ejercer (el poder) *v.* **6**
exile exiliado/a *m., f.* **10**
exit salida *f.*
expect anticipar *v.* **10**
expel expulsar *v.* **7**
expensive caro/a *adj.*
experience experiencia *f.*
experiment experimento *m.* **8**
explain explicar *v.*
explore explorar *v.* **8**
express (an opinion) opinar *v.* **3**
expression expresión *f.*
extinction extinción *f.*
extraterrestrial extraterrestre *adj.* **8**
extreme sports deportes extremos
   m., pl. **9**
extremely delicious riquísimo/a *adj.*
extremely serious gravísimo *adj.*
eye ojo *m.*
   keep an eye on vigilar *v.* **3**

F

fabulous fabuloso/a *adj.*
face cara *f.*
facing enfrente de *prep.*
fact hecho *m.* **5**
   in fact de hecho

failure fracaso *m.* **6**
faith fe *f.* **4**
faithfulness fidelidad *f.* **1**
fair justo/a *adj.* **2, 6**; feria *f.* **9**
fall (down) caerse *v.*
   fall asleep dormirse (o:ue) *v.*
   fall in love (with)
      enamorarse *v.* (de) **1**
fall (season) otoño *m.*
fallen caído/a *p.p.*
fame fama *f.* **3**
family familia *f.*
famous famoso/a *adj.*
fan aficionado/a *adj.* **9**
   be a fan (of) ser aficionado/a (a)
fantastic chévere *adj.* **4**
fantasy fantasía *f.* **3**
far from lejos de *prep.*
farewell despedida *f.*
farm cultivar *v.* **4**
farming cultivo *m.* **4**
fascinate fascinar *v.*
fashion moda *f.*
   be in fashion estar de moda
fast rápido/a *adj.*
fat gordo/a *adj.*; grasa *f.*
father padre *m.*
father-in-law suegro *m.* **4**
fault culpa *f.* **7**
favorite favorito/a *adj.*
fax (machine) fax *m.*
fear miedo *m.* **10**; temor *m.* **6**
fear temer *v.*
feature rasgo *m.* **3**; facciones *f., pl.* **2**
February febrero *m.*
feed alimentar *v.* **8**
feel sentir(se) (e:ie) *v.* **1**
   feel fulfilled sentirse realizado/a *v.* **10**
   feel like (*doing something*) tener
      ganas de (+ *inf.*)
feeling sentimiento *m*
festival festival *m.*
fever fiebre *f.*
   have a fever tener *v.* fiebre
few pocos/as *adj. pl.*
   fewer than menos de (+ *number*)
field cancha *f.* **9**
field: major field of study
   especialización *f.*
fifteen quince *adj.*
   fifteen-year-old girl quinceañera *f.*
fifth quinto/a *adj.*
fifty cincuenta *adj.*
fight luchar, pelear *v.* **6, 10**
   fight for/against luchar
      (por/contra) *v.*
   fight with (one another)
      pelear(se) *v.* **4**
fight lucha *f.* **6**
figure (*number*) cifra *f.*
file archivo *m.*
fill llenar *v.*
   fill out (a form) llenar
      (un formulario)
   fill the tank llenar el tanque

film critic crítico/a de cine *m., f.* **3**
finally finalmente *adv.*; por último;
   por fin
financial financiero/a *adj.* **7**
find encontrar (o:ue) *v.*
   find (each other) encontrar(se)
   find out averiguar **1**
fine multa *f.* **8**
   That's fine. Está bien.
(fine) arts bellas artes *f., pl.*
finger dedo *m.*
finish terminar *v.*
   finish (*doing something*)
      terminar *v.* de (+ *inf.*)
fire incendio *m.* **5**; despedir (e:i)
   v. **7**; botar *v* **4**; fuego *m.* **9**
   fire station estación *f.*
      de bomberos **2**
firefighter bombero/a *m., f.*
firm compañía *f.*; empresa *f.*
first primer *adj.*; primero/a *adj.*
fish (*food*) pescado *m.*; pescar *v.*;
   (*live*) pez *m.* **5**
   fish market pescadería *f.*
fisherman pescador *m.*
fisherwoman pescadora *f.*
fishing pesca *f.*
fit (*clothing*) quedar *v.*
   fit in integrarse (a) *v.* **10**
five cinco *adj.*
five hundred quinientos/as *adj.*
fix arreglar *v.* **10**
fixed fijo/a *adj.*
flag bandera *f.* **6**
flank steak lomo *m.*
flat tire: We had a flat tire. Se nos
   pinchó una llanta.
flee huir *v.* **6**
fleeting pasajero/a *adj.* **1**
flexible flexible *adj.*
flirt coquetear *v.* **1**
float flotar *v.* **7**
flood inundación *f.* **5**
floor (*of a building*) piso *m.*; suelo *m.*
   dance floor pista *f.* de baile **3**
   ground floor planta *f.* baja
   top floor planta *f.* alta
flower flor *f.*
flu gripe *f.*
flute flauta *f.* **3**
fly volar *v.* **7**
fog niebla *f.*
folk folklórico/a *adj.*
folk healer curandero/a *m., f.* **5**
follow seguir (e:i) *v.*
food comida *f.*; alimento
fool tonto/a *m., f.* **10**
foolish tonto/a *adj.*
foot pie *m.*
football fútbol *m.* americano
for para *prep.*; por *prep.*
   for example por ejemplo
   for me para mí
forbid prohibir *v.*

force fuerza *f.* **6**
foreign extranjero/a *adj.*
   foreign languages
      lenguas extranjeras *f., pl.*
   foreign relations
      relaciones exteriores *f., pl.* **6**
foreigner extranjero/a *m., f.* **4**
foreseen previsto/a *adj.* **10**
forest bosque *m.* **5**
forget olvidar *v.*
forgetfulness olvido *m.* **1**
fork tenedor *m.*
form formulario *m.*
forty cuarenta *adj.*
forward (*sports position*)
   delantero/a *m., f.* **9**
four cuatro *adj.*
four hundred cuatrocientos/as *adj.*
fourteen catorce *adj.*
fourth cuarto/a *adj.*
free libre *adj. m., f.*
   be free (of charge) ser gratis
   free time tiempo libre;
      ratos libres **9**
freedom (of the press) libertad *f.*
   (de prensa) **3, 6**
freeze (oneself) congelar(se) *v.* **8**
freezer congelador *m.*
French francés, francesa *adj.*
   French fries papas *f., pl.*
      fritas; patatas *f., pl.* fritas
frequently frecuentemente *adv.*; con
   frecuencia *adv.*
friar (monk) fraile (Fray) *m.* **4**
Friday viernes *m., sing.*
fried frito/a *adj.*
   fried potatoes papas *f., pl.* fritas;
      patatas *f., pl.* fritas
friend amigo/a *m., f.*
friendly amable *adj.*
friendship amistad *f.* **1**
from de *prep.*; desde *prep.*;
   proveniente *adj.* **10**
   from the United States
      estadounidense *adj.*
   from time to time de vez
      en cuando
   He/She/It is from… Es de…
   I'm from… Soy de…
front page portada *f.* **3**
fruit fruta *f.*
   fruit juice jugo *m.* de fruta
   fruit store frutería *f.*
fuel combustible *m.* **5**
fulfill (a dream) alcanzar (un sueño) *v.* **10**
full lleno/a *adj.* **2**
fun divertido/a *adj.*
   fun activity diversión *f.*
   have fun divertirse (e:ie) *v.*
function funcionar *v.*
funny gracioso/a *adj.* **1**
furniture muebles *m., pl.*
furthermore además (de) *adv.*
future futuro *adj.*; porvenir *m.* **5**

Here's to the future!
¡Por el porvenir!
in the future en el futuro

G

gain weight aumentar *v.* de peso;
engordar *v.*
galaxy galaxia *f.* **8**
game juego *m.;* (*match*) partido *m.*
game show programa *m.*
de concursos **3**
garage (*in a house*) garaje *m.;* garaje
m.; taller (mecánico)
garden jardín *m.* **10**
garlic ajo *m.*
gas pipeline gasoducto *m.* **7**
gas station gasolinera *f.*
gasoline gasolina *f.*
gaze mirada *f.* **2**
gender sexo *m.* **4**
gene gen *m.* **8**
generation gap brecha generacional *f.* **4**
genetics genética *f.* **8**
genre género *m.* **3**
geography geografía *f.*
German alemán, alemana *adj.*
get conseguir (e:i) *v.* **9**; obtener *v.*
get along well/badly/terribly (with)
llevarse bien/mal/fatal (con) **1**
get angry enojarse *v.* **1**
get bored aburrirse *v.*
get off of (a vehicle)
bajar(se) de *v.* **2**
get on/into (a vehicle)
subir(se) a *v.* **2**
get out of (a vehicle)
bajar(se) de *v.*
get tickets conseguir (e:i) *v.*
entradas **9**
get together (with) reunirse
(con) *v.* **9**
get up levantarse *v.*
get upset afligirse *v.* **2**
get worse empeorar *v.* **5**
ghost fantasma *m.* **9**
gift regalo *m.*
girl chica *f.;* muchacha *f.*
girlfriend novia *f.*
give dar *v.;* (*as a gift*) regalar *v.*
give directions indicar *v.* el camino **2**
give up ceder *v.* **6**
glass (*drinking*) vaso *m.;* vidrio *m.*
(made) of glass de vidrio
glasses gafas *f., pl.*
sunglasses gafas *f., pl.* de sol
gloves guantes *m., pl.*
go ir *v.*
go away irse
go by boat ir en barco
go by bus ir en autobús
go by car ir en auto(móvil)
go by motorcycle ir en moto(cicleta)

go by taxi ir en taxi
go by the bank pasar por el banco
go down bajar(se) *v.* **2**
go for a walk pasear *v.* **9**
go on a hike (in the mountains)
ir de excursión (a las montañas)
go on sale salir a la venta *v.* **3**
go out salir *v.* **9**
go out to eat salir a comer algo **9**
go out to have a drink salir a
tomar algo **9**
go out (with) salir *v.* (con) **1**
go up subir *v.* **2**
go with acompañar *v.*
Let's go. Vamos.
goal meta *f.* **10**
goblet copa *f.*
going to: be going to (*do something*)
ir a (+ *inf.*)
golf golf *m.*
good buen, bueno/a *adj.*
Good afternoon. Buenas tardes.
Good evening. Buenas noches.
Good idea. Buena idea.
Good morning. Buenos días.
Good night. Buenas noches.
have a good reputation
tener (e:ie) buena fama *v.* **3**
It's good that… Es bueno que…
goodbye adiós *interj.*
say goodbye (to)
despedirse (e:i) *v.* (de)
good-looking guapo/a *adj.*
goods bienes *m., pl.* **7**
gossip chisme *m.* **1**
govern gobernar (e:ie) *v.* **6**
government gobierno *m.* **6**
graduate (from/in) graduarse *v.*
(de/en)
grains cereales *m., pl.*
granddaughter nieta *f.* **4**
grandfather abuelo *m.*
grandmother abuela *f.*
grandparents abuelos *m., pl.*
grandson nieto *m.* **4**
grant beca *f.* **7**
grape uva *f.*
grass hierba *f.*
grave grave *adj.*
gravity gravedad *f.* **8**
gray gris *adj. m., f.*
great fenomenal *adj.*
chévere *adj.* **4**
great aunt tía abuela *f.* **4**
great-grandfather bisabuelo *m.* **4**
great-grandmother bisabuela *f.* **4**
great uncle tío abuelo *m.* **4**
green verde *adj.*
greenhouse effect
efecto invernadero *m.* **5**
greet (each other) saludar(se) *v.*
greeting saludo *m.*
Greetings to… Saludos a…
grilled (*food*) a la plancha
grilled flank steak
lomo a la plancha

ground suelo *m.* **3**
ground floor planta baja *f.*
grow (up) aumentar; crecer *v.* **10**
growth crecimiento *m.* **3**
guess adivinar *v.* **3, 10**
guest (*at a house/hotel*) huésped *m.,
f.* (*invited to a function*) invitado/a *m., f.*
guide guía *m., f.;* guiar *v.* **8**
gun arma *f.* **3**
gun control control *m.* de armas **7**
gymnasium gimnasio *m.*

H

habit costumbre *f.* **2**
hair pelo *m.*
hairdresser peluquero/a *m., f.*
half medio/a *adj.*
half-brother/sister
medio/a hermano/a *m., f.* **4**
half-past… (*time*) … y media
hallway pasillo *m.*
ham jamón *m.*
hamburger hamburguesa *f.*
hammer martillo *m.* **8**
hand mano *f.*
hand out repartir *v.* **4**
Hands up! ¡Manos arriba!
handsome guapo/a *adj.*
happen ocurrir *v.;* suceder *v* **1**
happiness alegría *f.;* felicidad *f.* **5**
Happy birthday! ¡Feliz cumpleaños!
happy alegre *adj.;* contento/a *adj.;*
feliz *adj. m., f.*
be happy alegrarse *v.* (de)
harass acosar *v.* **7**
hard difícil *adj.*
hard-working trabajador(a) *adj.* **7**
hardly apenas *adv.* **3**
harm daño *m.* **10**
harmful dañino/a *adj.* **5**
haste prisa *f.*
hat sombrero *m.*
hate odiar *v.* **1**
have tener (e:ie)
have a bad reputation tener *v.*
mala fama **3**
have a bad time pasarlo mal *v.* **2**
have connections
tener conexiones *v.* **7**
have a good reputation tener
buena fama **3**
have a good time divertirse (e:ie);
pasarlo bien **2, 9**
Have a good trip! ¡Buen viaje!
have influence tener conexiones **7**
have the right to tener derecho a **6**
have time tener tiempo
have to (*do something*) tener
que (+ *inf.*); deber (+ *inf.*)
have a tooth removed sacar(se)
un diente
he él *m., sing., pron.*
head cabeza *f.*

headache dolor *m.* de cabeza
headline titular *m.* 3
headscarf pañuelo *m.* 6
health salud *f.*
healthy saludable *adj.*; sano/a *adj.*
   lead a healthy lifestyle llevar *v.* una vida sana
hear oír *v.*
heard oído/a *p.p.*
hearing: sense of hearing oído *m.*
heart corazón *m.* 1
heat calor *m.*
Hello. Hola.; (*on the telephone*) Aló.; ¿Bueno?; Diga.
help ayudar *v.*; servir (e:i) *v.*
   help each other ayudarse *v.* 1
her su(s) *poss. adj.*
   (of) hers suyo(s)/a(s) *poss.*
her la *f., sing., d.o. pron.*
   to/for her le *f., sing., i.o. pron.*
here aquí *adv.*
   Here it is. Aquí está.
herself sí misma 4
heritage ascendencia *f.* 4
heterogeneous heterogéneo/a *adj.* 10
Hi. Hola. *interj.*
hide esconder *v.*; disimular *v.* 2
high alto/a *adj.*
   high school instituto *m.* 6
highway autopista *f.*; carretera *f.*
hijack secuestrar *v.* 6
hike excursión *f.*
   go on a hike hacer una excursión; ir de excursión
hiker excursionista *m., f.*
hiking de excursión
him: to/for him le *m., sing., i.o. pron.*
himself sí mismo 4
hire contratar *v.* 7
his su(s) *poss. adj.*
   (of) his suyo(s)/a(s) *poss. pron.*
his lo *m., sing., d.o. pron.*
historian historiador(a) *m., f.* 4
history historia *f.*
hit pegar *v.* 6, 8
hobby pasatiempo *m.*
hockey hockey *m.*
holiday día *m.* de fiesta
home casa *f.*; hogar *m.*; vivienda *f.* 2, 10
   home page página *f.* principal
   home country patria *f* 1
homeland patria *f.* 4
homesickness añoranza *f.* 10
homework tarea *f.*
homogeneity homogeneidad *f.* 10
honest honrado/a *adj.* 4
hood capó *m.*; cofre *m.*
hook up ligar *v.* 1
hope esperar *v.* (+ *inf.*); esperar *v.*; esperanza *f.* 4
   I hope (that) ojalá (que)
horoscope horóscopo *m.* 3
horror (genre) de horror *m.*

hors d'oeuvres entremeses *m., pl.*
horse caballo *m.*
hospital hospital *m.*
host anfitrión *m.* 9
hostess anfitriona *f.* 9
hot: be (*feel*) **(very) hot** tener (mucho) calor
   It's (very) hot. Hace (mucho) calor.
hotel hotel *m.*
hour hora *f.*
house casa *f.*
household chores quehaceres *m. pl.* domésticos
housekeeper ama *m., f.* de casa
housing vivienda *f.* 2
How...! ¡Qué...!
   how ¿cómo? *adv.*
   How are you? ¿Qué tal?
   How are you? ¿Cómo estás? *fam.*
   How are you? ¿Cómo está usted? *form.*
   How can I help you? ¿En qué puedo servirles?
   How did it go for you...? ¿Cómo le/les fue...?
   How is it going? ¿Qué tal?
   How is/are...? ¿Qué tal...?
   How is the weather? ¿Qué tiempo hace?
   How much/many? ¿Cuánto/a(s)?
   How much does... cost? ¿Cuánto cuesta...?
   How old are you? ¿Cuántos años tienes? *fam.*
however sin embargo
hug (each other) abrazar(se) *v.* 1
human humano/a *adj.*
   human being ser humano *m.* 3
   human rights derechos humanos *m., pl.* 6
humanities humanidades *f., pl.*
humankind humanidad *f.* 10
hundred cien, ciento *adj; m.*
hunger hambre *f.* 7
hungry: be (very) hungry tener *v.* (mucha) hambre
hunt cazar *v.* 5
hurricane huracán *m.* 5
hurry apurarse *v.*; darse prisa *v.*
   be in a (big) hurry tener *v.* (mucha) prisa
hurt doler (o:ue) *v.*
   It hurts me a lot... Me duele mucho...
husband esposo *m.* 4
hybrid híbrido/a *adj.* 5
hypocrisy hipocresía *f.* 6

I

I yo *pron., m., sing.*
   I am... Yo soy...

I hope (that) Ojalá (que) *interj.*
I wish (that) Ojalá (que) *interj.*
ice cream helado *m.*
   ice cream shop heladería *f.*
iced helado/a *adj.*
   iced tea té *m.* helado
idea idea *f.*
ideals ideales *m., pl.* 10
if si *conj.*
ill-mannered maleducado/a *adj.* 4
illiterate analfabeto/a *adj.* 6
illness enfermedad *f.*
imaginary fantástico/a *adj.* 9
immigrant inmigrante *m., f.* 1
immigration inmigración *f.* 10
impartial imparcial *adj.* 3
important importante *adj.*
   be important to importar *v.*
   It's important that... Es importante que...
impossible imposible *adj.*
   it's impossible es imposible
imprison encarcelar *v.* 6
improbable improbable *adj.*
   it's improbable es improbable
improve mejorar *v.* 5
improvement mejora *f.* 10
in en *prep.*; por *prep.*
   in the afternoon de la tarde; por la tarde
   in a bad mood de mal humor
   in the direction of para *prep.*
   in the early evening de la tarde
   in the evening de la noche; por la noche
   in fact de hecho *adv.* 10
   in front of delante de *prep.*
   in a good mood de buen humor
   in the morning de la mañana; por la mañana
   in love (with) enamorado/a (de)
   in search of por *prep.*
incapable incapaz *adj.* 7
incompetent incapaz *adj.* 7
incident suceso *m.* 3
increase aumento *m.*
incredible increíble *adj.*
indifference indiferencia *f.* 7
inequality desigualdad *f.* 6
infect contagiar *v.* 5
infection infección *f.*
inflation inflación *f.* 7
influence influir *v.* 6
influence influencia *f.* 2
influential influyente *adj.* 3
inform informar *v.*
informed: become informed about enterarse (de) *v.* 3
inhabitant habitante *m., f.* 2
inherit heredar *v.* 4
injection inyección *f.*
   give an injection poner *v.* una inyección

injure (oneself) lastimar(se) *v.* **9**
    injure (one's foot) lastimarse *v.*
      (el pie)
injustice injusticia *f.* **6**
ink tinta *f.* **6**
inner ear oído *m.*
innocence inocencia *f.* **9**
innovative innovador(a) *adj.* **8**
insecure inseguro/a *adj.* **1**
insecurity inseguridad *f.* **6**
inside dentro *adv.*
insincere falso/a *adj.* **1**
insist (on) insistir (en) *v.*
instability inestabilidad *f.* **10**
installments: pay in installments
    pagar *v.* a plazos
instrument: play an instrument tocar
    v. (un instrumento) **3**
integration integración *f.* **10**
intelligent inteligente *adj.*
intend to pensar *v.* (+ *inf.*)
interest interesar *v.*
interesting interesante *adj.*
    be interesting to interesar *v.*
international internacional *adj.*
    international news noticias *f.*
    internacionales **3**
Internet Internet **3**
interview entrevista *f.*
interview entrevistar *v.* **3**
interviewer entrevistador(a) *m., f.*
introduction presentación *f.*
    **I would like to introduce (name)
      to you...** Le presento a... *form.*;
    Te presento a... *fam.*
intruder intruso/a *m., f.* **8**
invent inventar *v.* **8**
invention invento *m.* **8**
invest invertir (e:ie) *v.* **7**
investigate investigar *v.* **3**
investor inversionista *m., f.* **7**
invisible invisible *adj.* **9**
invite invitar *v.*
invoke invocar *v.* **3**
iron hierro *m.*
    iron bar reja *f.* **6**
    iron (clothes) planchar *v.* (la ropa)
isolated aislado/a *adj.* **4**
it lo/la *sing., d.o., pron.*
Italian italiano/a *adj.*
its su(s) *poss. adj.*
    suyo(s)/a(s) *poss. pron.*
It's me. Soy yo.

J

jacket chaqueta *f.*
jail celda *f.* **6**
    (jail) cell celda *f.* **6**
January enero *m.*
Japanese japonés, japonesa *adj.*
jealous celoso/a *adj.* **1**;
    envidioso/a *adj.* **8**
    to be jealous (of) tener
      celos (de) **1**

jealousy celos *m., pl.* **1**
jeans bluejeans *m., pl.*
jewelry store joyería *f.*
job empleo *m.*; puesto *m.*;
    trabajo *m.* **7**
    job application solicitud *f.*
    de trabajo
jog correr *v.*
joke broma *f.* **1**
journalism periodismo *m.*
journalist periodista *m., f.* **3**;
    reportero/a *m., f.*
joy alegría *f.*
    give joy dar *v.* alegría
joyful alegre *adj.*
judge juez(a) *m., f.* **6**
judge juzgar *v.* **6**
judgment juicio *m.* **6**
juice jugo *m.*
July julio *m.*
jump saltar *v.* **9**
June junio *m.*
jungle selva, jungla *f.*
just apenas *adv.* **3**; justo/a *adj.* **2**
    have just done something
    acabar de (+ *inf.*)
justice justicia *f.* **6**

K

keep conservar *v.*
    keep an eye on vigilar *v.* **3**
    keep watch on vigilar *v.* **6**
key llave *f.*
keyboard teclado *m.*
kick patear *v.* **9**
kid chaval(a) *m., f.* **6**
kidnap secuestrar *v.* **6**
kidnapping secuestro *m.* **6**
kill matar *v.* **7**
    kill oneself matarse *v.* **7**
kilometer kilómetro *m.*
kind: That's very kind of you.
    Muy amable.
kiss beso *m.*
    kiss (each other) besar(se) *v.* **1**
kitchen cocina *f.*
knee rodilla *f.*
knife cuchillo *m.*
know saber *v.*; conocer *v.*
knowledge conocimiento *m.* **4**
know how saber *v.*

L

labor union sindicato *m.* **7**
laboratory laboratorio *m.*
lack faltar *v.*
    lack (of) falta (de) *f.* **10**
    lack of interest desinterés *m.* **5**
    lack of safety inseguridad *f.* **6**

lazy perezoso/a *adj.* **7**
lake lago *m.*
lamp lámpara *f.*
land tierra *f.* **5**; aterrizar *v.* **8**
landlord dueño/a *m., f.*
landscape paisaje *m.* **5**
language lengua *f.* **4**
    official language
    lengua *f.* oficial **10**
laptop (computer)
    computadora *f.* portátil **8**
large grande *adj.*
large (*clothing size*) talla grande
last durar *v.*; pasado/a *adj.*;
    último/a *adj.*
    last name apellido *m.*
    last night anoche *adv.*
    last week semana *f.* pasada
    last year año *m.* pasado
late atrasado/a *adj.* **2**
late tarde *adv.*
later (on) más tarde
    See you later. Hasta la vista.;
    Hasta luego.
laugh reírse (e:i) *v.*
laughed reído *p.p.*
laundromat lavandería *f.*
law ley *f.* **6**
lawyer abogado/a *m., f.* **6**
lay laico/a *adj.* **6**
lazy perezoso/a *adj.*
lead encabezar *v.* **6**
leaf hoja *f.* **5**
learn aprender *v.* (a + *inf.*)
least, at por lo menos *adv.*
leave salir *v.*; irse *v.*; abandonar *v.* **1**;
    marcharse *v.* **7**
    leave a tip dejar una propina
    leave behind dejar *v.* **10**
    leave for (*a place*) salir para
    leave from salir de
    leave someone dejar a alguien *v.* **1**
left izquierdo/a *adj.*
    be left over quedar *v.*
    to the left of a la izquierda de
leg pierna *f.*
leisure ocio *m.* **9**
lemon limón *m.*
lend prestar *v.* **7**
less menos *adv.*
    less... than menos... que
    less than menos de (+ *number*)
lesson lección *f.*
let dejar *v.*
let's see a ver
letter carta *f.*
lettuce lechuga *f.*
liar mentiroso/a *m., f.* **1**
liberal liberal *adj.* **6**
liberty libertad *f.*
library biblioteca *f.*
license (*driver's*) licencia *f.* de conducir
lie mentira *f.*
life vida *f.*
    of my life de mi vida

lifestyle: lead a healthy lifestyle
llevar una vida sana
  lifestyle section sección *f.*
  de sociedad **3**
lift levantar *v.*
  lift weights levantar pesas
light luz *f.*
  traffic light semáforo *f.* **2**
like como *adv.*; gustar *v.*
  I don't like them at all.
  No me gustan nada.
  I like… Me gusta(n)…
  like this así *adv.*
  like very much encantar *v.*;
  fascinar *v.*
  Do you like…? ¿Te gusta(n)…?
likeable simpático/a *adj.*
likewise igualmente *adv.*
line línea *f.*; cola (*queue*) *f.*; fila *f.* **2**
link enlace *m.* **8**
lion león *m.* **5**
listen (to) escuchar *v.*
  Listen! (*command*) ¡Oye! *fam., sing.*;
  ¡Oiga/Oigan! *form., sing./pl.*
  listen to music escuchar música
  listen (to) the radio escuchar
  la radio
listener oyente *m., f.* **3**
literature literatura *f.*
little (*quantity*) poco/a *adj*; poco *adv.*
live vivir *v.*; en directo/vivo **3**
  live together convivir *v.* **2**
lively animado/a *adj.* **9**
living room sala *f.*
lizard lagarto *m.* **5**
loan préstamo *m.*; prestar *v.*
lobster langosta *f.*
local: local news
  noticias *f.* locales **3**
located situado/a *adj.*;
  ubicado/a *adj.* **8**
  be located quedar *v.*
loneliness soledad *f.* **2**
long largo/a *adj.*
  long term a largo plazo *adj.* **7**
look facha *f.* **10**
look (at) mirar *v.*
  look down on despreciar *v.* **4**
  look for buscar *v.*
  look like parecerse (c:zc) *v.* **2, 4**
lose perder (e:ie) *v.* **9**
  lose a game perder un partido **9**
  lose elections perder
  las elecciones **6**
  lose weight adelgazar
loss pérdida *f.* **4**
lost perdido/a *adj.* **2**
  be lost estar perdido/a **2**
lot, a muchas veces *adv.*
lot of, a mucho/a *adj.*
lottery lotería *f.* **9**
love (*another person*) querer (e:ie) *v.*;
  (*each other*) amarse; quererse (e:ie)

v. **1**; (*inanimate objects*) encantar
v.; amor *m.*
  in love enamorado/a *adj.* **1**
  I loved it! ¡Me encantó!
luck suerte *f.*
lucky: be (very) lucky tener
(mucha) suerte
luggage equipaje *m.*
lunch almuerzo *m.*
  have lunch almorzar (o:ue) *v.*
lung pulmón *m.* **5**
luxury lujo *m.* **10**
lyrics letra *f.* **3**
lying mentiroso/a *adj.* **1**

M

ma'am señora (Sra.); doña *f.*
machine máquina *f.* **8**
mad enojado/a *adj.* **1**
magazine revista *f.* **3**
magnificent magnífico/a *adj.*
mail correo *m.*; enviar *v.*, mandar *v.*;
  echar una carta al buzón
  mail carrier cartero *m.*
mailbox buzón *m.*
main principal *adj.*
maintain mantener *v.*
maintenance mantenimiento *m.* **10**
major especialización *f.*
make hacer *v.*
  make an effort hacer
  un esfuerzo **10**
  make the bed hacer la cama
makeup maquillaje *m.*
  put on makeup maquillarse *v.*
mall centro comercial *m.* **2**
man hombre *m.*
manage administrar *v.* **7**
manager gerente *m., f.* **7**
manner modo *m.* **8**
manufacture fabricar *v.* **8**
many mucho/a *adj.*
  many times muchas veces
map mapa *m.*
March marzo *m.*
margarine margarina *f.*
marinated fish ceviche *m.*
  lemon-marinated shrimp
  ceviche *m.* de camarón
marital status estado *m.* civil
market mercado *m.* **7**
  open-air market mercado al
  aire libre
marriage matrimonio *m.* **1**
married casado/a *adj.* **1**
  get married (to) casarse (con) *v.* **1**
marry casar *v.*
marvelous maravilloso/a *adj.*
marvelously maravillosamente *adv.*
mask: ski mask pasamontañas
  m., sing. **3**
mass misa *f.* **9**

massage masaje *m.*
masterpiece obra maestra *f.*
match (*sports*) partido *m.*
match (with) hacer *v.* juego (con)
mathematician matemático/a *m., f.* **8**
mathematics matemáticas *f., pl.*
matriarchy matriarcado *m.* **2**
matter importar *v.*
mature maduro/a *adj.* **1**
maturity madurez *f.*
maximum máximo/a *adj.*
May mayo *m.*
maybe tal vez; quizás
mayonnaise mayonesa *f.*
mayor alcalde(sa) *m., f.* **2**
me me *sing., d.o. pron.*
  to/for me me *sing., i.o. pron.*
meal comida *f.*
mean significar *v.* **2**
means modo *m.* **8**
means of communication
  medios *m., pl.* de comunicación
meat carne *f.*
mechanic mecánico/a *m., f.*
  mechanic's repair shop
  taller mecánico
media medios *m., pl.*
  (de comunicación) **3**
medical médico/a *adj.*
medication medicamento *m.* **5**
medicine medicina *f.*
medium mediano/a *adj.*
meet (each other) encontrar(se) *v.*;
  conocerse(se) *v.*
meeting reunión *f.* **7**
melt derretir(se) (e:i) *v.* **8**
member socio/a *m., f.* **7**
memento recuerdo *m.* **1**
menu menú *m.*
mess lío *m.* **7**
message recado *m.*; mensaje *m.* **8**
  text message mensaje de texto **8**
Mexican mexicano/a *adj.*
Mexico México *m.*
microwave microondas *f.*
  microwave oven horno *m.*
  de microondas
middle age madurez *f.*
midnight medianoche *f.*
mile milla *f.*
milk leche *f.*
million millón *m.*
  million of millón de
mind mente *f.* **9**
mine mío/a(s) *poss.*
mineral mineral *m.*
  mineral water
  agua *f.* mineral
minimum mínimo/a *adj.* **7**
  minimum wage
  sueldo *m.* mínimo **7**
minute minuto *m.*
mirror espejo *m.*

misfortune desgracia *f.* **10**
Miss señorita (Srta.) *f.*
miss perder (e:ie) *v.;* echar *v.* de
    menos *v.* **10;** extrañar *v.* **10**
mistaken equivocado/a *adj.*
mistreatment maltrato *m.* **10**
mix mezclar *v.* **10**
mock burlarse (de) *v.* **10**
model maqueta *f.* **8**
modem módem *m.*
modern moderno/a *adj.*
mom mamá *f.*
Monday lunes *m., sing.*
money dinero *m.;* plata *f.* (*in
    S. America*) **8**
monitor monitor *m.*
monkey mono *m.* **5**
monolingual monolingüe *adj.* **10**
month mes *m.*
monument monumento *m.*
mood ánimo *m.* **1**
moon luna *f.* **5**
more más
    more... than más... que
    more than más de (+ *number*)
morning mañana *f.*
mother madre *f.*
    mother tongue lengua materna *f.* **10**
mother-in-law suegra *f.* **4**
motor motor *m.*
motorcycle motocicleta *f.*
mountain montaña *f.*
mountain range cordillera *f.* **5**
mouse ratón *m.*
mouth boca *f.*
move (*from one house to another*)
    mudarse *v.* **1, 4**
    move away alejarse *v.* **9**
movie película *f.* **3**
    movie star estrella *f.* de cine **3**
    movie theater cine *m.* **2**
    new movie estreno *m.* **3**
    shoot (a movie) rodar (o:ue) *v.* **3**
movies cine *m.* **3**
MP3 player reproductor *m.* de MP3 **8**
Mr. señor (Sr.); don *m.*
Mrs. señora (Sra.); doña *f.*
much mucho/a *adj.*
    very much muchísimo/a *adj.*
mud barro *m.* **8**
multinational multinacional *adj. m., f.* **7**
    multinational company
        empresa *f.* multinacional **7**
municipal municipal *adj.*
murder crimen *m.*
muscle músculo *m.*
museum museo *m.* **2**
mushroom champiñón *m.*
music música *f.*
    music video video *m.* musical **3**
musical musical *adj.*
    musical group conjunto/grupo *m.*
        musical **9**

musician músico/a *m., f.* **9**
Muslim musulmán/musulmana *adj.* **6**
must deber *v.* (+ *inf.*)
    It must be... Debe ser...
my mi(s) *poss. adj.;* mío/a(s) *poss. pron.*
myth mito *m.* **2**

N

naïve ingenuo/a *adj.* **2**
name nombre *m.*
    be named llamarse *v.*
    in the name of a nombre de
    last name apellido *m.*
    My name is... Me llamo...
    user name nombre de usuario **8**
napkin servilleta *f.*
national nacional *adj.*
    national news noticias *f., pl.*
        nacionales **3**
nationality nacionalidad *f.*
natural natural *adj.*
natural disaster desastre *m.* natural
    natural resource
        recurso *m.* natural
nature naturaleza *f.*
nauseated mareado/a *adj.*
navy armada *f.* **6**
near cerca de *prep.*
neaten arreglar *v.*
necessary necesario/a *adj.*
    It is necessary that...
        Hay que...
neck cuello *m.*
need faltar *v.;* necesitar *v.* (+ *inf.*)
negative negativo/a *adj.*
neglect desatender (e:ie) *v.* **5**
neighbor vecino/a *m., f.*
neighborhood barrio *m.* **2**
neither tampoco *adv.*
neither... nor ni... ni *conj.*
nephew sobrino *m.* **4**
nervous nervioso/a *adj.*
network cadena *f.* **3;** red *f.* **1**
never nunca *adj.;* jamás
new nuevo/a *adj.*
    new movie estreno *m.* **3**
new development novedad *f.* **8**
newlywed recién casado/a *m., f.*
news noticias *f., pl.* **3;**
    actualidades *f., pl.*
    international news
        noticias internacionales **3**
    local news noticias locales **3**
    national news
        noticias nacionales **3**
    news report reportaje *m.* **3**
newscast noticiero *m.*
newspaper periódico *m.* **3;**
    diario *m.* **3**
next próximo/a *adj.*
    next to al lado de *prep.*
nice simpático/a *adj.;* amable *adj.*

nickname apodo *m.* **4**
niece sobrina *f.* **4**
night noche *f.*
    night stand mesita *f.* de noche
nightlife vida *f.* nocturna **2**
nine nueve *adj.*
nine hundred novecientos/as *adj.*
nineteen diecinueve *adj.*
ninety noventa *adj.*
ninth noveno/a *adj.*
no no; ningún, ninguno/a(s) *adj.*
    no one nadie *pron.*
    No problem. No hay problema.
    no way de ninguna manera
nobody nadie *pron.*
noise ruido *m.* **9**
noisy ruidoso/a *adj.* **2**
nonconformist inconformista *adj.* **10**
none ningún, ninguno/a(s) *adj., adv.*
nonsense disparate *m.* **4**
noon mediodía *m.*
nor ni *conj.*
north Norte *m.*
    to the north al norte
nose nariz *f.*
nostalgia nostalgia *f.* **10**
not no *adv.*
    not any ningún, ninguno/a(s) *adj., adv.*
    not anyone nadie *pron.*
    not anything nada *pron.*
    not bad at all nada mal
    not either tampoco *adv.*
    not ever nunca *adv.;* jamás *adv.*
    not trust desconfiar *v.* **10**
    not very well no muy bien
    not working descompuesto/a *adj.*
notebook cuaderno *m.*
nothing nada *pron.*
noun sustantivo *m.*
November noviembre *m.*
now ahora *adv.*
nowadays hoy día *adv.*
nuclear nuclear *adj. m., f.*
    nuclear energy energía nuclear
number número *m.*
nurse enfermero/a *m., f.*
nutrition nutrición *f.*
nutritionist nutricionista *m., f.*

O

oblivion olvido *m.* **1**
o'clock: It's... o'clock Son las...
    It's one o'clock. Es la una.
obey obedecer *v.*
obligation deber *m.*
obtain conseguir (e:i) *v.;* obtener *v.*
obvious obvio/a *adj.*
    it's obvious es obvio
occupation ocupación *f.*
occur ocurrir *v.*
October octubre *m.*
of de *prep.*
    Of course. Claro que sí.;
        Por supuesto.

offer oferta *f.*; ofrecer (c:zc) *v.*
office oficina *f.*
    office worker oficinista *m., f.* **7**
    doctor's office consultorio *m.*
official oficial *adj.*
    official language lengua oficial *f.* **10**
often a menudo *adv.*
Oh! ¡Ay!
oil aceite *m.*; petróleo *m.* **5**
OK regular *adj.*
    It's okay. Está bien.
old viejo/a *adj.*
old age vejez *f.* **4**
older mayor *adj.*
    older brother, sister
        hermano/a mayor *m., f.*
oldest el/la mayor
omen presagio *m.* **10**
on en *prep.*; sobre *prep.*
    go on sale salir a la venta *v.* **3**
    keep an eye on vigilar *v.* **3**
    on behalf of por *prep.*
    on the dot en punto
    on time a tiempo
    on top of encima de
once una vez
one un, uno/a *adj.*; *m., f.; sing. pron.*
    one hundred cien(to)
    one million un millón
    one more time una vez más
    one thousand mil
    one time una vez
onion cebolla *f.*
online en línea *adj.* **8**
only sólo *adv.*; único/a *adj.*
    only child hijo/a único/a *m., f.* **4**
open abierto/a *adj.*; abrir *v.*
open-air al aire libre
opera ópera *f.*
    soap opera telenovela *f.* **3**
operation operación *f.*
opinion opinión *f.*
    express an opinion opinar *v.* **3**
opposite enfrente de *prep.*
oppresion opresión *f.* **4**
oppressed oprimido/a *adj.* **6**
or o *conj.*
orange anaranjado/a *adj.*; naranja *f.*
orchestra orquesta *f.*
order mandar; (*food*) pedir (e:i) *v.*
    in order to para *prep.*
orderly ordenado/a *adj.*
ordinal (*numbers*) ordinal *adj.*
other otro/a *adj.*
ought to deber *v.* (+ *inf.*) *adj.*
our nuestro/a(s) *poss. adj.; poss. pron.*
out of control descontrolado/a *adj.* **5**
out of order descompuesto/a *adj.*
outcome desenlace *m.* **2**
outdoors al aire libre **5**
outskirts alrededores *m., pl.* **2**
oven horno *m.*
over sobre *prep.*

overcome superar *v.* **4**
overpopulation superpoblación *f.* **10**
overthrow derrocar *v.* **6**
overwhelmed agobiado/a *adj.* **1**
owe (money) deber *v.* (dinero) **9**
own propio/a *adj.*
    on his/her own por su cuenta. **1**
owner dueño/a *m., f.* **7**
ozone layer capa *f.* de ozono **5**

P

p.m. tarde *f.*
pacifist pacifista *adj.* **6**
pack (one's suitcases) hacer *v.*
    las maletas
package paquete *m.*
page página *f.*
    front page portada *f.* **3**
pain dolor *m.*
    have a pain tener *v.* dolor
paint pintar *v.*
painter pintor(a) *m., f.*
painting pintura *f.*
pair par *m.*
    pair of shoes par *m.* de zapatos
pamper mimar *v.* **4**
pants pantalones *m., pl.*
pantyhose medias *f., pl.*
paper papel *m.*; (*report*) informe *m.*
Pardon me. (*May I?*) Con permiso.;
    (*Excuse me.*) Perdón.
parents padres *m., pl.*; papás *m., pl.*
park estacionar *v.*; aparcar *v.* **5**;
    parque *m.*
parking lot estacionamiento *m.* **2**
parking space aparcamiento *m.* **5**
partner (*one of a married couple*)
    pareja *f.*; socio/a *m., f.* **7**
party fiesta *f.*
    party pooper aguafiestas *m., f.* **9**
pass pasar *v.* **6**
    pass a law aprobar (o:ue)
    una ley *v.* **6**; **9**
passed pasado/a *p.p.*
passenger pasajero/a *m., f.* **2**
passport pasaporte *m.*
password contraseña *f.* **5**
past pasado/a *adj.*
pastime pasatiempo *m.*
pastry shop pastelería *f.*
patent patente *f.* **8**
patience paciencia *f.* **10**
patient paciente *m., f.*
patio patio *m.*
pay pagar *v.*
    pay the bill pagar la cuenta
    pay homage to the gods
        homenajear a los dioses *v.* **4**
    pay in cash pagar *v.* al contado;
        pagar en efectivo
    pay in installments pagar *v.*
        a plazos
    pay raise aumento *m.* de sueldo **7**

pea arveja *m.*
peace paz *f.* **6**
peaceful pacífico/a *adj.* **6**
peach melocotón *m.*
pear pera *f.*
pedestrian peatón/peatona *m., f.* **2**
pen pluma *f.*
pencil lápiz *m.*
penicillin penicilina *f.*
people gente *f.* **2**
pepper (black) pimienta *f.*
per por *prep.*
perfect perfecto/a *adj.*
performance espectáculo *m.* **9**
perhaps quizás; tal vez
permission permiso *m.*
persecution persecución *f.* **10**
person persona *f.*
    person in charge
        encargado/a *m., f.* **5**
personality carácter *m.* **4**
pharmacy farmacia *f.*
phenomenal fenomenal *adj.*
phenomenon fenómeno *m.* **3**
photograph foto(grafía) *f.*
photographer fotógrafo/a *m., f.* **3**
physical (exam) examen *m.* médico
physician doctor(a), médico/a *m., f.*
physicist físico/a *m., f.* **8**
physics física *f. sing.*
pick up recoger *v.*
picture cuadro *m.*; pintura *f.*
pie pastel *m.*
piece pedazo *m.* **5**
    piece of junk pedazo de lata **8**
pill (tablet) pastilla *f.*
pillow almohada *f.*
pineapple piña *f.*
pink rosado/a *adj.*
place lugar *m.*; poner *v.*
plaid de cuadros
planet planeta *m.* **8**
plan plano *m.* **8**; planificar *v.* **8**
plans planes *m., pl.*
    have plans tener planes
plant planta *f.*; plantar *v.* **5**;
    sembrar *v.* **10**
plastic plástico *m.*
    (made) of plastic de plástico
plate plato *m.*
    platter of fried food
        fuente *f.* de fritada
play drama *m.*; comedia *f.*; jugar
    (u:ue) *v.*; (*a musical instrument*)
    tocar *v.*; (*a role*) hacer el papel de;
    (*cards*) jugar a (las cartas); (*sports*)
    practicar deportes; poner *v.* **9**
    play a CD poner un disco compacto **9**
    play an instrument tocar *v.* **3**
player jugador(a) *m., f.*
playwright dramaturgo/a *m., f.*
plead rogar (o:ue) *v.*
pleasant agradable *adj.*
please por favor
Pleased to meet you. Mucho gusto.;
    Encantado/a. *adj.*

pleasing: be pleasing to gustar *v.*
pleasure gusto *m.*; placer *m.*
   It's a pleasure to… Gusto de
   (+ *inf.*)
   It's been a pleasure. Ha sido
   un placer.
   The pleasure is mine.
   El gusto es mío.
poem poema *m.*
poet poeta *m., f.*
poetry poesía *f.*
poison intoxicar *v.* **5**
police (force) policía *f.*
   police station comisaría *f.* **2**
policeman policía *m.* **2**
policewoman mujer policía *f.* **2**
political político/a *adj.*
   political exile exiliado/a político/a
   m., f. **10**
   political party partido político **6**
   political refugee
   refugiado/a político/a **10**
politician político/a *m., f.* **6**
politics política *f.* **6**
polka-dotted de lunares
poll encuesta *f.*
pollute contaminar *v.* **5**
polluted contaminado/a *m., f.*
   be polluted estar contaminado/a
pollution contaminación *f.* **5**
pool piscina *f.*
poor pobre *adj.*
populate poblar *v.* **2**
population población *f.* **10**
pork cerdo *m.*
   pork chop chuleta *f.* de cerdo
portable portátil *adj.*
   portable computer
   computadora *f.* portátil
position puesto *m.* **7**; cargo *m.* **7**
possessive posesivo/a *adj.*
possible posible *adj.*
   it's (not) possible
   (no) es posible
post office correo *m.*
postcard postal *f.*
poster cartel *m.*
potato papa *f.*; patata *f.*
pottery cerámica *f.*
poverty pobreza *f.* **7**
power poder *m.* **6**
powerful poderoso/a *adj.* **4**
practical práctico/a *adj.* **8**
practice entrenarse *v.*; practicar *v.*
predict predecir (e:i) *v.* **10**
prefer preferir (e:ie) *v.*
pregnant embarazada *adj.*
premiere estreno *m.* **3**
premonition presentimiento *m.* **10**
prepare preparar *v.*; capacitar *v.* **8**
preposition preposición *f.*
prescribe (*medicine*) recetar *v.*
prescription receta *f.*

present regalo *m.*; presentar *v.*
preserve conservar *v.* **2, 5**
president presidente/a *m., f.* **6**
press prensa *f.* **3**
   freedom of the press
   libertad *f.* de prensa **3**
   sensationalist press
   prensa sensacionalista **3**
pressure presión *f.*
   be under a lot of pressure sufrir
   muchas presiones
pretty bonito/a *adj.*; bastante *adv.*
prevent prevenir (e:ie) *v.* **5**
price precio *m.*
   (fixed, set) price precio *m.* fijo
pride orgullo *m.* **6**
priest sacerdote *m.* **4**; cura *m.* **6**
principles ideales *m., pl.* **10**
print estampado/a *adj.*; imprimir *v.*
printer impresora *f.*
prison cárcel *f.* **6**
   (prison) cell celda *f.* **6**
prisoner preso/a *m., f.* **5, 6**
private (*room*) individual *adj.*
prize premio *m.*
probable probable *adj.*
   it's (not) probable (no) es probable
problem problema *m.*
profession profesión *f.*
professor profesor(a) *m., f.*
profit ganancia *f.* **4**
program programa *m.*
programmer programador(a) *m., f.*
progress progreso *m.* **10**
prohibit prohibir *v.*
prominent destacado/a *adj.* **3**
promise jurar *v.* **10**
promotion (*career*) ascenso *m.*
pronoun pronombre *m.*
proof prueba *f.* **9**
protect proteger *v.* **5**
protected protegido/a *adj.* **5**
protein proteína *f.*
protest protestar *v.* **10**;
   manifestación *f.* **4**
proud orgulloso/a *adj.* **1**
prove comprobar (o:ue) *v.* **8**
provided (that) con tal (de) que *conj.*
prune podar *v.* **5**
psychologist psicólogo/a *m., f.*
psychology psicología *f.*
public público *m.* **3**
   public ransportation
   transporte *m.* público **2**
publish publicar *v.* **3**
Puerto Rican puertorriqueño/a *adj.*
Puerto Rico Puerto Rico *m.*
pull tirar; sacar *v.*
   pull a tooth sacar una muela
   pull someone's leg tomar
   el pelo *v.* **10**
punish castigar *v.* **3**
punishment castigo *m.* **3, 6**

pupil alumno/a *m., f.* **6**
purchase compra *f.* **7**
purchases compras *f., pl.*
pure puro/a *adj.* **5**
purple morado/a *adj.*
purse bolsa *f.*
put poner *v.*; puesto/a *p.p.*
   put (a letter) in the mailbox
   echar (una carta) al buzón
   put on (a performance) presentar *v.*
   put on (clothing) ponerse *v.* **7**
   put on makeup maquillarse *v.* **7**
   put up with aguantar *v.*; soportar *v.* **5**

Q

quality calidad *f.* **8**
quarry cantera *f.* **7**
quarter (*academic*) trimestre *m.*
   quarter after (*time*) y cuarto;
   y quince
   quarter to (*time*) menos cuarto;
   menos quince
question pregunta *f.*; interrogante *m.* **8**
quickly rápido *adv.*
quiet tranquilo/a *adj.*
quit dejar *v.*; renunciar *v.* **7**
quiz prueba *f.*

R

rabbit's foot pata de conejo *f.* **5**
race carrera *f.* **9**
racism racismo *m.*
radio (*medium*) radio *f.* **3**
   radio (set) radio *m.*
   radio announcer locutor(a) *m., f.*
   de radio **3**
   radio station radioemisora *f.* **3**
rain llover (o:ue) *v.*; lluvia *f.* **5**
   It's raining. Llueve.;
   Está lloviendo.
raincoat impermeable *m.*
rainforest bosque *m.* tropical;
   selva *f.* **5**
   tropical rainforest
   selva tropical *f.* **5**
raise (*salary*) aumento de sueldo
raise (*children*) criar *v.* **4**
ranch rancho *m.* **10**
rather bastante *adv.*
reach alcanzar *v.* **4, 8**
   reach a goal alcanzar
   una meta *v.* **10**
read leer *v.*; leído/a *p.p.*
   read e-mail leer correo electrónico
   read a magazine leer una revista
   read a newspaper
   leer un periódico
ready listo/a *adj.*; dispuesto/a (a) *adj.* **7**
   (Are you) ready? ¿(Están) listos?
reality: reality show programa *m.*
   de telerrealidad **3**

realize darse cuenta de *v.* **7**

reap the benefits (of) *v.* disfrutar *v.* (de)

reason razón *f.* **10**

rebellious rebelde *adj.* **4**

rebelliousness rebeldía *f.* **6**

receive recibir *v.*

recipe receta *f.* **4**

recognize reconocer (c:zc) *v.* **10**

recommend recomendar (e:ie) *v.*

record grabar *v.* **3**

recreation diversión *f.*; recreo *m.* **9**

recycle reciclar *v.* **5**

recycling reciclaje *m.* **5**

red rojo/a *adj.*

red-haired pelirrojo/a *adj.*

reduce reducir *v.*; disminuir *v.* **10**

  reduce stress/tension aliviar el estrés/la tensión

refrigerator refrigerador *m.*

refugee refugiado/a *m., f.* **10**

  political refugee refugiado/a político/a **10**

  war refugee refugiado/a de guerra **10**

region región *f.*

regret arrepentirse *v.* **3**; lamentar *v.* **4**; sentir (e:ie) *v.*

rehearse ensayar *v.* **3**

reject rechazar *v.* **10**

related to sitting sedentario/a *adj.*

relative pariente *m., f.* **4, 10**

  relatives familiares *m., pl.* **1**; parientes *m., pl.* **4**

relax relajarse *v.* **2**

release (a movie) estrenar *v.* (una película) **9**

relieve aliviar *v.* **5**

religion religión *f.* **4**

rely (on) contar (o:ue) (con) *v.* **1**

remain quedarse *v.*

remember acordarse (o:ue) *v.* (de); recordar (o:ue) *v.*

remodel remodelar *v.* **8**

remote control control remoto *m.*

remove quitar *v.* **5**

renewable renovable *adj.* **5**

rent alquilar *v.*; (*payment*) alquiler *m.*

repeat repetir (e:i) *v.*

replace reemplazar *v.* **8**

report informe *m.* **6**; reportaje *m.*

  news report reportaje *m.* **3**

reporter reportero/a *m., f.* **3**

representative representante *m., f.*

reputation: have a good/bad reputation tener buena/mala fama *v.* **3**

request pedir (e:i) *v.*

rescued rescatado/a *adj.* **6**

research investigar *v.* **3**

  research grant beca *f.* de investigación **7**

researcher investigador(a) *m., f.* **8**

resemble parecerse (c:zc) *v.* **4**

reservation reservación *f.*

reside residir *v.* **2**

resident residente *m., f.* **4**

resign (from) renunciar (a) *v.*

resist resistir *v.* **6**

resolve resolver (o:ue) *v.* **5**

resolved resuelto/a *p.p.*

resources recursos *m., pl.* **5**

respect respetar *v.* **4**

responsibility deber *m.*; responsabilidad *f.*; compromiso *m.* **1**

rest descansar *v.*

restaurant restaurante *m.*

  restaurant serving arepas arepera *f.* **4**

résumé currículum *m.*

retire (from work) jubilarse *v.* **7**

return regreso *m.* **8**; regresar *v.*; volver (o:ue) *v.*

returned vuelto/a *p.p.*

revolutionary revolucionario/a *adj.* **8**

rhythm ritmo *m.* **3**

rice arroz *m.*

rich rico/a *adj.*

riches riquezas *f., pl.* **7**

ride a bicycle pasear *v.* en bicicleta

ride a horse montar *v.* a caballo

ridiculous ridículo/a *adj.*

  it's ridiculous es ridículo

right derecha *f.*

  be right tener razón

  right? (*question tag*) ¿no?; ¿verdad?

  right away enseguida *adv.*

  right here aquí mismo

  right now ahora mismo

  right there allí mismo

  to the right of a la derecha de

rights derechos *m.*

ring (*a doorbell*) sonar (o:ue) *v.*

rise ascender *v.* **7**

risk riesgo *m.* **1**

rivalry rivalidad *f.* **9**

river río *m.* **5**

road camino *m.*

roast asado/a *adj.*

  roast chicken pollo *m.* asado

rob robar *v.* **3**

robbery robo *m.* **3**

rollerblade patinar *v.* en línea

romantic romántico/a *adj.*

room habitación *f.*; cuarto *m.*

  living room sala *f.*

roommate compañero/a *m., f.* de cuarto

root raíz *f.* **4**

roundtrip de ida y vuelta

  roundtrip ticket pasaje *m.* de ida y vuelta

rout recorrido *m.* **9**

routine rutina *f.*

rug alfombra *f.*

ruin arruinar *v.* **8**

rule regla *f.* **6**

run correr *v.*; administrar *v.* **7**

  run errands hacer diligencias **2**

  run into (*have an accident*) chocar (con) *v.*; (*meet accidentally*) encontrar(se) (o:ue) *v.*; (*run into something*) darse (con) *v.*

  run into (each other) encontrar(se) (o:ue) *v.*

rush apurarse, darse prisa *v.*

Russian ruso/a *adj.*

S

sacred ritual rito sagrado *m.* **4**

sacrifice sacrificar *v.* **4**

sad triste *adj.*

  it's sad es triste

safe seguro/a *adj.*

safety seguridad *f.* **6**

said dicho/a *p.p.*

salad ensalada *f.*

salary salario *m.*; sueldo *m.*

sale rebaja *f.*; venta *f.* **7**

  go on sale salir a la venta *v.* **3**

salesman vendedor *m.* **7**

saleswoman vendedora *f.* **7**

salmon salmón *m.*

salt sal *f.*

same mismo/a *adj.*

sandal sandalia *f.*

sandwich sándwich *m.*

Saturday sábado *m.*

sausage salchicha *f.*

save salvar *v.* **4**; (*on a computer*) guardar *v.* **8**

  save (money) ahorrar *v.* **7**

savings ahorros *m., pl.* **7**

  savings account cuenta *f.* de ahorros **7**

saw serrar *v.* **5**

say decir *v.*; declarar *v.*

say (that) decir (que) *v.*

  say goodbye despedirse (e:i) *v.* **10**

  say the answer decir la respuesta

scale escama *f.* **9**

scandal escándalo *m.* **6**

scant escaso/a *adj.* **5**

scarce escaso/a *adj.* **5**

scarcely apenas *adv.*

scared: be (very) scared (of) tener (mucho) miedo (de)

scene escena *f.* **1**

scenery paisaje *m.* **5**

schedule horario *m.*

school escuela *f.*

science *f.* ciencia

  science fiction ciencia *f.* ficción

scientist científico/a *m., f.* **8**

scold regañar *v.* **4**

score (a goal/a point) marcar *v.* (un gol/un punto); anotar *v.* un gol **9**

screen pantalla *f.* **3**

script guión *m.* **1**
scuba dive bucear *v.*
sculpt esculpir *v.*
sculptor escultor(a) *m., f.*
sculpture escultura *f.*
sea mar *m.* **5**
seal foca *f.* **5**
search engine buscador *m.* **8**
season temporada *f.* **3**; estación *f.*
seat silla *f.*
second segundo/a *adj.*; *m., f.*
secretary secretario/a *m., f.*
lifestyle section sección *f.*
   de sociedad **3**
sports section sección *f.* deportiva **3**
secure seguro/a *adj.* **1**
secular laico/a *adj.* **6**
security seguridad *f.* **6**
sedentary sedentario/a *adj.*
see ver *v.*
   see (you, him, her) again volver
      a ver(te, lo, la)
   see movies ver películas
   See you. Nos vemos.
   See you later. Hasta la vista.;
      Hasta luego.
   See you soon. Hasta pronto.
   See you tomorrow. Hasta mañana.
seed semilla *f.* **5**
seem parecer *v.*
seen visto/a *p.p.*
seizure ataque *m.* **7**
self-esteem autoestima *f.* **4**
selfish egoísta *adj.* **4**
sell vender *v.*
semester semestre *m.*
send enviar; mandar *v.*
sensationalist: sensationalist press
   prensa *f.* sensacionalista **3**
sensitive sensible *adj.* **1**
separate (from) separarse *v.* (de)
separated separado/a *adj.* **1**
September septiembre *m.*
sequence secuencia *f.*
serious grave *adj.*
serve servir (e:i) *v.*
set (*fixed*) fijo *adj.*
   set the table poner la mesa
settle poblar *v.* **2**
seven siete *adj.*
seven hundred setecientos/as *adj.*
seventeen diecisiete *adj.*
seventh séptimo/a *adj.*
seventy setenta *adj.*
several varios/as *adj. pl.*
sexism sexismo *m.*
shaman chamán *m.* **5**
shame (*pity*) lástima *f.*;
   (*embarassment, remorse*)
   vergüenza *f.*
   it's a shame es una lástima
shampoo champú *m.*
shape forma *f.*

be in good shape estar en
   buena forma
stay in shape mantenerse
   en forma
share compartir *v.* **1**
sharp (*time*) en punto
shave afeitarse *v.*
shaving cream crema *f.* de afeitar
she ella *f., sing. pron.*
shellfish mariscos *m., pl.*
ship barco *m.*
shirt camisa *f.*
shoe zapato *m.*
   shoe size número *m.*
   shoe store zapatería *f.*
   tennis shoes zapatos *m., pl.*
      de tenis
shoot disparar *v.* **7**
   shoot a movie rodar (o:ue) *v.* **3**
shop tienda *f.*
shopping, to go ir *v.* de compras
   shopping mall centro *m.* comercial
short (*in height*) bajo/a *adj.*; (*in
   length*) corto/a *adj.*
   short film cortometraje *m.* **1**
   short story cuento *m.*
   short term a corto plazo *adv.* **7**
shortage escasez *f.* **7**
shorts pantalones cortos *m., pl.*
shot disparo *m.* **3**
should (*do something*) deber *v.*
   (+ *inf.*)
shout gritar *v.* **9**
show espectáculo *m.* **9**; mostrar
   (o:ue) *v.*
   game show programa *m.*
      de concursos **3**; concurso *m.*
   reality show programa *m.*
      de telerrealidad **3**
shower ducha *f.*; ducharse *v.*
shrimp camarón *m.*
shy tímido/a *adj.* **1**
shyness timidez *f.* **2**
siblings hermanos/as *pl.*
sick enfermo/a *adj.*
   be sick estar enfermo/a
   get sick enfermarse *v.*
   get sick (of) (*be fed up*)
      estar harto *v.* **1**
sidewalk acera *f.* **2**
sign firmar *v.* **3**; letrero *m.* **2**;
   pancarta *f.* **4**; señal *f.* **9**
silence silencio *m.*
silence callar *v.* **6**
silk seda *f.*
   (made of) de seda
silly tonto/a *adj.*
   silly remark/action disparate *m.* **4**
similar semejante *adj.* **10**
since desde *prep.*
sing cantar *v.*
singer cantante *m., f.* **3**
single soltero/a *adj.* **1**
   single room
      habitación *f.* individual

sink lavabo *m.*; hundir *v.* **6**
sir señor (Sr.); don *m.*
sister hermana *f.*
sister-in-law cuñada *f.* **4**
sit down sentarse (e:ie) *v.*
six seis *adj.*
six hundred seiscientos/as *adj.*
sixteen dieciséis *adj.*
sixth sexto/a *adj.*
sixty sesenta *adj.*
size talla *f.*; tamaño *m.* **8**
   shoe size número *m.*
(in-line) skate patinar (en línea)
skateboard andar en patineta *v.*
ski esquiar *v.*
   ski mask pasamontañas *m., sing.* **3**
skiing esquí *m.* **9**
   cross country skiing esquí
      de fondo **9**
   downhill skiing esquí alpino **9**
   water-skiing esquí acuático
skirt falda *f.*
sky cielo *m.*
skyscraper rascacielos *m.* **2**
slacker vago/a *m., f.* **8**
sleep dormir (o:ue) *v.*; sueño *m.*
   go to sleep dormirse (o:ue) *v.*
sleepy: be (very) sleepy tener
   (mucho) sueño
slender delgado/a *adj.*
slim down adelgazar *v.*
slippers pantuflas *f.*
slow lento/a *adj.*
slowly despacio *adv.*
small pequeño/a *adj.*
smart listo/a *adj.*
smell olor *m.* **9**
smile sonreír (e:i) *v.*
smiled sonreído *p.p.*
smog smog *m.* **5**
smoggy: It's (very) smoggy. Hay
   (mucha) contaminación.
smoke fumar *v.*
smoking section sección *f.* de fumar
   (non) smoking section *f.* sección
      de (no) fumar
snack merendar *v.*;
   afternoon snack merienda *f.*
   have a snack merendar *v.*
snake serpiente *f.* **5**
sneakers los zapatos de tenis
sneeze estornudar *v.*
snow nevar (e:ie) *v.*; nieve *f.*
snowing: It's snowing. Nieva.;
   Está nevando.
so (*in such a way*) así *adv.*; tan *adv.*
   so much tanto *adv.*
   so-so regular *adj.*
   so that para que *conj.*
soap jabón *m.*
   soap opera telenovela *f.* **3**
soccer fútbol *m.*
social assistance prestaciones *f., pl.* **4**
social prejudice prejuicio social *m.* **4**

sociology sociología *f.*
sock(s) calcetín (calcetines) *m.*
sofa sofá *m.*
soft drink refresco *m.*
software programa *m.*
  (de computación) **8**
soil tierra *f.*
solar solar *adj. m., f.*
  solar energy energía solar
sold out agotado/a *adj.* **9**
soldier soldado *m., f.*
solution solución *f.*
solve resolver (o:ue) *v.* **5**
some algún, alguno/a(s) *adj.*; unos/as
  pron. m., f., pl; indef. art.
somebody alguien *pron.*
someone alguien *pron.*
something algo *pron.*
sometimes a veces *adv.*
son hijo *m.*
song canción *f.*
son-in-law yerno *m.* **4**
soon pronto *adv.*
  See you soon. Hasta pronto.
soothe aliviar *v.* **5**
sorry: be sorry sentir (e:ie) *v.*
  I'm sorry. Lo siento.
  I'm so sorry. Mil perdones.;
    Lo siento muchísimo.
soul alma *f.* (*but:* el alma) **1, 3, 6**
  soulmate alma gemela **1**
soundtrack banda *f.* sonora **3**
soup caldo *m.*; sopa *f.*
source fuente *f.* **5**
south Sur *m.*
  to the south al sur
souvenir recuerdo *m.* **1**
space espacio *m.* **8**
space shuttle
  transbordador *m.* espacial **8**
spacecraft nave *f.* espacial **8**
Spain España *f.*
Spanish (*language*) español *m.*;
  español(a) *adj.*
spare (free) time ratos libres
speak hablar *v.*
special: special effects
  efectos *m.* especiales **3**
specialized especializado/a *adj.* **8**
species especie *f.* **5**
  endangered species especie en
    peligro (de extinción) **5**
spectacular espectacular *adj.*
spectator espectador(a) *m., f.* **9**
speech discurso *m.*
speed velocidad *f.*
  speed limit velocidad *f.* máxima
spell checker
  corrector *m.* ortográfico **5**
spelling ortografía *f.*; ortográfico/a *adj.*
spend (*money*) gastar *v.* **7**
spirit (*soul*) alma *f.* **6**;
  (*mood*) ánimo *m.* **1**

splinter astilla *f.* **6**
split one's sides laughing partirse *v.*
  de risa **7**
spoil malcriar *v.* **4**
spoon (*table or large*) cuchara *f.*
spoonful cucharada *f.* **5**
  in spoonfuls a cucharadas **5**
sport deporte *m.*
  sports club club *m.* deportivo **9**
  sports-related deportivo/a *adj.*
  sports section
    sección *f.* deportiva **3**
spouse esposo/a *m., f.*
sprain (one's ankle) torcerse
  (o:ue) *v.* (el tobillo)
sprained torcido/a *adj.*
  be sprained estar torcido/a
sprawl expansión *f.* **5**
  urban sprawl expansión urbana **5**
spread esparcir *v.*; difundir *v.* **2, 10**
  spread news difundir *v.* **2**
  spread the word correr *v.* la voz **9**
spring primavera *f.*
spy espiar *v.* **6**
(city or town) square plaza *f.*
square plaza *f.* **2**
stadium estadio *m.* **2**
stage etapa *f.*
stairs escalera *f.*
stairway escalera *f.*
stamp sellar *v.* **7**
stamp estampilla *f.*; sello *m.* **7**
stand in line hacer *v.* cola
stand out destacar *v.* **1**
stand (someone) up
  dejar *v.* plantado/a **1**
standard of living nivel *m.* de vida
  f. **10**; calidad *f.* de la vida *f.* **1**
star estrella *f.* **8**
  movie star estrella de cine **3**
  shooting star estrella fugaz **8**
start (*a vehicle*) arrancar *v.*;
  (*establish*) establecer *v.*
station estación *f.* **2**
  bus station estación *f.*
    de autobuses **2**
  fire station estación *f.*
    de bomberos **2**
  police station estación *f.*
    de policía **2**
  radio station radioemisora *f.* **3**
  subway station estación *f.*
    del metro **2**
  train station estación *f.* de trenes **2**
statue estatua *f.*
status: marital status
  estado *m.* civil
stay quedarse *v.* **2**
  stay in shape mantenerse
    en forma
  stay up late trasnochar *v.* **9**
steak bistec *m.*
steering wheel volante *m.*
step etapa *f.*

stepbrother hermanastro *m.* **4**
stepdaughter hijastra *f.*
stepfather padrastro *m.* **4**
stepmother madrastra *f.* **4**
stepsister hermanastra *f.* **4**
stepson hijastro *m.*
stereo estéreo *m.*
stifle ahogar *v.* **6**
still todavía *adv.*
stingy tacaño/a *adj.* **1**
stock market bolsa *f.* de valores **7**
stockbroker corredor(a) *m., f.*
  de bolsa
stockings medias *f., pl.*
stomach estómago *m.*
stone piedra *f.* **8**
  sculpted stone piedra esculpida **8**
stop parar *v.*; detenerse (e:ie) *v.* **2, 9**
  stop (*doing something*) dejar de
    (+ *inf.*)
stop parada *f.* **2**
  bus stop parada *f.* de autobús **2**
  subway stop parada *f.* de metro **2**
store tienda *f.*
  storekeeper tendero/a *m., f.* **7**
storm tormenta *f.*
stormy tempestuoso/a *adj.* **1**
story cuento *m.*; historia *f.*
stove cocina, estufa *f.*
straight derecho *adj.*
  straight (ahead) derecho
straighten up arreglar *v.*
strange extraño/a *adj.*
  it's strange es extraño
strawberry frutilla *f.*; fresa
street calle *f.* **2**
strengthen fortalecer *v.* **6**
stress estrés *m.*
stressed (out) estresado/a *adj.* **7**
stretching estiramiento *m.*
  do stretching exercises hacer
    ejercicios; *m. pl.* de estiramiento
strict estricto/a *adj.* **4**
strike (*labor*) huelga *f.* **6**
stripe raya *f.*
  striped de rayas
stroll pasear *v.*
strong fuerte *adj.*
  to grow stronger fortalecerse *v.* **1**
story historia *f.* **1**
struggle lucha *f.* **6**
struggle (for/against) luchar *v.*
  (por/contra)
student estudiante *m., f.*; estudiantil
  adj.; alumno/a *m., f.* **6**
study estudiar *v.*
stuffed-up (*sinuses*)
  congestionado/a *adj.*
stupendous estupendo/a *adj.*
style estilo *m.* **3**
submissive sumiso/a *adj.* **4**
subscribe (to) suscribirse (a) *v.* **3**
substitute sustituir *v.* **8**
subtitles subtítulos *m., pl.* **3**

suburb suburbio *m.* **2**
suburbs afueras *f., pl.* **2**
subway metro *m.* **2**
  subway station estación *f.*
    del metro
  subway stop parada *f.* del metro **2**
success éxito *m.* **3**
successful exitoso/a *adj.* **7**
  be successful tener éxito
such as tales como
sudden repentino/a *adj.* **2**
suddenly de repente *adv.*
suffer sufrir *v.*
  suffer an illness sufrir
    una enfermedad
suffocate ahogarse *v.* **5**
sugar azúcar *m.*
suggest sugerir (e:ie) *v.*
suit traje *m.*
suitcase maleta *f.*
summer verano *m.*
summon convocar *v.* **6**
sun sol *m.* **5**
sunbathe tomar *v.* el sol
Sunday domingo *m.*
(sun)glasses gafas *f., pl.*
  (oscuras/de sol); lentes *m.*
  pl. (oscuros/de sol)
sunny: It's (very) sunny. Hace
  (mucho) sol.
supermarket supermercado *m.*
superstitious supersticioso/a *adj.* **10**
supply abastecer *v.* **7**
support apoyo *m.*
  support (each other)
    apoyar(se) *v.* **4**
  support network red *f.*
    de apoyo *m.* **1**
suppose suponer *v.*
sure seguro/a *adj.*
  be sure estar seguro/a
surf (*the Internet/web*) navegar *v.* (en
  Internet/en la red) **3**
surprise sorprender *v.*; sorpresa *f.*
surround rodear *v.* **4**
surrounded rodeado/a *m., f.* **9**
survey encuesta *f.*
survival supervivencia *f.* **8**
survive sobrevivir *v.* **4**
suspect sospechar *v.* **7**
suspicion sospecha *f.* **3**
suspicious sospechoso/a *adj.* **8**
sweat sudar *v.*
sweater suéter *m.*
sweep the floor barrer el suelo
sweets dulces *m., pl.*
swim nadar *v.*
swimming natación *f.*
  swimming pool piscina *f.*
symbol símbolo *m.* **5**
symptom síntoma *m.*

T

table mesa *f.*
tablespoon cuchara *f.*
tablet (*pill*) pastilla *f.*
take tomar *v.*; llevar *v.*;
  (not) take advantage of
    (des)aprovechar *v.* **7**
  take a bath bañarse *v.*
  take care of cuidar *v.*
  take a bike/car/motorcycle ride
    dar una vuelta en bicicleta/carro/
    motocicleta *v* **2**
  take off quitarse *v.*
  take out the trash *v.* sacar
    la basura
  take photos tomar *v.* fotos;
    sacar *v.* fotos
  take a risk arriesgarse *v.* **10**
  take (*wear*) **a shoe size** calzar *v.*
  take a shower ducharse *v.*
  take someone's temperature
    tomar *v.* la temperatura
  take a stroll dar un paseo *v.* **2**
  take a walk/ride dar una vuelta *v.* **2**
talented talentoso/a *adj.*
talk hablar *v.*; conversar *v.* **2**
  talk show programa *m.*
    de entrevistas
tall alto/a *adj.*
tank tanque *m.*
tape recorder grabadora *f.*
taste probar (o:ue) *v.*; saber *v.*
  taste like saber a
tasty rico/a *adj.*; sabroso/a *adj.*
tax impuesto *m.* **7**
taxi taxi *m.*
tea té *m.*
teach enseñar *v.*
teacher profesor(a) *m., f.*;
  maestro/a *m., f.*
team equipo *m.* **9**
technician técnico/a *m., f.*
telecommuting teletrabajo *m.*
telepathy telepatía *f.* **9**
telephone teléfono *m.*
  cellular telephone
    teléfono *m.* celular
telescope telescopio *m.* **8**
television televisión *f.*;
  television set televisor *m.*
  television viewer televidente *m.,*
    f. **3**
tell contar *v.*; decir *v.*
tell (that) decir *v.* (que)
  tell lies decir mentiras
  tell the truth decir la verdad
temperature temperatura *f.*
ten diez *adj.*
tennis tenis *m.*
  tennis shoes zapatos *m., pl.*
    de tenis
tension tensión *f.*

tent tienda *f.* de campaña
tenth décimo/a *adj.*
terrain terreno *m.* **8**
terrible terrible *adj. m., f.*
  it's terrible es terrible
terrific chévere *adj.*
territory territorio *m.* **10**
terrorism terrorismo *m.* **6**
terrorist terrorista *m., f.* **6**
test prueba *f.*; examen *m.*
text message mensaje *m.* de texto
thank agradecer *v.* **4**
Thank you. Gracias. *f., pl.*
  Thank you (very much).
    (Muchas) gracias.
  Thank you very, very much.
    Muchísimas gracias.
  Thanks (a lot). (Muchas) gracias.
  Thanks again. (*lit. Thanks one
    more time.*) Gracias una vez
    más/de nuevo.
  Thanks for everything. Gracias
    por todo.
that que; quien(es); lo que *pron.*
  that (one) ése; ésa; eso *pron.*;
    ese; esa; *adj.*
  that (*over there*) aquél, aquélla,
    aquello *pron.*; aquel, aquella *adj.*
  that which lo que *conj.*
  that's me soy yo
  That's not the way it is. No es así.
  that's why por eso
thaw (oneself) descongelar(se) *v.* **8**
the el *m.*, la *f. sing.*; los *m.*, las *f., pl.*
theater teatro *m.* **9**
  theater play obra *f.* de teatro **9**
their su(s) *poss. adj.*;
  suyo/a(s) *poss. pron.*
them los/las *pl., d.o. pron.*
  to/for them les *pl., i.o. pron.*
then (*afterward*) después *adv.*; (*as a
  result*) entonces *adv.*; (*next*) luego
  adv.; pues *adv.*
theory teoría *f.* **8**
there allí *adv.*
  There is/are... Hay...
  There is/are not... No hay...
therefore por eso
these éstos; éstas *pron.*;
  estos; estas *adj.*
they ellos *m.*, ellas *f. pron.*
thief ladrón/ladrona *m., f* **6**
thin delgado/a *adj.*
thing cosa *f.*
think opinar *v.* **3**; pensar (e:ie) *v.*;
  (believe) creer *v.*
  think about pensar en *v.*
third tercero/a *adj.*
thirst sed *f.*
thirsty: be (very) thirsty tener
  (mucha) sed
thirteen trece *adj.*
thirty treinta *adj.*

thirty (*minutes past the hour*) *adj.*
    y treinta; y media
this este; esta *adj.*;
    éste, ésta, esto *pron.*
    This is... (*introduction*) Éste/a es...
    This is he/she. (*on telephone*)
        Con él/ella habla.
those ésos; ésas *pron.*; esos; esas *adj.*
those (over there) aquéllos; aquéllas
    pron.; aquellos; aquellas *adj.*
thousand mil *adj.*
threat amenaza *f.* 6
threaten amenazar *v.* 5
three tres
three hundred trescientos/as *adj.*
throat garganta *f.*
through por *prep.*
throughout: throughout the world
    en todo el mundo
throw away echar *v.* 5
throw out botar *v.* 4
Thursday jueves *m., sing.*
thus (*in such a way*) así *adj.*
ticket boleto *m.*; 1 entrada *f.* 9;
    pasaje *m.*
tie (*clothing*) corbata *f.*; empate *m.* 9;
    (*link*) lazo *m.* 1; (*a game*) empatar *v.* 9
tiger tigre *m.* 5
time vez *f.*; tiempo *m.*
    have a good/bad time pasarlo
        bien/mal
    We had a great time. Lo pasamos
        de película.
    What time is it? ¿Qué hora es?
    (At) What time...? ¿A qué hora...?
times veces *f., pl.*
    many times muchas veces
    two times dos veces
tiny diminuto/a *adj.* 9
tip propina *f.*
tire llanta *f.*
tired cansado/a *adj.*
    be tired estar cansado/a
to a *prep.*
toast (*drink*) brindar *v.* 9
toast pan *m.* tostado
toasted tostado/a *adj.*
    toasted bread pan tostado *m.*
toaster tostadora *f.*
today hoy *adv.*
    Today is... Hoy es...
toe dedo *m.* del pie
together juntos/as *adj.*
toilet inodoro *m.*
tolerate aguantar *v.* 5
tomato tomate *m.*
tomorrow mañana *f.*
    See you tomorrow. Hasta mañana.
tongue lengua *f.* 10
    mother tongue lengua materna *f.* 10
tonight esta noche *adv.*
too también *adv.*;
    too much demasiado *adv.*;
        en exceso

tool herramienta *f.* 8
tooth diente *m.*
    toothpaste pasta *f.* de dientes
tornado tornado *m.*
tortilla tortilla *f.*
touch tocar *v.*;
tour an area recorrer *v*; excursión *f.*
tourism turismo *m.*
tourist turista *m., f.*; turístico/a *adj.*
toward hacia *prep.*; para *prep.*
towel toalla *f.*
town pueblo *m.*
toxic tóxico/a *adj.* 5
toy juguete *m.* 7
trade oficio *m.*
traffic circulación *f.*; tráfico *m.* 2
    traffic light semáforo *f.* 2
tragedy desgracia *v.* 10; tragedia *f.*
trail sendero *m.*
    trailhead sendero *m.*
train entrenarse *v.*; tren *m.*
    train station estación *f.*
        (de) tren *m.* 2
trainer entrenador(a) *m., f.*
trait rasgo *m.* 3
translate traducir *v.*
trampa trap *f.* 6
transportation (public)
    transporte *m.* público 2
trash basura *f.* 5
travel viajar *v.*
    travel agent agente *m., f.*
        de viajes
travel (*around a city*) recorrer *v.* 2
traveler viajero *m., f.*
    (traveler's) check cheque *m.*
        (de viajero)
treadmill cinta caminadora *f.*
tree árbol *m.* 5
trick engañar *v.* 3
trillion billón *m.*
trimester trimestre *m.*
trip viaje *m.*; recorrido *m.* 9
    take a trip hacer un viaje
tropical forest bosque *m.*tropical
true verdad *adj.*
    it's (not) true (no) es verdad
trunk baúl *m.*; tronco *m.* 5
trust confianza *f.* 5
trust (in) confiar (en) *v.* 1, 6
truth verdad *f.*
try intentar *v.* 7; probar (o:ue) *v.*
    try (*to do something*) tratar de
        (+ *inf.*)
    try on probarse (o:ue) *v.*
t-shirt camiseta *f.*
Tuesday martes *m., sing.*
tuna atún *m.*
turkey pavo *m.*
turn doblar *v.* 2
    turn back voltear *v.* 7
    turn into (*something*) convertirse
        (e:ie) en (algo) *v.* 10

turn off (*electricity/appliance*)
    apagar *v.*
turn on (*electricity/appliance*)
    poner *v.*; prender *v.*
turn red enrojecer *v.* 2
turtle tortuga *f.* 5
    sea turtle tortuga marina 5
twelve doce *adj.*
twenty veinte *adj.*
twenty-eight veintiocho *adj.*
twenty-five veinticinco *adj.*
twenty-four veinticuatro *adj.*
twenty-nine veintinueve *adj.*
twenty-one veintiún *adj.*;
    veintiuno/a *adj. m. f,*
twenty-seven veintisiete *adj.*
twenty-six veintiséis *adj.*
twenty-three veintitrés *adj.*
twenty-two veintidós *adj.*
twice dos veces
twin gemelo/a *m., f.*
    twin brother hermano gemelo
        m. 4
    twin sister hermana gemela *f.* 4
twisted torcido/a *adj.*
    be twisted estar torcido/a
two dos *adj.*
    two hundred doscientos/as *adj.*
    two times dos veces

U

ugly feo/a *adj.*
unbearable insoportable *adj.* 4
unbiased imparcial *adj.* 3
uncertainty incertidumbre *f.* 10
uncle tío *m.* 4
under bajo *adv.*; debajo de *prep.*
understand comprender *v.*; entender
    (e:ie) *v.*
understanding comprensión *f.* 4;
    entendimiento *m.* 10
understanding comprensivo/a *adj.* 7
underwear ropa interior
unemployed desempleado/a *adj.* 7
unemployment desempleo *m.* 7
unequal desigual *adj.* 6
unethical poco ético/a *adj.* 8
unexpected inesperado/a *adj.* 2
unfair injusto/a *adj.* 6
unfaithffulness infidelidad *f.* 1
unforgettable inolvidable *adj.* 1
union unión *f.* 7
    labor union sindicato *m.* 7
United States Estados Unidos
    (EE.UU.) *m. pl.*
universe universo *m.* 8
university universidad *f.*
unless a menos que *adv.*
unmarried soltero/a *adj.*
unpleasant antipático/a *adj.*
unprecedented inaudito/a *adj.* 7
until hasta *prep.*; hasta que *conj.*
up arriba *adv.*
    up-to-date actualizado/a *adj.* 3

upload subir *v.* **8**
upset disgustado/a *adj.* **1**
urbanize urbanizar *v.* **5**
urgent urgente *adj.*
  It's urgent that… Es urgente que…
us nos *pl., d.o. pron.*
  to/for us nos *pl., i.o. pron.*
use usar *v.*
use up agotar *v.* **5**
used for para *prep.*
useful útil *adj.*; práctico/a *adj.* **8**
usefulness utilidad *f.* **5**
user name nombre de usuario **8**

V

vacation vacaciones *f., pl.*
  be on vacation estar
    de vacaciones
  go on vacation ir
    de vacaciones
vacuum pasar *v.* la aspiradora
  vacuum cleaner aspiradora *f.*
valley valle *m.*
value valorar *v.* **2**
values valores *m., pl.* **10**
vanguard vanguardia *f.* **8**
various varios/as *adj. pl.*
VCR videocasetera *f.*
vegetables verduras *pl., f.*
verb verbo *m.*
very muy *adv.*
  very much muchísimo *adv.*
  (Very) well, thank you. (Muy)
    bien, gracias.
victim víctima *f.* **6**
victory victoria *f.* **6**
video video *m.*
  music video video *m.* musical **3**
  video camera cámara *f.* de video
  video(cassette) video(casete) *m.*
  videoconference
    videoconferencia *f.*
  video game videojuego *m.* **9**
viewer: television viewer
  televidente *m., f.* **3**
vinegar vinagre *m.*
violence violencia *f.* **6**
virtual virtual *adj.* **8**
visit visitar *v.*
  visit monuments
    visitar monumentos
vitamin vitamina *f.*
volcano volcán *m.*
volleyball vóleibol *m.*
vote votar *v.* **6**

W

wage sueldo *m.* **7**
wait (for) esperar *v.* (+ *inf.*)
  wait in line hacer *v.* cola **9**
waiter/waitress camarero/a;
  mesero/a *m., f.* **2**
wake up despertarse (e:ie) *v.*;
  amanecer *v.* **10**

walk caminar *v.*
  take a walk pasear *v.*;
  walk around pasear por
wall pared *f.* **8**
wallet cartera *f.*
want querer (e:ie) *v.*
war guerra *f.* **6**
  war refugee refugiado/a
    de guerra **10**
warehouse almacén *m.* **7**
warm (oneself) up calentarse
  (e:ie) *v.*
warming calentamiento *m.* **5**
wash lavar *v.*
  wash one's face/hands lavarse
    la cara/las manos
  wash (the floor, the dishes)
    lavar (el suelo, los platos)
  wash oneself lavarse *v.*
washing machine lavadora *f.*
waste malgastar *v.* **5**
  waste time perder (e:ie) *v.*
    el tiempo
wastebasket papelera *f.*
watch vigilar *v.* **3**; mirar *v.*; reloj *m.*
  watch television mirar
    (la) televisión
water agua *f.*
  water pollution contaminación
    del agua
  water-skiing esquí *m.* acuático
way manera *f.*
we nosotros(as) *m., f.*
Web red *f.* **8**
weak débil *adj. m., f.*
wealth riqueza *f.* **7**
weapon arma *f.* (*but:* el arma) **6**
wear llevar *v.*; usar *v.*
weather tiempo *m.*
  The weather is bad. Hace
    mal tiempo.
  The weather is good. Hace
    buen tiempo.
weaving tejido *m.*
web red *f.*
  surf the web navegar *v.* en la red **3**
website sitio *m.* web **3**
wedding boda *f.*
Wednesday miércoles *m., sing.*
week semana *f.*
weekend fin *m.* de semana
weight peso *m.*
  lift weights levantar *v.* pesas *f., pl.*
weird raro/a *adj.* **6**
welcome bienvenido(s)/a(s) *adj.*
well pues *adv.*; bueno *adv.*
  (Very) well, thanks. (Muy)
    bien, gracias.
well-being bienestar *m.* **2**
well organized ordenado/a *adj.*
well-mannered (bien) educado/a *adj.* **4**
west oeste *m.*
  to the west al oeste
western (*genre*) de vaqueros

whale ballena *f.* **5**
what lo que *pron.*
what? ¿qué?
  At what time…? ¿A qué hora…?
  What a pleasure to… ! ¡Qué
    gusto (+ *inf.*)…
  What day is it? ¿Qué día es hoy?
  What do you guys think? ¿Qué
    les parece?
  What happened? ¿Qué pasó?
  What is today's date? ¿Cuál
    es la fecha de hoy?
  What nice clothes! ¡Qué ropa
    más bonita!
  What size do you take? ¿Qué
    talla lleva/usa?
  What time is it? ¿Qué hora es?
  What's going on? ¿Qué pasa?
  What's happening? ¿Qué pasa?
  What's. . . like? ¿Cómo es…?
  What's new? ¿Qué hay de nuevo?
  What's the weather like? ¿Qué
    tiempo hace?
  What's wrong? ¿Qué pasó?
  What's your name? ¿Cómo se
    llama usted? *form.*
  What's your name? ¿Cómo te
    llamas (tú)? *fam.*
when cuando *conj.*
When? ¿Cuándo?
where donde
where (to)? (*destination*) ¿adónde?;
  (*location*); ¿dónde?
  Where are you from? ¿De dónde
    eres (tú)? *fam.*; ¿De dónde es
    (usted)? *form.*
  Where is…? ¿Dónde está…?
  (to) where? ¿adónde?
which que *pron.*; lo que *pron.*
which? ¿cuál?; ¿qué?
  In which…? ¿En qué…?
  which one(s)? ¿cuál(es)?
while mientras *adv.*; rato *m.* **6**
whistle (at) silbar (a) *v.* **9**
white blanco/a *adj.*
  white wine vino blanco
who que *pron.*; quien(es) *pron.*
who? ¿quién(es)?
Who is…? ¿Quién es…?
  Who is calling? (*on telephone*)
    ¿De parte de quién?
  Who is speaking? (*on telephone*)
    ¿Quién habla?
whole todo/a *adj.*
whom quien(es) *pron.*
whose? ¿de quién(es)?
why? ¿por qué?
widow viuda *f.* **9**
widowed viudo/a *adj.* **1**
widower viudo *m.* **9**
wife esposa *f.* **4**
will voluntad *f.* **1**
willing (to) dispuesto/a (a) *adj.* **7**

win ganar *v.* **9**
  win a game ganar un partido **9**
  win elections ganar las elecciones **6**
wind viento *m.*
window ventana *f.*
  ticket window ventanilla *f.* **1**
windshield parabrisas *m.,sing.*
windy: It's (very) windy. Hace (mucho) viento.
wine vino *m.*
  red wine vino tinto
  white wine vino blanco
wineglass copa *f.*
wing(s) el ala *f.* /las alas **9**
winter invierno *m.*
wireless inalámbrico/a *adj.* **8**
wish desear *v.*; esperar *v.*
  I wish (that) ojalá (que)
with con *prep.*
  with me conmigo
  with you contigo *fam.*
within (ten years) dentro de (diez años) *prep.*
without sin *prep.*; sin que *conj.*
wolf lobo *m.* **5**
woman mujer *f.*
womanizer mujeriego *m.* **9**
wonderful genial *adj.* **1**
wood madera *f.* **5**
wool lana *f.*
  (made of) wool de lana
word palabra *f.*
work trabajar *v.*; funcionar *v.*; trabajo *m.*
  work (*of art, literature, music, etc.*) obra *f.*
  work out hacer gimnasia
  ~~**work schedule** horario *m.*~~ de trabajo **7**
world mundo *m.*
World Cup Mundial *m.* **9**
worldwide mundial *adj.*
worried (about) preocupado/a (por) *adj.* **1**
worry (about) preocuparse *v.* (por)
  Don't worry. No se preocupe. *form.*; Tranquilo.; No te preocupes. *fam.*
worse peor *adj.*
worst el/la peor, lo peor
worthy digno/a *adj.* **4**
Would you like to...? ¿Te gustaría...? *fam.*
write escribir *v.*
  write a letter/post card/e-mail message escribir una carta/postal/ mensaje electrónico
writer escritor(a) *m., f*
written escrito/a *p.p.*
wrong equivocado/a *adj.*
  be wrong no tener razón

X

X-ray radiografía *f.*

Y

yard jardín *m.*; patio *m.*
year año *m.*
  be... years old tener... años
yellow amarillo/a *adj.*
yes sí *interj.*
yesterday ayer *adv.*
yet todavía *adv.*
yield enough to live on dar para vivir *v.* **7**
yogurt yogur *m.*
You tú *fam.*, usted (Ud.) *form. sing.*; vosotros/as *m., f. fam.* ustedes (Uds.) *form. pl.*;
  (to, for) you te *fam. sing.* os *fam. pl.*; le *form. sing.*; les *form pl.*
  you te *fam., sing.*; lo/la *form., sing.*; os *fam., pl.*; los/las *form., pl, d.o. pron.*
You don't say! ¡No me digas! *fam.*; ¡No me diga! *form.*
You are... Tú eres...
You're welcome. De nada.; No hay de qué.
young joven *adj.*
  young person joven *m., f.*
  young woman señorita (Srta.) *f.*
younger menor *adj.*
younger: younger brother, sister hermano/a *m., f.* menor
youngest el/la menor *m., f.*
youngster chaval(a) *m., f.* **6**
your su(s) *poss. adj. form.*
  your tu(s) *poss. adj. fam. sing.*
  your vuestro/a(s) *poss. adj. form. pl.*
  your(s) suyo(s)/a(s) *poss. pron. form.*
  your(s) tuyo(s)/a(s) *poss. fam. sing.*
  your(s) vuestro(s)/a(s) *poss. fam.*
youth juventud *f.* **4**

Z

zero cero *m.*

Index

Credits

Text Credits

36–37 © Pablo Neruda, "Poema 20," from *Veinte poemas de amor y una canción desesperada,* 1924, © Fundación Pablo Neruda.

74–75 © José Emilio Pacheco, "Aqueronte," from *El Viento distante,* 1963, reprinted by permission of Ediciones Era, S.A. de C.V. de México.

114–115 © Ginés S. Cutillas, "La desesperación de las letras", reprinted by permission of author.

152–153 © Augusto Monterroso, "El eclipse," from *Obras completas y otros cuentos,* 1959, reprinted by permission of International Editors' Co. Barcelona.

190–191 © Jaime Sabines, "La luna," reprinted by the permission of the Sabines family.

228–229 © Armando Valladares, "La mejor tinta," reprinted by permission of author.

264–265 © Juan Madrid, "La mirada," from *Cuentos de asfalto,* © Juan Madrid, 1991

298–299 © Pedro Orgambide, "La intrusa," reprinted by the permission of the Orgambide family.

332–333 © Wilfredo Machado, "El beso de los dragones," reprinted by permission of author.

370–371 © Gabriel García Márquez, "Algo muy grave va a suceder en este pueblo," © Gabriel García Márquez, 1972.

Photography Credits

All images ©Vista Higher Learning unless otherwise noted.

Special thanks to: Martin Bernetti, Jose Blanco, Ali Burafi, Maria Eugenia Corbo, Janet Dracksdorf, Rossy Llano, Anne Loubet, Paola Ríos, Rafael Rios, Oscar Artavia Solano, Dario Eusse Tobon, Katie Wade.

Front Matter: (cover) (c) © Tomek Sikora/Corbis; (background cover) © Getty/ Image Source.

Lesson One: 2 (full pg) © Lawrence Manning/Corbis; **3/ 32** (br) © J. Emilio Flores/ Corbis; **4** (tm) © Edyta Pawlowska/fotolia; **4** (bm) © ImageShop/Corbis; **4** (tr) © Pixland/ Jupiterimages; **4** (mr) © FotoliaI/fotolia; **4** (br) © ant236/fotolia; **12-13** (t) © Gabe Palmer/ Corbis; **13** (tl) © Deborah Feingold/Corbis; **13** (tr) © Scott Gries/Getty Images; **13** (bl) © Jeff Goldberg/Esto; **13** (br) Courtesy of New Mexico governor's office; **14** (ml) © Frazer Harrison/Getty Images; **14** (bl) © Fernanda Calfat/Getty Images; **14** (tr) © Bill Eichner, Reprinted by permission of Susan Bergholz Literary Services, New York. All rights reserved; **14** (br) Image from *In the Time of Butterflies* 1994 by Julia Alvarez. Used by permission of Algonquin Books of Chapel Hill. All rights reserved.; **15** (t) Carmen Lomas Garza. Earache Treatment [italic]. 1989. Alkyd and oil on canvas. © Hirshhorn Museum and Sculpture Garden, Smithsonian Institution, Museum Purchase, 1995. Photographer Lee Stalsworth. **15** (bl) © Jean-Pierre Amet/BelOmbra/Corbis; (mr) © Desperado Year 1995 Director Robert Rodriguez Antonio Banderas Salma Hayek /Alamy; **16** (b) © Philip Gould/Corbis; **28** (tm) © PM Images/Getty Images; **28** (bm) © Reed Kaestner/Corbis; **32** (full pg) © J. Emilio Flores/ Corbis, **35** Mary Evans Picture Library; **36** (background) © Image Source/Corbis; **36** (foreground) © Josh Westrich/Corbis.

Lesson Two: 40 (Full pg) © Randy Faris/Corbis; **41/70** (mr); (t) © Shaul Schwarz/Corbis; **42** (tl) © David R. Frazier Photolibrary, Inc./Alamy; **42** (br) Stockbyte™ Royalty Free; **50** (t) © 2009 by Robert Frerck and Odyssey Productions, Inc.; **50** (br) © Dave G. Houser/Corbis; **50** (bl) © Robert Fried/Alamy; **51** (tl) © vario images GmbH & Co.KG/Alamy; **51** (tr) © Kelly-Mooney Photography/Corbis; **51** (bl) © iStockphoto.com/andres balcazar; **51** (br) © wendy connett/ Alamy; **52** (t) © Albright-Knox Art Gallery/Corbis; **52** (b) © Reuters/Corbis; **53** (t) © Hubert Boesl/dpa /Landov; **53** (b) © Russell Gordon/DanitaDelimont.com; **53** (m) Diego Rivera, detail of mural Batalla de los Aztecas y Espanoles, fresco. Palace of Cortes, Cuernavaca, Mexico. Photograph Russell Gordon/Danita Delimont; **54** © Buddy Mays/Corbis; **58** © Mark Lewis /

Alamy/© 24BY36 / Alamy; **61** © James W. Porter/Corbis; **62** © 2009 by Robert Frerck and Odyssey Productions, Inc.; **70** (t) © Shaul Schwarz/Corbis; **71** (t) Fridha Kahlo. *Diego en mi pensamiento.* 1943, óleo sobre masonite. Coleección J. y N. Gelman © 2005 Banco de México Diego Rivera & Frida Kahlo Museums Trust, Av. Cinco de Mayo No. 2 Col. Centro del Cuauhtémoc 06059, México, D.F. **73** (tr) © La Moneda/Handout/Reuters/Corbis; **74-75** (t) © Tomek Sikora/zefa/Corbis.

Lesson Three: 78 (Full pg) (t) © Louie Psihoyos/Corbis; **79/89** (bl), (tr) © Richard Bickel/ Corbis; **80** (bl) © iStockphoto.com/Damir Karan; **80** (mm) © Tsian/Dreamstime; **88-89** (t) © MedioImages/Corbis; **89** (tl) © Peter Guttman/Corbis; **89** (br) © Bob Krist/Corbis; **90** (l) Wilfredo Lam from For Jorn, [no title]. 1975-6 © 2005 Artists Rights society (ARS), New York/ ADAGP, Paris, **90** (bl) Wilfredo Lam Portrait, **90** (r) Jacket cover from *La Casa De La Laguna* by Rosario Ferre. Used by permission of Vintage Books, a division of Random House, Inc.; **91** (l) © Stuart Ramson/Getty Images; **91** (m) © Graham Tim/Corbis Sygma; **91** (r) 1981, Ediciones Huracan, Inc, cover art J.A. Pelaez; **92** © Patrick Eden/Alamy; **97** © Hugh Burden/ Masterfile; **102** © Carlos Alvarez/Getty Images; **108** © 2009 Goodshoot/Photononstop; **110** (t) © Pa(tr)ik Giardino/Corbis; **110** (bl) © John Parra/Wire Image; **110** (bm) © Comstock/ Corbis; **110** (br) © Lawrence Manning/Corbis; **111** © Ingram Publishing/Alamy; **113** (tr) Photo courtesy of Hospes; **114** © Chris Knorr/Design Pics/Corbis.

Lesson Four: 118 (full pg) © Franco Vogt/Corbis; **119/131** (m), (ml) © Danny Lehman/ Corbis; **121** (br) © Randy Faris/Corbis; **128-129** (t center) © Danny Lehman/Corbis; **129** (tr) © Craig Lovell/Eagle Visions Photography/Alamy; **129** (mr) © 2009 The Associated Press; **129** (bl) © Alberto Lowe/Reuters/Corbis; **129** (br) © 2009 The Associated Press; **130** (t) Arlette Pedraglio/IDB; **130** (b) *Dos peras en un paisaje.* 1973. Armando Morales. 2005 Artists Rights Society (ARS), New York/ADAGP, Paris; **131** (t) © Richard Bickel/ Corbis; **131** (m) © Danny Lehman/Corbis; **131** (b) *Caserio.* Mauricio Puente, El Salvador. Photograph Gloria Carrigg; **132** (b) © Joson/Corbis; **144** (t) © Danny Lehman/Corbis; **148** (t) © Sergio Pitamitz/Corbis; **148** (b) © Randy Faris/Corbis; **149** (t) © El Universal/ Newscom; **150** (m) © Jerry Alexander/Lonely Planet Images; **151** (t) © Toni Albir/epa/Corbis; **152** (full pg) © Derke/O'Hara/Getty Images.

Lesson Five: 157/170 (br), (l) © Mark Mainz/Getty Images; **158** (ml) © Frank Burek/ Corbis; **158** (bm) © Clivia/fotolia; **158** (tr) USAID (www.usaid.gov/ec/); **158** (br) © Carsten Reisinger/Fotolia.com; **167** (t) © Buddy Mays/Corbis; **167** (b) © Daryl Benson/Masterfile; **167** (m) VHL; **168** (m) © Carlos Alvarez/Getty Images; **168** (r) © Piero Pomponi/ Liaison/Getty Images; **169** (tl) Marisol Escobar. President Charles DeGaulle. 1967 Photo SmithsonianAmerican Art Museum, Washington, DC/Art Resource, NY; **169** (tr) © Oscar White/Corbis; **169** (b) Oswaldo Guayasamín, *El violinista.* 1987. Oil in canvas; **175** (background) Krzysztof Dydynski; **177** © Richard Bickel/Corbis; **182** © Reuters/Corbis; **186** (full pg) © Yann Arthus-Bertrand; **186** (full pg) © Yann Arthus-Bertrand; **187** Art Wolfe/ Danita Delimont; **188** © Worldwide Picture Library/Alamy; **189** (Full pg) © 2009 The Associated Press; **190** (Full pg) © Images.com/Corbis.

Lesson Six: 195/206 (b), (m) Christophe Simon/AFP/Getty Images; **196** (tm) © brooks Kraft/ Corbis; **196** (mm) Franklin Hammond; **196** (bm) © Gustavo Graf/Bloomberg News/Landov; **204-205** (t) © Hubert Stadler/Corbis; **204** (bl) © Brent Winebrenner/Lonely Planet Images; **204** (br) © Eric L. Wheater/Lonely Planet Images; **205** (tl) © StockShot/Alamy; **205** (tr) © Aaron McCoy/Lonely Planet Images; **205** (br) © Robert Harding Picture Library Ltd/ Alamy; **206** (b) Violeta Parra Foundation; **207** (t) Luis Hernan Herreros/www.visnu.cl; **207** (m) Roberto Matta. *L'Etang de No.* 1958. Photo Giraudon/Art Resource, NY.; **207** (b) © Marc Alex/AFP/Getty Images; **208** © James Lyon/Lonely Planet Images; **216** © Charles O'Rear/Corbis; **221** (bl) © Fridmar Damm/Corbis; **221** (br) © Jon Arnold Images Ltd/Alamy; **224** (l) © Bettmann/Corbis; **224** (r) © Diego Goldberg/Sygma/Corbis; **227** © Jean-Paul Guilloteau/Kipa/Corbis.

Lesson Seven: 232 (Full pg) © Randy Faris/Corbis; **233** (b) Permission requested. Best efforts made.; **242** (t) © Theo Allofs/Corbis; **242** (b) © SouthAmerica Photos/Alamy; **243** (tl) © www.histarmar.com.ar; **243** (tr) © travelscape Images/Alamy; **244** (l) Arturo Reque Meruvia. *Familia Quechua.* 1939. Image courtesy of Arturo Reque Cereijo, españa.; **244** (b) © Sophie Bassouls/Sygma/Corbis; **245** (t) Graciela Rodo Boulanger Altmar 2000.; **245** (b) Permission requested. Best efforts made. **246** © 2009 by Robert Frerck and Odyssey Productions, Inc.; **260** (t) © age fotostock/SuperStock; **263** Permission requested. Best efforts made.; **264** © Jupiterimages/brand X/Alamy.

Lesson Eight: 268 (Full pg) © Digital Art/Corbis; **270** (tl) © iStockphoto.com/Luca di Filippo; **270** (tm) © clearviewstock/Fotolia; **270** (ml) © iStockphoto.com/Luca di Filippo; **278-279** (t) © Fridmar Damm/Corbis; **278** (br) © J Marshall - tribaleye Images/Alamy; **279** (bl) © Michael & Patricia Fogden/Corbis; **282** (tl) ©Jacob Halaska/Getty Images; **280** (t) © Luis Acosta/AFP/Getty Images; **280** (b) © Maritza Lopez; **281** (l) Fernando de Szyszlo. *Cajamarca.* 1959. Collection of the Art Museum of Americas, Organization of the American States.; **292** (m) © Forrest J. Ackerman Collection/Corbis; **294** © Mick Roessler/Corbis; **295** (tr) © Bettmann/Corbis; **297** (t) Permission requested. Best efforts made.; **298-299** (m) © Image Source/Jupiterimages.

Lesson Nine: 303 (m) (Full pg) © Andrew Alvarez/AFP/Getty Images; **304** (tl) © Imag'In Pyrénées/fotolia; **304** (bm) © istockphoto.com/gchutka; **304** (bl) © Dmitri Mikitenko/fotolia; **304** (tm) © Chris/fotolia; **304** (mm) © photolibrary. All rights reserved.; **304** (bm) © iStockphoto.com/Gene Chutka; **312-313** (t) © Eduardo Longoni/Corbis; **313** (br) © Andres Stapff/Reuters/Corbis; **314** (tl) © Andrew Alvarez/AFP/Getty Images; **314** (br) © Horacio Villalobos/Corbis; **315** (t) © EFE/Jaume Sellart; **315** (m) Photo courtesy of www.todotango.com **316** © T. Ozonas/Masterfile; (tr) Photo courtesy of the author; **332-333** © Carl & Ann Purcell/Corbis.

Lesson Ten: 336 (Full pg) © Jamie Grill/Blend Images/Corbis; **337** (mr) Jose Jordan/ AFP/Getty; **338** (tl) Tomas Bravo//Reuters/Landov; **338** (mm) © Tom Grill/Corbis; **346-347** (tm) © Marco Cristofori/Corbis; **346** (b) © Jose Ignacio Soto/Fotolia; **347** (tl) © Hamish Barrie/iStockphoto.com; **347** (tr) © Hemis/Alamy; **347** (bl) © Adrian Beesley/iStockphoto.com; **347** (br) Diego Velasquez. *Las Meninas.* 1656, The Art Archive/ Museo del Prado Madrid/Joseph Martin; **348** (t) Jose Jordan/ AFP/Getty; **348** (b) © Kurt Vinion/WireImage.com; **349** (t) © Bernat Armangue/The Associated Press; **349** (b) © Colita/Corbis; **350** (b) © DIOMEDIA/Alamy; **357** © SW Productions/Getty Images; **364** © Matt Nager/Bloomberg News/Landov; **366** (t) Map,Shutterstock.com; **366** (b) Digital Vision/Getty Images; **367** © Bettmann/Corbis; **369** © Carlos Mario Lema/No Time Pix/Newscom; **370** (t) Nelson Kon/Getty Images